Sven Beckert

King Cotton

Sven Beckert

King Cotton

Eine Globalgeschichte
des Kapitalismus

Aus dem Amerikanischen übersetzt von
Annabel Zettel und Martin Richter

C.H.Beck

Die englischsprachige Ausgabe erscheint unter dem Titel *Empire of Cotton: A Global History* bei Alfred A. Knopf, Imprint der Knopf Doubleday Group (Random House, Inc.)
© Sven Beckert 2014

Mit 38 Abbildungen im Text und 7 Karten
(© Peter Palm, Berlin)
Die Einleitung, die Kapitel 1 bis 4 und 7 wurden von Annabel Zettel übersetzt.
Die Kapitel 5, 6 und 8 bis 14 wurden von Martin Richter übersetzt.
Die Danksagung wurde von Petra Rehder übersetzt.

Als Bucheinbandstoff wurde Calicut® Weizen (Bamberger Kaliko) verwendet, ein Gewebe mit unregelmäßigen Einschlüssen von Baumwollsamen, das zu 100 % aus Baumwolle besteht.

© Verlag C.H.Beck oHG, München 2014
Satz aus der Minion und Frutiger bold condensed
bei: Fotosatz Amann, Memmingen
Druck und Bindung:
Druckerei C.H.Beck, Nördlingen
Umschlaggestaltung:
Kunst oder Reklame, München
Umschlagabbildung: Edgar Degas,
Baumwollbörse in New Orleans, 1873,
Musée des Beaux-Arts, Pau © Bridgeman Images
Gedruckt auf säurefreiem,
alterungsbeständigem Papier
(hergestellt aus chlorfrei gebleichtem Zellstoff)
Printed in Germany
ISBN 978 3 406 65921 8

www.beck.de

Inhalt

Einleitung Seite 7

Kapitel 1
Aufstieg eines globalen Rohstoffs
Seite 19

Kapitel 2
Der Aufbau des Kriegskapitalismus
Seite 43

Kapitel 3
Der Lohn des Kriegskapitalismus
Seite 67

Kapitel 4
Jagd nach Arbeitern und Eroberung von Land Seite 93

Kapitel 5
Die Sklaverei auf dem Vormarsch
Seite 109

Kapitel 6
Der Industriekapitalismus im Aufwind
Seite 139

Kapitel 7
Die Mobilisierung von Fabrikarbeitern
Seite 173

Kapitel 8
Die Bildung globaler Netzwerke
Seite 197

Kapitel 9
Ein Krieg und sein weltweiter Widerhall
Seite 231

Kapitel 10
Der Umbau des Baumwollimperiums
Seite 259

Kapitel 11
Kreative Zerstörungen
Seite 293

Kapitel 12
**Unter nationaler Flagge:
der neue Baumwollimperialismus**
Seite 317

Kapitel 13
Rückkehr in den globalen Süden
Seite 347

Kapitel 14
Kette und Schuss. Ein Epilog
Seite 385

Anhang

Abkürzungen	Seite 399
Anmerkungen	Seite 400
Bildnachweis	Seite 510
Dank	Seite 511
Personenregister	Seite 515
Ortsregister	Seite 519

Einleitung

Die Baumwollpflanze – die Art Gossypium hirsutum aus Zentralamerika ist inzwischen weltweit verbreitet

Ende Januar 1860 versammelten sich die Mitglieder der Handelskammer von Manchester im Rathaus zu ihrer Jahrestagung. Unter den 68 Unternehmern, die dort zusammenkamen, waren vor allem Baumwollkaufleute und Baumwollfabrikanten. In den vorangegangenen 80 Jahren hatten Männer wie sie Manchester zur bedeutendsten Industriestadt der Welt gemacht und zum Knotenpunkt eines globalen Netzwerks der Landwirtschaft, des Handels und der Industrie. Diese Kaufleute erwarben Rohbaumwolle aus den verschiedensten Anbauregionen und belieferten damit die Fabriken in der Umgebung von Manchester, in denen sich mittlerweile zwei Drittel aller weltweit betriebenen Baumwollspindeln drehten. Ein riesiges Heer von Arbeitern war damit beschäftigt, diese Baumwolle zu Garn zu spinnen und zu Stoffen zu weben, die dann von Händlern auf den Weltmärkten veräußert wurden.

Die versammelten Herren waren in Feierstimmung. Ihr Präsident Edmund Potter hob in seiner Ansprache das «beeindruckende Wachstum» ihrer Industrie und «den allgemeinen Wohlstand des ganzen Landes und ganz besonders dieser Region» hervor. Baumwollspinnereibesitzer John Cheetham pries den «ganz beträchtlichen Aufschwung, der sich in verschiedenen Fabriken bemerkbar macht», und schrieb diesen Erfolg größtenteils dem immensen Wachstum der asiatischen Märkte zu. Sein Publikum pflichtete ihm mit Zwischenrufen bei, als er fortfuhr, er rechne bald schon mit einer weiteren Expansion dieser Märkte, da die «Weber in Indien ihre schlecht bezahlten Tätigkeiten in diesem Handwerk aufgeben werden, um wieder der Beschäftigung nachzugehen, die wir ihnen nahelegen, nämlich der Landwirtschaft».[1]

Diese Baumwollfabrikanten und -kaufleute waren nicht ohne Grund so selbstgefällig: Sie standen im Zentrum eines weltumspannenden Imperiums – nicht des Britischen Empire, sondern des Imperiums der Baumwolle. Sie herrschten über Fabriken, in denen zehntausende von Arbeitern riesige Spinnmaschinen und lärmende mechanische Webstühle bedienten. Sie kauften Baumwolle von den amerikanischen Sklavenplantagen und verkauften ihre Fabrikerzeugnisse auf den Märkten in den entlegensten Winkeln der Erde. Indessen waren ihre eigenen Angelegenheiten – die Produktion und der Verkauf von Baumwollgarn und -stoff – nahezu banal. Sie waren die Besitzer von lauten, schmutzigen, überfüllten Fabriken; sie lebten in Städten, die schwarz waren vom Ruß der kohlebetriebenen Dampfmaschinen, und atmeten den Gestank von menschlichem Schweiß und Abfall. Sie beherrschten ein Imperium, wirkten aber kaum wie Herrscher.

Hundert Jahre zuvor deutete wenig auf diese neue Welt hin, die da entstanden war. Natürlich wussten einige Europäer von feinen indischen Musselinen, Chintzen und Kattunen, die von den Franzosen *indiennes* genannt wurden und in den Häfen von London, Barcelona, Le Havre, Hamburg und Triest ankamen. Frauen und Männer in den ländlichen Gegenden Europas spannen und webten in Heimarbeit geringe Mengen Baumwolle, konnten jedoch mit den prachtvollen Stoffen des Ostens kaum konkurrieren. In Süd- und Mittelamerika, in der Karibik, in Afrika und besonders in Asien säten die Menschen Baumwolle auf ihren Süßkartoffel-, Mais- und Hirsefeldern. Sie spannen die Faser und webten aus ihr die Stoffe, die ihre Familien benötigten oder die ihre Herrscher einforderten. Seit Jahrhunderten oder sogar Jahrtausenden stellten diese Menschen in diesen Teilen der Welt Baumwollgewebe her und bedruckten sie. Einige dieser Textilien wurden weltweit gehandelt; manche waren so außergewöhnlich fein, dass sie als «gewobener Lufthauch» bezeichnet wurden.

Einleitung

Anstelle von Frauen, die auf niedrigen Hockern in ihren Hütten saßen, an kleinen hölzernen Rädern spannen oder Spinnrocken und Spinnschalen bewegten, tanzten um 1860 nun Millionen mechanischer, dampfbetriebener Spindeln – von Lohnarbeitern, auch Kindern, betrieben – täglich 14 Stunden auf und ab und produzierten Millionen Pfund Garn. Anstelle von Familien, die Baumwolle anbauten und diese in ihren Haushalten zu Garn und handgewobenen Stoffen verarbeiteten, schufteten Millionen von Sklaven auf Plantagen in den Amerikas, tausende von Kilometern entfernt von den gierigen Fabriken, die sie belieferten, und diese Fabriken lagen wiederum tausende von Kilometern weit weg von den Verbrauchern, die ihre Textilien kaufen sollten. Anstelle von Karawanen, die westafrikanische Stoffe auf Kamelen durch die Sahara transportierten, überquerten Dampfschiffe die Weltmeere, bis zum Rand gefüllt mit Baumwolle aus den USA oder mit britischen Stoffen.

Niemand ahnte freilich im Jahr 1860, wie radikal sich die Welt der Baumwolle im folgenden Jahrhundert ein weiteres Mal verändern sollte. Um 1960 kamen Rohbaumwolle und die aus ihr gefertigten Garne und Stoffe wieder größtenteils aus Asien: aus China, der Sowjetunion und Indien. In Großbritannien, im restlichen Europa und in Neuengland blieben nur wenige Baumwollfabriken bestehen. In den ehemaligen Zentren der Baumwollverarbeitung – darunter Manchester, Mulhouse im Elsass, Barmen an der Wupper und Lowell in Massachusetts – geisterten nun erwerbslose Arbeiter zwischen verlassenen Fabriken herum. 1963 kam es sogar so weit, dass einer der bedeutendsten Handelsverbände der Baumwollindustrie, die Liverpool Cotton Association, ihre Einrichtung auf einer Auktion versteigern lassen musste.[2] Das Imperium der Baumwolle, zumindest der von Europa beherrschte Teil, war zusammengebrochen.

...

Ungeachtet dessen ist Baumwolle heute so allgegenwärtig, dass man sie kaum noch als das wahrnimmt, was sie tatsächlich ist: eine der großen Errungenschaften der Menschheit. Jeder Leser dieser Zeilen trägt mit großer Wahrscheinlichkeit etwas, das aus Baumwolle gewebt wurde. Und es ist genauso wahrscheinlich, dass kaum einer je eine Baumwollkapsel von ihrem Stängel gepflückt, die flaumige Strähne einer rohen Baumwollfaser gesehen oder den ohrenbetäubenden Lärm einer Spinnmaschine oder eines mechanischen Webstuhls gehört hat. Die Baumwolle ist uns gleichermaßen vertraut wie unbekannt. Wir tragen sie direkt auf unserer Haut. Wir schlafen in Bettlaken aus Baumwolle, wickeln unsere neugeborenen Babys in Baumwolltücher. Die Geldscheine, die wir verwenden, enthalten Baumwolle, genauso wie dieses Buch hier, wie die Kaffeepads in der Espressomaschine, wie Speiseöl, Seife oder Schießpulver (tatsächlich erhielt Alfred Nobel ein britisches Patent auf «Schießbaumwolle»).

Einleitung

Etwa 900 Jahre lang, von 1000 bis 1900, war die Baumwollindustrie die wichtigste verarbeitende Industrie der Welt. Auch wenn sie heute von anderen Industrien abgelöst wurde, bleibt sie hinsichtlich der Beschäftigung und des globalen Handels weiterhin bedeutend. Die Baumwolle ist noch immer so allgegenwärtig, dass 2013 weltweit mindestens 123 Millionen Baumwollballen produziert wurden, von denen jeder etwa 220 Kilogramm wog – genug, um 20 T-Shirts für jeden Erdenbürger herzustellen.[3] Würde man sie alle übereinander stapeln, entstünde ein Turm von etwa 64 500 Kilometern Höhe; horizontal aneinander gelegt, würden diese Ballen 1,5-mal um die Erde reichen. Riesige Baumwollplantagen sind über die ganze Welt verteilt, von China bis nach Indien und in die Vereinigten Staaten, von Westafrika bis nach Zentralasien. Diese rohen, zu dichten Ballen gepressten Fasern werden noch immer weltweit verschifft, bis zu den Fabriken, die hunderttausende von Arbeitern beschäftigen. Die fertigen Produkte werden überall verkauft – in entlegenen Dorfläden und in riesigen Discountmärkten. Tatsächlich gehören Baumwollwaren zu den ganz wenigen Erzeugnissen, die praktisch überall erhältlich sind und so vor Augen führen, welch beeindruckende Steigerung menschlicher Produktivität und menschlichen Konsums der Kapitalismus bewirkt hat.

Eine Welt ohne Baumwolle ist heute nicht mehr vorstellbar. Es ist eine Welt, in der Menschen auf Fellen oder Stroh schliefen. Es ist eine Welt, in der Frauen, Männer und Kinder sich in Wolle, oder, je nachdem, wo sie lebten und wie reich sie waren, in Pelze, Leinen oder Seide kleideten. Weil es schwierig war, diese Kleidung zu waschen, und weil sie teuer oder mühsam anzufertigen war, wechselte man sie nur selten. Diese Kleider rochen streng und sie kratzten. Sie waren größtenteils einfarbig, denn anders als Baumwollstoffe nahmen Wolle und andere Naturfasern Farbe weniger leicht an. Eine Welt ohne Baumwolle heute? Um die Menge an Wolle zu produzieren, die der heutigen Baumwollernte entspricht, bräuchte man etwa sieben Milliarden Schafe. Diese sieben Milliarden Schafe würden 700 Millionen Hektar Weideland benötigen, etwa die 1,6-fache Fläche der heutigen Europäischen Union.[4]

Eine solche Realität ist schwer vorstellbar. Aber auf einem kleinen Stück Land am westlichsten Rand Eurasiens war eine solche Welt ohne Baumwolle lange Zeit die Norm. Dieses Land war Europa. Bis zum 19. Jahrhundert war die Baumwolle dort zwar nicht unbekannt, aber dennoch unbedeutend. Wie kam es dazu, dass ausgerechnet Menschen in diesem Teil der Erde ein Baumwollimperium erschufen und beherrschten? Noch um 1700 etwa produzierten Inder und Chinesen bei Weitem mehr Baumwolle und Baumwollstoffe als Europäer und Nordamerikaner. Aber dann änderten sich die Dinge. Tatkräftige europäische Kapitalbesitzer und energische Staaten rückten verblüffend rasch in den Mittelpunkt dieser Industrie. Und sie nutzten die Baumwolle, um eine industrielle Revolution zu entfachen – vielleicht das wichtigste Ereignis der Menschheitsgeschichte. Wie viele andere Teile der Welt wurden China und Indien dem Baumwollimperium der Europäer zunehmend unterworfen. Und schließlich nutzten diese Europäer ihre dynamische Baumwollwirtschaft als Plattform zur Schaffung anderer Industrien; so war die Baumwolle die Initialzündung für eine umfassendere industrielle Revolution.

Edward Baines, ein Zeitungsverleger aus Leeds, bezeichnete die Baumwolle 1835 als «Spektakel, das in den Annalen der Industrie seinesgleichen sucht». «Es lohnt sich mehr», so Baines, dieses Spektakel zu analysieren, als «Kriege und Dynastien» zu studieren. Ich stimme ihm zu. Verfolgen wir den Weg der Baumwolle, so wird uns das zu den Ursprüngen der modernen Welt führen – der Industrie, des schnellen und kontinuierlichen Wirtschaftswachstums, der enormen Produktivitätssteigerungen, der Lohnarbeit und der enormen sozialen Ungleichheiten. Historiker, Sozialwissenschaftler, politische Entscheidungsträger und Ideologen jeder Couleur haben versucht, diese Ursprünge zu ergründen. Besonders komplex ist die Frage, weshalb nach vielen Jahrtausenden schleppenden ökonomischen Wachstums einige Teile der Menschheit im späten 18. Jahrhundert plötzlich viel reicher wurden als andere. Wir bezeichnen diese Jahrzehnte heute als «Great Divergence» – als den Beginn von bis heute prägenden großen Unterschieden zwischen den Regionen, die sich industrialisierten, und denen, die das nicht taten, zwischen Kolonisatoren und Kolonien, zwischen dem globalen Norden und dem globalen Süden.[5]

In diesem Buch verfolge ich einen globalen und grundlegend historischen Ansatz, um dieses Rätsel zu lösen: Ich beginne mit der Industrie, die sich ganz zu Anfang der «Great Divergence» entwickelte.

...

King Cotton. Rückt man die Baumwolle in den Fokus, so werden schnell einige der neueren und weniger neuen Erklärungsansätze für die großen globalen Ungleichheiten in Frage gestellt: etwa, dass Europas durchschlagender wirtschaftlicher Erfolg durch die rationaleren religiösen Anschauungen der Europäer, ihre Tradition der Aufklärung, das Klima, in dem sie lebten, die geographische Lage des Kontinents oder Institutionen wie die Bank of England oder den Rechtsstaat zu erklären sei. Denn solche manchmal als quasi natürlich und unveränderlich dargestellten Charakteristika können die sich ständig wandelnde Struktur des Kapitalismus nicht erklären. Und sie sind häufig auch falsch, denn zum Beispiel die erste industrialisierte Nation, Großbritannien, war ein imperialistischer Staat mit enormen Militärausgaben, mit einer stark in das Wirtschaftsleben eingreifenden Bürokratie, hohen Steuern, hoher Staatsverschuldung und Protektionismus – und dieser Staat war auch auf keinen Fall demokratisch. Die globalen Ungleichheiten können auch nicht durch Interpretationen, die sich aus-

Einleitung

schließlich auf die sozialen Konflikte innerhalb bestimmter Staaten konzentrieren, erklärt werden. In der globalen Perspektive dieses Buches wird vielmehr deutlich, wie einige Europäer die Macht von Kapital und Staat vereinten, um gewaltsam einen globalen Produktionskomplex zu schaffen, und wie sie dann Kapital, Fachwissen, Netzwerke und Institutionen rund um die Baumwolle nutzten, um den anhaltenden technologischen und materiellen Aufschwung herbeizuführen, der die moderne Welt ausmacht. *King Cotton* ist nicht eine abstrakte Geschichte des Kapitalismus, sondern eine Geschichte der tatsächlichen Vergangenheit des Kapitalismus, eine Geschichte des Kapitalismus in Aktion.[6]

Im Gegensatz zu vielem, was über die Geschichte des Kapitalismus geschrieben worden ist, sucht dieses Buch also nicht nach Erklärungen in nur einem Teil der Welt. Die Bewegung von Kapital, Menschen, Gütern und Rohmaterialien um den Globus und die Verbindungen zwischen verschiedenen Gebieten der Welt bilden den Kern der großen Transformationen, die der Kapitalismus darstellte, und den Kern dieses Buches. Der Kapitalismus schuf unsere globalisierte Welt und lässt sich daher auch nur aus einer globalen Perspektive verstehen.

...

Eine derartig radikale und rasante Neugestaltung der Welt war nur möglich durch ein neues Instrument zur Organisation von Handel, Produktion und Konsum, das ich «Kriegskapitalismus» nenne. Der Kriegskapitalismus ist eine besonders wichtige und oft verkannte Phase in der Entwicklung des Kapitalismus. Wir glauben für gewöhnlich, dass der Kapitalismus – zumindest in seiner globalisierten, von der Massenproduktion geprägten Form – um 1780 mit der Industriellen Revolution aufkam. Aber er existierte lange vor den Maschinen und den Fabriken. Der Kriegskapitalismus gedieh nicht in den Fabriken, sondern auf Feldern; er war nicht mechanisiert, sondern flächen- und arbeitsintensiv, da er auf der gewaltsamen Enteignung von Land und Arbeitern in Afrika, Asien und den Amerikas beruhte. Diese Enteignungen brachten großen Wohlstand und neue Erkenntnisse mit sich, was wiederum den Reichtum, die Institutionen und Staaten Europas stärkte – alles zentrale Voraussetzungen für Europas herausragende wirtschaftliche Entwicklung im 19. Jahrhundert. Viele Historiker haben diesen Impuls als Merkantilismus bezeichnet, aber «Kriegskapitalismus» trifft die Rohheit und Gewalt dieses Prozesses wie auch seine enge Verbindung zur imperialen Expansion Europas wesentlich besser. Kriegskapitalismus war ein ständig ablaufender Prozess in einer ständig sich verändernden Gruppe von Orten, deren Verbindungen zueinander sich ständig wandelten.

Wenn wir an Kapitalismus denken, dann denken wir an Lohnarbeiter – aber diese erste Phase des Kapitalismus basierte im Wesentlichen nicht auf freier Arbeit, sondern auf der Sklaverei. Wenn wir an Kapitalismus denken, dann denken wir an Verträge und Märkte, aber die erste Phase des Kapitalismus gründete sich häufig auf den Einsatz von Gewalt und körperlichem Zwang. Wenn wir an Kapitalismus denken, dann denken wir an einen Rechtsstaat und einflussreiche Institutionen, die durch diesen gestützt werden, aber diese erste Phase des Kapitalismus, wenngleich zur Errichtung weltumspannender Imperien auf staatliche Unterstützung angewiesen, basierte häufig auf Enteignung und dem skrupellosen und ungebremsten Vorgehen privater Individuen – etwa von Plantagenbesitzern, die über Sklaven herrschten, oder von Kapitalbesitzern in der nordamerikanischen Peripherie, die sich die Ureinwohner unterwarfen. Dies alles führte dazu, dass die Europäer in der Lage waren, die jahrhundertealten Welten der Baumwolle zu dominieren, sie zu einem einzigen Imperium mit dem Zentrum Manchester zu verschmelzen und schließlich auch die globale Ökonomie aufzubauen, die uns heute selbstverständlich erscheint. Mit anderen Worten: Der Kriegskapitalismus brachte den Industriekapitalismus hervor.[7]

Dieser Industriekapitalismus, der während der 1780er Jahre im Vereinigten Königreich aufgebaut wurde und sich dann in den ersten Jahrzehnten des 19. Jahrhunderts über Kontinentaleuropa und die USA ausbreitete, schuf die Voraussetzungen für den weiteren Wandel des Baumwollimperiums. Starke Staaten spielten eine zentrale Rolle für seinen Aufstieg, und Kapitalbesitzer gewannen an Wohlstand und Macht Hand in Hand mit der Expansion dieser Staaten. Mit der immer wichtigeren Rolle des Staates, der zur mächtigsten, am schnellsten expandierenden und dauerhaftesten Institution überhaupt wurde, wuchs aber auch der Einfluss der Bewohner dieser Staaten. Die Nationalisierung von Kapital bedeutete zugleich einen Machtzuwachs für die Menschen, die dieses Kapital tagaus, tagein in den Fabriken produzierten: In der zweiten Hälfte des 19. Jahrhunderts begannen Arbeiter sich kollektiv zu organisieren, in Gewerkschaften wie in politischen Parteien, und es gelang ihnen langsam, über mehrere Jahrzehnte hinweg, ihre Lohn- und Arbeitsbedingungen zu verbessern. Dies wiederum erhöhte die Produktionskosten in Europa und Nordamerika und brachte Hersteller in anderen Teilen der Erde ins Spiel, die kostengünstiger produzierten. Mit der Wende zum 20. Jahrhundert wanderte das Modell des Industriekapitalismus rasch auch in andere Länder und wurde von deren modernisierenden Eliten übernommen. In der Folge verließ die Baumwollindustrie Europa und Neuengland und kehrte zu ihren Ursprüngen im globalen Süden zurück.

In diesem Baumwollimperium, dessen Aufstieg und ständige Umgestaltung im Zentrum dieses Buches steht, brachten Millionen von Menschen ihre Tage damit zu, die auf der ganzen Erde verteilten Baumwollfelder zu bewirtschaften, Milliarden von Samenkapseln von den widerspenstigen Pflanzen zu pflücken, Baumwollballen von Karren auf Schiffe oder Züge zu verladen und, oft schon in sehr jungen Jahren, in den «satanischen Fabriken» zu schuften. Kriege wurden geführt, um Zugang zu diesen fruchtbaren Feldern zu erhalten, unzählige Menschen wurden in Fesseln gelegt, Kindheiten zerstört, ehemalige Industriezentren entvölkert und Kämpfe für Freiheit und lebenserhaltende Mindestlöhne ausgefochten. Männer und Frauen, die sich auf ihren kleinen Schollen durch den Anbau von Baumwolle und Nahrungspflanzen lange Zeit selbst versorgt hatten, mussten erleben, wie ihre Lebenswelt zusammenbrach. Sie ließen ihre landwirtschaftlichen Geräte zurück und zogen in die Fabriken. In anderen Teilen der Erde wurden viele, die an ihren eigenen Webstühlen gearbeitet hatten und Kleidung trugen, die sie selbst hergestellt hatten, von der rastlosen Produktion der Maschinen überrollt. Sie verließen ihre Webstühle und arbeiteten auf den Baumwollfeldern, von nun an in einem endlosen Teufelskreis von wirtschaftlichem Druck und Schulden gefangen. Das Imperium der Baumwolle war von Anfang an Schauplatz eines permanenten globalen Konfliktes zwischen Sklaven und Plantagenbesitzern, Kaufleuten und Politikern, Bauern und Händlern, Arbeitern und Fabrikbesitzern. So leitete das Reich der Baumwolle die moderne Welt ein.

Baumwolle begann den globalen Handel zu dominieren. Baumwollfabriken übertrumpften jede andere Industrie in Europa oder Nordamerika. Der Baumwollanbau beherrschte die Wirtschaft der Vereinigten Staaten während eines Großteils des 19. Jahrhunderts. Zahlreiche neue industrielle Herstellungsmethoden kamen zuerst im Bereich der Baumwollfabrikation auf. Die Fabrik selbst war eine Erfindung der Baumwollindustrie, ebenso wie die Verknüpfung der Sklavenplantagen in Nord- und Südamerika mit der Verarbeitung in Europa. Da die Baumwollindustrie für viele Jahrzehnte Europas wichtigster Industriezweig war, wurde sie zur Quelle für riesige Gewinne, die wiederum zum Aufbau anderer Segmente der europäischen Wirtschaft beitrugen. Die Baumwolle war auch die Wiege der Industrialisierung in praktisch jedem anderen Teil der Erde – den Vereinigten Staaten und Ägypten, Mexiko und Brasilien, Japan und China. Zugleich führte Europas beherrschende Stellung in der weltweiten Baumwollindustrie zu einer Welle der Zerstörung handwerklichen Spinnens und Webens fast überall sonst auf der Welt, was eine neue und sehr einseitige Form der Integration der Weltwirtschaft ermöglichte.

...

Mancher Leser mag sich wundern, warum das, was hier über das Baumwollimperium gesagt wird, nicht auch auf andere Rohstoffe zutrifft. Schließlich hatten die Europäer schon lange vor 1780 in großem Stil mit etlichen tropischen und subtropischen Rohstoffen wie Zucker, Tabak, Indigo und Reis gehandelt. Anders als diese Güter umfasst die Baumwollproduktion jedoch zwei arbeitsintensive Phasen – eine auf den Feldern, die andere in den Fabriken. Zucker und Tabak ließen kein großes Industrieproletariat in Europa entstehen. Die Baum-

Einleitung

wolle sehr wohl. Der Handel mit Tabak führte nicht zur Entstehung gigantischer neuer Produktionsbetriebe. Der Baumwollhandel sehr wohl. Die Züchtung und Verarbeitung von Indigo erschloss den europäischen Fabrikanten keine riesigen neuen Märkte. Die Baumwolle sehr wohl. Der Reisanbau in den Amerikas führte nicht zum explosionsartigen Anwachsen von Sklaverei *und* Lohnarbeit. Der Baumwollanbau sehr wohl. Folglich erreichte das Imperium der Baumwolle eine weltweite Ausdehnung wie keine andere Industrie. Da sie Kontinente auf neuartige Weise miteinander verband, ist die Baumwolle ein Schlüssel zum Verständnis der modernen Welt, der großen Ungleichheiten, die sie charakterisieren, der langen Geschichte der Globalisierung und der sich ständig wandelnden politischen Ökonomie des Kapitalismus.

Die Bedeutung der Baumwolle für die Geschichte des Kapitalismus wurde in unserem kollektiven Gedächtnis oft verdrängt durch Bilder von Kohlebergwerken, Eisenbahnen und gigantischen Stahlwerken – die greifbareren und einprägsameren Erscheinungsformen des Industriekapitalismus. Zu häufig konzentrieren wir uns auf Städte und vernachlässigen ländliche Gebiete. Zu oft schauen wir auf die moderne Industrie in Europa und Nordamerika und ignorieren die Beziehung dieser Industrie zu den Rohmaterialproduzenten und Märkten in allen Ecken der Welt. Allzu oft neigen wir dazu, die Realitäten von Sklaverei, Enteignung und Kolonialismus aus der Geschichte des Kapitalismus zu streichen, weil wir uns einen reineren, edleren Kapitalismus wünschen. Nicht zuletzt tendieren wir dazu, den Industriekapitalismus als männliche Domäne anzusehen, dabei wurde das Baumwollimperium weitgehend durch die Arbeit von Frauen errichtet. Der Kapitalismus war in vielfacher Hinsicht eine revolutionäre, eine befreiende Kraft, das Fundament eines großen Teils unseres heutigen Lebens; wir haben Anteil an allen seinen Facetten, nicht nur wirtschaftlich, sondern auch emotional und ideologisch. Manchmal ist es leichter, ungemütliche Wahrheiten zu ignorieren.

...

Dieses Buch ist das erste, das die Geschichte der Baumwolle auf die einzige Art erzählt, wie sie wirklich verstanden werden kann – als ein umfassendes Ganzes. Wir folgen der Baumwolle von den Feldern auf die Schiffe, von den Handelshäusern in die Fabriken, von Pflückern zu Spinnern und Webern bis hin zu den Verbrauchern. Die Geschichte der Baumwolle in Brasilien wird hier nicht von jener der Vereinigten Staaten getrennt, die Großbritanniens nicht von Indien und die Geschichte Ägyptens nicht von Japan. Es zeigt sich, dass das Baumwollimperium und mit ihm die moderne Welt nur verstanden werden können, wenn man die vielen Orte und Menschen, die dieses Imperium prägten und von ihm geprägt wurden, gemeinsam und nicht einzeln betrachtet. Wir begegnen Menschen wie Sako Tsuneaki, dem Direktor für landwirtschaftliche Angelegenheiten im japanischen Agrarministerium, und Muhammad Ali Pascha, dem Herrscher Ägyptens, James Henry Hammond, einem Baumwollpflanzer aus South Carolina, und Ellen Hootton, der zwölfjährigen Gehilfin in einer Spinnfabrik auf dem Land bei Manchester, dem Winterthurer Baumwollkaufmann Salomon Volkart und John Robinson, dem Sohn amerikanischer Sklaven, der deutschen Kolonisten half, Baumwolle in ihrer westafrikanischen Kolonie Togo anzubauen. *King Cotton* verdeutlicht die Interaktion dieser verschiedenen Gruppen von Menschen in verschiedenen Teilen der Erde und den Einfluss, den sie aufeinander ausübten.

King Cotton befasst sich vor allem mit der Einheit des Verschiedenartigen. Zwar haben Historiker viel über Textilfabriken in Lancashire und Baumwollplantagen in Louisiana, über Kaufleute in Alexandria und Handweber in Surat geschrieben, aber keiner hat die transformative Geschichte der Baumwolle als ein zusammenhängendes internationales Geschehen dargestellt. Und doch war es die globale Reichweite der Pflanze ebenso wie die enge Verbindung von Anbau, Handel und Verarbeitung, welche die Baumwolle zum wesentlichen Faktor für die Industrielle Revolution, die «Great Divergence» und die Entstehung des modernen Kapitalismus machten. Das Imperium der Baumwolle gründete sich auf Plantagen und Fabriken, auf Sklaverei und Lohnarbeit, auf Kolonisatoren und kolonisierte Völker, Eisenbahnen und Dampfschiffe – kurz gesagt, auf ein globales Netzwerk von Land, Arbeitskräften, Transport, Verarbeitung und Verkauf. Die Baumwollbörse in Liverpool hatte einen enormen Einfluss auf die Baumwollpflanzer von Mississippi, die asiatischen Spinnereiarbeiter waren mit jenen in Lancashire eng verknüpft, und die Zukunft der Handweber in New Hampshire oder Dhaka hing von solch unterschiedlichen Faktoren ab wie dem Bau einer Eisenbahntrasse zwischen Manchester und Liverpool, den Investitionsentscheidungen von Kaufleuten aus Boston oder der in Washington und London beschlossenen Zollpolitik. Die Macht des osmanischen Staates über seine ländlichen Regionen hatte Auswirkungen auf die Entwicklung der Sklaverei in der Karibik; die politischen Aktivitäten der gerade befreiten Sklaven in den Vereinigten Staaten veränderten das Leben der Bauern in Indien. Anhand dieser Gesamtentwicklung zeigt sich, wie der im 19. Jahrhundert vorherrschende globale Rohstoff scheinbare Gegensätze vereinte und sie, fast wie durch Alchemie, in Wohlstand verwandelte: Sklaverei und freie Arbeit, Staaten und Märkte, Kolonialismus und Freihandel, Industrialisierung und Deindustrialisierung.[8]

Diese Gegensätze zeigen, wie die Baumwolle sowohl die Entstehung des Kapitalismus als auch seine spätere Neuerfindung möglich machte. Wenn wir den Weg, den Baumwolle und Kapitalismus miteinander um die Welt gingen, durch die Jahrhunderte hindurch nachverfolgen, dann stoßen wir immer und immer wieder darauf, dass kein Stadium des Kapitalismus jemals dauerhaft oder stabil ist. Jeder neue Moment in der Geschichte des Kapitalismus schafft neue Instabilitäten und sogar Widersprüche, die weitreichende räumliche, soziale und politische Neuordnungen nach sich ziehen. *King Cotton* zeigt, dass es unmöglich ist, selbst einen Teil der Geschichte des Kapitalismus aus der Perspektive nur eines Ortes oder eines Landes zu verstehen.

...

Dieses Buch stützt sich auf die umfangreiche Literatur über die Baumwolle, setzt diese jedoch in ein neues Bezugssystem. Damit leistet es seinen Beitrag zum lebhaft geführten, aber oftmals in lähmender Weise gegenwartsbezogenen Diskurs über die Globalisierung. *King Cotton* stellt diese angeblich neue globale Phase in der Geschichte des Kapitalismus in Frage und zeigt auf, dass der Kapitalismus schon seit seinen Anfängen weltumspannend war und dass die räumlichen Strukturen der Weltwirtschaft bereits in den letzten fünf Jahrhunderten einem steten Wandel unterlagen. Zudem standen der Prozess der Globalisierung und die Stärkung der Nationalstaaten nicht im Widerspruch zueinander, wie heute oft behauptet wird, sondern verstärkten sich gegenseitig. Wenn unser angeblich neues globales Zeitalter sich wirklich auf revolutionäre Weise von der Vergangenheit unterscheidet, dann weniger durch das Ausmaß der globalen Vernetzung, sondern dadurch, dass Kapitalbesitzer erstmals in der Lage sind, sich von genau jenen Nationalstaaten zu emanzipieren, die in der Vergangenheit ihren Aufstieg ermöglicht haben. Damit ist *King Cotton* Teil eines breiteren Diskurses unter Historikern, die versuchen, die Geschichte neu zu denken, ein Beitrag zu den Bestrebungen, «nationale» historische Perspektiven mit einem breiteren Fokus auf grenzüberschreitende Netzwerke, Identitäten und Prozesse in Einklang zu bringen und eine Globalgeschichte zu schreiben.[9]

Um die Geschichte dieser Zusammenhänge und ihrer weitreichenden Auswirkungen für die Menschen auf der ganzen Welt erzählen zu können, vereint dieses Buch Materialien aus Bibliotheken und Archiven von fünf Kontinenten. Es stützt sich unter anderem auf Berichte über den kolonialen Baumwollanbau aus der Bibliothek der japanischen Baumwollspinner-Vereinigung in Osaka, auf Kaufmannsbriefe, die im Untergeschoss der Banco de la Provincia de Buenos Aires aufbewahrt werden, auf die Korrespondenz von indischen Textilfabrikanten mit den Anführern der Unabhängigkeitsbewegung ihres Landes, die in der Nehru Memorial Library in Neu Delhi archiviert werden, auf Debatten über koloniale Arbeitsregime aus dem Kolonialarchiv in Aix-en-Provence, auf Gehaltsabrechnungen, die in der Harvard Business School gesichtet wurden, auf unzählige Stoffproben aus den Lagern der Baumwollfabrikanten von Mulhouse, die heute Teil der Bestände des Musée de L'Impression sur Etoffes sind, und auf agrarwirtschaftliche Auszüge aus Büchern und Zeitschriften, die in der National Library of Egypt in Kairo gesammelt wurden. *King Cotton* ist eine Globalgeschichte, die nicht allein europäische oder nordamerikanische Sichtweisen zugrunde legt, um weltverändernde Ereignisse nachzuvollziehen.

Wir nehmen den Faden auf und begeben uns auf eine Reise durch alle Erdteile und 5000 Jahre Menschheitsgeschichte.

Kapitel 1

Aufstieg eines globalen Rohstoffs

Ein Geschenk der Götter

Aztekische Frau beim Spinnen

Vor einem halben Jahrtausend brachten die Menschen in einem Dutzend kleiner Dörfer entlang der Pazifikküste des heutigen Mexiko ihre Tage damit zu, Mais, Bohnen, Kürbisse und Chili anzubauen. Dort, zwischen dem Rio Santiago im Norden und dem Rio Balsas im Süden, betrieben sie Fischfang, sammelten Austern und Muscheln und gewannen Honig und Bienenwachs. Neben dieser landwirtschaftlichen Selbstversorgung und den bescheidenen Gegenständen, die sie herstellten – am bekanntesten waren sie für ihre filigran mit geometrischen Motiven bemalten Keramikgefäße –, bauten diese Männer und Frauen auch Pflanzen mit pyramidenförmigen Blättern an, die kleine, watteartige weiße Büschel austrieben. Die Pflanze war nicht essbar. Und doch war sie das Wertvollste, das dort wuchs. Sie nannten sie *ichcatl*: Baumwolle.

Die Baumwollpflanze gedieh zwischen den Maisstauden, und jeden Herbst, nachdem sie ihre Nahrungspflanzen geerntet hatten, pflückten die Dorfbewohner die weichen Faserbäusche von den hüfthohen Pflanzen. Sie sammelten die vielen kleinen Bälle in Körben oder Säcken und trugen sie zu ihren Hütten. Dort entfernten sie die Samen sorgfältig von Hand, schlugen die Fasern auf eine Palmenmatte, damit sie geschmeidig wurden, bevor sie sie zu Strängen von mehreren Zentimetern Länge auskämmten. Mithilfe einer dünnen hölzernen Spindel verdrillten sie die Fasern zu feinen weißen Fäden. Aus diesen webten sie Stoff auf einem einfachen Gerät, das aus zwei durch die Kettfäden verbundenen Stöcken bestand; ein Stock wurde an einem Baum befestigt, der andere an der Weberin selbst, welche die Kettfäden mit ihrem Körpergewicht straffte und dann den Schussfaden in einem unaufhörlichen Tanz zwischen den Kettfäden hin und her führte. Das Ergebnis war ein Gewebe, das stabil und fein zugleich war. Dieser Stoff wurde mit Indigo und dem Rot der Cochenilleschildlaus gefärbt. Aus einigen dieser Stoffe nähten sie Hemden, Röcke und Hosen, die sie selbst trugen. Die Übrigen sandten sie nach Teotihuacán als Teil ihres jährlichen Tributs, den sie an ihre in der Ferne residierenden Aztekenherrscher entrichteten. Allein im Jahr 1518 lieferten die Einwohner dieser zwölf Küstendörfer dem Herrscher Moctezuma II. 800 Ballen Rohbaumwolle (jeder mit einem Gewicht von 52 Kilogramm), 3200 gefärbte Baumwollstoffe und 4800 große weiße Tücher, das Ergebnis tausender Stunden nicht nur mühseliger, sondern auch hochqualifizierter Arbeit.[1]

In den vorangehenden und folgenden Jahrhunderten ging es in weiten Landstrichen der besiedelten Welt ähnlich zu. Von Gujarat bis nach Sulawesi, entlang des Oberlaufs des Volta bis zum Rio Grande, von den Tälern Nubiens zu den Ebenen Yucatáns, pflanzten die Bewohner dreier Kontinente Baumwolle auf ihren Feldern an und fertigten daraus in ihren nahegelegenen Häusern Textilien. Die Pflanze war widerstandsfähig und gedieh unter den ihr gemäßen natürlichen Bedingungen anscheinend ohne große Hilfe. Sie wuchs und wächst in vielen Ökosystemen dank ihrer «morphologischen Plastizität», was in der Sprache der Botaniker so viel bedeutet wie ihre Fähigkeit, «sich an unterschiedliche Wachstumsbedingungen anzupassen, indem sie ihre Blütezeit verkürzt, verlängert oder sogar unterbricht».[2]

Die vielen Völker, die Baumwolle anbauten, wussten während tausenden von Jahren natürlich nicht, dass andere Menschen rund um den Globus, die alle innerhalb eines hemisphärischen Bandes ungefähr zwischen 35 Grad Süd und 37 Grad Nord lebten, die gleichen Anstrengungen unternahmen. Diese Gebiete boten ein Klima, das für die Baumwolle geeignet war. Als subtropische Pflanze brauchte sie Temperaturen, die während ihrer Wachstumsphase nicht unter 10 Grad Celsius fielen und in der Regel über 16 Grad Celsius lagen. Wie wir heute wissen, wächst Baumwolle in Gegenden, in denen etwa 200 Tage lang kein Frost herrscht und in denen zwischen 510 und 635 mm Niederschläge pro Jahr, konzentriert in der Mitte der Wachstumsphase, fallen. Ihre Samen werden in Furchen ausgesät, die etwa einen Meter Abstand voneinander haben, und dann mit Erde bedeckt. Es dauert 160 bis 200 Tage, bis die Baumwolle herangereift ist.[3]

Durch eigene Erfahrungen oder die Begegnung mit anderen Menschen hatten alle diese Baumwollbauern entdeckt, dass die flauschigen weißen Fasern, die aus der Baumwollkapsel quollen, hervorragend für die Produktion von Garn geeignet waren. Dieses Garn wiederum konnte zu einem Stoff verwoben werden, der leicht zu waschen, hautfreundlich und ein wirksamer Schutz gegen die stechenden Sonnenstrahlen war – und bis zu einem gewissen Grad auch gegen Kälte. Schon vor 1000 Jahren war die Produktion von Baumwolltextilien in Asien, Afrika und auf dem amerikanischen Doppelkontinent die größte verarbeitende Industrie; komplexe Handelsnetzwerke verbanden Bauern, Spinner, Weber und Konsumenten.

Die Geschichte der Stoffe ist schwierig zu rekonstruieren, da die meisten die

Widrigkeiten der Zeit nicht überstanden haben. Bekanntlich musste sich der *homo sapiens,* seit er vor etwa 100 000 Jahren aus der afrikanischen Savanne in kältere Klimazonen gezogen war, vor den Elementen schützen.[4] Der spärliche archäologische Befund gibt darüber Auskunft, dass die Menschen zunächst Pelze und Tierhäute als Kleidung nutzten. Vor 30 000 Jahren konnten sie nachweislich Flachs spinnen und weben. Vor etwa 12 000 Jahren, als die Menschen sesshaft wurden und begannen, Ackerbau und Viehzucht zu betreiben, wuchs diese Stoffproduktion beträchtlich an. Männer und Frauen begannen im größeren Stil mit verschiedenen Fasern zu experimentieren, um Materialien zu spinnen und zu weben, die sie vor Kälte und Sonne schützten.[5]

Die Methoden zur Umwandlung von Fasern in Stoff entwickelten sich in den verschiedenen Erdteilen unabhängig voneinander. In Europa begannen die Menschen in der Jungsteinzeit vor etwa 12 000 Jahren, verschiedene Gräser und auch Leinen zu weben. Vor etwa 4000 Jahren, in der Bronzezeit, verarbeiteten sie auch Wolle von Tieren. Im Mittleren Osten und in Ost- und Nordafrika spannen und webten Gesellschaften schon seit dem siebten Jahrtausend vor der christlichen Zeitrechnung sowohl verschiedene Arten von Wolle als auch Leinen. Im selben Zeitraum stellten chinesische Bauern und Handwerker Kleidung aus der Bastfaser Ramie und aus Seide her. Mit zunehmender Herausbildung komplexerer Gesellschaften wurde Kleidung zum wichtigen Indikator des sozialen Ranges und ihre Produktion immer bedeutsamer.[6]

In dieser Welt von Leinen, Wolle, Ramie und Seide wuchs die Bedeutung der Baumwolle zusehends. Soweit wir wissen, entdeckten Menschen auf dem Indischen Subkontinent vor ungefähr 5000 Jahren erstmals die Möglichkeit, Fäden aus Baumwollfasern zu gewinnen. Völker, die an der Küste des heutigen Peru lebten, taten zu jener Zeit das Gleiche. Einige tausend Jahre später entwickelten auch Gesellschaften in Ostafrika Techniken zum Spinnen und Weben von Baumwolle. In jeder dieser Regionen wurde die Baumwolle bald zum vorherrschenden Ausgangsmaterial für die Spinnerei. In jenen ersten Jahrtausenden des Baumwollanbaus weitete sich die Herstellung von Baumwollprodukten kaum über die natürliche Wachstumszone aus, aber alle, die mit diesem Rohstoff in Berührung kamen, erkannten in ihm ein bemerkenswertes Material zur Fertigung von Kleidung: weich, leicht und widerstandsfähig, einfach zu färben und zu reinigen.

Die bedeutende Rolle der Baumwolle spiegelt sich in den Gründungsmythen und heiligen Texten vieler Kulturen. Vishnu, so glaubten Hindus, webte sich «ein Gewand aus den Strahlen der Sonne». Menschen in Westafrika schrieben ihre Fähigkeit, Baumwolle zu spinnen und zu weben, Ananse zu, einem Gott in Spinnengestalt. In Nordamerika war es eine Spinnengottheit der Hopi, der solche Fertigkeiten nachgesagt wurden. Die Navaho wiederum glaubten, dass Begochiddy, einer der vier Söhne der Sonnenstrahlen und des Tageslichtes, nach den Bergen und den Insekten auch die Baumwolle erschaffen und gepflanzt hatte. «Wenn deinem Stamm ein kleines Mädchen geboren wird, dann geh und suche ein Spinnennetz ... und streiche damit über Hände und Arme des Kindes. So wird es weben, wenn es herangewachsen ist, und seine Finger und Arme werden dabei nicht müde werden», so der Glaube der Navaho.[7]

Moderne Pflanzenforscher betrachten die Baumwolle nicht mehr als ein Geschenk der Götter, sind aber nicht weniger beeindruckt. Biologen glauben, dass Baumwollpflanzen seit zehn oder zwanzig Millionen Jahren auf der Erde wachsen. Seitdem haben sich vier genetisch unterschiedliche Arten der Baumwolle entwickelt – das mesoamerikanische *Gossypium hirsutum*, das südamerikanische *Gossypium barbadense*, das afrikanische *Gossypium herbaceum* und das asiatische *Gossypium arboretum*. Diese vier Spezies wiederum brachten hunderte anderer Varianten hervor, von denen nur wenige für die kommerzielle Produktion im späteren Imperium der Baumwolle eine Rolle spielten. Heute bestehen mehr als 90 % der Baumwollernte aus *Gossypium hirsutum*-Gewächsen, auch als amerikanische *upland*-Baumwolle bekannt. Der Eingriff der Menschen veränderte die Pflanze immer weiter. Über einen Zeitraum von 5000 Jahren, so ein Experte, verwandelten unsere Vorfahren die Baumwolle «von ungebändigten, mehrjährigen Gebüschen und kleinen Bäumen mit dürftigen, undurchlässigen Samenkapseln, die spärlich von groben, kaum entwickelten Samenhaaren bedeckt waren, in kurze, kompakte einjährige Pflanzen mit reichem Ertrag an langen, weißen Fasern auf großen Samenkapseln, die schnell austreiben». Baumwollzüchter adaptierten die Pflanze an bestimmte Umweltnischen, transportierten sie über weite Entfernungen, sorgten für ihre Verbreitung und erweiterten ihre Vielfalt. Wie in vielen anderen Bereichen der Natur beschleunigte und veränderte der Eingriff des Menschen die biologische Geschichte der Baumwolle auf radikale Weise – ein Einfluss, der sich während des 19. Jahrhunderts noch vergrößern und das Imperium der Baumwolle entscheidend prägen sollte.[8]

Bauern im Indus-Tal waren die Ersten, die Baumwolle spannen und mit ihr webten. 1929 entdeckten Archäologen Fragmente von Baumwolltextilien in Mohenjo-Daro, im heutigen Pakistan, die zwischen 3250 und 2750 v. Chr. datiert werden können. Baumwollsamen, die in Mehrgarh gefunden wurden, datierte man sogar auf 5000 v. Chr. Vedische Schriften, die zwischen 1500 und 1200 v. Chr. entstanden sind, beziehen sich auf das Spinnen und Weben von Baumwolle. Ebenso erwähnen die allerersten Berichte von europäischen Reisenden nach Südasien Baumwolle: Der antike griechische Geschichtsschreiber Herodot (484–425 v. Chr.) berichtete 445 v. Chr. über den Subkontinent: «Es gibt wildwachsende Bäume, aus deren Frucht man eine Wolle gewinnen kann, die die Schönheit und Qualität der Schafwolle weit übertrifft. Die Inder machen aus dieser Baumwolle ihre Kleider.»[9]

Seit frühester Zeit bis weit ins 19. Jahrhundert hinein – also über mehrere

Jahrtausende hinweg – waren die Einwohner des indischen Subkontinents die auf der Welt führenden Baumwollhersteller. Bauern im heutigen Indien, Pakistan und Bangladesch bauten kleine Mengen Baumwolle mit ihren Nahrungspflanzen an. Sie spannen und webten Baumwolle für den Eigenbedarf und zum Verkauf auf lokalen und regionalen Märkten. Sie ernteten die Fasern mit der Hand, benutzten eine Walze, um sie von Samen zu befreien, und entfernten Schmutz und Knoten mithilfe eines sogenannten «Bogens» (ein hölzernes Instrument mit einer Sehne, die vibrierte, wenn mit einem Stock darauf geschlagen wurde). Sie spannen sie mit einer Spindel zu Fäden und woben diese Fäden zu Stoffen auf Webstühlen, die zwischen Bäumen aufgehängt waren.[10]

Die Qualität der hochwertigsten indischen Baumwollerzeugnisse war legendär: Im 13. Jahrhundert führte der europäische Weltreisende Marco Polo Herodots fast neun Jahrhunderte früher dargelegten Beobachtungen weiter aus, indem er bemerkte, es gebe an der Koromandelküste «die feinsten und schönsten Baumwollstoffe der ganzen Welt». 600 Jahre später berichtete Edward Baines, ein Zeitungsverleger und Baumwollexperte aus Leeds, die besten indischen Stoffe seien von «nahezu unglaublicher Perfektion ... Von einigen ihrer Musselins könnte man denken, sie seien eher das Werk von Elfen oder von Insekten als von Menschen.» Sie seien «Stoffe aus gewebtem Lufthauch».[11]

Dennoch geschah all dies nicht nur auf dem Subkontinent. Baumwolle war auch in den Amerikas reichlich vorhanden, und Baumwollkleidung war allgegenwärtig, lange bevor die Europäer in der Neuen Welt ankamen. Auf einem 6500 Kilometer langen Bogen durch Mesoamerika und die Karibik bis nach Südamerika war die Baumwollverarbeitung das bedeutendste Gewerbe. Das vielleicht älteste Zentrum der Baumwollherstellung lag im heutigen Peru. Dort haben Archäologen Fischernetze aus Baumwolle ausgegraben, die man auf 2400 v. Chr. datiert, und Stofffragmente von 1600–1500 v. Chr. Als Francisco Pizarro 1532 das Reich der Inka angriff, staunte er sowohl über die Qualität als auch über die Quantität der Baumwollstoffe, die er sah. In der Inka-Stadt Cajamarca fanden die *Conquistadores* Lager mit riesigen Mengen an Textilien, die «in ihrer feinen Beschaffenheit und ihren kunstvoll ineinander verwobenen Farben alles jemals Gesehene weit übertrafen».[12]

Einige tausend Kilometer weiter nördlich und eine Dekade zuvor waren die Europäer ebenso erstaunt, als sie in das Reich der Azteken vordrangen und außergewöhnliche Gewebe vorfanden. Gemeinsam mit Gold und anderen Kostbarkeiten sandte Hernán Cortés Baumwollstoffe, die in Farben wie Indigo oder Cochenille-Rot leuchteten, an Karl V. Die mesoamerikanische Baumwollindustrie hatte, wie ihr südamerikanisches Pendant, eine lange Geschichte. Baumwolle wurde seit 3400 v. Chr. überall im heutigen Zentralmexiko angebaut, und die ältesten Fäden, die bei archäologischen Ausgrabungen gefunden wurden, datierte man zwischen 1200 und 1500 v. Chr. Die Verwendung von Baumwolle bei den Mayas ist seit 632 v. Chr. dokumentiert, und in den Tiefebenen des heutigen Veracruz entwickelte sich eine Baumwollindustrie vermutlich zwischen 100 v. Chr. und 300 n. Chr. Als nicht mehr nur die Elite, sondern auch das gemeine Volk begann, Baumwollbekleidung zu tragen, nahm die Produktion zu, zumal sich das militärische und wirtschaftliche Herrschaftsgebiet der Azteken nach 1350 vergrößerte. Und je mehr Menschen Baumwolle trugen, desto wichtiger wurden die Prozesse ihrer Verarbeitung. Web- und Färbetechniken wurden immer raffinierter, nicht zuletzt, um soziale Abstufungen durch besondere Kleidung zu demonstrieren. Baumwolle wurde nicht nur zum Anfertigen von Kleidung verwendet, sondern darüber hinaus als religiöse Gabe, als Geschenk, als Tauschmittel, zur Herstellung dekorativer Wandbehänge, um Mumien zu umwickeln, als Kriegsbekleidung und sogar zu medizinischen Zwecken. Geschätzt gut 53 Millionen Kilogramm Baumwolle wurden jährlich im präkolumbischen Mexiko produziert, was dem Baumwollertrag der Vereinigten Staaten 1816 entsprach. Als die Herrscher von Teotihuacán ihre Macht ausweiteten, forderten sie Abgaben aus den Regionen, die Baumwolle anbauten und verarbeiteten. Orte innerhalb des Aztekenreiches, an denen die Pflanze besonders üppig wuchs, trugen Nahuatl-Namen wie zum Beispiel «auf dem Baumwolltempel», «am Baumwollfluss» und «auf dem Baumwollhügel».[13]

Die Gebiete des heutigen Mexiko und Peru waren die Zentren der präkolumbischen Baumwollindustrie, die Produktion von Baumwolltextilien jedoch weitete sich auch auf andere Teile des Kontinents aus. Im heutigen Brasilien wurden Baumwollfasern von wildwachsenden Pflanzen gepflückt, um Kleider herzustellen. In Gebieten, die später zum Südwesten der Vereinigten Staaten gehörten, wurden die Navaho und die Hopi zu eifrigen Baumwollproduzenten, möglicherweise bereits 300 v. Chr. Für einige amerikanische Ureinwohner hatte die Baumwolle auch eine große religiöse Bedeutung: Die Hopi verwendeten sie, um in Zeremonien, in denen sie um Regen beteten, Wolken zu symbolisieren, und sie legten sie auf die Gesichter der Toten, «um den geistigen Körper leicht zu machen wie eine Wolke». Auch in der Karibik war der Baumwollanbau weit verbreitet. Tatsächlich war einer der Gründe, warum Christoph Kolumbus glaubte, er habe Indien erreicht, dass er in der Karibik große Mengen an Baumwolle vorfand; er berichtete von Inseln «voller ... Baumwolle».[14]

Die Verarbeitung von Baumwolle hatte auch in Afrika eine lange Geschichte. Sie wurde vermutlich zuerst von den Nubiern im Osten des heutigen Sudan angebaut. Einige Stimmen behaupten, dass die Faser dort bereits 5000 v. Chr. kultiviert, gesponnen und zu Geweben verarbeitet wurde, auch wenn archäologische Funde in Meroë, ehemals eine Stadt am Ostufer des Nils, das Vorkommen von Baumwolltextilien erst in den Jahrhunderten zwischen 500 v. Chr. und 300 n. Chr. belegen.[15] Vom Sudan aus verbreitete sich die Baumwolle nordwärts nach Ägypten. In antiken ägyptischen Zivilisationen spielten Baumwolltextilien

Ein Geschenk der Götter

keine signifikante Rolle, wir wissen aber, dass die Samenkapseln 2600–2400 v. Chr. als Tierfutter verwendet wurden und dass Darstellungen des Karnak-Tempels von Luxor Baumwollbüsche zeigen. Dennoch nahm die Verarbeitung von Baumwolle in Ägypten erst zwischen 332 v. Chr. und 395 n. Chr. ihren Anfang.[16]

Das Wissen darum, wie man Baumwolle anpflanzte und verarbeitete, gelangte auch nach Westafrika. Möglicherweise brachten reisende Weber und Kaufleute sie etwa mit Beginn unserer Zeitrechnung aus Ostafrika mit. Mit der Ankunft des Islam im 8. Jahrhundert n. Chr. weitete sich die Baumwollindustrie signifikant aus, da islamische Lehrer den Mädchen das Spinnen und den Jungen das Weben beibrachten. So machten sie Völker, deren Lebensumstände sehr wenig Kleidung erforderten, mit einer zuvor ungekannten Art von Gewandung vertraut. Im subsaharischen Afrika förderten Ausgrabungen Baumwollgewebe zutage, die aus dem 10. Jahrhundert stammen. Literarische Quellen und archäologische Funde liefern Beweise für das Spinnen und Weben von Baumwolle in Westafrika im späten 11. Jahrhundert, als die Pflanze und ihre Nutzung sich bereits weiter in den Süden bis ins heutige Togo durchgesetzt hatten. Im frühen 15. Jahrhundert berichtete Leo Africanus über den «großen Reichtum» an Baumwolle im «Königreich Melli» und den Wohlstand der Baumwollhändler im «Königreich Tombuto», womit er die großen westafrikanischen Imperien Mali und Timbuktu meinte.[17]

...

Der Anbau, das Spinnen und Weben von Baumwolle entwickelte sich, nach allem, was uns bekannt ist, in diesen drei Regionen der Welt unabhängig voneinander. Von Südasien, Zentralamerika und Ostafrika aus verbreitete sich dieses Wissen dennoch schnell entlang der bestehenden Handels- und Migrationswege – von Mesoamerika etwa in den Norden und von Ostafrika aus westwärts. Der Mittelpunkt dieser Bewegungen der Baumwollindustrie war jedoch Indien. Von dort aus gelangten die Fertigkeiten zum Anbau und zur Verarbeitung nach Westen, Osten und Süden, wodurch Asien zum Zentrum der globalen Baumwollindustrie wurde, was es bis ins 19. Jahrhundert hinein blieb und auch im späten 20. Jahrhundert wieder sein sollte.[18]

Noch vor ihrer Entdeckung durch die Europäer verbreitete sich die Baumwolle westwärts von Indien über Turkestan in den Nahen Osten und später in den Mittelmeerraum. Wir haben Hinweise darauf, dass Baumwolle noch vor unserer Zeitrechnung in Persien, Mesopotamien und Palästina gezüchtet wurde. Baumwollbekleidung aus der Zeit um 1100 v. Chr. wurde in Ninive (im heutigen Irak) gefunden, und ein assyrischer Zylinder aus dem 7. Jahrhundert v. Chr. zeigt einen Wolle tragenden Baum. Wenige hundert Jahre später, während der ersten Jahrhunderte unserer Zeitrechnung, hatten anatolische Bauern den Baumwollanbau übernommen. Wie in Afrika trug im Nahen Osten der Islam zur Verbreitung der Baumwolle bei, die durch den religiösen Aufruf zur Bescheidenheit zu einem «gewöhnlichen Bekleidungsartikel» wurde. In Persien kam es im 9. und 10. Jahrhundert zu einen «Baumwollboom». Um 1300 stieß Marco Polo überall zwischen Armenien und Persien auf Baumwolle und Baumwollbekleidung, und deren reiches Vorkommen in ganz Asien wurde zum zentralen Thema seiner Berichte.[19]

Der Baumwollanbau verbreitete sich von Indien aus auch ostwärts und besonders nach China. Obwohl China schließlich der bedeutendste Erzeuger von Baumwolle und Baumwolltextilien wurde und heute das Zentrum der weltweiten Baumwollindustrie ist, war die Pflanze dort ursprünglich nicht heimisch. Und in der Tat stammt das chinesische Wort für Baumwolle und Baumwollfaser aus dem Sanskrit. Erst um 200 v. Chr. war die Baumwolle in China bekannt, während des folgenden Jahrtausends wanderte sie noch nicht sehr weit über die südwestlichen Grenzgebiete, in denen sie zuerst eingeführt wurde, hinaus.[20]

Während der Yuan-Dynastie (1271–1368) jedoch war die Baumwolle in China schon allgegenwärtig. Sie verdrängte erfolgreich die Ramiepflanze, die den Chinesen, gemeinsam mit der Seide, traditionell als Faser zur Stoffherstellung gedient hatte. Um 1433 konnten chinesische Untertanen Steuern in Baumwolle zahlen, was es dem Staat ermöglichte, seine Soldaten und Beamten mit den Erzeugnissen dieser Faser zu bekleiden. Wie wir sehen werden, war die Besteuerung der Ernte eines von vielen Beispielen für die Einflussnahme der politischen Obrigkeit auf die Baumwollindustrie. Während der expansiven Ming-Dynastie (1368–1644) verbreitete sich die Baumwollproduktion auch in den von China neu eroberten Gebieten. Am Ende der Ming-Ära produzierten die Chinesen schätzungsweise 20 Millionen Ballen Baumwollstoff jährlich. Eine Arbeitsteilung hatte sich herausgebildet, in welcher die Bauern aus dem Norden Rohbaumwolle nach Süden bis zum Unterlauf des Jangtse verschifften, wo andere Bauern sie gemeinsam mit ihrer eigenen Baumwolle zu Textilien weiterverarbeiteten und einen Teil davon wieder in den Norden zurückverkauften. Der Austausch zwischen den Regionen entwickelte eine solche Dynamik, dass Baumwollstoffe schließlich ein Viertel des Handels ausmachten. Ab dem 17. Jahrhundert trugen fast alle Chinesen, Männer, Frauen und Kinder, Baumwollkleidung. Da sich die Bevölkerung Chinas im Laufe des 18. Jahrhunderts auf 400 Millionen Menschen verdoppelte, erstaunt es nicht, dass die Baumwollindustrie des Landes nach Indien zur zweitgrößten der Welt aufstieg. China produzierte 1750 etwa 680 Millionen Kilogramm Baumwolle, was ungefähr dem Ertrag in den Vereinigten Staaten entsprach, als deren Plantagenbesitzer ihre Produktion in den 1850er Jahren massiv expandierten.[21]

Die indische Baumwolltechnologie gelangte auch nach Südostasien. Mit der

Verbreitung von Produktionsverfahren wurden Baumwollstoffe nach Nahrungsmitteln zu den wertvollsten Erzeugnissen auch dieser Region. Buddhistische Mönche brachten sie irgendwann zwischen dem 3. und 5. Jahrhundert nach Java. Viel später, zwischen 1525 und 1550, erreichte die Baumwolle Japan. Zu Beginn des 17. Jahrhunderts war sie dort zu einer wichtigen kommerziellen Nutzpflanze geworden, die von Kleinbauern oft im Wechsel mit Reis angebaut wurde, um ein zusätzliches Einkommen für Steuerzahlungen zu erwirtschaften. Mit der Ankunft der Baumwolle in Japan hatte sich die ursprünglich indische Baumwollindustrie über ganz Asien ausgebreitet.[22]

...

Diese verschiedenen Welten der Baumwolle mit ihren afrikanischen, amerikanischen und asiatischen Bauern, Spinnern, Webern und Kaufleuten waren dynamisch und expansiv. Und trotz ihrer Vielfalt hatten die Zentren dieser riesigen Industrie vieles gemeinsam. Am wichtigsten war die Tatsache, dass Anbau und Verarbeitung der Baumwolle fast immer in kleinem Umfang begannen und sich auf Haushalte konzentrierten. Obwohl manche Bauern ihre Rohbaumwolle auf teilweise weit entfernten Märkten verkauften und oftmals durch ihre Herrscher dazu gezwungen wurden, einen Teil ihrer Ernte als Steuern abzugeben, machte sich keiner von ihnen ganz von der Baumwolle abhängig; stattdessen diversifizierten sie ihre wirtschaftlichen Aktivitäten in der Hoffnung, Risiken zu vermeiden. In weiten Gebieten Afrikas und Teilen von Südasien und Zentralamerika hielten sich solche Muster bis weit ins 20. Jahrhundert hinein.

Über Jahrtausende säten Familien also Baumwolle in einem sorgsam bedachten Gleichgewicht mit anderen Pflanzen an. Bauern pflanzten die Faser neben ihren Nahrungspflanzen und versuchten ihren eigenen Bedarf und den ihrer Gemeinschaft an Lebensmitteln und Stoffen mit den Tributforderungen ihrer Herrscher in Einklang zu bringen. In Veracruz etwa war der parallele Anbau von Getreide und Baumwolle üblich, um sowohl den Bauern als auch den Spinnern und Webern ein Auskommen zu sichern. Auf der Halbinsel Yucatán züchteten die Maya Baumwolle auf Feldern, auf denen auch Mais und Bohnen wuchsen. In Westafrika wurde Baumwolle «vermischt mit Nahrungspflanzen» angebaut, wie etwa mit Sorghumhirse an der heutigen Elfenbeinküste oder mit Yams im jetzigen Togo. In Gujarat wurden «die Baumwollbüsche zwischen die Reispflanzen gesetzt». In den Baumwollregionen von Zentralasien pflanzten Bauern die Faser nicht nur mit Reis, sondern auch mit Weizen und Hirse, in Korea mit Bohnen an. Vor dem 18. Jahrhundert gab es keine bedeutende Baumwoll-Monokultur, und als diese Monokulturen schließlich aufkamen, brachten sie die Gier nach immer mehr Arbeitskräften und Land mit sich.[23]

Wie der Anbau von Baumwolle, so begann auch ihre Verarbeitung auf der

Aufstieg eines globalen Rohstoffs

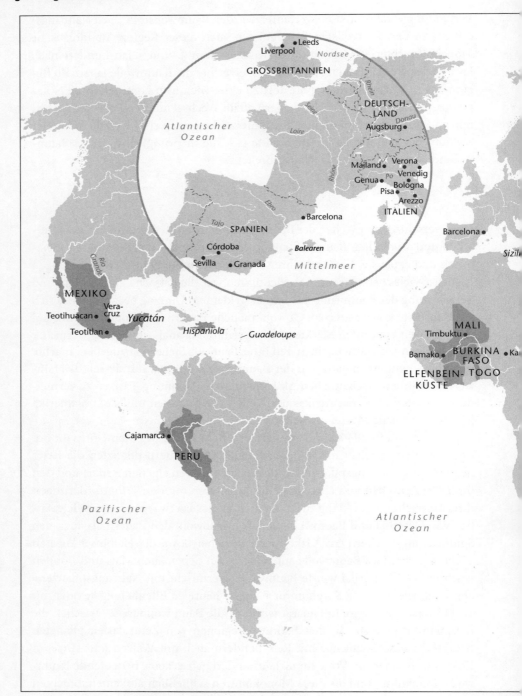

Die Welten der Baumwolle, die ersten 5000 Jahre

Ein Geschenk der Götter

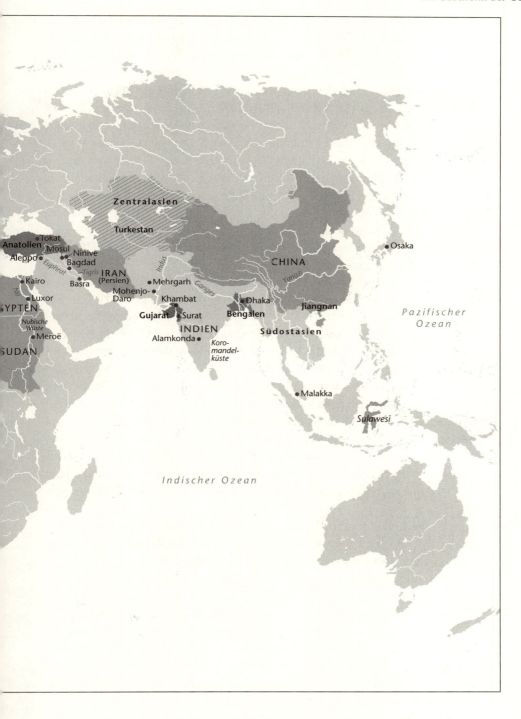

ganzen Welt in Familienhaushalten, und dabei blieb es mit einigen Ausnahmen bis ins 19. Jahrhundert. Dies gilt für die Gebiete, die von den Azteken beherrscht wurden, genauso wie für Afrika, Indien, China, Südostasien, Zentralasien und das Osmanische Reich. Die heimische Produktion ermöglichte es Familien, die Stoffe herzustellen, die sie selbst zum Leben brauchten, darüber hinaus konnten jedoch auch Waren für den Verkauf auf den Märkten gefertigt werden. Da das Arbeitsaufkommen in den meisten landwirtschaftlichen Gesellschaften in hohem Maße von der Jahreszeit abhing und die gepflückte Baumwolle monatelang gelagert werden konnte, hatten die Bauern die Möglichkeit, sich je nach Saison zeitweise ganz der Textilherstellung zu widmen. Dies galt vor allem für Frauen.[24]

In jeder Gesellschaft etablierte sich eine klare geschlechtsspezifische Arbeitsteilung, wobei sich vor allem Frauen der Herstellung von Textilien widmeten. Tatsächlich gab es im alten China die Redensart «Männer bestellen den Boden und Frauen weben». Außer bei den Navajo, den Hopi und bei einigen Völkern in Südostasien hatten Frauen auf der ganzen Welt nahezu ein Monopol auf das Spinnen, da man nebenbei andere Tätigkeiten verrichten konnte, wie etwa das Beaufsichtigen kleiner Kinder oder das Zubereiten von Mahlzeiten. Die Herstellung von Geweben war so eng mit der weiblichen gesellschaftlichen Rolle verbunden, dass in einigen Kulturen die Spinnwerkzeuge zu Grabbeigaben von Frauengräbern wurden. Was das Weben anging, bildete sich hingegen keine so starke Geschlechtertrennung heraus. Während die Webindustrie in Indien oder Südostafrika eher von Männern dominiert wurde, gab es etwa in Südostasien, China, Nord- und Westafrika viele Kulturen, in denen auch Frauen webten. Doch auch in Gesellschaften, in denen sowohl Frauen als auch Männer dieses Handwerk ausübten, spezialisierten sie sich für gewöhnlich auf unterschiedliche Muster, produzierten Stoffe mit anderen Eigenschaften und arbeiteten an verschiedenartigen Webstühlen. Diese prä-industrielle geschlechtsspezifische Arbeitsteilung sollte später auf das aufkommende Fabriksystem übertragen werden.[25]

Durch die Einbindung in Haushalte und ihre besonderen Überlebensstrategien entwickelte sich die vormoderne Baumwollindustrie nur langsam. Im 18. Jahrhundert zum Beispiel brauchte eine Frau in Südostasien einen Monat, um ein Pfund Baumwolle zu spinnen, und einen weiteren Monat, um ein etwa neun Meter langes Stück Stoff zu weben. Dieser enorme Zeitbedarf war unter anderem eine Folge der von Ökonomen so genannten «geringen Opportunitätskosten» für die Arbeit, die zum Spinnen und Weben aufgewendet wurde. Hemmschuhe für die Entwicklung waren auch die maximal angesetzten Steuern, mit denen Herrscher die Produktion ihrer Untertanen belegten, und die Tatsache, dass in einer Welt, in der viele Haushalte Selbstversorger waren, Märkte nur in begrenztem Umfang existierten.[26]

Der langsame technologische Fortschritt war jedoch auch durch das beschränkte Rohstoffangebot bedingt. In den meisten Gebieten der Erde konnte die Rohbaumwolle nur über geringe Entfernungen transportiert werden, mitunter von Lasttieren. Effizienter und verbreiteter war der Baumwollhandel auf den Wasserwegen. Im 2. Jahrtausend n. Chr. zum Beispiel berichteten Augenzeugen von hunderten, wenn nicht tausenden von Booten, die Baumwolle den Jangtse hinunter in die Region Jiangnan brachten. Ähnlich wurde Baumwolle aus Gujarat und Zentralindien auf dem Ganges und entlang der Küste nach Südindien und Bengalen verschifft. Dennoch wurde der überwiegende Teil der Rohbaumwolle bis ins 19. Jahrhundert nur wenige Kilometer von den Feldern entfernt gesponnen und gewoben.[27]

Wertvolles Tauschmittel

So viele Menschen in so vielen Teilen der Erde bauten Baumwolle an, dass in der Folge die wahrscheinlich wichtigste verarbeitende Industrie der Welt entstand. Auch wenn die Produktion der Haushalte für den Eigenbedarf bis ins 19. Jahrhundert der bedeutendste Sektor blieb, machte sich schon viele Jahrhunderte vor der Industriellen Revolution der 1780er Jahre ein signifikanter Wandel bemerkbar. Vor allem wurden Baumwollwaren – zum Teil, weil ihre Produktion so arbeitsintensiv war – eine wichtige Wertanlage und ein Tauschmittel. Herrscher auf der ganzen Welt forderten Abgaben oder Steuern in Form von Baumwollstoffen, und man kann mit Recht behaupten, dass die Baumwolle die Geburt der politischen Ökonomie als solche begleitete. Stoffe waren ein ideales Tauschmittel, denn anders als Rohbaumwolle konnten sie leicht über weite Entfernungen transportiert werden, waren widerstandsfähig und kostbar. Nahezu überall in der vormodernen Welt konnte man mit einem Stück Baumwollstoff lebenswichtige Dinge erstehen: Nahrung, Fertigwaren und sogar Schutz.[28]

Der Gebrauch von Baumwolle als Protogeld verdeutlicht, dass ihre Erzeugnisse nicht nur in unmittelbarer Nähe ihres Entstehungsortes eingesetzt wurden. Tatsächlich entwickelten die Baumwollzentren, die unabhängig voneinander in den Amerikas, in Afrika und Asien entstanden waren, immer weiter reichende Handelsnetzwerke, die Baumwollbauern, Stoffhersteller und Verbraucher über große, mitunter transkontinentale Entfernungen hinweg miteinander verbanden. Baumwollstoffe aus Gujarat spielten bereits im 4. Jahrhundert v. Chr. eine bedeutende Rolle für den Handel im Indischen Ozean und wurden in großen Mengen an der ostafrikanischen Küste verkauft. In Mesoamerika wurde mit Stoffen über viele hundert Kilometer hinweg gehandelt. So etwa, wenn Kaufleute Gewebe aus Teotitlan (im jetzigen Oaxaca) nach Guatemala brachten. Im Südwesten der heutigen Vereinigten Staaten waren Garn und Stoff ebenfalls wichtige Handelsgüter. Bei Ausgrabungen fand man Baumwollwaren weit von Orten entfernt, an denen die Pflanze wachsen konnte. Seit dem 13. Jahrhundert importierten chinesische Kaufleute Baumwollgarn und Stoffe zusätzlich zur heimischen Produktion aus entfernten Gegenden wie etwa Vietnam, Luzon und Java. Ähnlich handelten auch afrikanische Kaufleute über große Entfernungen hinweg mit Baumwolltextilien, wenn sie etwa malinesische Stoffe gegen Salz eintauschten, das Wüstennomaden ihnen brachten. Osmanische Gewebe gelangten an entlegene Orte in Westeuropa, während Japan seit dem 13. Jahrhundert Baumwollwaren importierte. In all diesen Geschäften mussten sich die Händler, vor allem wenn sie aus weit entfernten politischen Kontexten stammten, an lokale Gepflogenheiten anpassen und ihre Produkte zu Preisen anbieten, die für die Konsumenten vor Ort attraktiv waren.[29]

...

Inder, im Zentrum dieser wachsenden globalen Verbindungen, trieben Handel mit dem Römischen Reich, Südostasien, China, der arabischen Welt, Nord- und Ostafrika. Indische Baumwollprodukte durchzogen den südasiatischen Kontinent auf dem Rücken von Menschen und Ochsen. Sie kreuzten die Meere in arabischen Dhaus, durchquerten die große Arabische Wüste nach Aleppo auf Kamelen, trieben den Nil hinunter bis zum großen Baumwollmarkt von Kairo und füllten die Bäuche von Dschunken auf ihrem Weg nach Java. Bereits im 6. Jahrhundert v. Chr. brachten Kaufleute indische Baumwolle nach Ägypten, bis an das Rote Meer und zu den Häfen am Golf. Griechische Händler verbreiteten sie dann von Ägypten und Persien aus nach Europa. Schließlich hatten auch römische Kaufleute an diesem Handel Anteil. Sie sorgten dafür, dass die Baumwolle zum begehrten Luxusgut der imperialen Eliten wurde. In ganz Ostafrika war die indische Baumwolle ebenfalls von großer Bedeutung. Für die arabische Welt und Europa blieb Indien, unter anderem durch die Kaufleute aus Gujarat, die riesige Mengen an Stoff verschifften, bis ins 19. Jahrhundert einer der Hauptzulieferer. «So viel Geld und Schätze fließen in indische Handelswaren, dass ... sich der Reichtum der Welt in Indien anhäuft», beschwerte sich ein Beamter des Osmanischen Reichs 1647. Indiens Handel war so zentral, dass das sanskritische Wort für Baumwollwaren (*kaparsi*) Eingang fand in das Hebräische, Griechische, Lateinische, Persische, Arabische, Armenische, Malayische, Uigurische, Mongolische und Chinesische. Sogar die indischen Namen bestimmter Stoffarten wurden weltweit zu Markennamen – Chintz und Jakonnet zum Beispiel sind verschliffene Worte aus indischen Sprachen, die schließlich auf der ganzen Welt für besondere Arten der Verarbeitung standen. Ab dem 17. Jahrhundert waren indische Baumwollfabrikate tatsächlich das, was die Historikerin Beverly Lemire als die «ersten globalen Konsumgüter» bezeichnet hat.[30]

Weil die Nachfrage nach Stoffen immer weiter wuchs, tat die Baumwolle ihre ersten tastenden Schritte heraus aus den Haushalten. Im Laufe des 2. Jahrtausends wurde vor allem in Asien die Produktion in Werkstätten und Manufakturen immer üblicher. Professionelle Weber konzentrierten sich hauptberuflich darauf, den Fernhandel zu beliefern. In Dhaka arbeiteten Weber unter strenger Überwachung, um Musselin für den Mogulhof zu produzieren, «gezwungen, nur für die Regierung zu arbeiten, die sie miserabel bezahlte und sie in einer Art Gefangenschaft hielt». Berichten zufolge gab es auch in Alamkonda, im heutigen Andhra Pradesh, bereits im 15. Jahrhundert Werkstätten mit mehr als einem Webstuhl. Im Unterschied zu den Webern, die ausschließlich Stoffe für ihre eigene Familie produzierten, waren die Erzeuger für den Fernhandel auf bestimmte Orte konzentriert: Bengalen war für seine feinen Musselin-Stoffe bekannt, die Koromandelküste für Chintz und Kattun und Surat für seine festen und preiswerten Gewebe jeglicher Art. Auch in anderen Teilen der Welt, von Timbuktu bis Osaka, bildeten sich Gruppen von Menschen, die sich ausschließlich der Baumwollverarbeitung widmeten: Im China der Ming-Dynastie etwa wurden qualitativ hochwertigere Textilien in «städtischen Webhäusern» gefertigt, in denen zusammengenommen viele tausend Arbeiter ihr Auskommen fanden; Bagdad, Mosul und Basra unterhielten große Baumwoll-Werkstätten, und tatsächlich ist die Bezeichnung «Musselin» für feine Baumwollgewebe von *Musil*, dem kurdischen Wort für die Stadt Mosul, abgeleitet; in Bamako, der Hauptstadt des heutigen Mali, gingen bis zu 600 Weber ihrem Gewerbe nach, während in Kano, dem «Manchester Westafrikas», eine große Webindustrie entstand, welche die Menschen in der Sahara mit Stoff belieferte. In Timbuktu gab es schon in den 1590er Jahren 26 Betriebe, die Baumwolltextilien herstellten und jeweils mehr als 50 Arbeiter beschäftigten.[31]

Mit diesen Werkstätten entwickelte sich auch ein neuer Typus des Webers: eine für gewöhnlich männliche Einzelperson, die Stoff nicht für den Bedarf der Familie herstellte, sondern gezielt für den Verkauf auf dem Markt. Doch trotz des Aufkommens von Manufakturen fand die auf die Märkte spezialisierte Produktion normalerweise nicht in Städten, sondern auf dem Land, nicht in Werkstätten, sondern in Haushalten statt. Was diese ländlichen Marktproduzenten von den Selbstversorgern unterschied, war ihre Abhängigkeit von einer aufstrebenden Macht im globalen Handel: dem Verlagssystem, das durch das Kapital der Kaufleute zusammengehalten wurde. Innerhalb dieser Netzwerke, die die Wurzel der mechanisierten Baumwollproduktion des 19. Jahrhunderts bilden sollten, stellten Spinner und Weber Baumwollgarn und Stoff für die Kaufleute aus der Stadt her, welche diese Produkte sammelten und auf weit entfernten Märkten verkauften.

Für dieses Verlagssystem war das Verhältnis zwischen Kaufleuten und Spinnern bzw. Webern zentral, doch die Art und Weise, in der Händlerkapital und

Produzenten miteinander in Beziehung standen, konnte ganz verschieden sein: Auf dem indischen Subkontinent etwa waren die Weber im ländlichen Raum vom Kapital der Kaufleute abhängig, um genügend Garn und auch die Nahrung beschaffen zu können, die sie während des Webens brauchten; dennoch arbeiteten diese Weber normalerweise mit ihren eigenen Werkzeugen, wurden nicht beaufsichtigt und konnten über den Verkauf ihrer Produkte selbst bestimmen. In anderen Teilen der Erde hatten die ländlichen Weber wesentlich weniger Macht. Im Osmanischen Reich zum Beispiel brachten Händler Baumwolle und Garn zu den Bauern, die für sie spannen und webten und ihre Produkte schließlich mit geringem Gewinn wieder abgaben. Anders als die Weber in Indien hatten sie keinerlei Mitspracherecht beim Verkauf ihrer Produkte. Auch in China übten Kaufleute eine starke Kontrolle über die Produktion aus. Sie kauften Rohbaumwolle auf, verteilten sie auf lokalen Märkten an Bauersfrauen, die sie spannen und webten, ließen die Stoffe von Betrieben in der Stadt färben und kalandrieren und verkauften sie dann in ganz China. Im Grunde waren es die Händler, die jedes Stadium der Produktion kontrollierten und damit bereits die zentrale Rolle, die sie im 19. Jahrhundert beim Aufbau eines weltübergreifenden Baumwollimperiums spielen sollten, vorwegnahmen.[32]

Mit den expandierenden Märkten veränderte sich auch die Technologie. Zwar waren die Grundprinzipien der Baumwollverarbeitung auf der ganzen Welt ähnlich, und die Produktivität lag vor der Erfindung neuer Entkörnungsmaschinen, Spinngeräte und Webstühle im späten 18. und frühen 19. Jahrhundert niedrig, doch gab es bereits einige signifikante Neuerungen. In Mesoamerika zum Beispiel wurde das Spinnen durch die Einführung von «speziell geformten Spinnwirteln aus Keramik» und schließlich auch Spinnschüsseln verbessert. Das Zentrum der technologischen Innovation war jedoch Asien: Die Entkörnungswalze (mit der die Samen entfernt wurden), der Bogen (mit dem man die entkörnte Baumwolle von Schmutz und Knoten befreite), das Spinnrad und neue Arten von Webstühlen stammten alle von dort. Besonders das im 11. Jahrhundert erfundene Spinnrad war eine entscheidende Innovation, die das Spinnen von Baumwolle um ein Vielfaches beschleunigte.[33]

Die größten Fortschritte wurden beim Anbau der Baumwollpflanze selbst erzielt. Sie waren in der Tat so einschneidend, dass die Baumwolle, die von Sklaven im 19. Jahrhundert gepflückt werden sollte, vollkommen anders aussah als die der indischen Bauern 2000 Jahre zuvor. Durch gezielte Selektion wurde die Pflanze an stark variierende Umweltbedingungen angepasst und die Verwertbarkeit der Faser für die Textilproduktion verbessert. Bauern in China, Japan, Südostasien, Nord- und Südamerika, Westafrika und Anatolien brachten Baumwollsamen aus angrenzenden Territorien mit und mischten sie unter die heimischen Feldfrüchte. Im Laufe der Jahrhunderte entstand eine Pflanze, die längere und hellere Fasern austrieb (Baumwollexperten sollten die Länge der Faser später als «Stapel» bezeichnen), die zudem üppiger wuchsen und leichter von der haselnussartigen Samenkapsel abzupflücken waren. Darüber hinaus ermöglichten bewässerungstechnische und agrarwissenschaftliche Fortschritte die Ausweitung der Produktion in neue Regionen. Durch die Selektion von Saatgut und aufgrund verbesserter Technologien gedieh die Baumwollpflanze auch in den trockeneren und kälteren Gegenden Afrikas, Asiens und den Amerikas, ebenso wie auf den größtenteils ariden Böden der islamischen Welt. Im Iran zum Beispiel ermöglichten Investitionen in Bewässerungssysteme schon im 9. Jahrhundert eine beträchtliche Ausdehnung des Baumwollanbaus.[34]

Trotz dieser Produktivitätssteigerungen der zweitausend Jahre, die der Industriellen Revolution vorangingen, verbreitete sich die Baumwollindustrie auf der ganzen Welt in erster Linie deshalb, weil eine stetig wachsende Zahl von Menschen immer mehr Zeit in den Anbau der Pflanze, das Spinnen und Weben investierte. Die Produktionsnetzwerke, die Spinner und Weber auf dem Land mit städtischem Handelskapital und mit manchmal entfernten Konsumenten verbanden, sorgten vor allem in Asien für eine schrittweise, aber doch spürbare Ausweitung der für den Markt bestimmten Warenmenge. Regionale, voneinander getrennte *commodity chains* vervielfachten sich. Dies geschah aber, ohne die alten sozialen Strukturen ganz aufzubrechen und ohne die seit Jahrhunderten bestehenden Produktionsweisen in ihrer Organisation wesentlich zu verändern. Haushalte und die dort angewendeten Technologien blieben weiterhin die Grundlage. Diese vormodernen Welten der Baumwolle wurden durch zwei Faktoren geschützt: einerseits durch die nur langsam wachsenden Märkte für Fertigwaren und andererseits durch die großen Hindernisse beim Transport der Baumwolle über weite Strecken. Eine starke Gegenmacht war nötig, um diese alten Beschränkungen zu durchbrechen.[35]

Islamische Innovationen in Europa

Für sehr lange Zeit tauchte Europa in dieser bemerkenswert vielfältigen, ungemein betriebsamen und ökonomisch bedeutenden Welt der Baumwolle nicht auf. Der Kontinent spielte in den Netzwerken für den Anbau, die Verarbeitung, den Handel und den Konsum von Baumwolle nur eine kleine Nebenrolle, es dominierten asiatische, afrikanische und amerikanische Bauern, Handwerker und Kaufleute. Selbst nachdem in griechischer und römischer Zeit kleine Mengen von Baumwollstoff nach Europa kamen, blieben sie für die globale Baumwollindustrie im Ganzen von geringer Bedeutung. Die Menschen kleideten sich, wie sie das seit der Bronzezeit getan hatten, in Flachs und Wolle. Mahatma Gandhi beobachtete schon 1930, vielleicht etwas übertrieben, dass zu einer Zeit, als Indien Baumwolltextilien nach Europa sandte, Europa selbst in einem «Zustand der Barbarei, Unwissenheit und Wildnis» war.[36]

Baumwolle galt in Europa ganz einfach als exotisch. Die Faser wuchs in fernen Ländern, und wie berichtet wird, stellten sich viele Europäer Baumwolle als eine Mischung aus Pflanze und Tier vor – als ein «vegetabiles Lamm». Im Mittelalter kursierten in Europa Geschichten über kleine Schafe, die auf Pflanzen wuchsen; andere Legenden erzählten von Schafen, die durch kurze Stämme mit dem Erdboden verbunden waren.[37]

Der erste bedeutende Vorstoß der Baumwolle in Europa war, wie auch in Westafrika, eine Folge der Ausbreitung des Islam. Um 950 wurde in islamischen Städten wie Sevilla, Córdoba, Granada und Barcelona (im heutigen Spanien) ebenso wie auf Sizilien Baumwolle verarbeitet; einige dieser Textilien wurden ins übrige Europa exportiert.[38] Die Verbindung zwischen dem Islam und der Baumwolle war so eng, dass die meisten westeuropäischen Sprachen ihre Bezeichnungen für die Faser vom arabischen Wort *qutun* ableiteten. Das französische *coton*, das englische *cotton*, das spanische *algodon*, das portugiesische *algodão*, das niederländische *katoen* und das italienische *cotone* – sie alle stammen von der arabischen Wurzel ab (das deutsche Wort Baumwolle ist eine Ausnahme, die die Regel bestätigt). Obwohl die christliche *Reconquista* der Iberischen Halbinsel in der ersten Hälfte des 2. Jahrtausends die Baumwollproduktion der Region erheblich beeinträchtigte, hinterließ der jahrhundertelange arabische Einfluss die Vertrautheit mit Baumwollstoffen und deren Wertschätzung in ganz Europa.

Zu Beginn des 12. Jahrhunderts fanden kleine Teile Europas – vor allem Norditalien – wieder Anschluss an die Welt der Baumwollproduktion, und diesmal dauerhaft. Während das europäische Klima für den Baumwollanbau meist ungeeignet war, hatten die Kreuzfahrer die Macht Europas in die arabische Welt hinein ausgedehnt, bis in Gegenden, wo die Baumwolle endemisch vorkam.[39] Die ersten Bemühungen zur Verarbeitung von Baumwolle fielen bescheiden aus, stießen aber eine Entwicklung an, welche die Geschichte des Kontinents und der Weltwirtschaft entscheidend verändern sollte.

Das erste Zentrum einer nicht islamischen Baumwollindustrie in Europa entstand in Norditalien, in Städten wie Mailand, Arezzo, Bologna, Venedig und Verona. Diese Industrie entwickelte sich ab dem späten zwölften Jahrhundert rasch und spielte für die Wirtschaft dieser Städte eine zentrale Rolle. In Mailand etwa waren um 1450 insgesamt rund 6000 Arbeiter in der Baumwollindustrie beschäftigt, um Barchent zu produzieren, ein Mischgewebe aus Baumwolle und Leinen. Die Städte in Norditalien wurden innerhalb Europas zu den vorherrschenden Produzenten und behielten diese Stellung über etwa drei Jahrhunderte hinweg.[40]

Die Baumwollherstellung florierte in Norditalien aus zwei Gründen. Zum einen blicken diese Städte auf die lange Geschichte einer noch immer lebendigen Wollproduktion zurück, wodurch qualifizierte Arbeiter, kapitalkräftige Kaufleute und Erfahrung mit dem Fernhandel vorhanden waren. Als die Unternehmer beschlossen, in die Baumwollherstellung zu investieren, konnten sie auf diese Ressourcen zurückgreifen. Sie ließen Baumwolle von Frauen im Umland spinnen; sie schlossen Verträge mit den in Zünften organisierten Handwerkern der Stadt, die das Garn webten; sie machten aus ihren Erzeugnissen standardisierte Markenartikel und nutzten ihre Fernhandelsnetzwerke, um ausländische Märkte im Mittelmeerraum, dem Nahen Osten, Deutschland, Österreich, Böhmen und Ungarn für den Export zu erschließen.[41]

Zum anderen hatten norditalienische Produzenten einen entscheidenden Vorteil: Sie kamen leicht an Rohbaumwolle. Die norditalienische Industrie war von Anfang an komplett auf die Baumwolle aus den Gebieten des östlichen Mittelmeerraumes wie Westanatolien und das heutige Syrien angewiesen. Schon im 11. Jahrhundert waren Baumwollgarn und Gewebe über die Häfen von Venedig, Genua und Pisa eingeführt worden und hatten die Menschen auf den Geschmack gebracht. Doch nun folgte auch Rohbaumwolle: Der erste Import ist für das Jahr 1125 dokumentiert, in der Folge der ersten Kreuzzüge.[42]

Da Verbesserungen in der Schifffahrt billigere Transporte für Massenware ermöglichten, wurde Venedig Europas führender Baumwollimporteur, das Liverpool des 12. Jahrhunderts. Einige venezianische Kaufleute spezialisierten sich auf den Baumwollhandel und kauften Rohbaumwolle von minderer Qualität in Anatolien und gleichzeitig bessere Ware in Syrien. Diese Lieferungen wurden ergänzt durch Genueser Importe aus Anatolien, Sizilien und Ägypten. Gemeinsam brachten die Venezianer und die Genueser beträchtliche Mengen des Rohstoffes nach Italien. Doch auch wenn sie große Mengen importierten, hatten die europäischen Händler wenig, wenn überhaupt irgendeinen Einfluss auf die Art und Weise, in der Baumwolle in der Levante angebaut wurde: Sie kauften Baumwolle von arabischen Kaufleuten, luden sie auf ihre Schiffe und transportierten sie über das Meer. Nichtsdestotrotz war das Geschick der Venezianer, sich in den Mittelmeerhandel einzuklinken und diesen schließlich zu dominieren, entscheidend für die norditalienische Baumwollindustrie. Ferner war diese Entwicklung bereits ein Vorbote des Keils, den die europäischen Staaten und Unternehmer später tief ins Innerste der alten Baumwollzentren treiben sollten.[43]

Mithilfe dieser mediterranen Netzwerke konnten italienische Hersteller auch auf «östliche» Technologien zugreifen. Ihre Fähigkeit, sich Verfahren der islamischen Welt zu eigen zu machen – von denen einige wiederum aus Indien stammten –, verschafften norditalienischen Unternehmern einen Wettbewerbsvorteil. Im 12. Jahrhundert fand eine «massive Beeinflussung der europäischen Textilindustrie durch fremde Technologien», darunter das Spinnrad und der

Aufstieg eines globalen Rohstoffs

38   Trittwebstuhl, statt. Um die Mitte des 13. Jahrhunderts hatten die Europäer wie auch die Amerikaner und Afrikaner mit Handspindeln gesponnen – ein langwieriger Prozess: Ein geübter Spinner produzierte etwa 120 Meter Garn pro Stunde. Bei dieser Geschwindigkeit benötigte man etwa elf Stunden, um genügend Garn für eine Bluse herzustellen. Das Spinnrad verdreifachte die Produktivität europäischer Spinner. So führte die Verfügbarkeit eines neuen Rohstoffes –

Horizontaler Trittwebstuhl, Mailand, Mitte des 14. Jahrhunderts

Baumwolle – auch zur Aneignung des neuen Herstellungsverfahrens, weshalb das Spinnrad in Europa auch als «Baumwollrad» bezeichnet wurde. Einen weiteren Fortschritt, wenn auch weniger einschneidend als das Spinnrad, brachte zudem der horizontale Trittwebstuhl. Er wurde in Europa erstmals im 11. Jahrhundert verwendet und ermöglichte es dem Weber, die sogenannten Fächer – die Öffnungen, welche einige der Kettfäden voneinander trennen, damit das Weberschiffchen zwischen ihnen hindurchgeführt werden kann – mit dem Fuß zu wechseln, so dass die Hände frei waren, um den Schussfaden hindurchzuziehen. Durch diese Innovation konnten Textilien von feinerer Qualität hergestellt werden. Die neue Technik kam, wie das Spinnrad, aus Indien oder China und erreichte Europa über die islamische Welt.[44]

Das Wachstum der norditalienischen Baumwollindustrie basierte hauptsächlich auf der Verfügbarkeit von Rohbaumwolle und auf den Herstellungstechniken der islamischen Welt. Wie wir sehen werden, sollten diese Verbindungen und Abhängigkeiten zu Italiens verwundbarster Stelle werden; die Industrie blieb abseits der Rohstoffquellen und hatte keinerlei Kontrolle über den Baumwollanbau. Die norditalienische Baumwollindustrie litt nach einigen Jahrhunderten der Expansion sowohl unter dem Erstarken der islamischen Baumwollindustrie als auch der daraus folgenden Marginalisierung ihrer eigenen Handelsbeziehungen mit der islamischen Welt.[45]

Doch noch vor dem Zusammenbruch dieser entscheidenden Netzwerke sah sich die italienische Industrie mit einer anderen Herausforderung konfrontiert: dem Auftauchen geschäftstüchtiger Konkurrenten nördlich der Alpen, in den Städten Süddeutschlands. Wie ihre italienischen Kontrahenten bezogen auch sie Baumwolle aus der Levante. Aber während die italienischen Hersteller mit hohen Steuern, Löhnen, gut organisierten städtischen Webergilden und deren Auflagen kämpften, genossen die deutschen Produzenten den Vorteil der Fertigung auf dem Land, wo sie auf billige Arbeitskräfte zurückgreifen konnten. Ab dem frühen 15. Jahrhundert hatten deutsche Niedriglohnhersteller dieses Kostengefälle genutzt, um nicht nur viele der italienischen Exportmärkte in Ost- und Nordeuropa, Spanien, dem Baltikum, den Niederlanden und England, sondern auch den italienischen Markt selbst zu erobern.[46]

Ein solcher Unternehmer lebte 1367 in Augsburg. Der junge Weber Hans Fugger verkaufte zunächst die Baumwollerzeugnisse seines Vaters, wurde dann aber selbst zum Webermeister. In den folgenden Jahrzehnten tätigte er immer größere Investitionen, beschäftigte zeitweilig 100 Weber in Augsburg und steckte große Summen in Fernhandelsgeschäfte. Als er starb, stand er auf der Liste der reichsten Bürger Augsburgs auf Platz 41 und schuf die Basis für den Aufstieg einer der wohlhabendsten Kaufmanns- und Bankiersfamilien im mittelalterlichen Europa.[47]

Hans Fugger etablierte in wenigen Jahren in Süddeutschland eine leistungsfähige Baumwollindustrie. Zwischen 1363 und 1383 verdrängte die Produktion deutscher Weber den lombardischen Barchent von den europäischen Märkten. Fugger und andere Unternehmer wie er hatten Erfolg, weil ihnen qualifizierte Textilarbeiter, Kapital und Handelsnetzwerke zur Verfügung standen. Aufgrund einer langen Tradition der Leinenherstellung gab es in Süddeutschland mächtige Fernhandelskaufleute, die ausreichend Kapital besaßen, um eine neue Industrie aufzubauen. Diese Händler konnten billige Arbeitskräfte beschaffen, sie hatten Zugang zu den Märkten Nordeuropas und genügend Einfluss, um Verordnungen in Kraft zu setzen, durch welche die Qualität ihrer Produkte gewährleistet blieb. Infolgedessen wurden Städte wie Ulm, Augsburg, Memmingen und Nürnberg zu wichtigen Zentren der Barchent-Produktion. Schließlich verbreitete sich dieses Gewerbe ostwärts entlang der Donau und nach Süden hin bis in die Schweiz.[48]

Die Verfügungsmacht über ländliche Arbeiter war entscheidend. In Ulm etwa, einem der wichtigsten Produktionsstandorte, waren in der Stadt selbst nur ungefähr 2000 Menschen mit der Herstellung von Baumwollprodukten beschäftigt, während im Hinterland 18 000 Spinner und Weber im Einsatz waren. Tatsächlich wurde der größte Teil der Webarbeit auf dem Land und nicht in der Stadt geleistet; die Kaufleute stellten den Spinnern und Webern Geld, Rohmaterialien und sogar Werkzeuge zur Verfügung– ein Netzwerk ähnlich jenen, die für die ländlichen Gegenden Indiens typisch waren. Diese Organisation des Herstellungsbetriebes war flexibler als die städtische Produktion, da sie nicht durch Zünfte geregelt wurde und da die Weber auf dem Land weiterhin ihren Grund und Boden zur Verfügung hatten, auf dem sie ihre eigenen Nahrungsmittel anbauten.

Mit dem Aufkommen einer Baumwollindustrie in Norditalien und Süddeutschland wurden kleine Gebiete Europas erstmals Teil der globalen Baumwollwirtschaft. Dennoch war dieses Gewerbe innerhalb Europas noch nicht bedeutend. Die meisten Europäer kleideten sich immer noch in Leinen und Wolle, nicht in Baumwolle. Und kaum ein europäisches Baumwollprodukt wurde außerhalb des eigenen Kontinents erworben, europäische Produzenten konnten weder in Preis noch Qualität mit den Erzeugnissen indischer Weber mithalten. Zudem brach die von Venedig abhängige Industrie nach dem frühen 16. Jahrhundert zusammen, da der Dreißigjährige Krieg die Wirtschaft lahmlegte und sich der Handel vom Mittelmeerraum in Richtung Atlantik verlagerte. Venedig verlor auch die Kontrolle über den Mittelmeerhandel an ein gestärktes Osmanisches Reich, das die einheimische Industrie förderte und den Export von Rohbaumwolle beschränkte. Als die osmanischen Truppen die Macht ihres Reiches in den 1560er Jahren festigten, war dies sogar in den entfernten Textilstädten Deutschlands spürbar. Der Aufstieg des Osmanischen Reiches, eines kraftvollen Staates, der in der Lage war, den Warenverkehr von Rohbaumwolle und Baumwollerzeugnissen zu kontrollieren, ruinierte die norditalienischen und deutschen Industrien. Was die Lage für die einst dominanten Venezianer noch verschärfte, war, dass gegen Ende des 16. Jahrhunderts immer häufiger britische Schiffe in Häfen wie Izmir einliefen.[49]

Kluge Beobachter registrierten sicherlich, dass die ersten europäischen Baumwollproduzenten, sowohl die Norditaliener als auch die Süddeutschen, größtenteils daran scheiterten, dass sie sich die Menschen, die sie mit Baumwolle belieferten, nicht unterworfen hatten. Diese Lehre sollte nicht in Vergessenheit geraten. Als am Ende des 16. Jahrhunderts eine vollkommen neue Baumwollindustrie entstand, die sich auf den Atlantik und nicht mehr auf den Mittelmeerraum konzentrierte, gingen die Europäer davon aus, dass nur die Projektion staatlicher Macht in diesen neuen Handelszonen den Erfolg sichern konnte.[50]

Kapitel 2

Der Aufbau des Kriegskapitalismus

Die Eroberung globaler Baumwollnetzwerke: die Faktorei der Britischen Ostindien-Kompanie in Cossimbazar, Westbengalen, 1795

Der Aufschwung der Baumwollproduktion im Norditalien des 12. Jahrhunderts und später im 15. Jahrhundert in Süddeutschland schien zwar eindrucksvoll, jedoch nicht weltbewegend. Auf jeden Boom folgten Krisen. Indessen florierte die größere, auf den drei anderen Kontinenten bereits seit vielen Jahrhunderten fest etablierte Baumwollindustrie weiter. Die weltweite Produktion konzentrierte sich noch immer auf Indien und China, und der interkontinentale Handel wurde weiterhin von den Erzeugnissen indischer Weber dominiert. Asiatische Produzenten blieben auch an der Spitze innovativer Textiltechnologien. Natürlich produzierten Europas neue Unternehmen eine auf dem Kontinent bisher nie erreichte Menge an Baumwollstoffen, sie weckten die Vorliebe für das neue Material und etablierten ein breit gefächertes Wissen über die Prinzipien der Baumwollproduktion – alles Faktoren, die schließlich durchaus bedeutsam werden sollten. Aber zunächst waren diese kleinen Veränderungen für die globale Baumwollindustrie irrelevant, da die Europäer auf den transozeanischen Märkten nicht wettbewerbsfähig waren, nicht zuletzt weil ihre Baumwollstoffe nicht an die Qualität indischer Stoffe heranreichten. Anders als indische oder chinesische Hersteller waren sie zudem abhängig von Rohbaumwollimporten aus entlegenen Regionen der Erde – Regionen, über die sie wenig Kontrolle hatten.

Im Laufe der 200 Jahre nach 1600 sollte sich all dies jedoch ändern. Der Wandel vollzog sich langsam, zunächst kaum wahrnehmbar, aber einmal angestoßen, immer rascher und schließlich mit explosiver Geschwindigkeit. Das Ergebnis war letztlich eine radikale Neuorganisation der weltweit bedeutendsten Industrie: Die etablierten Orte und Abläufe der Baumwollproduktion wurden durch diese Erschütterung durcheinandergewirbelt, und dies gab eine unheimliche Ahnung davon, wie ein Produkt die Welt unter sein Joch zwingen kann. Diese Neuordnung wurde zunächst weder durch technische Errungenschaften noch durch organisatorische Vorteile angestoßen, sondern einfach durch die Fähigkeit und Bereitschaft, über weite Ozeane hinweg Kapital einzusetzen und militärische Macht zu projizieren. Immer häufiger schleusten sich Europäer, oftmals mit Gewalt, in die globalen Netzwerke des Baumwollhandels ein – innerhalb Asiens, zwischen Asien und dem Rest der Welt – , bevor sie ihre Macht nutzten, um ganz neue Handelsnetze zwischen Afrika, den Amerikas und Europa aufzubauen. Letztlich eroberten und veränderten europäische Kaufleute und Staatsmänner die Netzwerke des Baumwollhandels mit einer bis dahin nie dagewesenen Geschwindigkeit und Aggressivität.[1] Europas erster Vorstoß in die Welt der Baumwolle war angesichts einer überlegenen Gegenmacht gescheitert; neue Generationen von europäischen Kapitaleignern und Staatsmännern zogen daraus eine Lehre und verschafften sich ihren Wettbewerbsvorteil durch ihre Bereitschaft und Fähigkeit, Arbeiter, Territorien und Rohstoffe anderer Weltregionen mittels einer Kombination von Staatsmacht und Kapital ihren Interessen unterzuordnen.

Europäische Unternehmer und Herrscher veränderten die globalen Netzwerke auf vielfältige Weise: Die Macht des bewaffneten Handels ermöglichte die Schaffung komplexer, eurozentrischer Handelsnetze; die Einführung von Finanzinstrumenten – von der Seetransportversicherung bis hin zu Seefrachtbriefen – erlaubte den Transfer von Kapital und Waren über weite Entfernungen; die Entwicklung eines von starken Staaten gestützten Rechtssystems gewährte weitgespannten Investitionen ein Mindestmaß an Sicherheit; die Bildung von Allianzen mit Kaufleuten und Herrschern in fernen Regionen erschloss den Zugang zu Webern und Baumwollbauern vor Ort; die Enteignung von Land und die

Versklavung von Afrikanern machten florierende Plantagen möglich. Von den Zeitgenossen unbemerkt, waren diese Neuerungen die ersten Schritte auf dem Weg zur Industriellen Revolution. Jahrhunderte vor der «Großen Divergenz» der Pro-Kopf-Wirtschaftsleistung zwischen Europa und Ostasien versuchte eine kleine Gruppe von Europäern, die Kontrolle über den bis dahin episodischen und schrittweisen Entstehungsprozess globaler ökonomischer Beziehungen zu übernehmen – mit dramatischen Konsequenzen nicht nur für die Baumwollindustrie, sondern auch für Gesellschaften auf der ganzen Erde. In diesem Prozess wuchsen die vielen Welten der Baumwolle zu einem europazentrierten Baumwollimperium zusammen.

Die europäische Expansion

Christoph Kolumbus' Reise nach Amerika 1492 war das erste Ereignis, das die globalen Beziehungen einschneidend verändern sollte. Mit ihr begann der größte Landraub der Weltgeschichte. 1518 griff Hernán Cortés das Aztekenreich an und eroberte für Spanien weite Gebiete Amerikas, die sich bis nach Südamerika wie auch weit in den Norden erstreckten. Um die Mitte des 16. Jahrhunderts folgten die Portugiesen diesem Beispiel und eigneten sich das heutige Brasilien an. Die Franzosen landeten 1605 in Amerika und nahmen Quebec und Regionen im mittleren Westen und Süden der späteren Vereinigten Staaten ein, die zu einer französischen Verwaltungseinheit mit dem Namen Louisiana zusammengefasst wurden. Außerdem eroberten die Franzosen eine Reihe karibischer Inseln, einschließlich Saint-Domingue, im Jahre 1697. England gründete seine erste erfolgreiche Siedlung auf amerikanischem Boden in Jamestown, das 1607 Teil der Kolonie Virginia wurde. Weitere Kolonien in Nordamerika und auch in der Karibik sollten bald darauf folgen. Aus der Herrschaft über weite Gebiete beider Amerikas erwuchs schließlich auch die Möglichkeit, in Monokulturen riesige Mengen von Baumwolle anzubauen.

Das zweite folgenreiche Ereignis in der Geschichte der Baumwolle folgte fünf Jahre später, 1497, als Vasco da Gama triumphierend in den Hafen von Kalikut einlief und damit einen neuen Seeweg von Europa nach Indien um das Kap der Guten Hoffnung erschlossen hatte. Nun hatten die Europäer zum ersten Mal Zugang zu den Erzeugnissen indischer Weber, ohne auf die vielen Mittelsmänner angewiesen zu sein, die indische Stoffe über den Indischen Ozean verschifft, auf Kamelen durch Arabien und dann mit Schiffen in europäische Häfen transportiert hatten. Als da Gama 1498 mit lokalen Machthabern in Kalikut Handelsabkommen schloss, begannen die Europäer, auf dem indischen Subkontinent formale Handelsbeziehungen aufzubauen. Im frühen 16. Jahrhundert hatten die Portugiesen schon eine Reihe von Außenposten an Indiens Westküste (am dauerhaftesten in Goa) eingerichtet. Gegen Ende des 16. Jahrhunderts begannen die Niederlande und Großbritannien, Portugal diese Monopolstellung im Asienhandel streitig zu machen, indem sie eigene Handelskompanien schufen, um auf diese Weise an den Gewinnen des höchst profitablen Gewürzhandels teilzuhaben. Nach einer Serie von englisch-niederländischen Kriegen kamen beide Parteien überein, ihre Einflusssphären in Asien zu trennen, und als die Exporte indischer Stoffe zu Beginn des 18. Jahrhunderts profitabler wurden, stach die British East India Company ihre holländischen Gegner bald aus und wurde zur dominierenden Macht im europäischen Handel mit Indien. In der berühmten Schlacht von Plassey 1757 besiegten die britischen Truppen – die nur entsandt worden waren, um die Interessen der Ostindien-Kompanie zu schützen – den Nawab von Bengalen und ermöglichten die Einsetzung eines verbündeten Herrschers. Der Sieg Großbritanniens im Siebenjährigen Krieg stand am Beginn einer noch forcierteren Gebietserweiterung in Indien, das schließlich um die Mitte des 19. Jahrhunderts ganz unter direkte oder indirekte britische Herrschaft geriet.

Diese Expansionen waren zunächst der folgenschwerste Eingriff europäischer Händler und Staatsmänner in die Netzwerke der globalen Baumwollindustrie. Sie begannen nun eine bedeutendere Rolle im transozeanischen Handel mit indischen Textilien zu spielen. Zuerst führten die Portugiesen große Mengen Stoff nach Europa ein. Sie versuchten zudem, ihre Vormachtstellung über den wichtigen Handel Gujarats mit der Arabischen Halbinsel und Ostafrika zu sichern – indem sie zunächst den Kaufleuten aus Gujarat den Zugang zu diesen traditionellen Märkten teilweise gewaltsam verwehrten (mit gemischtem Erfolg) und dann in der zweiten Hälfte des 16. Jahrhunderts den Handel regulierten. Britische, niederländische und dänische Kaufleute schlossen sich später den Portugiesen an: Sie gründeten im Jahr 1600 die British East India Company, 1602 die Vereenigde Oost-Indische Compagnie und 1616 die Dansk Ostindiske Kompagni. Im frühen 17. Jahrhundert lösten Niederländer und Briten die Portugiesen bei der gewaltsamen Regulierung des Handels mit Textilien aus Gujarat ab, indem sie Schiffe von dort beschlagnahmten und den einheimischen Kaufleuten den Zugang zu den Märkten Arabiens und zunehmend auch Südostasiens nur eingeschränkt gewährten. Frankreich war die letzte der europäischen Großmächte, die in den Handel mit dem Fernen Osten eintrat. 1664 gründeten französische Kaufleute die Compagnie des Indes Française und brachten zum ersten Mal jene Stoffe mit in die Heimat, die von den Franzosen wegen ihrer aufgedruckten bunten Muster schließlich als *Indiennes* bezeichnet wurden.[2] Diese Handelsgesellschaften versuchten sich in bestimmten Gebieten Monopolrechte zu sichern, aber da sie sowohl untereinander wie auch mit unabhängigen Händlern in Konkurrenz standen, konnten sie ihr Vorhaben nie ganz verwirklichen.

Was all diese europäischen Handelsgesellschaften verband, war, dass sie Baumwollstoffe in Indien erwarben, um sie in Südostasien gegen Gewürze zu tauschen oder sie nach Europa zu bringen. Dort wurden sie auf dem Inlandsmarkt verkauft oder weiterverschifft nach Afrika, um damit Sklaven für die Plantagen zu erwerben, die gerade in der Neuen Welt in zunehmender Zahl entstanden. Baumwolltextilien wurden nun erstmals Teil eines drei Kontinente umspannenden Handelssystems: Europäische Verbraucher und afrikanische Händler waren gierig nach den hübschen Chintzen, Musselinen und Kattunen oder den einfacheren, aber nützlichen ungefärbten und bedruckten Stoffen, die in indischen Familien und Werkstätten gesponnen und gewoben wurden.

Baumwolltextilien waren für die europäische Expansion in Asien von großer Bedeutung. Bereits im 17. Jahrhundert spielten die europäischen Händler und Kaufleute eine wichtige Rolle in Dhaka, der bengalischen Hafenstadt, die jahrhundertelang die Quelle der weltweit feinsten Baumwollstoffe gewesen war. Die East India Company importierte schon 1621 geschätzte 50 000 Stück Baumwollwaren nach Großbritannien. Vierzig Jahre später hatte sich diese Zahl verfünffacht. Baumwollstoffe wurden tatsächlich zum wichtigsten Handelsgut der Gesellschaft; 1766 machten diese Gewebe über 75 % ihrer Exporte aus. Der englische Schriftsteller Daniel Defoe – der kein Freund dieser importierten Stoffe war – beschrieb, wie die Baumwolle «in unsere Häuser, unsere Schränke, Schlafgemächer, Vorhänge, Kissen, Stühle kroch, und selbst unsere Betten bestanden am Ende aus nichts anderem als Kattun oder indischen Stoffen».[3]

Bewaffnete europäische Kaufleute klinkten sich erfolgreich in den transozeanischen Handel mit indischen Baumwolltextilien ein. In Indien selbst blieb die Macht der Europäer dennoch begrenzt. Sie reichte genau genommen nur bis zum Rand der Hafenstädte. Die wichtigen Beziehungen zu den Bauern und Webern aus dem Hinterland lagen weiterhin in den Händen der lokalen Händler, der *Banias*. Um die für den Export notwendigen Mengen an indischen Stoffen zu erwerben, blieben die europäischen Kaufleute von diesen abhängig. Die Europäer errichteten Warenhäuser – sogenannte Faktoreien – entlang der Küste Indiens, in Städten wie Surat, Dhaka und Cossimbazar, wo ihre Handelsvertreter den Banias Aufträge für Stoffe erteilten und verschiffbare Waren erhielten. Hunderte in Leder gebundene Bücher, von denen viele noch erhalten sind, verzeichneten jede dieser Transaktionen.[4]

1676 erstellte die Faktorei der British East India Company in Dhaka einen detaillierten Bericht über die Abläufe des Stofferwerbs, der ihre Abhängigkeit von einheimischen Händlern belegt. Die englischen Kaufleute vergaben acht bis zehn Monate vor Ankunft der Handelsschiffe Aufträge zur Stoffbeschaffung an die Banias. Diese Bestellungen enthielten genaue Angaben über die gewünschte Qualität, über Muster, Preise und Lieferdaten. Afrikanische und europäische

Abnehmer von Baumwolltextilien forderten sehr spezielle Waren zu speziellen Preisen. Die Banias verteilten dann Gelder an verschiedene Zwischenhändler, die von Dorf zu Dorf reisten, um einzelnen Webern Mittel vorzustrecken und mit ihnen Verträge zu schließen. Letzten Endes reiste der Stoff dann wieder über dieselben Stationen zurück zur englischen Faktorei in Dhaka, wo er klassifiziert und für den Seetransport vorbereitet wurde.[5]

In diesem Produktionssystem hatten die Weber selbst – wie in den vorangegangenen Jahrhunderten – die Kontrolle über ihren Arbeitsrhythmus, sie besaßen ihre eigenen Werkzeuge und behielten sogar das Recht, ihre Produkte zu verkaufen an wen immer sie wollten. Als die europäische Nachfrage wuchs, konnten die Weber ihre Produktion erweitern und die Preise erhöhen, wovon sie ganz klar profitierten. Die Ankunft der europäischen Händler in der Stadt Broach in Gujarat ebenso wie in Orissa und Dhaka gab der regionalen Baumwollindustrie neuen Auftrieb. Die Weber waren noch immer arm, konnten sich jedoch den Wettbewerb um ihre Stoffe zu Nutze machen, ebenso wie die einheimischen Banias und sogar die indischen Herrscher, die schon bald Steuern und Zölle auf die Produktion und den Export von Baumwolltextilien erhoben. Dieses Faktoreisystem, das von Banias und deren Kapital abhängig war, existierte in dieser Form für rund 200 Jahre.[6]

Doch durch die Einmischung der Europäer in den asiatischen Handel gerieten ältere Netzwerke zunehmend ins Abseits, da bewaffnete europäische Händler die einst dominanten Inder und Araber aus vielen der interkontinentalen Märkte herausdrängten. Durch die Verfügbarkeit größerer, schnellerer und zuverlässigerer Schiffe und schlagkräftigerer Waffen, so die Folgerung eines Historikers, «durchlief das alte Modell des indisch-levantinischen Handels als Hauptverkehrsader des weltweiten Austauschs einen kompletten strukturellen Wandel». Auch Kaufleute aus Gujarat, die mit Ostafrika Handel trieben, mussten sich der Herausforderung durch die Europäer bald stellen. Als sich diese in Indien zunehmend etabliert hatten, weiteten sie ihre Aktivitäten auch auf die ostafrikanischen Märkte aus; infolgedessen verstärkte sich die europäische Dominanz auf beiden Seiten des Indischen Ozeans. Mit dem Niedergang von Surat und dem Aufstieg von British Bombay im 18. Jahrhundert wurden die Händler im westlichen Indien zunehmend abhängig von der britischen Macht.[7]

...

Der wachsende Einfluss europäischer Kaufleute und ihrer protegierenden Staaten in Indien hatte schließlich bedeutende Rückwirkungen auf Europa selbst. Als wesentlich größere Mengen indischer Stoffe nach Europa gelangten, entstanden neue Märkte und neue Moden. Hübsche Chintze und Musseline erregten die Aufmerksamkeit der wachsenden Klasse von Europäern, die das Geld hatten, sie zu kaufen, und das Bedürfnis, mit ihnen ihren sozialen Status zu demonstrieren. Indische Stoffe kamen im 18. Jahrhundert immer mehr in Mode, und auch die Spinner und Weber in Europa sprangen auf den Zug auf, um sich einen größeren Anteil an dieser Nachfrage zu sichern.[8] Das Bestreben, die steigenden Importe zu ersetzen, war ein großer Anreiz, die Baumwollproduktion auszuweiten und sie schließlich zu revolutionieren.

Darüber hinaus ging die Expansion in Asien mit der Vorherrschaft in den Amerikas Hand in Hand. Als spanische, portugiesische, französische, englische und holländische Mächte weite Gebiete auf dem Doppelkontinent eroberten, nahmen sie dessen beweglichen Reichtum mit sich: Gold und Silber. Tatsächlich waren es teilweise diese gestohlenen Edelmetalle, die den Erwerb von Baumwollstoffen in Indien finanzierten. Letztlich konnten die europäischen Siedler aber in den Amerikas nicht genügend Gold und Silber finden und erschlossen deshalb einen neuen Weg zum Reichtum: Plantagen, auf denen tropische und subtropische Pflanzen, vor allem Zucker, aber auch Reis, Tabak und Indigo angebaut wurden.

Solche Plantagen benötigten viele Arbeiter, und um diese Arbeitskräfte zu rekrutieren, verschleppten Europäer zunächst Tausende und schließlich Millionen von Afrikanern. Europäische Händler errichteten befestigte Handelsstationen entlang der Westküste von Afrika: Gorée im heutigen Senegal, Elmina im heutigen Ghana, Ouidah im heutigen Benin. Dort heuerten sie Afrikaner an, die auf die Jagd nach Arbeitern gingen und im Tausch gegen die Gefangenen unter anderem Produkte indischer Weber erhielten. In den drei Jahrhunderten nach 1500 wurden mehr als acht Millionen Sklaven von Afrika in die Amerikas transportiert, zunächst hauptsächlich durch spanische und portugiesische Händler, gefolgt von Briten, Franzosen, Niederländern, Dänen und anderen. Allein während des 18. Jahrhunderts versklavten sie mehr als fünf Millionen Menschen, meist aus West-Zentralafrika und St. Helena, der Bucht von Benin, der Goldküste und der Bucht von Biafra.[9] Fast täglich kamen Sklaven auf den karibischen Inseln oder an den Küstenorten des amerikanischen Doppelkontinents an.

Dieser Handel vergrößerte die Nachfrage nach Baumwollgeweben weiter, denn sie waren das vorherrschende Tauschmittel, um an der afrikanischen Küste Sklaven zu erwerben. Zwar glaubt man häufig, dass im Rahmen des Sklavenhandels Menschen meist gegen Waffen oder billigen Schmuck eingetauscht wurden, doch afrikanische Machthaber und Händler verlangten überwiegend Baumwollstoffe. Zwischen 1772 und 1780 kaufte etwa der britische Kaufmann Richard Miles 2218 Sklaven an der Goldküste, und über 50 % des Wertes aller Tauschwaren waren Textilien.[10]

Sehr zum Leidwesen der europäischen Kaufleute waren afrikanische Konsumenten berüchtigt für ihre anspruchsvollen Vorlieben. So beobachtete ein Reisender aus Europa, dass der Geschmack afrikanischer Verbraucher «sehr vielseitig und kapriziös» sei, und dass «kaum zwei Dörfer in ihren Vorstellungen übereinstimmten». Als das Sklavenschiff *Diligent* 1731 von seinem französischen Heimathafen aus lossegelte, war es beladen mit einer erlesenen Auswahl indischer Textilien, um den besonderen Ansprüchen an der Küste von Guinea gerecht zu werden. Miles gab seinen britischen Kontaktmännern, bis hin zu den beteiligten Handwerkern, sehr spezielle Anweisungen zu den Farben und den Textilarten, die an der Goldküste gefragt waren. «Mr Kershaws [Erzeugnisse] sind keineswegs so gut wie die von [Knipes]», erklärte er einem britischen Geschäftspartner 1779 in einem Brief, «zumindest nicht in den Augen der schwarzen Händler hier, und sie sind es, die wir zufriedenstellen müssen.»[11]

Der europäische Handel mit Baumwolltextilien verband nun Asien, die Amerikas und Europa in einem komplexen wirtschaftlichen Netzwerk. Niemals zuvor in den fünf Jahrtausenden der Geschichte der Baumwolle war ein solch weltumspannendes System entwickelt worden. Nie zuvor hatte man mit den Erzeugnissen indischer Weber Sklaven in Afrika gekauft, damit diese auf Plantagen in Amerika arbeiteten, wo sie Agrarprodukte für europäische Verbraucher herstellten. Dies war ein beeindruckendes System, das die transformativen Kräfte einer Union von Kapital und Staatsmacht klar vor Augen führte. Was jedoch rückblickend am radikalsten erscheint, sind nicht die Details dieser Handelsabläufe, sondern das System, in das sie eingebunden waren, und wie die verschiedenen Teile des Systems aufeinander aufbauten: Die Europäer hatten neue Methoden für die Organisation wirtschaftlicher Abläufe entwickelt – die Wurzeln des Kapitalismus.

Privatisierte Gewalt und Sklavenhandel

Die Expansion europäischer Handelsnetze nach Asien, Afrika und in die Amerikas beruhte nicht in erster Linie auf dem Angebot von erstklassigen Waren zu guten Preisen, sondern vor allem auf der Bereitschaft, Konkurrenten militärisch zu unterdrücken und den Menschen in vielen Regionen der Welt die merkantile Präsenz Europas aufzuzwingen. Es gab mehrere Variationen dieses zentralen Themas: In Asien und Afrika siedelten die Europäer in Küstenenklaven und dominierten den Überseehandel, ohne sich zunächst groß im Anbau und in der Verarbeitung der Rohstoffe zu engagieren. In anderen Teilen der Erde, vor allem in den Amerikas, wurde die einheimische Bevölkerung enteignet und oft umgesiedelt oder getötet, und die Europäer erschufen eine neue Welt, indem sie riesige Plantagen errichteten. Einmal in den Produktionsprozess involviert, festigten die Europäer ihren wirtschaftlichen Erfolg mit der Sklaverei.

Diese drei Schritte – imperiale Expansion, Enteignung, Sklaverei – wurden zu Grundsteinen einer neuen Organisation wirtschaftlicher Abläufe. Dazu kam ein anderes Charakteristikum dieser neuen Welt: Europäische Staaten unterstützten Kaufleute und Siedler in ihrer Suche nach neuen Quellen des Reichtums, behaupteten aber ihre eigene Hoheitsgewalt über fremde Territorien und Menschen in weit entfernten Gebieten nur schwach. Stattdessen machten Kapitalbesitzer ihre Macht über Territorien und Menschen geltend, oftmals in Unternehmen organisiert, die mit königlichem Freibrief versehen waren (wie die British East India Company). Bewaffnete, freibeuterische Kaufleute symbolisierten diese neue Welt der europäischen Dominanz. Ihre Schiffe waren mit schwerem Geschütz beladen, und ihre bewaffneten Soldaten-Händler erbeuteten Land und Arbeiter und räumten Konkurrenten buchstäblich aus dem Weg. Wo immer möglich, rüsteten sie private Milizen aus, um Völker zu bekämpfen, die sie als Hindernis für die europäische Expansion ansahen, richteten Kanonen und Pistolen auf ihre Gegner und gingen, im wahrsten Sinne des Wortes, auf die Jagd nach Arbeitskräften. Privatisierte Gewalt gehörte zu ihren Kernkompetenzen. Nicht gesicherte Eigentumsrechte, sondern eine ungehinderte Welle der Enteignung von Land und Arbeitern charakterisierte diese Phase des Kapitalismus.

Das Herzstück dieses neuen Systems war die Sklaverei. Die Verschleppung vieler Millionen Afrikaner in die Amerikas verstärkte die Beziehungen zu Indien, da mit ihr der Druck wuchs, mehr Baumwollstoffe zu beschaffen. Dieser Handel war es, der eine deutlichere wirtschaftliche Präsenz Europas in Afrika bewirkte und der es ermöglichte, den riesigen eroberten Gebieten in den Amerikas ökonomischen Wert zu verleihen und so Europas Ressourcenknappheit zu überwinden. Dieses facettenreiche System zur Organisation wirtschaftlicher Abläufe beinhaltete natürlich Variationen und wandelte sich mit der Zeit, aber es unterschied sich so stark von der Welt, die zuvor existiert hatte, und von jener, die es im 19. Jahrhundert hervorbringen sollte, dass es seinen eigenen Namen verdient: Kriegskapitalismus.

Dieser Kriegskapitalismus stützte sich auf eine Zweiteilung der Welt, auf die Fähigkeit reicher und mächtiger Europäer, ihre Welt in eine «innere» und eine «äußere» zu teilen. Die «innere Welt» beruhte auf den Gesetzen, Institutionen und Regeln des Heimatlandes, die von einem mächtigen Staat durchgesetzt wurden. Die «äußere Welt» dagegen war gekennzeichnet von imperialer Herrschaft, ungestrafter Enteignung riesiger Gebiete und unzähliger Menschen, von der Dezimierung einheimischer Völker, die ihrer Rohstoffe beraubt wurden, der Sklaverei und der Kontrolle breiter Landstriche durch private Kapitaleigner: Kaufleute und Siedler, Plantagenbesitzer und Sklaventreiber. Wie Adam Smith messerscharf erkannte, «brachte es die Willkürherrschaft in solchen Territorien schneller zu Wohlstand und Bedeutung als irgendeine andere Gesellschaftsform». Dies geschah aufgrund einer sozialen *tabula rasa*, auf deren Basis paradoxerweise die Staaten der «inneren Welt» entstehen konnten. Die «innere Welt» konstituierte sich also im Verhältnis zur «äußeren Welt».[12]

Dieser Kriegskapitalismus hatte ein nie dagewesenes transformatives Potenzial. Am Beginn der modernen Welt eines nachhaltigen Wirtschaftswachstums schuf er nicht nur unfassbares Leid, sondern veränderte darauf aufbauend auch die Organisation wirtschaftlicher Räume: Eine multipolare Welt wurde zunehmend unipolar. Macht, die lange Zeit über mehrere Kontinente und auf zahlreiche Netzwerke verteilt war, wurde immer stärker zentralisiert und verdichtete sich in einem einzigen Knotenpunkt – dominiert von europäischen Kapitalbesitzern und Staaten. Der Kern dieses Wandels war die Baumwolle, deren viele verschiedenartige Welten des Anbaus, der Herstellung und des Handels nun in einem hierarchischen Baumwollimperium aufgingen.

Anfänge der englischen Baumwollindustrie

Diese globale Reorganisation wirtschaftlicher Räume hatte auch Auswirkungen auf den europäischen Kontinent: «Atlantische» Mächte wie die Niederlande, Großbritannien und Frankreich verdrängten die alten wirtschaftlichen Zentren wie Venedig und dessen Hinterland. Als der atlantische Handel den Mittelmeerhandel ablöste und die Neue Welt ein wichtiger Rohstoffproduzent wurde, erlangten Städte, die an den Atlantik angebunden waren, für die Herstellung von Baumwolltextilien größere Bedeutung. In flämischen Städten wie Brügge (ab 1513) und Leiden (ab 1574) florierte die Baumwollindustrie, als Antwerpen begann, im größeren Stil mit Rohbaumwolle zu handeln, und die Expansion nach Übersee Zugang zu riesigen neuen Märkten gewährte. Aus den gleichen Gründen begannen französische Hersteller im späten 16. Jahrhundert, in größerem Umfang Baumwolle zu spinnen und zu weben.[13]

Inmitten dieser geradezu seismischen geographischen Verschiebungen war letzten Endes der Beginn der Baumwollherstellung in England das bedeutendste Ereignis, obwohl für Zeitgenossen nahezu unsichtbar. Um 1600 begannen flämische Glaubensflüchtlinge in englischen Städten, Baumwollstoffe zu weben. Um 1610 war bereits eine relativ große Zahl von Menschen in diesem Bereich tätig. Zehn Jahre später exportierten britische Erzeuger ihre Ware schon nach Frankreich, Spanien, Holland und Deutschland. Die Baumwollmanufaktur florierte vor allem in der nordenglischen Grafschaft Lancashire, wo die fehlende Kontrolle durch Zünfte sowie die Nähe zu Liverpool (einem wichtigen Sklavereihafen) entscheidende Faktoren für die Produzenten darstellten, die den afrikanischen Sklavenhandel und die Plantagen in den Amerikas belieferten.[14]

Die langsam sich entfaltende englische Baumwollindustrie stützte sich auf frühere Erfahrungen bei der Herstellung von Leinen und Wollwaren. Wie anderswo wurden Baumwollstoffe zunächst auf dem Land produziert. Kaufleute, darunter viele Puritaner und andere Dissidenten, vergaben Rohbaumwolle an Bauern, die diese mit ihren Familien spannen und webten, bevor sie die Stoffe den Händlern zum Verkauf wieder aushändigten. Als die Baumwollnachfrage stieg, wurde das Spinnen und Weben für Kleinbauern immer wichtiger. Einige von ihnen verzichteten schließlich auf den Anbau ihrer traditionellen Nahrungspflanzen und wurden so vollständig von der Industrie abhängig. Kaufleute, welche die heimische Baumwollproduktion organisiert hatten, stiegen zu vermögenden Geschäftsleuten auf. Als sie Kapital anhäuften, weiteten sie die Produktion aus, indem sie immer größere Kredite an immer mehr Spinner und Weber vergaben und so die «Extensivierung» der Produktion förderten – ihre geographische Verbreitung über immer größere ländliche Gebiete. Es handelte sich um das klassische Verlagssystem, vergleichbar mit dessen Erscheinungsformen in Asien Jahrhunderte zuvor oder mit der britischen Wollindustrie. Der ländliche Raum wurde zunehmend vom Spinnen und Weben geprägt und seine Bewohner durch das Verlagssystem immer abhängiger von ihrer Arbeit für überregionale Händler.[15] Im Gegensatz zu indischen Baumwollspinnern und Webern hatte die wachsende Klasse englischer Baumwollarbeiter keinen eigenen Zugang zu Rohstoffen oder Märkten. Sie waren den Händlern vollkommen untergeordnet.[16]

Die britischen Baumwollunternehmer waren Teil einer aufstrebenden globalen Macht, deren Flotte zusehends die Weltmeere beherrschte, deren territoriale Besitzungen in den Amerikas und in Asien – vor allem in Indien – rasch wuchsen und deren Sklavenhändler einen Plantagenkomplex erschufen, der in vielerlei Weise auf der Produktionskapazität von Spinnern und Webern im tausende von Kilometern entfernten Hochland von Lancashire und den bengalischen Ebenen basierte. Dennoch spielte Europas Baumwollindustrie keine bedeutende Rolle in der Welt. In England «stagnierte die Herstellung von Baumwolle» im Großen und Ganzen während des 17. Jahrhunderts. Auch danach wuchs sie nur langsam; nach 1697 dauerte es 67 Jahre, bis die Verarbeitung von Rohbaumwolle in Garn und Stoff sich auf 1,8 Millionen Kilogramm knapp verdoppelt hatte – pro Jahr. Dieselbe Menge sollten die Vereinigten Staaten 1858 im Durchschnitt an einem einzigen Tag exportieren. In Frankreich war die Situation ähnlich. Außerhalb von Großbritannien und Frankreich war die Baumwollnachfrage auf dem Kontinent noch geringer.[17]

Zum Teil war die Ausdehnung der Produktion so schleichend, weil es so schwer war, an die notwendigen Rohstoffe zu kommen. Baumwolle wuchs nicht in Europa, sie musste von entfernten Orten herangeschafft werden, und zwar größtenteils über etablierte und breit gefächerte Handelswege, auf denen sie nur eine Ware unter vielen war. Es gab weder Kaufleute noch Häfen, noch Regionen der Erde, die sich auf die Produktion von Baumwolle für den Export spezialisiert hatten. Die älteste Quelle für Baumwollimporte nach Europa war das Osmanische Reich, insbesondere Westanatolien und Mazedonien. In der Tat hatte sich die Baumwollindustrie in ihrer ersten Blütezeit im 12. Jahrhundert, wie wir gesehen haben, über das große mediterrane Handelssystem ausschließlich dieser Quelle bedient. Baumwolle aus Izmir und Thessaloniki dominierte noch während des 17. Jahrhunderts die europäischen Märkte und erreichte mit anderen Produkten aus dem Osten wie Seide und Mohairgarn London und Marseille. Als die europäische Nachfrage nach Rohbaumwolle im 18. Jahrhundert langsam stieg, lieferte das Osmanische Reich weiterhin einen bedeutenden Anteil: ein Viertel aller britischen Importe zwischen 1700 und 1745. Eine ähnliche Menge wurde nach Marseille verschifft. Kleine Mengen Rohbaumwolle kamen auch aus anderen Regionen, wie etwa die indische Baumwolle, die in den 1690er Jahren mit Unterstützung der East India Company nach London gelangte, oder die afrikanische Baumwolle, die die Royal African Company einführte. Was alle diese Orte gemeinsam hatten, war, dass der Einfluss der europäischen Kaufleute nicht weit über die Hafenstädte selbst hinausreichte, da sie weder die Macht hatten, den Baumwollanbau im Hinterland zu beeinflussen, noch die Absicht, Kapital für zusätzliche Baumwollpflanzungen einzusetzen. Sie erhielten Baumwolle aufgrund der Preise, die sie bereit waren zu zahlen, aber sie hatten keinen Einfluss darauf, wie die Baumwolle erzeugt wurde. Lokale Pflanzer und Händler blieben mächtige Akteure in diesem globalen Geflecht, nicht zuletzt, weil sie sich weder auf die Baumwollproduktion für den Export noch auf die nordeuropäischen Märkte spezialisierten.[18]

Es gab jedoch eine Ausnahme: die karibischen Inseln. Auch wenn Baumwolle nicht mit dem Zucker konkurrieren konnte, bauten eine Reihe von Kleinbauern, die weniger investieren konnten als die Zuckerbarone, das «weiße Gold» an. Die Produktion dieser *petits blancs*, wie sie auf den französischen Inseln genannt wurden, stagnierte zwar bis 1760, für die britische und französische Baumwollindustrie jedoch deckten auch diese kleinen Lieferungen einen bedeutenden Teil der Nachfrage. Und noch wichtiger: Diese Produktion war zukunftsweisend.[19]

Währenddessen wuchs die Nachfrage nach Baumwollstoffen sowohl in Europa als auch in Afrika und auf den Sklavenplantagen der Amerikas. Da die europäische Produktion jedoch sowohl in Quantität als auch Qualität bei weitem nicht ausreichte, um die Nachfrage zu befriedigen, versuchten englische, französische, niederländische, dänische und portugiesische Händler fieberhaft, sich größere Kontingente an Baumwolltextilien aus Indien zu immer günstigeren Bedingungen zu sichern. Hatten britische Kaufleute 1614 noch 12 500 Stück unverarbeiteten Baumwollstoffes exportiert, so kamen sie zwischen 1699 und

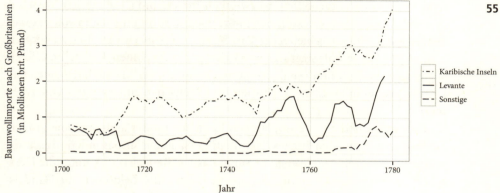

Rohbaumwollimporte nach Großbritannien, 1702–1780, nach Herkunft, in Millionen brit. Pfund (lbs.), Fünf-Jahres-Mittelwerte[20]

1701 auf jährliche 877 789 Stück. Die Stoffexporte der Briten waren somit in weniger als 100 Jahren auf das 70fache angewachsen.[21]

Um diese immensen Textilmengen aus Indien zu günstigen Preisen zu bekommen, begannen die Vertreter der europäischen East India Companies, sich in die Produktionsprozesse in Indien selbst einzumischen. Jahrzehntelang hatten die Vertreter der königlich privilegierten europäischen East India Companies über die Freiheit der indischen Weber geklagt, ihre Waren an europäische Konkurrenzunternehmen, an konkurrierende indische Banias, an Händler aus anderen Teilen der Welt und sogar an europäische Privatkaufleute veräußern zu können und damit einen preistreibenden Wettbewerb zu schaffen. Um die Rentabilität zu steigern, musste es gelingen, die Weber dazu zu zwingen, allein für die jeweilige europäische Handelsgesellschaft zu arbeiten. Die Monopolisierung des Marktes wurde zum Mittel, das Einkommen der Weber zu drosseln und die Preise bestimmter Waren auf den europäischen Märkten zu erhöhen.[22]

Indem sie politische Kontrolle über immer weitere Gebiete Indiens erlangten, konnten die europäischen Händler diese Geschäftspraktiken verstärkt durchsetzen und so Baumwollstoffe in der benötigten Menge und Qualität zu den gewünschten Preisen erwerben. So verstanden sie sich nicht nur als Händler, sondern zunehmend auch als Herrscher. In den 1730er Jahren unterhielt zum Beispiel die Faktorei in Dhaka ein Kontingent von Soldaten und Waffen, um die Interessen der britischen East India Company zu schützen. Drastisch wurde dies, als die Kompanie – eine Gruppe von Kaufleuten – um 1765 die Kontrolle über Bengalen übernahm und diese in den folgenden Jahrzehnten auf weitere südasiatische Gebiete ausweitete. Ende des 18. Jahrhunderts wurde solchen territorialen Begehrlichkeiten durch die steigenden Investitionen britischer Kauf-

Der Aufbau des Kriegskapitalismus

leute in den Rohbaumwollhandel zwischen Indien und China weiter Vorschub geleistet. Durch diese Investitionen hoffte man, westindische Baumwollregionen ebenfalls den Hoheitsgebieten der East India Company einverleiben zu können. Eine solche Herrschaft staatlich privilegierter Unternehmen über ferne Gebiete stellte eine revolutionäre Neukonzeption ökonomischer Macht dar: Staaten teilten die Souveränität über Territorien und Menschen mit privaten Unternehmern.

Dies ermöglichte den europäischen Kaufleuten unter anderem eine größere Einflussnahme auf den Prozess der Textilherstellung, insbesondere durch die verstärkte Kontrolle der Weber. In Surat, das wie Bengalen 1765 unter die Herrschaft der britischen Ostindien-Kompanie fallen sollte, bekundete die Handelskammer des Generalgouverneurs 1795 ihre Unzufriedenheit mit

> «... dem bisher praktizierten System, in dem ein Lieferant agiert, der selbst keine unmittelbare Verbindung zu den Herstellern oder Webern hat, sondern Unterverträge schließt, mit einer großen Zahl von wenig vermögenden, unredlichen einheimischen Kaufleuten, die trotz ihrer Verpflichtung nicht fähig sind, für eventuelle Verluste aufzukommen. Tatsächlich kamen die Waren nie in den Besitz der Lieferanten, und es ist davon auszugehen, dass die gegenwärtigen Schwierigkeiten nicht beseitigt werden können, es sei denn man schafft dieses System ab oder verändert es erheblich.»[23]

Von der Abschaffung der indischen Unterlieferanten versprachen sich die ausländischen Kaufleute eine bessere Kontrolle über die Produktion wie auch die Möglichkeit, größere Warenmengen zu erhalten. Zu diesem Zwecke versuchte die East India Company, die unabhängigen indischen Banias, die in der Vergangenheit den Kontakt zu den Webern hergestellt hatten, zu umgehen. Sie setzten für diese Aufgabe nun indische «Agenten» ein, die auf ihrer eigenen Gehaltsliste standen. Das Board of Trade gab dem Generalgouverneur detaillierte Instruktionen, wie das Ankaufssystem für Baumwollstoffe umgestaltet werden sollte, in der Hoffnung, dass die Gesellschaft dadurch «grundlegende Erkenntnisse über die Geschäftsabläufe gewänne» und dass man durch die Umsetzung des «großen fundamentalen Agentursystems» mehr Stoff zu günstigeren Preisen akquirieren könne. Über ihre indischen Agenten trat die Gesellschaft nun in direkten Kontakt zu den Webern, was durch die territoriale Kontrolle und die damit einhergehende politische Autorität sehr erleichtert wurde. Die Abhängigkeit der seit jeher auf Kredite angewiesenen Weber wurde vergrößert durch das neue Engagement der Europäer in den Kreditnetzwerken sowie die Bestrebungen europäischer Händler, die wirtschaftliche Kontrolle über bestimmte Teile Indiens an sich zu reißen. Bereits um die Mitte des 18. Jahrhunderts sandten die europäischen Gesellschaften Agenten, *Gumashtas*, weit in die Produktionszentren auf dem Land bei Dhaka. Diese Agenten bestimmten zunehmend die Produktion und senkten damit erfolgreich die Preise. In den 1790er Jahren unterstützte die East India Company die Weber sogar dabei, sich in Bombay niederzulassen und dort Stoff zu produzieren – all das mit dem Ziel, sie besser überwachen zu können, «ohne durch die Diener des Rajahs von Travancore erpressbar zu sein».[24]

Der britische Übergriff auf den Subkontinent bedeutete, dass die Weber zunehmend die Möglichkeit verloren, selbst die Stoffpreise festzusetzen. Sie waren nun oftmals gezwungen, Vorschüsse von ganz bestimmten Händlern anzunehmen. «Sie konnten die Kunden, für die sie arbeiteten, nicht mehr selbst wählen; sie mussten akzeptieren, dass sie teilweise in Baumwollgarn bezahlt wurden; sie unterstanden während des Herstellungsprozesses der strengen Überwachung durch die Angestellten der Gesellschaft vor Ort.» Das endgültige, allerdings nie erreichte Ziel war es, Weber zu Lohnarbeitern zu machen – so wie es Kaufleute zu jener Zeit bereits erfolgreich in den ländlichen Gegenden Englands selbst umgesetzt hatten.[25]

Um diesem Ziel näherzukommen, übte die Gesellschaft nun auch gezielt Zwang auf die Weber aus. Die Kompanie erließ immer neue Gesetze und Regelungen, überwachte den Stoffmarkt und bürokratisierte ihn so. Weitreichende neue Regelungen banden die Weber gesetzlich an die Gesellschaft, indem sie ihnen das Recht nahmen, ihre Stoffe auf dem freien Markt zu verkaufen. Die Agenten prüften die Gewebe jetzt bereits auf dem Webrahmen und versuchten sicherzustellen, dass alle Erzeugnisse, wie abgesprochen, an ihre Gesellschaft verkauft wurden. Ein neues Steuersystem bestrafte jene Weber, die für andere produzierten.[26]

Die Gesellschaft wandte zunehmend Gewalt an und vollzog auch körperliche Strafen an den Webern. Als ein Agent der Gesellschaft monierte, dass einer der Weber illegal für einen privaten Kaufmann arbeite, «ergriff der Gumashta der Company diesen Weber und seinen Sohn, peitschte ihn hart aus, bemalte sein Gesicht mit schwarzer und weißer Farbe, band ihm die Hände auf den Rücken und führte ihn so durch die Stadt, begleitet von Sepoys (indische Soldaten im Dienst der Briten), und verkündete, dass ‹jeder Weber, der für private Händler arbeite, eine ähnliche Strafe erhalten werde›». Solche Maßnahmen führten zu den erhofften Ergebnissen: Das Einkommen der indischen Weber ging zurück. Der Historiker Om Prakash konnte zeigen, dass im späten 17. Jahrhundert bis zu ein Drittel des Stoffpreises an die Weber gezahlt wurde, im späten 18. Jahrhundert war dieser Anteil auf etwa 6 % gefallen. Und um 1795 verzeichnete die Gesellschaft selbst eine «noch nie dagewesene Sterberate unter den Webern».[27]

Es überrascht nicht, dass die Weber gegen das Vordringen des europäischen Kapitals und die begleitenden Zwangsmaßnahmen aufbegehrten. Einige von ihnen brachen ihre Zelte ab und zogen aus den europäisch kontrollierten Gebieten fort. Andere produzierten heimlich für die Konkurrenz, aber die Furcht, entdeckt zu werden, nötigte sie, niedrigere Preise zu akzeptieren. Mitunter schlossen sich Gruppen von Webern zusammen und beschwerten sich bei der East India Company über deren Einmischung in den freien Handel.[28]

Dieser Widerstand schwächte die Macht der europäischen Kaufleute. Schließlich begriff die East India Company, dass es «unmöglich war, auf die Unterlieferanten zu verzichten», deren wesentlich dichtere soziale Netzwerke in den Dörfern der Weber durch die Agenten der Gesellschaft niemals vollständig ersetzt werden konnten. Auch die Interessen der unabhängigen europäischen Kaufleute liefen der Kompanie oft zuwider, da sie den Webern mehr Geld für ihre Stoffe boten und ihnen dadurch Anreiz gaben, die Regeln der Gesellschaft zu unterlaufen.[29]

Trotz solcher Einschränkungen gelangte durch diese aggressive Politik immer mehr Baumwollstoff in die Lagerhäuser europäischer Händler. Europäische Stoffexporte aus Indien waren 1727 auf geschätzte 27,5 Millionen Meter gewachsen und stiegen während der 1790er Jahre sogar bis auf etwa 73 Millionen Meter pro Jahr. Vor allem die britischen Kaufleute, aber auch ihre französischen Konkurrenten kontrollierten den Erwerb und die Ausfuhr riesiger Mengen Baumwolltextilien, die für den Export gewebt wurden: 1776 zählte allein der Bezirk von Dhaka rund 80 000 Spinner und 25 000 Weber, während die East India Company 1795 schätzte, dass in der Stadt Surat über 15 000 Webstühle standen. Und der Bedarf war noch nicht gedeckt. Eine 1765 verfasste Depesche des Londoner Hauptquartiers der East India Company an die Vertretung in Bombay reflektiert die Möglichkeiten, die der Frieden nach dem Siebenjährigen Krieg eröffnete, und fasst auf anschauliche Weise zusammen, was im Fokus der europäisch dominierten Globalisierung stand:[30]

> «Seit dem Friedensschluss ist der Sklavenhandel an der Küste von Afrika enorm gewachsen, was zu einer hohen Nachfrage an Waren führt, die an diesen Markt gebunden sind; und da wir bestrebt sind, alles in unserer Macht Stehende zu tun, um einen Markt zu fördern, von dem der Wohlstand der britischen Plantagen in der Karibik so stark abhängt – weshalb wir das Ganze aus nationaler Perspektive betrachten –, erwarten wir und erteilen die Anweisung, dass Sie alles, was nur möglich ist, zur Bereitstellung der verschiedenen Artikel auf der oben erwähnten Investitionsliste (z. B. Stoff) tun, wobei solche Artikel, die mit einem A gekennzeichnet sind, für diesen Handel vordringlicher sind.»[31]

Hier wird deutlich, dass Baumwolle aus Indien, Sklaven aus Afrika und Zucker aus der Karibik über den ganzen Globus bewegt wurden und in einer komplexen wirtschaftlichen Choreographie miteinander verbunden waren. Der hohe Bedarf an Sklaven in den Amerikas erzeugte Druck, mehr Baumwollstoff aus Indien zu besorgen, da sie ja überwiegend gegen diese Ware eingetauscht wurden. So überrascht es nicht, dass Francis Baring von der East India Company 1793 zu dem Schluss kam, dass aus Bengalen ein «erstaunliches Maß an Wohlstand… in den Schoß Großbritanniens» geflossen sei.[32]

Anfänge des Protektionismus

Die wachsende Kontrolle der europäischen Kompanien über die Produktion in Indien erschien schließlich als Bedrohung für Europas eigene, nicht besonders bedeutende oder dynamische, noch in den Anfängen befindliche Baumwollindustrie. Wie sollten die englischen, französischen, niederländischen und anderen Hersteller mit den indischen Erzeugnissen, die nicht nur qualitativ überlegen, sondern auch billiger waren, Schritt halten können? Und dennoch expandierte die europäische Baumwollindustrie. Ironischerweise förderten die Importe aus Indien die europäische Baumwollindustrie, indem sie neue Märkte für Stoffe entstehen ließen und die Aneignung maßgeblicher Technologien aus Asien weiter vorantrieben. Zudem beeinflussten Importe aus Indien auf lange Sicht sogar Europas politische Prioritäten. Wie wir sehen werden, entwickelten sich Großbritannien, Frankreich und andere Länder zu neuen, mächtigen Nationalstaaten mit einer tonangebenden Gruppe von Unternehmern; sowohl diese Staaten als auch Kapitaleigner machten es sich zum Ziel, indische Baumwollerzeugnisse durch Stoffe aus heimischer Produktion zu ersetzen.

Protektionismus spielte in diesem Prozess eine Schlüsselrolle. Als im späten 17. Jahrhundert sowohl der Import von Baumwolle als auch deren Verarbeitung florierten, drängten die europäischen Woll- und Leinenhersteller ihre jeweiligen Herrscher, sie vor den aufstrebenden Baumwollproduzenten generell und im Besonderen vor indischen Importen zu schützen. Die Textilindustrie war die wichtigste verarbeitende Industrie in Europa: Die Beeinträchtigung dieses Sektors durch Stoffimporte schien Gewinne zu gefährden und die soziale Stabilität zu bedrohen.[33]

Bereits 1621, nur zwei Jahrzehnte nach der Gründung der East India Company, protestierten die Londoner Wollhändler gegen die zunehmende Einfuhr von Baumwollstoff. Zwei Jahre später beriet das Parlament über indische Textilimporte und bezeichnete sie als «schädlich für die nationalen Interessen». Tatsächlich wurde der Protest gegen Baumwollimporte während des 17. und 18. Jahrhunderts ein Dauerthema in der englischen Politik. 1708 druckte *Defoe's Review* einen bitteren Leitartikel, der den «Verfall unserer Produktion» ins Visier nahm und dessen Niedergang dem Import immer größerer Mengen von «Chintzen und bemalten Kattunen» durch die East India Company zuschrieb. Das Ergebnis sei, dass das «Brot aus den Mündern der Menschen gerissen werde und dass der Ostindien-Handel alle Arbeitsplätze raube».³⁴

Dieser Aufruhr führte zu protektionistischen Maßnahmen. 1685 erhob Großbritannien 10 % Einfuhrzoll auf «alle Importe von Kattunen ... und außerdem auf Garn oder Baumwollgewebe». 1690 wurde dieser Satz verdoppelt. 1701 verbot das Parlament den Import von gemusterten Baumwollstoffen. Nun wurden also nur noch gebleichte Kattune zur Weiterverarbeitung in England eingeführt, was dem britischen Kattundruck einen enormen Aufschwung bescherte. 1721 ging die Regierung sogar so weit, ein Gesetz zu erlassen, welches das Tragen von bedruckten Kattunen verbot, selbst wenn nur der weiße Stoff aus Indien stammte; diese Maßnahme förderte die Kattunherstellung Großbritanniens in hohem Maße. Schließlich wurde jeglicher Verkauf indischer Baumwollstoffe für strafbar erklärt: 1774 verfügte das Parlament, dass Stoff, der für den Verkauf in England bestimmt war, ausschließlich aus Baumwolle bestehen durfte, die im eigenen Land gesponnen und gewoben wurde. Nur zur Wiederausfuhr bestimmte Waren durften aus Indien stammen.³⁵

Wie Großbritannien bemühte sich auch Frankreich, den Import indischer Baumwollstoffe zu unterbinden. 1686 wurden deren Verarbeitung, Gebrauch und Verkauf auf Druck der Seiden- und Wollunternehmer gesetzlich verboten. Im Laufe der nächsten 70 Jahre wurden nicht weniger als zwei Königliche Edikte und 80 Beschlüsse des Königlichen Rates erlassen, um Baumwollimporte zurückzudrängen. Dazu verhängte man immer härtere Strafen: Gefängnis und ab 1726 sogar die Todesstrafe. 1755 wurde der Import von bedruckten Textilien aus Indien für den Konsum in Frankreich erneut verboten, und 1785 bekräftigte der König diese Verbote ein weiteres Mal, in der Absicht, die «nationale Industrie» zu schützen. Von der langen Liste der unzulässigen indischen Textilien waren allerdings jene ausgenommen, die für Guinea bestimmt waren, also im Sklavenhandel eingesetzt wurden. Sklaven konnten weiterhin, so das Eingeständnis, nur im Tausch gegen Baumwollstoffe aus Indien erworben werden.³⁶

Andere europäische Länder folgten diesen Beispielen: Venedig untersagte den Import indischer Baumwollwaren im Jahr 1700, ebenso Flandern. In Preußen verbot ein Edikt, das König Friedrich Wilhelm 1721 erließ, das Tragen von bedruckten oder bemalten Chintzen und Baumwollstoffen. Spanien verbot den Import indischer Textilien 1717. Und im späten 18. Jahrhundert war auch den Untertanen des Osmanischen Reiches unter Sultan Abdulhamid I. das Tragen bestimmter indischer Stoffe untersagt.³⁷

Was als Politik zum Schutz der heimischen Woll-, Leinen- und Seidenhersteller begann, entwickelte sich zu einem Programm, das die Produktion von Baumwolltextilien im eigenen Land ausdrücklich förderte. «Das Verbot, das die Industrienationen über bedruckte Textilien verhängten, um ihre eigene nationale Produktion zu stärken», so beschrieb es der französische Reisende François-Xavier Legoux de Flaix 1807, gab europäischen Herstellern, die mit den indischen Webern noch nicht frei konkurrieren konnten, ein Gespür dafür, wie gewinnträchtig der Baumwollmarkt sein konnte. Sowohl die heimischen Märkte als auch die Exportmärkte hatten riesiges Potenzial. Und während protektionistische Maßnahmen den Zugang zu den europäischen Textilmärkten für indische Produzenten einschränkten, beherrschen europäische Staaten und Händler zunehmend die globalen Netzwerke, die es ihnen ermöglichten, Märkte für Baumwolltextilien in anderen Teilen der Welt zu erobern. Diese Märkte boten Absatzmöglichkeiten sowohl für aus Indien bezogene Baumwollwaren wie auch für heimische Produkte. So konnten die Europäer mehr Stoff in Indien erwerben *und* zugleich ihre eigenen, nicht wettbewerbsfähigen Industrien schützen – eine wahre Meisterleistung.[38]

Die imperiale Expansion und die zunehmende Vorherrschaft der Europäer im globalen Baumwollhandel ermöglichten zudem einen immer größeren Transfer von asiatischem Fachwissen nach Europa. Dort sahen die Hersteller mehr und mehr die Dringlichkeit, sich diese Technologien anzueignen, um mit den Preisen und der Qualität indischer Produzenten Schritt halten zu können. Europas Weg zur Baumwollverarbeitung gründete sich also tatsächlich auf einen der, wenn man so will, drastischsten Fälle von Industriespionage der Geschichte.

Gründe dafür, dass indische Textilien sich unter europäischen und afrikanischen Konsumenten so großer Beliebtheit erfreuten, waren ihr außergewöhnliches Design und ihre leuchtenden Farben. Um den sagenhaften Fähigkeiten ihrer indischen Konkurrenten etwas entgegensetzen zu können, sammelten die europäischen Hersteller, unterstützt von ihren Regierungen, Fachwissen über indische Produktionstechniken. Französische Baumwollhersteller etwa verwandten große Anstrengungen darauf, die Techniken der Inder zu kopieren. 1678 verfasste Georges Roques, der für die French East India Company arbeitete, basierend auf seinen Beobachtungen in Ahmedabad, einen schon bald unschätzbar wertvollen Bericht über indische Techniken des Holzschnitt-Druckes. 40 Jahre später, 1718, folgte Le Père Turpin seinem Beispiel, und 1731 legte Georges de Beaulieu, Leutnant auf einem Schiff der französischen Ostindien Kompanie, in Pondicherry an, um zu erkunden, wie indische Handwerker Chintz herstellten. Infolge dieser und anderer Bemühungen waren französische Hersteller um 1743 in der Lage, praktisch alle feinen indischen Stoffe zu kopieren. Andere europäische Produzenten folgten diesem Beispiel. Im späten 18. Jahrhundert unternahmen dänische Reisende eine Exkursion nach Indien, um indische Technologien zu erlernen. Wie bereits zuvor im Falle des Spinnrades und des horizontalen Trittwebstuhls blieb Asien vom 16. bis ins 18. Jahrhundert hinein die wichtigste Quelle neuer Verfahrenstechniken in der Baumwollherstellung.[39]

Die Ablösung indischer Baumwollstoffe durch eigene Erzeugnisse, sowohl auf den Export- als auch den Heimatmärkten, wurde eine attraktive Option für die europäischen Hersteller. Die imperiale Expansion hatte die europäischen und besonders die britischen Händler mit den globalen Baumwollmärkten vertraut gemacht. Um 1770 hatte sich gezeigt, dass der Markt für Baumwolltextilien in Europa riesig war, jedoch von den Absatzmöglichkeiten in Afrika, in den Amerikas und natürlich in Asien noch übertroffen wurde – und die Gewinnmöglichkeiten für jeden, der auf einer konkurrenzfähigen Basis für diese Märkte produzieren konnte, erschienen praktisch grenzenlos.[40]

Tatsächlich spielten die Exportmärkte für die europäischen Textilhersteller schließlich eine zentrale Rolle – Märkte, die zunächst durch den Export von Waren aus Indien erobert worden waren. «Es ist von außerordentlicher Bedeutung für unsere Investitionen», so schrieb die Londoner East India Company an ihre Kollegen in Bombay, «dass wir in der Lage sind, regelmäßig ein beträchtliches Quantum von Waren aus Surat zum Verkauf anzubieten, besonders um den afrikanischen Markt zu beliefern.» Die Westafrikaner wurden auch zu den Hauptabnehmern für Baumwollstoff, der von den Franzosen aus Pondicherry geliefert wurde, nicht zuletzt deshalb, weil Importe nach Frankreich selbst illegal waren. Wie Legoux de Flaix im späten 18. Jahrhundert feststellte, waren es «die Gründung der Kolonien (in der Karibik) und der Sklavenhandel, die diesen Handelszweig mit Indoustan hervorbrachten ... Aber sollten die Kolonien der Antillen keine Sklaven mehr erwerben, dann wird die Nachfrage nach dieser Ware zweifelsohne immer weiter zurückgehen.»[41]

Englische und französische Produzenten und Kaufleute waren schon früh auf Exporte heimischer oder indischer Gewebe nach Afrika angewiesen. Diese Abhängigkeit verstärkte sich besonders nach 1750. Wie der Historiker Joseph E. Inikori gezeigt hat, exportierte Großbritannien 1760 ungefähr ein Drittel des im Inland produzierten Baumwollstoffes: Bis 1770 wuchs dieser Anteil auf zwei Fünftel an, und gegen Ende des 18. Jahrhunderts hatte er sich auf zwei Drittel erhöht. Afrika und die Amerikas stellten die wichtigsten Absatzmärkte dar. Zwischen 1752 bis 1754 wurden 94 % aller britischen Baumwollexporte von Großbritannien dorthin getätigt. Die schiere Größe dieses Marktes für Baumwolltextilien ermöglichte es denjenigen, die konkurrenzfähig waren, riesige Vermögen anzuhäufen. Adam Smith war sich dessen bewusst, als er 1776 schrieb, dass «die Öffnung eines neuen und unerschöpflichen Marktes für alle Waren Europas Voraussetzungen für eine neue Arbeitsteilung und für Verbesserungen schuf, die im engen Kreislauf des alten Handels, mangels Absatzmöglichkeiten für einen Großteil der Erzeugnisse, niemals möglich gewesen wären».[42]

Die Vorliebe der Afrikaner für diese Baumwollstoffe lag in ihrer eigenen Baumwollindustrie und in ihrer viel früher erfolgten Öffnung gegenüber indischen Textilien begründet. Europäische Sklavenhändler hatten zunächst Mühe, exakt die Stoffarten zu liefern, die in Afrika gefragt waren. Um 1730 verzeichnete die East India Company, dass ein Engpass an indischen Stoffen «die Menschen

Anfänge des Protektionismus

darauf gebracht habe, diese hier in England zu imitieren» – und europäische Händler exportierten Stoffe sogar unter ihren indischen Namen, da Afrikaner für gewöhnlich Waren «made in India» bevorzugten. In einer Mitteilung an die Handelskammer schrieb Elias Barnes, er hoffe, dass die britischen Weber indische Stoffe erfolgreich kopieren könnten. Das Marktpotenzial für solche Waren schätzte er als immens ein: «Über den Konsum in unseren eigenen Herrschaftsgebieten hinaus wird die ganze Welt unser Kunde sein.» Bezeichnenderweise drängte die Handelsabteilung der East India Company in Bombay, regelmäßig Baumwollstoffe «im Besonderen zur Belieferung des afrikanischen Handels» nach England zu verschiffen.[43]

...

Der Kriegskapitalismus hatte den Grundstein für die immer noch kleine heimische Baumwollindustrie Europas gelegt. Er sorgte für dynamische Märkte, Zugang zu Technologien und unentbehrlichen Rohstoffen, und er wurde auch ein bedeutender Motor für die Kapitalbildung. Handelsstädte wie Liverpool, die hauptsächlich durch den Sklavenhandel zu Wohlstand gelangt waren, wurden für die aufstrebende Baumwollindustrie zu wichtigen Kapitalquellen, und die Baumwollhändler in Liverpool vergaben immer mehr Kredite an Fabrikanten, damit diese die Baumwollproduktion steigern konnten. Londoner Kaufleute wiederum, die Garne und Stoffe britischer Hersteller veräußerten, streckten den Fabrikanten in Lancashire Mittel vor. Tatsächlich stellten sie maßgebliches Betriebskapital bereit, da die Gewinne aus dem Handel direkt wieder in die Produktion flossen. Als diese Kaufleute im Fernhandel Vermögen anhäuften, konnten sie darüber hinaus politische Protektion einfordern, da die Herrscher auf ihren Reichtum zunehmend angewiesen waren.[44]

Nicht zuletzt nährte also der Kriegskapitalismus die aufkommenden sekundären Wirtschaftssektoren wie Versicherungs- und Bankwesen oder die Schifffahrt, alles Bereiche, die für die Entwicklung der britischen Baumwollindustrie außerordentlich wichtig werden sollten. Er förderte aber auch öffentliche Institutionen, die von zentraler Bedeutung für die Entwicklung des Kapitalismus waren, wie Staatskredite, das Finanzwesen selbst und die nationale Verteidigung. Diese Institutionen entstanden in der Welt des Kriegskapitalismus. «Fortschrittliche Industrietechniken und Handelspraktiken», so bemerkte ein Historiker, gelangten durch die Exportgeschäfte in die Binnenwirtschaft.[45]

Durch die vielfältigen Aktivitäten von Händlern, Produzenten und Regierungsbeamten gleichermaßen rückte Europa innerhalb des globalen Baumwollnetzwerkes auf eine grundlegend neue Position vor. Der größte Teil der weltweiten Baumwollproduktion war noch immer in Asien ansässig, und auch in ganz Afrika und den Amerikas existierten weiterhin dynamische Baumwollindustrien. Die Europäer jedoch dominierten nun entschieden den transozeanischen Handel. In der Neuen Welt hatten sie zudem ein System zur Produktion landwirtschaftlicher Rohstoffe entwickelt, das auf Sklavenarbeit basierte. Gleichzeitig hatten starke europäische Staaten Importbeschränkungen für ausländische Textilien eingeführt, indessen aber Wege gefunden, sich ausländische Technologien anzueignen. Indem sie ökonomische Prozesse über Europa hinaus in Asien, Afrika und den Amerikas koordinierten, führten die Europäer schließlich paradoxerweise den globalen Handel mit indischen Textilien an, während sie asiatische Stoffe gleichzeitig zunehmend von Europa fernhielten, um sie stattdessen in Afrika und andernorts, jenseits der europäischen Küste zu verkaufen. Eine globalisierte Textilindustrie war entstanden, und die Europäer machten sich die weitreichenden Möglichkeiten, welche die globale Nachfrage nach Baumwollwaren bot, erstmals zu Nutze.

Was die europäischen Staatsmänner und Kapitalbesitzer von ihren ausländischen Konkurrenten unterschied, war ihre Fähigkeit, diese globalen Netzwerke zu kanalisieren und schließlich zu beherrschen. Während Händler und Machthaber in Afrika, Asien und den Amerikas Netzwerke geschaffen hatten, die einen für beide Seiten vorteilhaften Warenaustausch ermöglichten, erschufen die Europäer transkontinentale Produktionssysteme, welche die vorhandenen sozialen Beziehungen auf ihrem Kontinent und andernorts aufbrachen. Das Entscheidende an dieser frühen Geschichte globaler Interaktion war nicht der Welthandel als solcher (der für alle Wirtschaftssysteme von eingeschränkter quantitativer Bedeutung blieb), sondern die Umgestaltung der Produktion sowie die sozialen und politischen Auswirkungen dieser neuen Produktionsweisen.[46] Indien und China oder das Azteken- und das Inkareich hatten nicht einmal annähernd eine solch globale Dominanz entwickelt und noch weniger eine Umgestaltung von Produktionsweisen an entlegenen Orten der Erde bewirkt. Und doch organisierten ab dem 16. Jahrhundert bewaffnete europäische Kapitalbesitzer und kapitalstarke europäische Staaten die weltweite Baumwollindustrie neu. Diese frühe Umklammerung des Kriegskapitalismus war das Fundament für die Industrielle Revolution, die schließlich einen enormen Schub hin zu einer globalen wirtschaftlichen Integration auslöste und unsere Welt noch heute prägt und verändert.

Was nun geschah, war der Übergang von den alten Welten der Baumwolle, die durch Diskontinuität, Multifokalität und horizontale Strukturen geprägt waren, in ein integriertes, zentralisiertes und hierarchisches Baumwollimperium. Noch im 18. Jahrhundert hätten es zeitgenössische Beobachter für unwahrscheinlich gehalten, dass Europa – und speziell Großbritannien – schon sehr bald zum bedeutendsten Baumwollhersteller der Welt avancieren sollte. Tatsächlich erinnerte sich James Mann, Mitglied der Statistical Society of London und der Royal Asiatic Society, sogar noch 1860 daran, dass

Anfänge des Protektionismus

«… unsere eigene Lage, zu einer Zeit, die noch gar nicht weit zurückliegt, nur schwer vergleichbar war mit der Situation der damaligen Einwohner der Neuen Welt oder Indiens; unsere gesellschaftliche Moral war trotz aller klimatischer Vorteile weit schlechter als dort, und das Niveau der Fertigungskunst in Amerika oder Indien übertraf zur Zeit ihrer Entdeckung sogar unsere Wollverarbeitung; … Verglichen mit der vorzeitlichen Dunkelheit, die über unserem Volk lag, befanden sich der Osten und der Westen im Licht.

Indien … ist die Quelle, aus der wir indirekt unsere Anregungen für den Handel schöpften; es waren die Erzeugnisse dieses Landes, wie auch Chinas, welche in unseren Vorfahren den Wunsch nach Luxusartikeln weckten, die dem Zeitgeist entsprachen. Während die Herstellung in Indien in vollem Gange war, zog, um in einem Vergleich zu sprechen, unsere Morgenröte herauf; die Sonne wanderte daraufhin aus einer anderen und vergangenen Ära in eine Welt des Handels. Die indische Produktion war der Vorbote dieses Lichtes, das auf seinem Weg immer stärker wurde und die nötige Wärme gewann, um die frühen Morgennebel aufzulösen und für Wachstum zu sorgen; und gestärkt durch die Energie der Europäer ließ es eine neue Ära erstehen, die von nie zuvor gesehenem wirtschaftlichem Glanz erfüllt war.»[47]

Die Sonne ging über einem kleinen Teil Europas auf, als Europäer die diskontinuierliche, multifokale und horizontal strukturierte Welten der Baumwolle langsam in ihren Orbit zogen und Werkzeuge und Methoden erfanden, durch die sie Land, Arbeit und Märkte in den Dienst eines neu und kühn erdachten Imperiums stellen konnten. Indem sie diese riesige Sphäre des Kriegskapitalismus erschufen, in der ganz andere Gesetze herrschten als in Europa selbst, begründeten sie nicht nur die Voraussetzungen für die «große Divergenz» und die Industrielle Revolution, sondern auch für ein immenses Erstarken ihrer Heimatstaaten, was wiederum für die Entstehung des Baumwollimperiums eine entscheidende Rolle spielen sollte. Um 1780 war Europa generell und Großbritannien im Besonderen zum Knotenpunkt der weltweiten Baumwollnetzwerke geworden.

Kapitel 3

Der Lohn des Kriegskapitalismus

Spinning Mule, Lancashire, 1840er Jahre

Die Revolution begann an den unwahrscheinlichsten Orten: etwa in einem ruhigen Tal in den sanften Hügeln um Manchester. Heute nur eine kurze Busfahrt vom geschäftigen internationalen Flughafen der Stadt entfernt, zieht Quarry Bank Mill Touristen durch seine gepflegten Gartenanlagen wie auch durch seine Industriegeschichte an. Besucher schlendern am Ufer des Flusses Bollin entlang, dessen Strom über die Jahrtausende ein etwa 30 Meter tiefes Tal in die umgebenden Felder gegraben hat.

Dieser Fluss inspirierte einen britischen Kaufmann zu einem der folgenschwersten Experimente der Menschheitsgeschichte. Im Jahre 1784 versammelte Samuel Greg in einer kleinen Fabrik am Ufer einige neuartige Spinnmaschinen, sogenannte Waterframes, dazu eine Schar von Waisenkindern, Heimhandwerker aus Dörfern in der Umgebung und eine Lieferung karibischer Baumwolle. Greg setzte nicht auf die Form der Energieversorgung, mit der Spinner seit Hunderten von Jahren gearbeitet hatten – den Antrieb von Menschenhand –, sondern er brachte seine Spinnmaschinen durch Wasserkraft zum Laufen. Trotz ihrer bescheidenen Größe unterschied sich Gregs Spinnerei von allem, was die Welt bisher gesehen hatte. Hier und an einigen Flussufern in der Nähe wurde Garn von Maschinen produziert, die erstmals nicht durch Menschenkraft betrieben wurden. Greg und andere zeitgenössische Unternehmer ließen nach jahrzehntelangen Versuchen die Produktivität eines der ältesten Industriezweige der Menschheit in die Höhe schnellen und schufen damit die Choreographie für eine in der Geschichte beispiellose Bewegung von Menschen und Maschinen.

Samuel Gregs Projekt war ein durch und durch lokales Unternehmen. Greg war 1758 in Belfast geboren worden, wuchs aber in Manchester auf und war ins nahegelegene Styal gezogen, bald nachdem er das Potenzial erkannt hatte, das im dortigen Fluss schlummerte. Seine Arbeiter kamen aus den Tälern, von den Hügeln und aus den Waisenhäusern von Cheshire und dem nicht weit entfernten Lancashire. Sogar seine Maschinen waren erst kurz zuvor in nahegelegenen Ortschaften und Städten erfunden worden. Vergleichbar mit der Rolle des Silicon Valley als Brutkasten der Computer-Revolution des 20. Jahrhunderts, wurde die idyllische Hügellandschaft um Manchester im späten 18. Jahrhundert zur Wiege der innovativsten Industrie der Epoche – der Baumwollindustrie. Auf einem mit Fabriken übersäten Gebiet, das sich in einem etwa 60 Kilometer großen Radius um Manchester erstreckte, wandelten sich ländliche Ortschaften zu Städten, und Hunderttausende von Menschen zogen von ihren Farmen in Fabriken.

Was auf den ersten Blick wie eine lokale, geradezu provinzielle Begebenheit erscheint, hätte jedoch nicht stattfinden können ohne die Ideen, Materialien und Märkte, die durch den Wandel der Baumwollwelten in den vorangegangenen zwei Jahrhunderten entstanden waren. Gregs Fabrik war in globale Netzwerke eingebunden – und sie sollte schließlich überall auf der Welt weit größere Veränderungen auslösen, als er vorausahnen konnte. Greg erhielt die notwendigen Rohstoffe für seine Produktion von verwandten Kaufleuten aus Liverpool, die sie wiederum in Städten wie Kingston auf Jamaika und dem brasilianischen Recife erworben hatten. Wie wir wissen, kamen die Grundidee und die Technologien zur Herstellung von Baumwollgeweben aus Asien, vor allem aus Indien. Gregs Ansporn, solche Textilien zu produzieren, war die Hoffnung, die Erzeugnisse indischer Spinner und Weber sowohl auf den heimischen als auch auf den internationalen Märkten ersetzen zu können. Schließlich sollte ein Großteil der von Greg produzierten Waren Großbritannien verlassen – um den Bedarf des Sklavenhandels an der Westküste Afrikas zu decken, um Gregs eigene Sklaven auf der Insel Dominica zu bekleiden und um die Verbraucher auf dem europäischen Kontinent zu bedienen. Samuel Greg war in der Lage, sich all diese Netzwerke zu Nutze zu machen.

Der tatsächliche materielle Beitrag, den Greg und seine Kollegen während der Blütezeit der Industriellen Revolution zwischen 1780 und 1815 leisteten, konnte noch nicht mit dem Volumen und der Qualität asiatischer, lateinamerikanischer und afrikanischer Spinner und Weber Schritt halten. Und dennoch waren ihre Fabriken die Zukunft. Ihre Zaubermaschinen, die mit Wasserkraft (und bald auch mit Dampf) betrieben, durch permanenten Innovationsdrang weiterentwickelt, von Lohnarbeitern bedient und durch die Anhäufung bedeutender Kapitalmengen sowie durch die bereitwillige Unterstützung des Staates in neuer Form gefördert wurden, bildeten die Grundpfeiler des neu entstandenen Baumwollimperiums. Dieser lokale Zündfunke sorgte dafür, dass England schließlich eine vielgleisige Weltwirtschaft dominierte und sich eine der wichtigsten Industrien der Menschheit zu eigen machte. Aus diesem Funken sollte der Industriekapitalismus entstehen und seine Flügel letztlich über die ganze Erde ausbreiten. Aus ihm entwickelte sich die Welt, wie die meisten von uns sie kennen.

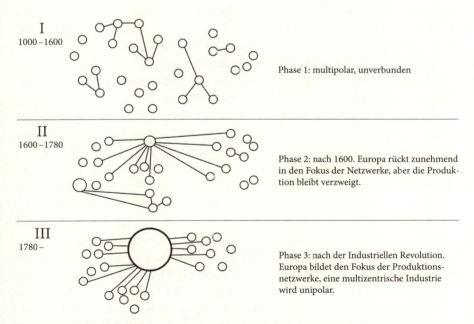

Der Wandel der räumlichen Beziehungen zwischen Baumwollbauern, -herstellern und -verbrauchern weltweit

Samuel Greg

Samuel Greg und seine Zeitgenossen gestalteten die Zukunft. Aber wie die meisten erfolgreichen Revolutionäre bauten sie auf der Vergangenheit auf, auf den Netzwerken, die britische Kaufleute und der Staat in den 200 Jahren zuvor geknüpft hatten. Mit anderen Worten: Der Wandel, den sie durch die Nutzung der Wasserkraft auslösten, war nur durch die Kraft möglich geworden, die der Kriegskapitalismus freigesetzt hatte. Dieser bereitete den fruchtbaren Boden, auf dem sich eine neue Form des Kapitalismus entwickelte. Gregs Genie bestand darin zu erkennen, dass risikobereite englische Kapitaleigner wie er das materielle und institutionelle Erbe des Kriegskapitalismus nutzen konnten, um nie dagewesenen Wohlstand und Macht anzuhäufen, indem sie sich die bis dahin als «unfein» angesehene Welt der Produktion erschlossen.

Insbesondere Greg persönlich war tief im Kriegskapitalismus verwurzelt, in dessen gewaltsamer Aneignung von Gebieten und Sklavenarbeit ebenso wie in dessen Erschließung neuer Technologien und Märkte mithilfe eines expandierenden Staates. Er erwirtschaftete seinen Teil des Familienvermögens durch Hillsborough Estate, eine rentable Zuckerplantage auf der karibischen Insel Dominica, auf der er bis zur endgültigen Abschaffung der Sklaverei auf britischem Gebiet 1834 Hunderte von afrikanischen Sklaven ausbeutete. Zwei Onkel von Greg, Robert und Nathaniel Hyde, die einen Großteil des Kapitals für den Aufbau von Quarry Bank Mill beigesteuert hatten, waren ebenfalls Textilhersteller, Besitzer von Plantagen in der Karibik und Kaufleute. Gregs Ehefrau Hannah Lightbody gehörte einer Familie an, die am Sklavenhandel beteiligt war, während die Familie seiner Schwägerin zunächst mit Sklaven handelte und schließlich dazu überging, Stoffe nach Afrika zu exportieren.[2]

Die meisten Baumwollfabrikanten zu Gregs Zeiten stammten aus wesentlich weniger wohlhabenden Familien, ohne karibische Sklavenplantagen. Sie hatten nur bescheidenes Kapital angehäuft, besaßen aber Erfindergeist und technisches Geschick – und überdies waren sie hungrig nach den Profiten, die sie sich von der neuen Art der Produktion versprachen. Doch auch sie waren tief in den Kriegskapitalismus verstrickt. Sie alle verdankten ihren unverzichtbaren Rohstoff – Baumwolle – der Sklavenarbeit. Sie alle belieferten Märkte, die zunächst durch den Handel mit indischen Baumwollstoffen entstanden waren, mit Textilien, die von vielen europäischen Märkten ferngehalten worden waren, um die heimischen Produzenten zu schützen. Sie alle nutzten indische Technologien, die während der imperialen Expansion Europas auf dem indischen Kontinent übernommen worden waren. Viele von ihnen bedienten sich überdies des Kapitals, das durch den atlantischen Handel angehäuft worden war, und sie belieferten die atlantischen Märkte – besonders in Afrika und den Amerikas, zwei regionalen Wirtschaftssystemen, die fast ausschließlich durch Sklavenarbeit unterhalten wurden. Der Kriegskapitalismus hatte sich auch als lehrreich erwiesen. Die durch ihn erworbenen Fähigkeiten zur Organisation des Fernhandels konnten für die heimische Industrie nutzbar gemacht werden. Des Weiteren prägten die Mechanismen des Kapitaltransfers im Rahmen des Überseehandels die Entwicklung heimischer Finanzinstrumente. Sogar die moderne Personalbuchhaltung war in der Welt der Sklavenplantagen entwickelt worden und fand später Eingang in die neuzeitliche Industrie. Überdies wurde das Bestreben britischer Unternehmer, die Produktion von Baumwolltextilien grundlegend neu zu gestalten, durch einen machtvollen imperialen Staat protegiert, der wiederum vom Kriegskapitalismus hervorgebracht wurde.[3]

Wirklich entscheidend war jedoch, dass britische Kaufleute in der zweiten Hälfte des 18. Jahrhunderts an vielen wichtigen Knotenpunkten der globalen Baumwollindustrie Schlüsselrollen übernommen hatten – obwohl der Anteil britischer Arbeiter an der weltweiten Produktion äußerst gering war und die britischen Farmer keinerlei Baumwolle anbauten. Wie sich zeigen wird, versetzte die Vorherrschaft in diesen globalen Netzwerken England in die Lage, die Produktion umzugestalten und unverhofft zum Ausgangspunkt für eine durch die Baumwolle vorangetriebene industrielle Revolution zu machen. Der nicht weniger revolutionäre Industriekapitalismus, der dabei entstand, war der Nachkomme des Kriegskapitalismus, der großen Innovation der vorausgegangenen Jahrhunderte.[4]

Samuel Greg und andere Unternehmer wussten, dass die globale Reichweite und Macht des British Empire ihnen einen enormen Vorteil gegenüber den Händlerkollegen und Herstellern in Frankfurt, Kalkutta oder Rio de Janeiro verschafften. Zunächst als Kaufmann im Betrieb seiner Onkel angestellt, hatte Greg nach Art eines Verlagssystems bereits ein großes Netzwerk von Baumwollspinnern und Webern in den ländlichen Gegenden von Lancashire und Cheshire aufgebaut, bevor er in seine neuen Maschinen investierte. Zusätzlich zu den Profiten und der Arbeitskraft, die ihm durch diese Netzwerke zur Verfügung standen, konnte er problemlos auf das üppige Vermögen der Familie seiner Frau zurückgreifen. 1780 unterstützte die Rathbone-Sippe, die im Baumwollhandel des 19. Jahrhunderts eine bestimmende Rolle spielen sollte, Greg bereitwillig mit Lieferungen von Rohbaumwolle. Er wusste außerdem aus erster Hand, dass der Markt für Baumwollgewebe – im kontinentalen Europa, entlang der Küste Afrikas und in den Amerikas – rasch expandierte.[5]

Während der 1780er Jahre investierte Samuel Greg zunächst einen relativ bescheidenen Kapitalbetrag in seine Quarry Bank Mill: 3000 Pfund, was heute etwa einer halben Million US-Dollar entspräche. Dann stellte er 90 Kinder im Alter von zehn bis zwölf Jahren aus den nahegelegenen Armenhäusern ein und band sie für sieben Jahre als Lehrlinge an seine Fabrik. Um 1800 beschäftigte er zusätzlich 110 erwachsene Arbeiter, die reguläre Löhne bekamen. Greg verkaufte seine Stoffe zuerst hauptsächlich in Europa und in der Karibik, dann zunehmend in Russland und den Vereinigten Staaten. Dank solch expandierender Märkte war die neue Fabrik von Beginn an profitabel und brachte 18 % Kapitalrendite ein, viermal so viel wie britische Staatsanleihen.[6]

Sowohl zeitgenössische Beobachter als auch moderne Historiker fanden viele Gründe, warum Gregs Unternehmen und mit ihm eine weiter reichende industrielle Revolution an diesem Ort in Nordengland und zu dieser Zeit, in den 1780er Jahren, «ausbrach». Die Genialität britischer Erfinder, die Größe der britischen Märkte und ihre ungewöhnlich tiefe Integration, die geographische Lage Großbritanniens mit seinem problemlosen Zugang zu Wasserwegen, die Bedeutung der unkonventionellen Denkweise religiöser Dissidenten und die Schaffung eines Staates, der unternehmerischen Initiativen gegenüber aufgeschlossen war – all das wurde schon häufig genannt.[7] Diese Argumente sind wichtig, doch blenden sie einen entscheidenden Teil der Geschichte der Industriellen Revolution aus: ihre Bindung an das weltumspannende System des Kriegskapitalismus.

Durch das Zusammenspiel all dieser Faktoren betrat erstmals in der Geschichte eine neue Figur, der Fabrikant, die Szene, ein Individuum, das Kapital nicht einsetzte, um Arbeiter zu versklaven oder Gebiete zu erobern – wenngleich auch dies weiterhin äußerst wichtig war –, sondern um Arbeitskräfte im großen Organismus der maschinellen Fertigung gezielt einzusetzen. Ihre Bemühungen zur Umgestaltung der Produktion beruhten auf neuen Wegen, Land, Arbeit und Ressourcen zu mobilisieren – und erforderten unter anderem eine neue Beziehung zum Staat. Es war dieser Nexus von sozialer und politischer Macht, der den Industriekapitalismus ins Leben rief, die transformatorische Erfindung der Industriellen Revolution. Es war diese Innovation, die, wie wir sehen werden, schließlich Flügel bekommen und sich auf sehr charakteristische Weise in anderen Teilen der Welt ausbreiten sollte.

Von den Verheißungen des Kriegskapitalismus angetrieben, so schrieb ein Beobachter in den 1920er Jahren, «entrissen Greg und seine Zeitgenossen innerhalb einer dynamischen erfindungsreichen Generation dem Osten das Baumwollimperium» und veränderten die gesamte Geographie der weltweiten Baumwollherstellung. Ihr Werk war revolutionär, weil es einer neuen institutionellen Form der Organisation wirtschaftlicher Aktivität und einer Weltwirtschaft den Weg ebnete, für die schnelles Wachstum und die permanente Weiterentwicklung der Produktionsprozesse die Regel und nicht die Ausnahme waren. Natürlich waren wichtige Erfindungen bereits in der Vergangenheit gemacht worden, und es gab in verschiedenen Gebieten der Erde schon vor der Industriellen Revolution Phasen beschleunigter wirtschaftlicher Entwicklung. Aber keine von ihnen hatte eine Welt hervorgebracht, in der Revolution selbst an der Tagesordnung war, eine Welt, in der das ökonomische Wachstum trotz regelmäßiger Einbrüche seine Expansion selbst voranzutreiben schien. In den tausend Jahren vor 1800 hatte es in Europa oder andernorts keine einschneidende Beschleunigung des Wirtschaftswachstums gegeben, und jede ökonomische Wachstumsbewegung, die stattgefunden hatte, war an den beschränkten Ressourcen, an Nahrungsmittelkrisen oder Krankheiten gescheitert. Jetzt aber erschuf der Industriekapitalismus eine sich ständig verändernde Welt. Und Baumwolle, die weltweit wichtigste Industrie, war die Triebfeder dieser beispiellosen Steigerung menschlicher Produktivität.[8]

Technologischer Durchbruch

Rückblickend schien England im späten 18. Jahrhundert reif für eine Neuerfindung der Baumwollherstellung. Englische Kapitalbesitzer blickten auf eine lange Geschichte in der Textilherstellung zurück, hatten Zugang zu investierbarem Kapital, und beschäftigten immer mehr Bauern, die unter ihrer Kontrolle Stoffe in ihren Haushalten produzierten. Darüber hinaus war die britische Textilproduktion – auf der Basis häuslicher Lohnarbeit – dem Druck der Importe aus Indien über Jahrzehnte ausgesetzt gewesen, eine Erfahrung, die lehrte, wie wichtig es war, mit den indischen Herstellern konkurrieren zu können und ihre Märkte zu erobern. Und nicht zuletzt gab es genügend Arbeiter, Arbeiter, die gegen die Tatsache, dass sie von ländlichen Bauern und Handwerkern zu Lohnempfängern der Industrie wurden, nicht immer erfolgreich aufbegehren konnten. Die notwendigen Bedingungen für eine radikale Neukonzeption der Produktion und der Institutionen, in die sie eingebunden war, waren also vorhanden – aber keineswegs einmalig. Auch andere Länder, von China über Indien bis ins kontinentale Europa und nach Afrika, verfügten über ähnliche Voraussetzungen. Sie erklären also nicht allein, warum die Industrielle Revolution im späten 18. Jahrhundert gerade in einem kleinen Landstrich auf den Britischen Inseln ausbrach.

Britische Kapitaleigner, im Gegensatz zu ihren Kollegen in anderen Weltregionen, dominierten jedoch die weitgespannten Baumwollnetzwerke. Sie hatten Zugang zu beispiellos dynamischen Märkten, sie kontrollierten den transozeanischen Baumwollhandel, und sie wussten aus erster Hand um den sagenhaften Reichtum, zu dem man es im Stoffhandel bringen konnte. Das Hauptproblem für die britischen Baumwollhersteller war deshalb, einfach gesagt, dass sie mit der hohen Qualität und den niedrigen Preisen indischer Produkte konkurrieren mussten. Wie gezeigt wurde, hatten britische Produzenten im Laufe des 18. Jahrhunderts das Qualitätsproblem (wenn auch nicht ganz) durch die Aneignung indischer Technologien gelöst. Die Erweiterung der Produktionsmengen und die Kostensenkung erwiesen sich jedoch als komplizierter: Die Netzwerke des

Verlagssystems, welche die britischen Kaufleute auf dem Land aufgebaut hatten, waren zur Steigerung der Produktion nicht geeignet. Aufträge wurden unregelmäßig ausgeführt, zusätzliche Arbeitskräfte waren schwer zu mobilisieren, und mit dem Produktionsvolumen stiegen die Transportkosten. Dazu war es schwierig, eine gleichbleibende Qualität von Waren, die auf entlegenen Farmen gesponnen und gewoben wurden, zu gewährleisten. In der Tat waren die Erzeugnisse der britischen Heimarbeiter zumeist nur auf den geschützten inländischen und kolonialen Märkten erfolgreich.[9]

Der Hauptgrund für diesen Wettbewerbsnachteil waren jedoch die Lohnkosten. Die Löhne lagen in Großbritannien signifikant höher als in anderen Teilen der Erde; so waren Gehälter in Lancashire 1770 bis zu sechsmal so hoch wie in Indien. Auch wenn zu dieser Zeit die Produktivität eines Baumwollarbeiters in England dank verbesserter Maschinen bereits zwei- bis dreimal so groß war wie in Indien, reichte dieser Faktor noch nicht aus, um gleiche Wettbewerbsbedingungen zu schaffen. Der Kriegskapitalismus hatte den britischen Baumwollkapitalisten grundlegend neue Möglichkeiten eröffnet, aber er hatte keine Antwort auf die Frage, wie die Baumwollmärkte auf globaler Ebene zu erschließen waren. Der Protektionismus war bis zu einem gewissen Punkt eine praktikable Lösung gewesen und mit großem Erfolg angewandt worden, aber die verlockende Möglichkeit globaler Exporte konnte dadurch nicht gewährleistet werden. Was die britischen Baumwollunternehmer brauchten, war eine dynamische Kombination aus neuen, kostensenkenden Technologien, weiter anhaltendem Wachstum elastischer Märkte und einem unterstützend eingreifenden Staat, der nicht nur in der Lage wäre, das Empire weltweit zu protegieren, sondern auch die Gesellschaft in England selbst zu verändern.[10]

Da die Lohnkosten das größte Hindernis waren, die neuen verheißungsvollen Chancen zu ergreifen, suchten britische Kaufleute, Erfinder und aufstrebende Hersteller nach Wegen, die Produktivität ihrer Arbeitskräfte weiter zu steigern. Und bei diesem Prozess bewirkten sie den folgenreichsten technologischen Wandel in der Geschichte der Baumwolle. Ihre erste erwähnenswerte Innovation war John Kays Erfindung des «fliegenden Weberschiffchens» 1733. An diesem kleinen hölzernen Instrument in Form eines Schiffsrumpfes konnten die Weber den Schussfaden befestigen und ihn dann, mechanisch betrieben, durch die Kettfäden von einer Seite des Webrahmens zur anderen «fliegen» lassen. Dieses Schiffchen verdoppelte die Produktivität der Weber. Zunächst fand es nur langsam Verbreitung, aber der Fortschritt war nicht aufzuhalten: Trotz des Widerstandes seitens der Weber, die um ihr Auskommen fürchteten, wurde die Neuerung nach 1745 in England und über England hinaus weithin angenommen.[11]

Dieses kleine, auf neuartige Weise in Bewegung gesetzte Stück Holz löste eine Kaskade weiterer Innovationen aus, welche die Baumwollherstellung schrittweise, aber dauerhaft verändern sollten. Die Verbreitung produktiverer Webtechniken übte starken Druck auf die Spinnerei aus, da immer mehr Spinner gebraucht wurden, um einen Weber mit genügend Garn zu versorgen, damit er seine Webstühle am Laufen halten konnte. Wenngleich immer mehr Frauen in immer mehr Haushalten immer länger am Spinnrad saßen, konnte nicht für ausreichend Nachschub gesorgt werden. Infolge Kays Erfindung wurden nun vier Spinner benötigt, um einen Weber zu versorgen. Viele Hersteller suchten Wege, um diesen Engpass zu umgehen, und in den 1760er Jahren ermöglichte James Hargreaves Erfindung der «Spinning Jenny» eine Produktivitätssteigerung. Diese Maschine war zunächst in der Lage, acht separate Fäden zu spinnen, später 16 oder sogar mehr, und schon 1767 hatte sie die Geschwindigkeit eines Spinners verdreifacht. Sie verbreitete sich rasch, um 1786 waren in Großbritannien etwa 20 000 solcher Geräte in Gebrauch.[12]

Bereits 1769 standen erneut verbesserte Spinntechniken zur Verfügung, dank Richard Arkwrights «Waterframe», einer Maschine, die Gregs Fabrik vorwegnahm, da sie komplett mit Wasserkraft betrieben wurde. Sie erlaubte kontinuierliches Spinnen ohne Unterbrechung, und anders als die Jenny, die zunächst meist in Privathaushalten verwandt wurde, benötigte die Waterframe einen mechanischen Antrieb, weshalb sich die Produktion in Fabriken konzentrierte. Zehn Jahre später, 1779, brachte Samuel Cromptons «Spinning Mule» diese Reihe von Erfindungen zum Abschluss, indem sie Elemente der Jenny und der Waterframe kombinierte (ähnlich wie ein Maultier Merkmale von Esel und Pferd vereint). Die Spinning Mule war eine langgezogene Maschine mit zwei parallelen Wagen: Auf der einen Seite waren Spulen mit Fasern aufgereiht, auf der anderen Seite Spindeln, welche die gesponnenen Fäden aufnahmen. Der äußere, auf Räder montierte Wagen wurde etwa anderthalb Meter weit ausgefahren und verstreckte gleichzeitig mehrere Stränge des faserigen Vorgarns. Die Menge der gesponnenen Fäden hing von der Zahl der Spindeln ab, die in der Spinning Mule montiert waren: Waren in den 1790er Jahren noch 200 Spindeln die Norm, so stieg diese Anzahl im Laufe des folgenden Jahrhunderts auf über 1300 an. Anders als die Waterframe, die kontinuierlich arbeitete, produzierte die Spinning Mule stoßweise Garnstücke von anderthalb Metern Länge, die jedoch stärker und feiner waren. Die Spinning Mule wurde zunächst durch Wasserkraft (die bis in die 1820er Jahre die meistgenutzte Energiequelle blieb) betrieben, später jedoch überwiegend durch Dampfmaschinen (die sich James Watt 1769 patentieren ließ).[13]

Nun, da die Spinnerei nicht mehr länger hinterher hinkte, geriet die Weberei wieder in Zugzwang. Zunächst wurde das Weben in privaten Haushalten erheblich ausgebaut. Durch die neuen Maschinen und die reichliche Verfügbarkeit von Garn brach für die Weber in ganz Lancashire und den ländlichen Gegenden von Cheshire ein Goldenes Zeitalter an. Hunderttausende von Kleinstbauern verbrachten endlos viele Stunden an ihren Webstühlen, um die rasch wachsenden Produktionsmengen der britischen Spinnereien zu verarbeiten. Bereits 1785 ließ Edmond Cartwright jedoch einen mechanischen Webstuhl patentieren – eine Erfindung, die sich aufgrund technischer Probleme allerdings nur langsam durchsetzte.[14]

Großbritanniens wachsende Fabrikantenklasse erkannte, dass sie durch die neuen Maschinen zunehmend in der Lage war, den einen Knotenpunkt im globalen Komplex der Baumwollherstellung zu beherrschen, der sich ihrer Kontrolle bisher entzogen hatte: die Produktion. Im 18. Jahrhundert brauchten Spinner in Indien 50 000 Arbeitsstunden, um ca. 45 Kilogramm Rohbaumwolle zu spinnen; ihre Kollegen in England konnten 1790 mithilfe einer Mule, die mit 100 Spindeln bestückt war, die gleiche Menge in nur 1000 Stunden spinnen. 1795 benötigten sie nur 300 Stunden, 1825 mit Richard Roberts' automatischer Mule nur 135 Stunden. Innerhalb von nur 30 Jahren war die Produktivität um das 370-Fache gestiegen. Die Lohnkosten in England lagen nun viel niedriger als in Indien.[15]

Die Preise für britisches Garn fielen dementsprechend und unterboten schon bald jene für Garn aus indischer Produktion. 1830 gab der britische Baumwollhändler Edward Baines den Preis für ein Pfund (= 0,4536 Kilogramm) Nr. 40-Garn (diese Nummer weist auf die Qualität des Garns hin – je höher die Zahl, desto feiner der Faden) in England mit 1 Shilling und 2,5 Pence an, während in Indien die gleiche Menge und Qualität 3 Shillinge und 7 Pence kostete. Eine Spinnerei aus Manchester berichtete, dass die Preise für ihr hochwertiges Nr. 100-Garn zwischen 1795 und 1811 um 50 % fielen und während des 19. Jahrhunderts weiter sanken. Die Garnpreise, speziell für feine Sorten, verringerten sich am schnellsten, aber es sanken auch die Preise für fertiges Gewebe: Ein Stück Musselin war in den frühen 1780er Jahren (in deflationierten Preisen) 116 Schillinge wert, 50 Jahre später konnte man das gleiche Gewebe für 28 Schillinge erwerben.[16]

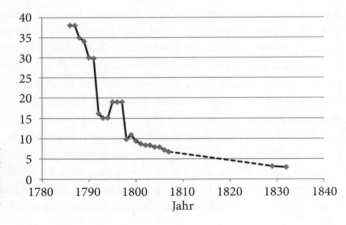

Britische Baumwollhersteller werden wettbewerbsfähig: der Preissturz von Baumwollgarn Nr. 100, 1786–1832 (Preis in Schilling)[17]

Der daraus resultierende Boom der Baumwollherstellung war beispiellos in der Geschichte. Nach fast zwei Jahrhunderten schwachen Wachstums steigerte sich die britische Produktion rasant. Zwischen 1780 und 1800 nahm die Menge der im Land hergestellten Baumwolltextilien jährlich um 10,8 % zu, die Exporte stiegen um 14 %; schon 1797 existierten fast 900 Baumwollfabriken. 1788 hatte es 50 000 Spindeln gegeben, 33 Jahre später waren es 7 Millionen. Während es vor 1780 billiger gewesen war, Baumwollstoff in Indien zu produzieren, waren die englischen Hersteller jetzt in der Lage, sich auf den europäischen und atlantischen Märkten zu behaupten, und nach 1830 konkurrierten sie sogar mit den indischen Produzenten auf dem Subkontinent selbst. Als die Inder begannen, in England hergestellte Garne und Stoffe zu nutzen, war dies das Signal für die ganze Welt, dass die Baumwollindustrie komplett umgekrempelt worden war.[18]

Pionierarbeit

Es mag überraschen, dass die Erfinder, die diesen Aufbruch möglich machten, so unspektakulär begonnen hatten. Sie hatten eine neue Welt geschaffen, ohne sich auf theoretische Wissenschaften zu stützen, ja manche überhaupt ohne viel Bildung – geschickte Männer, die in winzigen Werkstätten arbeiteten. Der 1704 geborene Kay, dessen Vater ein mäßig erfolgreicher Wollhersteller war, stammte aus den vergleichsweise wohlhabendsten Verhältnissen. Er erhielt womöglich einen Teil seiner Schulbildung in Frankreich. Der 1720 geborene Hargreaves dagegen war ein Handweber aus Blackburn, der vermutlich nie eine Schule besucht hatte, ganz ähnlich wie Arkwright, geboren 1732 als das jüngste von sieben Kindern armer Eltern. Er lernte das Lesen zuerst bei seinen Onkeln und sorgte dann selbst für seine Ausbildung. Crompton, der 1753 zur Welt kam, wuchs in äußerster Armut auf: Nachdem sein Vater jung verstorben war, begann er, vermutlich schon im Alter von fünf Jahren, Baumwolle zu spinnen, während seine Mutter versuchte, ebenfalls durch Spinnen und Weben über die Runden zu kommen. Alle vier waren Tüftler, Menschen, die für ihre Maschinen lebten, und die versuchten, praktische Probleme zu lösen, indem sie auf einfache Werkzeuge und Erkenntnisse aus ihren tagtäglichen Bemühungen zur Verbesserung von Produktionsabläufen zurückgriffen.

Alles andere als Helden, zogen sie mit ihren Innovationen manchmal sogar den Zorn ihrer Nachbarn auf sich, die Angst hatten, ihre Arbeit zu verlieren. Kay und Hargreaves verließen schließlich die Orte, an denen sie ihre Erfindungen gemacht hatten, da sie gewaltsame Übergriffe aus ihrer Umgebung fürchteten. Auch wurden sie durch ihre Erfindungen nicht reich; nachdem die Bemühungen zur Verteidigung ihrer Patente gescheitert waren, lebten sie in bescheidenen Verhältnissen. Als Hargreaves 1778 starb, besaß er kaum mehr als eine Auszeichnung der Royal Society for the Encouragement of Arts and Manufactures. Seine Kinder waren mittellos. Nur Arkwright profitierte von seiner Erfindung, indem er an zahlreichen Orten Baumwollfabriken gründete so wie auch eine wachsende Zahl britischer Baumwollfabrikanten, die die neuen Technologien begeistert annahmen. Und der britische Staat maß diesen Erfindungen so große Bedeutung zu, dass er deren Export nach 1786 fast ein halbes Jahrhundert lang für illegal erklärte. Von da an wurde der technische Fortschritt zu einer Konstante: Gewinne konnten erzielt werden, indem man Wege zur Steigerung der Produktivität menschlicher Arbeit fand. Dies sollte ein entscheidendes Merkmal des Industriekapitalismus werden.

Die neuen Maschinen steigerten nicht nur die menschliche Produktivität, sondern veränderten auch den Produktionsprozess selbst: Maschinen begannen den Takt der menschlichen Arbeit vorzugeben.[19] Da die Produktion von zentralen Energiequellen abhing und viel Raum benötigte, verlagerte sie sich von Haushalten in Fabriken. Mit den Maschinen sammelten sich auch Arbeiter in ungeahnter Zahl an zentralen Orten. Früher hatten Händler auf der Suche nach Arbeitskräften die ländlichen Gegenden durchkämmt, nun kamen die Menschen auf der Suche nach Beschäftigung zu den Fabriken.

Die Mechanisierung der Baumwollspinnerei brachte tatsächlich eine neue Einrichtung hervor: die Baumwollfabrik. Im Unterschied zu ihren Vorgängern bestand ihre Funktion nicht einfach darin, Arbeitskräfte zu versammeln und zu kontrollieren, sondern vielmehr eine komplexe Anordnung von Maschinen zu beherbergen. In den 1780er Jahren nahmen einige dieser Spinnereien beeindruckende Ausmaße an, mit rund 60 Metern Länge, 9 Metern Breite und vier bis sechs Stockwerken überragten sie die umgebende Landschaft. Auch wenn sie in ihrer Größe stark variierten, hatten sie etwas gemeinsam: ein Fließgewässer in der nächsten Umgebung. Um dessen Energie zu nutzen, wurde entweder ein Damm gebaut, oder es wurde einfach eine Zuleitung von einem stark abschüssigen Teil des Flusses abgezweigt und auf ein Wasserrad geführt.[20]

Die Garnproduktion in diesen Spinnereien umfasste drei grundlegende Schritte: das Reinigen, das Kardieren und schließlich das Spinnen. Im ersten Schritt legten die Arbeiter noch selbst Hand an. Überwiegend waren es Frauen, welche die Rohbaumwolle auf Gittertischen ausbreiteten und sie dann buchstäblich mit Stöcken schlugen, um sie von Zweigen, Blättern und Schmutz zu reinigen, die beim Entkörnen nicht entfernt worden waren. Nachdem die Baumwolle gereinigt war, verwandelten eine Reihe von Maschinen die Rohbaumwolle in «Kardenbänder»: dünne Stränge von locker gedrehten, parallelen Fasern, die nun gesponnen werden konnten. Spinnmaschinen waren quer über die oberen Stockwerke der Fabrik verteilt, sie spannen die präparierte Baumwolle zu Fäden unterschiedlichster Feinheit.[21]

Pionierarbeit

Um all diese Maschinen zu bedienen und um die Baumwolle durch die Fabrik zu schleusen, heuerten die Fabrikbesitzer hunderte von Arbeitern an, darunter viele Kinder und Frauen. Wenn auch nicht alle Arbeiter aus freien Stücken in die Fabriken gelangten und Lohn erhielten, so doch die Mehrheit. Wie wir sehen werden, war dies eine weitere entscheidende institutionelle Neuerung des Industriekapitalismus. Zum ersten Mal organisierten, überwachten und kontrollierten Kapitalbesitzer Produktionsprozesse abseits der Sklavenplantagen in den Amerikas. Diese neue Gruppe von Herstellern überwand die rein kommerziellen Beziehungen zwischen Händlern und Produzenten, wie sie in früheren Jahrhunderten bestanden hatten: Sie warben nun direkt mittellose Menschen an und machten sie zu Lohnempfängern in ihren Fabriken.[22] Seit jeher war die Beziehung zwischen Kapitaleignern und Arbeitern in der weltweiten Baumwollindustrie eine kaufmännische gewesen, aber nun, durch einen revolutionären Schritt, arbeiteten Spinner und Weber für Lohn unter der Kontrolle von Industriellen.

Eine solche Herrschaft des Kapitals über die Arbeitskraft, eine solche Verflechtung von technischer Revolution und sozialer Erneuerung fand nirgendwo sonst statt, auch nicht im Herzen der weltweiten Baumwollindustrie, in China oder Indien. Dies war in mancher Hinsicht überraschend, da diese Länder seit Jahrhunderten die Impulse für die weltweit neuesten Technologien der Baumwollproduktion gegeben hatten. Lange zuvor, 1313, hatte Wang Zhen sogar eine «Maschine zum Spinnen von Hanffäden» beschrieben, welche Hargreaves Spinning Jenny und Arkwrights Waterframe ziemlich nahe kam. Die Entwicklung neuer Spinnmaschinen war fraglos die Domäne chinesischer Handwerker oder auch ihrer indischen Kollegen gewesen. Außerdem war der Handel mit Baumwolle und Baumwollstoffen vom 14. bis zum 19. Jahrhundert der wichtigste Faktor der zunehmenden Kommerzialisierung der chinesischen Wirtschaft.[23]

Mit Wasserkraft betriebenes Spinnrad für Ramie, China 1313

Trotz solcher vielversprechenden Voraussetzungen gelang es weder Indien noch China – und auch nicht Preußen, das England hinsichtlich der technischen Entwicklung am nächsten kam –, innerhalb des globalen Komplexes der Baumwollproduktion so viele Schaltstellen zu dominieren wie Großbritannien. Auch machte sich kein anderes Land den Kriegskapitalismus so erfolgreich zu eigen. Zudem waren Bauern in Indien und China auf ihrem Grund und Boden besser abgesichert als ihre britischen Kollegen, was es für aufstrebende Hersteller schwieriger machte, große Zahlen von Arbeitern zu mobilisieren. Und wegen der unterschiedlichen Organisation der Haushalte, besonders aufgrund der beschränkten Aktivitäten von Frauen im öffentlichen Raum, waren auch die Opportunitätskosten für die von Frauen dominierte Heimspinnerei in Indien und China sehr gering, was den Einsatz neuer Technologien weniger wahrscheinlich machte. Zudem war in Indien die Kette zwischen Webern und Endverbrauchern lang und führte über viele Mittelsmänner. «Diese traditionellen historischen Strukturen aufzubrechen», so ein Historiker, erwies sich als schwierig. Zahlreiche Spinner und Weber in den ländlichen Gegenden Großbritanniens teilten die Vorbehalte ihrer Kollegen in Indien und China; sie wussten, dass ihre Arbeit im eigenen Haushalt durch neue Spinntechnologien bald nicht mehr tragfähig sein würde. Und doch hatten sie kaum eine andere Wahl, als sich dem Industriekapitalismus zu unterwerfen, da es wenig andere Einkommensmöglichkeiten für sie gab und ihre episodischen Bemühungen, sich gegen das Eindringen der Technologie zu organisieren, durch den Staat resolut niedergeschlagen wurden.[24]

Die Anwendung neuer Technologien, die Kontrolle über große Gruppen von Arbeitern ohne Sklaverei und neue Formen zur Organisation von Herstellungsprozessen entwickelten sich zuerst in den Baumwollfabriken. In der Folge breitete sich die ehemals bescheidene Industrie entlang der Flüsse von Lancashire und dem benachbarten Cheshire aus und wuchs rasant: Unmittelbar nachdem Greg 1784 seine erste Fabrik gebaut hatte, entstanden weitere Spinnereien und Webereien, und in den darauffolgenden Jahrzehnten vergrößerten sich diese mitunter erheblich. Gregs Quarry Bank Mill zum Beispiel beschäftigte 1833 2084 Arbeiter an fünf Standorten, und die Zahl der Spindeln war um das Vierfache auf 10 846 angestiegen. Der Baumwollhersteller Robert Peel weitete seine Produktion 1795 auf ähnliche Weise aus. Er besaß schließlich insgesamt 23 verschiedene Fabriken, die er selbst leitete. In anderen Fällen stiegen neue Produzenten in die Industrie ein, häufig Leute mit wenig Kapital, aber den richtigen Beziehungen.[25]

Zwar entstanden immer mehr Fabriken, aber viele von ihnen blieben klein, und ihre Besitzer waren, verglichen mit Kaufleuten aus Liverpool, Landbesitzern in Somerset oder Londoner Bankiers, oft nicht sehr wohlhabend. 1812 waren 70 % aller Firmen mit weniger als 10 000 Spindeln ausgestattet und weniger als 2000 Pfund wert. Die Unternehmer, die in diese Industrie einstiegen, kamen aus ganz unterschiedlichen Verhältnissen: Viele waren zugleich Kaufleute und Verleger gewesen, andere hatten als Handwerker in verschiedenen Industrien gearbeitet, während wieder andere als gut situierte Farmer oder als Lehrlinge mit besonderen handwerklichen Fähigkeiten begonnen hatten. Einige von ihnen zeichneten sich durch außergewöhnliche soziale Mobilität aus, wie etwa Elka-

Die Fabrik expandiert: Quarry Bank Mill, frühe 1860er Jahre

nah Armitage, der mit acht Jahren begann, als Spinngehilfe in einer Baumwollfabrik zu arbeiten, und 59 Jahre später Baumwollfabriken besaß, die insgesamt 1650 Arbeiter beschäftigten.[26]

Andere Fabrikanten hingegen konnten von Beginn an auf beachtliche Ressourcen zurückgreifen: Samuel Oldknow, zum Beispiel, 1756 geboren. Sein Vater besaß bereits einen erfolgreichen Betrieb zur Herstellung von Musselin, der mit Handwebstühlen produziert wurde. Nach dessen frühzeitigem Tod ging Oldknow bei seinem Onkel, einem Textilkaufmann, in die Lehre, bevor er 1781 in seine Heimatstadt zurückkehrte, um die Musselin-Fabrik der Familie wieder aufzubauen. Er kam zur richtigen Zeit. Die Einführung der Spinning Mule 1779 sorgte dafür, dass erstklassiges, massenproduziertes Garn in ungeahnten Mengen verfügbar war, so dass Oldknow in einen Markt vordringen konnte, der bis dahin von indischen Herstellern beherrscht worden war. Indem er sich mit zwei Londoner Handelshäusern zusammenschloss, sicherte sich Oldknow einen breiteren Zugang zu den britischen Überseemärkten. 1786 war er der erfolgreichste Musselin-Hersteller in ganz England. Oldknow baute weitere Fabriken, sorgte beständig für die Erweiterung seiner Unternehmen und besaß schließlich 29 Werke. 1790 wandte er sich der Spinnerei zu und errichtete in Stockport eine dampfbetriebene Fabrik; 1793 nahm eine noch größere, sechsgeschossige Spinnerei in Mellor die Produktion auf.[27]

Selbst wenn man Baumwollherstellung nur in kleinem Stil betrieb, war diese in den 1780er und 1790er Jahren erstaunlich profitabel. Die Firma Cardwell & Birle hatte eine durchschnittliche Kapitalrendite von jährlich 13,1 %, N. Dugdale von 24,8 % und McConnel & Kennedy von 16 %. Solche Profite erlaubten es zu expandieren, ohne zu stark auf die Kapitalmärkte zurückgreifen zu müssen. So waren «die Gewinnrücklagen die bevorzugte Kapitalquelle (für die Expansion)». Jedoch wurde dieses Kapital oft vermehrt durch Kaufleute, die in Fabriken investierten, die sie nicht selbst leiteten, und zudem durch Kaufleute aus London und Liverpool, die Kredite an Firmen vergaben für den Erwerb von Rohbaumwolle und den Vertrieb von Garn und Stoff. Dieses zusätzliche Betriebskapital hatte entscheidendes Gewicht: 1834 beliefen sich Kapitalinvestitionen in Fabriken und Maschinen der britischen Baumwollindustrie auf etwa 14,8 Millionen Pfund, dabei erreichte das in Rohbaumwolle und Löhnen angelegte Betriebskapital 7,4 Millionen Pfund – ein maßgeblicher Anteil.[28]

Ein Beispiel für die rasche Verbreitung von Spinnereien waren die Baumwollhersteller McConnel & Kennedy aus Manchester. Als sie ihr gemeinsames Unternehmen 1791 gründeten, konzentrierten sie sich auf die Produktion von Spinnmaschinen, ein Gewerbe, das dem Maschinenhersteller James McConnel vertraut war. Eines Tages jedoch hatte McConnel zwei Spinning Mules fertiggestellt, die seine Kunden nicht bezahlen konnten, und dieser scheinbar unglückliche Umstand führte dazu, dass er seine Geräte selbst in Betrieb nahm. Sein Partner John Kennedy und zwei andere Investoren sorgten für die Erweiterung sowohl der Maschinenproduktion als auch der Spinnerei, indem sie insgesamt 500 Pfund investierten, eine äußerst bescheidene Summe. Mit «ostindischem Garn», ihrer Spezialität, konnten sie ihr Unternehmen rasch vergrößern: 1797 betrieben sie 7464 Spindeln, 1810 war diese Zahl auf 78 972 angestiegen. 1802 beschäftigten sie 312 Arbeiter, 1816 waren es bereits 1020. Wie andere Firmen auch finanzierten sie diesen Ausbau über Gewinnrücklagen, die zwischen 1799 und 1804 durchschnittlich 26,5 % im Jahr betrugen.[29]

Durch dieses Wachstum wurde die Baumwollindustrie bald zum Mittelpunkt der britischen Wirtschaft. 1770 machte die Baumwollherstellung nur 2,6 % der Wertschöpfung der Gesamtwirtschaft aus; 1801 waren es bereits 17 % und 1831 dann 22,4 %. Im Vergleich dazu kam die Eisenindustrie auf einen Anteil von 6,7 %, die Kohleindustrie auf 7 % und die Wollindustrie auf 14,1 %. 1795 arbeiteten in Großbritannien schon 340 000 Menschen in Spinnereien,

Pionierarbeit

Das «Land der langen Schornsteine»: Die Industrielle Revolution nimmt ihren Ausgang in Großbritannien, 1780–1815

darunter 100 000 Kinder und 90 000 Frauen. Um 1830 war in England jeder sechste Arbeiter in der Baumwollindustrie beschäftigt. Gleichzeitig konzentrierte sich die Industrie selbst in einem kleinen Teil der Britischen Inseln: Lancashire. 70 % aller Baumwollarbeiter Großbritanniens sollten schließlich dort angestellt sein, und 80 % aller Besitzer von Baumwollfabriken stammten aus dieser Grafschaft.[30]

Und diese Explosion der Baumwollindustrie war kein Strohfeuer. Vielmehr bereitete ihr Aufschwung, wie wir sehen werden, anderen Industrien den Weg: Ein Schienennetz entstand, die Eisenindustrie wuchs, und später im 19. Jahrhundert stießen eine Reihe neuer Industrien eine zweite Industrielle Revolution an. Die Baumwolle war jedoch der Vorreiter. Wie der Historiker Fernand Braudel darlegte, wirkte sich die Baumwollrevolution auf die «*gesamte* Wirtschaft des Landes» aus.[31] In Zahlen betrachtet, war die Industrielle Revolution noch um die Mitte des 19. Jahrhunderts die Geschichte der Baumwolle.

Exportboom

Durch den spektakulären Aufschwung der britischen Baumwollindustrie konnten die britischen Unternehmer – und zugleich der Staat – weiteren Gewinn und Macht aus dem Kriegskapitalismus schlagen. Da die Produktionskosten dank der bisher unerreichten Leistungsfähigkeit neuer Maschinen und der neuen Organisation der Arbeit sanken, drangen die britischen Hersteller wie erwartet in neue Märkte vor. Die Binnenmärkte expandierten, da die Baumwolle günstiger wurde und Baumwollgewebe immer mehr in Mode kamen.[32]

Die britischen Baumwollhersteller eroberten ebenfalls die überaus wichtigen Exportmärkte. In den 1780er Jahren engagierten sie sich zunehmend in Märkten, die britische Händler bis dato mit indischen Textilien bedient hatten. Feine Musseline, die der Stolz Bengalens gewesen und «seit tausenden von Jahren unerreicht geblieben» waren, wurden von nun an in Großbritannien produziert. Diese Entwicklung war entscheidend, denn der britische Markt mit seinen 8,66 Millionen Menschen war relativ klein, und das verfügbare Pro-Kopf-Einkommen stieg nur langsam. Baumwollexporte aus Großbritannien nahmen dagegen im Laufe des 18. Jahrhunderts um das 200-Fache zu – allerdings waren 94 % dieses Zuwachses in den beiden Jahrzehnten nach 1780 zu verzeichnen, als die Exporte sich explosionsartig steigerten. Während ihr Wert 1780 noch 355 060 Pfund betrug, erhöhte sich diese Zahl bis 1800 auf 5 854 057 Pfund.[33] In den letzten Jahren des 18. Jahrhunderts wurden in der Tat 61,3 % der Gesamtmenge des in England produzierten Baumwollstoffes exportiert. Nach 1815 hatte Großbritannien dank dieser Exporte «alle Rivalen der nicht-europäischen Welt»

Exportboom

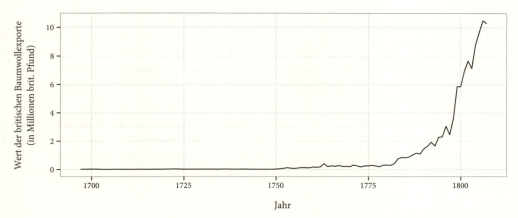

Die Exportexplosion: das Wachstum britischer Exporte von Baumwollwaren, 1697–1807[35]

im globalen Handel mit Baumwollgarn und -stoffen weitgehend ausgestochen.[34]

Der Boom der britischen Baumwollindustrie war demnach ein Exportboom. Die Baumwollexporte wuchsen zwischen 1783 und 1814 um 12,3 % jährlich.[36] Aufgrund dieses Wachstums wurden in Großbritannien gefertigte Baumwollwaren um 1800 zu einer bedeutenden Größe auf den Weltmärkten – und zur gleichen Zeit waren tausende von Spinnern und Webern in neugebauten Fabriken überall in den ländlichen Gegenden Englands, von den hunderten von Firmenbesitzern, Händlern und Seeleuten ganz zu schweigen, abhängig von diesen Auslandsmärkten. Dieser Rekordhandel mit Baumwolle beeinflusste in der Tat die gesamte britische Wirtschaft: Baumwollwaren waren zwischen 1785 und 1805 für 56 % der gesamten britischen Exportsteigerung verantwortlich.

Auf den Weltmärkten ersetzten nun britische Baumwollprodukte rasch die indischen Stoffe. Während des Geschäftsjahres 1800/01 wurde immer noch Meterware im Wert von 1,4 Millionen Pfund von Bengalen nach Großbritannien exportiert, 1809/10, nur acht Jahre später, hatte sich die Stoffausfuhr auf einen Wert von nur wenig mehr als 330 000 Pfund verringert – und sollte danach rapide weiter abfallen. Infolgedessen ging es auch mit den indischen Webern, die den globalen Textilmarkt über Jahrhunderte dominiert hatten, im freien Fall abwärts. 1800 verfasste der Handelsbeauftragte der East India Company in Bengalen John Taylor eine detaillierte Geschichte der Baumwollindustrie von Dhaka und gab an, dass der Wert der Stoffexporte dort zwischen 1747 und 1797 um 50 % gefallen sei. Besonders Spinner waren durch die britische Konkurrenz schwer getroffen, und eine große Zahl von ihnen, so berichtete er, «starben den Hungertod». Die Menschen dieser einst so blühenden Stadt waren «weggestorben und verarmt», ihre Häuser waren «zu Ruinen geworden und verlassen», und ihre Handelsgeschichte wurde zum «melancholischen Rückblick». Der «einstige Ruhm» und «sagenhafte Wohlstand» von Dhaka waren so gut wie verschwunden. 1806 kam ein anderer Bericht über den bengalischen Handel zu dem Schluss, dass «die Exporte von Meterware ... beträchtlich zurückgegangen seien ...; die Folge ist, dass die Weber ihre Webstühle nicht zum Einsatz bringen können, weshalb viele ihre Häuser verlassen mussten, um sich andernorts eine Beschäftigung zu suchen; die meisten von ihnen verdingen sich in der Landwirtschaft». Ein Kritiker der East India Company, der bemerkte, dass es das Ziel der englischen Politik zu sein schien, Indien zum Importeur von Baumwollstoff und zum Exporteur von Rohbaumwolle zu machen, urteilte, dies sei «eine Politik, wie sie die Spanier gegenüber den unseligen Ureinwohnern von Amerika verfolgten».[37]

Britische Baumwollwaren eroberten nun die vielfältigen Exportmärkte, die vormals in der Hand der indischen Spinner und Weber gewesen waren. Die Hersteller konzentrierten sich zunächst auf Teile der Welt, die dem Kriegskapitalismus unterworfen waren: Während der 1780er Jahre, der Blütezeit der Industriellen Revolution, gingen zwei Drittel der britischen Baumwollexporte nach Afrika und in die Amerikas. Die Exporte flossen letztlich über eben jene Handelswege der atlantischen Wirtschaft, deren Aufbau 200 Jahre gedauert und Großbritannien ein unermessliches Vermögen gekostet hatte. Sklaven auf den Plantagen in den Amerikas produzierten, im Gegensatz zu landwirtschaftlichen Erzeugern andernorts, ihre Stoffe nicht selbst und stellten so einen enorm ergiebigen Markt dar, obwohl ihre Herren sie denkbar einfach ausstatteten. Was den afrikanischen Handel – größtenteils den Sklavenhandel – anging, war der Bedarf ebenso hoch (und nahm infolge des Baumwollbooms in den Amerikas noch zu), denn die Afrikaner sahen britische Stoffe schließlich als in Qualität und Preis gleichwertig mit indischen Produkten an. Nach 1806 setzten sich britische Baumwollwaren dort klar durch und dominierten nun einen Markt, der ihnen so lange Zeit nicht offengestanden hatte.[38]

Schaffung eines neuen Staates

Für die britischen Händler und Hersteller war der Zugang zu diesen Märkten erst möglich durch eine besondere und neue Form des Staates, eines Staates, der wesentlich zur Entstehung des Industriekapitalismus beitrug und dessen ungewöhnliche Strukturen schließlich Einfluss auf der ganzen Welt hatten. Letztlich expandierten die Baumwollexporte dank der starken britischen Handelsnetzwerke und dank der Institutionen, in welche sie eingebunden waren – von einer schlagkräftigen Marine, die den Zugang zu Märkten schuf und sicherte, bis hin zu Frachtbriefen, die den Transfer von Kapital über weite Entfernungen ermöglichten. Diese Institutionen stützten sich auf einen Staat, der in der Lage war, globale Märkte zu formen und zu schützen, private Eigentumsrechte für Grund und Boden zu schaffen und durchzusetzen, Verträgen über weite geographische Entfernungen hinweg Geltung zu verschaffen, die fiskalischen Instrumente zu entwickeln, um seine Bevölkerung immer stärker zu besteuern, und ein soziales, ökonomisches und rechtliches Umfeld zu bereiten, das die Mobilisierung von Arbeitern durch Lohnzahlungen ermöglichte. Letztlich waren es tatsächlich weniger die neuen Maschinen, welche die Welt revolutionierten, so eindrucksvoll und wichtig sie waren. Die wirkliche Meisterleistung waren vielmehr die ökonomischen, sozialen und politischen Institutionen, in welchen diese neuen Maschinen eingesetzt wurden. Diese Institutionen kennzeichneten den Industriekapitalismus und bewirkten, dass dieser sich zunehmend von seinem Vorgänger, dem Kriegskapitalismus, unterschied.[39]

Die Schaffung eines solchen Staates mitten im Kriegskapitalismus war ein kompliziertes Lavieren zwischen verschiedenen Interessen: Eine wachsende Gruppe von Industriellen übte Druck aus, damit ihre Interessen gewahrt wurden, während Politiker und Bürokraten begriffen, dass sich ihre eigene überlegene Position in der Welt auf Großbritanniens rasch expandierende Produktionskapazität gründete. Die Fabrikanten kämpften gegen rivalisierende Interessen – die East India Company zum Beispiel – und gegen die Konkurrenz von Eliten wie den adligen Grundbesitzern. Jedoch häuften Kaufleute und Produzenten bald beachtliche Reichtümer an, auf die der Staat schließlich angewiesen war; diesen Unternehmern gelang es daraufhin, ihre wachsende Bedeutung für die nationale Wirtschaft in politischen Einfluss umzuwandeln. Die Besitzer von Spinnereien wurden zunehmend politisch aktiv, was im Reform Act von 1832 gipfelte, ein Gesetz, das das Wahlrecht erweiterte und es vielen Textilunternehmern ermöglichte, in das Unterhaus einzuziehen, wo sie sich energisch für die (globalen) Interessen ihrer Industrie einsetzten – von den Korngesetzen bis zur kolonialen Expansion Großbritanniens.[40] Der Kampf der Industriellen für eine Politik, die ihren Interessen diente, war zielstrebig und bemerkenswert modern, wie schon diese 1789 verfasste Petition von 103 Baumwollfabrikanten aus der Gegend um Glasgow an das Treasury Department zeigt:

> «... die Bittsteller, die sich an Sie wenden, begannen schon früh mit der Herstellung britischer Musseline und haben in den letzten Jahren große Fortschritte beim Ausbau und der Verbesserung dieses wertvollen Handelszweiges erzielt, ebenso was die anderen genannten Artikel wie Kattune und Mischwaren betrifft. Die Energie der Maschinen, die in diesem Gewerbe eingesetzt werden, verbunden mit neuen Fabrikanlagen, welche die Bittsteller durch einen gewachsenen Erfahrungsschatz aufbauen konnten, produzieren einen Warenüberschuss, den der heimische Konsum nicht ausschöpfen kann: Deshalb wird der Verkauf im Ausland in erweitertem Maße unumgänglich, um die Maschinen weiter in Betrieb zu halten.»[41]

Der neu erstarkte Staat – das Ergebnis eines unerbittlichen, fast zwei Jahrhunderte andauernden Kriegszustandes und der resultierenden Notwendigkeit, Menschen und Vermögen zu mobilisieren – schuf Eigentumsrechte und setzte sie durch, etablierte Gerichte, führte Lohnarbeitsverträge ein und unterdrückte die kollektiven Bemühungen der Arbeiter um eine Verbesserung ihrer Arbeitsbedingungen – durchweg notwendige Vorbedingungen für die neue Form des Kapitalismus. All das wurde möglich aufgrund der Macht, die der britische Staat auf eigenem Gebiet hatte, und durch den zunehmenden Einfluss der Kaufleute und Fabrikanten, die den Staat dazu brachten, ihre Interessen zu schützen.

Dieser Industriekapitalismus fand auch neue Antworten auf die Frage der Mobilisierung von Arbeitern, Kapital und Märkten als sein Vorgänger, der Kriegskapitalismus. Anders als in den Amerikas konnten in England Arbeitskräfte rekrutiert werden, da der Wandel in den ländlichen Gebieten und die damit verbundenen Gesetzesänderungen bereits eine große Zahl landloser Proletarier hervorgebracht hatten. Um zu überleben, mussten diese ihre Arbeitskraft verkaufen, und sie taten dies, ohne gewaltsam dazu gezwungen zu werden. Anders als in der Plantagenwirtschaft der Amerikas, benötigte die Baumwollherstellung nur wenig Land und konzentrierte sich meist auf Standorte, die Zugang zu Wasserkraft hatten. Da Märkte für Grund und Boden schon seit Jahrhunderten existierten und Landeigentumsrechte durch den Staat verhältnismäßig gut geschützt waren, fand der für den Kriegskapitalismus so typische Landraub in Großbritannien nicht statt. Gleichzeitig war ein interventionistischer Staat in der Lage, Landnutzungen zu fördern, die als der gesamtwirtschaftlichen Entwicklung zuträglich erachtet wurden, zum Beispiel indem man Enteignungen zum Bau von Mautstraßen und Kanälen zuließ. Zudem regulierte ein in hohem Maße zentralisierter und bürokratisierter Staat die heimische Industrie.[42]

Letztlich entscheidend in diesem frühen Stadium des aufkommenden Industriekapitalismus war vielleicht, dass die Mechanismen des Kriegskapitalismus dank der imperialen Expansion des Staates «ausgelagert» werden konnten. Dies verringerte sowohl die Notwendigkeit einer Umgestaltung der sozialen Binnenstruktur als auch die Abhängigkeit der Unternehmen von heimischen Ressourcen. Einige der Probleme, welche die grundlegenden Prozesse der Bereitstellung von Arbeitern, Land, Rohstoffen und Märkten mit sich brachten, waren tatsächlich schon durch die imperiale Expansion und die Sklaverei in den Amerikas, in Afrika und Asien gelöst worden. Und wieder war es vor allem ein mächtiger Staat, der es ermöglichte, eben diese Voraussetzungen zu «externalisieren». Dieser Staat konnte ganz verschiedene Institutionen in unterschiedlichen Teilen der Erde durchsetzen wie zum Beispiel Sklaverei und Lohnarbeit. Der Grundpfeiler des Industriekapitalismus war also der neue Staat. Fabrikanten, Kaufleute und Staatsbeamte in Großbritannien konstruierten so eine neue Form des Kapitalismus – eines Kapitalismus, der am Ende des 19. Jahrhunderts die Welt beherrschen sollte.⁴³

Und während dieser Industriekapitalismus die Staatsmacht stärkte, verringerte er ihre Sichtbarkeit. Weder die persönliche Autorität eines Königs, Lords oder Herrn noch alte Bräuche regulierten nun den Markt, vielmehr waren es eindeutige Vorschriften, die durch Verträge, Gesetze und Verordnungen unerbittlich durchgesetzt wurden. Schwächere Staaten waren weiterhin von Klientelbeziehungen, dezentralen Autoritäten und Willkürherrschaft geprägt, Faktoren, die dem Industriekapitalismus keinen fruchtbaren Boden bereiteten. Und als sich der europäische Kolonialismus über immer weitere Gebiete der Erde ausbreitete, stärkte er die staatliche Handlungsmacht der Kolonisatoren, untergrub jedoch zugleich die politische Autorität und Handlungsfähigkeit der Kolonialisierten. Die staatliche Handlungsmacht gewann immer mehr an Bedeutung, war jedoch auf der Erde zunehmend ungleich verteilt.

Zwar äußerte Edward Baines 1835, dass «dieser (Baumwoll-)Handel nicht das Ziehkind der staatlichen Protektion» sei, bezeichnenderweise listete er aber im Folgenden in chronologischer Reihenfolge alle «Eingriffe der Legislative» auf, welche die Baumwollindustrie betrafen, von Einfuhrverboten bis hin zu Zollabgaben – eine Liste, die sieben Seiten füllte und einen offenkundigen Beweis dafür lieferte, wie wichtig der Staat für die Absicherung des «freien» Baumwollmarktes war – und für die zunehmende britische Kontrolle desselben.⁴⁴ In Großbritannien und schließlich auch in einigen anderen Ländern band die Abhängigkeit der Kapitalbesitzer vom Staat beide Seiten eng aneinander, was in einer Art Territorialisierung und «Nationalisierung» des Produktionskapitals mündete. Paradoxerweise sollte diese Verbindung zwischen Staat und Unternehmern auch die Position der Arbeiter stärken: Sie nutzten die staatliche Abhängigkeit von der Zustimmung der Bürger, um sich kollektiv für höhere Löhne und bessere Arbeitsbedingungen einzusetzen.

Aufgrund der Respekt einflößenden Macht moderner Staaten (was Hegel den «Geist der Geschichte» nennen sollte) war die Form, in welcher der Kriegskapitalismus Land, Arbeit und Märkte mobilisierte, innerhalb von Europa selbst weitgehend irrelevant. Dies ist in vieler Hinsicht überraschend. Schließlich waren große, kapitalintensive Unternehmen, die Mobilisierung großer Zahlen von Arbeitern und die strenge Überwachung dieser Arbeiter schon äußerst gewinnbringend auf den Plantagen in den Amerikas erprobt worden; sie schienen den Weg zur Neuorganisation der Produktion zu weisen. Dennoch bildete der Kriegskapitalismus in Großbritannien selbst nur die Grundlage, nicht aber das eigentliche Wesen des Kapitalismus. Um die Produktion zu kontrollieren, wurden die Arbeiter weder versklavt, noch wurden Völker gemordet, da die Industriellen ihre Begehrlichkeiten nicht über die staatliche Ordnung hinweg zu verfolgen wagten. In unserer heutigen Welt, in der die institutionellen Grundlagen des Industriekapitalismus alltäglich geworden sind, ist es schwer, ihre revolutionäre Natur zu ermessen.

Und die Ausdehnung der Baumwollproduktion stand in unmittelbarem Zusammenhang mit dem staatlichen Machtausbau. Beide verstärkten sich gegenseitig: Der britische Staat unterstützte die wirtschaftliche Dynamik der Baumwollindustrie, und ihre reichen Erträge wurden immer wichtiger für den britischen Staat. Um die Kriege des späten 18. und frühen 19. Jahrhunderts zu finanzieren, welche die britische Hegemonie im atlantischen Raum begründeten, griff Großbritannien in hohem Maße auf seine Handelserträge zurück, und der bedeutendste Handelszweig war eben die Baumwolle: Edward Baines zufolge hätte sich «ohne die Mittel, die seine florierende Produktion und sein Handel einbrachten, das Land in einem solch langwierigen und kräftezehrenden Konflikt nicht behaupten können». Wie Baines schätzte, wurden zwischen 1773 und 1815 Baumwollwaren im Wert von 150 Millionen Pfund exportiert, sie füllten die Kassen der Fabrikanten, der Kaufleute – und des Staates. Die Staatseinnahmen stiegen zwischen dem späten 17. und dem frühen 19. Jahrhundert um den Faktor 16, ein Jahrhundert, in dem Großbritannien insgesamt 56 Jahre lang Krieg führte. Im Jahr 1800 machten Zölle ein Drittel der Steuereinnahmen aus. 1835 schrieb die *Edinburgh Review*: «... unser Wohlstand und unsere Macht hängen in hohem Maße vom wachsenden Fortschritt und dem Ausbau unserer Produktion ab.» Staatsbeamte und Machthaber erkannten, dass die Industrie die Möglichkeit bot, Staatseinnahmen zu generieren, so wie sich der Staat nun auf die industrielle Welt stützte, zu deren Entstehung er selbst beigetragen hatte.[45]

...

Die ersten taumelnden Schritte dieser großen Beschleunigung mochten dennoch bescheiden wirken. Dem modernen Auge erscheinen diese neuen Technologien altmodisch, die Fabriken mickrig und die Reichweite der Baumwollindustrie auf wenige Regionen in nur einem kleinen Teil der Welt begrenzt, während ein Großteil der Erde, sogar ein Großteil Großbritanniens weiterlebte wie bisher. Die Produktionskapazität der ersten Fabriken, die in der englischen Landschaft auftauchten, war aus globaler Perspektive betrachtet tatsächlich gering.[46] 1800, zwei Jahrzehnte nachdem Greg seine Fabrik eröffnet hatte, wurden weniger als 0,1 % der globalen Produktion an Baumwollstoff von Maschinen produziert, die auf den Britischen Inseln erfunden worden waren. Trotzdem hatte nach einem jahrzehntelangen Konflikt zwischen Kapitalbesitzern, Aristokraten, dem Staat, Arbeitern und Bauern der Industriekapitalismus nun ein soziales und institutionelles Gerüst bekommen und breitete sich fortan auch in anderen Industrien und Teilen der Erde aus. Es gab nun breiten Raum für weitere Umwälzungen.

Schaffung eines neuen Staates

Die von der Baumwolle vorangetriebene Industrielle Revolution war, wie der Historiker Eric Hobsbawm es ausdrückte, «das wichtigste Ereignis der Weltgeschichte». Sie erschuf eine Welt, die sich von allem je Dagewesenen unterschied. «Dieses Land der langen Schornsteine», wie es der Baumwollfabrikant Thomas Ashton 1837 beschrieb, unterschied sich nicht nur von der ländlichen Welt Großbritanniens, wie sie jahrhundertelang existiert hatte, sondern auch von der Welt des Kriegskapitalismus, die Händler, Baumwollpflanzer und Staatsbeamte während der vorangegangenen 200 Jahre geformt hatten. Das industrielle Schauspiel zog Besucher aus der ganzen Welt an, die angesichts des schieren Ausmaßes all dessen, was sie sahen, Ehrfurcht und Entsetzen zugleich empfanden: die endlos aufragenden Fabrikschornsteine, die düsteren Städte, der spektakuläre soziale Wandel. Ein englischer Besucher schilderte Manchester 1808 als eine «abscheulich schmutzige Stadt, die Abgase der Dampfmaschinen sind wie ein Pesthauch, die Färbereien sind übelriechend und widerwärtig, und das Wasser des Flusses ist so schwarz wie Tinte.»[47] Auch Alexis de Tocqueville pilgerte 1835 an diesen Ort:

> «Inmitten dieser stinkenden Kloake hat der große Strom der menschlichen Industrie seine Quelle, von hier aus wird er die Welt befruchten. Aus diesem schmutzigen Pfuhl fließt das reine Gold. Hier erreicht der menschliche Geist seine Vollendung und hier seine Erniedrigung; hier vollbringt die Zivilisation ihre Wunder, und hier wird der zivilisierte Mensch fast wieder zum Wilden.»[48]

Beobachter aus den dagegen noch immer ländlich-idyllischen Vereinigten Staaten erschraken angesichts dieser neuen «Alten Welt». Thomas Jefferson etwa schrieb:

> «Solange wir also Land zur Bearbeitung haben, wollen wir niemals wünschen, dass unsere Bürger ... einen Spinnrocken drehen. Zimmerleute, Maurer und Schmiede werden in der Landwirtschaft benötigt; doch sollten, was den allgemeinen Manufakturbetrieb angeht, unsere Werkstätten in Europa bleiben.»[49]

In Großbritannien hatte sich im Laufe von nur zwei Jahrzehnten eine überwältigende Entwicklung der Baumwollindustrie abgespielt: Zunächst war die Baumwolle nur eine unter den vielen Errungenschaften der imperialen Expansion, doch dann wurde dieser Rohstoff zur treibenden Kraft der Industriellen Revolution. Die flauschigen weißen Bälle brachten ein neues globales System hervor: den Industriekapitalismus. Auch in anderen Industrien wurden Erfindungen gemacht und Neuerungen eingeführt, aber die Baumwollindustrie zeichnete sich als Einzige aus durch ihre globale Reichweite, durch ihre starke Bindung an Sklaverei und durch ein bis dahin einzigartiges Maß an imperialstaatlicher Unterstützung zur Eroberung der weltweiten Märkte.

Auch wenn der Industriekapitalismus schließlich die Welt beherrschen sollte, trug er unmittelbar nach seiner Entstehung zunächst andernorts zur Ausweitung und Zuspitzung des Kriegskapitalismus bei. Dass England die unumstrittene Führungsrolle im Industriekapitalismus einnahm, war zunächst auch der Tatsache zu verdanken, dass seine Kaufleute in der Lage waren, sich immer mehr kostengünstige und verlässliche Baumwolllieferungen für die heimischen Fabriken zu sichern.[50] Als die britischen Baumwollfabrikanten schlagartig riesige Mengen an Baumwolle benötigten, waren die institutionellen Strukturen des Industriekapitalismus noch zu unausgereift und provinziell, um die Arbeitskräfte und Landflächen bereitzustellen, die für die Produktion dieser Baumwolle erforderlich waren. Für düstere 90 Jahre, etwa von 1770 bis 1860, führte der Industriekapitalismus eher zu einer Belebung des Kriegskapitalismus, anstatt ihn abzulösen.

1858 besuchte der Präsident der Galveston, Houston & Henderson Railroad Company, Richard B. Kimball, Manchester. Seine Beobachtungen zeugen von bestürzender Unbedarftheit und sind zugleich klarsichtig:

«Als ich Ihre Stadt betrat, drang eine Art von Summen, eine langanhaltende, beständige Vibration an mein Ohr, als sei so etwas wie eine unaufhaltsame und mysteriöse Kraft am Werk. Ich muss Ihnen nicht sagen, dass es die Geräusche Ihrer Spindeln und Webstühle und der Maschinen, die sie in Bewegung setzen, waren ... Und ich fragte mich, welche Beziehung es zwischen der energiegeladenen Betriebsamkeit in Manchester und der Natur in Amerika geben könne. Welche Beziehung kann bestehen zwischen den Baumwollfeldern von Texas und den Fabriken, Webstühlen und Spindeln von Manchester?»[51]

Die Beziehung, auf die er hinauswollte, die er aber nicht benennen konnte, war die Nabelschnur, die Kriegskapitalismus und Industriekapitalismus verband.

Kapitel 4

Jagd nach Arbeitern und Eroberung von Land

«Wir sind weit von einer Zeit entfernt, wo die Menschen, gleich den Pflanzen, auf derselben Stelle lebten und starben, wo sie gezeugt worden waren ... Aber von allen Reisen, welche aus Neugier, Verschwendungssucht oder Eleganz unternommen werden, ist keine, durch ihre Ausdehnung, den ausübenden Einfluss und die Wichtigkeit ihres Erfolges, mit der des Erzeugnisses einer schwachen Staude, der Baumwolle, zu vergleichen, deren Metamorphosen fast unzählbar, wie unsere Wünsche und Bedürfnisse sind.»[1]

Die Eroberung von Land: Christoph Kolumbus landet auf Hispaniola, 1492

Im Jahre 1857 versuchte der britische Ökonom John Towne Danson das Rätsel des Aufstiegs der modernen Baumwollindustrie zu lösen. Über das Mysterium der «Beziehung zwischen der amerikanischen Sklaverei und der britischen Baumwollherstellung» schrieb er: «Mit Ausnahme der Länder Ostindiens hat es bis heute niemals eine nennenswerte Quelle für Baumwolllieferungen gegeben, die sich nicht offenkundig und ausschließlich aus Sklavenarbeit speiste.» Versuche, Baumwolle mithilfe freier Arbeitskräfte anzupflanzen, seien weitgehend gescheitert, «wie es scheint, muss die Baumwolle weiterhin hauptsächlich durch Sklavenarbeit angebaut werden».

Die Sklaverei und die blühende europäische Baumwollindustrie seien derart fest miteinander verzahnt, so Danson, dass er es «nur als überflüssig erachten» könne, «ein Wort über die Veränderung des bestehenden Systems zu verlieren».[2]

Auf den ersten Blick schien Danson Recht zu haben. In dem Jahr, in dem seine Abhandlung veröffentlicht wurde, waren insgesamt mehr als zwei Drittel aller Baumwolllieferungen, die Großbritannien erreichten, von amerikanischen Sklaven angebaut worden. Frankreich, Russland, die deutschen Staaten und Spanien waren ebenfalls von der Baumwolle der Sklavenplantagen abhängig. Und doch existierte die Welt, die Danson und anderen so selbstverständlich erschien, in dieser Form noch nicht lange. In Wahrheit hatte die Sklaverei in der 5000-jährigen Geschichte der weltweiten Baumwollindustrie nie eine bedeutende Rolle gespielt. Und nicht nur war die Sklaverei neu. Auch die Entstehung eines Baumwollzentrums in Europa war einzigartig, da dieses – im Gegensatz zu allen vorhergegangenen Baumwollzentren – nicht auf heimische Rohstoffe zurückgriff. Noch 1791 wurde fast alle der weltweit angebauten Baumwolle von Bauern in Asien, Afrika und Lateinamerika produziert und vor Ort verbraucht.[3] Als die Baumwollverarbeitung in Großbritannien ihren rapiden Aufschwung erlebte, war unklar, woher genügend Baumwolle kommen sollte, um die hungrigen Fabriken zu füttern.

Rasch expandierende Fabriken verbrauchten Baumwolle so schnell, dass nur die Strategien des Kriegskapitalismus die nötige Neuverteilung von Land und Arbeit sichern konnten. So fanden sich eingeborene Völker und landraubende Siedler, Sklaven und Plantagenbesitzer, lokale Handwerker und Fabrikinhaber in einem neuen Jahrhundert wieder, das durch einen permanenten, wenn auch einseitigen Kriegszustand verdüstert wurde. Wie Danson ganz richtig gesehen hatte, waren es Zwang und Gewalt, die neues Land erschlossen und neue Arbeitskräfte mobilisierten und auf diese Weise zum entscheidenden Faktor für das aufstrebende Baumwollimperium wurden – und damit auch zum entscheidenden Faktor für den Aufbau des Industriekapitalismus.

Nachschubprobleme

Zwar fand die Baumwollpflanze in breiten Landstrichen auf der ganzen Welt günstige Bedingungen, doch gehörten Lancashire oder andere Orte auf den Britischen Inseln nicht dazu. Außerhalb der Gewächshäuser der Royal Botanic Gardens in Kew (hier sind bis heute die wichtigsten Rohstoffe anzuschauen, auf die das British Empire sich stützte) war Großbritannien – wie ein Großteil Europas – für die Baumwolle zu kalt und zu feucht. Unter den führenden Mächten

Europas versuchten nur die französischen Revolutionäre mit ihrem glühenden Eifer, die Welt neu zu erfinden, ernsthaft, das lokale Klima zu überlisten, um Baumwolle anzubauen – und sogar sie scheiterten.[4]

Tatsächlich erschien die britische Baumwollherstellung – und später die Fabrikation in ganz Europa – nicht sehr erfolgversprechend, denn sie war die erste große Industrie in der Geschichte der Menschheit, die fast ausschließlich auf importierte Rohstoffe angewiesen war. Dagegen hatten die Woll- und Leinenhersteller auf schottische Schafe und englischen Flachs zurückgegriffen, der Eisenindustrie stand Eisenerz aus Sheffield zur Verfügung, und die Keramikhersteller hatten Ton verarbeitet, der in Staffordshire vorkam.

Als Ende des 18. Jahrhunderts mit bemerkenswerter Geschwindigkeit mechanische Neuerungen aufeinander folgten, fehlte noch ein entscheidender Baustein der globalen Integration: der effektive Nachschub an Rohbaumwolle. Aus Nordamerika kam 1780 noch nichts, stattdessen nutzten die Fabrikanten ein weitgespanntes Netzwerk kleinerer Lieferanten, um Baumwolle für ihre Spinnereien zu erhalten. In den Häfen von London und Liverpool landeten Säcke voll «weißen Goldes» aus Izmir und Thessaloniki im Osmanischen Reich, aus Port-au-Prince und Port Royal in der Karibik, aus dem indischen Bombay und von der Goldküste Afrikas. Rohbaumwolle hatte seit vielen Jahrhunderten vergleichbare Wege innerhalb Asiens, Afrikas oder den Amerikas ebenso wie zwischen Asien und Europa zurückgelegt. Syrische Baumwolle war in Ägypten gesponnen und gewoben worden, Baumwolle aus Maharashtra in Bengalen, Baumwolle aus Hainan in Jiangnan, anatolische Baumwolle in Luzern, Baumwolle aus Yucatán in Teotihuacán und mazedonische Baumwolle in Venedig.[5]

Um 1780 setzte die wachsende Produktionsgeschwindigkeit von Spinnmaschinen in britischen Fabriken dieses traditionelle Geflecht zunehmend unter Druck. Britische Arbeiter spannen 1781 etwa 2,3 Millionen Kilogramm Baumwolle, nur 2,5-mal mehr als 84 Jahre zuvor. Aber 1790, nur neun Jahre später, hatte sich diese Zahl um das Sechsfache erhöht. Um 1800 hatte sich die Menge noch einmal fast verdoppelt auf 25,4 Millionen Kilogramm. In Frankreich ging dieses Wachstum langsamer vonstatten, war aber trotzdem bemerkenswert: 1789 wurden fast 5 Millionen Kilogramm Baumwolle konsumiert, 4,3-mal so viel wie im Jahr 1750. Rapide fallende Preise vergrößerten die Verbrauchergruppen, besonders in Europa, wo Baumwollestoffe als Luxusprodukt ehemals nur den Reichen zugänglich gewesen war. Ebenso stiegen die Verbraucherzahlen in Afrika, wo die britischen Produkte die der indischen Spinner ersetzen sollten. Der gestiegene Konsum von Rohbaumwolle, so schrieb Edward Baines aus Leeds 1835 in einem Rückblick, «übertraf in seinem schnellen und anhaltenden Wachstum alles je Dagewesene in jeder anderen Industrie bei weitem».[6]

Mit der wachsenden Nachfrage nach Rohbaumwolle stiegen auch die Preise. 1781 lagen die Baumwollpreise in Großbritannien etwa zwei- bis dreimal höher als noch eine Dekade zuvor, was den Kaufleuten klarmachte, dass ihre traditionellen Handelswege für Rohbaumwolle versiegten. Produzenten aus Manchester waren «durchaus der Überzeugung, dass die Entwicklung dieser aufstrebenden Industrie stocken oder vollständig zum Stillstand kommen werde, wenn sich keine neue Quelle für Nachschub fände». Infolgedessen «bildeten sie seit den 1780er Jahren eine starke und einflussreiche Interessengemeinschaft, die mit ihren Forderungen an die Plantagenbesitzer und die britische Regierung herantrat».[7]

Diese plötzliche und unvorhergesehene Nachfrage nach Baumwolle und die lukrativen Preise, die für sie gezahlt wurden, «lösten überall dort, wo Klima und Böden geeignet waren, einen höchst ungewöhnlichen Anbau-Boom aus; und so war jede Sehne in der Welt des Handels gespannt», um den Wünschen der Fabrikanten nachzukommen.[8] Osmanische Bauern, die für Europa in den vergangenen 200 Jahren zu den Hauptlieferanten von Rohbaumwolle gezählt hatten, konnten diese explosionsartig steigende Nachfrage nicht stillen. So blieben die Exporte aus Thessaloniki und Izmir während der 1780er Jahre auf nahezu unverändertem Niveau. Aufgrund der feudalen Strukturen in den osmanischen Gebieten waren Lieferungssteigerungen aus Anatolien und Mazedonien begrenzt, und der Mangel an Arbeitskräften war so enorm, dass westanatolische Landbesitzer seit den 1770er Jahren tausende von griechischen Arbeitern für den Anbau von Baumwolle anheuerten.

Dennoch gelang es nicht, die Baumwollproduktion drastisch zu steigern oder gar Monokulturen durchzusetzen. Dies lag vor allem an den überwiegend präkapitalistischen Abhängigkeitsverhältnissen in den ländlichen Gebieten, an den Bestrebungen der Bauern, in erster Linie genug Nahrungsmittel für ihren eigenen Verbrauch anzubauen, an der fehlenden Transportinfrastruktur ebenso wie an der weiterhin bestehenden politischen Abhängigkeit von der osmanischen Regierung und der Abhängigkeit dieser Regierung von der Besteuerung kleiner Landwirte. Eine schnelle Neuverteilung von Land und Arbeit für den Anbau oder gar die monokulturelle Kultivierung von Baumwolle erwies sich als nicht durchführbar. Zudem blieben die lokalen Eliten ein mächtiges Gegengewicht zur wachsenden, einflussreichen Präsenz der westlichen Händler in Hafenstädten wie Izmir und Thessaloniki. Diese Eliten hemmten die europäischen Kaufleute in ihrem Bestreben, die sozialen Strukturen in den ländlichen Regionen zu reformieren, damit diese mehr Baumwolle für den Weltmarkt produzierten. Um die vorhandene Baumwolle mussten die Kaufleute aus dem Westen überdies mit den einheimischen Spinnern konkurrieren, einer ziemlich großen und verhältnismäßig wohlhabenden Handwerkerklasse. Infolgedessen verlor die osmanische Baumwolle für die europäischen Märkte bald ihre Bedeutung: Stellte das Osmanische Reich zwischen 1786 und 1790 noch einen Anteil von 20,44 % der britischen Baumwollimporte, so waren es 20 Jahre später nur noch 1,28 % und wieder zehn Jahre später nur noch verschwindend geringe 0,29 %.[9]

Europäische Kaufleute und Fabrikanten suchten also verzweifelt nach anderen Möglichkeiten, um an Nachschub zu gelangen. Der Baumwollhändler William Rathbone und der Baumwollspinner Richard Arkwright scheiterten mit ihrem Versuch, durch die Gründung der Sierra Leone Company den Baumwollnachschub aus Afrika zu verbessern. Mit begehrlichem Blick schauten Fabrikanten auch auf die üppigen Baumwollernten Indiens. Da die East India Company auf dem Subkontinent große Macht besaß und da Indien seit jeher die Heimat der weltweiten Baumwollindustrie war, hofften viele auf umfangreiche Lieferungen von dort. Die Kompanie jedoch reagierte auf das Drängen Manchesters nur wenig entgegenkommend. Der Export von Rohbaumwolle, so wandten sie ein, unterminiere die Verarbeitung in Indien und somit ihr eigenes profitables Exportgeschäft mit Baumwollstoffen. «Sollten die Hersteller von Bengalen unter einem Engpass an Rohmaterial leiden und durch diesen weniger produzieren können», vermeldete die East India Company 1793, «dann würde das Einkommen dieses Landes einbrechen und seine Bevölkerung unaufhaltsam in eine Notlage geraten; denn es ist nicht zu erwarten, dass eine noch so beträchtliche Erweiterung des Anbaus von Rohstoffen die materiellen Einbußen aufwiegen wird, die den heimischen Herstellern entstünden». Durch eine solche exportorientierte Produktion wären die Bauern außerdem darauf angewiesen, Nahrungsmittel auf den Märkten zu erwerben, «was in einer mittelmäßigen Saison eine Getreideknappheit oder sogar eine Hungersnot verursachen, somit das Land in einen desolaten Zustand versetzen und die Vernichtung von Einkommen mit sich bringen könnte». Der Widerstand der East India Company lag noch in anderen Schwierigkeiten begründet: in der Infrastruktur, die den Transport der Baumwolle bis an die Küste oftmals untragbar teuer machte, in der unterschiedlichen Qualität der indischen Baumwolle, vor allem ihren kurzen Fasern, und in einem verbreiteten Mangel an Arbeitskräften im Inneren des Subkontinents. Kurz gesagt, die Baumwollexporte von Indien nach Großbritannien konnten die wachsende Nachfrage ebenso wenig befriedigen wie die osmanischen Produzenten.[10]

Sklavenwirtschaft in der Karibik und in Südamerika

Aussichtsreicher als in Indien, Afrika oder Anatolien erschien die Situation in der Karibik und Südamerika. Die explosionsartig steigende Nachfrage nach Baumwolle blieb den weißen Plantagenbesitzern dieser Regionen, die seit den 1630er Jahren kleine Mengen der Faser angebaut hatten, nicht verborgen. Als der Bedarf stieg, ergänzten Kaufleute in der Karibik und Südamerika ihren regulären Handel mit Sklaven sowie Zucker, Indigo und anderen tropischen Waren zunehmend durch Baumwolllieferungen.

In der Erwartung, damit ein Vermögen zu machen, versuchten europäische Kaufleute, in der Karibik an größere Mengen des «weißen Goldes» zu gelangen. Dort stießen sie auf karibische Plantagenbesitzer, die anders als Bauern in Afrika, Anatolien und Indien schon seit fast zwei Jahrhunderten Erfahrungen damit gesammelt hatten, Nutzpflanzen für europäische Verbraucher anzubauen, vor allem Zucker. Außerdem verfügten sie über zwei grundlegende Dinge: Land, das für den Baumwollanbau geeignet war, und langjährige Erfahrung in der Mobilisierung von Arbeitern zur Produktion für die Weltmärkte. Während des Aufschwungs von den 1770er bis in die 1790er Jahre hinein war die Baumwolle besonders für zwei aufstrebende Gruppen von Unternehmern attraktiv: Weniger wohlhabende Plantagenbesitzer, denen das Kapital fehlte, um eine Zuckerplantage aufzubauen, konnten kleinere Flächen mit weniger Sklaven und geringerem Kapitaleinsatz bepflanzen und dennoch sagenhafte Gewinne erzielen. Auf St. Croix zum Beispiel beschäftigte eine durchschnittliche Baumwollplantage weniger als ein Fünftel der Sklaven, die in der Regel auf den Zuckerplantagen gebraucht wurden. Darüber hinaus konnten Pflanzer in neu erschlossenen Gebieten Baumwolle für einige Zyklen als erste Nutzpflanze kultivieren, um den Boden zu lockern und dann die Gewinne aus dem Baumwollverkauf für den Anbau von Zuckerrohr einzusetzen.[11]

Gemeinsam erschlossen hunderte dieser Plantagenbesitzer eine weitere Region zur Baumwollproduktion und zogen damit eine neue «Commodity Frontier», eine Anbaugrenze –, und damit begann ein neues Kapitel in der globalen Geschichte der Baumwolle. Dank ihrer Maßnahmen und der Schufterei ihrer Sklaven stiegen die Baumwollexporte aus der Karibik exponentiell. Zwischen 1781

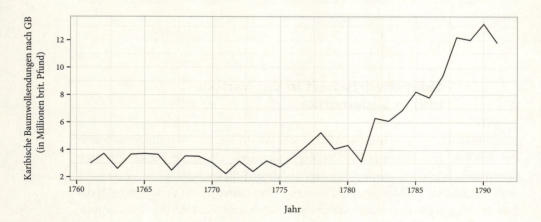

Die karibische Baumwollrevolution: Baumwolllieferungen aus der Karibik nach Großbritannien, 1750–1795 in Millionen brit. Pfund (lbs.)[12]

Sklavenwirtschaft in der Karibik und in Südamerika

und 1791 vervierfachten sich allein die Importe von den britisch kontrollierten Inseln. Französische Baumwollpflanzer folgten diesem Beispiel und verdoppelten zwischen 1781 und 1791 die Exporte aus Saint-Domingue, der wichtigsten Baumwollinsel der Karibik, nach Frankreich.[13]

Karibische Baumwolle kam von verschiedenen Inseln: Jene, die schon früh Vorreiter dieser Entwicklung gewesen waren – Jamaika, Grenada und Dominica zum Beispiel –, setzten ihre Baumwollproduktion fort, ihre Exporte blieben jedoch während der 1770er Jahre fast konstant bei ungefähr 900 000 Kilogramm. Im Laufe der 1780er Jahre schließlich verdoppelten sie sich nahezu. Die Produktionssteigerung war (relativ) bescheiden, weil die Baumwolle einen stabilen Platz in der lokalen Wirtschaft gefunden hatte und der Zuckeranbau, der erhebliche finanzielle Investitionen erforderte, kaum jemals zugunsten der Baumwolle aufgegeben wurde.

Auf den Inseln jedoch, auf denen es noch mehr brachliegendes Land und weniger Zuckerplantagen gab, boomte der Ausbau der Produktion: Auf Barbados nahmen die Baumwollexporte zwischen 1768 und 1789 um den Faktor 11 zu, auf 1,2 Millionen Kilogramm; die Insel wurde im Grunde zu einer einzigen riesigen Baumwollplantage und stieg zur produktivsten Baumwollinsel des British Empire auf. Ähnliches gilt für Tobago, wo bis 1770 keine Baumwolle exportiert, 1780 aber insgesamt etwa 680 000 Kilogramm verschifft wurden, und für die Bahamas, die zuvor praktisch keine Baumwolle angepflanzt hatten, 1787 aber mehr als 200 000 Kilogramm an britische Händler verkauften.[14]

Beträchtliche Mengen an Baumwolle fanden ihren Weg auch von den französischen Karibikinseln aus nach Großbritannien. Britische Importeure profitierten sowohl von der langsameren Entwicklung der französischen Baumwollindustrie als auch von den vielen Sklavenimporten zu diesen Inseln, vor allem nach Saint-Domingue. 1770 etwa produzierten die französischen Inseln schätzungsweise 56 % der gesamten karibischen Baumwollernte, die britischen Inseln hingegen nur 35 % – allein Saint-Domingue verschiffte 36 % der Gesamtmenge, also mehr als alle britischen Inseln zusammen. 20 Jahre später bestand dieses Ungleichgewicht weiterhin. Von den 6,4 Millionen Kilogramm Baumwolle, welche die französischen Inseln 1789 produzierten, wurden nur etwa 2,7 Millionen Kilogramm in Frankreich selbst verarbeitet, während rund 2,6 Millionen Kilogramm von den Häfen des französischen Festlandes aus nach Großbritannien exportiert wurden.[15]

Als sich die Abhängigkeit der britischen Fabrikanten von der Baumwolle, die auf den französisch kontrollierten Inseln angebaut wurde, verstärkte, fiel besonders einer Insel eine zentrale Rolle zu: Saint-Domingue. Dort existierten mittlerweile fast so viele Baumwoll- wie Zuckerplantagen, und es wurden 1791 3,1 Millionen Kilogramm Baumwolle nach Frankreich exportiert, 58 % mehr als acht Jahre zuvor. Zudem wurden beträchtliche Mengen nach Großbritannien geliefert. Diese rapide Ausweitung der Baumwollproduktion war zwischen 1784 und 1791 durch den Import einer Viertelmillion afrikanischer Sklaven vorangetrieben worden. Auf dem Höhepunkt des Baumwollbooms in den 1780er Jahren, als die Baumwollpreise in Frankreich, verglichen mit dem Stand von 1770, um 113 % stiegen, wurden jährlich 30 000 Sklaven nach Saint-Domingue verschifft. Dieser nahezu beliebig erweiterbare Nachschub an Arbeitskräften, ein Charakteristikum des Kriegskapitalismus, blieb weltweit unübertroffen. Als sich die mechanisierten Spinnereiverfahren auf dem europäischen Kontinent verbreiteten, wurden immer mehr Afrikaner in Ketten gelegt, in Schiffsladeräumen zusammengepfercht, über den Atlantik transportiert, auf dem Sklavenmarkt in Port-au-Prince verkauft, auf entlegene Farmen gebracht und dort schließlich gezwungen, das Land zu roden, umzugraben und das «weiße Gold» zu säen, zu pflegen und zu ernten.[16]

Mit anderen Worten, die Sklaverei war für das neue Baumwollimperium ebenso unverzichtbar geworden wie geeignete klimatische Bedingungen und gute Böden. Die Sklaverei erlaubte den Plantagenbesitzern, schnell aufsteigende Preise und expandierende Märkte zu reagieren. Die Sklaverei ermöglichte nicht nur die kurzfristige Mobilisierung zusätzlicher Arbeiter, sondern ließ auch ein Regime der gewaltsamen Überwachung und grenzenlosen Ausbeutung zu, um den Bedürfnissen einer Pflanze nachzukommen, die in der kalten Sprache der Ökonomen als «arbeitsintensiv» bezeichnet wurde.[17] Bezeichnenderweise wurden noch immer viele der Sklaven, die diese Knochenarbeit verrichteten, im Tausch gegen Baumwollstoffe erworben, die durch die British East India Company oder die Compagnie des Indes aus verschiedenen Teilen Indiens nach Westafrika verschifft wurden.

Unterstützt durch ihre Heimatregierungen, steigende Preise, durch die Verfügbarkeit von Arbeitskräften und, innerhalb bestimmter Grenzen, auch von Land, standen die karibischen Plantagenbesitzer bald an der Spitze der Baumwollrevolution. Von nun an wurden die Anbaugebiete der Baumwolle immer weiter ausgedehnt – getrieben durch die permanente Suche nach noch nicht kommodifiziertem Land, Arbeitskräften und Böden, die dem ökologischen Raubbau durch die Baumwollpflanzung bisher entkommen waren. Die weltweite Baumwollindustrie gründete sich auf eine «rastlose räumliche Expansion».[18]

Das karibische Modell offenbarte Händlern, Plantagenbesitzern, Fabrikanten und Kolonialbeamten die grundlegenden Faktoren für eine rasche Expansion der Baumwollwirtschaft. Die karibischen Plantagenbesitzer hatten langjährige Erfahrung mit dem Baumwollanbau, Böden und Klima in der Karibik waren für die Baumwolle gut geeignet, karibische Händler konnten große Baumwollmengen leicht zu den europäischen Märkten transportieren. Und anders als osmanische und indische Farmer waren sie nur mit geringen Einschränkungen bei Land und Arbeitskräften konfrontiert. Da die eingeborenen Völker dezimiert worden waren und fast täglich Sklaven aus Westafrika nachkamen, konnten die karibischen Baumwollpflanzer schnell auf die neu entstehenden Märkte reagieren. Zwar wandten osmanische und indische Großgrundbesitzer ebenfalls Gewalt an, um Bauern dazu zu zwingen, auf ihren Baumwollländereien zu arbeiten, eine komplette Umstellung auf die Sklaverei war dort jedoch unmöglich.[19] Zudem war der Kapitalzufluss, der die rasche Neuverteilung von Ressourcen in der Karibik ermöglichte, andernorts erschwert durch den Mangel an privaten Landrechten und durch die anhaltende politische Macht osmanischer und indischer Herrscher. Unverbrauchtes Land und neue Arbeitskräfte, kapitalisiert durch europäische Fabrikanten, Händler, Bankiers und Plantagenbesitzer, schufen die Grundlagen für die Explosion der Baumwollwirtschaft.

Außerdem erhielten die karibischen Baumwollpflanzer seitens ihrer Regierungen breite Unterstützung. Bereits 1768 hatte die British Royal Society of Arts eine Goldmedaille «für die beste westindische Baumwolle» ausgeschrieben. 1780 erhob die britische Regierung eine Steuer auf Baumwollimporte durch ausländische Schiffe, deren «Einnahmen der Förderung des Baumwollanbaus auf den Königlich Britischen Leeward Islands und der Importe von dort nach Großbritannien» dienen sollten. Später beauftragte das britische Handels- und Kolonialamt einen Botaniker, Baumwollsamen in Indien zu sammeln und diese in die Karibik zu senden. Und 1786 rief Kolonialminister Lord Sydney, auf Druck von Fabrikanten aus Manchester, die Gouverneure der karibischen Kolonien dazu auf, den Anbau von Baumwolle zu fördern. Als Antwort darauf ging der Gouverneur von Dominica, John Orde, so weit, allen, die Interesse am Anbau von Baumwolle hatten, kostenloses Land auf der Insel zu versprechen. Eine solche staatliche Unterstützung wies auf eine Zukunft hin, in der die Einmischung des Staates in die globale Sicherung wichtiger Rohstoffe zur industriellen Produktion an der Tagesordnung sein sollte.[20]

Aber die wahre Bedeutung der karibischen Plantagen lag nicht einmal in der weiterhin unverzichtbaren Baumwolle, sondern in der strukturellen Innovation, die das karibische Modell hervorbrachte: die Umgestaltung von Land durch Ausübung von Zwang. Die durch Sklaven angebaute Baumwolle begründete und finanzierte die beispiellose Eingliederung jüngst entvölkerter Gebiete in die Weltwirtschaft. Sklaverei und Landenteignung in kontinentalem Ausmaß schufen weltweit das expansive und flexible Baumwollnetzwerk, das für die Industrielle Revolution notwendig war, und mit diesem die Mechanismen, durch welche die Erfordernisse des industriellen Lebens in Europa auf Gebiete in der ganzen Welt übertragen werden konnten. Aus diesem Prozess ging eine neue Art von «zweiter Sklaverei» hervor, die eng mit dem Rhythmus,

Jagd nach Arbeitern und Eroberung von Land

der Intensität und den Gewinnen des Industriekapitalismus verbunden war. Dieser Rhythmus beherrschte bald auch Teile des afrikanischen Kontinents selbst, wo die westafrikanische Wirtschaft sich nun zunehmend darauf konzentrierte, immer größere Zahlen von Arbeitern an die Amerikas zu liefern. Etwa die Hälfte (46 %) aller Sklaven, die zwischen 1492 und 1888 in die Amerikas deportiert wurden, landete in der Tat dort in den Jahren nach 1780, nach

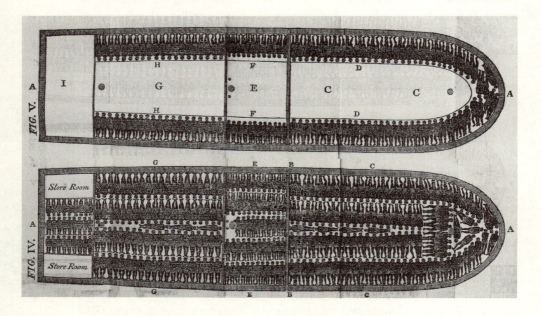

Das Erbeuten von Arbeitern: die Decks eines Sklavenschiffes

der Industriellen Revolution. Die Zukunft der Sklaverei war nun fest an den Industriekapitalismus gebunden, den sie erst ermöglicht hatte.[21]

...

Wie der Baumwollboom in der Karibik zeigt, konnte sich der Kriegskapitalismus – genau deshalb, weil die Gewalt seine charakteristischste Eigenschaft war – an verschiedenen Orten entfalten. Und seine nächste Station war Südamerika. Als die Baumwollexporte aus der Karibik rasch anwuchsen, sich die Nachfrage aber noch schneller hochschraubte, entdeckten auch südamerikanische Farmer den neuen profitablen Baumwollmarkt. In Guyana schoss die Baumwollproduktion zwischen 1789 und 1802 um unglaubliche 862 % in die Höhe, befördert durch den zeitgleichen Import von etwa 20 000 Sklaven nach Surinam und Demerara.[22]

Noch bedeutender war Brasilien. Brasilianische Baumwolle erreichte England erstmals 1781. Zunächst ergänzte sie lediglich die Lieferungen aus der Karibik, sollte diese jedoch Anfang des 19. Jahrhunderts schon übertreffen. Die Baumwolle war in vielen Teilen Brasiliens beheimatet, und die Pflanzer hatten bereits seit Jahrhunderten kleine Mengen exportiert. Im Zuge der wirtschaftlichen Modernisierung seiner brasilianischen Kolonien in der zweiten Hälfte des 18. Jahrhunderts hatte Portugal den Baumwollanbau vor allem in den nordöstlichen Regionen von Pernambuco und Maranhão gefördert. Als sich die ersten Anstrengungen auszahlten, bemerkte ein Beobachter angesichts des starken Anstiegs der Sklavenimporte, dass «das Weiß der Baumwolle Maranhão schwarz färbte». Wenngleich die Baumwolle später als «Pflanze des armen Mannes» bezeichnet werden sollte, waren es zunächst große Sklavenplantagen, die ihre explosionsartige Verbreitung in Brasilien vorantrieben. Zwar setzte sich die Baumwolle in Brasilien wie auch in der Karibik niemals gegen Zucker oder später gegen Kaffee durch, doch wuchs ihr Anteil an den Gesamtexporten des Landes im Jahr 1800 auf ansehnliche 11 %.[23]

Anders als in der Karibik stand in Brasilien unbegrenzt Land zur Verfügung, und anders als in Anatolien konnten uneingeschränkt Arbeitskräfte rekrutiert werden. Zwischen 1785 und 1792 verschiffte Brasilien mehr Baumwolle nach England als das Osmanische Reich. Gegen Ende dieser Zeitspanne wurden jährlich fast 3,6 Millionen Kilogramm brasilianischer Baumwolle nach Großbritannien geliefert, aus dem Osmanischen Reich dagegen nur rund 2 Millionen Kilogramm, während 5,4 Millionen Kilogramm aus der Karibik stammten. In Maranhão – damals die wichtigste Baumwollregion Brasiliens – verdoppelten sich die Exporte zwischen 1770 und 1780, gegen 1790 waren sie erneut um das Zweifache angestiegen, und um 1800 hatten sie sich noch einmal verdreifacht. Während der späten 1780er und frühen 1790er Jahre, als weder die karibische noch die osmanische Baumwollproduktion im erforderlichen Maß expandierte, war Brasilien für einige Zeit der wichtigste Lieferant für die florierende britische Textilindustrie, zumal dort auch eine besonders langstapelige Variante produziert wurde, die für die aufkommenden Fabrikationstechnologien bestens geeignet war.[24]

In den 1780er Jahren produzierten Sklaven in der Karibik und Südamerika den überwiegenden Teil der Baumwolle, die auf den Weltmärkten verkauft wurde. Diese explosive Kombination von Sklaverei und Landnahme war der Treibstoff für die Industrielle Revolution. John Tarleton, ein erfolgreicher Unternehmer aus Liverpool, der sein Geschäft mit Sklaven und Baumwolle machte, bemerkte richtig, dass der Sklavenhandel, der Export von Rohstoffen aus Plantagenwirtschaft und das Wohlergehen der britischen Schifffahrt «ineinander griffen und miteinander verflochten waren». Diese erstaunlich profitable Kombination hatte in den 1790er Jahren viele Kaufleute reich gemacht, eben auch John Tarleton, der errechnete, dass sich sein Vermögen zwischen 1770 und 1800 verdreifacht hatte.[25]

...

Die Risiken und Kosten, die der Aufbau ihres weltumspannenden Versorgungssystems mit sich brachte, hätte für die Entwicklung der europäischen Baumwollindustrie ein unüberwindbares Hindernis darstellen können. Dennoch führte gerade die komplette Abhängigkeit der europäischen Baumwollhersteller von einem tropischen Rohstoff zum entscheidenden Durchbruch. Tatsächlich hätten ihre Fabriken wahrscheinlich nie so schnell expandieren können ohne das Wagnis, ganz und gar auf Land und Arbeitskräfte an fernen Orten zu setzen. Schon 1800 verbrauchte allein Großbritannien solch enorme Mengen an Baumwolle, dass zu deren Anbau 168 382 Hektar Land erforderlich waren. Wäre diese Baumwolle in Großbritannien angepflanzt worden, hätte man 3,7 % des gesamten urbaren Landes und etwa 90 360 landwirtschaftliche Arbeitskräfte benötigt, um diese hypothetischen Baumwollfelder zu bewirtschaften. 1860, als der Hunger nach Baumwolle noch größer geworden war, hätten über eine Million Arbeiter (was der Hälfte aller in der britischen Landwirtschaft tätigen Arbeitskräfte entsprach) diese Felder bestellen müssen, die nun 2,5 Millionen Hektar gemessen hätten, entsprechend 37 % des fruchtbaren Grund und Bodens Großbritanniens. Würden wir alternativ annehmen, dass anstelle der Baumwollindustrie die Wollindustrie an vorderster Front der Industriellen Revolution gestanden hätte, dann hätte das Land noch weniger ausgereicht, um die notwendige Zahl von Schafen zu züchten: 1815 wären dazu 3,6 Millionen Hektar und 1830 bereits 9,3 Millionen Hektar benötigt worden – mehr als Großbritanniens gesamte landwirtschaftlich nutzbare Fläche. In beiden hypothetischen Szenarien hätten die Beschränkungen an Land und Arbeitskräften die schlagartige Expansion der Stoffproduktion so gut wie unmöglich gemacht. Vor allem aber hätte ein solches Szenario eine unvorstellbare Umwälzung in den ländlichen Gegenden Großbritanniens und Europas zur Folge gehabt, deren soziale Strukturen, genau wie die des Osmanischen Reiches und Indiens, für eine massive und schnelle Neuverteilung von Land und Arbeit nicht geeignet waren. Die Elastizität der Zufuhr von Rohstoffen, die für die Industrielle Revolution so bedeutend war, beruhte somit auf der Verfügbarkeit von fernen Ländereien und Arbeitskräften. Die Fähigkeit der europäischen Staaten und ihrer Unternehmer, die globalen Wirtschaftsbeziehungen zu reorganisieren und sich gewaltsam Land und Arbeitskräfte anzueignen, war daher ebenso entscheidend – wenn nicht sogar entscheidender – für die Vormachtstellung Europas wie technischer Erfindergeist, kulturelle Besonderheiten und das Klima in einem entlegenen Teil der Britischen Inseln. Ohne die Sklaverei wäre die Industrielle Revolution schwer vorstellbar.[26]

...

Karibische und südamerikanische Baumwolle strömte also auf die Märkte Europas und ermöglichte damit den schnellen Ausbau der mechanisierten Spinnerei. Aber diese Expansion stieß auch an eine Reihe von Grenzen. Dass die karibischen Inseln selbst nur in geringem Maße neues geeignetes Land erschließen konnten, schränkte die Baumwollproduktion ein und drängte sie gegenüber dem Anbau von Zuckerrohr langfristig in den Hintergrund. Sowohl in der Karibik als auch in Brasilien, wo genügend fruchtbares Land zur Verfügung stand, mussten die Baumwollpflanzer mit den Zuckerplantagen zudem um Arbeitskräfte konkurrieren. Infolgedessen gingen die Exporte karibischer Baumwolle ab 1790 stark zurück: 1803 führten die Inseln nur noch halb so viel Baumwolle aus wie noch 1790, und ihr Marktanteil in Großbritannien war nun auf 10 % geschrumpft. In Brasilien gelang es nicht, das Ungleichgewicht zwischen den Baumwollsklaven und der enormen Zahl von Sklaven, die auf den Zuckerplantagen arbeiteten, auszugleichen, was die Expansion der Baumwollproduktion auch dort erschwerte. Nicht einmal die bevorzugte Zollbehandlung, die der Baumwolle, die von britischen Plantagen kam, nach 1819 gewährt wurde, konnte eine Wende herbeiführen. Im frühen 19. Jahrhundert befand sich der Marktanteil der karibischen Baumwolle im freien Fall.[27]

Darüber hinaus erschütterte 1791 eine Revolution die wichtigste Baumwollinsel von allen – Saint-Domingue – und brachte die dortige Produktion von Rohstoffen für die Weltmärkte, einschließlich der Baumwolle, fast zum Stillstand. Der größte Sklavenaufstand der Geschichte, bei dem die Sklaven von Saint-Domingue zu den Waffen griffen und ihre französischen Herren niederschlugen, führte zur Gründung des Staates Haiti und der Abschaffung der Sklaverei auf dieser Insel. Der Kriegskapitalismus erlebte seinen ersten großen Rückschlag durch seine scheinbar schwächsten Akteure: hunderttausende von Sklaven. Und diese Revolution erschütterte die europäische Baumwollindustrie. Ein Jahr vor der Revolution hatte die Baumwollproduktion Saint-Domingues 24 % der britischen Baumwollimporte ausgemacht, vier Jahre später, 1795, erreichte sie nur noch 4,5 %. Wie ein britischer Beobachter es in Worte fasste, befand sich «diese Insel, welche für uns die große Quelle für Baumwolllieferungen war, aus diesen Gründen in einem Zustand von Anarchie, Elend und nahezu vollkommenem Zerfall». Es sei unwahrscheinlich, so sah er tatsächlich voraus, «dass der Boden der Plantagenbesitzer, den Neger durch ihr Blut und ihren Schweiß fruchtbar gemacht hatten, für alle Zeit unsere Kassen füllen würde, um weiter zu unserem Überfluss, unserer Verschwendungssucht und unserer Maß-

Jagd nach Arbeitern und Eroberung von Land

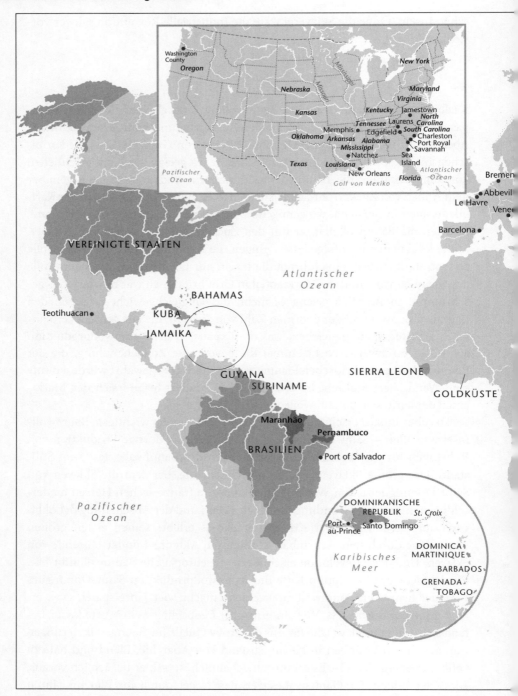

Die Revolution der Sklaverei: Europäische Baumwollindustrialisierung führt zu einer Explosion der Sklavenarbeit in den Amerikas, 1780–1865

Sklavenwirtschaft in der Karibik und in Südamerika

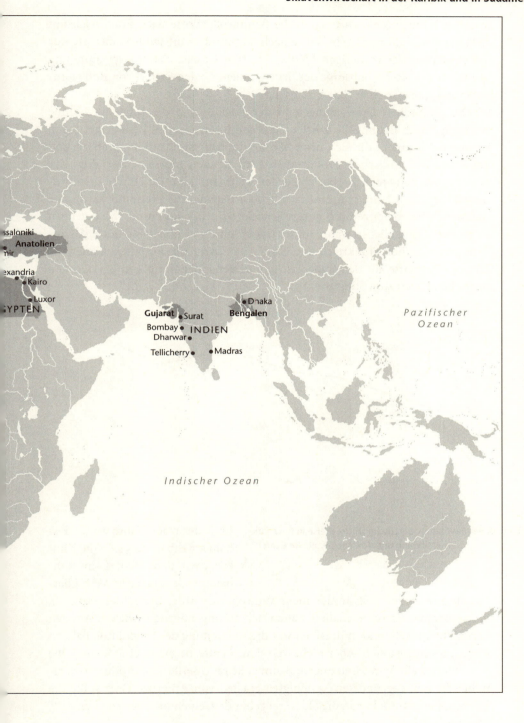

losigkeit beizutragen». 1795 waren die Baumwollexporte nach Frankreich um 79 % gefallen, und noch zehn Jahre nach Beginn des Aufstands kamen sie nur auf ein Drittel der vorherigen Menge. Die französische Nationalversammlung verstärkte die Nachschubsorge der Briten, indem sie den Export von Rohbaumwolle von französischen Häfen untersagte.[28]

Die politischen Umwälzungen in der Karibik und die rasch wachsende Nachfrage nach Baumwolle führten zu besorgniserregenden Preissteigerungen für die Fabrikanten, die sich neue Märkte für Baumwolltextilien erobern und dabei mit den indischen Produzenten konkurrieren mussten. Der Preis der «Baumwolle steigt täglich», berichtete der Kaufmann John Tarleton seinem Bruder während der Jahre 1791 und 1792. 1790 erreichten die Preise für karibische Baumwolle einen Spitzenwert von 21 Pence pro britischem Pfund, 1791 betrugen sie 30 Pence und blieben während der 1790er Jahre gleichbleibend hoch. Als zudem 1793 zwischen Frankreich und Großbritannien Krieg ausbrach, kamen die Baumwollimporte aus den französischen Gebieten der Karibik in die dortigen britischen Häfen zum Stillstand.[29]

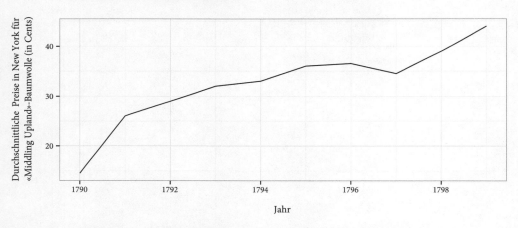

Der Einfluss der Revolution: durchschnittliche Preise in New York für «Middling Upland»-Baumwolle (in Cents)[30]

Ende der 1790er Jahre war es deshalb absehbar, dass sich die Kluft zwischen dem Bedarf an Rohbaumwolle und deren Verfügbarkeit in absehbarer Zeit immer mehr vergrößern würde. Die herkömmlichen Wege, Baumwolle zu beschaffen, hatten sich als ungenügend erwiesen. Auf den karibischen Inseln und in Brasilien war die Ausweitung der Produktion bald an ihre Grenzen gestoßen. Aber nicht weit davon entfernt gab es eine Region, die anscheinend alle Voraussetzungen, Baumwolle im Überfluss zu produzieren, erfüllte: die neu gegründeten Vereinigten Staaten von Amerika. Dort sollte die Baumwolle, untrennbar an die Sklaverei gebunden, einen nie dagewesenen Aufschwung erleben.

Kapitel 5

Die Sklaverei auf dem Vormarsch

Kriegskapitalismus in Aktion: Sklaverei und Industrie gehen Hand in Hand

Als die britische Baumwollindustrie in den 1780er Jahren explodierte, stieg der Druck auf die globale Landwirtschaft, den unverzichtbaren Rohstoff zu liefern. Mitten in diesem Jahrzehnt lief im Winter 1785 ein amerikanisches Schiff im Hafen von Liverpool ein. Daran war nichts Besonderes; Tausende von Schiffen hatten schon nordamerikanische Güter nach England gebracht. Dieses Schiff war aber anders. Es transportierte zwischen Tabak, Reis und Pelzen auch einige Säcke Baumwolle. Eine solche Fracht wirkte verdächtig, und Zollbeamte beschlagnahmten sie sofort mit der Begründung, es müsse karibische Schmuggelware sein. Als die Liverpooler Kaufleute Peel, Yates & Co., die die Baumwolle importiert hatten, wenige Tage später beim Board of Trade in London die Einfuhr beantragten, wurde ihnen diese untersagt, da sie «kein Produkt der amerikanischen Staaten» sein könne.[1]

Für die Europäer der 1780er Jahre war Baumwolle ein karibisches, brasilianisches, osmanisches oder indisches Produkt – aber kein nordamerikanisches. Es war den Liverpooler Zollbeamten fast unvorstellbar, dass Baumwolle aus den USA importiert werden könnte – und schon gar nicht in größeren Mengen. Obwohl Baumwolle im Süden der neuen Nation wild wuchs und viele Siedler in South Carolina und Georgia kleine Mengen für den eigenen Bedarf anbauten, war sie nie primär kommerziell produziert, geschweige denn exportiert worden.² Wie die Zollbeamten zweifelsfrei wussten, nutzten amerikanische Pflanzer ihre Plantagen und ihre vielen Sklaven zum Anbau von Tabak, Reis, Indigo und etwas Zucker, aber nicht von Baumwolle.

Das war natürlich eine spektakuläre Fehleinschätzung. Die USA waren zur Baumwollproduktion hervorragend geeignet. Klima und Boden eines großen Teils der Südstaaten boten mit der richtigen Regenmenge, Regenhäufigkeit und Anzahl von Tagen ohne Frost die besten Bedingungen für das Gedeihen des Baumwollstrauchs. Einige hellsichtige Beobachter erkannten dieses Potenzial. In einem Anfall von Optimismus hatte James Madison schon 1786, ein Jahr nachdem die verdächtige amerikanische Baumwolle in Liverpool angekommen war, vorhergesagt, die USA würden ein wichtiges Anbaugebiet werden, und George Washington glaubte, dass die «Zunahme dieses neuen Materials ... von fast unabsehbaren Folgen für den Wohlstand der Vereinigten Staaten sein» werde. Der Politökonom Tench Coxe aus Philadelphia, der selbst einiges Land im Süden besaß, argumentierte subtiler, aber ebenso überzeugt für das Potenzial amerikanischer Baumwolle. Als er 1794 die rapide Ausbreitung der Textilfabriken in England und nach dem Aufstand von Saint-Domingue die steigenden Preise karibischer Baumwolle beobachtete, schrieb er: «Dieser Artikel muss die Aufmerksamkeit der Pflanzer des Südens erregen.»³

Wie von diesen Beobachtern vorausgesagt, sollte die Baumwollproduktion bald weite Gebiete der USA dominieren. Die Pflanze wurde so sehr zum Teil der amerikanischen Geschichte, dass die vorherige Dominanz karibischer, osmanischer und brasilianischer Baumwolle in der Industrialisierung in Vergessenheit geraten ist. Peel, Yates & Co. hatten eine der wichtigsten Entwicklungen des 19. Jahrhunderts vorweggenommen.

Baumwollrausch

Die rasche Ausbreitung der Baumwolle in den USA war auch deshalb möglich, weil Pflanzer die Erfahrungen ihrer kolonialen Vorfahren beim Anbau des «weißen Golds» nutzten. Schon 1607 hatten Siedler in Jamestown Baumwolle angebaut; Ende des 17. Jahrhunderts hatten Reisende Baumwollsamen aus Zypern und Izmir nach Amerika gebracht. Während des ganzen 18. Jahrhunderts lernten Farmer vom Anbau in der Karibik und im Mittelmeerraum und pflanzten Baumwollsamen aus diesen Regionen, vor allem zum Eigenverbrauch. In den Wirren des Unabhängigkeitskriegs wurden schließlich große Mengen angepflanzt, um die fehlenden Tucheinfuhren aus England zu ersetzen und die Sklaven zu beschäftigen, für deren normale Erzeugnisse – Tabak und Reis – plötzlich ein Markt fehlte.⁴

Die rasche Expansion wurde dadurch erleichtert, dass Tabak- und Baumwollanbau viele Ähnlichkeiten hatten; die jeweils gesammelten Erfahrungen ließen sich übertragen. Außerdem konnte ein Teil der Infrastruktur, die den Transport des Tabaks auf die Weltmärkte ermöglicht hatte, für die Baumwolle genutzt werden. Und während der Revolutionswirren des 18. Jahrhunderts pendelten Pflanzer und Sklaven zwischen der Karibik und Nordamerika und brachten weiteres Wissen über Anbaumethoden mit. 1788 wurde zum Beispiel ein Sklave aus St. Croix in den USA zum Kauf angepriesen mit den Worten, er sei «vertraut mit dem Anbau von Baumwolle». Das in der Karibik erschaffene Paradigma der Verbindung von Sklaverei und Baumwolle war nun auf das nordamerikanische Festland übergesprungen.[5]

Die amerikanischen Pflanzer beobachteten natürlich die steigenden Baumwollpreise, die das rapide Wachstum der mechanisierten Textilproduktion in Großbritannien verursachte. 1786 bauten sie die erste langstapelige Sea Island-Baumwolle mit Samen von den Bahamas an, benannt nach den Anbaugebieten auf Inseln vor der Küste von Georgia. Im Gegensatz zur einheimischen Baumwolle hatte sie eine lange, seidige Faser, ausgezeichnet geeignet für feinere Garne und Tuche und sehr gesucht von Fabrikanten in Manchester. Der Anbau von Sea Island-Baumwolle breitete sich an der Küste von South Carolina und Georgia schnell aus. Die Exporte aus South Carolina expandierten exponentiell von nur 4500 Kilogramm 1790 auf knapp 3 Millionen Kilogramm 1800.[6]

1791 erhielt die Produktion einen entscheidenden Auftrieb, als die Revolution von Saint-Domingue, Europas wichtigster Baumwollquelle, einen Konkurrenten ausschaltete, die Preise steigen ließ und quasi die ganze Klasse französischer Baumwollpflanzer zerstreute; manche gingen nach Kuba und auf andere Inseln, viele in die USA. Der Pflanzer Jean Montalet beispielsweise suchte Zuflucht in den USA und wandelte eine Reisplantage in South Carolina in eine Baumwollplantage um. So brachte die Revolution mit einem Schlag notwendiges Expertenwissen in die USA und erhöhte zugleich den finanziellen Anreiz für den Baumwollanbau. Der Aufstand der Sklaven auf Saint-Domingue machte den Fabrikanten, Pflanzern und Politikern aber auch bewusst, wie instabil die von ihnen verbreitete Sklaverei war.[7]

Der Anbau von Sea Island-Baumwolle expandierte rasch, stieß aber bald an seine Grenzen, da sie im Landesinneren der USA kaum gedieh. Dort wuchs stattdessen sogenannte Hochlandbaumwolle – eine kurzstapelige Sorte, die sich unter anderem dadurch auszeichnete, dass die Samen eng an den Fasern hafteten. Es war schwer, die Samen mit den vorhandenen Entkörnungsmaschinen zu entfernen, aber wegen steigender Nachfrage und hoher Preise ließen die Pflanzer ihre Sklaven das langsam und mühevoll mit Walzenkörnmaschinen nach dem Vorbild indischer Churkas tun.[8]

Doch selbst mit Sklavenarbeit war das Ergebnis unbefriedigend. Die Plantagenbesitzer träumten von einer Maschine, die den Samen rascher von den Fasern lösen könnte. 1793 baute Eli Whitney das erste funktionsfähige Modell einer neuen Art von Entkörnungsmaschine. Quasi über Nacht steigerte sie die Effektivität der Entkörnung um das Fünfzigfache. Die Nachricht von der Innovation verbreitete sich schnell; überall bauten Farmer die Maschine nach. Wie die mechanische Spinnmaschine überwand die Entkörnungsmaschine einen weiteren Engpass bei der Produktion von Baumwolltextilien. So trat das ein, was man nur einen «Baumwollrausch» nennen kann: Land, auf dem Baumwolle wuchs, verdreifachte nach der Erfindung der Maschine angeblich seinen Wert, und «das Jahreseinkommen derer, die sie anbauen», war nun «doppelt so hoch wie vor ihrer Einführung».[9]

Mithilfe dieser neuen Technologie verbreitete sich der Anbau von Baumwolle nach 1793 rasch im Inneren von South Carolina und Georgia. Und so erreichten 1795 zum ersten Mal größere Mengen amerikanischer Baumwolle Liverpool; soweit bekannt, wurde nichts davon vom Zoll beschlagnahmt. Als Siedler in die Region strömten, viele von ihnen aus den Staaten des oberen Südens, veränderte sich das Land grundlegend – aus einer Region, in der die Farmer neben Produkten für den Eigenbedarf nur Tabak anbauten, wurde eine von Baumwolle dominierte Region.[10]

Um eine derart expandierende Produktion möglich zu machen, brachten die Pflanzer tausende von Sklaven mit. In den 1790er Jahren verdoppelte sich ihre Zahl in Georgia auf fast 60 000. In South Carolina stieg die Zahl der Sklaven in den baumwollproduzierenden hügligen Bezirken innerhalb von 20 Jahren von 21 000 (1790) auf 70 000 (1810), darunter 15 000 gerade aus Afrika verschleppte. Als die Plantagen wuchsen, stieg der Anteil der Sklaven an der Bevölkerung in vier typischen Bezirken des Hügellands von South Carolina von 18,4 % 1790 über 39,5 % 1820 auf 61,1 % 1860. Bis zum Bürgerkrieg wuchsen Baumwollwirtschaft und Sklaverei im Gleichtakt, und England und die USA wurden zu den beiden Zentren des entstehenden Baumwollimperiums.[11]

Das einzige ernstere Problem dieser Expansion war das Land, da sich derselbe Boden nur wenige Jahre bebauen ließ, wenn man danach nicht entweder Hülsenfrüchte anbaute oder Guano als Dünger verwendete. Aber selbst die Erschöpfung des Bodens bremste die Baumwollbarone nicht; sie zogen einfach weiter nach Westen und Süden. Frisch angeeignete Gebiete, mobile Sklaven als Arbeitskräfte und die neue Entkörnungstechnologie machten es leicht, die Baumwolle immer weiter voranzutragen. Nach 1815 zogen Pflanzer nach Westen in die fruchtbaren Gegenden im Hochland von South Carolina und Georgia. Ihr weiterer Vorstoß nach Alabama und Louisiana und schließlich nach Mississippi, Arkansas und Texas wurde von der Bewegung der Baumwollpreise bestimmt. Obwohl die Preise in der ersten Hälfte des 19. Jahrhunderts nach und nach sanken, führten plötzliche Preissprünge – in der ersten Hälfte der 1810er Jahre, zwischen 1832 und 1837 und ab Mitte der 1840er Jahre – zu Expansionsausbrüchen. 1811 kam ein Sechzehntel aller in den USA angebauten Baumwolle aus Staaten und Territorien westlich von South Carolina und Georgia, 1820 war es schon ein Drittel und 1860 drei Viertel. Neue Felder entstanden in den sedimentreichen Gebieten entlang des Mississippi, auf den Hügeln von Alabama und auf der schwarzen Prärie von Arkansas. Dieser Zug nach Westen war so schnell, dass Mississippi Ende der 1830er Jahre schon mehr Baumwolle produzierte als jeder andere Staat im amerikanischen Süden.[12]

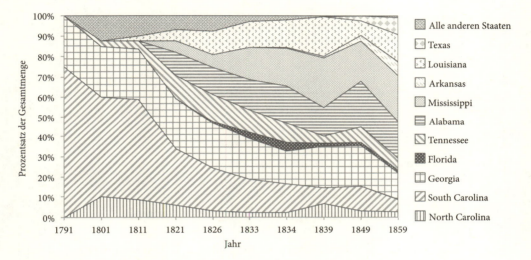

Baumwollproduktion nach US-Staaten, 1790–1860[13]

Der Eintritt der Vereinigten Staaten in das Baumwollimperium war so machtvoll, dass der Anbau in den Südstaaten rasch den Weltmarkt umgestaltete. 1790, drei Jahre vor Whitneys Erfindung, hatten die USA knapp 0,7 Millionen Kilogramm produziert, 1800 waren es schon über 16,5 Millionen und 1820 knapp 76 Millionen. Die Exporte nach England stiegen von 1791 bis 1800 um den Faktor 93 und bis 1820 erneut um das Siebenfache. 1802 waren die USA bereits der wichtigste Lieferant von Baumwolle für den britischen Markt, und 1857 produzierten sie etwa so viel wie China, das immerhin auf eine fast tausendjährige Baumwollgeschichte zurückblickte. Amerikanische Hochlandbaumwolle, die Whitneys Entkörnungsmaschine so effektiv bearbeitete, war für die Erfordernisse britischer Fabrikanten besonders geeignet. Obwohl die Maschine die Fasern beschädigte, blieb die Baumwolle für billigere, gröbere Garne und Tuche geeignet, für die eine große Nachfrage der unteren Schichten in Europa und anderswo bestand. Ohne den amerikanischen Nachschub wäre das Wunder der Massenproduktion von Garn und Tuch an den alten Realitäten des traditionellen Baumwollmarkts gescheitert, und die neuen Konsumenten wären gar nicht in der Lage gewesen, diese billigen Waren zu kaufen. Die viel beschworene «Konsumrevolution» bei Textilien war auch eine Revolution der Sklaverei.[14]

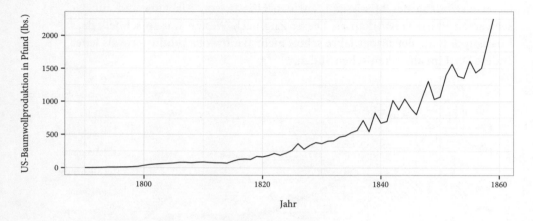

US-Baumwollproduktion in Pfund (lbs.) 1790–1859[15]

Enteignung, Verdrängung, Gewalt

Der Aufstieg der USA zur dominierenden Macht auf den Baumwollmärkten der Welt war eine radikale Veränderung. Aber warum fand sie statt? Wie Tench Coxe 1817 betonte, erklärten Klima und Boden allein nicht das Baumwollpotenzial der Vereinigten Staaten, denn das «weiße Gold» «lässt sich in einem riesigen Teil der produktiven Zonen der Erde anbauen».[16] Was die USA von fast allen anderen Baumwollanbaugebieten unterschied, war, dass Pflanzer fast unbeschränkt über Land, Arbeitskräfte und Kapital verfügten – und über einzigartige politische Macht. Im Osmanischen Reich und in Indien kontrollierten mächtige einheimische Herrscher das Land, und tief verwurzelte soziale Gruppen kämpften um seine Nutzung. In der Karibik und Brasilien waren die Zuckerpflanzer Konkurrenten um die Kontrolle von Land, Arbeitern und Macht. In den USA und ihrem weiten Land gab es keines dieser Hindernisse.

Seit die ersten europäischen Siedler Nordamerikas mit ihren Booten gelandet waren, stießen sie unaufhörlich ins Landesinnere vor. Die Ureinwohner mussten mit dem fertig werden, was sie mitbrachten – zuerst Krankheitskeime, später Waffen. Zwar kontrollierten sie Ende des 18. Jahrhunderts immer noch große Gebiete nur wenige hundert Kilometer von den Küstenprovinzen entfernt, konnten aber den steten Vormarsch der weißen Siedler nicht aufhalten. Die Siedler gewannen diesen blutigen und jahrhundertelangen Krieg, durch den das Land der Ureinwohner juristisch «leer» wurde. Seine sozialen Strukturen waren katastrophal geschwächt oder vernichtet, es war fast unbewohnt und dadurch ohne Erblasten der Geschichte. Kein Rivale unter den Baumwollgebieten verfügte über so viel freien Boden wie der amerikanische Süden.

Mit Unterstützung von Politikern der Südstaaten sicherte die Bundesregierung diese neuen Territorien offensiv, indem sie sie anderen Mächten abkaufte oder die Ureinwohner zur Abtretung zwang. 1803 verdoppelte sich fast das Territorium der USA durch den Kauf von Louisiana, 1819 erwarben sie zudem Florida von Spanien, und 1845 annektierten sie Texas – und gewannen jedes Mal Boden, der sich hervorragend für den Baumwollanbau eignete. 1850 wuchsen bereits 67 % der Produktion auf Land, das ein halbes Jahrhundert zuvor noch nicht zu den USA gehört hatte. Die junge Regierung hatte einen militärisch-baumwollwirtschaftlichen Komplex geschaffen.

Diese territoriale Ausdehnung, der «große Landrausch», war eng mit den Ambitionen von Plantagenbesitzern, Industriellen und Kaufleuten verbunden. Er diente vielen Interessen: denen eines sich rasch konsolidierenden Staates, denen der Farmer im Westen, die sich Zugang zum Meer erhofften, der wachsenden Nachfrage der Weltmärkte und den wirtschaftlichen und politischen Wünschen Englands. Baumwollpflanzer schoben die Grenzen des Baumwollanbaus ständig weiter, häufig schneller, als die Bundesregierung selbst diese Gebiete administrativ kontrollierte. In dem Frontier-Territorium, das sie schufen, gab es fast keine staatliche Autorität, das staatliche Gewaltmonopol war noch ein ferner Traum. Doch diese Frontier-Pflanzer am Rand des Baumwollimperiums hatten gut gekleidete und gebildete Partner. So wirkte etwa der britische Bankier Thomas Baring, einer der größten Baumwollhändler der Welt, am Vordringen des Baumwollimperiums mit, indem er den Erwerb Louisianas durch die USA finanzierte, verhandelte und die Anleihen verkaufte, die das Geschäft mit der französischen Regierung perfekt machten. Während der Industriekapitalismus in Europa und Neuengland, wie wir sehen werden, expandierte, dehnte die Zone des Kriegskapitalismus sich weiter aus.[17]

Doch internationale Verträge zum Landerwerb reichten nicht aus. Um das Land für Pflanzer nutzbar zu machen, musste das frisch konsolidierte Territorium der Kontrolle seiner indianischen Ureinwohner entzogen werden. Schon kurz nach 1800 hatten die Creeks unter Druck Ansprüche auf Land in Georgia aufgegeben, das dann zu Baumwollplantagen umgewandelt wurde. Ein Jahrzehnt später erlitten sie weitere Niederlagen und mussten den Vertrag von Fort Jackson unterzeichnen, durch den sie 9,3 Millionen Hektar Land im heutigen Alabama und Georgia aufgaben. In den Jahren nach 1814 schloss die Bundesregierung weitere Verträge mit den Creeks, Chickasaw und Choctaws und gewann die Kontrolle über Millionen Hektar Land im Süden. Der Kongressabgeordnete David Hubbard aus Alabama lud 1835 die New York and Mississippi

Die Sklaverei auf dem Vormarsch

Land Company ein, Gebiete zu kaufen, aus denen die Chickasaw vertrieben worden waren: «Wenn ich bei meiner Rückkehr etwas in Form eines konkreten Angebots zur Aneignung des öffentlichen Lands der Chickasaw-Nation von Ihnen vorfinde, bin ich bereit, sofort zu handeln, je nach Umfang Ihres Plans & werde so vorgehen, um den Wünschen Ihrer Kapitaleigner künftig zu entsprechen.» Die Company kaufte etwa 10 000 Hektar. 1838 begannen Bundestruppen mit der Vertreibung der Cherokees aus ihren angestammten Wohngebieten in Georgia, um dort Baumwollplantagen anzulegen. Weiter südlich in Florida wurden den Seminolen zwischen 1835 und 1842 im längsten Krieg der US-Geschichte vor Vietnam außerordentlich fruchtbare Baumwollgebiete geraubt. Kein Wunder, dass die Pflanzer von Mississippi nach den Worten eines Historikers «besessen waren von gut organisierten und ausgebildeten Bürgerwehren mit angemessener Bewaffnung und einer wachen Bundesarmee».[18]

Die amerikanischen Ureinwohner hatten verstanden, worauf der wachsende militärisch-baumwollwirtschaftliche Komplex beruhte. Bei ihrer Vertreibung beklagte der Cherokee-Häuptling John Ross in einem Brief an den Kongress 1836:

> «Unser Besitz darf vor unseren Augen geplündert werden, Gewalt darf uns angetan werden, sogar unser Leben darf man uns nehmen – und niemand hört unsere Beschwerden an. Wir sind kein Volk mehr, wir sind unmündig. Wir sind aus der Familie der Menschheit ausgestoßen!»[19]

Zwang und Gewalt, die zur Mobilisierung der Sklavenarbeiter nötig waren, wurden auch zum Charakteristikum des expansionistischen Krieges gegen eingeborene Völker. Nichts dergleichen hatte man in Anatolien oder Gujarat auch nur in Erwägung gezogen.

...

Die kontinentale Konsolidierung der USA eröffnete den Zugang nicht nur zu neuen Anbaugebieten, sondern auch zu den Wasserwegen für den Transport der Baumwolle. Amerikas bemerkenswert niedrige Transportkosten waren nicht gottgegeben, sondern das direkte Resultat der Ausdehnung seines Territoriums. Am wichtigsten war der Mississippi, der New Orleans an seiner Mündung zum wichtigsten Baumwollhafen Amerikas machte. Die ersten Dampfboote – eine neue Erfindung – fuhren dort schon 1817, und ab den 1830er Jahren verbanden Eisenbahnen die Baumwollplantagen mit Flüssen und Häfen; modernste Technologien machten so die brutalste Ausbeutung von menschlicher Arbeitskraft immer effizienter.[20]

Baumwollpflanzer beherrschten nicht nur die Politik der neuen Nation, weil sie vom Staat abhängig waren, um neues Land zu sichern und verfügbar zu ma-

Enteignung, Verdrängung, Gewalt

chen, sondern auch weil sie ständig neue Sklaven benötigten. Plantagenbesitzer in den USA – und nur dort – verfügten über ein schier unerschöpfliches Reservoir an billigen Arbeitskräften, die der *American Cotton Planter* «die billigsten und am leichtesten zu bekommenden Arbeiter der Welt» nennen sollte. Bis zum Beginn der mechanisierten Ernte in den 1940er Jahren war Baumwolle eine arbeitsintensive Pflanze. Mehr noch als die Arbeitsstunden, die zum Spinnen und Weben notwendig waren, war der Mangel an Erntearbeitern der größte Engpass bei der Produktion. Im Indien der Mogulkaiser und im Osmanenreich mussten ländliche Erzeuger zunächst ihr Überleben durch Subsistenzwirtschaft sichern, ehe sie für den Markt produzieren konnten. So war der Arbeitskräftemangel eines der größten Probleme beim Anbau in Westanatolien gewesen und hatte auch in Indien die Versuche zunichtegemacht, Baumwollplantagen zu errichten. In Brasilien gab es zwar Sklaven, aber die Baumwolle kam gegen die Konkurrenz der noch arbeitsintensiveren Zuckerplantagen nicht an. Und für die karibischen Pflanzer war es seit der Abschaffung des Sklavenhandels in England 1807 schwerer, neue Arbeitskräfte zu rekrutieren.[21]

In den USA konnte dagegen mit Geld fast jeder Engpass überwunden werden. Die Sklavenmärkte in New Orleans und anderswo boomten ebenso wie die Baumwolle. Hunderttausende von Sklaven konnten für den Baumwollanbau mobilisiert werden, weil der Tabakanbau in den nördlichen Südstaaten – in Virginia zum Beispiel – nach der amerikanischen Revolution weniger profitabel wurde, was dortige Sklavenhalter ermunterte, ihr menschliches Besitztum zu verkaufen.[22]

Die Ausweitung der Baumwollproduktion verstärkte nicht nur die Sklaverei insgesamt, sondern führte zu einer enormen Verschiebung von Sklavenarbeit vom Oberen zum Unteren Süden. Insgesamt brachte der interne Sklavenhandel bis zu eine Million Sklaven in den Unteren Süden, die meisten für den Baumwollanbau, davon allein eine Viertelmillion in den drei Jahrzehnten nach Erfindung der Entkörnungsmaschine 1793. Tatsächlich war 1830 schon eine Million Menschen in den USA (d. h. einer von 13 Amerikanern) im Baumwollanbau beschäftigt – die meisten von ihnen als Sklaven. Zwischen 1783 und dem Ende des internationalen Sklavenhandels 1808 wurden etwa 170 000 Sklaven in die Vereinigten Staaten importiert – ein Drittel aller seit 1619 nach Nordamerika gebrachten Sklaven. Durch die Baumwolle wurden die USA zur bedeutendsten Sklavenhaltergesellschaft ihrer Zeit.[23]

Natürlich wurde Baumwolle nicht ausschließlich von Sklaven auf großen Plantagen angebaut. Freie Kleinbauern im südlichen Hochland produzierten ebenfalls welche, weil dies schnell Bargeld brachte und der Anbau nicht wie bei Zucker oder Reis größeres Kapital für Bewässerungs- und Verarbeitungssysteme erforderte. Trotz ihrer Bemühungen produzierten sie zusammen aber nur einen Bruchteil der Gesamtmenge. Wie in der ganzen übrigen Welt auch, konzentrierten sich diese Kleinbauern auf den Anbau für den Eigenbedarf und produzierten erst dann für den Markt, wenn sie genug zur Versorgung ihrer eigenen Familien angebaut hatten. Deshalb wurden in den Südstaaten noch 1860 85 % der Baumwolle auf Plantagen von über 40 Hektar angebaut; den relativ wenigen weißen Besitzern dieser Farmen gehörten auch 91,2 % aller Sklaven. Je größer die Farm, desto besser konnte der Besitzer die Vorteile einer auf Sklaven basierenden

Sklavenfamilie beim Baumwollpflücken in Georgia

Produktion nutzen. Große Farmen konnten sich die Entkörnungs- und Pressmaschinen leisten, die die Transportkosten senkten, was den Anbau effizienter machte; sie konnten Agrarexperimente durchführen, um den Boden besser auszubeuten, und mehr Sklaven kaufen, um den notorischen Arbeitermangel zu vermeiden. Die Baumwolle erforderte buchstäblich eine Jagd auf Arbeitskräfte und den ständigen Kampf um ihre Kontrolle. Sklavenhändler, Sklavenquartiere und Sklavenauktionen und die damit verbundene körperliche und psychische Gewalt wurden von zentraler Bedeutung für die Baumwollproduktion in den USA und damit für die Industrielle Revolution in England und anderswo.[24]

Wenn sie konnten, erzählten die Sklaven in lebhaften Details von der ständigen Brutalität, die die Basis des Baumwollbooms war. Der geflüchtete Sklave John Brown erinnerte sich 1854, wie er «mit der Bullenpeitsche ausgepeitscht» wurde und wie Aufseher flüchtende Sklaven «jagten». «Wenn der Baumwollpreis auf dem englischen Markt steigt», berichtete er, «fühlen die armen Sklaven sofort die Wirkung, denn sie werden härter angetrieben und spüren öfter die

Peitsche.» Ein anderer versklavter Baumwollarbeiter, Henry Bibb, beschrieb erschreckende Szenen wie diese: «Als das Horn des Aufsehers ertönte, kamen alle Sklaven, um meine Bestrafung anzusehen. Meine Kleider wurden heruntergerissen, und ich musste mich mit dem Gesicht nach unten auf die Erde legen. Vier Pfähle wurden in den Boden getrieben und meine Hände und Füße daran festgebunden. Dann stellte sich der Aufseher mit der Peitsche über mich.»[25]

Die Expansion der britischen Textilindustrie hing von dieser Spirale der Gewalt auf der gegenüberliegenden Seite des Atlantiks ab. Wie eng Baumwolle, enteignete Gebiete und Sklaverei miteinander verknüpft waren, drückte der Liverpooler Baumwollhändler William Rathbone VI. bei einer USA-Reise 1849 so aus: «Die Neger + alles andere hier steigt und fällt mit der Baumwolle.» Sklavenarbeit war so unverzichtbar, dass die *Liverpool Chronicle and European Times* ihre Leser warnte, wenn die Sklaven je befreit würden, könnten die Preise für Baumwolltuche um 100–200 % steigen – mit schrecklichen Folgen für England. Während brutaler Zwang wie ein Albtraum über Millionen von Menschen hing, war das mögliche Ende dieser Macht – die Emanzipation der Arbeiter – ein Albtraum für jene, die die märchenhaften Profite des Baumwollimperiums einstrichen.[26] Die Sorgen europäischer Beobachter in Bezug auf befreite Sklaven wurden durch Vorgänge in der Karibik verstärkt, etwa die Morant Bay-Rebellion von 1865, als eine Gruppe schwarzer Jamaikaner gegen die harten Strafen revoltierte, die die Kolonialverwaltung gegen ein paar Landbesetzer verhängt hatte. Der Aufstand wurde von britischen Truppen in Blut ertränkt.[27]

Daher nutzten Pflanzer in den Vereinigten Staaten auch den dritten Vorteil, der sie zu den weltweit führenden Baumwollproduzenten machte: ihre politische Macht. Die in der Verfassung verankerte Drei-Fünftel-Klausel sicherte ihnen eine überproportionale Repräsentation im Kongress. Eine ganze Serie sklavenbesitzender Präsidenten, dazu Supreme Court-Richter und eine starke Vertretung in beiden Kammern des Kongresses garantierten eine scheinbar ewige politische Unterstützung für die Sklaverei. So konnten die Baumwollbarone die Sklaverei auf die neu erworbenen Territorien im Süden und Südwesten ausdehnen und die Bundesregierung auf eine Politik der Enteignung der Ureinwohner in jenen Gebieten verpflichten.[28] Und sie konnten den permanenten Krieg gegen ihre versklavten Arbeiter verschärfen.

Solche Macht auf nationaler Ebene wurde ermöglicht und ergänzt durch das Fehlen konkurrierender Eliten in den Sklavenhalterstaaten und durch den gewaltigen Einfluss der Baumwollproduzenten auf die Regierungen der Südstaaten. Und so konnten sie schließlich nicht nur schiffbare Flüsse nahe ihren Plantagen nutzen, sondern auch Eisenbahntrassen immer tiefer ins Hinterland hineinbauen. Die brasilianischen Pflanzer hatten nicht so viel Glück: Da sie mit den Interessen der mächtigen Zuckerproduzenten konkurrierten, gelang es ihnen nicht, Verbesserungen der Infrastruktur für den Baumwollexport durchzusetzen.

Die Sklaverei auf dem Vormarsch

Lange Transporte auf Maultieren oder Pferden blieben für sie teuer; der Weg aus der Gegend des São Francisco-Flusses zum Hafen Salvador etwa verdoppelte fast den Baumwollpreis. In Indien blieb die Infrastruktur ähnlich schwach (man sagte, die Transportkosten zu den Häfen steigerten die Produktionskosten in Indien um 50 %, in den USA nur um 3 %), da den Baumwollhändlern und -pflanzern Kapital und Macht für schnelle Fortschritte fehlten.[29]

Ein Baumwolltransport in Brasilien, 1816

Die Südstaaten dominieren den Weltmarkt

Indirekt hatte die amerikanische Unabhängigkeit sich also als Segen für die europäische, besonders die britische Baumwollindustrie erwiesen. Nach einem Jahrhundert der Agitation gegen die Sklaverei gab England 1834 nach und verbot sie in seinem Empire. Ein paar amerikanische Revolutionäre stellten sich eine ähnliche Abschaffung der Sklaverei vor, doch als ihre Nation heranreifte, sahen sie, dass die Sklaverei zum Motor der wichtigsten Baumwollregion der Welt wurde. Und die Unabhängigkeit der USA beseitigte auch mögliche Einschränkungen bei der Enteignung der Ureinwohner, denn das Verhältnis zwischen weißen Siedlern und Ureinwohnern war nun den komplexen Verhandlungen der europäischen Politik entzogen. Die Trennung politischer und wirtschaftlicher Räume erwies sich tatsächlich als entscheidend für die dynamischste Industrie der Welt.

Wie all die enormen Wettbewerbsvorteile der USA im entstehenden Baumwollimperium zusammenwirkten, lässt sich am Beispiel des Yazoo-Mississippi-Deltas veranschaulichen. Hier, auf rund 18 000 Quadratkilometern, hatte der mächtige Mississippi seit Jahrtausenden seine Sedimente abgeladen und das ergiebigste Anbaugebiet der Welt geschaffen. 1859 produzierten nicht weniger als 60 000 Sklaven atemberaubende 30 Millionen Kilogramm Baumwolle, fast zehnmal so viel wie Saint-Domingue auf dem Höhepunkt seiner Produktion Anfang der 1790er Jahre.[30]

Damit das Delta zum Hauptanbaugebiet der wichtigsten Ware der industriellen Welt werden konnte – eine Art Saudi-Arabien des frühen 19. Jahrhunderts –, mussten sein Land den Ureinwohnern abgenommen und Arbeiter, Kapital, Wissen und staatliche Macht mobilisiert werden. Zwischen 1820 und 1832 ging ein Großteil des Lands durch eine Reihe von Verträgen, Scharmützeln und bewaffneten Konflikten von den Choctaws an weiße Siedler über. Mit Wagen, Flößen und Booten brachten hoffnungsvolle Pflanzer Sklaven in den Süden, um die «dschungelartige» Vegetation zu roden, den Boden umzugraben, zu säen, die jungen Pflanzen zu beschneiden und später die Baumwolle zu ernten. Die Nachricht, das Delta sei «die sicherste Baumwollanbaugegend der Welt», verbreitete sich im ganzen Süden; Pflanzer, die über genügend Kapital (meist in Form von Arbeitskräften) und Fachwissen verfügten, ließen sich hier nieder. Ihre Plantagen wurden zu Großbetrieben. 1840 hatte Washington County im Herzen des Deltas über zehnmal so viele Sklaven wie weiße Bewohner. 1850 besaß jede weiße Familie durchschnittlich über 80 Sklaven – und der größte Pflanzer im Delta, Stephen Duncan, nannte 1036 Sklaven sein Eigen.[31] Diese Deltaplantagen waren keine typischen Baumwollfarmen, sondern hochkapitalisierte Unternehmen, die zu den größten der USA zählten, und die notwendigen Investitionen wären für die meisten Industriellen Neuenglands zu hoch gewesen. Von den Veranden ihrer prächtigen und elegant eingerichteten Herrenhäusern im Delta aus sahen die Baumwollbarone geradezu ihren Reichtum wachsen, das Produkt einer seltsamen Alchemie, die gestohlene Länder, Sklavenarbeit und, wie wir noch sehen werden, einen nie versiegenden Strom europäischen Kapitals vereinte.

Die Herrschaft der amerikanischen Pflanzer über die globalen Baumwollmärkte verstärkte sich darüber hinaus aus sich selbst. Als der Anbau in den Südstaaten expandierte und als erst britische und dann kontinentaleuropäische Konsumenten immer abhängiger von diesen Lieferungen wurden, vertieften sich institutionelle Verbindungen zwischen dem amerikanischen Süden und Europa. Europäische Importeure schickten Agenten nach Charleston, Memphis und New Orleans. Sie standen in regelmäßigem Kontakt mit ihren amerikanischen Geschäftspartnern, bauten ein dichtes Netzwerk von Schifffahrtslinien auf und integrierten den Baumwollhandel in ihre sonstigen Geschäfte. Wer hier engagiert war, fuhr regelmäßig in die USA und schloss enge Geschäftsbeziehungen, Freundschaften und sogar Ehen. Soziale Netzwerke und kaufmännische Organisationen wiederum machten den Transatlantikhandel sicherer und planbarer, senkten so die Kosten und waren ein weiterer Vorteil für die USA gegenüber potenziellen Konkurrenten wie Indien oder Brasilien.

Im Zentrum all dieser Netzwerke stand der Strom der Baumwolle aus den USA nach Europa und der des Kapitals in die Gegenrichtung. Dieses Kapital war häufig durch Hypotheken auf Sklaven abgesichert, was den Kreditgebern bei einem Bankrott das Recht auf bestimmte Sklaven einräumte. 88 % der Hypotheken in Louisiana wurden seit dem Beitritt zu den USA zumindest teilweise durch Sklaven abgesichert; in South Carolina waren es 82 %. Insgesamt schätzt man, dass Kapital in der Höhe von mehreren hundert Millionen Dollar durch den Besitz von Menschen abgesichert war. Somit ermöglichte die Sklaverei die schnelle Bereitstellung nicht nur von Arbeitskräften, sondern auch von Kapital.[32]

Mit ihren enormen Gewinnen investierten die Pflanzer in landwirtschaftliche Verbesserungen – Erfolg erzeugte neuen Erfolg. Sie experimentierten zum Beispiel mit Kreuzungen aus indischen, osmanischen, mittelamerikanischen, karibischen und anderen Baumwollsamen und züchteten Arten, die dem lokalen Klima und Boden besonders angepasst waren. 1806 brachte ein Pflanzer, der Natchez-Indianer Walter Burling, Samen der mexikanischen Baumwolle mit, deren größere Kapseln sich leichter von Hand pflücken ließen und laut Experten «bessere Faserqualität und Faserlänge besaßen und widerstandsfähig gegen ‹Fäule›» waren. Diese Sorte war von Ureinwohnern im zentralmexikanischen Hochland seit Jahrhunderten angebaut worden und wurde nun, in den Händen von Südstaatenpflanzern, zum «grundlegenden Keimplasma für alle späteren Hochlandanbauer in den USA und auf der ganzen Welt». Diese neuen Sorten konnten drei- bis viermal schneller gepflückt werden als die bis dahin gebräuchliche Sorte Georgia Green Seed. Es war eine grausame Ironie, dass die Fähigkeit anderer Ureinwohner, eine Sorte zu züchten, die sich gut an die amerikanische Umwelt anpasste, die Enteignung indianischer Gebiete beschleunigte und die Sklavenarbeit in diesen Regionen noch produktiver machte.[33]

Solche Innovationen in Anbaumethoden wurden immer mehr durch dichte, aber eindeutig regionale Netzwerke für den Wissensaustausch institutionalisiert. Landwirtschaftliche Institute und Kongresse, Bücher und Zeitschriften wie *DeBow's Review* und der *American Cotton Planter* verbreiteten die Informationen, wie man Samen auswählen, Arbeitskräfte organisieren, richtig pflügen und anbauen oder wo man investieren solle – kurz gesagt, wie man eine «praktische Plantagenwirtschaft» perfektionieren könne.[34]

Darüber hinaus beeinflusste die Logik der Maschinenproduktion in Europa nun auch den Charakter der Sklaverei im amerikanischen Süden. Kolonnenarbeit, die nicht neu, aber nie so häufig gewesen war wie auf Baumwollplantagen, stand für den neuen Rhythmus der «militärischen Landwirtschaft». Die systematische Mobilisierung von Sklavenfrauen und -kindern auf Baumwollfarmen steigerte den Ertrag um ein Weiteres. Dass die Baumwollproduktion in den USA nun viel schneller stieg als die Zahl der Sklaven, ist zwar zum Teil auf den Anbau anderer Baumwollsorten zurückzuführen, aber es gab auch eine systematische Intensivierung der Ausbeutung. Die moderne Plantagenslaverei erlaubte eine Organisation der Arbeit, die im gerade entstehenden Zentrum der Industrie – in den Fabriken Englands – noch unmöglich war. Weil Plantagen oft größer waren als Fabriken und höhere Investitionen erforderten und weil abgesehen von der Innovationsphase um die Entkörnungsmaschine in den 1790er Jahren der technologische Fortschritt in der Baumwollwirtschaft begrenzt war, konnten Produktivitätszuwächse vor allem von der Umorganisation der Arbeit kommen. Dies war möglich, da die Sklavenhalter die nahezu totale Kontrolle über die Arbeitsabläufe hatten – ein direktes Ergebnis der Anwendung von Gewalt. Nichts dergleichen war in den entstehenden Textilfabriken möglich, wo Arbeiter mit Erfolg einen Teil des Arbeitsrhythmus der kleinen Farmen, Handwerksbetriebe und Zünfte beibehielten. Die umfassende Kontrolle der Arbeiter – ein Kerncharakteristikum des Kapitalismus – erlebte ihren ersten großen Erfolg auf den Baumwollplantagen des amerikanischen Südens.[35]

Anders als osmanische Landbesitzer oder englische Kaufleute in Indien konnten amerikanische Plantagenbesitzer immer brutalere Methoden der Disziplinierung ihrer Sklaven entwickeln. Folter war eine der Grundlagen der Produktionssteigerung. Innovative Formen der Arbeitsorganisation halfen, noch mehr Leistung aus den Arbeitern herauszupressen. Für den Managementforscher Rob Cooke steht fest, dass die Plantage «ein Schauplatz der frühen Entwicklung industrieller Disziplin war». Und mit der steigenden Produktivität der Plantagen sanken die Preise und stieg wiederum die Konkurrenzfähigkeit britischer Fabrikanten auf den Weltmärkten. Dies untergrub schließlich die Herstellung in Indien und machte, wie wir später sehen werden, die spätere Eingliederung der dortigen Landwirtschaft in das globale Baumwollimperium einfacher.[36]

Der Rhythmus der industriellen Produktion griff auch in anderer Form auf die Plantage über. Da die Expansion des Baumwollanbaus von Krediten abhing, die meist vom Londoner Finanzmarkt kamen, folgte sie nun der Konkurrenzlogik der Märkte statt kulturellen und lokalen Besonderheiten – das Kapital wanderte dahin, wo die meiste Baumwolle am billigsten produziert werden konnte. Zum großen Unmut der Südstaatenpflanzer war der Kommissionär – ein Händler, der ihre Baumwolle verkaufen, ihnen Waren liefern und Kredit verschaffen konnte – und mit ihm der Londoner Finanzmarkt eine entscheidende Quelle ihres Reichtums und ihrer Macht. Doch umgekehrt waren auch der Londoner Finanzmarkt und

Die Sklaverei auf dem Vormarsch

die Fabrikanten von Lancashire abhängig von den lokalen Experten für die gewaltsame Ausbeutung von Boden und Arbeitskräften. Der alte Paternalismus der Ostküstenpflanzer des 17. und 18. Jahrhunderts, der zum Teil von der merkantilistischen Logik des für beide nützlichen und geschützten Austauschs zwischen Mutterland und Kolonie profitiert hatte, war von einer freieren, stärker konkurrenzorientierten und flexibleren sozialen Ordnung abgelöst worden, die durch Handelskapital vermittelt wurde. Der unstillbare Hunger nach Akkumulation beschleunigte nun den «sozialen Stoffwechsel» der Baumwollproduktion. Die Logik der Sklaverei strahlte von ihrem industriellen Lohnarbeits-Zentrum in Lancashire aus. Nachdem die Sklaverei im 18. Jahrhundert den industriellen Take-off ermöglicht hatte, wurde sie nun unerlässlich für seine stete Expansion.[37]

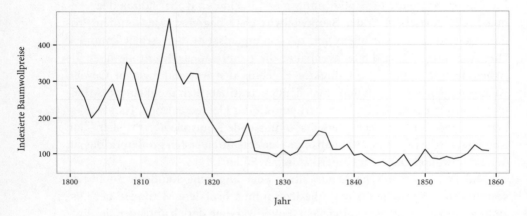

Der Lohn der Sklaverei: Preise für amerikanische Baumwolle in Liverpool (1860 = 100)[38]

Die Profite der Baumwollwirtschaft waren märchenhaft. Schon 1807 erbrachte eine Baumwollplantage in Mississippi angeblich 22,5 % jährliche Rendite auf das investierte Kapital. Die Profitabilität der Baumwolle spiegelt sich auch im Preis der Sklaven wider: Ein junger männlicher Sklave kostete im Jahr 1800 in New Orleans etwa 500 Dollar, bis zum Bürgerkrieg 1861 stieg sein Wert aber auf 1800 Dollar. Bezeichnend ist die Geschichte des jungen Pflanzers Joseph Clay aus Georgia, der 1782 die Reisplantage Royal Vale in Chatham County, Georgia, gekauft hatte und bewirtschaftete. 1793 hörte er von Whitneys Entkörnungsmaschine, nahm 32 000 Dollar Kredit auf, kaufte damit zusätzliche Sklaven, ließ sie einen Teil seines Landes in Baumwollfelder umwandeln und installierte mehrere Maschinen. Das Unternehmen war so profitabel, dass er binnen sieben Jahren den Kredit zurückzahlen, sein Herrenhaus prächtig umbauen und weitere Sklaven und Maschinen kaufen konnte. Als Clay 1804 starb, wurde sein Besitz auf 276 000 Dollar geschätzt.[39]

Die Südstaaten dominieren den Weltmarkt

Amerikanische Pflanzer dominierten ab 1802 den britischen Markt, in den 1830er Jahren eroberten sie auch neue europäische und nordamerikanische Märkte. Die Folgen bekamen frühere Produzenten, besonders in der Karibik, zu spüren: «Bleibt der Wettbewerb frei und unbeschränkt, kann er von den Kolonialisten nicht lange aufrechterhalten werden, denn derselbe Preis, der dem amerikanischen Erzeuger einen guten Gewinn bringt, deckt nicht die Anbaukosten des Kolonialisten», bemerkte 1812 ein anonymer Briefschreiber aus der Region. Andere potenzielle Konkurrenten wie die indischen Bauern pflanzten noch 1850 ebenso viel Baumwolle an wie die Amerikaner, aber ihre Position auf den Weltmärkten blieb marginal.[40]

Der Baumwollboom katapultierte die USA in eine zentrale Position im Baumwollimperium. 1791 hatte das amerikanische Finanzministerium geschätzt, in Brasilien werde mehr als zehnmal so viel in den Baumwollanbau investiert wie in die Vereinigten Staaten. Nur zehn Jahre später waren in den USA 60 % mehr Kapital in die Baumwollindustrie investiert als in Brasilien. 1820 stellte die Baumwolle schon 32 % aller US-Exporte, 1796 waren es nur 2,2 % gewesen. Zwischen 1815 und 1860 machte Baumwolle sogar über die Hälfte aller Exporte aus. Sie dominierte die US-Wirtschaft so stark, dass die Baumwoll-Produktionsstatistik «ein immer wichtiger Teil der Analyse der amerikanischen Wirtschaft wurde». Auf der Grundlage der Baumwolle und damit auf dem Rücken der Sklaven erlangte die amerikanische Wirtschaft Weltgeltung. Amerikanische Baumwolle war für die westliche Welt so wichtig geworden, dass ein deutscher Ökonom bemerkte: «Ein Verschwinden des nordamerikanischen Nordens oder Westens würde für die Welt von geringerer Bedeutung sein als eine Ausmerzung des Südens.»[41]

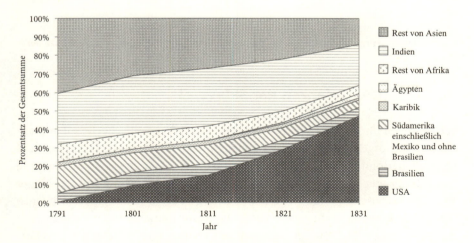

Der Kriegskapitalismus transformiert die globale Baumwollindustrie: «Weltbaumwollproduktion, 1791–1831.»[42] (grobe zeitgenössische Schätzung)

Die Sklaverei auf dem Vormarsch

Amerikanischen Baumwollfarmern war es gelungen, die wichtigsten Produzenten des wichtigsten Rohstoffs des Industriezeitalters zu werden. Ihre «gigantischen Plantagen liefern jetzt das Material, um die halbe zivilisierte Welt zu kleiden», bemerkte ein britischer Kaufmann im indischen Tellicherry. Und mit dem Strom von sklavenerzeugter Baumwolle aus den USA sanken die Kosten von Garnen und Stoffen, was Kleidung für einen rasch wachsenden Markt erschwinglich machte. 1825 äußerte die Handelskammer von Manchester: «Wir sind fest davon überzeugt, dass es sich in großem Maße dem sehr niedrigen Preis des Rohmaterials verdankt, wenn diese Industrie in den letzten Jahren so stark gewachsen ist.» Die Welt der Baumwolle, die vor 1780 aus verstreuten regionalen und lokalen Netzwerken bestanden hatte, wurde nun immer stärker zu einer globalen Matrix mit einem einzigen Zentrum. Und dies war undenkbar ohne die Sklaverei in den Vereinigten Staaten.[43]

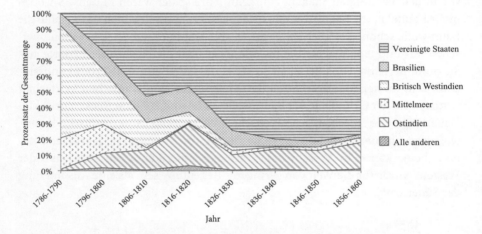

Baumwollimporte nach Großbritannien im jährlichen Durchschnitt, in Prozent, nach Herkunftsland[44]

Die Gefahren der Sklaverei

Schon in den 1810er Jahren jedoch begannen vor allem britische Textilfabrikanten sich zu sorgen, sie könnten zu abhängig von einem einzigen Anbieter des wertvollen Rohmaterials werden. 1838 warnte die Glasgower Industrie- und Handelskammer vor der «alarmierenden Tatsache, dass England bei dieser Ware, die inzwischen kaum weniger notwendig ist als Brot, fast gänzlich auf ausländische Lieferungen angewiesen ist». Die Baumwollfabrikanten wussten, dass ihr Wohlstand völlig von der Sklavenarbeit abhing, und «fürchteten die Härte des Umschwungs, der früher oder später kommen muss». Und 1850 schätzte ein britischer Beobachter, in England seien 3,5 Millionen Menschen in der Baum-

Die Gefahren der Sklaverei

wollindustrie beschäftigt – allesamt den Launen amerikanischer Plantagenbesitzer und ihrer durchaus gefährdeten Kontrolle über die US-Politik ausgeliefert.[45]

Diese Sorgen der Textilfabrikanten konzentrierten sich auf drei Aspekte. Sie befürchteten, die USA würden einen immer größeren Anteil ihrer Baumwollernte in ihre eigenen Fabriken umleiten, die nach 1810 in wachsender Zahl entstanden, wodurch weniger Baumwolle zu europäischen Verbrauchern gelangen würde. Vor allem britische Industrielle sorgten sich auch, dass kontinentaleuropäische Firmen einen wachsenden Prozentsatz der weltweiten Baumwolle kaufen und um das amerikanische Angebot konkurrieren würden. Am wichtigsten waren jedoch «die wachsende Unsicherheit über das Fortbestehen des Systems der Sklaverei» und die «selbstmörderische» Abhängigkeit von einem «blutgetränkten Produkt».[46]

Der britische Bankier und Baumwollhändler Thomas Baring fürchtete 1835 «die weitere Agitation in der Sklavenfrage». Wie sicher würde Eigentum an Sklaven in einem sich industrialisierenden Amerika sein, das sich immer stärker gegen die Sklaverei stellte? Würde die politische Ökonomie der Südstaatenpflanzer mit der der Wirtschaftseliten des Nordens kollidieren? Und ließen sich die immer expansionistischeren Pläne der reichen und mächtigen Sklavenhalter des Südens und ihr protonationalistisches Projekt innerhalb der sich industrialisierenden USA halten? Im Bewusstsein ihres Wohlstands entwickelten Pflanzer, die «Herren der Peitsche», Pläne, um ihre untergeordnete Rolle in der Weltwirtschaft zu revolutionieren – eine weitere Bedrohung für das ganze System. Für die «Herren der Webstühle» dagegen mussten Rohstoffproduzenten politisch dem Willen des Industriekapitals untergeordnet sein.[47]

Auf den Plantagen selbst lauerte ein weiterer Schrecken. Besuche auf den industrialisierten Baumwollfeldern des «schwarzen Gürtels» erweckten bei vielen Beobachtern den Eindruck, die Sklaverei sei instabil, weil der Krieg zwischen Sklaven und Herren sich jederzeit wenden könne. «Ein Baumwollspinner» warnte 1844:

> «Die Sicherheit dieses Landes [Großbritanniens] hängt davon ab, dass wir höhere Baumwolllieferungen aus Britisch-Indien bekommen, denn in Amerika werden sich diese Sklavenkolonnen bei der ersten Gelegenheit natürlich verstreuen und die leichtsinnigen Neger keine Baumwolle mehr anbauen, und weil es keine Weißen gibt, die ihre Plätze einnehmen, wird der Baumwollanbau in Amerika aufhören.»[48]

Er befürchtete einen «Vernichtungskrieg der Rassen – eine zu schreckliche Aussicht, als dass man darüber nachdenken könnte». Eine mögliche Emanzipation der Sklaven in den USA könnte «unser Land ... bis in die Grundfesten» erschüttern. Gerüchte über geflüchtete Sklaven, Arbeitsverweigerung und sogar offene Rebellion hielten die Pflanzer und mit ihnen die europäischen Textilfabrikanten in Atem. Amerikaner versuchten ihren europäischen Kunden zu erklären, dass die Sklaverei in den USA im Gegensatz zu Saint-Domingue sicher sei – nicht zuletzt wegen der Präsenz einer weißen Miliz und weil die Sklaven «keine Schusswaffen oder Waffen haben. Obwohl sie Viele sind, sind sie stark durch Flüsse, Sümpfe und dicht von Weißen besiedelte Landstriche getrennt.» Aber die Bedenken blieben.[49]

Versuche in Indien

Angesichts solch sorgenvoller Überlegungen sahen europäische Textilfabrikanten sich nach anderen Regionen um, die zusätzliche Baumwolle liefern konnten, Regionen wie zum Beispiel Afrika und Indien. Französische Beamte sahen in den 1810er und 1820er Jahren das Gebiet des heutigen Senegals als möglichen alternativen Baumwolllieferanten, aber trotz ihrer konzertierten Versuche kam wenig dabei heraus. Für viele Engländer stand Indien im Zentrum der Hoffnungen auf nichtamerikanische Baumwolle. Seine lange Geschichte des Stoffexports schien das Land höchst geeignet für die Versorgung britischer Fabriken zu machen, nicht zuletzt weil Industrielle glaubten, das Land besitze «Vorräte an unterschiedlichen Baumwollsorten im Überfluss». Und Indien könne den Weg für eine Baumwollindustrie weisen, die von den mit Amerika verbundenen Unsicherheiten und den Erfordernissen von Sklaverei und Enteignung unabhängig wäre.[50]

In den 1830er Jahren fanden diese Einzelstimmen kollektiven Ausdruck. Schon 1836 erwähnte die Handelskammer von Manchester zum ersten Mal indische Baumwolle in ihrem Jahresbericht. Vier Jahre später hielt sie eine Sondersitzung ab, um die East India Company zu drängen, die Baumwollproduktion in Indien zu fördern, und 1847 schickte sie eine Petition ähnlichen Inhalts an das Unterhaus. Die Manchester Commercial Association, ein Konkurrenzverband lokaler Baumwollfabrikanten, schickte 1845 sogar eine Abordnung zu den Direktoren der East India Company, um sie zur Ankurbelung des indischen Baumwollanbaus zu drängen, ein Thema «von äußerst großer Bedeutung für die Interessen dieses Bezirks».[51]

Einige vorausschauende Fabrikanten begriffen allmählich, dass es eine engere und dauerhaft profitable Beziehung zwischen Indien als Markt für ihre Güter und Indien als Rohstofflieferant geben könne. Sie stellten sich eine Welt vor, in der indische Bauern ihre Baumwolle exportieren und im Gegenzug Stoffe aus Manchester kaufen würden: «Nichts kann natürlicher sein, als dass die Einwohner, denen ein Markt für ihre Stoffe fehlt, zum Anbau des Rohmaterials ermutigt werden sollten.» Die Agitation für indische Baumwolle stieg jeweils mit den amerikanischen Baumwollpreisen, zum Beispiel in den 1830er Jahren, und erreichte ihren Höhepunkt in den 1850er Jahren. Zwar war man sich in Manchester immer noch uneins über die Vorteile staatlicher Intervention zur Sicherung indischer Baumwolle, manche wollten alles dem Markt überlassen. Aber 1857 war die «ausreichende Versorgung mit Baumwolle zur Erhaltung der Industrie dieses Bezirks» zu einem wichtigen Diskussionspunkt auf den Jahrestagungen der Handelskammer geworden. Der Textilfabrikant und Handelskammerpräsident Thomas Bazley glaubte, dass «die Versorgung mit ... Baumwolle völlig unzureichend» sei, und forderte mehr Anstrengungen, um sie aus Indien, Afrika, Australien und anderen Gegenden zu beziehen, «eben weil die britische Regierung diese Länder besitzt». Mit seiner Forderung an die Fabrikanten, sich zu organisieren, um die Produktion in den Kolonien zu erhöhen, war er im gleichen Jahr die treibende Kraft bei der Gründung der Manchester Cotton Supply Association. Voller Sorge über die zunehmende Instabilität der amerikanischen Politik in den 1850er Jahren ging dieser Verband buchstäblich bis ans Ende der Welt, um Entkörnungsmaschinen zu verteilen, Farmern Ratschläge zu geben und Baumwollsamen und Werkzeuge zu verbreiten und gleichzeitig Informationen über unterschiedliche Baumwollsorten und Anbaumethoden zu sammeln. Seine Arbeit war ein Mikrokosmos des großen Projekts der Baumwollfabrikanten, die globale Landwirtschaft in einen baumwollproduzierenden Komplex zu verwandeln.[52]

Für Textilfabrikanten war Indien aus dem offensichtlichen Grund verlockend, dass es immer noch eines der größten Anbaugebiete des «weißen Goldes» war. Sie glaubten, Indien produziere mehr Baumwolle als die USA, und notorisch ungenaue Schätzungen sprachen von über 337 Millionen Kilogramm, die jedes Jahr in Indien verbraucht würden, dazu mindestens 68 Millionen Kilogramm für den Export. Das war mehr als die US-Produktion von 344 Millionen Kilogramm im Jahr 1839. Traditionell war ein großer Teil dieser Baumwolle für die heimische Produktion bestimmt, und was über weitere Distanzen gehandelt wurde, blieb meist innerhalb des Landes. Zentralindische Baumwolle war früher nach Madras im Süden und Bengalen im Osten verkauft worden, aber mit dem Niedergang des Exports von Baumwollstoffen wurde sie immer häufiger nach Bombay gebracht und von dort nach China und in begrenztem Umfang nach England exportiert.[53]

Die East India Company hatte seit 1788 halbherzig die Versuche zur Steigerung solcher Exporte unterstützt, aber die betreffenden Mengen waren gering, nicht zuletzt wegen der hohen Transportkosten. Bis in die 1830er Jahre wurde viel mehr Baumwolle nach China exportiert als nach Europa (sie finanzierte den Teeimport der Company), und höhere Exporte nach Europa gingen meist Hand in Hand mit niedrigeren nach China. Somit stieg die Exportorientierung der indischen Baumwollwirtschaft nicht spürbar an.[54]

Doch die Fabrikanten aus Manchester wollten mehr. Sie drängten die East

Die Sklaverei auf dem Vormarsch

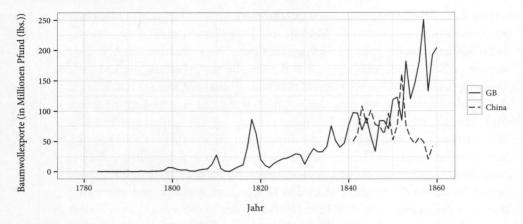

Baumwollexporte von Indien nach Großbritannien und China in Pfund (lbs.), 1778–1860[55]

India Company, die britische Regierung und später auch die Kolonialverwaltung dazu, zahlreiche Aktivitäten zu entwickeln, um Anbau und Export indischer Baumwolle zu fördern. Da private Firmen es nicht schafften, musste die Regierung aktiv werden. Sie dachten zuallererst an Infrastrukturverbesserungen, «eine Brücke ... oder eine Eisenbahn musste gebaut oder Kanäle gegraben oder Baumwolle angebaut oder Maschinen eingeführt werden». Ihr Vorhaben wurde durch Gesetzesänderungen unterstützt. So bestrafte ab 1829 die Regierung in Bombay Personen, die in betrügerischer Absicht Baumwolle verpackten und verkauften, mit bis zu sieben Jahren Gefängnis. Viele Initiativen versuchten die indischen Baumwollexporte zu steigern. 1810 schickte die Company amerikanischen Baumwollsamen nach Indien, 1816 lieferte sie Entkörnungsmaschinen nach Bombay. 1818 wurden vier Versuchsfarmen für den Baumwollanbau eröffnet und 1829 weitere Versuchsfarmen geschaffen und Land an Europäer abgegeben, «um die genehmigte Baumwollsorte anzubauen». Zwei Jahre später schuf die Regierung in Bombay eine Agentur zum Kauf von Rohbaumwolle im Bezirk Süd-Mahratta. 1839 diskutierte man über größere Investitionen in die Infrastruktur, in Versuchsfarmen und die Verschiebung von Kapital vom Opium- zum Baumwollanbau.[56]

Vordringlich aber waren Pläne zur Sammlung, Aneignung und Verteilung von Informationen. 1830 gab die Verwaltung detaillierte Berichte über den indischen Baumwollanbau in Auftrag. 1848 ließ die Kolonialregierung einen Überblick über weite Teile des Subkontinents erstellen und untersuchte das Potenzial jeder einzelnen Region für die Steigerung des Baumwollexports. Wie auch anderswo ging die statistische und informationelle Durchdringung eines Gebiets meist seiner Integration in die Weltwirtschaft voraus, und zur Jahrhundertmitte war das Wissen der Europäer über Klima, Boden, Pflanzenkrankheiten, Arbeitskräfte und Sozialstruktur vieler Regionen Indiens noch lückenhaft. Gleichzeitig wurden exotische Samen, vor allem aus den USA, nach Indien geliefert, neue Entkörnungsmaschinen aufgestellt und weitere – britisch finanzierte – Versuchsfarmen eröffnet.[57]

Die wichtigsten Projekte fanden in den 1840er Jahren statt, als die East India Company die Errichtung von Versuchsfarmen von Pflanzern aus den USA unterstützte, um die amerikanischen Baumwollimporte nach und nach durch indische zu ersetzen. Mehrere Amerikaner hatten sich erboten, «nach Hindustan zu gehen». Sie reisten in verschiedene Gegenden Indiens, wo sie Land, ein Haus und eine Baumwollpresse erhielten, um neue, meist amerikanische Sorten anzubauen. Sie stellten Lohnarbeiter an und schlossen Verträge mit Bauern, die eigenständig Baumwolle anbauen sollten. Zunächst ließ sich alles gut an, und das *Asiatic Journal* berichtete von «Eifer und Fleiß» der amerikanischen Pflanzer.[58]

Trotz aller Bemühungen scheiterten die Farmen aber schnell: Die unterschiedlichen Regenzeiten und -mengen machten die Übernahme amerikanischer Anbaumethoden unmöglich. Die begrenzte Infrastruktur erschwerte den Transport. Und immer mehr stellte sich heraus, dass amerikanische Methoden zu kapitalintensiv für die Bedingungen waren, unter denen indische Erzeuger lebten. Inder waren auch gegen den Gebrauch sogenannten Ödlands für Versuchsfarmen, denn traditionellerweise «konnten sie ihr Vieh kostenlos auf diesem Ödland weiden lassen». Außerdem widmeten die Bauern den Feldern, auf denen sie für Lohn arbeiteten, weniger Aufmerksamkeit als ihren eigenen. Und es gab lokalen Widerstand. Dem amerikanischen Farmer «Mr. Mercer wurde sein Bungalow vor wenigen Wochen niedergebrannt und Anwesen und Anlagen mit seinem ganzen Besitz zerstört, bis auf die Kleider, die er am Leibe trug». In solchen Augenblicken war es sicher nicht hilfreich, dass den Amerikanern «Sitten und Sprache des Landes völlig unbekannt» waren. So berichtete besagter Mercer dann 1845, «die Versuchsfarmen seien für die Regierung nur eine sinnlose Ausgabe, das amerikanische Anbausystem für Indien ungeeignet, die indischen Einwohner wegen ihrer Kenntnis des Klimas und der Beschaffenheit des Bodens in der Lage, besser und wirtschaftlicher als Europäer anzubauen», kurz: man solle die Farmen abschaffen.[59]

Indische Bauern wollten das «Ödland» nicht aufgeben und ließen sich auch nicht leicht überzeugen, für Lohn auf Farmen zu arbeiten, was eine «Plantagenrevolution» nach dem Vorbild der amerikanischen Baumwollwirtschaft unwahrscheinlich machte. Tatsächlich widersetzten sie sich aktiv den Anordnungen der Kolonialbeamten. Die amerikanischen Pflanzer in Indien beschwerten sich, sie müssten «den Vorurteilen [ihrer Arbeiter] nachgeben». Sie beklagten die «Faulheit» der Baumwollpflücker, Baumwolldiebstahl, sogar Streiks, die sie dazu zwangen, höhere Löhne zu zahlen. Es fehlte auch an Kapital; die Böden waren schlecht, und «es gelang ihnen nicht, Arbeitskräfte zu bekommen». Zuletzt kamen sie zu dem Schluss, dass Lohnarbeit nicht funktioniere, und einer der Pflanzer erklärte, «Baumwollanbau durch Lohnarbeiter sei in diesem Teil des Landes unter keinen Umständen profitabel möglich».[60]

Die Erfahrungen in Indien schienen die Notwendigkeit von Zwang bei der Baumwollproduktion zu bestätigen. Doch auf die mit Zwang operierenden Sklavenplantagen konnte man sich nicht völlig verlassen. Und da das Kapital und die Institutionen der Textilfabrikanten nicht ausreichten, um Alternativen zu schaffen, wandten sie sich wieder an den Staat. Sie forderten neue Gesetze für Indien zur Landverpachtung, um Investitionen in die Baumwolle abzusichern. Sie forderten auch mehr Investitionen in Versuchsfarmen und die Sammlung landwirtschaftlichen Wissens, mehr staatliche Infrastruktur und eine Besteuerung der Erzeuger, die Pflanzer eher ermuntern würde, zu investieren und die Menge und Qualität ihrer Pflanzen zu steigern.[61]

Die East India Company und die indische Kolonialregierung verteidigten sich heftig gegen die Vorwürfe von Fabrikanten und Kaufleuten, nicht genug für den Anbau in Indien zu tun. 1836 hatte die Company bereits ein Buch zu ihrer Verteidigung veröffentlicht, in dem sie sehr detailliert ihre zahlreichen Aktivitäten auflistete. Sie griff ihrerseits die Kaufleute an, forderte von ihnen mehr Wachsamkeit beim Baumwollkauf in Indien und den Willen, nur saubere, gut entkörnte Baumwolle zu erwerben. Über die nächsten 15 Jahre warfen sich europäische Baumwollhändler und Kolonialbeamte gegenseitig vor, für die niedrige Qualität und geringe Menge der indischen Baumwollexporte verantwortlich zu sein.[62]

Aber trotz dieser Streitigkeiten und aller Anstrengungen spielte die indische Baumwolle weiterhin nur eine sehr kleine Rolle auf den Weltmärkten und wurde der Vormachtstellung der amerikanischen Produktion in keiner Weise gefährlich. Gewiss kam mehr indische Baumwolle nach England, nicht zuletzt weil frühere Exporte nach China nun nach Europa gingen. Doch trotz dieser Umlenkung blieb der Marktanteil gering – von 7,2 % in den 1830er Jahren stieg er nur auf 9,9 % in den 1850er Jahren. «Der Erfolg beim Anbau dieses Artikels war nicht so groß wie gewünscht», gab die britische Finanzbehörde in Indien 1839 zu.[63]

...

Wie die gescheiterten Versuchsfarmen gezeigt hatten, waren die Schwierigkeiten, Arbeitskräfte zu mobilisieren, und die schlechte Infrastruktur ein gewichtiger Hemmschuh. Baumwolle wurde meist mit Ochsenkarren auf den Markt gebracht – eine extrem langsame und teure Transportmethode. Noch 1854 gab es in Indien nur 50 Kilometer Schienen. Ein Experte war sogar der Meinung, die amerikanische Baumwolle sei der indischen hauptsächlich wegen der viel besseren Netze von Eisenbahnen und schiffbaren Flüssen überlegen. Es existierte eine

Kluft zwischen dem industriellen Rhythmus der modernen Maschinen in Lancashire und dem Rhythmus des Wirtschaftslebens in Indiens baumwollerzeugendem Hinterland. Anderswo konnte der Kriegskapitalismus diese Kluft durch körperlichen Zwang überbrücken, nicht aber in Indien. Das Anbausystem der indischen Erzeuger vertrug sich einfach nicht mit den Bedürfnissen der Exportproduktion. Sie bauten für den Eigenverbrauch an und stellten nicht selten auch ihre eigene Kleidung her. Was England als «Scheitern» ansah, lässt sich fruchtbarer als Zeichen der gewaltigen Differenzen in den Möglichkeiten und Prioritäten der Baumwollproduktion sehen. Die Monokultur, die den amerikanischen Süden beherrschte, war hier unbekannt. Indische Erzeuger bevorzugten den Subsistenzanbau, weil sie fürchteten zu verhungern, wenn ihre für den Verkauf bestimmten Pflanzen keinen Erfolg hatten; ein Beobachter sagte, dass «die Bauern Baumwolle + Getreide auf ihren Feldern zusammen anbauen, wie ihre Neigungen oder Interessen es diktieren». Und die Anreize für Veränderungen waren beschränkt, da der Baumwollpreis nach unten zeigte.[64]

Außerdem waren indische Bauern nicht willens, neue Anbaumethoden und neue Arten der Aufbereitung der Baumwolle für den Markt zu übernehmen. Sie widersetzten sich dem Einsatz exotischen Saatguts. Sie entkörnten ihre Baumwolle weiterhin mit Churkas (Fußrollen). Dieser Widerstand, den die britischen Kolonialisten so enervierend fanden, war angesichts des Kapitalmangels der indischen Bauern in vieler Hinsicht völlig rational: Schließlich war ihre Technologie gut den örtlichen, sozialen und Umweltbedingungen angepasst, gleiches galt für das heimische Saatgut; außerdem waren ihre wichtigsten Kunden lokale Baumwollspinner, also bauten sie Sorten für diesen Markt an. Und da weder von europäischen noch von indischen Kaufleuten Kapital kam, war die Revolutionierung der Produktion schwierig, wenn nicht unmöglich. Die Schaffung eines ländlichen Proletariats, eine andere Strategie, um die Kontrolle über die Produktion zu gewinnen, erwies sich ohne klaren privaten Grundbesitz als genauso unmöglich, und dieser war nur durch umfangreiche Enteignungen herzustellen.[65]

So wie Bauern die Kontrolle über den Boden, ihre Arbeit und die Anbaumethoden behielten, kontrollierten einheimische Kaufleute weiterhin die Kreisläufe des Austauschs und widersetzten sich wirksam dem westlichen Vordringen und einer damit verbundenen Revolutionierung der Landwirtschaft. Der Baumwollhandel wurde bis in die 1860er Jahre weitgehend von indischen Agenten, Maklern, Zwischenhändlern, Kaufleuten und sogar Exporteuren beherrscht. Trotz «großer Anstrengungen ... der britischen Interessen, die Vermarktung der Baumwolle den Bedürfnissen der Exportwirtschaft anzupassen», scheiterten sie fast völlig. 1842 widmete sich die Handelskammer von Bombay ungläubig der ewigen Frage: «Warum ist das überall sonst so mächtige britische Kapital, von dem so viel für Indien erwartet wurde, hier so gänzlich wirkungslos?»[66]

Selbst wenn Händler in den Baumwollanbaubezirken aktiv waren, stießen sie überall auf Widerstand: «Den Bauern wurde beigebracht, ihnen zu misstrauen, weil sie Europäer waren, und einen höheren Preis für ihre Baumwolle zu fordern als von einheimischen Händlern. Ähnlich war es bei allem – dem Arbeitslohn, dem Mieten von Karren oder Lagerhäusern und dem Lohn für Churka-Männer.» Wegen dieses Widerstands war die Vorstellung der so wichtigen «Vertretungen im Landesinneren» für europäische Händler undenkbar, und englische Kaufleute beschränkten sich darauf, «die Baumwolle zu kaufen, wenn sie hier [in Bombay] auf den Markt kommt». Und sie wollten nicht «an einem Ort, der so weit ihrer Kontrolle entzogen ist, große Summen investieren, um die Gebäude zu errichten und den Erzeugern die Vorschüsse zu zahlen, die nötig wären, um permanente Niederlassungen in Gujarat aufrechtzuerhalten». Noch 1848 wurde die Baumwolle in Berar, einem der wichtigsten Baumwollbezirke des Subkontinents, «meist in kleinen Mengen von herumfahrenden Händlern in den Dörfern gekauft, wo sie hergestellt wird», wobei die Farmer einen Großteil der Wolle selbst spannen – ohne einen «Kapitaleigner im Land, der nennenswerte Vorschüsse leisten könnte». Anders als in den USA konnten sie noch nicht das tun, was ein britischer Parlamentsausschuss 1847/48 für notwendig hielt: «dass europäische Kapitalisten in direkten Kontakt zu den Erzeugern treten».[67]

Kurz gesagt, die Europäer hatten die indische Baumwollwirtschaft nur sehr oberflächlich durchdrungen. Westliche Kaufleute hatten keinerlei Einfluss auf die Anbaumethoden der indischen Landwirtschaft. Ebenso wenig konnten sie beeinflussen, wie die Baumwolle von den Produzenten zu den Händlern an der Küste kam. Britische Versuche, Baumwolle auf großen Farmen mit Lohnarbeitern anzubauen, scheiterten spektakulär, nicht zuletzt weil sich keine Arbeitskräfte mobilisieren ließen. Der Aufseher einer solchen Farm schrieb: «All diese Leute lehnen es ab, auf die Farm zu kommen, wenn die Dorfbewohner ihre Dienste brauchen, und einige, die von der Regierung schon für den ganzen Monat bezahlt waren, gingen morgens weg und sagten, sie seien krank und könnten nicht arbeiten, und abends sah ich sie für die Dörfler arbeiten.»[68]

Angesichts solcher Schwierigkeiten erschien Zwangsarbeit als attraktive Option. Tatsächlich führte das Beispiel USA einen Handelsagenten 1831 zu der Frage, ob die Firma nicht «ein wenig sanften Zwang» ausüben könne. Ein Autor schlug 1840 vor, Europäer sollten «Lehrlinge aus den Waisenschulen» beschäftigen, andere zogen Gefängnisinsassen vor. All das scheiterte aber – und damit auch die Baumwollplantagen unter europäischer Leitung. Vielmehr musste sich die East India Company ständig mit einheimischen Fürsten, Macht- und Bodenbesitzstrukturen und Anbaumethoden auseinandersetzen. Die britischen Schwierigkeiten in Indien zeigen den entscheidenden Unterschied zu den Vereinigten Staaten: Obwohl dort die Konflikte der Siedler mit den Ureinwohnern Menschenleben und Geld kosteten, besaßen die Siedler danach die volle Kontrolle über das Land und seine Ressourcen. Einheimische, lokale Strukturen wurden schlicht ausradiert.⁶⁹

Indische Bauern dagegen hatten – wie in Anatolien, Westafrika und anderswo auch – eine Welt geschaffen, in der sie dem Angriff des europäischen Handelskapitals widerstehen konnten. Da die Europäer keinen körperlichen Zwang und keine umfassende Landenteignung auf diese Regionen übertragen konnten und nicht die Macht hatten, ein alternatives Produktionssystem durchzusetzen, wuchs ihre Abhängigkeit von den USA zu ihrem Kummer weiter an. Mr. Dunbar, der britische Oberbeamte von Dhaka, kam 1848 zu dem Schluss:

> «In diesem alten und volkreichen Land, wo das Land wertvoll ist und die Landrenten hoch, wo Lohnarbeit in der Landwirtschaft fast unbekannt und die fehlende Geschicklichkeit und Tüchtigkeit der ländlichen Bevölkerung sprichwörtlich ist, wo die Erträge so niedrig und die Transportkosten so hoch sind, erscheint der Wettbewerb mit Amerika als hoffnungslose Aufgabe.»⁷⁰

Muhammad Alis Ägypten

Dagegen besaß Ägypten alle Voraussetzungen für Zwang, Enteignung und sogar Sklaverei. Der Baumwollanbau großen Stils kam erst spät nach Ägypten, in der Regierungszeit Muhammad Ali Paschas in den 1820er Jahren. Im Rahmen seiner Bemühungen, eine leistungsfähige Baumwollindustrie zu schaffen, holte er 1817 Louis Alexis Jumel, einen französischen Textilingenieur, ins Land. Jumel sah in einem Kairoer Garten einen Baumwollbusch mit ungewöhnlich langen und festen Fasern. Mit Ali Paschas Unterstützung entwickelte er die Sorte weiter und erntete 1821 bereits größere Mengen von dem, was man Jumel-Baumwolle nannte und mit Erfolg in Europa verkaufte.⁷¹

Ali Pascha erkannte das Potenzial der neuen Exportware und ließ sie im ganzen Land anbauen. Für dieses Projekt war Zwang von Anfang an unverzichtbar. Bauern mussten auf staatlichem Land Baumwolle pflanzen, um ihre jährliche Fronarbeit abzuleisten. Auch auf ihrem eigenen Land mussten sie auf bestimmte Art Baumwolle anbauen, ihre Ernte dem Staat verkaufen und ohne Bezahlung arbeiten. Die Regierung setzte die Preise fest und kontrollierte alle Aspekte des Transports und Verkaufs an ausländische Kaufleute in Alexandria, denen es ausdrücklich verboten war, direkt von ägyptischen Bauern zu kaufen. Die Arbeiter mussten auch Bewässerungskanäle graben und Straßen kreuz und quer durch Unterägypten bauen, um die Ernte zum Markt zu bringen. Anders als in den USA, wo die Gewalt von Privatleuten ausgeübt wurde, ging der Zwang auf die Bauern hier von einem vormodernen Staat aus.⁷²

Der ägyptische Staat beherrschte auch den Baumwollhandel. Bis in die 1850er Jahre gelang es den Herrschern – im Unterschied zu den verschuldeten amerikanischen Pflanzern –, den Einfluss ausländischer Kaufleute auf den einheimischen Baumwollhandel zu begrenzen, obwohl diese das Exportgeschäft von Alexandria aus organisierten. Die Regierung kaufte die Baumwolle zu festgelegten Preisen von den Erzeugern, sammelte sie in zentralen Lagerhäusern und verschiffte sie dann nach Alexandria, wo «Ali der einzige Verkäufer des Rohmaterials an ausländische Kaufleute war». In den 1820er und 1830er Jahren stammten 10–25 % aller ägyptischen Staatseinnahmen aus diesem Baumwollverkauf.[73]

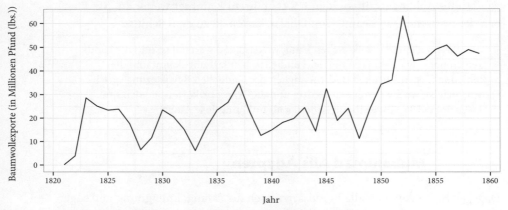

Baumwollexporte aus Ägypten, in Pfund (lbs.), 1821–1859[74]

Ägyptische Baumwolle begann eine wichtige Rolle für europäische Textilfabrikanten zu spielen. Britische Industrielle merkten schon 1825, dass diese Exporte «den Anstieg, den es zuletzt beim Preis aller anderen Baumwollsorten gab, stark gemindert» hatten. Doch den Hauptwert der ägyptischen Baumwolle sahen sie darin, dass diese die amerikanische langstapelige Sea Island-Baumwolle ablösen konnte. Dies hielten sie für wichtig, «falls irgendein politisches Ereignis ... [sie] ganz von der Baumwolle der Vereinigten Staaten abschneiden sollte».[75]

...

Diese Katastrophe trat zunächst nicht ein. Die amerikanische Politik der Sklaverei und Enteignung änderte sich nicht. Noch nicht. Stattdessen strömte immer mehr billige Baumwolle aus den Südstaaten der USA. Sklaverei und Enteignung von Land mithilfe europäischen Kapitals wirkten zusammen, um das Rohmaterial pausenlos in Europas Kernindustrie zu pumpen. Der massive Zustrom europäischen Kapitals veränderte die amerikanische Landwirtschaft; Land bedeutete Wohlstand und verband Sklaven und Lohnarbeiter, Pflanzer und Industrielle,

Plantagen und Fabriken über große Entfernungen. Durch die Industrielle Revolution war die Sklaverei entscheidend für die neue politische Ökonomie der westlichen Welt geworden. Und der materielle Wohlstand von Europa hing weiterhin «an einem baumwollenen Faden».

Hilfe für die baumwollhungrigen Fabrikanten sollte ironischerweise aus einer völlig unerwarteten Richtung und aus unerwarteten Gründen kommen: von dem sehr langsamen, aber stetigen Zusammenbruch der konkurrierenden Baumwollproduktion in Asien. In der gesamten ersten Hälfte des 19. Jahrhunderts war die lokale Textilverarbeitung überall auf der Welt stark präsent geblieben. In Afrika, Lateinamerika und ganz Asien war der Baumwollanbau für den Eigenverbrauch oder einheimische Märkte nach wie vor wichtig; wahrscheinlich floss noch zur Mitte des Jahrhunderts mehr Baumwolle in einen so begrenzten Kreislauf als in die industrielle Produktion.

In China beispielsweise produzierten Spinner und Weber mit herkömmlichen Produktionsmethoden weiterhin in Heimarbeit und mithilfe ihrer Familienmitglieder für den großen Inlandsmarkt. Die meiste verarbeitete Baumwolle kam von ihren eigenen Feldern oder denen ihrer Nachbarn, wieder andere kauften bei den Großhändlern in Shanghai und anderswo. «In der Früh an schönen Herbstmorgen sind die Straßen nach Shanghai voller Kolonnen von Kulis von den Baumwollfarmen», beobachtete ein britischer Reisender 1845. Auch Japan hatte einen florierenden Handel mit einheimischer Baumwolle und produzierte in Heimarbeit und Werkstätten große Mengen von Textilien. Und trotz des beginnenden Niedergangs seiner Exportindustrie importierte Bengalen Anfang des 19. Jahrhunderts immer noch große Mengen Rohbaumwolle. 1802 produzierte Bengalen angeblich etwas über 3 Millionen Kilogramm, importierte aber etwa 19,5 Millionen, vor allem aus dem Westen Indiens, und konkurrierte mit China und Lancashire um das Rohmaterial für seine Kernindustrie. Trotz gegenteiliger britischer Pläne blieb Indien das prominenteste Beispiel für solche Kreisläufe der Baumwolle außerhalb europäischer Kontrolle.[76]

Doch sollten lokale und regionale Netzwerke, die sich über Tradition, Zweckmäßigkeit und Profit definierten, nie mehr wirklich aufblühen. Sie wurden durch die stetig wachsenden Ströme von europäischem Kapital und Staatsmacht untergraben. Die niedrigen Preise für Baumwollstoffe, die unter anderem durch die Sklaverei in den USA möglich geworden waren, trugen zum Niedergang der lokalen Textilverarbeitung in vielen Teilen der Welt bei. Häufig hat das Baumwollimperium das befördert, was man «die Entstehung einer Peripherie» genannt hat. Tench Coxe begriff diesen Vorgang schon 1818. Er sah deutlich, dass der Export britischer Waren nach Indien die Inder zwingen würde, «Baumwolle anzubauen, statt Waren zu produzieren, die sie nicht verkaufen» könnten. Das ganze 19. Jahrhundert hindurch setzten Europäer auf die Wirksamkeit des Kriegskapitalismus; immer wieder gelang es ihnen, neue Felder zu bepflanzen, mehr Sklaven zur Arbeit zu zwingen, frisches Kapital zu finden, mehr Baumwollstoffe zu niedrigerem Preis zu produzieren und somit ihre Konkurrenten in Indien und anderswo an die Peripherie zu drängen. Die Zerstörung all dieser alternativen Baumwollkreisläufe veränderte wiederum in vielen landwirtschaftlichen Gegenden die Machtbalance und erschloss der vordringenden globalen Wirtschaft mehr Land und mehr Arbeitskräfte. Die große Ironie dieses räuberischen Kreislaufs lag, wie wir noch sehen werden, darin, dass sein Erfolg den Keim des eigenen Untergangs enthielt.[77]

Aber noch zeichnete sich kein Ende ab. In der ersten Hälfte des 19. Jahrhunderts erschien der Kriegskapitalismus als gewaltige und unaufhaltsame Maschine, ein schmerzhaft effizienter Mechanismus zur Erzeugung von Profit und Macht. Während Großbritanniens Macht wuchs, erkannten auch Unternehmer und Staaten in anderen Gegenden die Möglichkeiten, die in der Verbindung neuer Technologien und physischen Zwangs lagen. Sicherlich sahen viele Beobachter die kriegsähnliche Enteignung eingeborener Völker, die Gewalt auf den Plantagen und die sozialen Unruhen in Englands Industriestädten mit Sorge. Aber Reichtum und Macht winkten denen, die diese neue Welt nutzen konnten. In Frankreich, den deutschen Ländern, der Schweiz, den USA, der Lombardei und anderswo versuchten Kapitalbesitzer dem Weg zu folgen, den Manchester vorgezeichnet hatte.

Kapitel 6

Der Industriekapitalismus im Aufwind

Die Industrielle Revolution im Elsass

Im Jahr 1835 reiste John Masterson Burke, ein 23 Jahre alter Manager in einer New Yorker Eisengießerei, nach Südmexiko. Sein Ziel war das Kolonialstädtchen Valladolid. Dort hatten Don Pedro Baranda, der ehemalige Gouverneur von Yucatán, und der Schotte John L. MacGregor Mexikos erste dampfbetriebene Textilfabrik eröffnet, die Burke leiten sollte. Sie führten das «spontane Baumwollwachstum rund um Valladolid» als Grund für diese Unternehmung an, aber die kursierenden Berichte über die großartigen Profite dieser neuen Industrie hatten Baranda und MacGregor sicher ebenfalls ermutigt.[1]

Eine Baumwollfabrik fern von Hafenanlagen und technischem Fachwissen in Valladolid zu errichten, war keine Kleinigkeit. Obwohl ein New Yorker, der 1842 in der Stadt Station machte, die Fabrik «wegen ihrer sauberen, kompakten und geschäftsmäßigen Erscheinung beachtlich» fand, war der Produktionsbeginn in Yucatán mühselig. Um die «Aurora Yucateca» in Gang zu setzen, hatte Burke nicht nur die Maschinen aus New York mitbringen müssen, sondern auch vier Ingenieure. Zwei von ihnen starben rasch an Malaria. Ohne die Hilfe eines Architekten entwarfen die Unternehmer die Fabrik selbst, und «zweimal gaben die Bögen nach, und das ganze Gebäude stürzte ein». Dennoch konnten Baranda, MacGregor und Burke die Fabrik schließlich fertigstellen und mit der Produktion beginnen. Mit 117 einheimischen Arbeitern sowie Maya-Familien, die das Holz für die Dampfmaschinen sammelten und die Baumwolle gleich neben ihren Maisfeldern anbauten, produzierten sie zwischen 1835 und 1844 361 000 Meter Stoff. Das war im Vergleich zu Lancashire bescheiden, aber dennoch eine spektakuläre Leistung.[2]

Lauffeuer: die mechanische Baumwollverarbeitung

Dass eine Baumwollspinnerei inmitten der tropischen Wildnis der Halbinsel Yucatán entstand, mehrere Tagesritte entfernt von der Hafenstadt Merida und auch von Kapitalquellen und Transportmöglichkeiten, zeigt, wie attraktiv die Baumwolle für Unternehmer auf der ganzen Welt geworden war. Nachdem die wasserkraftgetriebenen Spinnmaschinen im Großbritannien der 1780er Jahre üblich geworden waren, verbreitete sich die mechanische Baumwollverarbeitung wie ein Lauffeuer über den Erdball – erst langsam, dann aber mit halsbrecherischer Geschwindigkeit, zuerst auf den europäischen Kontinent und in die USA, dann nach Lateinamerika, nach Nordafrika und schließlich nach Indien und darüber hinaus.

Man könnte hunderte, vielleicht tausende solcher Geschichten erzählen. Darunter auch die vom Wiesental im heutigen Deutschland. Dieses Tal, das sich von den höchsten Gipfeln des Schwarzwalds im damaligen Großherzogtum Baden bis zum Rhein nach Basel erstreckt, war seit dem 18. Jahrhundert ein wichtiges Zentrum für das manuelle Spinnen und Weben von Baumwolle. Geschäftstüchtige Baseler Kaufleute, die über genügend Kapital und ein ausgedehntes Netzwerk von Mittelsmännern verfügten, mobilisierten tausende von Bauern dafür, in Heimarbeit Baumwolle zu spinnen – außerhalb der Zunftbeschränkungen, die die Ausweitung der Produktion in Städten wie Basel begrenzten.[3] Zusätzliche Arbeiter kamen aus örtlichen Bauernfamilien, die kein Land für ihren zahlreichen Nachwuchs finden konnten. Manche Kaufleute erhielten dabei Rückendeckung von staatlichen Verordnungen, die Kinder und Jugendliche zur Arbeit zwangen. 1795 zahlte zum Beispiel der Verleger Meinrad Montfort aus Zell im Schwarzwald etwa 2500 Haushalten Lohn, in denen mindestens ein Familien-

Lauffeuer: die mechanische Baumwollverarbeitung

mitglied spann oder webte. Montfort und andere Verleger bezogen die Rohbaumwolle aus Basel und schickten das fertige Tuch an die dortigen Kaufleute zurück, die es ihrerseits den aufblühenden Textildruckfabriken in Mulhouse lieferten, damals ein unabhängiger Stadtstaat auf der anderen Rheinseite. Die schweizerischen Investitionen in Baden waren so gewaltig, dass die daraus folgende wirtschaftliche Umstrukturierung der Region die «Kolonialisierung des Wiesentals» genannt worden ist.[4]

Schon im 18. Jahrhundert stellten diese schweizerischen Unternehmer und ihre Subunternehmer in Baden auch einige Spinner und Weber in nichtmechanisierten Werkstätten an, um die Produktion besser überwachen zu können. Montfort selbst hatte schon 1774 eine Bleichwerkstatt im nahegelegenen Staufen errichtet. Und so war es nur eine Frage der Zeit, wann Spinnmaschinen, die gerade in England erfunden worden waren, ins Wiesental gelangen würden. Tatsächlich errichteten Unternehmer 1794 – also nur zehn Jahre nach Gregs Gründung in Styal – die erste mechanische Spinnerei, allerdings erzwangen Regierungsbeamte kurz darauf ihre Schließung. Sie befürchteten Arbeitslosigkeit, Elend und soziale Unruhen als Folge der Mechanisierung. Doch eine solche Intervention blieb die Ausnahme, und 1810 kehrten moderne Spinnmaschinen auf Einladung einer industriefreundlicheren Regierung ins Tal zurück. Sie bezogen ihre Antriebskraft von den vielen Wasserläufen, die die Berge des Schwarzwalds hinunterrannen, und verdrängten schon bald das Handspinnen. Die größere Verfügbarkeit von Garn brachte jedoch auch einen typischen Aufschwung der manuellen Weberei, was der Landbevölkerung für kurze Zeit erlaubte, auf ihren Höfen zu bleiben. Wie auch anderswo verlagerten steigende Nachfrage und verfügbares Kapital jedoch schließlich auch die Handweberei in die Fabriken; der Unternehmer Peter Koechlin aus Mulhouse eröffnete schon 1816 eine solche Fabrik im Wiesental. Nachdem die Produktion aus ihren Haushalten ausgelagert wurde, gaben die Bauern in immer größerer Zahl auch Viehhaltung und Käserei auf. 1860 wurden im Wiesental 160 000 mechanische Spindeln und 8000 Webstühle gezählt, fast alle in Fabriken. Aus einem entlegenen Außenposten der Subsistenzwirtschaft war ein weiterer Punkt auf der Landkarte der Industriellen Revolution geworden. Wie Valladolid war das Wiesental in den Strudel einer weltumspannenden kapitalistischen Wirtschaft geraten, die Bauern im Schwarzwald mit Sklaven an den Ufern des Mississippi und Verbrauchern am Rio de la Plata verband.[5]

...

Die mechanisierte Baumwollindustrie kolonisierte erfolgreich das Wiesental, Valladolid und einen immer größeren Teil der Welt. 1771, also nur sechs Jahre nach ihrer Einführung in Großbritannien, kam die Spinning Jenny ins französische Rouen. Johann Gottfried Brügelmann, ein Verleger aus Ratingen bei Düsseldorf, hatte 1783 zu wenig Garn für seine Weber, ein Problem, das nur wenige Jahre zuvor unlösbar gewesen wäre; nun aber investierte er 25 000 Reichstaler, stellte etwa 80 Arbeiter ein und eröffnete mithilfe eines britischen Experten die erste Spinnfabrik im deutschsprachigen Raum. Zwei Jahre später kam die erste Spinnmaschine in den engen Gassen Barcelonas an, von denen eine noch heute den Namen «Carrer del Cotoners» trägt und damit auf die lange Geschichte dieser Industrie hinweist. 1789 stellte der Kaufmann Moses Brown aus Providence Samuel Slater, von dem wir noch hören werden, an und baute die erste erfolgreiche Spinnfabrik in Amerika. 1792 folgte der belgische Unternehmer Lievin Bauwens mit der ersten mechanisierten Spinnerei in Twente nach. Ein Jahr später spannen solche Maschinen zum ersten Mal Garn in Russland, wo die russische Staatskasse Michael Ossowski beim Bau einer Spinnerei unterstützte. 1798 kaufte Christian Friedrich Kreißig aus Chemnitz 25 Spinnmaschinen und machte eine Textilfabrik auf. 1801 finanzierten Kaufleute aus St. Gallen Marc-Antoine Pellis' Einrichtung der ersten schweizerischen Spinnerei, der Spinnerei-Aktiengesellschaft. Sieben Jahre später drehten sich solche Spindeln in der lombardischen Kleinstadt Intra am Lago Maggiore, 1818 nahm die erste mechanisierte Baumwollspinnerei Ägyptens auf Befehl von Muhammad Ali Pascha den Betrieb auf, und Mitte der 1830er Jahre baute Don Pedro Baranda die erste dampfbetriebene Spinnerei Mexikos.[6]

Die revolutionären Methoden britischer Erfinder zur Produktion von Baumwollgarn verbreiteten sich also schnell – wahrscheinlich schneller als jede je zuvor erfundene Verarbeitungstechnologie. Es war sicher von Vorteil, dass Reisende, Zeitschriften, Zeitungen und gelehrte Gesellschaften diese phantastischen Fortschritte publik machten. Noch einflussreicher muss jedoch der Zuzug britischer Händler gewesen sein, die Garn und Baumwollstoffe zu unschlagbaren Preisen anboten. Europäische und nordamerikanische Verbraucher, die die wunderbaren Eigenschaften der Baumwolle schon Jahrzehnte zuvor durch die relativ teuren indischen Waren kennengelernt hatten, reagierten schnell und begeistert; das galt auch für Verbraucher in den Weltgegenden, die ihre Baumwollprodukte seit Jahrhunderten oder sogar Jahrtausenden selbst hergestellt hatten. Als immer mehr Menschen diese billigen Baumwollwaren kauften, kamen Unternehmer in immer mehr Ländern zu der Überzeugung, dass sie die gleichen Waren herstellen konnten. Mechaniker, Abenteurer, Bürokraten und angehende Unternehmer – alle machten sich die neuen Maschinen und Techniken mit der gleichen Begeisterung zu eigen. Bis 1800 waren die ersten Spinnfabriken in England, Frankreich, den deutschsprachigen Ländern, den Vereinigten Staaten, Russland, der Schweiz, den Niederlanden und Belgien eröffnet worden. 20 Jahre später waren neue Fabriken im Habsburgerreich, in Dänemark, Italien, Ägypten und Spanien entstanden. Und 1860 waren Spinnereien schon in ganz Europa,

Lauffeuer: die mechanische Baumwollverarbeitung

Nordamerika, Indien, Mexiko und Brasilien zu finden. Obwohl Großbritannien in diesem Jahr noch mehr als zwei Drittel aller mechanischen Spindeln weltweit besaß, hatte die maschinelle Baumwollspinnerei nur 100 Jahre nach ihrer Erfindung in weiten Teilen der Welt ältere Produktionstechniken abgelöst.[7]

Die mechanisierte Textilindustrie war nicht nur wegen ihrer schnellen globalen Verbreitung, sondern auch wegen ihres fieberhaften Wachstums bemerkenswert. Jede neue Spinnerei zeigte, dass Profite auf diejenigen warteten, die in die moderne Baumwollverarbeitung einstiegen. Während der belgischen Industrialisierung, die im ersten Jahrzehnt des 19. Jahrhunderts auf dem Kontinent ohne Vorbild war, vermehrte sich die Anzahl von Arbeitern in den Fabriken explosionsartig. Allein in ihrem Zentrum Gent hatte es 1802 nur 227 Baumwollarbeiter gegeben, doch sechs Jahre später waren es schon 2000, dazu 1000 im Umland. Die Anzahl der Spindeln in den deutschen Ländern stieg von 22 000 im Jahr 1800 auf zwei Millionen 1860. In Katalonien, dem «Klein-England im Herzen Spaniens», drehten sich 1861 fast 800 000 Spindeln. Bis 1828 waren neun Spinnereien in Russland entstanden, und Mitte des 19. Jahrhunderts war es bei Baumwollprodukten autark geworden. In den 58 Spinnereien Mexikos liefen 1843 mehr als 125 000 Spindeln und 2600 Webstühle. Die Schweiz zählte 1827 400 000 Spindeln in ihren Fabriken; 1857 waren es 1,35 Millionen. Im benachbarten Elsass drehten sich 1828 über 500 000 mechanische Spindeln, bis 1846 war diese Zahl auf 859 300 gestiegen. In den USA gab es 1810 269 Baumwollfabriken mit 87 000 Spindeln. Bis 1860 sollten es fünf Millionen Spindeln werden, was Baumwolltextilien zum wichtigsten Industrieprodukt der USA machte.[8]

Die rasche Verbreitung und das exponentielle Wachstum der mechanisierten Garnproduktion in so vielen Regionen zeigen den zwingenden Charakter dieser neuen Technologie. Am offensichtlichsten war der enorme Produktivitätsgewinn

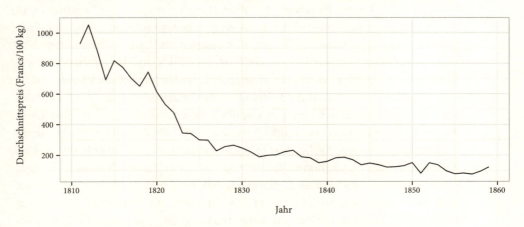

Der dramatische Preisverfall der Baumwolle: Durchschnittspreis von 100 kg Baumwollgarn in Mulhouse, 1811–1860[10]

des mechanisierten Spinnens; wer ausreichendes Kapital für diese neue Technologie besaß, hatte sofort einen atemberaubenden Wettbewerbsvorteil gegenüber den Handspinnern. Nachdem Spinnmaschinen beispielsweise in der Schweiz aufgestellt worden waren, stieg die Produktivität um das Hundertfache.[9] Es kann darum nicht verwundern, dass die Geschichte der Baumwolle nach 1780 nur eine Richtung kannte: Immer produktivere Maschinen ersetzten die menschliche Arbeitskraft und revolutionierten die wichtigste verarbeitende Industrie der Welt.

Ungleichzeitigkeiten

Doch wenn diese neue Art des Garnspinnens so zwingend war, hätte sie sich dann nicht gleichmäßiger um die Welt verbreiten müssen? Warum dauerte es zehn Jahre oder länger, bis sie die wenigen hundert Kilometer zum europäischen Festland überwand, 20 Jahre oder länger, bis sie über den Atlantik in die USA gelangte, über 50 Jahre, bis sie in Mexiko oder in Ägypten bekannt war, und über ein Jahrhundert, bis sie in Indien, Japan, China, Argentinien und in den meisten Teilen Afrikas angelangt war? Offenbar war sie doch eine viel produktivere Methode, das menschliche Grundbedürfnis nach Stoffen zu befriedigen. Für den Anbau von Baumwolle waren ein geeignetes Klima und die Werkzeuge des Kriegskapitalismus notwendig, aber ihre Verarbeitung brauchte keines von beidem, wie das britische Beispiel bewies. Die Ausbreitung der mechanisierten Verarbeitung schien einem allgemeinen Gesetz der Effizienz zu folgen – aber mit erstaunlich unterschiedlichen Ergebnissen.

Wenn wir die mechanisierte Textilverarbeitung mit der Ausbreitung eines Virus oder einer eindringenden Spezies vergleichen, so müssen wir bei der Analyse der Gründe zwischen anfälligen und resistenten Populationen unterscheiden. Und tatsächlich zeigt schon ein flüchtiger Blick auf die ersten Standorte dieser neumodischen Maschinen viele charakteristische wirtschaftliche, soziale und politische Strukturen: die keimhaft entwickelten Merkmale des Industriekapitalismus. Die Entwicklung in Großbritannien hat uns gezeigt, dass diese Form des Kapitalismus eine radikale Abkehr vom Leben früherer Jahrhunderte bedeutete. Es war eine Sache, dass britische Erfinder und Verleger in den letzten Jahrzehnten des 18. Jahrhunderts eine neue Art des Baumwollspinnens fanden, doch es war eine völlig andere, dieses Modell um ein Vielfaches zu vergrößern und daraus eine neue Sozialordnung zu schmieden. Wie wir sehen werden, war das entscheidende Kriterium die Leistungsfähigkeit eines sich neu herausbildenden Staatstyps.

...

Um die so seltsam erscheinenden Muster der weltweiten Verbreitung der mechanisierten Baumwollverarbeitung und mit ihr die Industrialisierung selbst zu verstehen, wollen wir untersuchen, was die Orte, die England nachahmten, gemeinsam hatten und was sie von den Orten unterschied, an denen die Industrialisierung erst viel später stattfand. Zunächst einmal hatten diese frühen Nachahmer alle bereits eine Tradition der Textilverarbeitung. Das war zwar noch keine Erfolgsgarantie, aber für die Industrialisierung fast zwingend notwendig. Spinnereien wurden fast immer in Gegenden eröffnet, die bereits florierende Textilindustrien besaßen – egal, ob mit Wolle, Flachs oder Baumwolle, ob städtisch oder ländlich, ob in Heimarbeit oder in Werkstätten.

In der Region um Gent hatte eine lange Tradition des Flachsspinnens und -webens die Arbeitskräfte auf die Baumwollverarbeitung vorbereitet. Im mexikanischen Puebla baute die mechanische Spinnerei auf einer jahrhundertealten Geschichte des Baumwollspinnens und -webens auf, die so tief verwurzelt war, dass die Arbeiter in einer Zunft der Baumwollhersteller organisiert waren und es vor dem Beginn der Mechanisierung sogar schon große Werkstätten gab. Die Situation in den deutschen Ländern war dieselbe. Nach den Worten eines Historikers finden wir «auf alten Hausindustrien... fast überall die moderne Baumwollindustrie in Deutschland aufgebaut». In Russland ging die baumwollverarbeitende Industrie aus der Leinen- und Wollverarbeitung des 18. Jahrhunderts hervor; in den USA entstanden die Textilfabriken Neuenglands in Gegenden, wo besonders Frauen eine lange Tradition des Garnspinnens und Webens pflegten. Im Elsass reichte die Tradition der Textilverarbeitung mindestens bis ins 15. Jahrhundert zurück, und in der Schweiz hatte die lange und bedeutende Geschichte der Baumwollverarbeitung in Heimarbeit zur Akkumulation von Fertigkeiten und Kapital geführt. Insgesamt war die Hausarbeit im kleinen Maßstab häufig das erste Opfer der wachsenden Industrie, stellte aber die Fähigkeiten und Arbeitskräfte bereit, die für die moderne Produktion unverzichtbar waren.[11]

Der jeweilige Schwerpunkt des traditionellen Standorts bestimmte auch, auf welchen Wegen eine Region zur Industrialisierung gelangte. In manchen Gegenden ging sie vom einfachen Spinnen aus, wobei das Weben und Bedrucken zweitrangig waren oder erst später folgten, wie in England selbst und auch in den USA. In vielen anderen Teilen der Welt, darunter in Belgien, Russland und dem Elsass, entwickelte sich die Baumwollindustrialisierung jedoch aus einer prosperierenden Stoffdruckindustrie, die zunächst importierte Baumwollstoffe mit farbenfrohen Mustern versehen hatte.[12]

In all diesen Gebieten hatte die Landbevölkerung in ihren Hütten und Bauernhäusern gesponnen und gewoben. In Sachsen zum Beispiel reichten das Spinnen und Weben von Baumwolle bis ins 15. Jahrhundert zurück, wobei die Bauern zuerst Garn und Stoffe für den Eigenbedarf produzierten. Bis zum 18. Jahrhun-

Der Industriekapitalismus im Aufwind

146

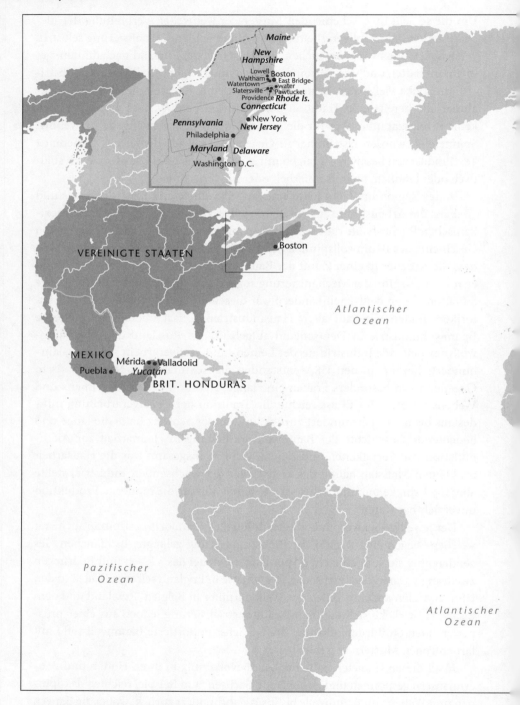

Die Ausbreitung des Industriekapitalismus, 1780–1860

Ungleichzeitigkeiten

147

Grenze des Deutschen Bundes 1830
Grenze des Habsburger Reiches 1867
(1873 Bosnien-Herzegowina)

dert hatten Kaufleute ein kompliziertes Verlagssystem aufgebaut, bei dem sie den Bauern die Rohbaumwolle vorstreckten und später das fertige Produkt abholten. Schließlich wurden einige dieser Bauern hauptberufliche Baumwollspinner. Bis 1799 spannen angeblich allein in der Region Chemnitz nicht weniger als 15 000 Menschen in Heimarbeit – in einem System, das letztendlich dem sehr viel älteren indischen und chinesischen sehr ähnelte. Während die Arbeiter ihre Fertigkeiten verfeinerten, akkumulierten die Kaufleute Kapital und Vermarktungs-Know-how.[13]

Auch in der Schweiz waren zehntausende in der Baumwollherstellung beschäftigt, lange bevor die ersten Maschinen kamen. Wie in Sachsen wurde diese Produktion nach und nach von Kaufleuten organisiert – besonders auf dem Land, um billige Bauernarbeiter zu bekommen und die mächtigen städtischen Zünfte zu umgehen. Als billiges britisches Garn den schweizerischen Markt überschwemmte, wurden viele Spinner zu Webern und arbeiteten weiter in Heimarbeit. Einige Verleger sahen jedoch die Möglichkeit, Garn im eigenen Land zu produzieren, und holten Lohnarbeiter in die Fabriken, um an den neuen englischen Maschinen zu arbeiten. Anfangs verdrängte die Industrialisierung die Herstellung auf dem Land und in Heimarbeit noch nicht, aber ihr unersättlicher Kapitalhunger und ihre zunehmende Mechanisierung verlagerten nach und nach die Macht zu den Kaufleuten, die am ehesten große Fabriken bauen konnten.[14]

In Holland wie auch in Italien, dort vor allem in der Lombardei, ebneten Verlagssysteme in den ersten Jahrzehnten des 19. Jahrhunderts den Weg der Fabrikproduktion. In Spanien hatte die frühere Verarbeitung in Barcelona und auf dem Land den Weg für die Fabrikproduktion bereitet, teilweise angetrieben durch die neue Kapitalakkumulation und auch durch das Entstehen einer ländlichen Gruppe von Lohnarbeitern, die in Fabriken eingesetzt werden konnten. Und in Mexiko resultierte die Baumwollindustrialisierung direkt aus einer lebhaften Protoindustrie, denn Frauen auf dem Land hatten schon jahrzehntelang im Haushalt Baumwolle gesponnen und an städtische Weber verkauft, wobei die Produktion zunehmend von Kaufleuten organisiert und finanziert wurde, bis sie sich schließlich zu Werkstätten entwickelte.[15]

Ein solches System der Heimspinnerei passte sich anfangs leicht höher mechanisierten Prozessen an. Im späten 18. Jahrhundert begannen einige Baumwollspinner in Sachsen beispielsweise, zu Hause oder in kleinen Werkstätten Spinnmaschinen zu benutzen, wie in England ein paar Jahrzehnte zuvor. Schließlich konzentrierten Kaufleute die Produktion aber fast überall in Fabriken, wo sie sich besser überwachen, standardisieren und mithilfe von Wasser- und Dampfkraft beschleunigen ließ.[16] Die Schaffung von Verlagsnetzwerken auf dem Land und das Aufkommen der zentralisierten Verarbeitung in Werkstätten lieferten damit den Nährboden für die Entwicklung einer mechanisierten Baumwollindustrie. Und diese frühen Produktionsformen eröffneten häufig, wenn auch nicht immer, den Zugang zu dem weiteren Faktor, der für die industrielle Produktion lebenswichtig war: dem Kapital.

Die Mobilisierung von Kapital

Ohne Kapital waren die neuen Formen der Baumwollverarbeitung nicht möglich. Gebäude mussten errichtet, Wasserläufe umgeleitet, Maschinen gekauft, Arbeiter angestellt, Rohstoffe gesichert und Fachwissen angeworben werden, und das oft über weite Entfernungen und Ländergrenzen hinweg. Meist investierten Kaufleute ihr Kapital, das sie durch die Vermarktung der in Heimarbeit produzierten Garne und Stoffe angesammelt hatten, in kleine Fabriken. Als dynamischste Industrie ihrer Zeit bot die Baumwollverarbeitung beste Möglichkeiten für den sozialen Aufstieg. Der schweizerische Textilhersteller Heinrich Kunz begann als Lohnarbeiter und besaß, als er 1859 starb, acht Spinnereien mit 2000 Arbeitern und 150 000 Spindeln.[17]

Fabrikbesitzer in den USA stiegen ebenfalls oft vom kleinen Kaufmann und Handwerker auf. Samuel Slater war Lehrling in England gewesen, wurde dann Vorarbeiter und wanderte 1789 in die USA aus. Dort ging er eine Geschäftsverbindung mit dem Kaufmann Moses Brown aus Providence ein, der im Handel mit der Karibik reich geworden war, und Slater versuchte, mechanische Spindeln in ihrer Fabrik in Pawtucket einzuführen. Er baute Maschinen britischer Bauart aus dem Gedächtnis nach, und im Dezember 1790 produzierte die Fabrik das erste Garn. Der tatkräftige Slater dehnte den Betrieb bald aus, baute weitere Fabriken und brachte schließlich genug Kapital zusammen, um 1799 seine eigene Firma zu gründen.[18]

Solche Erfolge spornten andere an. William Holmes etwa, dessen Ziel es war, sein «eigenes Geschäft zu machen», schlug 1813 seinem Bruder John vor, eine Textilfabrik zu bauen; er rechnete ihm vor, was eine benachbarte Fabrik gekostet hatte, und schloss daraus, dass die Eröffnung einer für bis zu 1000 Spindeln ausgelegten Fabrik etwa 10 000 Dollar kosten würde. Er war «bereit, einzusteigen + 1000 Dollar anzulegen. Ein Spinner kann gefunden werden, der weitere 500 einbringen wird + ich kann weitere Subskriptionen aus diesem Bereich bekommen, wenn nötig.» Einmal begonnen, könnten diese kleinen Investoren «so die Zahl der Maschinen aus den Profiten der 200 Spindeln vergrößern».[19]

Wie das Beispiel der Brüder Holmes zeigt, war der Kapitalbedarf in frühen Textilfabriken meist recht bescheiden – so bescheiden, dass solche Fabriken sogar in Gebieten wie Sachsen, wo Kapital nur begrenzt verfügbar war, erfolgreich sein konnten, obwohl sie häufig klein, veraltet und abhängig von billiger Arbeits- und Wasserkraft waren. Don Baranda hatte 1835 ähnlich bescheidene 40 000 Pesos in seine Fabrik in Valladolid investiert, was dem Jahreslohn von rund 200 Facharbeitern entsprach. Sogar in Gegenden mit mehr verfügbarem Kapital waren die Ausgaben mäßig. Im französischen Département Bas-Rhin, das zum Baumwollkomplex mit dem Zentrum Mulhouse gehörte, war für eine Spinnereifabrik im Jahr 1801 nur ein Kapital von durchschnittlich 16 216 Francs nötig, was den 37 Fabriken die Beschäftigung von durchschnittlich 81 Arbeitern erlaubte. Eine Webfabrik benötigte mehr, nämlich durchschnittlich 35 714 Francs, aber das war immer noch wenig gegenüber den 150 000 Francs für einen Kutschenhersteller oder 1,4 Millionen für eine Waffenfabrik. Später wurden die Fabriken natürlich größer. In der ersten Hälfte des 19. Jahrhunderts kostete eine mechanisierte Spinnerei 200 000–600 000 Francs, eine integrierte Fabrik mit Spinnerei-, Weberei- und Druckereibetrieb sogar bis zu 1,5 Millionen.[20]

Zu solchen Reinvestitionen von Kapital aus der Verlagsindustrie und aus kleinen Handwerksbetrieben kamen vorsichtige Investitionen aus großen Vermögen in der manchmal unbeständigen Welt des Handels. In solchen Ausnahmefällen wurden auch große Summen in die Baumwollverarbeitung investiert. Den dramatischsten Schritt unternahm eine Gruppe Bostoner Kaufleute, die nach neuen Einsatzgebieten für ihr Kapital suchten, das wegen des amerikanischen Handelsembargos 1807–1812 brach lag. 1810 reiste Francis Cabot Lowell nach England, um die Baupläne für eine Textilfabrik zu erwerben. Nach seiner Rückkehr unterzeichneten er und seine Kollegen den «Vertrag zwischen den Teilhabern der Boston Manufacturing Company», der eine große integrierte Spinnerei und Weberei in Waltham bei Boston mit einem Startkapital von 400 000 Dollar begründete. Die Fabrik war auf preiswerte grobe Baumwollwaren spezialisiert, die manchmal zur Einkleidung von Sklaven dienten, denn diese konnten wegen desselben Embargos, das die neuenglische Handelsflotte lahmgelegt hatte, nicht länger mit indischen Stoffen versorgt werden. Das Unternehmen erwies sich als ungemein profitabel und warf in den meisten Jahren Dividenden von über 10 % auf das eingezahlte Kapital ab. 1817 zahlten die Fabriken eine Spitzendividende von 17 %. Bis 1823 hatten die Eigner expandiert und weitere Fabriken etwa 40 Kilometer nördlich von Boston in Lowell gebaut, wodurch sie die größten integrierten Baumwollfabriken auf der ganzen Welt schufen. Diese Verlagerung von amerikanischem Handelskapital in die Fabrikproduktion schuf eine weitere enge Verbindung zwischen Sklaverei und Industrie. Frühe amerikanische Textilindustrielle wie die Familien Cabot, Brown und Lowell hatten alle Verbindungen zum Sklavenhandel, zum Handel mit der Karibik und zum Handel mit von Sklaven erzeugten Agrargütern. Die «Herren der Peitsche» und die «Herren des Webstuhls» waren einmal mehr eng verbunden.[21]

Die erwähnten Bostoner Gesellschafter investierten ungewöhnlich viel, aber sie waren nicht die einzigen Kaufleute, die Kapital in die Industrieproduktion verlagerten. Schweizer Kaufleute investierten ab dem frühen 19. Jahrhundert in die elsässische und auch in die entstehende lombardische Baumwollindustrie. Die Kaufleute von Barcelona taten es ihnen bald nach. Auch in Mexiko stammte das meiste investierte Kapital nicht aus der Textilindustrie selbst, sondern aus Handelsvermögen. Unter den 41 Unternehmern, die 1830–1849 Baumwollfabriken in Puebla eröffneten, waren 19 Kaufleute und fünf Landbesitzer, nur drei kamen aus der Textilbranche.[22]

Reiche Kaufleute, darunter viele Ausländer, spielten auch eine zentrale Rolle bei der Entwicklung der russischen Textilindustrie. Ein Musterbeispiel ist Ludwig Knoop. Er entstammte einer Bremer Kaufmannsfamilie und war 1839 als Angestellter der Handelsfirma de Jersey, die Garne aus Manchester lieferte, nach Russland gekommen. Mit nur 18 Jahren war er schon gut vertraut mit der Technik der Baumwollverarbeitung und fasziniert von ihren Möglichkeiten. Als Großbritannien vier Jahre später das Verbot des Textilmaschinenexports aufhob, das von 1786 bis 1843 den Export von Geräten wie der Spinning Jenny (oder ihrer Baupläne) unter Strafe stellte, brachte Knoop diese Maschinen sowie englische Ingenieure und Arbeiter nach Russland; außerdem importierte er amerikanische Baumwolle und besorgte im Ausland Kredite für russische Fabrikanten. In der Folge baute Knoop zwischen 1843 und 1847 acht Spinnfabriken und verkaufte diese später an russische Unternehmer. Knoop profitierte vom kometenhaften Aufstieg der Baumwolle und wurde der wichtigste Industrielle des Landes.[23]

Solche Kapitalmobilisierungen waren fast immer in familiäre Netzwerke eingebettet. Die bereits erwähnten Bostoner Gesellschafter wandten sich beispielsweise wegen Investitionen an Verwandte; das Gleiche tat die Familie Fränkel aus Oberschlesien, die ein Spinn-, Web- und Stoffdruckimperium in und um das polnische Lodz aufbaute und dabei Familienkapital und Managementfähigkeiten effektiv zusammenbrachte. Das beste Beispiel für die Bedeutung der Familie in der entstehenden Textilindustrie war jedoch das Elsass, wo eine Handvoll Familien, die auch meist untereinander heirateten, über Generationen eine dynamische lokale Industrie dominieren sollten. Pierre Schlumberger, einer der größten Textilunternehmer von Mulhouse, der Spinnereien und Textildruckfabriken im Wert von 1,3 Millionen Francs hinterließ, hatte 22 Kinder und Enkel, die zwischen 1830 und 1870 erwachsen wurden; 19 von ihnen heirateten, 14 davon in die elsässische Bourgeoisie und drei ins Bürgertum des Baumwollhafens Le Havre. Die Textilbourgeoisie von Mulhouse war somit durch außerordentlichen Zusammenhalt geprägt, sie war organisationsfähig (1826 gründete sie die «Societé industrielle de Mulhouse») und übte großen Einfluss zur Bildung eines politischen, sozialen und wirtschaftlichen Umfelds aus, das ihren Interessen entgegenkam. Der Unternehmer André Koechlin wurde treffend der «Sultan von Mulhouse» genannt.[24]

Druck der britischen Konkurrenz

Verfügbarkeit von Kapital, eine Tradition der Textilproduktion und ein blühendes Verlagswesen waren also der Schlüssel für den Aufbruch ins große Abenteuer der maschinellen Garn- und Stoffherstellung, doch der Katalysator für den Wandel zu einer vollständig ausgeprägten Textilindustrie war der Konkurrenzdruck – genauer gesagt: die Konkurrenz durch britische Garn- und später Stoffimporte. Auf der ganzen Welt hatte die mechanisierte Textilverarbeitung das Ziel, ausländische – meist britische – Importe durch heimische Produkte abzulösen, genau wie England einst erbittert darum gekämpft hatte, die Abhängigkeit von indischen Importen durch Eigenproduktion zu ersetzen. Um 1800 überflutete Großbritannien den Weltmarkt mit riesigen Mengen Baumwollgarn und einem kleineren Anteil an Stoffen. Der Wert der Exporte auf den Kontinent stieg allein zwischen 1780 und 1805 um mehr als das Zwanzigfache.[25]

Zunächst wirkten britische Fabrikanten selbst bei der Ausbreitung des Industriekapitalismus mit. Wright Armitage aus Manchester schickte beispielsweise seinen Bruder Enoch in die USA, um die Produkte seiner Textilfabrik zu verkaufen. Die Spinnereibesitzer McConnel & Kennedy aus Manchester sandten Vertreter bis nach Hamburg, Frankreich, in die Schweiz und 1825 auch nach Leipzig, Belfast, St. Gallen, Thessaloniki, Frankfurt, Kalkutta, Genua und Genf, um ihr Garn abzusetzen. Ihre Geschäftsbücher zeigen die wachsende Zahl ausländischer Märkte, die sie belieferten. Während die Firma in den 1790er Jahren fast ausschließlich mit Kunden in England korrespondierte, stand sie 1805 bereits in Kontakt mit Geschäftspartnern in Deutschland, Portugal und den USA, und bis 1825 auch in Ägypten, Frankreich, Indien, Italien, Polen und in der Schweiz.[26]

Schließlich konzentrierten sich die Fabrikbesitzer jedoch auf die Herstellung und überließen den Verkauf einer aufstrebenden Gruppe von Kaufleuten, die in der Folge stetig expandierende Märkte erschlossen. Manchester hatte 1815 bereits 1500 Textilausstellungsräume, wo den Kunden das vielfältige Warenangebot gezeigt wurde. Ausländische Kaufleute strömten nach Manchester. Nathan Rothschild beispielsweise kam 1798 aus Deutschland, um Textilien für das väterliche Geschäft in Frankfurt anzukaufen; er war der Erste einer langen Reihe von deutschen Juden, die sich in Manchester ansiedelten. Nach 1840 gesellte sich eine große Zahl von Griechen dazu, um den Bedarf des Osmanischen Reiches und noch entfernterer Regionen zu decken.[27]

Kaufleute in aller Welt, die Kredit bei reichen britischen Händlern und Bankiers hatten, vertrieben ebenfalls britische Textilien. So verkaufte eine seit Beginn des 19. Jahrhunderts schnell anwachsende Gruppe britischer Händler in Buenos Aires Garn und Stoffe und exportierte gleichzeitig argentinische Tierhäute und Fleischprodukte. Hugo (Hugh) Dallas importierte beispielsweise auf

Kommission und schickte «Informationen über Farben, Auswahl, Qualitäten und Preise» an britische Hersteller, damit sie ihre Produktion auf den weit entfernten Markt abstimmen konnten, zu dem Briefe bis zu sechs Monate unterwegs waren. Und britische Kaufleute importierten Baumwollprodukte nicht nur nach Buenos Aires. Schon Mitte der 1820er Jahre gab es schätzungsweise zehn britische Handelshäuser in Montevideo, 20 in Lima, 14 in Mexiko-Stadt, vier in Cartagena, 60 in Rio, 20 in Bahia und 16 in Pernambuco.[28]

Die nichtmechanisierten Baumwollindustrien überall auf der Welt wurden also von dieser Welle von Exporten buchstäblich überschwemmt. In der Schweiz gab es schon ab Mitte der 1790er Jahre bedeutende Importe von britischem Maschinengarn. Dadurch sanken die Löhne beim Spinnen dramatisch. Konnte ein schweizerischer Spinner 1780 mit einem Tageslohn noch ein Fünfpfundbrot kaufen, brauchte er dafür 1798 zwei bis zweieinhalb Tageslöhne. Schon 1802 reisten Vertreter britischer Spinnereien in die Schweiz, um ihre Waren in noch größeren Mengen abzusetzen, und in den frühen 1820er Jahren gab es auf dem Land keine Handspinner mehr. Ähnliche Vorstöße gab es in Spanien, in Nordwesteuropa und in den deutschen Ländern, wo aufstrebende Unternehmer, Herrscher und Bürokraten überall dazu angeregt wurden, die mechanisierte Produktion einzuführen. Sich dem zu verschließen bedeutete praktisch, das Geschäft mit Baumwolltextilien aufzugeben, eine bedeutende Quelle des Wohlstands und zunehmend auch eine Vorbedingung der «Modernität». In vielen Teilen der Welt jedoch waren Regierende wie Kapitaleigner, wie wir noch sehen werden, unfähig zu reagieren.[29]

...

Die britische Konkurrenz war ein großer Anreiz, um etwas vollkommen Neues zu versuchen, aber kein Fabrikant auf der Welt war dazu ohne britische Technologie in der Lage. Und trotz der gegenteiligen Bemühungen der britischen Regierung verbreitete sich diese Technologie sehr schnell durch private und staatliche Industriespionage und die unaufhaltsame Abwanderung britischer Facharbeiter und Unternehmer, die in anderen Ländern ihr Glück machen wollten. Zwischen der Erfindung neuer Maschinen in Großbritannien und ihrer internationalen Verbreitung lagen normalerweise nur rund zehn Jahre. In Holland und Nordwestdeutschland trafen 1780 Spinning Jennies und Waterframes aus England ein, während Belgien Jennies aus Frankreich bezog, wo sie schon 1771 eingeführt worden waren. Die Waterframe gelangte 1782 nach Lyon, nachdem sie 1769 erstmals in England eingesetzt worden war. Samuel Cromptons Spinning Mule kam 1788 in Amiens an, nur neun Jahre nach ihrer Erfindung.[30]

Tatsächlich verfolgten Unternehmer, Regierende, Bürokraten und Wissenschaftler in vielen Ländern aufmerksam die Entwicklung der britischen Textilindustrie. Sie reisten nach England, um Baupläne, Modelle und Maschinen zu erwerben, manchmal legal, oft illegal. Waren Maschinen nicht frei erhältlich, dann lernten Unternehmer und Spione die Geheimnisse der neuen Technologie auswendig oder überredeten britische Mechaniker trotz der bis 1825 geltenden restriktiven Auswanderungsgesetze zur Ausreise. Industriespionage war an der Tagesordnung. Der Belgier Lieven Bauwens reiste beispielsweise zwischen 1798 und 1799 32mal nach England, um die neue Art des Baumwollspinnens zu studieren, und brachte von manchen dieser Reisen Facharbeiter in seine Heimat mit. Thomas Somers, der von einer Fabrikantengruppe aus Baltimore 1785 nach Großbritannien geschickt worden war, kam mit kleinen Modellen der Spinnmaschinen zurück. Und da anfangs das Wissen über die neuentwickelten Maschinen meist in den Köpfen der Spezialisten blieb, erstaunt es nicht, dass bald schätzungsweise mehr als 2000 englische Textilhandwerker auf dem europäischen Kontinent ihr Know-how gewinnbringend einsetzten.[31]

Überall spielten Unternehmer, Fachwissen und Facharbeiter aus England eine entscheidende Rolle. In der Normandie, einem der Zentren der französischen Textilindustrie, waren es die Brüder Thomas und Frederic Waddington, die mechanisierte Spinnereien in Saint-Remy-sur-Avre und Rouen gründeten. 1818 stellte der Textilunternehmer Nicholas Schlumberger aus Mulhouse den englischen Ingenieur Job Dixon an, um Spinnmaschinen für ihn zu bauen. Von dort reiste 1831 auch Camille Koechlin nach England, um dort Textilverarbeitungstechniken kennenzulernen, und kam mit einigen Notizbüchern wieder, die eine detaillierte Übersicht von Herstellungstechniken enthielten.[32]

Aus Frankreich gelangten die neuen Maschinen in die benachbarte Schweiz. Da Garn aus britischer Fabrikproduktion der schweizerischen Textilindustrie schwer zu schaffen machte, wandte sich Marc-Antoine Pellis, der schweizerische Konsul in Bordeaux, im Jahr 1800 mit dem Vorhaben an die Regierung der Eidgenossenschaft, französische Kopien englischer Spinnmaschinen zu importieren. Ein Jahr später wurden sie mit ihren 204 Spindeln in einem säkularisierten Kloster aufgestellt. 1802 brachten einige Kaufleute aus Winterthur 44 Arkwright-Spinnmaschinen in eine Fabrik in Wülflingen.[33]

Auch wesentlich weiter von Lancashire entfernte Standorte profitierten von der Verbreitung von Ideen, Maschinen und Menschen. Mexiko bediente sich britischer und später auch amerikanischer Experten, Technologie und Maschinen. Die Baumwollindustrie der USA stützte sich ebenfalls auf englische Technologie und auf Industriespionage, die durch ständigen Handel und Einwanderung leicht zu kaschieren war. Berühmt war der Fall Francis Cabot Lowell, der 1810 angeblich aus «Gesundheitsgründen» nach England reiste und mit Bauplänen für seine Fabrik in Watertown zurückkam. Solche Wanderungen und Spionage beschleunigten den Wissenstransfer. Arkwrights Kardiermaschine gelangte nach nur acht Jahren über den Atlantik, Hargreaves Spinning Jenny nach zehn,

Cromptons Spinning Mule nach elf; nur bei Arkwrights Waterframe dauerte es 22 Jahre. Nach 1843, als der Export von Textilmaschinen aus England schließlich legalisiert wurde, wurde die «Marktsuche britischer Maschinenbaufirmen» dort und anderswo ein wichtiger zusätzlicher Faktor bei der weiteren Verbreitung der Textilverarbeitungstechnologie.[34]

Überall beherrschten einheimische Konstrukteure schnell die neuen Technologien und passten sie neuen Zwecken und Bedingungen an. Sächsische Unternehmer begannen schon 1801, vereinfachte Versionen der britischen Maschinen zu bauen, und schweizerische Mechaniker taten es ihnen 1806 nach. Frankreich entwickelte neben seiner Textilindustrie auch eine starke Maschinenbauindustrie, und deren Produkte wurden ihrerseits nach ganz Europa exportiert. Deutsche Mechaniker wiederum spielten eine wichtige Rolle in der Frühgeschichte der russischen Textilindustrie. Mechaniker aus Barcelona stellten schon 1789 Spinning Jennies her, dazu 1793 Arkwrights Waterframe und 1806 Cromptons Spinning Mule. Schon bald kamen Innovationen in der Textilherstellung auch aus diesen Orten. In der Entwicklung von Farben und Chemikalien zur Farbfixierung auf Stoffen waren elsässische Hersteller ihren britischen Konkurrenten um etwa 15 Jahre voraus, und es war genau diese Technologie, die schließlich zur Entstehung der riesigen chemischen und pharmazeutischen Industrie rund um Basel führte. 1831 erfand der Amerikaner John Thorp das Ringspinnen, das leichter zu bedienen war, mehr Faden pro Arbeiter lieferte und sich von den USA nach Mexiko, Großbritannien und am Ende des Jahrhunderts bis nach Japan verbreitete. So breitete sich die Idee der pausenlosen technischen Innovation, ein Hauptmerkmal des Industriekapitalismus, über England hinaus aus – ein deutliches Zeichen, dass der Industriekapitalismus im Aufschwung war.[35]

Staatliche Macht

Der Zugang zu Spinn- und Webtechnologie war tatsächlich eine ebenso notwendige Vorbedingung wie eine Tradition der Textilherstellung, eine Vorgeschichte von Verlagsnetzwerken, der Zugang zu Kapital und der britische Konkurrenzdruck. Regionen wie Papua-Neuguinea, dem Kongobecken oder dem Inneren des nordamerikanischen Kontinents fehlten diese Voraussetzungen, und schon darum war es unwahrscheinlich, dass sie dem britischen Weg folgen würden. Es gab jedoch viele Regionen, die diese Grundvoraussetzungen erfüllten und dennoch bis weit nach den 1860er Jahren keine Textilindustrialisierung erlebten, darunter Kano im heutigen Nigeria, das japanische Osaka und das indische Ahmedabad. Natürlich war der überwiegende Teil der asiatischen und afrikanischen Industrie noch nicht der britischen Konkurrenz und damit geringerem Druck, die neuen Techniken zu übernehmen, ausgesetzt. Manche Teile Asiens – darunter Indien, China und das Osmanische Reich – führten jedoch trotz des unglaublichen Konkurrenzdrucks britischer Garnimporte keine Mechanisierung ein. Wenn so viele Regionen sich industrialisierten, warum taten es dann ihre scheinbaren Zwillinge nicht oder nur sehr verzögert? Wir müssen an anderer Stelle nach einer Antwort suchen.

Eine einfache Erklärung für die ungleiche Entwicklung wäre die anregende Wirkung des Kriegskapitalismus auf europäische Volkswirtschaften. Das britische Beispiel hatte gezeigt, wie wichtig koloniale Enteignung, Sklaverei und die gewaltsame Einfügung in globale Netzwerke für die radikale Umgestaltung der lokalen Textilindustrie waren. Wenn der Industriekapitalismus auf den Profiten des Kriegskapitalismus gründete, war dann die Fähigkeit zum Kriegskapitalismus vielleicht die fundamentale Vorbedingung für die Baumwollindustrialisierung? Nicht nur britische, sondern auch französische, holländische und spanische Kapitalbesitzer konnten ja auf Rohstoffe und Märkte der Kolonien zugreifen. Dieses Bindeglied greift trotzdem nicht ganz. Einer der wichtigsten Beiträge des Kriegskapitalismus zur Entfaltung des Industriekapitalismus war die Bereitstellung enormer Mengen von Rohbaumwolle zu sinkenden Preisen gewesen. Aber in vielerlei Hinsicht war dieser Nutzen allgemein zugänglich – jeder konnte nach Liverpool oder auch nach New Orleans reisen, um Baumwolle zu kaufen, und damit von der nordamerikanischen Sklavenarbeit profitieren. Und wie stand es mit der Verbreitung der Textilindustrialisierung in den deutschen Ländern oder in der Schweiz? Sicherlich wurden auch dort manche Kaufleute durch den Sklavenhandel reich und profitierten von der Verfügbarkeit der von Sklaven angebauten Baumwolle, trotzdem besaßen diese wichtigen Regionen der europäischen Industrialisierung keine eigenen Kolonien.

Außerdem hatte das Beispiel Großbritanniens gezeigt, dass der Kriegskapitalismus allein sich noch nicht für den nächsten Schritt eignete: die Massenproduktion von Baumwolltextilien. Es musste ein neuer Weg gefunden werden, um wirtschaftliche Aktivität zu organisieren, und dies erwies sich als wesentlich größere Herausforderung, als Maschinen zu bewegen oder Kapital zu mobilisieren. Das britische Beispiel zeigt auch, dass ohne einen mächtigen Staat, der sein Territorium rechtlich, bürokratisch, infrastrukturell und militärisch durchdringen konnte, die Industrialisierung so gut wie unmöglich war. Und in der Tat machte die Fähigkeit eines Staates, Institutionen herauszubilden, um eine eigene Baumwollindustrie zu fördern, den Unterschied zwischen sich industrialisierenden und sich nicht industrialisierenden Orten aus. Die Landkarte moderner Staaten entspricht fast vollkommen der Landkarte von Regionen, wo es eine frühe Textilindustrialisierung gab.

Zunächst einmal waren Staaten wichtig, weil sie das Ziel der Baumwollindustrialisierung ausdrücklich übernahmen. Einige Staaten ergriffen sogar Maß-

Staatliche Macht

nahmen, um den Bau von Spinnfabriken direkt zu fördern. So gewährte die französische Revolutionsregierung dem belgischen Baumwollpionier Bauwens Kredite. Als Brügelmann die erste Textilfabrik im deutschsprachigen Raum eröffnete, erhielt er ein exklusives Privileg und Monopol des Fürstentums Berg. Karl Friedrich Bernhard und Conrad Wöhler, die 1799 die ersten Textilfabriken im sächsischen Chemnitz eröffneten, beantragten mit Erfolg direkte Zuschüsse und ein zeitweiliges Monopol bei der örtlichen Verwaltung. In Russland erhielt der Textilunternehmer Michael Ossowski 1798 Regierungskredite und ein fünfjähriges Monopol, um die erste mechanisierte Spinnerei des Landes zu eröffnen. In Dänemark subventionierte die Regierung die aufkommende Textilindustrie sehr großzügig und warb Facharbeiter aus dem Ausland an, 1779 schuf sie sogar die Königlich Privilegierte Baumwollmanufaktur.[36]

Wie überall engagierten sich auch die Regierungen der USA und Mexikos für die industrielle Entwicklung. Alexander Hamilton, der erste Finanzminister der USA, hatte sich 1791 deutlich für eine solche Politik auf allen Ebenen ausgesprochen. Schon 1786 hatte das Parlament von Massachusetts die Schotten Robert und Alexander Barr bei der Auswanderung nach East Bridgewater unterstützt, um dort eine Spinnereifabrik zu bauen. 1789 gründete eine Gruppe Bostoner Kaufleute mit einem Darlehen des Staates Massachusetts die Beverly-Baumwollmanufaktur. In Mexiko gründete die Bundesregierung 1830 die «Banco de avío para fomento de la industria nacional», die Kredite für den Bau von Fabriken vergab sowie den Ankauf von Maschinen und die Anwerbung von Experten aus dem Ausland organisierte. Die Landesregierung von Puebla unterstützte auch die Reise von Mechanikern in die USA und nach Europa, um die Techniken der Baumwollverarbeitung zu studieren und Maschinen zu kaufen.[37]

Doch solche Investitionen in Monopole, Subventionen und Fachwissen reichten zwar aus, um die eine oder andere Fabrik zu bauen, aber nicht, um eine bedeutende einheimische Textilindustrie anzuschieben. Ohne den starken Staat im Herzen des Industriekapitalismus konnte diese Unterstützung schnell verpuffen. Viel wichtiger war es zum Beispiel, dass der Staat in der Lage war, einheimische Fabriken vor Konkurrenz zu schützen, besonders vor der britischen. Im frühen 19. Jahrhundert war jedoch die Fähigkeit, die eigenen Außengrenzen zu kontrollieren, das Privileg nur weniger Regionen der Welt.

Und doch war sie entscheidend: So erreichte die erste Welle der mechanisierten Baumwollspinnerei den europäischen Kontinent als direkte Folge der Bemühungen der expandierenden revolutionären französischen Republik, britische Industriewaren vom Kontinent fernzuhalten. Ihre Blockade des britischen Handels vom November 1806 bis zum April 1814 war der wichtigste Impuls für die kontinentale Baumwollindustrialisierung. Denn genau in der Phase, als die kontinentale Textilindustrie um den Aufschwung kämpfte, isolierte Napoleons Politik sie wirksam von der übermächtigen Konkurrenz englischer Hersteller; die französischen Spinnereien und Webereien wurden bald wieder erfolgreich. In Sachsen war es ganz ähnlich. 1806 zählte die sächsische Textilindustrie mit ihrem Zentrum Chemnitz 13 200 mechanische Spindeln, doch bis 1813, also zum Ende der Blockade, war diese Zahl um das Siebzehnfache gewachsen – eine außerordentliche Wachstumsrate.[38]

Die Auswirkungen der Blockade waren auch in anderen Teilen Europas zu spüren. Nachdem die erste Baumwollspinnerei der Schweiz 1801 eröffnet hatte, kam die echte Expansion der Industrie erst nach 1806, denn dank der Kontinentalblockade konnte diese Industrie nun Märkte versorgen, die zuvor von den Briten beliefert worden waren. Nach dem Ende der Blockade machte die schweizerische Industrie dann auch eine schwere Krise durch. Die Schweizer mussten sich nach anderen Märkten umsehen und fanden sie zunehmend in Nord- und Südamerika und dem Fernen Osten. Auch in Belgien arbeiteten vor der Blockade noch viele Druckwerkstätten in Gent mit indischen Stoffen. Ein Bericht von 1806 vermerkt: «In diesem Departement stellen nur zwei Fabrikanten den als Kaliko bekannten Stoff her, der sich zum Bedrucken eignet. Gäbe es ein Embargo auf Textilimporte aus Indien, könnte das Departement bald ausreichend produzieren, um die Nachfrage der zahlreichen Druckwerkstätten dieses und anderer Departements zu befriedigen, weil es einen Überfluss an Webern in diesem Gebiet gibt und die Spinnereien alles Notwendige produzieren könnten.» Unabsichtlich erfüllte Napoleon diesen Wunsch, und für örtliche Hersteller eröffneten sich enorme neue Möglichkeiten. Nur ein Jahr später konnte Präfekt Faipoult berichten: «Kein industrieller Fortschritt hat jemals schneller stattgefunden.» Und in Holland, im Habsburgerreich und in Dänemark lief es genauso ab.[39]

Ein ähnlicher Impuls war in den USA während der wiederkehrenden Konflikte mit Großbritannien wirksam. Dort erwiesen sich die Kriege des frühen 19. Jahrhunderts als vorteilhaft für Textilfirmen. Durch Jeffersons Embargoverfügung von 1807, die den Warenverkehr zwischen den USA, Frankreich und England blockierte, verschwanden Textilimporte weitgehend vom Markt, was neue Möglichkeiten für amerikanische Spinner und Weber eröffnete. Die Zahl der mechanischen Spindeln stieg im Zeitraum 1807–1815 von 8000 auf 130 000. 1806 gab es 15 Baumwollfabriken, 1809 schon 62, und 25 weitere waren im Bau. Und eben dieser erstaunliche und höchst profitable Zuwachs ermutigte Kaufleute, immer mehr Kapital in die Baumwollverarbeitung zu investieren.[40]

Napoleons Kontinentalblockade brachte der Textilindustrie des Kontinents sowie Nord- und Südamerikas den Aufschwung an einem entscheidenden Zeitpunkt ihrer Entwicklung. 1815 nahmen die Protektionseffekte des Krieges und der revolutionären Umwälzung in Europa ein Ende. Als nach Napoleons Niederlage Frieden in Europa einkehrte, bemerkte der britische Textilhersteller Wright Armitage erleichtert, dass dieser Wandel «eine große Wirkung auf den

Handel gehabt hat ... Ich glaube, wir beginnen jetzt etwas von unserer eigenen Überlegenheit gegenüber anderen Nationen zu spüren, indem wir sie als Hersteller vom Markt verdrängen.»[41]

In manchen Teilen der Welt war die Textilindustrie aber in den Jahren der Umwälzungen so stark gewachsen, dass Fabrikanten genügend Know-how angesammelt und politischen Einfluss gewonnen hatten, um ihre Regierungen dazu zu bringen, die wachsende Industrie vor der britischen «Verdrängung» zu schützen. In den USA verschaffte ein neuer Zoll der Textilindustrie schon 1816 einigen Schutz. Andere Länder folgten: In Frankreich wurden nach dem Ende der Kontinentalblockade Schutzzölle eingeführt. Preußen und Österreich erhoben 1818 Einfuhrzölle auf Baumwollwaren, Russland folgte 1820, Frankreich 1822, Italien 1824 und Bayern und Württemberg 1826. Frankreich verbot sogar 1842 den Import aller Baumwollwaren. Protektionismus hatte einmal als Kataklysmus in Kriegszeiten gegolten, nun wurde er ein dauerhaftes Merkmal der sich industrialisierenden Staaten – die in dieser Hinsicht dem Beispiel der Briten folgten, die indischen Herstellern den Zugang zum britischen Markt jahrzehntelang verweigert hatten.[42]

Die Textilfabrikanten standen an vorderster Front bei der Forderung nach solchen Schutzmaßnahmen. Noch 1846, lange nach der Frühphase der Industrie, gründeten die elsässischen Hersteller das *Comité Mulhousien de l'Association pour la défense du travail national*, das stark protektionistische Maßnahmen forderte. Auf der badischen Rheinseite hatten sich Baumwollspinner seit 1820 für Zölle starkgemacht. Spinnereibesitzer in Sachsen drängten nach den 1820er Jahren ebenfalls auf Schutzzölle. Als Sachsen am 1. Januar 1834 dem Zollverein beitrat, gewannen diese Unternehmer einen viel größeren einheimischen Markt und zusätzlichen Schutz durch Zölle; die Importzölle auf relativ grobes Garn der Nr. 30 etwa stiegen von 1834 bis 1856 von 10 % auf 24,7 %, ab 1880 sogar noch weiter. Bei der Verhandlung dieser Zölle zwischen den Mitgliedern des Zollvereins war Friedrich List, genau wie Alexander Hamilton jenseits des Atlantiks, der Meinung, dass «der Wert der Manufakturen mehr als je aus dem politischen Gesichtspunkte beurteilt werden» müsse. Unter anderem sei die Industrie wichtig, damit Nationen für den Krieg mobilmachen könnten. Dieser «politische Gesichtspunkt» wurde von den katalanischen, habsburgischen, russischen, italienischen und französischen Herrschern geteilt, die ihre junge Baumwollindustrie durch Zölle und Verbote schützten und deren Textilfabrikanten lautstark höhere Einfuhrzölle forderten.[43]

Auch in weiter von Großbritannien entfernten Ländern beruhte die Baumwollindustrialisierung auf der Fähigkeit von Regierungen, ihre Industrie in Friedens- wie in Kriegszeiten zu schützen. In den USA gelang es 1816 den Eliten von Massachusetts – und besonders Francis Lowell, einem der Gründer der Fabrik von Waltham –, die Entscheidung der Bundesregierung für einen hohen Schutzzoll auf Baumwollwaren minderer Qualität zu beeinflussen, wodurch weiterhin der Import hochwertiger britischer Textilien gewährleistet war, während man selbst den Markt für billige Baumwollwaren beherrschte. Grobe indische Stoffe unterlagen bis 1846 Zöllen von 60 bis über 80 % ihres Werts, dann war die Industrie so weit entwickelt, dass sie der Konkurrenz mit niedrigeren Zöllen widerstehen konnte.[44]

Auch die Industrie Mexikos war ein Kind des Protektionismus. Seit der Unabhängigkeit von Spanien im Jahr 1821 strebten seine politischen Eliten die Industrialisierung an. Mexiko besaß eine seit langem etablierte und florierende nichtmechanisierte Textilindustrie, aber diese Industrie stand zunehmend unter dem Konkurrenzdruck billig hergestellter Garn- und Stoffimporte aus Großbritannien und den USA. Der junge mexikanische Staat versuchte dieses Problem durch die Erhebung von Zöllen oder sogar durch ein Einfuhrverbot von Baumwolltextilien und -garn zu lösen; dank des politischen Freiraums, den die Unabhängigkeit geschaffen hatte, gelang es Mexiko, der ersten großen Welle der Deindustrialisierung zu entkommen, die andere Teile der Welt erfasste. Fabrikbesitzer Esteban de Antuñano gab diesem Erfolg Ausdruck und forderte, das Land solle sich weiterhin vor Baumwollimporten schützen. Wie Tench Coxe in Nordamerika und Friedrich List in Deutschland sprach er sich für die Industrialisierung, die Importe ersetzte, aus – als Weg zu Wohlstand und politischer Stabilität. Als Reaktion auf solche Forderungen und auch aus Angst vor sozialen Unruhen wie den Aufständen in Puebla 1828 verabschiedete die mexikanische Regierung im Mai 1829 neue Zölle, die den Import von groben Baumwollstoffen verboten, also genau der Sorte, die im eigenen Land hergestellt werden konnte. Die neuen Zölle waren erfolgreich, und 1831 hatten schon neue Spinnfabriken in Puebla eröffnet. Antuñano blieb ein entschiedener Fürsprecher von Zöllen und warnte im Dezember 1836, dass eine Zollsenkung «mit einem Schlag» alles zerstören würde, was in den letzten vier Jahren erreicht worden war. Er argumentierte, seine eigene Fabrik existiere nur durch das Importverbot von Garnen unter Nr. 21, also relativ groben Qualitäten. 1837 wurde der Import von billigen Baumwollgarnen und -stoffen erneut verboten, und 1843 schrieb man dieses Verbot sogar in der Verfassung fest. Infolgedessen stieg die Zahl der Textilfabriken in Mexiko von vier im Jahr 1837 auf über 50 zehn Jahre später.[45]

Die Stärke des unabhängigen mexikanischen Staates, der von mächtigen, gut organisierten und an Industrialisierung interessierten Geschäftsleuten beeinflusst wurde, die ihre Interessen ins Zentrum der nationalen Politik zu rücken wussten, ja sogar oft den Staat dominierten, war entscheidend für den Weg zum Industriekapitalismus. Anders als beispielsweise in Brasilien lag die Förderung der einheimischen Industrie den nationalistischen Politikern sehr am Herzen. Ein Historiker Mexikos bemerkte: «Der Wohlstand der Fabrikanten hing fast ausschließlich vom Willen und der Fähigkeit des Staates ab, den Markt zu schützen.» Im Jahr 1870 belieferten einheimische Textilproduzenten immer noch 60 % des Binnenmarkts, in Indien waren es zu dieser Zeit nur 35–42 %, im Osmanischen Reich sogar nur 11–38 %. Dank seiner Unabhängigkeit und dank dieses ungewöhnlich dauerhaften und entschiedenen Eintretens für die Industrialisierung erreichte das wirtschaftlich eher periphere Mexiko daher eine Position wie kein anderes ehemals kolonialisiertes Land, mit Ausnahme der USA.[46]

Somit war die Fähigkeit des Staates, einen institutionellen Rahmen zu schaffen, in dem die Produktion gedeihen konnte, genauso wichtig wie unternehmerische Initiative. Staaten spielten auch eine zentrale Rolle beim Schaffen von Märkten – nicht nur durch das Zurückdrängen von Importen, sondern auch durch die Abschaffung interner Zölle in sich neu herausbildenden Nationalstaaten. So profitierte die katalanische Industrie von der Abschaffung interner Zollschranken auf dem spanischen Markt. Das Gleiche galt für die deutschen Länder nach der Gründung des Zollvereins 1834, der die unzähligen Grenzüberquerungen und Zölle abschaffte, die den dortigen Handel seit jeher geprägt hatten. Manchmal wurde der Staat, wie in Russland, auch zu einem wichtigen Kunden, vor allem zur Ausrüstung des Militärs. Doch am allerwichtigsten waren der Straßen-, Kanal- und Eisenbahnbau, der manche Regionen der Welt in der ersten Hälfte des 19. Jahrhunderts prägte. Diese Infrastrukturprojekte erleichterten den Transfer von Waren, Menschen und Informationen, und dies ermöglichte die Herausbildung größerer und wesentlich besser integrierter Märkte. In all diesen Regionen spielte ein starker Staat eine äußerst wichtige Rolle bei der Sicherung des nationalen Marktes für einheimische Unternehmer und damit bei der Industrialisierung.[47]

Kolonialismus als Motor und Bremse

Als Augenzeugen des frühen englischen Triumphs sahen konkurrierende Staaten und Baumwollfabrikanten auch, dass es im nationalen Interesse lag, ausländische, oft koloniale Märkte zu erobern. Großbritannien selbst stützte sich natürlich auf imperiale Expansion, auch um die protektionistische Politik des Kontinents und der USA zu umgehen. Aber andere Staaten taten das Gleiche. Die katalanische Industrie profitierte beispielsweise stark vom Überseeverkauf, und zwar so sehr, dass Nord- und Südamerika «den dynamischsten Markt für die Produzenten der Provinz seit den späten 1770er Jahren» bildeten. Und es war eine fast perfekte Ergänzung: Aus der katalanischen Textilindustrie kamen die Baumwollprodukte, während immer mehr Rohbaumwolle mit Unterstützung des spanischen Staates aus der Neuen Welt in den Hafen von Barcelona gelangte. Um die Baumwollproduktion für den Export zu steigern, erhielten die spanischen Plantagenbesitzer in Amerika technische Hilfestellung von Experten aus Martinique und durch die *Junta de Commercio* in Barcelona. Wie anderswo auch entstanden neue Formen der Integration kolonialer Territorien mit der Industrialisierung in den Metropolen.[48]

Infolgedessen waren die Wachstumsraten der katalanischen Industrie etwa gleich hoch wie die der britischen – aber nur bis in die 1810er Jahre, als die spanischen Besitzungen in Lateinamerika drastisch schrumpften. Als eine der zuvor am schnellsten wachsenden Textilindustrien Europas sahen sich spanische Produzenten nun zunehmend im Nachteil. Ohne den Vorteil kolonialer Märkte konnten Kaufleute weder in früher spanischen Gebieten noch sonst irgendwo in Nord- oder Südamerika mit billigeren britischen Waren konkurrieren. Mit den sinkenden Aussichten der Industrie wurde das Handelskapital abgezogen, was einmal mehr zeigte, wie wichtig die staatlich gestützte Schaffung von Textilmärkten sein konnte.[49]

Die französischen und holländischen Industrien profitierten deutlich länger von den kolonialen Märkten. Französische Fabrikanten fanden wichtige Absatzgebiete innerhalb ihres eigenen Kolonialreichs in Afrika, Asien und Amerika. Holland erhielt 1816 Java zurück, und 1829 kamen schon 68 % der javanischen Baumwollimporte aus den Niederlanden. Dies war nicht zuletzt die Folge von König Wilhelms Textilverordnung von 1824, eines protektionistischen Gesetzes, das die britischen Hersteller aus Java herauszudrängen versuchte. Die Textilindustrie von Twente hing tatsächlich völlig vom javanischen Markt ab.[50]

Als Belgien auf Beschluss des Wiener Kongresses 1815 Teil der niederländischen Republik wurde, profitierte es sofort und ganz außerordentlich von diesen holländisch-asiatischen Märkten. Sie wurden so wichtig, dass auf die belgische Unabhängigkeit nach der Revolution von 1830 eine ernsthafte Krise folgte, als der Zugang zu ihnen verloren ging. Manche belgischen Firmen zogen nun sogar nach Holland, um weiter in die Kolonien exportieren zu können, etwa Thomas Wilson und Jean Baptiste Theodore Prévinaire, die beide 1834 in das holländische Haarlem auswanderten.[51]

Sogar Fabrikanten in Ländern ohne Kolonien profitierten von der kolonialen Expansion anderer. Wie ihre britischen Kollegen reagierten schweizerische Fabrikanten auf den zunehmenden Protektionismus um sie herum, indem sie in die italienische und deutsche Baumwollindustrie investierten und weiter entfernte Märkte suchten. In den 1850er und 1860er Jahren war die Produktion von Batikstoffen für Südostasien und von Baumwollkopftüchern für die islamische Welt für schweizerische Firmen wichtig.[52]

Diese Kraft, nahe und ferne Territorien in Märkte zu verwandeln, entstand in großen Teilen Afrikas, Asiens und Südamerika erst viel später, wenn überhaupt. Handwerkliche Fähigkeiten, Märkte, Kapital und Technologie waren in vielen dieser Regionen vorhanden, aber das typische Merkmal der führenden Industrienationen dieser Zeit – ein Staat, der einheimische Märkte schützte, Zugang zu fremden Märkten eröffnete und eine Infrastruktur schuf, welche die industrielle Fertigung erleichterte – war eine große Ausnahme. Solche immer mächtigeren Staaten schufen außerdem rechtliche, administrative und auch militärische Strukturen zur Stützung des Industriekapitalismus – von der Lohnarbeit, die durch die Zersetzung vorkapitalistischer Abhängigkeitsverhältnisse auf dem Land ermöglicht wurde, bis zu gesicherten Besitzrechten und Kapitalinvestitionen. Kapitaleigner, die dem britischen Beispiel folgen konnten, agierten meist in eben diesen Staaten, und davon gab es nur wenige. Infolgedessen verbreitete sich der Industriekapitalismus, die revolutionärste Erfindung von allen, nur in begrenzten Bahnen.

Für die Herrschenden war die Rechnung beim Aufbau einer Industriegesellschaft nach britischem Vorbild klar: Der Industriekapitalismus brachte offenbar zuverlässig Wohlstand und dazu eine stark überlegene Rüstung – beides unabdingbar, um in einem System konkurrierender Staaten zu überleben. Für manche Kapitalbesitzer wiederum waren Investitionen in die Industrie ein vielversprechender Weg zum Reichtum, und sie drängten die Regierungen, am Aufbau des Industriekapitalismus mitzuwirken, nicht selten gegen die Interessen konkurrierender, oft landbesitzender Eliten. Ihr Erfolg öffnete die Türen zur Mitgliedschaft im modernen Baumwollimperium. Und schließlich wurde dieser Industriekapitalismus stark genug, um seine Abhängigkeit vom Kriegskapitalismus in dessen großer Krise der 1860er Jahre zu vermindern. Die Baumwollindustrialisierung war somit nicht nur ein Projekt der Kapitalbesitzer, sondern ebenso sehr ein Projekt der Regierungen.[53]

Wundersamerweise störte die Herausbildung einer Reihe von Staaten, die ihre heimische Baumwollindustrie schützen wollten und konnten, nicht die exportabhängige britische Industrie. Vielmehr expandierte die britische Textilproduktion nach 1815 rasch weiter. 1820 betrieben Unternehmer in England schon 7 Millionen Spindeln, und um 1850 hatte sich deren Zahl ein weiteres Mal verdreifacht. Ab den 1830er Jahren mechanisierten sie auch das Weben immer stärker, und mit der Ausbreitung mechanischer Webstühle zogen auch die Weber nun in die Fabriken. Schon 1835 gab es rund 1500 Baumwollfabrikanten (manche mit mehr als einem Werk), und 1860 war ihre Zahl schon auf 4000 angewachsen. Die Baumwolle wurde für England so wichtig, dass die Handelskammer von Manchester 1856 diese Industrie völlig zu Recht als «weder an Größe noch an Nutzen von irgendeinem anderen Industriezweig übertroffen» ansah.[54]

Worin lag das Geheimnis des britischen Erfolgs über den Protektionismus in vielen anderen Ländern? Zum einen konzentrierten die Fabrikanten sich auf Qualitätsgarne und -stoffe, bei denen es keine Konkurrenz durch weniger fortgeschrittene Hersteller aus anderen Ländern gab. Zum anderen exportierten sie immer stärker in die kolonialen oder semikolonialen Teile der Welt. Zwischen 1820 und 1850 waren Asien und Lateinamerika die am stärksten wachsenden Exportmärkte, und besonders der Anteil Asiens nahm rasch zu; insgesamt wurde mehr als die Hälfte aller Baumwollprodukte exportiert. Der britische Baumwollhandel blieb den stärkeren Staaten fern, die ihre jungen Industrien schützten, und wurde von Märkten angezogen, die dem britischen Vormarsch politisch nicht widerstehen konnten.[55]

Die Doppelwirkung des Kriegskapitalismus

Die gewaltige Habgier und die unausgewogenen Folgen des Kriegskapitalismus hinterließen große Ungleichheiten. Manche Staaten waren gestärkt, andere geschwächt und unfähig, ihre Infrastruktur, Verwaltung und Rechtssysteme zu entwickeln. Einige Staaten besaßen erstaunliche Kapazitäten für eine massenhafte Warenproduktion, andere blieben vorindustrieller Heimarbeit verhaftet. Für einige wenige Staaten und Kapitalbesitzer hatte der Kriegskapitalismus riesige neue Gebiete und Arbeiterreservoirs für den Baumwollanbau eröffnet und neue Märkte von gewaltiger Vitalität geschaffen. Er hatte den Wettbewerb auf den Weltmärkten eingeschränkt, den internationalen Warenstrom radikal angeregt und das Projekt der Industrialisierung damit in die Hände weniger privilegierter Weltgegenden gelegt. Er bewirkte auch die Stärkung dieser Staaten, was diesen wiederum erlaubte, die Werkzeuge des Industriekapitalismus zu schmieden. Tatsächlich bedingten die imperiale Ausdehnung europäischer staatlicher Macht über den Erdball und ihre Intensivierung in Europa sich für einen kurzen, aber entscheidenden Moment gegenseitig.[56] Andererseits untergruben koloniale Expansion, Sklavenhandel und Sklaverei die Macht politischer Autoritäten in anderen Weltteilen dramatisch und machten es weniger wahrscheinlich, dass sich die neuen Maschinen und damit der Industriekapitalismus auch dort etablieren würden.

...

Kein Ort illustriert die doppelte Wirkung des Kriegskapitalismus auf die Baumwollindustrie besser als Ägypten. Dieser Teil Nordafrikas schien sich zunächst von seinem Kontinent zu lösen und dem Weg Europas zu folgen. Ägypten verfügte über viele der oben beschriebenen Voraussetzungen für eine mechanisierte Baumwollindustrie: Es besaß Rohbaumwolle, die in immer größerer Menge im eigenen Land angebaut wurde; es hatte eine lange Geschichte der Textilproduk-

Die Doppelwirkung des Kriegskapitalismus

tion, und Baumwolle war vor der Industriellen Revolution der wichtigste Manufakturzweig in seinen großen Städten, der schon im 18. Jahrhundert Textilien nach Frankreich exportiert hatte.⁵⁷ Zudem hatten die Ägypter Zugang zu britischer Technologie und konnten ausreichend Kapital mobilisieren. Und dennoch gehörte Ägypten 1850 nicht zu den wenigen Ländern, in denen eine industrielle Revolution stattfand.

Muhammad Ali Pascha verband Kriegs- und Industriekapitalismus

Alles begann vielversprechend. Unter dem Einfluss merkantilistischen Denkens strebte der Herrscher Muhammad Ali Pascha die Ansiedlung von Industrien in Ägypten an. Er hoffte, die Industrialisierung werde unter anderem die militärische Macht und Unabhängigkeit des Landes stärken. Ähnlich wie europäische Herrscher startete Ali ein Projekt zur Ersetzung von Importen. Im frühen 19. Jahrhundert hatte Ägypten viel Getreide nach Europa ausgeführt, für das

Der Industriekapitalismus im Aufwind

britische Händler mit Textilien bezahlten, und das schadete den ägyptischen Werkstätten. Ali reagierte mit einem Embargo auf diese britischen Waren und ermutigte vor allem syrische Christen, die traditionell den Textilhandel dominierten, Fabriken zu errichten. 1815 eröffnete die erste Baumwollweberei mit einem Regierungsmonopol. Drei Jahre später begann die erste mechanisierte Baumwollspinnerei mit der Produktion, und rasch folgten weitere.[58]

Die Technologie für eine solche Industrialisierung stammte in Ägypten wie anderswo direkt oder indirekt aus England. Zunächst kaufte Muhammad Ali Maschinen in England und ließ sie von britischen Mechanikern einrichten, später holte er aber französische Ingenieure zum Aufbau einer eigenen Maschinenindustrie.[59] Bis dahin folgte die ägyptische Baumwollindustrialisierung der Entwicklung auf dem europäischen Kontinent, in den USA und Mexiko.

Der Höhepunkt dieser Anstrengung war Mitte der 1830er Jahre erreicht: 1835 arbeiteten 15 000–20 000 Arbeiter in 30 Baumwollfabriken mit rund 400 000 Spindeln. Die meisten Produkte dieser Fabriken gingen auf den Inlandsmarkt, aber andere Stoffe wurden exportiert – in den Nahen Osten, nach Syrien und Anatolien, aber auch in den Sudan und nach Indien. Die deutsche Zeitschrift *Das Ausland* schrieb 1831 in einem Bericht über die ägyptische Baumwollindustrie, es sei interessant, dass ein «Barbar» binnen weniger Jahre erreicht habe, was Napoleon und dem ganzen Kontinent seit Anfang des Jahrhunderts trotz aller Bemühungen nicht gelungen sei, nämlich erfolgreich mit den Briten in der Baumwollproduktion zu konkurrieren. Eine solche Einschätzung war kaum übertrieben, denn ein Experte hat geschätzt, dass Ägypten in den 1830er Jahren mit 80 Spindeln pro 1000 Einwohner an fünfter Stelle in der Welt stand, hinter England mit 588 Spindeln, der Schweiz mit 265, den USA mit 97, Frankreich mit 90 und vor Mexiko mit 17.[60]

Bezeichnenderweise begannen britische Beamte sich Sorgen zu machen, man könnte Märkte an einen solchen «Barbaren» verlieren. Sir John Bowring, zeitweise Parlamentsabgeordneter und später Gouverneur von Hongkong, bemerkte 1837 während einer Ägyptenreise, dass britische Textilien, «die früher so viel benutzt wurden, nun kaum noch nach Ägypten gesandt werden, seit in den neuen Fabriken Tuche gewebt werden». Solche Sorgen wurden auch in Bezug auf andere Märkte geäußert. Das *Asiatic Journal* aus Bombay berichtete 1831: «Ein arabisches Schiff, das aus dem Roten Meer eintraf, hat 250 Ballen Baumwollgarn mitgebracht, die aus Ali Paschas Fabrik bei Kairo stammen. Man berichtet, dass er auch 500 Ballen nach Surat und 1000 nach Kalkutta geschickt hat und im nächsten Jahr Baumwollstoffe, Machapollams usw. Was wird die Kaufmannschaft zu diesem neuen Konkurrenten sagen?»[61]

Auch ausländische Beobachter in Ägypten waren beeindruckt. Als der französische Textilfabrikant Jules Poulain 1843 die ägyptischen Baumwollwerke besichtigte und für Muhammad Ali einen detaillierten Bericht erstellte, trat auch er für weitere Industrialisierungsbemühungen ein. Es sei «natürlich, die Produkte der eigenen Landwirtschaft zu verarbeiten», und dass Ägypten seine eigene Baumwolle anbaute, würde ihm sogar einen Vorteil vor Frankreich und England bringen. Wenn die Franzosen im südindischen Pondicherry Erfolg hätten, könnten die Ägypter in Ägypten ebenfalls Erfolg haben, nicht zuletzt wegen des «gewaltigen Vorteils», dass Arbeitskräfte dort viel billiger seien.[62]

Und hier, in der Frage der Arbeitskräfte, wich Ägyptens Geschichte von den anderen ab. Es folgte anders als europäische Staaten dem Muster des Kriegskapitalismus auf eigenem Territorium. Arbeiter wurden in die Fabriken gezwungen, und die Maschinen gehörten der Regierung. Als die ersten Textilfirmen irgendwann zwischen 1816 und 1818 im Kairener Viertel Khurunfish eröffneten, kamen ihre Facharbeiter und Maschinen aus Europa, aber die 1000–2000 einfachen Arbeiter waren sudanesische Sklaven und Ägypter, die für Hungerlöhne arbeiten mussten und streng von der Armee bewacht wurden. Häufig wurden sie auch misshandelt. In gewisser Hinsicht unterschied sich dieses System nicht so sehr von dem an anderen Orten – wo Regierungen die Industrialisierung förderten und Waisenkinder zur Fabrikarbeit gezwungen wurden –, aber der Zwang in Ägypten war extremer, und Lohnarbeit blieb marginal. Ägyptens Herrscher wählten die bewährten Mechanismen des Kriegskapitalismus und der globalen Plantagenwirtschaft als ihren Weg in die Welt der Fabrik. Ali demonstrierte, dass der Kriegskapitalismus – zumindest in Ägypten – die Industrialisierung ins Leben rufen konnte.[63]

Und trotzdem: Die ägyptische Baumwollindustrie überlebte nicht lange. In den 1850er Jahren war sie fast verschwunden, das Land von Fabrikruinen übersät. Ägypten konnte nie den institutionellen Rahmen aufbauen, der einen Übergang zum Industriekapitalismus ermöglicht hätte; nicht einmal etwas so Grundlegendes wie Lohnarbeit setzte sich durch. Dass Ägypten sich auf den Kriegskapitalismus verließ – auf den Baumwollfeldern wie in den Fabriken –, beschränkte letztlich das Wachstum der einheimischen Märkte. Außerdem gelang es nicht, den Binnenmarkt zu schützen. Britische Kaufleute setzten alles daran, den ägyptischen Markt für ihre Waren zu öffnen, als das Land gegenüber den europäischen Mächten schwächer wurde. Der Wert britischer Textilexporte nach Ägypten stieg zwischen dem Ende der 1820er und dem Ende der 1830er Jahre schätzungsweise um das Zehnfache. Als 1844 der anglo-osmanische Zollvertrag in Kraft trat und die Einfuhrzölle auf nur 8 % vom Wert des Produkts festsetzte, was Ägypten praktisch den Freihandel aufzwang, «zerstörte [dies] dessen erste mechanisierte Textilindustrie». In Verbindung mit den Schwierigkeiten des Staates beim Betrieb von Textilfabriken und dem Problem, genug Brennstoff für eine Produktion mit Dampfbetrieb zu bekommen, machte das System des britisch dominierten «Freihandels» es dem Land nahezu unmöglich, sich nachhaltig zu industrialisieren. Seine Baumwollindustrie wurde von zwei Seiten zugrunde gerichtet: dem eigenen Kriegskapitalismus und der Unterwerfung unter Englands wirksameren Industriekapitalismus. Nach innen war der ägyptische Staat mächtig, aber wenn es darum ging, Ägyptens Rolle in der Weltwirtschaft zu definieren, war er schwach und hatte Englands Interessen und Plänen nichts entgegenzusetzen.[64]

...

Die negativen Auswirkungen des Kriegskapitalismus auf die Industrialisierung lassen sich auch an einem weiteren Beispiel feststellen: Brasilien. Auf den ersten Blick hatte das Land viel mit Ägypten gemein. Es besaß ebenfalls eine lange Geschichte der Textilproduktion und ebenfalls Baumwolle in großen Mengen und hoher Qualität. Eine wechselvolle Kolonialpolitik hatte im 18. Jahrhundert zeitweise die Herstellung von Garn und Tuch in den neuen Werkstätten des Landes gefördert, aber ein königlicher Erlass verbot 1785 jede Produktion bis auf grobe Baumwollstoffe, weil die Kolonialbehörden Bedenken hatten, die Baumwollfabriken könnten den Plantagen die Arbeitskräfte wegnehmen. Trotz solcher Gesetze florierte aber die Textilproduktion, und als die portugiesische Königsfamilie 1807 nach Rio floh, wurden diese Erlasse zurückgenommen und ein paar Textilfabriken gebaut, die allerdings klein und marginal blieben. Als 1844 die Zölle für die meisten ausländischen Waren auf 30 % angehoben wurden, förderte das die Entwicklung einer einheimischen Baumwollindustrie, aber dieser Zoll und mit ihm die Industrie waren nur kurzlebig. So gab es 1865 nur noch neun brasilianische Textilfabriken mit knapp 14 000 Spindeln – etwa 5 % der Zahl in Ägypten auf dem Höhepunkt der Baumwollindustrialisierung und 10 % der Zahl in Mexiko.[65]

Im Unterschied zu Mexiko und zeitweise auch zu Ägypten gelang es Brasilien also nicht, eine eigene mechanisierte Textilindustrie zu entwickeln, trotz des Vorhandenseins von Rohbaumwolle, Kapital und Technologie. Erst in den 1880er Jahren fand die brasilianische Baumwollindustrialisierung statt. Dieses Scheitern war das direkte Resultat der spezifischen politischen Ökonomie, die von den politisch einflussreichen Sklavenhaltern geprägt worden war. Diese Zucker- und Baumwollpflanzer sahen Brasiliens Platz in der Weltwirtschaft als Lieferanten landwirtschaftlicher Produkte, die durch Sklaven hergestellt wurden. Und diese Vision stand einem Industrialisierungsprojekt diametral entgegen.[66]

In Bahia, einem wichtigen Bundesstaat für Zuckeranbau, wandten sich Kaufleute von Agrarprodukten sogar explizit «gegen die industrielle Entwicklung und versuchten sie zu verhindern, indem sie die Unterstützung der Regierung blockierten», obwohl Bahia Kohle, Kapital, eine Transportinfrastruktur und Rohbaumwolle besaß und damit reif für die Industrialisierung war. Stattdessen forderte die Elite von der Regierung Investitionen in die Infrastruktur, um Güter leichter aus- und einzuführen, und die Bereitstellung von Arbeitskräften für die Landwirtschaft. Am wichtigsten aber: Die Sklavenwirtschaft brauchte niedrige Zölle, um die Ausfuhr von Zucker und Kaffee zu erleichtern, und das verhinderte jenen Protektionismus, der die europäische, nordamerikanische und – zunächst auch – die ägyptische Industrialisierung ermöglicht hatte. Lautstark und erfolgreich leistete die Handelskammer von Bahia Widerstand gegen Schutzzölle. Die brasilianischen Kaufleute standen unter der Knute der übermächtigen Pflanzer.[67]

Brasiliens neue Baumwollunternehmer sahen sich noch weiteren Problemen gegenüber. Da das Kapital in der Produktion von und im Handel mit Agrargütern gebunden war, die durch Sklavenarbeit produziert wurden, dazu auch im Sklavenhandel selbst, kamen Fabrikanten oft schwer an Kredite. Außerdem blieb die Beschaffung von Arbeitskräften problematisch. Wegen des Vorherrschens der Sklaverei gab es kaum Lohnarbeiter für die Industrie, denn Europäer gingen lieber in andere Länder Südamerikas wie Argentinien, um nicht mit Sklavenarbeit zu konkurrieren. Im Allgemeinen konzentrierten sich die Arbeitskräfte aber in der Landwirtschaft, und Kaufleute sahen «Industrie und Landwirtschaft ... als Rivalen um die vorhandenen Arbeiter».[68]

...

Wie der Fall Brasiliens zeigt, konnten die Erfordernisse der Plantagenwirtschaft der Industrialisierung entgegenwirken. Dabei war Sklavenarbeit an sich nicht unvereinbar mit ihr, im Gegenteil, man konnte Sklaven ja in Textilfabriken beschäftigen. Doch eine von Sklaverei dominierte Gesellschaft war der Baumwollindustrialisierung offensichtlich nicht förderlich. Global gesehen beruhte die frühe Industrialisierung auf dem Kriegskapitalismus, aber in Regionen, wo dieser am gewaltsamsten auftrat, kam es nie zu einer Baumwollindustrialisierung. Kuba beispielsweise besaß eine große Zahl von Sklavenarbeitern, aber im ganzen 19. Jahrhundert nicht eine einzige Textilfabrik.[69] Der dauernde Kriegszustand zwischen Sklaven und Herren, das Wesen des Kriegskapitalismus, widersprach den Erfordernissen des Industriekapitalismus. Ob sich die Baumwollindustrie ausbreitete oder nicht, erklärt sich also nicht nur durch die Fähigkeiten der jeweiligen Staaten, sondern auch durch die Machtverteilung im Inneren. Sklavenstaaten waren notorisch langsam und schwach bei der Unterstützung der politischen und ökonomischen Interessen einheimischer Fabrikanten.

Dies galt auch für die Sklavengebiete der USA, das einzige Land, dessen Territorium zwischen Kriegs- und Industriekapitalismus gespalten war, ein einzigartiges Phänomen, das schließlich einen beispiellos zerstörerischen Bürgerkrieg auslöste. In den Südstaaten, einer der weltweit dynamischsten Sklavenwirtschaften, gab es bis in die 1880er Jahre kaum Baumwollindustrialisierung. Zwar entstand dort während der Revolutionskriege des späten 18. und frühen 19. Jahrhunderts etwas mechanisierte Baumwollverarbeitung, und ab den 1830er Jahren eröffneten ein paar Textilfabriken. Aber noch 1850 verarbeiteten Südstaatenfabriken nur 78 000 Ballen Rohbaumwolle, ein Sechstel der Menge Neuenglands. Eine weitere Expansion des Fabrikwesens wurde wie in Brasilien durch die florierende Sklavenwirtschaft behindert, die Kapital, Arbeiter und unternehmerisches Talent auf den Plantagen konzentrierte, die Größe der Märkte begrenzte, unattraktiv für europäische Einwanderer blieb und weiße Kleinbauern nicht dazu brachte, Lohnarbeiter zu werden.[70]

Auch anderswo begrenzte der Kriegskapitalismus die Möglichkeiten zur Industriellen Revolution. Die große Baumwollmacht Indien scheiterte nicht nur beim Sprung nach vorn durch Mechanisierung, sondern erlebte auch die schnellste und katastrophalste Deindustrialisierung der Weltgeschichte. Angesichts immer billiger werdender Baumwollgarne und -stoffe, die von den Kolonialherren kamen, und ohne Unterstützung einer eigenen Regierung verfielen Teile der einheimischen Textilherstellung – zunächst die Exportproduktion, dann aber auch die Produktion für den Binnenmarkt. Nach der Industriellen Revolution in Großbritannien verlor Indien, wie schon gesehen, seine zentrale Position in der globalen Baumwollindustrie und wurde – Ironie der Geschichte – schließlich zum größten Markt für britische Textilien.

Entscheidend war also der Kolonialismus: Er untergrub die Staatsmacht der kolonisierten Gebiete und unterwarf sie den Interessen der Kolonialmacht. Gewaltige heimische Nachfrage führte nicht wie auf dem europäischen Kontinent zu staatlichen Investitionen oder Protektionismus, obwohl Baumwolle, Kapital und reichlich Fachwissen vorhanden waren. Es fehlte der staatliche Wille, die Industrialisierung zu fördern. Zwar gab es ein paar frühe Versuche der französischen Kolonialmacht, und die erste mechanische Spinnfabrik auf dem indischen Subkontinent wurde in den 1830er Jahren in der französischen Kolonie Pondicherry gebaut und produzierte Guinea Cloth für die Märkte Französisch-Westafrikas. Diese indische Textilfabrik war jedoch sozusagen ein unfruchtbarer Spross von europäischem Kapital, Interkolonialhandel und europäischen Staaten, denn es dauerte weitere 20 Jahre, bis es 1856 ein weiteres Lebenszeichen der indischen Baumwollindustrialisierung gab: die Eröffnung der ersten modernen Textilfabrik in Bombay. Der wahre Durchbruch der indischen Baumwollindustrialisierung kam aber erst in den 1860er Jahren, als die Profite, die sich im Baumwollhandel während des amerikanischen Bürgerkriegs akkumuliert hatten, in Fabriken investiert wurden.[71]

...

Kolonialismus, Sklaverei und Landenteignung – eben der Kriegskapitalismus – hatten den Aufstieg des Industriekapitalismus in einigen Teilen der Welt ermöglicht, überall sonst aber seine Entwicklung viel weniger wahrscheinlich gemacht. Der Industriekapitalismus beruhte auf einer Kombination aus Kapital und Staatsmacht, er schuf Märkte und mobilisierte Kapital und Arbeiter auf neue Art. Sein Entstehen in der ersten Hälfte des 19. Jahrhunderts schuf wiederum die Bedingungen für eine immer stärkere Territorialisierung – einschließlich der stärkeren Territorialisierung des Kapitals, das heißt, seine Bindung an Nationalstaaten.[72]

Entscheidend war in dieser Phase des Kapitalismus die Diversität seiner Formen. Die globale Entfaltung des Kapitalismus beruhte auf der Koexistenz von Kriegskapitalismus – mit seiner gewaltsamen Aneignung von Land und Arbeitskräften, seinem Staat, der führenden Kapitaleignern unkoordinierte und uneingeschränkte Initiativen erlaubte – und Industriekapitalismus – mit seinen starken Staaten, die private Initiativen kanalisierten. Die Koexistenz so unterschiedlicher, aber voneinander abhängiger Formen des Kapitalismus war vielleicht die wahre Innovation des späten 18. und frühen 19. Jahrhunderts. Nicht die globale Integration an sich, sondern die Diversität der Formen innerhalb dieser globalen Integration erklärt das dramatische, aber auch höchst unterschiedliche Tempo der Baumwollindustrialisierung in diesen Jahrzehnten.

Der Kapitalismus war jedoch nicht statisch. Gestärkt durch den Kriegskapitalismus schuf der Industriekapitalismus mächtige neue Institutionen und Strukturen. In diesen Jahrzehnten lernte eine wachsende Zahl von Staaten, wie der Industriekapitalismus aufzubauen sei, was schließlich auch die Entstehung neuer Formen der Integration von Arbeitern, Territorium, Märkten und Kapital in Regionen erlaubte, die Mitte des 19. Jahrhunderts immer noch einigen der härtesten Formen des Kriegskapitalismus unterworfen waren. Neue Methoden, wie Kapital zu beschaffen und in die Produktion zu leiten sei, wie Arbeitskräfte mobilisiert und Märkte geschaffen werden könnten, und nicht zuletzt, wie Land und Menschen in die kapitalistische Weltwirtschaft zu integrieren seien, entstanden aus dieser fruchtbaren, aber oft rohen und gewaltsamen Überschneidung von Kriegs- und Industriekapitalismus. Ab den 1860er Jahren wurden Territorien und Menschen vom Kapital immer häufiger mit staatlicher Unterstützung kolonisiert, und nicht mehr von Sklavenhaltern durch Enteignung und körperlichen Zwang.

Die Ausbreitung der Baumwollindustrialisierung in der ersten Hälfte des 19. Jahrhunderts zeigte, dass Sklaverei und koloniale Ausbeutung für den Kapitalismus nicht unverzichtbar waren.[73] Der Kapitalismus erfand sich immer wieder neu, und frühere Erfahrungen und Möglichkeiten gingen in neuen auf. Die Verbindungen zwischen Globalem und Lokalem und zwischen verschiedenen Orten veränderten sich ständig. Natürlich zog sich das Ende des Kriegskapitalismus fast zwei Jahrhunderte hin – von der Revolution auf Haiti bis zum langsamen Niedergang der Kolonialherrschaft in Afrika und anderswo. Aber die institutionellen Innovationen des Industriekapitalismus trugen dazu bei, dass der Kriegskapitalismus an seinen eigenen Widersprüchen zugrunde ging, denn starke Staaten ermöglichten die Mobilisierung von Arbeitern in den Agrarregionen nach dem Ende der Sklaverei und stießen in viele neue Weltgegenden vor. Die moderne Welt ist ebenso stark vom Untergang des Kriegskapitalismus geprägt worden wie von seinem Aufstieg.

Kapitel 7
Die Mobilisierung von Fabrikarbeitern

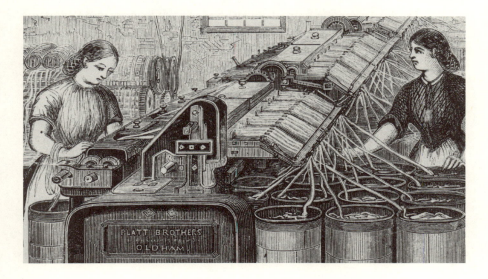

Arbeiterinnen in einer Baumwollfabrik in England

Im Jahr 1935, während er im dänischen Exil lebte, dachte ein junger deutscher Schriftsteller darüber nach, wie die moderne Welt entstanden sei. Bertolt Brecht verlieh seinen Gedanken die Stimme eines imaginären «lesenden Arbeiters». Dieser Arbeiter stellte viele Fragen wie etwa

> «Wer baute das siebentorige Theben?
> In den Büchern stehen die Namen von Königen.
> Haben die Könige die Felsbrocken herbeigeschleppt?
> Und das mehrmals zerstörte Babylon,
> Wer baute es so viele Male auf? In welchen Häusern
> Des goldstrahlenden Lima wohnten die Bauleute?»[1]

Brecht könnte auch von einem ganz anderen Imperium gesprochen haben, dem Imperium der Baumwolle. Zu seiner Zeit war die Geschichte der Baumwolle bereits gut dokumentiert; die Erzählungen derjenigen, die sich die einzigartigen Gaben der Pflanze zunutze gemacht hatten, Richard Arkwright und John Rylands,

Francis Cabot Lowell und Eli Whitney, füllten die Geschichtsbücher. Aber wie jede Industrie wurde auch dieses Imperium von Millionen namenloser Arbeiter aufrechterhalten, die auf Baumwollplantagen und Farmen oder in Spinnereien und Webereien auf der ganzen Welt schufteten, so auch in Brechts Heimatstadt Augsburg. Dort hatte schon Hans Fugger mehr als ein halbes Jahrtausend zuvor mit der Herstellung von Baumwollstoffen sein erstes Vermögen gemacht.

Wie Brechts Lastenträger und Bauleute finden auch Spinner und Weber nur selten Erwähnung in unseren Geschichtsbüchern. Die meisten hinterließen nicht einmal Spuren; oft konnten sie weder lesen noch schreiben, und fast immer waren sie rund um die Uhr damit beschäftigt, Leib und Seele zusammenzuhalten. Sie hatten wenig Zeit, um Briefe oder Tagebücher zu schreiben, wie es die sozial Bessergestellten taten, und so haben wir heute nur wenige Anhaltspunkte, um uns ein Bild von ihren Lebensumständen zu machen. Einen der traurigsten Einblicke gibt bis heute St. Michael's Flags in Manchester, ein kleiner Park, wo angeblich 40 000 Menschen, die meisten von ihnen Baumwollarbeiter, in namenlosen Gräbern, eines am anderen, verscharrt wurden. «Hier wurden die Toten fast wie am Fließband begraben», so ein Beobachter.[2]

Lohnarbeit im Takt der Maschinen

Ellen Hootton war eine seltene Ausnahme. Anders als Millionen ihrer Leidensgenossen ging sie in die Geschichtsschreibung ein, weil sie im Juni 1833 vor die Königliche Untersuchungskommission für Fabriken berufen wurde, die mit der Prüfung von Kinderarbeit in britischen Textilbetrieben betraut war. Als sie mit nur zehn Jahren verängstigt vor dem Untersuchungsausschuss stand, war sie schon seit zwei Jahren in einer Baumwollspinnerei angestellt und bereits eine erfahrene Arbeiterin. Ellen hatte die Aufmerksamkeit auf sich gezogen, da eine Gruppe von Aktivisten der Mittelschicht Manchesters, welche die Arbeitsbedingungen in den zahlreichen neuen Fabriken der Stadt und des Umlandes ins Visier nahmen, ihren Fall ausgewählt hatten, um den Missbrauch von Kindern zu demonstrieren. Sie bezeichneten Ellen als Kindersklavin, die dazu gezwungen werde, nicht nur in metaphorischen, sondern in echten Ketten zu arbeiten, unter Androhung von Strafen durch einen brutalen Aufseher.[3]

Die Kommission befragte Ellen, ihre Mutter Mary und ihren Aufseher William Swanton ebenso wie den Fabrikbesitzer John Finch – mit der Absicht zu zeigen, dass das Mädchen eine «notorische Lügnerin» sei, der man nicht trauen konnte. Trotz der Bemühungen der Kommission, den Fall reinzuwaschen, erwiesen sich aber die Anschuldigungen grundsätzlich als wahr. Ellen war das einzige Kind von Mary Hotton, einer alleinerziehenden Mutter, die selbst eine Handweberin war und damit kaum ihren Lebensunterhalt bestreiten konnte. Bis sie sieben wurde, hatte Ellen etwas Unterstützung von ihrem Vater, ebenfalls ein Weber, erhalten. Als diese Zahlungen jedoch ausblieben, brachte ihre Mutter sie in eine der nahegelegenen Fabriken, um das magere Einkommen der Familie aufzubessern. Erst nach vollen fünf Monaten unbezahlter Arbeit (es wurde behauptet, dass sie das Gewerbe erst erlernen müsse) wurde sie eines von den vielen Kindern, die in Eccle's Spinnerei angestellt waren. Zu ihrem Arbeitstag befragt, sagte Ellen aus, dieser beginne morgens um 5.30 Uhr und ende abends um 20 Uhr, unterbrochen von einer Frühstücks- und einer Mittagspause. Der Aufseher, Mr. Swanton, erklärte, dass Ellen in einem Raum mit 25 anderen arbeite, darunter drei Erwachsene, der Rest Kinder. Sie selbst sagte, sie sei ein «Flicker an der Drosselspinnmaschine» – eine ermüdende Arbeit, die aus dem Reparieren und Anknoten gerissener Fäden bestand, die auf die Spulen der Spinnmaschinen aufgezogen wurden. Da die Fäden ständig rissen, oft mehrmals in der Minute, blieben ihr nur wenige Sekunden, um ihre Aufgabe zu erfüllen. Es war nahezu unmöglich, mit der Geschwindigkeit, mit der sich die Maschine vor- und zurückbewegte, Schritt zu halten, weshalb ihr manchmal ein «Fadenbruch» unterlief – was bedeutete, dass sie die lockeren und gerissenen Enden des Fadens nicht schnell genug zusammengeknüpft hatte. Für solche Fehler musste sie teuer bezahlen. Ellen berichtete, dass sie von Swinton «zweimal die Woche» geschlagen wurde, bis ihr «Kopf grün und blau war». Swinton bestritt die Häufigkeit dieser Prügel, gab aber zu, «einen Lederriemen» zu benutzen, um das Mädchen zur Ordnung zu rufen. Ihre Mutter, die Ellen ein «ungezogenes, dummes Ding» nannte, sagte aus, dass sie solche körperlichen Strafen gutheiße und Swinton sogar darum gebeten habe, strenger zu sein, um den Ausreißversuchen ihrer Tochter ein Ende zu machen. Mary Hootton hatte ein schweres Leben. Sie war auf den Lohn des Kindes dringend angewiesen, und sie bat Swinton wiederholt, das Kind trotz allen Ärgers zu behalten. «Ich weine oft», sagte sie.

Die Prügel jedoch waren nicht das Schlimmste, das Ellen durch Swinton angetan wurde: Einmal, als Ellen zu spät zur Arbeit kam, bestrafte Swinton sie noch härter: Er hängte ihr ein Eisengewicht um den Hals (es bestand keine Einigkeit darüber, ob es 7 oder 9 Kilo wog) und ließ sie in der Fabrikhalle auf und ab laufen. Die anderen Kinder piesackten sie, und so «stürzte sie mehrfach, während sie sich, das Eisengewicht am Hals, mit Händen und Füßen zur Wehr setzte». Noch heute, fast 200 Jahre später, ist das Leid im Leben dieses Mädchens, von ihrer quälenden Arbeit bis hin zu der Gewalt, die ihr angetan wurde, schwer zu begreifen.

Die Stadt Manchester unterhält die Rylands Library, die Harvard University ein Studentenheim namens Lowell House, und jeder Grundschüler lernt etwas über Richard Arkwright und Eli Whitney, aber es existiert natürlich keine Bibliothek oder Schule, die nach Ellen Hootton benannt ist. Nur einer Handvoll Historikern ist überhaupt etwas über ihr Leben bekannt. Dennoch sollten wir bei Ellen Hootton beginnen, wenn wir uns mit der Welt der Baumwollfabrikation beschäftigen. Ohne ihre Arbeit und die von Millionen von Kindern, Frauen und Männern hätte das Imperium der Baumwolle niemals entstehen können. Weder Rylands noch Lowell hätten ihre Reichtümer angehäuft, und die Erfindungen von Arkwright und Eli wären in der Ecke irgendeiner Scheune verstaubt. Ellens Geschichte verdeutlicht die physische Gewalt von Bestrafungen, aber auch, mindestens ebenso wichtig, die alltägliche Gewalt wirtschaftlicher Verzweiflung. Sie war es, die immer mehr Menschen in die Fabriken zwang, wo sie ihr Leben buchstäblich in den Dienst des Baumwollimperiums stellten.

Wie Ellen Hootton strömten tausende und in den 1850er Jahren Millionen von Arbeitern in die neugebauten Fabriken, um Maschinen zu bedienen, die Baumwollgarn und Stoffe produzierten.[4] So mancher Zeitgenosse war überwältigt vom Anblick des Kommens und Gehens unzähliger Frauen, Männer und Kinder, die in den Betrieben ihr mühseliges Tagwerk verrichteten. Jeden Morgen vor Sonnenaufgang marschierte ein Heer von Menschen die schmalen Pfade der Vogesen zu den Fabriken im Tal hinab, sie krochen aus den Betten ihrer Schlafstätten auf dem Hügel oberhalb von Quarry Bank Mill, verließen ihre ums Überleben kämpfenden Farmen oberhalb des Flusses Llobregat oder schlugen sich auf den überfüllten Straßen Manchesters zu einer der zahlreichen Spinnereien durch, welche die übelriechenden Kanäle säumten. Bei Nacht kehrten sie in ihre kargen Schlaflager zurück, wo sie ihr Bett mit anderen teilten, in ihre kalten, zugigen Hütten oder in die zu dicht besiedelten, armseligen Arbeiterviertel von Barcelona, Chemnitz oder Lowell.

Seit Jahrhunderten hatte es auf der Welt extreme Armut und Ausbeutung von Arbeitern gegeben, aber nie zuvor hatten so viele Menschen ihr ganzes Leben nach dem Takt von Maschinen ausgerichtet. Diese wurden durch Frauen, Kinder und Männer mindestens zwölf Stunden täglich, an sechs Tagen die Woche mit Material gefüttert, bedient, repariert und überwacht. Die Fabrikangestellten öffneten dicht gepresste Ballen von Rohbaumwolle, füllten damit die Kardiermaschinen, bewegten die großen Wagen der Spinning Mules vor und zurück und flickten gerissene Garnenden (wie Ellen Hootton), sie nahmen das Garn von vollen Spindeln, sie spannten immer neue Faserstränge in die Spinnmaschinen ein; oder sie schleppten ganz einfach Baumwolle durch die Fabrik. Für Disziplin wurde gesorgt, indem kleinliche Bußgelder verhängt und Verträge willkürlich gekündigt wurden: Die Liste von Entlassungen einer Spinnerei im frühen 19. Jahrhundert führte offizielle Kündigungsgründe an, die von banalen disziplinarischen Vergehen wie dem «Benutzen übler Wörter» bis zu eigentümlichen Beschuldigungen wie «Erschrecken von S. Pearson durch ihr hässliches Gesicht» reichten. Die Disziplin aufrechtzuerhalten, erwies sich durchweg als schwierig. In einer englischen Spinnerei liefen von den 780 «Lehrlingen», die in den beiden Dekaden nach 1786 eingestellt worden waren, 119 davon, 65 starben, und weitere 96 wurden zu Erziehern oder Eltern zurückgeschickt, die sie ursprünglich nur «ausgeliehen» hatten. Sommers wie Winters, bei Sonne oder Regen, strömten die Angestellten in die mehrgeschossigen, für gewöhnlich aus Ziegelsteinen errichteten Gebäude und arbeiteten in riesigen Hallen, in denen es oft heiß, zudem fast immer feucht, staubig und ohrenbetäubend laut war. Sie arbeiteten hart, lebten in Armut und starben jung.[5]

...

Man kann nicht genügend betonen, wie bedeutsam und revolutionär diese neue Organisationsform menschlicher Arbeit war. Heute halten wir dieses System für selbstverständlich: Die meisten von uns verdienen ihren Lebensunterhalt, indem sie ihre Arbeitskraft für eine bestimmte Anzahl von Stunden täglich verkaufen; mit dem Ergebnis – unserem Gehalt – besorgen wir die Dinge, die wir brauchen, in Geschäften. Und für uns ist es ebenfalls selbstverständlich, dass Maschinen das Tempo menschlicher Aktivität vorgeben. Im 18. oder 19. Jahrhundert war das anders: Weltweit gesehen, war die Zahl der Menschen, die ihre Arbeitskraft gegen Lohn, besonders gegen Fabriklohn eintauschten, verschwindend gering. Klima, Bräuche, Naturkreisläufe gaben den Arbeitstakt vor – aber nicht Maschinen. Menschen arbeiteten, weil sie als Sklaven dazu gezwungen wurden, weil sie in feudaler Abhängigkeit von weltlichen oder kirchlichen Herrschern standen, oder weil sie das, was sie zum Leben brauchten, selbst produzierten, indem sie ihre eigenen Gerätschaften auf Ländereien einsetzten, an denen sie Rechte hielten. Die neue Welt, in der jeder Arbeiter als eines der unzähligen kleinen Zahnräder des Baumwollimperiums Garn und Stoffe fabrizierte, war völlig, ja geradezu fundamental anders. Die Baumwollverarbeitung beruhte auf der Fähigkeit, Menschen zu überreden, zu locken oder zu zwingen, die Tätigkeiten, die ihr Leben seit Jahrhunderten strukturiert hatten, aufzugeben und sich dem neu entstehenden Industrieproletariat anzuschließen. Schon die Maschinen selbst waren überwältigend und veränderten die Welt, doch sollten die gewandelten Arbeitsrhythmen noch bedeutendere Folgen nach sich ziehen. Mary und Ellen Hootton konnten es vielleicht nicht ahnen, aber sie erblickten die Zukunft, den Industriekapitalismus, der in diesem Moment durch ihre Arbeit entstand.

In die Fabrik

Die Fähigkeit, Arbeiter in die Fabriken zu holen, wurde für das Baumwollimperium einer der Schlüssel zum Erfolg. So tat sich weltweit eine Kluft auf zwischen Regierenden und Kapitalbesitzern, die in der Lage waren, Arbeitskräfte zu mobilisieren, und solchen, die daran scheiterten. Tausende von Menschen davon zu überzeugen, ihre gewohnte Lebensweise aufzugeben, war nicht weniger aufwendig als die Installation neuer Maschinen. Beides erforderte bestimmte rechtliche, soziale und politische Voraussetzungen. Die Entstehung von Fabriken konzentrierte sich, wie wir gesehen haben, zunächst auf wenige Orte und traf selbst dort auf ungeheuren Widerstand. Für den Erfolg war eine einseitige Machtverteilung notwendig, die es Herrschern und Kapitalbesitzern erlaubte, das Leben von Individuen und Familien auf eine Weise zu dominieren, die sich den Eliten in weiten Teilen Asiens und Afrikas noch immer entzog. Die Staatsgewalt musste nicht nur extensiv sein – wie sie das in vielen Teilen der Erde war –, sondern auch intensiv, fokussiert und viele Lebensbereiche durchdringend. Deshalb war es in Regionen der Erde, in denen die Machthaber alternative Methoden zur Sicherung des Lebensunterhaltes nicht einfach unterdrücken konnten, nahezu unmöglich, zur Fabrikproduktion überzugehen. Ironischerweise sollte die Fabrikproduktion selbst jedoch solche Alternativen wirtschaftlicher Organisation langsam unterminieren.

Natürlich kreiste die Industrielle Revolution hauptsächlich um arbeitssparende Technologien. Doch benötigten diese arbeitssparenden Maschinen Arbeitskräfte, die sie bedienten; als sich die Märkte für Baumwollwaren infolge der fallenden Preise explosionsartig ausweiteten, benötigte die schnell wachsende Baumwollindustrie zunächst tausende, dann zehntausende und in einigen Teilen der Erde schließlich hunderttausende von Arbeitern. In Großbritannien waren schon 1801 242 000 Menschen in der Baumwollindustrie angestellt, und bis 1861 stieg diese Zahl auf 446 000 Beschäftigte. Im Jahr 1800 verdienten schätzungsweise 59 700 Arbeiter ihren Lebensunterhalt in der deutschen Baumwollindustrie, 1860 waren es 250 300. Auch in Frankreich, der Schweiz, Holland oder Spanien gab es enorme Zuwächse. In den Vereinigten Staaten, wo 1810 in diesem Sektor nur 10 000 Lohnempfänger arbeiteten, waren es 1860 bereits 122 000. Und Russland beschäftigte 1814 etwa 40 000 Baumwollarbeiter, 1860 waren es ca. 150 000. Weltweit stützte sich die Baumwollindustrie auf diese proletarisierten Arbeiter und war zugleich selbst einer der wichtigsten Faktoren, durch den die Proletarisierung vorangetrieben wurde.[6]

Bevor das Leben in den Fabriken zur Daseinsform geworden war, hatten Kapitalbesitzer nur ein Modell zur Mobilisierung großer Gruppen von Arbeitern gekannt: die auf der Versklavung von Millionen von Afrikanern begründete

Plantagenwirtschaft in den beiden Amerikas. So mancher Baumwollunternehmer war mit diesem System eng vertraut; Samuel Greg, der Gründer der Quarry Bank Mill, besaß, wie bereits erwähnt, Sklavenplantagen auf Dominica, und er war bei weitem nicht der Einzige. Doch in Europa war die Versklavung weder möglich noch notwendig, hatte die Aufklärung doch einer neuen Empfindsamkeit gegenüber dem arbeitenden Menschen den Weg geebnet, und damit gesetzlichen Maßnahmen gegen die Sklaverei. Afrikanische Sklaven nach Manchester, Barcelona oder Mulhouse zu importieren, stand nicht zur Debatte; die heimische Bevölkerung zu versklaven, war ebenfalls ausgeschlossen. Zudem brachte die Sklavenarbeit bedeutende ökonomische Nachteile mit sich: Es war schwierig, Arbeiter unter solchen Bedingungen zu motivieren, und Aufseher waren teuer. Für Sklaven fielen zudem das ganze Jahr über Kosten an, manchmal auf Lebenszeit eines Arbeiters, und es war nicht einfach, sie den Konjunkturschwankungen des Industriekapitalismus anzupassen. Mit anderen Worten, das Plantagenmodell war für die Fabriken nicht geeignet.

Für Fabrikanten auf der ganzen Welt war jedoch der Zugriff auf Arbeitskräfte entscheidend. Letztlich konnten sich hohe Investitionen eines Unternehmers in Maschinen nur dann lohnen, wenn gewährleistet war, dass genügend Arbeiter zur Verfügung standen, um diese Maschinen zu bedienen. Die Arbeitskraft von Männern und Frauen, Jungen und Mädchen musste zur Ware werden – Arbeit gegen Lohn.[7] Die Menschen zu Fabrikarbeitern zu machen, bedeutete gleichermaßen, sie zu Lohnarbeitern zu machen. Die meisten Menschen in Europa und andernorts waren zur Sicherung ihres Lebensunterhaltes nicht in erster Linie auf Lohnzahlungen angewiesen. Ein Farmer baute seine Nahrung selbst an; ein Handwerker stellte Waren her, die er verkaufen oder eintauschen konnte; ein Fabrikarbeiter hingegen besaß nichts als seine eigene Arbeitskraft. Und so überrascht es nicht, dass es wenig Anreiz gab, in die Fabriken zu ziehen.

Die aufstrebenden Unternehmer und Herrscher mussten also neue Wege finden, um im großen Stil Arbeiter zu mobilisieren – ein «neuer Menschenschlag», wie ein Beamter 1808 nach seinen Beobachtungen in Lancashire die Fabrikarbeiter bezeichnete. Wenn den Fabrikanten klar gewesen wäre, dass sie schließlich Millionen von Arbeitern brauchen würden, wäre ihnen das Problem vermutlich unlösbar erschienen – und tatsächlich kam einigen von ihnen schon früh der Gedanke, dass der Nachschub an Arbeitern nicht ausreichen könnte. Der aus den West Midlands stammende Besitzer einer Spinnerei in Shrewsbury etwa beklagte sich schon 1803, dass die größte Hürde beim Aufbau seines Unternehmens darin bestand, genügend Arbeiter zu gewinnen.[8]

Unterstützung für die neuen Arbeitgeber kam durch die Umgestaltung des ländlichen Raums, die bereits seit Jahrzehnten – und in einigen Regionen seit Jahrhunderten – im Gange war. Gegenseitig bindende Verpflichtungen zwischen adligen Landbesitzern und Bauern lösten sich allmählich auf. In Europa besaßen viele Grundbesitzer riesige Ländereien, was es den Bauern erschwerte, unabhängig Ackerbau zu betreiben. Und so hatten die Vorboten industrieller Arbeitsprozesse die Fabrikation von Waren und sogar Lohnzahlungen bereits zur Gewohnheit im Leben vieler Bauern werden lassen.[9]

Auch die bürokratische, militärische, ideologische und soziale Durchdringung nationaler Territorien durch sich neu konsolidierende Staaten kam den Fabrikbesitzern entgegen. Zwang war seit jeher ein zentrales Instrument gewesen, um Menschen dazu zu bringen, Arbeit für andere zu verrichten. Das war die Grundlage für Feudalherren und Kolonialherrscher gleichermaßen. Dennoch war eine hervorstechende Eigenschaft des Industriekapitalismus, dass dieser Zwang nun zunehmend durch den Staat, durch dessen Bürokratie und Justiz, und nicht durch Fürsten und Sklavenhalter ausgeübt wurde. Viele Kapitalbesitzer auf der ganzen Welt, denen es an Arbeitern fehlte, sahen dem Verfall persönlicher Abhängigkeitsverhältnisse wie der Leibeigenschaft, der Sklaverei oder dem Gesellenwesen deshalb mit Schrecken entgegen und fürchteten, dass es ohne diese Strukturen zu Auflehnung und Anarchie – und zu Arbeitskräftemangel – kommen würde. In einigen Gebieten jedoch hatte der Staat genügend Macht gewonnen, um Bedingungen zu schaffen, die den Zustrom von Frauen, Kindern und Männern in die Fabriken gewährleisteten. In weiten Teilen Europas war das Recht der Land- und Kapitalbesitzer, ihre Arbeiter wie persönliche Leibeigene zu kontrollieren, streng beschnitten worden. Gleichzeitig hatte der Staat jedoch immer mehr dafür gesorgt, dass Menschen legal zur Arbeit gezwungen werden konnten (wie etwa Mittellose, sogenannte Vagabunden und Kinder). Durch die Auflösung von Allmenden wurden Alternativen zur Sicherung der Existenzgrundlagen immer weiter eingeschränkt und somit wachsender ökonomischer Druck auf Menschen ohne Besitztümer ausgeübt. Wie der Rechtshistoriker Robert Steinfeld es formulierte, war selbst «der wirtschaftliche Zwang eine Schöpfung des Gesetzes», das heißt des Staates.[10]

In den Zentren des neuen Industriekapitalismus durften darüber hinaus weiterhin harte nicht-ökonomische Zwangsmaßnahmen angewandt werden. Der Master and Servant Act von 1823 zum Beispiel erlaubte es englischen Arbeitgebern ausdrücklich, «ihre Werkleute in Besserungsanstalten zu schicken und sie bis zu drei Monate Schwerstarbeit verrichten zu lassen, wenn sie gegen ihre Arbeitsverträge verstießen». Zwischen 1857 und 1875 wurden allein in England und Wales jährlich etwa 10 000 Arbeiter aufgrund von «Vertragsbrüchen» gesetzlich verfolgt und viele von ihnen, darunter zahlreiche Baumwollarbeiter, zu Gefängnisstrafen verurteilt. In Preußen konnten während des ganzen 19. Jahrhunderts Arbeiter mit Bußgeldern belegt und inhaftiert werden, wenn sie ihren Arbeitsplatz verließen.[11]

Es wundert nicht, dass die Menschen nach Wegen suchten, ihre Subsistenz so lange wie möglich anders zu sichern, um der Welt der Fabriken zu entkommen. Als zum Beispiel der Apotheker Joan Baptista Sires 1770 in El Raval, einem

Stadtteil von Barcelona, eine Baumwollfabrik mit 24 Webstühlen und 19 Drucktischen (auf denen Baumwollstoffe mit Mustern versehen wurden) eröffnete, bestand eine seiner größten Schwierigkeiten darin, in der Stadt und im katalanischen Umland die 60 bis 150 Frauen und Männer zu finden, die er brauchte, um die Produktion aufrechtzuerhalten. Die Fluktuation war hoch, da die meisten Arbeiter nur für einige Monate blieben. Sires versuchte dieses Problem zu lösen, indem er althergebrachte Strukturen von Handwerksbetrieben auf seine Fabrik übertrug. Qualifizierten Arbeitern gab er bestbezahlte Positionen und beschäftigte auch ihre Frauen und Kinder, wodurch sich das Familieneinkommen erhöhte und er sich zugleich durch deren günstige Arbeitskraft Einsparungen sicherte. Um Angestellte an seine Fabrik zu binden, ließ Sires einige Familien in den Werkgebäuden wohnen und übernahm damit ein Modell, das lange Zeit in Handwerksbetrieben in ganz Europa gebräuchlich gewesen war.[12]

Auch 50 Jahre später, in den Vereinigten Staaten, hatte sich die Problematik der Rekrutierung von Arbeitskräften nicht grundlegend verändert: Die Dover Manufacturing Company in Dover, New Hampshire, musste in der Zeit von August 1823 bis Oktober 1824 insgesamt 342 Arbeiter einstellen, nur um die durchschnittliche Belegschaft von ungefähr 140 Beschäftigten aufrechtzuerhalten.[13] Arbeiter kamen und gingen in großer Zahl, da sie verzweifelt versuchten, außerhalb der Fabriken eine Existenzgrundlage beizubehalten. So arbeiteten sie einige Wochen lang an den Maschinen und verließen sie, sobald sie genug Geld verdient hatten, um wieder von ihren Ernteerträgen zu leben oder wenn sie auf ihren Farmen gebraucht wurden.

Proletarisierung

Diese Formen der Rekrutierung von Arbeitern waren typisch für die Baumwollindustrialisierung. Proto-Industrialisierung und Proletarisierung gingen Hand in Hand. Die Verbreitung von maschinell hergestelltem Garn und später Stoff verdrängte das Spinnen und Weben in Handarbeit, was enormen Druck auf die Heimarbeiter ausübte. Für viele von ihnen war der einzige Ausweg ausgerechnet die Fabrik, die ihre vorherige Einkommensquelle hatte versiegen lassen. So war es zum Beispiel in Sachsen oder in den weiten ländlichen Regionen der Schweiz bis hin zum Schwarzwald, wo zehntausende von Menschen über Händler des Verlagssystems mit Arbeit versorgt worden waren. Sie stellten ein riesiges Arbeitskräftepotenzial dar, und tatsächlich verlagerten sich schließlich viele von ihnen auf die Fabrikproduktion. Ähnlich im Elsass, wo die Unternehmer auf die Bergregionen der Vogesen und des Schwarzwaldes setzen, um ihren Bedarf zu decken. Als die Fabrikproduktion in Wesserling, einer kleinen Stadt hoch über

Mulhouse, Einzug hielt, bewahrten fast alle Arbeiter der Spinnereien und Webereien ihren eigenen Grund und Boden und besserten ihr Einkommen noch 1858 durch die Landwirtschaft auf. Auf der Suche nach Spinnern und Webern drang das Kapital immer tiefer in die ländlichen Gegenden vor; dort mussten die Fabrikanten nur äußerst niedrige Löhne zahlen, da die Arbeiter immer noch auf die Subsistenzproduktion unbezahlt arbeitender Familienmitglieder zurückgreifen konnten. Hier wie andernorts war die Entfaltung des Kapitalismus mit nicht-kapitalistischen Produktions- und Arbeitsformen eng verbunden.[14]

In den meisten Fällen jedoch verloren die Arbeiter ihr Land, mussten den Niedergang der Heimarbeit erleben und zogen daraufhin vom Land in die Städte. Die Expansion der Baumwollindustrie verursachte, oft über Landesgrenzen hinweg, große Migrationsströme. 1815 befanden sich unter den 1500 Arbeitern der Firma Ziegler, Greuter & Cie in Guebwiller 750 Elsässer, die Übrigen waren Migranten aus der Schweiz und aus Deutschland. In den Vereinigten Staaten zogen tausende von Arbeitern von den abseits gelegenen landwirtschaftlichen Regionen Neuenglands in die neu entstehenden Textilstädte, und viele Menschen kamen sogar über den Atlantik hierher, wie die irischen Männer und Frauen, die vor der Großen Hungersnot (Potato Famine) flohen. Ähnlich stützte sich die Baumwollindustrie in den Niederlanden, Belgien, Katalonien und Frankreich auf Migranten aus ländlichen Gebieten.[15]

Alle diese Menschen gaben ihre landwirtschaftliche Tätigkeit und die Fertigung in den eigenen Haushalten auf und strömten von den Bergen hinab und manchmal über die Ozeane hinweg in die Textilfabriken des Schwarzwalds, der Schweiz, der Vogesen, Kataloniens, Sachsens oder Neuenglands. Dort trafen sie auf eine Bevölkerung, die überwiegend aus Handwerkern bestand. Diese meist männlichen Arbeiter, die häufig Erfahrungen in älteren handwerklichen Betrieben und nicht auf Feldern gesammelt hatten, besetzten die höchsten Positionen. Als das Unternehmen Neuhaus & Buber 1830 eine Baumwollweberei im schweizerischen Biel nahe ihrer Spinnfabrik eröffnete, standen ihnen gerade erst arbeitslos gewordene, aber hochqualifizierte Handweber zur Verfügung, die sich seit Jahrzehnten um die Stadt herum angesiedelt hatten. Geschulte Arbeiter kamen mitunter auch von weit her: Die Baumwolltextilfabrik Schwarz in der russischen Stadt Narva beschäftigte 1822 35 Deutsche, einen französischen Färber und einen niederländischen Angestellten. Das russische Unternehmen Kreenholm stellte 1857 zahlreiche qualifizierte Arbeiter aus Großbritannien ein. Tatsächlich rekrutierten unter anderem französische, mexikanische und amerikanische Hersteller häufig Fachkräfte aus dem Ausland.[16]

Die große Mehrheit von Arbeitern war jedoch ohne Ausbildung. Sie musste nicht angeworben werden, wurde vielmehr durch die veränderten Bedingungen im ländlichen Raum in die Fabriken getrieben. Die vielleicht dramatischste Wendung trat ein, als die mechanischen Webstühle das Weben von Hand An-

Proletarisierung

fang der 1820er Jahre größtenteils verdrängten – eine große Elendswelle erfasste weite Teile Europas. Für viele arbeitslose Heimweberfamilien wurde die Fabrikarbeit zur Strategie, ihren eigenen Grund und Boden zu erhalten, indem ein Familienmitglied Vollzeit oder mehrere Familienmitglieder Teilzeit in einer Fabrik arbeiteten. Die Beschäftigung in einer Fabrik konnte also kleine landwirtschaftliche Haushalte retten.[17]

Da detaillierte Lohnabrechnungen aus dieser Zeit erhalten sind, ist uns zum Beispiel ein aufschlussreicher Einblick in eine frühe Baumwollfabrik in Dover, New Hampshire möglich: In den 63 Wochen nach dem 9. August 1823 waren insgesamt 305 meist junge unverheiratete Frauen in der Fabrik beschäftigt, sie stellten 89 % der Belegschaft. Sie arbeiteten im Durchschnitt 25,93 Wochen lang, das entspricht 41 % der möglichen Gesamtzeit. So arbeiteten viele Frauen auf saisonaler Basis einige Monate lang, um dann zu anderen Tätigkeiten zurückzukehren.

Die landwirtschaftlichen Arbeitsrhythmen hatten also Einfluss auf die Fabriken, und die Fabrikarbeit wiederum half Familien, ihr Land zu behalten. In New Hampshire war es für gewöhnlich so, dass ein Familienmitglied grundsätzlich Vollzeit in der Baumwollfabrik arbeitete, während die anderen nur phasenweise dort beschäftigt waren, wie beispielsweise bei der Familie Badge: Während Mary durchgehend in der Fabrik arbeitete, waren Abigail und Sally dort nur für kürzere Zeiträume angestellt.

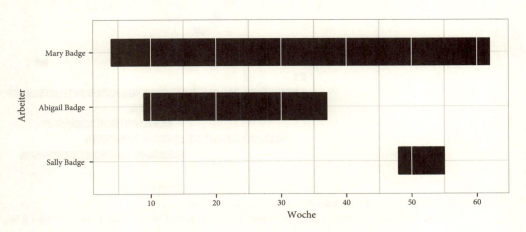

Beschäftigungszeiträume der Familie Badge, Dover Manufacturing Company, 1823/24

Auch in der Dover Manufacturing Company gab es jedoch in den 1820er Jahren bereits Familien, die vollständig proletarisiert waren und deren zahlreiche Mit-

Die Mobilisierung von Fabrikarbeitern

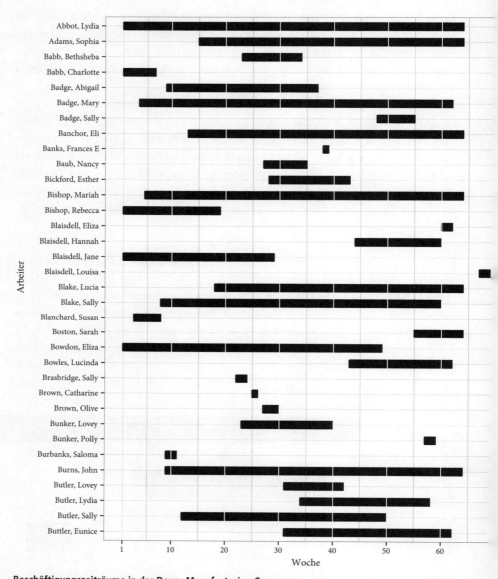

Beschäftigungszeiträume in der Dover Manufacturing Company
9. August 1823 bis 16. Oktober 1824: Auflistung aller Angestellten, deren Nachnamen mit A oder B beginne

glieder für lange Zeiträume in der Fabrik blieben. Die Perkins-Familie ist ein solches Beispiel. Ihre Mitglieder, darunter zwei Männer, arbeiteten im Prinzip Vollzeit, was es extrem unwahrscheinlich macht, dass sie nebenher noch Ackerbau oder Viehzucht betrieben.

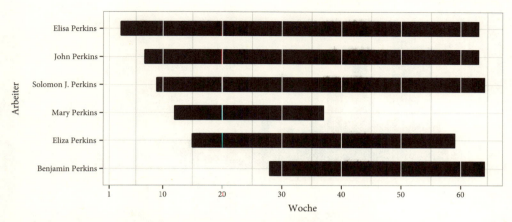

Beschäftigungszeiträume der Familie Perkins, Dover Manufacturing Company, 1823/24

Billige Arbeitskräfte: Kinder und Frauen

Typischerweise versuchten Unternehmer zunächst, die schwächsten Glieder der Gesellschaft zu rekrutieren, jene, die am wenigsten auf eigene Ressourcen zurückgreifen konnten. Dabei nutzten sie die in den Familien traditionell etablierten Machtverhältnisse, vor allem den seit langer Zeit herrschenden Paternalismus, der es dem männlichen Familienoberhaupt erlaubte, seiner Frau und seinen Kindern nach eigenem Dafürhalten Arbeit zuzuteilen. Der aufkommende Industriekapitalismus gründete sich tatsächlich auf solche bestehenden sozialen Hierarchien und nutzte diese als Hebel, um die Gesellschaft umfassender zu verändern. Die günstigen Konditionen, zu denen Arbeiter gewonnen werden konnten, beruhten daher auf dem Erhalt nicht-kapitalistischer Formen der Existenzsicherung – eine Erkenntnis, die schließlich auch den Übergang zur Produktion für den Weltmarkt in den Baumwollregionen Indiens und andernorts beeinflussen sollte. Die kapitalistische Revolution war erfolgreich, weil sie unvollständig blieb.

Kinder, so wie Ellen Hootton, waren folglich oftmals die Ersten, die in die Fabriken kamen. Sie wurden von ihren Eltern, die aufgrund der neuen wirtschaftlichen Lage selbst unter Druck geraten waren, zur Arbeit in den Fabriken gezwungen. Kinder waren billig – ihre Löhne beliefen sich auf ein Drittel oder ein Viertel dessen, was Erwachsenen gezahlt wurde –, und sie waren relativ folgsam und leisteten selten Widerstand, wenn sie extrem monotone und stumpfe Tätigkeiten zu verrichten hatten. Und wenn sie aufbegehrten, dann konnten sie leichter bestraft werden als die Erwachsenen. Für Eltern mit geringen Mitteln waren ihre Kinder oft die einzige Quelle für zusätzliches Einkommen.[18]

Die Mobilisierung von Fabrikarbeitern

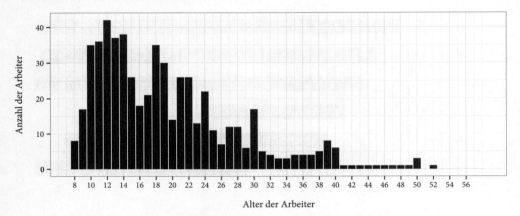

Kinder begründen eine industrielle Revolution: das Alter der Beschäftigten bei McConnel & Kennedy, Manchester, 1816 (Gesamtzahl der Beschäftigten: 568)[19]

In Quarry Bank Mill, Samuel Gregs Pionier-Fabrik in der Nähe von Manchester, arbeiteten viele Kinder aus ärmlichen Verhältnissen als sogenannte «Lehrlinge». Greg bediente sich in den Armenhäusern der Gemeinde und rekrutierte dabei so viele Kinder, dass diese zwischen 1784 und 1840 mehr als die Hälfte seiner Belegschaft stellten. Er brachte sie in Schlafsälen unter und ließ sie in der Regel sieben Jahre lang für sich arbeiten. Zwar stellte Greg sich selbst als fürsorglichen, väterlichen Arbeitgeber dar, es wurde aber auch berichtet, dass er die junge Esther Price in eine speziell konstruierte Arrestzelle für «Ungehorsam» sperrte und andere Kinder Überstunden machen ließ, um sie für das «Vergehen» zu bestrafen, einen Apfel stiebitzt zu haben. Wieder war Greg jedoch kein Einzelfall. Samuel Oldknow zum Beispiel erschloss sich ebenfalls einen blühenden Markt für «Lehrlinge»; 1796 offerierte die Gemeinde Clerkenwell 35 Jungen und 35 Mädchen und lud Oldknow ein, sich so viele davon auszusuchen, wie es ihm beliebte. Die *Edinburgh Review* beteuerte 1835, dass Fabriken «die besten und wichtigsten Lehranstalten für Kinder» seien. Wenn sie sich auf der Straße herumtrieben, sei das viel schlimmer, als wenn sie in den Spinnereien «in Sicherheit» gebracht würden.[20]

Kinderarbeit war sozial akzeptiert und wurde dringend benötigt, und so war eine große Zahl von Kindern in allen Bereichen der Baumwollherstellung tätig: 1833 waren 36 % aller Arbeiter der Baumwollfabriken Lancashires jünger als 16 Jahre; in Belgien waren es 1846 27 %. 1800 waren die Hälfte der 300 Arbeiter der Spinnfabrik Jung in Kirchen im Siegerland Kinder im Alter von 8 bis 14 Jahren; und als das russische Schatzamt Michael Ossowsky 1798 die Genehmigung erteilte, die erste mechanische Baumwollspinnerei zu bauen, «erhielt» er 300 Kinder aus einem Waisenhaus in St. Petersburg. Von Sachsen bis nach Puebla und bis ins Habsburger Reich war die Situation ähnlich. Die katalanischen

Billige Arbeitskräfte: Kinder und Frauen

Hersteller errichteten ihre Fabriken nicht zuletzt deshalb am Fuße der Pyrenäen, weil dort viele Bauern siedelten, die um ihre Existenz kämpften. So war es einfach, deren Kinder für die Arbeit in den Fabriken zu rekrutieren. In Puebla, wo die meisten Baumwollarbeiter ehemalige Landwirte, Tagelöhner und Textilhandwerker waren, bestand ein großer Teil der Belegschaft aus Kindern, die im Alter von 10 Jahren und manchmal sogar früher ihre Arbeit aufnahmen. Noch

Schlafsaal der Kinderarbeiter von Quarry Bank Mill

1837 berichtete eine Kommission der Société Industrielle de Mulhouse, dass Kinder zu «Zwangsarbeit» verpflichtet würden und dass sie «gegen ihren Willen» angestellt seien. Um die Bedingungen zu verbessern, empfahl die Kommission, dass Kinder zwischen 8 und 10 Jahren maximal 10 Stunden am Tag arbeiten sollten; für Kinder zwischen 10 und 14 Jahren sei die tägliche Arbeitszeit auf 12 Stunden und für die 14- bis 16-Jährigen auf 13 Stunden täglich zu begrenzen. Nachtschichten sollten nur für Kinder über 14 erlaubt sein. Einmal in Kraft gesetzt, so hoffte die Kommission, würden diese halbherzigen Maßnahmen das Leben der Kinder verbessern. Dennoch basierte die elsässische Baumwollindustrie weiterhin in einem solchen Ausmaß auf Kinderarbeit, dass die dortigen Unternehmer 1841 energisch gegen die Verabschiedung eines Gesetzes protestierten, das die Beschäftigung von

Kindern weiter einschränken wollte. Während in den bürgerlichen Familien dieser Zeit die Erfindung der «Kindheit» zelebriert wurde, war die Grundlage für den Wohlstand dieser Familien die Ausbeutung von Kindern in den umliegenden Fabriken.[21]

Neben den Kindern waren Frauen, besonders die jungen und unverheirateten, wesentlicher Bestandteil der Arbeiterschaft. Tatsächlich entwickelte sich die Baumwollherstellung im 18. und 19. Jahrhundert zu einer der am stärksten durch Frauen dominierten Fertigungsindustrien. Sowohl im Jahre 1819 als auch 1833 bildeten Frauen die Mehrheit der britischen Baumwollarbeiter. 1835 bestand die Belegschaft der irischen Portlaw Mill bei Waterford zu 64 % aus Frauen, und von diesen Frauen waren zwei Drittel jünger als 21 Jahre. In Kataloniens Baumwollindustrie betrug der Frauenanteil bis zu 70 % zwischen 1841 und 1905. Frauen dominierten die Arbeiterschaft der Baumwollindustrie in ganz Europa und den Vereinigten Staaten. Solch ein Übergewicht an Frauen bedeutete auch, dass die Baumwollindustrie oft weniger wahrgenommen wurde und im Schatten des männlich dominierten Kohlebergbaus, der Eisenerzeugung und der Eisenbahnindustrie stand.[22]

Es überrascht nicht weiter, dass die meisten dieser Frauen aus ländlichen Gegenden stammten. Dies lag zum Teil daran, dass Familien versuchten, ihr Land zu halten, indem sie ihre schwindenden landwirtschaftlichen Erträge durch Lohnarbeit aufbesserten. Außerdem waren in weiten Teilen Europas und Nordamerikas Frauen seit Jahrhunderten für das Spinnen und Weben zuständig gewesen; diese Tendenz blieb auch bestehen, als sich die Arbeit von den Haushalten in die Fabriken und von der Handarbeit hin zur maschinellen Produktion verlagerte.[23]

Aufgrund lange gewachsener Vorurteile und Diskriminierungen war Frauenarbeit wesentlich kostengünstiger. Historiker fanden heraus, dass «Frauen oftmals nur 45 bis 50 % dessen zugestanden wurde, was Männer verdienten». Und Frauen stellten nicht nur billigere Arbeitskräfte dar, sie waren auch weniger in traditionelle Arbeitskulturen eingebunden, welche oftmals die Tätigkeit männlicher Textilhandwerker prägten und eine Basis für den Widerstand gegen die neuen Arbeitsrhythmen der Fabrik bilden konnten. Infolgedessen konnten die Arbeitsrhythmen von weiblichen Angestellten und ihren Kindern leichter an den endlosen Takt der maschinellen Produktion angepasst werden.[24]

Dass Frauen als Arbeitskräfte zur Verfügung standen, war für die frühen Baumwollfabrikanten ein ausschlaggebender Faktor. Dadurch unterschieden sich weite Teile Europas und Neuenglands (und letztlich auch Japans) von vielen anderen Regionen der Welt. Zwar arbeiteten auch andernorts Frauen in der Textilproduktion, aber in Europa und Nordamerika konnten die Frauen schließlich aus ihren Familienhaushalten zu den Fabriken ziehen. Sie heirateten später und konnten sich deshalb vor ihrer Ehe dem Fabrik-Proletariat anschließen. Das war in China zum Beispiel ganz anders. Der Historiker Kenneth Pomeranz hat gezeigt, dass «das chinesische Familiensystem die Migration alleinstehender Frauen in die Städte oder in die Peripherien kaum duldete, bis die Fabriken des 20. Jahrhunderts mit ihren streng überwachten Schlafsälen dies innerhalb der Anstandsgrenzen ermöglichten». Der Soziologe Jack Goldstone folgert, dass diese verschiedenen Frauenrollen erklären, warum die Industrialisierung in Europa voranschritt und in China nicht, trotz Chinas jahrhundertealter Baumwolltraditionen und obwohl es noch in den 1850er Jahren mehr Baumwolle anbaute als die USA.[25]

Zwang und miserable Arbeitsbedingungen

Um Arbeiter zu mobilisieren, sie zu disziplinieren und davon abzuhalten, ihren Dienst in den Fabriken bald nach ihrem Eintritt wieder zu quittieren, wurden in Europa und den USA von den «Herren der Webstühle» aber auch offenkundige Zwangsmittel eingesetzt. Natürlich unterschieden sich diese von jenen der Sklavenhalter, den «Herren der Peitsche». Doch auch die Fabrikbesitzer, deren Investitionen auf dem Spiel standen, scheuten sich nicht, physischen Zwang und körperliche Gewalt auszuüben. Sie taten dies manchmal hinter verschlossenen Türen, aber zunehmend auch mit offener Billigung des Staates. Wie wir gesehen haben, hatten Waisenkinder häufig keine andere Wahl, als unter den repressiven Bedingungen der Baumwollfabriken zu arbeiten. Der belgische Unternehmer Lieven Bauwens setzte «die Insassen des Gefängnisses, dessen Direktor er war», als Weber ein. In Russland scheiterten erste Versuche, Textilfabriken mit Lohnarbeitern zu besetzen, woraufhin sich die Unternehmer behalfen, indem sie «Prostituierte, Kriminelle, Bettler und andere» zur Arbeit zwangen. Einige von ihnen wurden dazu verurteilt, lebenslang in der Industrie zu schuften. In den Vereinigten Staaten zwang man Häftlinge in Maryland, Louisiana und Rhode Island dazu, Baumwolle zu weben. Sogar Textilarbeiter, die einen Lohnarbeitsvertrag abschlossen hatten, wurden oft durch «eine Art von Leibeigenschaft» an die Fabriken gebunden. Über die Leitung von Ludwig Knoops riesiger Krähnholm-Manufaktur schrieb eine estnische Zeitung, sie nehme nicht mehr Rücksicht auf die Menschen «als ein Sklavenhalter auf seine Negersklaven». Die Fabrik hatte ihren eigenen Polizeiapparat, und die Arbeiter wurden regelmäßig auf brutale Weise körperlich bestraft. Auch im mexikanischen Puebla unterlagen die Arbeiter einer strengen Kontrolle. Wenn sie in angegliederten Gebäuden wohnten, war es ihnen oft nicht erlaubt, Besuch von Freunden oder Verwandten zu erhalten, und manchmal war selbst das Lesen von Zeitungen verboten. Im Habsburger Reich ähnelten Baumwollspinnereien Militärkasernen; Arbei-

Die Mobilisierung von Fabrikarbeitern

ter wurden in den Fabriken eingeschlossen und durften diese nur sonntags verlassen.²⁶

In den Regionen der Erde, wo Sklaverei an der Tagesordnung war, spielte die Ausübung körperlicher Gewalt zur Mobilisierung von Arbeitskräften eine noch stärkere Rolle. Besonders in den Amerikas wurden Menschen in großer Zahl dazu gezwungen, für die Baumwollproduktion zu arbeiten. In den Südstaaten von Amerika arbeiteten Sklaven auch in den Textilfabriken – ein System, das eine Historikerin treffend als «gewaltsam erzwungene Proto-Industrialisierung» bezeichnete. So wurde die industrielle Produktion in bestimmten Teilen der Erde auch durch die Sklaverei vorangetrieben.²⁷

Verglichen mit dem Baumwollanbau, gab es in der Baumwollindustrie weltweit jedoch sehr viel weniger körperlichen Zwang bei der Mobilisierung von Arbeitskräften. Sogar in Russland, wo vor der Bauernbefreiung im Jahre 1861 Leibeigene zuweilen gezwungen wurden, in Textilfabriken zu arbeiten, stieg deren Anteil nie auf mehr als 3,3 % der Gesamtbeschäftigten an. Stattdessen waren neue, raffinierte Methoden zur Kontrolle von Arbeitern entwickelt worden, die zwar nicht auf Sklaverei beruhten, manchmal aber von den Systemen der großen Sklavenplantagen inspiriert waren. Der Baumwollfabrikant Samuel Oldknow zum Beispiel versuchte Mitte der 1790er Jahre, die Arbeit seiner Angestellten besser zu überwachen. Anders als das alte Verlagssystem, das Oldknow so gut kannte, war die Fabrik noch Neuland für ihn – und so hatte er mächtig zu kämpfen, um Kontrolle über seine Arbeiter zu gewinnen. Zunächst legte er ein Anwesenheitsbuch an, in dem er systematische Notizen über seine Arbeiter machte. Er unterteilte dieses schmale Buch nach den Räumen seiner Fabrik und listete dann in jedem der Räume alle Arbeiter auf. Er teilte den Tag in vier Phasen ein und verzeichnete, in welchen Phasen welche Arbeiter tatsächlich anwesend waren: Im März 1796 etwa trug er ein: «Mary Lewis, 1, 2, 3, 4; Thomas Lewis 1, 2, 3, 4; Peggy Woodale 1; Martha Woodale 1; Samuel Ardern 3, 4» und so weiter.²⁸

In unserer permanent überwachten Welt erscheinen solche Aufzeichnungen altmodisch, aber wie die Umstellung von der Saisonarbeit auf die Arbeit an Maschinen, so war auch diese Idee der Zeiterfassung neu. Und obwohl sie am ausgefeiltesten auf den Sklavenplantagen angewandt wurde, übernahmen sie mit der Zeit auch Fabriken. Die Mobilisierung einer immensen Zahl von Arbeitskräften durch Lohnzahlungen und die Überwachung ihrer Tätigkeiten, um sicherzustellen, dass sie ihren Aufgaben mit vollem Arbeitseinsatz nachkamen, entwickelte sich erst Schritt für Schritt, und es tauchten immer neue Schwierigkeiten auf. Es erwies sich als problematisch, die Disziplin in den Betrieben aufrechtzuerhalten, oft genügte es nicht, Anwesenheitszeiten in Büchern zu verzeichnen. Und so behalfen sich die Unternehmer häufig, indem sie Bußgelder verhängten, die Arbeiter schlugen oder sie kurzerhand feuerten.

Zwang und miserable Arbeitsbedingungen

Die Arbeitsrhythmen und ihre strenge Überwachung erinnerten zeitgenössische Beobachter an das einzige andere große Arbeitsszenario, das sie kannten – die Sklavenplantage. Dabei entging ihnen allerdings der wahrhaft revolutionäre Charakter dessen, was sich da vor ihren Augen abspielte.[29]

Die Zustände in den Fabriken waren so miserabel, dass Sklavenhalter auf der ganzen Welt die Bedingungen der Sklaven im Vergleich mit den Industriearbeitern als geradezu angenehm beschrieben, was natürlich heuchlerisch und gelogen war, aber trotzdem etwas über die Situation der Industriearbeiter aussagt. In Deutschland etwa waren 14 bis 16 Stunden Arbeit täglich an sechs Tagen die Woche die Regel. In Puebla wurde im Durchschnitt 14,8 Stunden pro Tag gearbeitet, darin eine Stunde Mittagspause. In Frankreich waren die Arbeitstage regulär 12 Stunden lang, allerdings konnten die Unternehmer ihre Angestellten nach Belieben länger arbeiten lassen. In Barcelona wurde die Arbeitszeit in den Textilfabriken erst 1873 auf 12 Stunden festgelegt. Darüber hinaus brachten die Herstellungsprozesse Gefahren aller Art mit sich, und die Maschinen waren ohrenbetäubend laut.[30]

Diese Bedingungen hatten dramatische Auswirkungen auf die Gesundheit der Arbeiter: Als die sächsische Regierung in den 1850er Jahren Soldaten rekrutieren wollte, beurteilte man nur 16 % der Spinner und 18 % der Weber als gesund genug für den Militärdienst. Viele Jahrzehnte lang verkörperte der Lebensstandard dieser neuen Arbeiterschaft in den Baumwollfabriken für die Zeitgenossen all das, was die Industrialisierung an Schlechtem mit sich brachte. «Ich bedaure hinzufügen zu müssen, dass das Elend der werktätigen Armen und im Besonderen der Weber unbeschreiblich ist», berichtete J. Norris 1826 dem britischen Staatssekretär Robert Peel. Tatsächlich stellte eine Studie zu Lebenserwartung und Körpergröße von Fabrikarbeitern in England fest, dass die Industrielle Revolution «keine Steigerung des Nahrungsmittelverbrauchs, keine Erhöhung der Lebenserwartung, keine Verbesserung des Ernährungsstatus oder der Wohnqualität» mit sich brachte. Der Autor kam zu dem Schluss, dass «die Zahlen zur Kindersterblichkeit einer Auswahl von Gemeinden im Kerngebiet der Industriellen Revolution die These stützen, dass eine klare Verbesserung der Lebensqualität englischer Arbeiter und ihrer Familien vor der Jahrhundertmitte offenbar nicht eintrat» und vermutlich bis in die 1870er Jahre hinein auf sich warten ließ. «Es zeigt sich, dass der Pro-Kopf-Verbrauch, angepasst an das veränderte Freizeitverhalten zwischen 1760 und 1830, im Grunde unverändert blieb.» Der amerikanische Arbeiteraktivist Seth Luther berichtete 1833: «… die Folge dieser übermäßigen Schufterei ist, dass das Körperwachstum gehemmt, die Gliedmaßen schwach und mitunter sogar schrecklich deformiert werden.» Obwohl die Löhne kaum zum Überleben ausreichten, suchten die Fabrikbesitzer nach Wegen, immer noch billiger zu produzieren.[31]

Widerstand der Arbeiter

In Anbetracht solcher Bedingungen überrascht es nicht, dass Bauern und Handwerker sich wehrten, zu Fabrikarbeitern gemacht zu werden. Der Widerstand war sowohl individuell als auch kollektiv, wodurch die Proletarisierung zu einem noch langwierigeren, oft gewaltsamen Prozess wurde. Zunächst konzentrierte sich der Unmut der Arbeiter auf die Maschinen selbst. Schon im Zuge der revolutionären Unruhen in Frankreich während der 1780er und 1790er Jahre zerstörten französische Arbeiter Maschinen, welche die Baumwollverarbeitung modernisierten, und bedrohten die Fabrikbesitzer, die hinter dieser Modernisierung standen. 1789 etwa attackierten hunderte von Arbeitern die Textilfabriken der Normandie, des Zentrums der französischen Baumwollindustrie, und zerstörten 700 Spinning Jennies und andere Maschinen. Soldaten und Milizen bekämpften solche Aufstände, jedoch mit gemischtem Erfolg. Dieser Widerstand setzte sich in den 1820er Jahren fort, als französische Arbeiter gegen die Einführung von mechanischen Webstühlen protestierten. Die Oppositionswelle war so stark, die Fähigkeit und Bereitschaft des unerfahrenen Staates, seine modernisierenden Unternehmer zu schützen, hingegen noch so begrenzt, dass einige Fabrikbesitzer beschlossen, den Weg des geringsten Widerstandes zu gehen. Sie schränkten die Anschaffung neuer Maschinen ein, um sich stattdessen auf die gleichwohl arbeitsintensive Produktion qualitativ hochwertiger Waren zu konzentrieren. Die Furcht vor Aufständen wurde für die französischen Unternehmer ein steter Begleiter.[32]

In England war der Industrialisierungsprozess ebenfalls von derartigem Widerstand begleitet. Schon während der 1740er Jahre hatte es Proteste gegen Kays fliegendes Weberschiffchen gegeben; 1753 wurden Haspelmaschinen zum Aufspulen von Baumwollgarn attackiert; 1768/69 randalierten die Arbeiter in Lancashire gegen die Einführung der Spinning Jenny und zerschlugen 1779 verschiedene andere Maschinen. Dieser Maschinensturm verbreitete sich jedoch erst wirklich in den 1810er Jahren. 1826 ging von Manchester eine weitere Welle von Aufständen aus, als sich Weber zusammentaten und drohten, Fabriken anzugreifen, in denen mechanische Webstühle eingesetzt wurden. Am 28. April 1826 berichtete Fred Foster dem Staatssekretär Robert Peel in Manchester «mit großer Genugtuung», dass, nachdem sich die Arbeiter in den Straßen versammelt hatten, «der Riot Act verkündet und die Hauptstraßen durch Militäreinheiten geräumt worden waren».[33]

Auch in anderen Teilen der Welt rebellierten die Arbeiter. In Puebla standen die Gilden der Weber der maschinellen Produktion von Baumwollgarn «extrem feindselig» gegenüber. Fabrikbesitzer, die hartnäckig an dieser Weiterentwicklung festhielten, versteckten ihre Maschinen an einem «geheimen Ort», wo sie

Widerstand der Arbeiter

vor den feindlichen Angriffen der Gilden sicher waren. Ähnliche Unruhen herrschten auch in Veracruz, und 1820 revoltierten die Weber in der Schweiz. Sie forderten das Verbot mechanischer Webstühle und brannten 1832 eine Fabrik in Oberuster nieder. Im niederländischen Tilburg lehnten sich die Arbeiter 1827 gegen die Einführung von Dampfmaschinen auf und warfen die Fensterscheiben des Fabrikbesitzers ein. Und 1844 kam es in Schlesien zum berühmten Weberaufstand.[34]

...

Die weltweite Expansion der mechanisierten Baumwollindustrie beruhte also nicht nur auf der Entwicklung neuer Technologien und der Erschließung von Kapital und Märkten, sondern auch auf der Fähigkeit der Fabrikbesitzer, tausende und schließlich Millionen von Menschen zu Proletariern zu machen – und deren Widerstand gegen die radikal neue Lebens- und Arbeitsweise, die ihnen aufgezwungen wurde, zu brechen. Wie ein Historiker mit Blick auf das im Schwarzwald gelegene Wiesental anmerkte, fand ein Prozess «innerer Kolonialisierung» statt: die Kolonialisierung durch das Kapital und dessen Herrschaft über immer neue Regionen und soziale Beziehungen. Da die feudalen Eliten zusehends schwächer wurden, war ein solcher Wandel in Europa und Neuengland möglich – und die sich konsolidierenden Staaten spielten bei dessen Umsetzung eine bedeutende Rolle.

Tatsächlich wurde der Staat überaus wichtig, um den kollektiven Widerstand der Arbeiter gegen die neuen Rhythmen der Arbeit und des Lebens niederzuschlagen, was erneut zeigt, wie entscheidend die staatliche Macht für den Industriekapitalismus war. Die Regierungen verabschiedeten Gesetze, die alles verboten – von Gewerkschaften über Streiks bis hin zu öffentlichen Versammlungen oder arbeiterfreundlichen politischen Parteien. Die Bemühungen der Arbeiter, ihre Bedingungen zu verbessern, wurden für illegal erklärt. Und es war die staatliche Macht, die in der Phase des «Maschinensturms» umgehend repressiv reagierte: Als in Großbritannien 1811/12 hunderte von Spinnmaschinen zertrümmert wurden, antwortete das Parlament im Februar 1812 mit einem Gesetz, das die Zerstörung von Maschinen zum Kapitalverbrechen erklärte. In den Jahren 1812/13 wurden 30 Maschinenstürmer gehängt, und 1830 kamen weitere 19 an den Galgen. Andere wurden nach Australien verbannt oder inhaftiert. Und der Staat griff bei der Bekämpfung des kollektiven Widerstands der Arbeiter auch auf andere Weise hart durch: Pitts «Two Acts» von 1795 setzten den Grundsatz des *Habeas corpus* in Großbritannien außer Kraft und untersagten alle Versammlungen mit über 50 Teilnehmern, für die zuvor keine Erlaubnis erteilt worden war. Die «Combination Acts» von 1799 und 1800 verboten die Bildung von Gewerkschaften – was zum Beispiel dazu führte, dass John Doherty für den Tatbestand der Mitgliedschaft in der (illegalen) Manchester Cotton-Spinners' Society zu zehn Jahren Zwangsarbeit verurteilt wurde. Der britische Staat, der den Mechanismen, die er zur Sicherung des sozialen Friedens eingeführt hatte, nicht ganz traute, rüstete sich schließlich auch zum Kampf gegen die Arbeiter – allein zwischen 1792 und 1815 wurden 155 Militärkasernen in den Industriegegenden errichtet. Folglich zählten die Fabrikbesitzer zur Niederschlagung von Arbeiterunruhen zunehmend auf den Staat. Dies führte dazu, dass die Fähigkeit der Kapitalbesitzer, Vermögen anzuhäufen, in immer stärkerem Maße von der Durchsetzungskraft der Staaten abhing – deren eigene Macht sich wiederum immer mehr auf die erfolgreiche Industrialisierung gründete.[35]

Erste gewerkschaftliche Organisierung

Die Schwierigkeit, Arbeiter zu Proletariern zu machen, hatte die Abhängigkeit der Unternehmer vom Staat weiter vergrößert, was auf bemerkenswerte Weise zeigt, wie limitiert ihre Macht war. Durch diese Territorialisierung von Kapital und dessen wachsende Bindung an die Staaten wurde es auf der anderen Seite für die Arbeiter schließlich möglich, sich kollektiv zu organisieren, um ihre Arbeits- und Lohnbedingungen zu verbessern. Die Abhängigkeit der Kapitalbesitzer vom Staat sollte schließlich zur stärksten Waffe der Arbeiterschaft werden. Während des gesamten 19. Jahrhunderts erzeugten Gewerkschaften und politische Arbeiterbewegungen trotz vielfältiger Bemühungen zu deren Bekämpfung immer neuen Druck, einen Druck, der die weltweite Baumwollindustrie viele Jahrzehnte später radikal verändern sollte.

Viele Arbeiter lehnten sich schließlich nicht nur gegen die maschinelle Herstellung an sich auf, sondern versuchten zugleich ihre Lebens- und Arbeitsbedingungen innerhalb dieses Produktionssystems zu verbessern. Diese Bemühungen waren zuerst nur zaghaft, aber gewannen schließlich an Stärke und erwirkten tatsächlich höhere Löhne, kürzere Arbeitszeiten und bessere Arbeitsbedingungen. In der ersten Hälfte des 19. Jahrhunderts gab es nur vereinzelte Erfolge, aber der Konflikt zog seine Kreise. Unter den britischen Spinnern waren einige Arbeitervereinigungen bereits vor 1800 entstanden, 1792 schlossen sich die Mule-Spinner von Stockport und Manchester zusammen. 1807 sammelten die Handweber 130 000 Unterschriften zur Durchsetzung dessen, was sie als «gesetzlichen Lohn» bezeichneten. Der erste Streik von Fabrikangestellten in den Vereinigten Staaten fand in Neuengland statt, als die Arbeiterinnen einer Baumwollfabrik in Pawtucket, Rhode Island, 1824 ihre Arbeit niederlegten. Mit den englischen Mule-Spinnern gelangten auch neue Strategien kollektiven Handelns in die Vereinigten Staaten, besonders nach Neueng-

Erste gewerkschaftliche Organisierung

land, und 1858 wurde die Vereinigung der Mule-Spinner von Fall River ins Leben gerufen. Die Angestellten der spanischen Baumwollfabriken gründeten während der 1840er und 1850er Jahre eine Arbeiterbewegung, und im Jahr 1854 kam es dort zum ersten Generalstreik der Spinner. In Frankreich waren die Textilarbeiter an 35 % aller zwischen 1830 und 1847 dokumentierten Streiks beteiligt. Mitunter führten Frauen solche kollektiven Bewegungen an: In Lowell, Massachusetts, etwa gründeten Arbeiterinnen 1844 die Lowell Female Labor Reform Association und kämpften für bessere Arbeitsbedingungen und kürzere Arbeitszeiten. Bereits um die Jahrhundertmitte reagierten die Baumwollfabrikanten auf die Militanz ihrer Arbeiter auch, indem sie ihr Kapital andernorts unterbrachten. Katalanische Unternehmer bildeten vermutlich die Vorhut und verlagerten ihre Produktion in isolierte Fabrikdörfer außerhalb Barcelonas, um den lästigen Streiks ihrer Arbeiter zu entgehen. Das kollektive Handeln der Fabrikarbeiter, genau wie jenes der Arbeiter auf den Baumwollfeldern, veränderte die räumliche Organisation der weltweiten Baumwollindustrie.[36]

Insgesamt zeigt sich, dass die «Nationalisierung» der Kontrolle und der Mobilisierung von Arbeitern (beides wurde tatsächlich zur Staatsangelegenheit) den Arbeitern neue Möglichkeiten eröffnete: Sie konnten ihre Situation verbessern, indem sie an den Staat selbst appellierten und sich auf nationaler, politischer Ebene organisierten. Strafen für die Verletzung von Arbeitsverträgen, die über Bußgelder hinausgingen, wurden zum Beispiel zunehmend untragbar. Als in Großbritannien große Teile der Arbeiterklasse 1867 das Wahlrecht erhielten, forderten Gewerkschaften den Staat auf, die zulässigen Strafmaßnahmen für Vertragsbrüche von Arbeitern zu begrenzen, und 1875 hatten sie mit ihrer Forderung Erfolg. In Deutschland konnte der strafrechtlichen Ahndung von Vertragsbrüchen erst mit der Revolution von 1918 ein Ende gemacht werden.[37] Tatsächlich war das «employment at will», der Grundsatz, dass ein Arbeitsverhältnis jederzeit fristlos kündbar war, das Ergebnis eines jahrzehntelangen Kampfes seitens der Arbeiter und weder eine «natürliche» Folge noch eine Voraussetzung des aufkommenden Industriekapitalismus. In den Fabriken wie auf den Plantagen konnte die Freiheit nur durch die Organisierung und das gemeinsame Handeln der Arbeiter erkämpft werden. Der Arbeitsmarkt, wie er in modernen ökonomischen Lehrbüchern idealisiert wird, war tatsächlich das Ergebnis von Gewerkschaften, Streiks und Aufständen.

...

Das Baumwollimperium gründete sich seit seinen Anfängen in den 1780er Jahren bis 1861 faktisch auf zwei sehr unterschiedliche Formen von Arbeit und auf zwei sehr unterschiedliche Formen der Organisation von Produktion. An der Westküste des Atlantiks hatten sich die betriebsamen, ständig wachsenden und enorm profitablen Sklavenplantagen angesiedelt, der jüngste Auswuchs des dynamischen Kriegskapitalismus, den die Europäer seit dem 16. Jahrhundert vorangetrieben hatten. In Europa selbst, aber auch in Neuengland und einigen anderen Regionen der Erde war gleichzeitig eine beispiellose Form der Organisation von Herstellungsprozessen entstanden: der Industriekapitalismus mit seinen auf Lohnarbeit basierenden, beeindruckend produktiven Spinn- und Webfabriken. Durch die Vermittlung einer Gruppe von Kaufleuten miteinander verbunden, gingen diese beiden Systeme Hand in Hand und arbeiteten einander zu. Das Kapital beförderte die rasche Expansion sowohl der Baumwollplantagen mit ihren Sklaven als auch der Baumwollfabriken mit ihren Lohnarbeitern, indem es das scheinbar gegensätzliche Erbe beider Systeme miteinander verband – bis zu dem Tag, als eines dieser Systeme kollabierte. Als dies einmal geschehen war, als die Sklaverei im Baumwollimperium erloschen war wie eine weit entfernte Supernova, konnte ihr entscheidender Beitrag zum Aufbau des Industriekapitalismus aus unserem kollektiven Gedächtnis verdrängt werden.

Kapitel 8

Die Bildung globaler Netzwerke

Die Glad Tidings, beladen mit amerikanischer Baumwolle, fährt in den Hafen von Liverpool ein, 1865

«Zu den hervorragendsten Erscheinungen der Neuzeit gehört unstreitig die alljährlich fortschreitende Ausdehnung dieses gigantischen Geschäftszweiges, dessen Einwirkung auf die materiellen und socialen Zustände beider Hemisphären so augenscheinlich hervortritt, dass ihre national öconomische Wichtigkeit, die in der Vergangenheit wurzelt, als Entwickelungs-Periode einer besonderen Phase anzusehen ist, deren Umfang bei freiem Verkehr, durch Dampfkraft und Schienenwege begünstigt, das riesige Getriebe der Gegenwart bei weitem überragen dürfte ... Während sich jenseits des Oceans bedeutende, noch vor Kurzem unbebaute Strecken Landes in ergiebige Fluren verwandeln, [was] einer zunehmenden Bevölkerung und wachsenden Cultur Bahn bricht, spendet sie unserem heimathlichen Gebiete den nie versiegenden Quell nationalen Wohlergehens, Lohn und Erwerb, verwerthet große Capitale, wird zum Hebel eines großartigen Austausches, welcher die Erzeugnisse aller Zonen dem Bedarf entgegenführt, und vereint die verschiedenartigsten Richtungen der Thätigkeit, Rohstoffe in veredelte zu verwandeln.»

Neue Bremer Zeitung, 6. Januar 1850.[1]

Epizentrum Liverpool

Für Walter Benjamin und viele andere Intellektuelle war Paris die Hauptstadt des 19. Jahrhunderts. Für Baumwollmagnaten war das wahre Zentrum der Welt aber Liverpool. Die Stadt im regnerischen Nordwesten Englands, wo der Mersey in die Irische See mündet, entwickelte sich zu spektakulärem Wohlstand und Einfluss. An einem der wichtigsten Kreuzungspunkte des Welthandels sammelten die Kaufleute der Stadt beispiellosen Reichtum an, indem sie die junge europäische Industrie mit dem immer kriegerischeren und größeren Hinterland des Baumwollimperiums verbanden. In Liverpool berührten sich Industriekapitalismus und Kriegskapitalismus; seine Kaufleute übertrugen die Logik des einen auf den anderen und verwandelten dabei beide. Das Genie der Liverpooler Kaufleute lag in ihrer Fähigkeit, Faktoren zu verbinden, die oft als antagonistisch galten: Lohnarbeit und Sklaverei, Industrialisierung und Deindustrialisierung, Freihandel und Empire, Gewalt und Vertrag. Sie machten den Kapitalismus vollständig.

Liverpool war kein Touristenmagnet. «Die größten Sehenswürdigkeiten von Liverpool sind ohne Zweifel die ausgedehnten Docks», bemerkte ein Zeitgenosse trocken. Schon 1832 erstreckten sich Docks und Hafenmauern über eine Länge von etwa 4 Kilometern, an denen Kais, Lagerhäuser und ein «Wald von Schiffsmasten» lagen. Jenseits des Mersey lag die Irische See und dahinter der Atlantik, und an den Westküsten dieses Ozeans wurde der Großteil der international gehandelten Baumwolle angebaut. Tausende von Schiffen liefen jedes Jahr mit fest gepressten Baumwollballen ein. Tausende von Arbeitern, häufig irische Einwanderer, entluden die Schiffe und brachten die Ballen in Lagerhäuser. Von dort wurden sie mit Kanalbooten und nach 1830 mit der Eisenbahn in die 30–80 Kilometer entfernten Spinnereien von Lancashire gebracht, einige Ballen aber auch auf anderen Schiffen in verschiedene europäische Häfen, von wo erst Wagen und später Züge die zunehmende Zahl von Spinnereien auf dem Kontinent belieferten. Der Hafen war kein technisches Wunderwerk, sondern vor allem ein Schauplatz schwerster körperlicher Arbeit. Tausende von Arbeitern versammelten sich jeden Morgen vor Sonnenaufgang auf den regnerischen Straßen Liverpools und hofften, einen Tag lang angestellt zu werden, um über 200 Kilogramm schwere Baumwollballen umzuschlagen, eine gefährliche Arbeit über viele Stunden für wenig Lohn.[2]

Der Hafen von Liverpool war das Epizentrum eines weltumspannenden Imperiums. Seine Kaufleute schickten Schiffe um die ganze Welt, meist unter Segeln, aber ab der Jahrhundertmitte auch immer häufiger Dampfschiffe. Die Kapitäne dieser Schiffe hatten mit stürmischer See, rebellischen Mannschaften, Krankheiten und Schwankungen des Handels zu kämpfen. Jedes Mal, wenn

James Brown, der Kapitän eines Liverpooler Baumwollschiffs, Anfang der 1840er Jahre in New Orleans einlief, vergeudete er Wochen mit dem Ringen, Baumwollballen für sein Schiff zu bekommen. Die Transportkosten änderten sich ständig, denn leer im Hafen liegende Schiffe bedeuteten starke Konkurrenz. Aus Liverpool erhielt er Nachrichten über den Markt, die nicht selten abrupte Preisveränderungen der Baumwolle auslösten und seine Abfahrt weiter verzögerten. «Ein Teil der Mannschaft ist weggelaufen», schrieb er in einer seiner vielen Beschwerden; «Wirbelstürme» und «Berichte über Freibeuter» beunruhigten ihn zusätzlich.[3]

Während im Hafen die Muskelarbeit regierte, war das Zentrum des Nervensystems von Liverpool die Baumwollbörse, deren Akteure eng beieinander lebten und arbeiteten. Jeden Morgen kamen die Kaufleute der Stadt zusammen, um auf einem Platz im Zentrum zu handeln. Der Baumwollmakler Samuel Smith erinnerte sich: «Bei jedem Wetter, kalt und nass, winters wie sommers, standen wir draußen und nahmen manchmal Zuflucht unter den Arkaden, wenn Regen und Kälte unerträglich wurden.» Erst nach 1809, als ein stattliches Börsengebäude im Stadtzentrum errichtet wurde, zogen die Baumwollhändler nach drinnen. Der Verkaufssaal, wo sich Käufer und Verkäufer in einem geräuschvollen und scheinbar chaotischen Tanz trafen, war eindrucksvoll: «Kein Ort auf der Welt bietet einen so eleganten und bequemen Rahmen für die Zwecke einer öffentlichen Börse wie dieser …, binnen weniger Minuten … werden hier Verkäufe von sehr großem Umfang getätigt», berichtete ein Zeitgenosse.[4]

Dank ihrer Vielseitigkeit wurden die Kaufleute der Stadt die Impresarios eines weltumspannenden Netzwerks von Baumwollanbau, -verarbeitung und -verkauf. Am anderen Ende der Welt, auf der Apollo-Werft in Bombay, warteten Händler nervös auf Neuigkeiten «aus Liverpool». Für viele Sklavenhalter auf Plantagen im ganzen amerikanischen Süden wurden die «Liverpooler Preise» geradezu zur Obsession. Ob Ellen Hooten und hunderttausende anderer Textilarbeiterinnen und -arbeiter Beschäftigung fanden oder nicht, bestimmten ebenfalls die «Liverpool prices». Wenn die Preise in Liverpool stiegen, entschieden Pflanzer in Louisiana sich möglicherweise dafür, neues Baumwollland zu kaufen, und Sklavenhändlern erschien es dann profitabel, junge Sklaven zu Tausenden in diese neuen Gebiete zu bringen. Nachrichten aus Liverpool konnten einmal bewirken, weitere amerikanische Ureinwohner aus ihren angestammten Gebieten zu vertreiben, ein andermal Investitionen in indische Eisenbahnen anregen, und wieder ein andermal eine Familie in der Schweiz, in Gujarat oder Michoacán dazu bringen, das Spinnen und Weben ganz aufzugeben.[5]

Wie keine andere Stadt konzentrierte Liverpool an der Wende vom 18. zum 19. Jahrhundert alle Kernfunktionen des globalen Baumwollhandels: Seine Kaufleute handelten mit Rohbaumwolle, verschifften Baumwollprodukte und finanzierten Baumwollanbau ebenso wie Textilfabrikation. Andere Städte waren spezialisierter; so betreiben Händler in New Orleans, Alexandria und Bombay den Verkauf von Rohbaumwolle, während Kaufleute in Bremen und Le Havre sie importierten. In New York und London konzentrierte man sich auf die Finanzierung des Handels. Und weit verstreute Händler von Buenos Aires bis Pernambuco, von Hamburg bis Kalkutta erhielten Garn- und Stoffladungen und vertrieben sie in ihrem Hinterland.

Keine dieser Städte konkurrierte aber ernsthaft mit Liverpool. Die Kanäle, die das Baumwollimperium verbanden, waren nicht gleichmäßig über die Welt verteilt. Während Liverpool an einem reißenden Strom von Handel und Informationen lag, der es mit vielen Orten verband, gab es für Städte im Hinterland von Mississippi oder für Buenos Aires nur eine langsame, sanfte Strömung und Verbindungen zu wenigen Orten. Ganz am Anfang oder am Ende einer «Rohstoffkette» zu stehen, war also meist eine Position relativer Schwäche. Dass der Fokus des Baumwollnetzwerks auf einer einzigen Stadt lag, löste ältere Baumwoll- und Handelsnetzwerke in Städten wie Ahmedabad, Surat oder Oaxaca ab und führte zu dramatischen Verschiebungen im globalen Machtgefüge. Die Hoffnung auf Profit forderte die ungehemmte Transformation der globalen Landwirtschaft, um immer mehr Arbeitskräfte und Ressourcen für die Baumwollproduktion zu mobilisieren und Märkte zu schaffen. Doch trotz der Allgegenwart des Liverpooler Kapitals und seiner Kaufleute sahen diese miteinander verbundenen Transformationen im Schwarzwald, in Bombay oder am Mississippi sehr unterschiedlich aus – die wachsende Unipolarität des Baumwollimperiums ging einher mit und zog seine Stärke aus der Diversität seiner lokalen Erscheinungsformen.

Die Netzwerke der Kaufleute

Obwohl die Liverpooler Kaufleute im Zentrum dieses neuen Baumwollimperiums standen, waren sie doch nur eine von vielen Gruppen im globalen Baumwollhandel. Gemeinsam koordinierten diese Händler die Anstrengungen hunderttausender Sklaven, Bauern und Pflanzer, die auf großen und kleinen Farmen in vielen Weltgegenden Baumwolle anbauten. Gemeinsam brachten sie das Rohmaterial an die tausende von Fabrikanten, die wiederum Garn und Stoffe zu den Märkten und Geschäften schickten, die sie schließlich an Millionen Konsumenten verkauften. Diese Kaufleute transportierten die Ware von einem Pflanzer aus Mississippi oder einem Bauern aus Gujarat zu einem Weber in Oldham oder Zwickau, von Fabrikanten in Manchester zum Basar von Istanbul, von den Fabriken in Mulhouse zu den Kurzwarenläden in New York. Kaufleute hielten den Warenfluss in Bewegung: Kommisionäre streckten Kapital vor, damit Pflanzer auf Barbados Baumwolle anbauen konnten. Exporteure sammelten Baumwolle von zahlreichen Produzenten ein; Importeure bereiteten die Ballen für den Transport vor, versicherten ihn und schickten Schiffe über die Ozeane. Makler boten den Fabrikanten Baumwolle an und übermittelten Marktinformationen vom Basar zur Fabrik, von der Fabrik zum Hafen und vom Hafen zur Plantage. Händler verkauften das Garn und die Stoffe, die aus den immer effizienteren Fabriken kamen, an immer mehr Konsumenten auf der ganzen Welt. Obwohl sie in seltenen Fällen auch Plantagen oder Fabriken besaßen, waren Kaufleute eher unabhängige Vermittler.

Überall verkörperten Kaufleute diese Netzwerke, die auf Kredit, Handel, Informationen, Vertrauen, sozialen Verbindungen und dem nie endenden Profitstreben aufgebaut waren. Noch nie zuvor hatte eine Industrie die Aktivitäten so vieler Produzenten, Fabrikanten und Konsumenten über so weite Entfernungen miteinander verbunden. Aber weder Bauern noch Plantagenbesitzer oder sogar reiche Fabrikanten konnten die Kanäle offen halten, auf denen ihr Einkommen beruhte. Nie zuvor hatten man daher so dringend Kaufleute gebraucht, deren Fähigkeit, die radikale räumliche Neugestaltung der wichtigsten Industrie der Welt zu organisieren, etwas ebenso Neues war wie die greifbareren Maschinen und die neue Arbeitsorganisation, die den Erdball seit den 1780er Jahren überzogen.[6] Das Kapital der Kaufleute und die institutionellen Strukturen, die sie schufen, setzten in großen Teilen der Welt die neuen Rhythmen der industriellen Produktion durch. Indem sie den scheinbar unüberwindlichen Graben zwischen der Sklavenplantage und der Fabrik voller Lohnarbeiter überbrückten, schufen sie den modernen Kapitalismus.

Diese Kaufleute machten den Handel mit Baumwolle und Baumwollprodukten zu einer der wichtigsten Handelssparten des 19. Jahrhunderts. Von 1800 bis 1860 wuchs die Menge der zwischen den USA und England gehandelten Rohbaumwolle, der bei weitem wichtigste Strom, um das 38-Fache; im selben Zeitraum wuchs die (geringere) Menge zwischen den USA und dem europäischen Kontinent um das 138fache. Ägypten exportierte 1860 14-mal mehr Baumwolle als 1822. Die Importe in Frankreichs wichtigstem Baumwollhafen Le Havre stiegen zwischen 1815 und 1860 fast um das Dreizehnfache. Und neben dem Handel mit Rohbaumwolle explodierte auch der mit Baumwollprodukten: Fast 159 000 Kilogramm Garn exportierte England 1794, 1860 war es 563-mal so viel. Andere Rohstoffsparten boomten in dieser Zeit ebenfalls, aber nicht gleich stark, so versiebenfachten sich die brasilianischen Kaffee-Exporte zwischen 1820 und 1860. Die großen Volkswirtschaften der Welt waren von diesem Handel abhängig. Frankreichs wichtigstes Exportgut waren Textilien, meist aus Baumwolle. Zwischen 1800 und 1860 machten Baumwollprodukte 40–50 % der gesamten britischen Exporte aus. Rohbaumwolle war auch das wichtigste Exportgut der USA. 1820 lag dessen Wert bei 22 Millionen Dollar, bei Tabakblättern waren es 8 Millionen und bei Weizen weniger als 500 000 Dollar. 1860 hatte der Wert der Tabakexporte sich verdoppelt, der Weizenexport sich verachtfacht, aber der Baumwollexport sich auf 192 Millionen Dollar nahezu verneunfacht; er machte nun fast 60 % aller Exporte aus.[7]

Kaufleute – ob Verkäufer oder Makler, ob Agenten, Importkaufleute oder Kommissionäre – erkannten klar die großen Profitchancen in diesem gewaltigen neuen Handel. Unterschiedliche Gruppen verdienten bei den notwendigen Transaktionen, um die Baumwolle von der Plantage zum Konsumenten zu bringen.[8] Kommissionen, Zinsen und Honorare für Leistungen füllten ihre Geldtruhen. Manche wurden dabei märchenhaft reich, zum Beispiel die Rathbones in Liverpool, die Barings in London, die Rallis in London, Bombay und anderswo, die Volkarts in Winterthur, die Siegfrieds in Le Havre, die Wätjens in Bremen, die Forstalls in New Orleans, die Browns in New York, die Cassevettis in Alexandria und die Jejeebhoys in Bombay. Zusammen mit tausenden weniger wohlhabenden Baumwollkaufleuten, deren Namen weitgehend vergessen sind, schufen sie neue Kapitalräume. Sie bildeten den Markt, sie waren seine sichtbare Hand.

...

Damit das Bündnis zwischen Sklaverei und Industrie Erfolg haben konnte, galt es zunächst, den Rhythmus der maschinellen Produktion und des Industriekapitalismus auf die globale Landwirtschaft zu übertragen. Es herrschte vor dem 19. Jahrhundert kein Mangel an Visionären, aber niemandem war es bislang gelungen, das Potenzial des Hinterlands und der Konsumenten über so große Entfernungen auszuschöpfen. Der Prozess, durch den die Kaufleute das erreichten, war überaus kompliziert – tatsächlich beruhte er auf einem Netzwerk von Akteuren, deren Blickfeld oft recht provinziell blieb, und die manchmal nicht mehr taten, als die Logik des Industriekapitalismus einen Schritt näher zu den ländlichen Baumwollproduzenten zu bringen. Indem sie verschiedene Orte und verschiedene Phasen der Baumwollproduktion miteinander verbanden, schufen Kaufleute etwas Neues. Sie nutzten zum ersten Mal in der Weltgeschichte das ganze Spektrum der Arbeitsformen, ein Kennzeichen des sich herausbildenden Kapitalismus: Sklaven bauten die Baumwolle an, Lohnarbeiter stellten Garn her, Sklaven und Lohnarbeiter entkörnten die Baumwolle, pressten sie zu Ballen und verluden diese. So halfen sie Europa, seine Ressourcenknappheit zu überwinden. Die Tätigkeit dieser Kaufleute mit all ihren alltäglichen und scheinbar unwichtigen Handlungen zu betrachten, hilft uns dabei, das Rätsel zu lösen, wie Kriegs- und Industriekapitalismus sich verbanden. Wir haben gesehen, wie der Kriegskapitalismus den Aufstieg der Industrie beförderte – hier können wir beobachten, wie die Industrie ihren Rhythmus auf die globale Landwirtschaft ausdehnte.

Baumwollmakler

Dieses globale System entstand nicht aus einer zentralen, imperialen Direktive, sondern durch unzählige Akteure, die oft sehr lokale Probleme durch ebenso lokale und vielgestaltige Verbindungen lösten. Manche Kaufleute konzentrierten sich auf den Transport der Baumwolle von den Plantagen zu den Häfen, andere auf den Überseehandel, wieder andere auf den Verkauf der Rohbaumwolle an Fabrikanten oder von Garn und Stoffen an einheimische Großhändler. Einige spekulierten mit dem Export von Baumwollprodukten, andere vertrieben sie in einem bestimmten Land oder einer Region. Meistens konzentrierten sie ihren Handel auch auf eine Region und wurden Experten darin, bestimmte Teile der Welt mit anderen zu verbinden.

Das drängendste Problem, das die Kaufleute zu lösen halfen, war die Belieferung der Fabrikanten mit Rohbaumwolle. Da Ausmaß und Effizienz der Produktion zunahmen und Baumwolle nicht in der Nähe der Fabriken wuchs, brauchten Spinnereibesitzer Hilfe bei der Sicherung immer größerer Lieferungen aus den entferntesten Gegenden der Welt. Während der 1760er, 1770er und 1780er Jahre kauften die meisten diese Baumwolle von Verkäufern in den Textilregionen selbst. 1788 zählte etwa Manchester 22 solcher Verkäufer, die die Baumwolle entgegennahmen und den Fabrikanten Kredit gaben, damit diese sie kaufen konnten.[9] Diese Verkäufer wiederum erwarben die Baumwolle zunächst von Liverpooler Kaufleuten, die sich im 18. und frühen 19. Jahrhundert meist noch nicht auf Baumwolle spezialisiert hatten und das «weiße Gold» als eine unter vielen Waren anboten.

Als der Umfang des Baumwollhandels in den ersten Jahrzehnten des 19. Jahrhunderts aber dramatisch anstieg und Fabrikanten neue Ansprüche an Qualität und Preis stellten, ließen sie diese fast gemütliche Welt hinter sich. Sie wandten sich jetzt nicht mehr an Verkäufer, sondern an Makler. Diese kauften die Baumwolle nicht selbst; vielmehr berechneten sie eine Kommission für das Makeln von Geschäften zwischen Importkaufleuten und Fabrikanten. Damit konnten Fabrikbesitzer nicht nur die Baumwolle kaufen, die ihre Händler gerade besaßen, sondern alle Baumwolle, die in Liverpool zu haben war. Die Makler halfen ihnen, sich unter den angebotenen Baumwollsorten zurechtzufinden und die Qualitäten zu kaufen, die sie für bestimmte Herstellungsprozesse brauchten. Sie stellten eine direktere Verbindung zwischen Fabrikanten und Baumwollimporteuren her und organisierten auch den Markt, indem sie Regeln und Vorschriften erließen, Informationen weitergaben und Schlichtungsverfahren anboten. Makler «brachten das technische Wissen der Industrie nach Liverpool», wie ein Forscher schreibt, «und auch eine neue Art von administrativer Kompetenz und Effizienz, um die Probleme eines nahezu neuen Handelszweigs zu lösen».[10]

1790 gab es vier spezialisierte Baumwollmakler in Liverpool. 1860 arbeiteten schon 322 Makler in der Stadt. Sie operierten meist als kleine Familienunternehmen und hatten unterschiedliche Vorgeschichten. Manche waren früher Händler gewesen, andere Spinner, wieder andere Importkaufleute. Solche Erfahrungen mit dem Fabrikwesen erlaubten es den Maklern, die besonderen Bedürfnisse der industriellen Produktion zu verstehen. Schließlich spezialisierten sich diese Makler noch weiter, etwa als Einkaufsmakler, die Baumwolle für Fabrikanten kauften, oder als Verkaufsmakler, die Baumwolle für Importkaufleute verkauften.[11]

Dank dieser Veränderungen brauchten Fabrikanten nun nicht mehr selbst das Baumwollangebot zu prüfen. Hatten sie zu Beginn des Jahrhunderts noch persönlich die angebotene Ware inspiziert, so teilten sie ihre Bedürfnisse nun Maklern mit, die das Gewünschte suchten. Da die Fabrikanten immer mehr darauf spezialisiert waren, bestimmte Sorten von Garn und Textilien zu produzieren, und immer unterschiedlichere Baumwollsorten brauchten, war es ihnen unmöglich, diese selbst auf dem Markt zu kaufen. Fabrikanten waren vom ständigen Strom des Rohmaterials in ihren Unternehmen abhängig, und die Makler garantierten diesen Nachschub.

Durch das Maklerwesen änderte sich das Prozedere des Baumwollverkaufs. Im ganzen 18. und in den ersten Jahren des 19. Jahrhunderts war Baumwolle als «greifbarer» Rohstoff gehandelt worden. Man kaufte und verkaufte einzelne Baumwollsäcke und hatte es mit einer verwirrenden Menge von Sorten aus verschiedenen Weltregionen und von unterschiedlicher Qualität zu tun – lang- oder kurzstapelig, von unterschiedlicher Farbe, Elastizität und Sauberkeit der Fasern. Dem Käufer war es möglich, jede Lieferung zu einem bestimmten Produzenten zurückzuverfolgen. Der Liverpooler Baumwollmakler Thomas Ellison bemerkte im Rückblick: «Bis zum Anfang dieses Jahrhunderts war es für den Verkäufer üblich, dem Käufer die Firmenzeichen, den Schiffsnamen und den Lagerplatz der Baumwolle, die er anbot, zu nennen, damit der Käufer ins Lagerhaus gehen und die Ballen selbst untersuchen konnte.»[12] Die enorme Sortenvielfalt der Baumwolle wurde so durch den Handel erhalten, und jeder Makler handelte mit Baumwolle, die er gesehen und berührt hatte.

Als der Baumwollhandel in den ersten Jahrzehnten des 19. Jahrhunderts explodierte, stieß dieses System an seine Grenzen. Unter dem Bedarfsdruck der Fabrikanten suchten die Makler, die durch den Liverpooler Hafen hetzten, neue logistische Lösungen. Zunächst hörten sie auf, jeden Sack selbst zu prüfen, und kauften stattdessen anhand von Proben.[13] Ein kleines Faserbündel wurde aus jedem Ballen gezogen und auf dieser Grundlage ein Preis bestimmt und ein Verkauf getätigt. Im Unterschied zu den Ballen ließen sich diese Proben leicht herumtragen oder sogar verschicken. In einem zweiten Schritt entwickelten Makler klare Standards und ein präzises Vokabular für die Baumwolle; schließlich kauften Fabrikanten die Baumwolle, ohne Ballen oder auch Proben zu untersuchen. Sie orderten nicht mehr einen bestimmten Ballen von einem bestimmten Produzenten, sondern eine bestimmte Qualität.

Qualitätsstandards und Terminhandel

Natürlich gibt es bei Baumwolle große Unterschiede in Grad, Stapel und Eigenschaften. 1790 hatten Händler jedoch noch keine Qualitätsstandards geschaffen, obwohl für andere Waren wie Zucker und Kaffee bereits Standards wie «mittel» oder «gut» allgemein benutzt wurden. Baumwollstandards entstanden langsam und in einem etwas chaotischen Prozess erst zu Beginn des 19. Jahrhunderts. 1796 wurden in Charleston «Georgia-Baumwolle» und Hochland-Baumwolle zum ersten Mal als unterschiedliche Kategorien genannt, und 1799 wurde in Philadelphia «Georgia-Tennessee-Baumwolle» erwähnt, beide waren noch Herkunftskategorien. 1804 listeten Händler in Charleston aber «einfache Baumwolle» auf, aus der 1805 «einfache Hochlandbaumwolle» wurde. Im selben Jahr wurde Sea Island-Baumwolle in «erstklassig», «gut», «befriedigend», «mittel» und «minderwertig» eingeteilt. Der *Tradesman* sprach 1809 bereits von «mittelguter Baumwolle», 1815 wurde in New Orleans die Bezeichnung «erstklassig» benutzt, zwei Jahre später wurde «erste Qualität» gelistet, und 1818 gab es in Charleston «mittlere Baumwolle», auf die 1822 in New Orleans «Baumwolle erster Wahl» und 1823 «zweiter Wahl» folgten. Das *London Magazine* verwendete diese Kategorien ab 1820, und in diesem Jahrzehnt wurden sie allgemein gebräuchlich. Sie waren zunächst noch weitestgehend unverbindliche Konventionen zwischen Kaufleuten, die sich weder präzise definieren noch durchsetzen ließen. Aber sie bildeten die Grundlage für die späteren durchsetzbaren Standards, ohne die ein so umfangreicher Handel mit Rohstoffen über weite Entfernungen kaum möglich gewesen wäre – die Vielfalt der Natur musste destilliert und klassifiziert werden, damit sie zu den Bedürfnissen der industriellen Produktion passte.[14]

Damit die Käufer die Qualität der gekauften Baumwolle verifizieren konnten, schufen Liverpools Makler Regeln und Mechanismen zur Durchsetzung der Standards. Sie waren Pioniere. Und die Fähigkeit, diese Standards durchzusetzen, bündelte die Macht des Baumwollimperiums noch weiter in Liverpool. Zunächst waren ihre Regeln und Vorschriften informell, sie wurden nicht niedergeschrieben und freiwillig eingehalten. Als der Handel expandierte, forderten Kaufleute in entfernten Häfen und Fabrikanten jedoch «dauerhaft gültige Regeln» – Standards, die von Institutionen geschützt wurden. Daraufhin gründeten Makler 1841 die Liverpool Cotton Brokers' Association, die umgehend eine Resolution verabschiedete, dass alle durch Warenproben verkaufte Baumwolle dem versprochenen Standard entsprechen musste. 1844 definierte sie Standards für «befriedigende» und «mittlere» Baumwolle. 1846 schlug die American Chamber of Commerce Liverpool (1801 von Liverpooler Kaufleuten, die mit den USA handelten, gegründet) den Maklern vor, «Proben der verschiedenen Sorten amerikanischer Baumwolle nehmen zu lassen und der Amerikanischen Handelskammer zur Verfügung zu stellen, um einen Standard für alle Fragen der Baumwollqualität zu schaffen».[15] Der Baumwollmarkt war also keine spontane Interaktion nutzenmaximierender Einzelpersonen, sondern eine kollektiv geschaffene Institution.

Sobald diese Standards formalisiert waren, bemühten sich Liverpooler Kaufleute darum, sie international zu verbreiten. 1848 einigten sich die Handelskammer von New Orleans und die Amerikanische Handelskammer in Liverpool darauf, gemeinsame Standards für «mittlere + gewöhnliche Baumwolle aus New Orleans und Alabama» festzulegen. Als Ergebnis von kollektiv artikulierten Konventionen entstand ein moderner Baumwollmarkt – dessen Kern eine Assoziation privater Kaufleute in Liverpool wurde. Schritt für Schritt veränderte also das Kapital die Art, wie die Baumwollpflanze gesehen wurde; bald veränderte es auch die Pflanze selbst.[16]

...

Baumwollstandards entstanden Hand in Hand mit einer weiteren Erfindung bzw. machten diese erst möglich: Handel mit noch nicht gelieferter Baumwolle. Dazu mussten Informationen und Proben schneller reisen als die Ballen selbst, was in den 1810er Jahren möglich wurde. Von da an konnte Baumwolle verkauft werden, bevor sie im Hafen eintraf und geprüft worden war. Schon 1812 handelten Makler mit Baumwolle, die sich noch auf hoher See befand. Diese Art Handel nahm in der ersten Hälfte des 19. Jahrhunderts zu, als «Frachtbriefe» – Dokumente, die die Eigentümerschaft an bestimmten Baumwollballen bestimmter Standards auswiesen – gehandelt werden konnten, bevor das Schiff im Hafen lag. Als 1858 die American Chamber of Commerce Liverpool explizit solche «Termin»-Verträge regelte, begann laut dem Handelshaus Baring die weltweite «Hypothekisierung von Ladedokumenten».[17]

Eine Zeit lang bezog sich der Verkauf auch bei späterer Lieferung immer noch auf die Lieferung eines ganz bestimmten Baumwollballens. Aber nach und nach wurde diese Verbindung schwächer. Manche Baumwolle, die verkauft wurde, war noch nicht verschifft, andere würde erst in vielen Monaten auf den Markt kommen oder war noch nicht einmal angepflanzt. Eine solche zunehmende Abstrahierung des Handels blühte während des amerikanischen Bürgerkriegs auf, als echte Termingeschäfte entstanden. Die stetige Nachfrage der Industrie förderte eine immer größere Abstraktion ihres unverzichtbaren Rohmaterials. Der unerbittliche Druck der kapitalintensiven Fabrikproduktion näherte sich auf solch subtile Weise dem Baumwollanbau und zwang der Logik der Natur die Logik des Kapitals auf.[18]

Importeure

Die Kette von der Fabrik zur Plantage hatte aber noch viele andere Glieder. Die Liverpooler Makler teilten den Bedarf der Fabrikanten einer weiteren mächtigen Gruppe von Baumwollhändlern mit: den Importeuren. Im Gegensatz zu den Maklern engagierten diese sich im Überseehandel, organisierten viel größere Warenströme mit viel größeren Profitchancen und hatten ihre eigene Geschäftslogik. Seit dem späten 18. Jahrhundert gab es in Liverpool und im französischen Le Havre solche Händler, die sich auf den Import von Baumwolle spezialisierten, im 19. Jahrhundert dann auch in Bremen. Sie kauften Baumwolle im Ausland oder verschifften sie für eine Kommission (ohne zu Besitzern der Ware zu werden) aus fernen Häfen nach Europa.[19] Mehr als alle anderen verbanden sie die Produzenten auf dem Land mit dem dynamischsten Produktionssektor, den die Welt je gesehen hatte. Zunächst trugen sie zur Blüte der Sklaverei in Louisiana und Brasilien bei, später ermutigten sie jedoch auch indische Bauern, Baumwolle für die Überseemärkte anzubauen, und Muhammad Ali Pascha, aus seiner Herrschaft über die ägyptischen Bauern Profit zu schlagen.

Natürlich waren Liverpooler Kaufleute die weltweit wichtigsten Baumwollimporteure. Mitte des 18. Jahrhunderts hatten sie die erste Baumwolle in den Hafen gebracht; 1799 trafen hier 50 % aller britischen Baumwollimporte ein (der Rest vor allem in London), und Ende der 1830er Jahre waren es 89 %. Liverpooler Kaufleute beherrschten den globalen Baumwollmarkt in einer Weise, wie es seitdem nur wenigen Händlern auf irgendeinem Markt gelungen ist. Ihr Erfolg hatte mehrere Gründe. Zunächst verschaffte die zentrale Stellung Liverpools im transatlantischen Sklavenhandel ihnen eine gute Ausgangsposition. Baumwolle kam ursprünglich genau wie Zucker, Tabak und andere Waren als Fracht auf der Rückfahrt von den karibischen Inseln – eine der Seiten des Dreieckshandels. Liverpool kontrollierte bis zu 85 % des britischen Sklavenhandels, und bei dessen Abschaffung 1807 war über ein Viertel seiner Schiffskapazitäten für Sklaven bestimmt. Da Baumwolle immer häufiger über den Atlantik statt über das Mittelmeer kam, war Liverpool in einer günstigen Lage, um daraus Gewinn zu ziehen. Die Stadt profitierte außerdem von ihrer Nähe zu den Textilbezirken in und um Manchester, und durch Kanalbau. Arbeiten am Fluss Mersey und eine der ersten Eisenbahnen der Welt 1830 verbesserte sich die Verbindung rasch. So konnte Liverpool von den institutionellen Innovationen seiner Kaufleute profitieren.[20]

Eine sorgfältige Studie zum Liverpooler Baumwollimport ergab, dass dort 1820 nicht weniger als 607 Kaufleute Baumwolle importierten. Dieselbe Studie zeigt aber auch, dass die Zahl der Kaufleute, die regelmäßig (mehr als sechsmal pro Jahr) Baumwolle besorgten, relativ klein war: 1820 waren es 120 Händler. Das Importgeschäft bestand also aus einer großen Zahl von Kaufleuten, die gelegentlich kleine Mengen Baumwolle nach Liverpool brachten, und einigen wenigen, die regelmäßig mit vielen Ballen handelten. Als im zweiten Viertel des 19. Jahrhunderts die Gewinnmargen fielen, konsolidierte sich die Kaufmannschaft weiter. 1820 hatten die zehn führenden Händler 24 % der gesamten Baumwollmenge nach Liverpool importiert und die wichtigsten 30 Händler zusammen 37 %. 1839 waren diese Anteile auf 36 % bzw. 60 % gestiegen. Um eine konkrete Menge zu nennen: Im selben Jahr importierte die größte Baumwollfirma in Liverpool über 50 000 Ballen.[21]

Die großen Firmen machten bedeutende Gewinne durch die Spezialisierung und Intensivierung ihres Baumwollhandels. Die Familie Rathbone, eine der größten Handelsfirmen der Stadt, war im 18. Jahrhundert zum Baumwollhandel gekommen (sie hatte Samuel Greg beliefert, als er die Quarry Bank-Fabrik eröffnete) und ergänzte damit zunächst ihren traditionellen Handel mit Bauholz, Salz und Tabak, bis sie diesen 1830 ganz aufgab. Wie viele andere Kaufleute erwarben die Rathbones Baumwolle durch Agenten in den südlichen Häfen der USA, die auf ihre Rechnung kauften oder ihnen die Ware auf Kommissionsbasis schickten. Die Gewinne waren hoch: 1849–1853 verdienten die Rathbones 18 185 Pfund im Baumwollhandel, 1854–1858 waren es 34 983 Pfund – in einer Zeit, als ein Arzt rund 200 Pfund im Jahr verdiente. Die Baumwollprofite aus nur fünf Jahren konnten ein großes und komplett eingerichtetes englisches Herrenhaus auf dem Land finanzieren; im Lauf des 19. Jahrhunderts entstanden immer mehr solcher Häuser um Liverpool herum.[22]

Der Weg der Rathbones von ihrem früheren Handel mit anderen Rohstoffen zum Baumwollhandel war typisch für die großen Überseehändler des 19. Jahrhunderts. Doch es gab noch einen anderen Weg. Die, deren Wohlstand oder Erfahrungen nicht aus diesem Handel selbst stammten, sahen Baumwolle als vielversprechende Art der Diversifizierung. Das Geschäft damit stand so eindeutig im Zentrum der märchenhaften Expansion der europäischen Wirtschaft, dass fast alle großen Kapitaleigner der Epoche sich dort zu etablieren suchten. Neben den Rothschilds waren die Barings die mächtigsten Bankiers Europas, und ebenso wie diese schlugen sie in der ersten Hälfte des 19. Jahrhunderts eine wichtige Brücke zur Baumwolle. Dieser Schritt fiel ihnen leichter, weil sie seit langem Verbindungen zu den Vereinigten Staaten und der expandierenden

Sklavenwirtschaft hatten, nicht zuletzt, weil sie den USA den Kauf Louisianas von Frankreich durch Kredite ermöglicht hatten.

Die Barings investierten seit 1812 ins Baumwollgeschäft, als sie dem Kaufmann Vincent Nolte in New Orleans 6000 Pfund vorschossen, um eine Baumwollexportfirma zu gründen. Dank dieser Kapitalspritze wurde Noltes «Stellung im Baumwollhandel jetzt Schritt für Schritt einflussreicher», und in den 1820er Jahren exportierte er 16 000–18 000 Ballen pro Saison. Als Francis Baring Anfang dieses Jahrzehnts nach New Orleans kam, um seine Investitionen zu prüfen, war er laut Nolte «offensichtlich erfreut, als er seinen ersten Spaziergang entlang der Deiche machte ... und sie von einem Ende zum anderen voller Baumwollballen mit den Zeichen meiner Firma sah». 1826 machte Nolte aber Bankrott, und die Barings beschäftigten von nun an den Agenten Thomas Ward in Boston, um ihre amerikanischen Investitionen schärfer zu kontrollieren.[23]

Unter Wards wachsamem Blick expandierte das Baumwollgeschäft der Barings so rasch, dass sie 1832 eine Zentrale in Liverpool eröffneten. Dort liefen die Informationen über das weltweite Baumwollangebot, über Fabrikation und Konsum zusammen und wurden in Anweisungen an Thomas Ward übersetzt, der dann Arrangements mit Kommissionsfirmen in New York, Philadelphia, Petersburg, Charleston, Savannah, Mobile und New Orleans traf. Die Barings kauften auch Anteile an Baumwolllieferungen anderer Kommissionsfirmen. Mittel für Vorschüsse und Käufe wurden in amerikanischen Häfen durch Wechsel auf Baring Brothers & Co. oder auf ihre Filialen in New York und Philadelphia zur Verfügung gestellt. Es war dieses von Kaufleuten betriebene Kreditwesen, das die Brutalität des Kriegskapitalismus immer effizienter und damit den Industriekapitalismus immer profitabler machte. 1833 waren Baring Brothers der fünftgrößte Baumwollimporteur, ein Jahr später der zweitgrößte, und zwischen 1839 und 1842 dann der größte. Allein im Erntejahr 1839/40 importierten sie 104 270 Ballen Baumwolle, das war die Jahresproduktion von mindestens 70 000 Sklaven.[24]

...

Hinter den Aktivitäten der Barings oder der Rathbones blieben die meisten ihrer Kollegen weit zurück. Dennoch gab es auch andere aufstrebende Häfen in Europa, die die Bedürfnisse ihrer nationalen Baumwollindustrien erfüllten. An der Nordseeküste stieg Bremen in der ersten Hälfte des 19. Jahrhunderts zum wichtigen Zentrum des deutschen Baumwollhandels auf. Die ersten Säcke wurden 1788 importiert, 1829 gab es im Bremer Hafen sechs Baumwollkaufleute, und 1845 importierten die Firmen Bechtel, Vietor, Delius, Meier, Hagedorn, Gildemeister und Fritze zusammen 18 498 Ballen.[25]

Im Unterschied zu Liverpool besaß Bremen aber keine florierende Baumwollindustrie im Hinterland, vielmehr mussten die meisten Importe mehrere hundert Kilometer weit nach Sachsen und Süddeutschland transportiert werden. Bremen profitierte aber von seinen Verbindungen mit den Vereinigten Staaten, und der Bremer Baumwollhandel entstand vor allem als Rückfracht jener Schiffe, die europäische Auswanderer in die USA gebracht hatten. Die *Albers* der Bremer Baumwollhändler D. H. Wätjen & Co. holte zum Beispiel im Januar 1852 Baumwolle aus New Orleans nach Bremen, brachte im April Auswanderer nach New Orleans und holte im Juni Baumwolle zurück. Der Bremer Baumwollhandel demonstrierte so die Symbiose zwischen dem Export überschüssiger Arbeitskräfte vom europäischen Kontinent und dem Import von Agrarprodukten. Zunehmend nährte sich die Globalisierung aus sich selbst.[26]

Bedeutender als die Bremer Kaufleute waren ihre Kollegen in Le Havre, dem wichtigsten Baumwollhafen des Kontinents in der ersten Hälfte des 19. Jahrhunderts. Hier an der Küste der Normandie bezogen die Händler zur Versorgung der französischen, schweizerischen und westdeutschen Industrie 1790 21 000 Ballen Baumwolle aus den USA. 1830 entluden die genau wie in Liverpool unterbezahlten und überarbeiteten Hafenarbeiter 153 000 Ballen und 1860 600 000, 89 % aller französischen Baumwollimporte. Damit wurde die Baumwolle für Le Havre ebenso lebenswichtig wie für Liverpool. Le Havres zentrale Stellung im europäischen Baumwollhandel baute wie in Liverpool auf seiner früheren Rolle im Ostindien- und Sklavenhandel auf und wie in Bremen auf seiner Rolle als wichtiger Hafen für Auswanderer in die USA.[27]

Auch hier betrieb eine wachsende Zahl von Kaufleuten – 1835 waren es 279 – weltweiten Baumwollhandel. Typisch war die Karriere von Jules Siegfried, 1837 in Mulhouse in eine Familie von Baumwolldruckern geboren. 1846 eröffnete sein Vater Jean mit einem Vetter ein Handelshaus in Le Havre, in das dann auch Jules eintrat. Er erlernte das Geschäft aber nicht nur in der väterlichen Firma, sondern auch als Lehrling in Manchester und Liverpool. Jules Siegfried wurde einer der größten Händler der Stadt. 1859 eröffnete sein Bruder Jacques eine Baumwollfirma in New Orleans. Ein anderer französischer Händler, Jules Lecesne, gründete nach seiner Ausbildung in England, New York und Boston 1840 seine erste Baumwollexportfirma in Mobile, Alabama. Zehn Jahre später rief er die Firma Jules Lecesne Frères et Cie. in New Orleans ins Leben, 1851 eine Agentur in Galveston, 1854 eine in New York, 1857 eine in Paris und 1858 eine in Manchester, alle ab 1859 mit einer Firma in Le Havre verbunden. Als einer der größten Importeure Le Havres und Belieferer der elsässischen Textilindustrie liefen 1860 22 % der gesamten Baumwollimporte Le Havres über ihn.[28]

...

Im Laufe des 19. Jahrhunderts sahen sich europäische Importkaufleute einer Konkurrenz gegenüber, die zu Anfang des Jahrhunderts noch sehr unwahrscheinlich schien: den USA. In New York, aber auch in Boston und anderswo gab es Baumwollkaufleute, die eine immer wichtigere Rolle im Transatlantikhandel und bei der Versorgung amerikanischer Textilfabriken spielten.

Die amerikanische Firma Brown Brothers rückte schließlich sogar in die Reihe der weltweit führenden Baumwollhändler auf. Die Familie war aus Irland eingewandert, und Alexander Brown hatte 1800 ein bescheidenes Leinengeschäft in Baltimore eröffnet und sich später auch im Baumwollhandel engagiert. Im Zuge dieser Diversifizierung schickte Alexander seinen Sohn William 1810 nach Liverpool, um eine Firma für den Import amerikanischer Rohbaumwolle und den Textilexport zu eröffnen. Seine anderen Söhne schickte er in andere Hafenstädte. Am wichtigsten war, dass sein Sohn James 1825 nach New York ging, zur Förderung «der Interessen der Firma William & James Brown & Co. aus Liverpool und um unseren Freunden im Süden, die bereit sind, ... ihre Geschäfte mit uns zu tätigen, die Wahl verschiedener Märkte zu geben». In den 1820er Jahren zählten Brown Brothers bereits zu den Größten im Baumwollhandel zwischen den USA und Liverpool.[29]

Von den 1820er bis in die 1850er Jahre beschäftigten sich Brown Brothers mit allen Aspekten des Baumwollhandels in den Südstaaten. Sie boten Pflanzern und deren Kommissionären Vorschüsse auf künftige Ernten, sie besaßen Transportkapazitäten nach Liverpool und sogar ein paar eigene Schiffe. Sie versicherten die Baumwolle auf dem Transport. Sie verkauften gewaltige Mengen in Kommission (meist zahlte Brown bei diesen Lieferungen etwa zwei Drittel des Marktpreises als Vorschuss), die sie von Kommissionären und eigenen Agenten in Häfen wie New Orleans, Mobile, Savannah und Charleston bekamen. Gelegentlich kauften sie die Baumwolle auch direkt und brachten sie zum Verkauf nach Liverpool. Noch wichtiger war, dass sie Kredit und Geldwechsel aus den verschiedensten Währungen für die Südstaatenpflanzer boten; dazu investierten sie Kapital in verschiedene Südstaatenbanken. Die Browns hatten eine zentrale Position in der globalen Baumwollwirtschaft gewonnen. In den Boomzeiten der frühen 1830er Jahre machten sie jedes Jahr über 400 000 Dollar Gewinn – genug, um dreizehn 30-Meter-Jachten oder 1300 Kutschen zu kaufen.[30]

Der Aufstieg der Browns nahm die wachsende Bedeutung amerikanischer Händler im Baumwollimperium des späten 19. Jahrhunderts vorweg: William Browns Anteil an den Importen nach Liverpool machte 1820 2,8 % und 1839 7,3 % aus, was ihn unter die führenden zehn Importeure im größten Baumwollhafen der Welt brachte. Sein Bruder James schlug 1838 in New York 178 000 Ballen um, das waren 15,8 % der gesamten US-Exporte nach England. Später investierten die Browns einen Teil ihres märchenhaften Reichtums in Eisenbahnen, Banken und andere Industrien und förderten Einrichtungen wie das New Yorker Naturkundemuseum. Durch so unterschiedliche Investitionen blieben die Gewinne aus Plantagensklaverei und Landenteignung noch lange nach Abschaffung der Sklaverei 1865 in ökonomische und kulturelle Institutionen eingeschrieben.[31]

Kreditgeber und Kommissionäre

Ob in New York oder Le Havre, Bremen oder Liverpool, der größte Teil der Baumwolle, die von diesen Kaufleuten erworben und transportiert wurde, kam aus Regionen, die gewaltsam erobert und durch Sklavenarbeit kultiviert worden waren – zuerst die karibischen Inseln und Brasilien, dann der Süden der Vereinigten Staaten. Erstaunlicherweise waren diese Gegenden, anders als viele seit langem besiedelte Baumwollregionen Südasiens und Afrikas, einzigartig formbar durch europäisches Kapital. Das wichtigste Instrument der Kaufleute zum Aufbau enger Verbindungen mit diesen fernen Teilen der Welt war tatsächlich Kapital in Form von Krediten. Das war der Zauberstab, der es ihnen erlaubte, die Natur zu verwandeln, Ländereien urbar zu machen, Ureinwohner zu vertreiben, Arbeitskräfte zu kaufen, Baumwolle in bestimmter Qualität und Quantität zu produzieren und den Heißhunger der Fabrikanten und ihrer modernen Maschinen zu stillen. Vorläufig waren all diese Schritte aber ohne Sklavenarbeit viel schwieriger, wenn nicht unmöglich.

Der Erfolg der Kaufleute entsprang tatsächlich nicht nur ihrer Fähigkeit, komplexe Transaktionen zu organisieren und sperrige Güter über weite Entfernungen zu transportieren. Es war ihre Fähigkeit, den Rhythmus der industriellen Produktion auf die Landwirtschaft zu übertragen. Ein Blick in die Buchführung der Plantagen zeigt, dass europäische Darlehen für Pflanzer unverzichtbar waren, um immer mehr Land und Sklaven zu kaufen und sie von einer Ernte zur nächsten zu versorgen. Nicht so offensichtlich, aber wichtiger war die Art, wie der Londoner Finanzmarkt die Logik des Industriekapitalismus unter den Pflanzern durchsetzte. Der Baumwollhändler W. Nott aus New Orleans beschrieb diese Verbindung. Als Thomas Baring 1829 W. Nott & Co. in New Orleans eine Kreditlinie von 10 000 Dollar gab, konnte Nott Geld vorschießen für die «Pflanzer von Tennessee gegen die Wechsel auf ihre hiesigen Kommissionäre in Erwartung des Gewinns ihrer künftigen Ernte – Wechsel, die auf das Versprechen der Pflanzer, ihre Ernte pünktlich zu liefern, allgemein akzeptiert werden, und das 8, 10 oder sogar 12 Monate, bevor der Besitz in die Hände des Wechselempfängers kommt.» Der Kreditfluss beruhte auf dem Baumwollbedarf der Fabrikanten und der Fähigkeit der Plantagenbesitzer, das Land und die Arbeitskräfte zu kontrollieren, um diese Baumwolle anzubauen.[32]

Neben den direkten Krediten für die Pflanzer investierten europäische und

New Yorker Händler auch in staatliche Anleihen der Südstaaten und Banken, die eine weitere Expansion des Baumwollanbaus finanzierten. 1829 garantierte Baring beispielsweise Staatsanleihen von Louisiana, die zur Finanzierung der Consolidated Association of the Planters of Louisiana Bank ausgegeben wurden. Die Bank war im Jahr zuvor von Pflanzern gegründet worden, aber als nicht genügend Kapital aufzutreiben war, garantierte der Staat Louisiana die Anleihen. Daraufhin übernahm Barings Anleihen im Wert von 1,66 Millionen Dollar. Schon zwei Jahre später, im April 1830, hatte die Bank Pflanzern 1,6 Millionen Dollar geliehen, die durch Eigentum im Wert von 5 Millionen abgesichert waren. Baring finanzierte so eine große Expansion der Plantagen von Louisiana, was die Rodung von Land und den Sklavenkauf ermöglichte und letztlich das eigene gewaltige Baumwollimportgeschäft förderte. Wenige Orte auf der Welt zogen so massive Kapitalinvestitionen an wie der Plantagengürtel der Vereinigten Staaten – und nur wenige Orte erbrachten so außerordentliche Gewinne.[33]

...

Viel von diesem Kapital aus Europa und immer mehr auch aus New York und Boston wurde für die Expansion des Baumwollanbaus durch eine Gruppe von Zwischenhändlern kanalisiert, die Überseekaufleute mit Pflanzern verbanden – die Kommissionäre. Das Zusammenwirken von Exportkaufleuten und Kommissionären, die in Kontakt zu den Pflanzern standen, war der Angelpunkt, über den europäisches Kapital die Landwirtschaft der Südstaaten den Rhythmen des Maschinenzeitalters anpasste.

Kommissionäre schlossen den Kreis der Händler zwischen Fabrik und Plantage. Diese amerikanischen Mittelsmänner erwarben die Baumwolle der Pflanzer auf Kommission, transportierten sie zu den Häfen und verkauften sie dann an Kaufleute wie die Barings und die Browns. Diese Dienstleistung war für die Pflanzer ein gewaltiger Vorteil, denn sie konnten ihre Produkte so auf den großen Küstenmärkten oder sogar in Europa verkaufen, was selbst den abgelegensten Plantagen Zugang zu entfernten Märkten gab. Kommissionäre versorgten die Pflanzer auch mit Waren und Lebensmitteln. Und sie waren die wichtigsten Kapitalgeber in den Baumwollgebieten des Südens, wo sie den Pflanzern Kredit gaben, um mit dem Geld die Waren zu kaufen, die sie bis zur nächsten Ernte brauchten, und um die Produktion auszuweiten – «sie verkaufen Baumwolle, um Neger zu kaufen und mit ihnen mehr Baumwolle anzubauen, um noch mehr Neger zu kaufen», bemerkte ein Nordstaatler, der 1834 durch den Süden reiste.[34]

Die Zinsen auf diese Kredite, durch künftige Baumwollernten abgesichert, waren eine wichtige Einkommensquelle der Kommissionäre, denn sie nahmen oft einen Jahreszins von 8 % oder mehr. Die Kommissionäre bekamen das Kapital wiederum von europäischen Kaufleuten vorgestreckt, somit wurden «die Geldmärkte genau wie die Warenmärkte der Welt für den Baumwollpflanzer durch seinen Kommissionär zugänglich». Das Einsammeln der Baumwolle von Plantagenbesitzern und Kleinbauern und der Verkauf an die Exporteure machte sie nicht zur reichsten Gruppe im Baumwollimperium, aber zur größten. Wo immer Baumwolle angebaut wurde, scharten sich die Kommissionäre.[35] Die europäischen Kapitalgeber gaben aber auch Fabrikanten Kredite, um Baumwolle zu kaufen, sowie Händlern auf der ganzen Welt, damit sie Baumwolltextilien kaufen und an die Kunden verkaufen konnten. Ohne Kredite wäre das Baumwollimperium zusammengebrochen – in seinem Kern war es ein Kreditimperium.

Die mächtigen Kaufleute wiederum erhielten ihr Kapital aus verschiedenen Quellen. Teilweise erzeugten sie es durch den Handel selbst; viele hatten als Angestellte oder Partner in einer anderen Firma begonnen und dann die angehäuften Profite benutzt, um eine eigene zu gründen. Wie schon gesehen, wechselten manche Kaufleute aus anderen Handelszweigen ins Baumwollgeschäft. Die Barings taten genau das, als sie Kapital aus ihren Staatsanleihen und Ostindiengeschäften transferierten. Ebenso die Browns und die Rathbones oder Nathan Rothschild, der die Gewinne seines Vaters aus Bankgeschäft und Handel investierte, oder J. J. Jejeebhoy, der Gewinne aus dem Opiumhandel im Baumwollexport anlegte. Andere Kaufleute wurden durch den Sklavenhandel reich – bekanntermaßen wechselten Liverpooler Kaufleute 1807 ins Baumwollgeschäft, nachdem England den Sklavenhandel abgeschafft hatte. Weiterhin gab es noch die Banken, die in Städten wie Liverpool, Le Havre und New York die Finanzmittel der Kaufleute zusammenfassten und Händlern Kredit gaben, die damit die globale Maschinerie der Baumwollproduktion ölten.[36]

Ein großer Teil dieser Kredite war abgesichert durch die künftige Lieferung von Rohstoffen, die von Sklaven angebaut wurden, oder sogar durch den Wert der Sklaven selbst. Diese Verbindung wurde ganz offensichtlich, wenn etwas schieflief, etwa wenn Pflanzer die Vorschüsse ihrer Kommissionäre oder Kommissionäre den Kredit der Exportkaufleute nicht zurückzahlen konnten. Auf diese Weise kamen die Browns aus New York, die Südstaatenpflanzern große Summen vorschossen, zu mindestens 13 Baumwollplantagen mit hunderten von Sklaven. 1842 schätzten William und James Brown den Wert dieser Plantagen auf 348 000 Dollar. James Brown stellte sogar von New York aus lokale Manager für Sklavenplantagen an – Kriegs- und Industriekapitalismus hatten sich gegenseitig durchdrungen.[37]

Auch der Kreditfluss zwischen England und den USA beruhte zu einem nicht geringen Teil auf Sklavenbesitz. Genau aus diesem Grund bekämpfte die amerikanische Handelskammer in Liverpool 1843 das Gesetz gegen den Sklavenhandel, von dem sie befürchtete, es werde «alle [durch Sklaven] abgesicherten Hypotheken und anderen Sicherheiten ... zur Erfüllung eines Vertrags» illegal machen. Sklaven erleichterten nicht nur als Arbeiter, sondern auch als

Sicherheiten den immer schnelleren Fluss des Kapitals und damit der Baumwolle um den Erdball.[38]

Dieses System der Kreditausweitung war gerade deshalb störungsanfällig, weil es so global war. Jeder Teil des Systems stand in Beziehung zu allen anderen, und wenn jemand in einem Teil des Baumwollimperiums Bankrott machte, griff die Krise rasch auf alle anderen über. Fabrikanten in Lancashire waren von ausländischen Märkten abhängig, und wenn Händler auf diesen Märkten nicht zahlen konnten, hatte das ernste Folgen in der Heimat. «Da Sie schon vor elf Monaten die letzten Waren von uns gekauft haben und wir große Belastungen haben, die im Frühling zweifellos drückend werden, bitten wir Sie um eine rasche Übersendung von Bargeld oder Ware», mahnten die New Yorker Kaufleute Hamlin und Van Vechten äußerst beunruhigt. Wenn die Preise für Rohbaumwolle abstürzten, wie es manchmal passierte, saßen Händler auf Baumwolle, die weniger wert war als die gezahlten Vorschüsse, wodurch sie ihre Schulden kaum bezahlen konnten. Das Ergebnis waren die globalen Krisen von 1825, 1837 und 1857.[39]

...

Trotz gelegentlicher Zusammenbrüche floss das Kapital meist bemerkenswert problemlos in die entferntesten Baumwollregionen der Welt, in denen Sklavenarbeit dominierte. Aber Einkaufs- und Verkaufsmaklern, Importeuren und Kommissionären fiel es trotz des rasch wachsenden verfügbaren Kapitals viel schwerer, Baumwollgegenden zu durchdringen, in denen bäuerliche Strukturen vorherrschten. Die Rhythmen der Produktion in Asien und Afrika zeigten sich störrisch – zur großen Frustration von Kaufleuten und Fabrikanten. Die erforderliche faktische und rechtliche Infrastruktur für eine Eingliederung in die globale Baumwollwirtschaft war einfach nicht vorhanden.

Dennoch gab es Beziehungen zwischen europäischem Handelskapital und bäuerlichen Produzenten. Einige europäische Kaufleute importierten beispielsweise indische Baumwolle, doch die Mengen blieben begrenzt, und die Fabrikanten waren mit der Qualität nie ganz zufrieden. Anbau- und Handelsmethoden in Indien vertrugen sich nicht gut mit den spezifischen Anforderungen der modernen europäischen Textilfabriken. Die Macht des europäischen Kapitals über die Produzenten blieb begrenzt, denn diese behielten genug Kontrolle über ihr Land und ihre Arbeitskraft, um der monokulturellen Produktion für globale Märkte zu entgehen. Dazu kontrollierten einheimische Kaufleute weiter den internen Handel – und sogar die Exporte. Noch 1851 exportierten indische Kaufleute wie Cursetjee Furndoonjee, Cowasji Nanabhoy Davar und Merwanji Franju Panday mehr Baumwollballen aus Indien als europäische Händler; europäische Firmen waren sogar häufig untergeordnete Agenten für indische Baumwollhändler und liehen indisches Kapital. Natürlich beherrschten indische

Kaufleute auch die Baumwollproduktion im Land, wobei lokales Kapital weitgehend den Anbau für den Export finanzierte.[40]

Die zentrale Rolle indischer Kaufleute im Handel mit Rohbaumwolle baute auf ihrer traditionellen Rolle im Textilhandel auf. 1788 hatte der Board of Trade in Indien an den Direktor der East India Company berichtet, dass der Baumwollhandel «immer noch in dem einfachen, unverfälschten Zustand der Eingeborenen ist und das Geschäft sehr von ihnen abhängt». Zunächst konnten indische Händler wie die Bombayer Kaufleute Pestonjee Jemsatjee, Jamsetjee Jejeebhoy und Sorabje Jevangee ihre Erfahrungen mit dem Textilhandel auf den mit Rohbaumwolle übertragen. In der ganzen ersten Hälfte des 19. Jahrhunderts blieb der Einfluss westlicher Kaufleute in Indien meist auf einige Küstenstädte beschränkt, und selbst dort machten ihnen indische Überseehändler starke Konkurrenz. Die 1836 gegründete Handelskammer von Bombay zählte bezeichnenderweise zu ihren Mitgliedern viele indische Kaufleute. Und noch 1847 hieß es in einem Bericht:

> «Ihr Ausschuss hielt es nicht für passend, Hoffnungen zu wecken, dass [englische] Kaufleute bei der gegenwärtigen Lage der europäischen Firmen im Land irgendeine Position dieser Art einnehmen könnten, denn das würde die Unterhaltung von Vertretungen im Landesinneren nötig machen; und man hielt es für richtig hinzuzufügen, dass die einzige Unterstützung, die englische Kaufleute zu geben erwägen könnten, sich darauf beschränken müsse, Baumwolle, wenn sie auf den hiesigen Markt kommt, zu kaufen, was sie wohl gern tun wollten.»[41]

Auf dem Land, wo die Baumwolle angebaut wurde, gaben indische Händler noch immer den Bauern Vorschüsse, oft zu exorbitanten Zinsen, und diese verkauften Rohbaumwolle an die Makler, welche sie dann an Kaufleute an der Küste lieferten – ein System, das die Briten «teuflisch» nannten, vor allem, weil es sich ihrer Kontrolle entzog. Der Kaufmann John Richards berichtete 1832 aus Bombay an die Barings in London:

> «Allein die einheimischen Händler erhalten die Ware aus dem Landesinneren, von der Küste, dem Persischen Golf, dem Roten Meer, China. Viele von ihnen sind wohlhabende Hindus + Parsen, manche besitzen sogar ein großes Kapital. Bis jetzt liegt das Geschäft so sehr in ihrer Hand, dass Baumwollverträge, die mit Händlern an der Küste versucht wurden, sämtlich gescheitert sind.»

Eine so andauernde Dominanz des nichteuropäischen Kapitals, zusammen mit der fortbestehenden Kontrolle von Land und Arbeit durch die Bauern, hatte unter anderem zur Folge, dass die Baumwollproduktion dem Bedarf einheimischer Spinner, Weber und Fabrikanten angepasst war, nicht dem ferner europäischer Fabrikbesitzer. Letztere beschwerten sich ständig über den Mangel an ausreichenden Exporten von «sauberer Baumwolle» in gleichbleibender Qualität.[42]

...

Die Unabhängigkeit der einheimischen Kaufleute, des Kapitals und der Produzenten in Indien war keine Ausnahme; in der ersten Hälfte des 19. Jahrhunderts war die wirtschaftliche Durchdringung der Anbaugebiete durch Europäer immer noch selten. Der Großteil der um 1850 weltweit gehandelten Baumwolle tauchte nie in den Büchern europäischer oder nordamerikanischer Kaufleute auf. In China kam die importierte indische Baumwolle unter die Kontrolle von Großkaufleuten in Kanton und Hongkong, die sie an Händler im Hinterland verkauften. In Westanatolien lag der Handel zwischen der Hafenstadt Izmir und den Baumwollregionen in der Hand einheimischer Kaufleute. In einem anderen Teil des Osmanischen Reichs, Ägypten, blieb der Einfluss westlicher Kaufleute auf den Handel zwischen den Produzenten und der Hafenstadt Alexandria ebenso begrenzt. Bis Ende der 1840er Jahre besaß Muhammad Ali Pascha ein Monopol auf den Kauf von Rohbaumwolle und den Verkauf an die Küstenhändler, nicht zuletzt weil er die Bauern zwang, ihre Steuern in Baumwolle zu zahlen. Auch in Afrika und Südamerika wurde ein Großteil der Baumwolle für das Handspinnen in der Nähe der Konsumenten angebaut. Und auch einige sich gerade industrialisierende Gebiete waren nicht von Importen abhängig, etwa in Mexiko, wo die Fabrikanten von Puebla die Baumwolle entweder direkt bei den Produzenten oder bei den Händlern in Veracruz kauften.[43]

Bemerkenswerterweise beschränkte sich also das Eindringen europäischen Kapitals in die globale Baumwollwirtschaft in der ersten Hälfte des 19. Jahrhunderts vor allem auf Gebiete, in denen die Baumwolle von Sklaven angebaut wurde. Sklaverei, nicht bäuerliche Produktion, war die Hebamme der Lohnarbeit bei der Geburt der Industriellen Revolution. Erst als die Sklaverei als Form der Mobilisierung von Arbeitskräften unhaltbar wurde und nachdem europäische Staaten sehr viel größere administrative, rechtliche, militärische und infrastrukturelle Fähigkeiten entwickelten, nicht zuletzt weil sie etwas von dem mit industrieller Lohnarbeit erzeugten Reichtum abgeschöpft hatten, revolutionierten europäisches Kapital und Staatsmacht die globale Landwirtschaft in größeren Teilen Indiens, Zentralasiens, Ägyptens und schließlich Afrikas.

Informationsfluss und Vertrauen

Obwohl es den Baumwollimperien noch nicht gelang, bäuerliche Produzenten zu integrieren, war das wichtigste Merkmal dieser ersten modernen verarbeitenden Industrie ihre Globalität. Diese Globalisierung brauchte Globalisierer, Menschen, die die Chancen der neuen Ordnung erkannten und andere und nicht zuletzt ihre Staaten zu kollektivem Handeln bewegten. Die wichtigsten Globalisierer waren nicht die häufig sehr lokal orientierten Pflanzer oder Fabrikanten, sondern, wie wir gesehen haben, die Kaufleute, die auf die Schaffung von Netzwerken spezialisiert waren, um Erzeuger, Fabrikanten und Konsumenten zu verbinden.

Der Aufbau solch globaler Netzwerke erforderte Mut und Weitsicht. Als Johannes Niederer sich 1854 beim schweizerischen Handelshaus Gebrüder Volkart bewarb, bot er an, die Marktchancen in Batavia, Australien, Makassar und Mindanao, Japan, China, Rangun, Ceylon und Kapstadt zu prüfen. Solche Globetrotter-Kaufleute «herrschten über die Industrie». Tatsächlich beklagten sich Fabrikanten und Pflanzer regelmäßig über die Macht dieser Händler, und viele Kaufleute sahen ihrerseits auf Fabrikanten als Provinzler und Glücksspieler herab.[44] Um zu mächtigen Akteuren im Baumwollimperium zu werden und diesen Handel gewinnbringend zu betreiben, errichteten die Rathbones, Barings, Lecesnes, Wätjens, Rallis und andere dichte Netzwerke, über die Informationen, Kredit und Waren zuverlässig fließen konnten.[45]

Das war außerordentlich schwierig. Die Rathbones beispielsweise pflegten mit erstaunlicher Energie ihre Verbindungen zu Händlern in New York, Boston und verschiedenen Südstaatenhäfen, besonders Charleston und New Orleans.[46] Sie korrespondierten ständig mit Geschäftspartnern, versuchten die neuesten Marktinformationen zu erhalten und Handelschancen zu ergreifen. Sie reisten auch regelmäßig in die USA, und längere Aufenthalte in Nordamerika wurden eine Reifeprüfung für junge Firmenmitglieder. Thomas Baring fuhr 1828 von New Orleans aus die Ostküste bis Boston hoch, erkundete die lokalen Geschäftsbedingungen, etablierte engere Verbindungen zu Kaufleuten im Süden, um den Handel auszuweiten, und gab verschiedenen Südstaatenfirmen Kredite, damit sie Vorschüsse für Baumwolllieferungen zahlen konnten. Jules Lecesne ging denselben Weg, er eröffnete in vielen Baumwollhäfen am Atlantik Filialen unter der Leitung von Verwandten, die ständig Informationen über Preise, Ernten und anderes austauschten, und veröffentlichte schließlich sogar ein französisches Bulletin über Baumwolllieferungen in New Orleans. All diese Unternehmungen bemühten sich um die Suche nach zuverlässigen Informationen – von den Wetterbedingungen bis zu den Charaktereigenschaften einzelner Makler.[47]

Der globale Baumwollhandel beruhte, wie wir gesehen haben, auf Kredit. Kredit beruhte auf Vertrauen. Vertrauen beruhte auf Informationen. Daher stand die Beschaffung von Informationen bei den meisten Kaufleuten im Mittelpunkt ihrer Aktivitäten. Dabei waren zwei Bereiche stets besonders wertvoll: wer seine Schulden bezahlen und wie sich der Baumwollpreis in den kommenden Monaten entwickeln würde. Millionen von Briefen zwischen Kaufleuten berührten diese Themen. Für künftige Preisbewegungen waren Informationen über Faktoren, die den Preis beeinflussen konnten, sehr wertvoll – das Wetter in den Anbaugebieten, die Auswirkungen von Kriegen, der Zustand der regionalen Wirtschaft. Obwohl auch Institutionen wie die Bank von England solche Informationen sammelten, blieben die meisten in der Hand von Privatpersonen, die sie nur für den eigenen Gebrauch horteten. Wo verlässliche Informationen knapp waren, füllten Gerüchte und Klatsch die Lücke. Der Ruf einer Firma bestimmte ihr Schicksal, und die Verbreitung manipulierter Informationen konnte Märkte bewegen.[48]

Es überrascht nicht, dass das Liefern von Informationen auch eine wichtige Prestigequelle und ein Weg zur Verbesserung des Firmenrufs war. Als das Hamburger Handelshaus Menge & Niemann 1841 der New Yorker Firma Phelps, Dodge seine Dienste anbot, stellte es sich zunächst vor und lieferte dann sofort Informationen über die Entwicklung des Hamburg-Handels, darunter einen unter eigenem Namen gedruckten Rundbrief, der die örtlichen Preise für eine ganze Reihe von Waren, einschließlich Baumwolle, aufführte.[49] Eine Geschäftsbeziehung, so deutete man an, werde Phelps, Dodge bevorzugten Zugang zu nützlichen Informationen eröffnen.

Aus genau diesen Gründen veröffentlichte Samuel Smith, als er seine Karriere als Baumwollmakler in Liverpool begann, sofort einen eigenen Baumwollrundbrief, was er im Rückblick als «keine geringe Hilfe beim Etablieren meiner Firma» einschätzte. Auf höherer Ebene waren Barings angeblich die erste Firma in New Orleans, die ab 1818 einen Rundbrief zum Baumwollmarkt druckte: «Die meteorologischen Wettertabellen hatten mich darauf gebracht, etwas Ähnliches zu machen, das den Verlauf und die Schwankungen der Preise von Woche zu Woche über den Zeitraum von drei Jahren zeigte und die jeweiligen Unterschiede durch schwarze, rote und blaue Linien markierte», erinnerte sich der dortige Barings-Agent Vincent Nolte. Derartiger Informationsaustausch habe das Geschäft sehr angeregt.[50]

Weil die Produktion so verstreut und global war, war die Informationssammlung allerdings schwierig. 1845 kam Frédéric C. Dollfus, der einer der ältesten Textilfabrikantenfamilien in Mulhouse entstammte, nach Singapur. Er wollte untersuchen, für welche Arten von Textilien es dort eine Nachfrage gebe, und die Fabrikanten in der Heimat informieren, welche Preise sie erzielen könnten. Nach detaillierten Studien der lokalen Märkte in Singapur reiste Dollfus weiter nach Macao, Kanton, Hongkong, Manila, Batavia und Semarang. Erst nach einem Jahr kehrte er von seiner Asienreise heim. Dollfus' Aktivitäten waren nur eine von vielen Bemühungen der Fabrikanten aus Mulhouse, an Marktinformationen zu kommen. In einem der größten Vorhaben dieser Art sammelten sie im Lauf des 18. und 19. Jahrhunderts tausende Stoffproben aus der ganzen Welt und notierten sorgfältig Herkunft und lokalen Preis, um Unternehmern die Produktion für ferne Märkte zu ermöglichen. Fabrikanten in Katalonien betrieben ein sehr ähnliches, wenngleich bescheideneres Projekt.[51]

Der Zugang zu Informationen privilegierte wiederum bestimmte Orte im Baumwollimperium, wie William Rathbone VI. 1849 erkannte, als er voraussagte, New York werde, obwohl es weder ein baumwollproduzierendes Hinterland noch Textilfabriken besaß,

> «immer mehr zum Zentrum des amerikanischen Handels werden [natürlich durch Ratschläge von den europäischen Märkten geleitet] ... Zehn Tage Schiffsreise von England & eine Stunde von Informationen [durch den gerade erfundenen Telegraphen] & Verständigung mit New Orleans, St. Louis, Cincinnati, Charleston entfernt & und man besitzt mehr wichtige Informationen als irgendwo anders.»[52]

Wissen war so wichtig, dass Kaufleute immer formalisiertere Methoden des Informationflusses entwickelten, etwa eigene Publikationsorgane. So berichteten die *British Packet and Argentine News* ab August 1826 aus Buenos Aires über argentinische, südamerikanische und globale Märkte, darunter die für Baumwollgarne und -stoffe. Der ab 1840 in Winterthur erscheinende *Landbote* brachte fortlaufend Nachrichten über den Baumwollmarkt in Le Havre. Das *Bremer Handelsblatt* berichtete regelmäßig über Baumwollernten, -märkte und die dortige Preisentwicklung. Dank schnellerer Schiffe bewegten sich diese Informationen immer zügiger auf den Handelsrouten des Baumwollimperiums. Schon 1843 konnte das *Asiatic Journal* verkünden: «Englische Zeitschriften und Zeitungen treffen in Bombay fast druckfrisch ein.» Schließlich war Bombay «uns jetzt sehr nah – eine Reise von nur 35 Tagen ab London Bridge». Als in den 1840er Jahren Telegraphen die Zentren von Baumwollanbau, -handel und -konsum verbanden (wenn auch noch nicht über Meere und Kontinente hinweg), hatten Kaufleute noch besseren Zugang zu wichtigen Informationen.[53]

Der Wunsch, den Informationsfluss zu formalisieren, war einer der Hauptgründe, warum Kaufleute nun auch begannen, sich zusammenschließen. 1811 einigten sich die Liverpooler Makler darauf, bei der Informationssammlung zum Baumwollhandel zu kooperieren, versorgten ihre Kunden aber auch weiterhin privat mit Rundbriefen. Bemühungen zur Veröffentlichung eines kollektiven Preisrundbriefs begannen 1832, und 1841 entstand die Liverpool Cotton Brokers' Association, die sich auf das «sichtbare Angebot» von Baumwolle auf dem Markt konzentrierte. Solche Körperschaften entstanden überall, wo Baumwolle angebaut, gehandelt oder verarbeitet wurde. Auf der ganzen Welt wurden Handelskammern gegründet: 1794 in Manchester die Society of Merchants, 1802 in Le Havre die Handelskammer, und 1825 gab es allein in England schon zwölf solcher Institutionen. Die Handelskammer in Bombay entstand 1836, ab den 1830er Jahren gab es Zusammenschlüsse brasilianischer Kaufleute, und 1858 existierten 30 solcher Kammern in den USA. Sie alle sammelten Marktinformationen, wurden aber auch als politische Lobbys aktiv, die sich um besondere Aufmerksamkeit der expandierenden imperialen Staaten bemühten.[54]

Soziale Beziehungen außerhalb des Marktes

Die Abhängigkeit dieser Wirtschaftsordnung von verlässlichen Informationen, Vertrauen und Kredit führte Kaufleute dazu, Netzwerke zu nutzen, die außerhalb des Markts existierten. Die Herausbildung des globalen Handels beruhte also genau wie die Entstehung der Lohnarbeit auf sozialen Beziehungen, die älter waren als der Kapitalismus. Was die Kaufleute heraushob, war nicht nur ihre Fähigkeit, Kapital zu akkumulieren und zu investieren, oder ihr privilegierter Zugang zu Informationen, sondern auch ihre Fähigkeit, Netzwerke des Vertrauens auf der Grundlage von Familienzugehörigkeit, geographischer Herkunft, gemeinsamen Glaubens und Nationalität zu knüpfen und zu nutzen. In einer Welt, in der Handel extrem risikoreich war und das Überleben einer Firma von der Vertrauenswürdigkeit eines einzigen Korrespondenten abhängen konnte, war Verlässlichkeit unentbehrlich. Ein Historiker hat dies einen «Beziehungskapitalismus» genannt.[55]

Räumliche Nähe war ein Weg, Netzwerke des Vertrauens aufzubauen. Der globale Baumwollhandel konzentrierte sich an relativ wenigen Handelszentren, nicht zuletzt weil die Nähe solche Netzwerke und unterstützenden Institutionen förderte. Nicholas Waterhouse, einer der ersten Baumwollmakler in Liverpool, beschäftigte zahlreiche Verwandte und einen Ring lokaler «Freunde». Liverpooler Kaufleute pflegten allgemein einen Code «strikter Redlichkeit und Ehre», der ihre Beziehungen regelte, wie Edward Baines 1835 beobachtete.[56]

Doch solche Netzwerke über den halben Erdball zu spannen, war sehr viel schwieriger und erforderte enorme Anstrengungen. Als William Rathbone VI. 1841 nach New York kam, um das Baumwollgeschäft anzukurbeln, schrieb er an seinen Vater, er müsse dringend «einige wertvolle Freundschaften» festigen. Die Korrespondenz der Rathbones ist voller solcher Versuche. Als der Rathbone-Partner Adam Hodgson den US-Baumwollmarkt Anfang der 1820er Jahre untersuchte, berichtete er aus New York in einer Sprache, die an einen Heiratsantrag erinnert:

> «Mir ist zu stark bewusst, dass unser gemeinsames Gefühl der geschäftlichen Verpflichtung & persönlichen Freundschaft Sie beflissen machen wird, jede Gelegenheit zu ergreifen, die Freundschaft & das Vertrauen, das unsere Freunde stets gegen uns bewiesen haben, zu erwidern, als dass ich Sie erinnern muss, wie sehr ich beides seit meiner Ankunft in diesem Land genossen habe.»

Über ein Handelshaus schreibt er: «Sie sind sehr freundlich & ich meine auch ehrlich uns gegenüber & und lassen sich durch eine gelegentliche Baumwollbestellung wohl zu Lieferungen verführen.» Andere Firmen gingen ähnlich vor. Als die Volkarts sich im europäischen Baumwollhandel etablieren wollten, listeten sie eine Reihe indischer, deutscher, englischer und schweizerischer Handelshäuser als «Referenzen» auf, die ihren guten Ruf bestätigen konnten.[57]

Familienbande waren in diesen Netzwerken besonders wichtig. Als William Rathbone 1805 Probleme hatte, die von ihm gekaufte Baumwolle loszuschlagen, und dringend Geld brauchte, gaben sein Vater und sein Bruder ihm je 3000 Pfund, wodurch er seine «große Besorgnis» überwinden konnte. Die Browns versuchten ihr Netzwerk von Agenten und Freunden in den Südstaatenhäfen mit dauerhaften Verbindungen zu vergrößern. Ihr Agent in Charleston, James Adger, stammte wie sie aus Nordirland und war ein alter Freund von Vater Alexander. Ihr Agent John Cumming in Savannah war durch Heirat mit ihnen verbunden, ebenso die Repräsentanten in anderen Häfen. Genauso wichtig waren verwandtschaftliche Bindungen für die Volkarts und die Reinharts. Nachdem Theodor Reinhart das Baumwollgeschäft in der väterlichen Firma gelernt hatte, heiratete er 1876 Lily Volkart, die Tochter des Firmenbesitzers, wodurch die schweizerischen Volkarts und die französischen Reinharts sich verbanden – eine echte dynastische Heirat im Baumwollgeschäft.[58]

Eine der wichtigsten Firmen im Baumwollhandel des 19. Jahrhunderts war die griechische Unternehmerfamilie Ralli. In den 1860er Jahren hatte sie Repräsentanten in London (ab 1818), in Liverpool, Manchester (ab 1825), im «Orient» (Konstantinopel, Odessa), in Kalkutta (1851), Karatschi (1861), Bombay (1861) und den USA.[59] Die Firma konnte so Baumwolle in den USA kaufen, sie nach Liverpool transportieren, an Fabrikanten in Manchester verkaufen und die fertigen Produkte schließlich in Kalkutta anbieten – alles innerhalb der eigenen Familie. Dieses weltweite Firmenimperium hatte seine Wurzeln auf der kleinen griechischen Insel Chios vor der anatolischen Küste, da die meisten, wenn nicht alle Leiter des Handelshauses Ralli von dort kamen und meist auch der Familie Ralli angehörten. Die Brüder John und Strati Ralli waren nach London gegangen, um dort den Handel zu gründen. 1822 kam ein dritter Bruder, Pandia S. Ralli, nach. 1825 eröffnete Strati Ralli das Büro in Manchester für den Textilhandel, und 1827 ging John Ralli nach Odessa. Ein vierter Bruder, der in Istanbul lebte, eröffnete 1837 eine Filiale in Paris und ein fünfter, Augustus S. Ralli, eine in Marseille.

Die griechische Diaspora spielte wie auch die der Armenier, Juden und Parsen eine wichtige Rolle im globalen Baumwollhandel. Im letzten Viertel des 18. Jahrhunderts waren Griechen besonders wichtig für wirtschaftliche Netzwerke geworden, die das Osmanische Reich mit der übrigen Welt verbanden, vor allem im ägyptischen Baumwollhandel. Als sie in der ersten Hälfte des 19. Jahrhunderts während der Industrialisierungsversuche Muhammad Ali Paschas nach Ägypten kamen, stellten sie dort die größte Gruppe ausländischer Kaufleute. Sie engagierten sich im Überseehandel in Alexandria, trieben später aber auch in Provinzstädten Handel und bauten Baumwollentkörnungsmaschinen und -pressen, unter ihnen auch die Rallis. 1839 wickelten zwölf griechische Handelshäuser ein Drittel der Baumwollausfuhren in Alexandria ab.[60]

Andere Diasporagemeinschaften spielten im globalen Baumwollhandel eine ebenso wichtige Rolle wie die Griechen. Juden erlangten eine zentrale Position im globalen Garn- und Stoffhandel, zum Teil weil frühere Diskriminierung sie gezwungen hatte, als reisende Textilhändler zu arbeiten. Das berühmteste Beispiel sind die Rothschilds, die bei ihrem Eintritt in den Textilhandel von Manchester die meisten Waren für den europäischen Kontinent an ihre Glaubensgenossen in Frankfurt verkauften. Nathan Meyer Rothschilds Geschichte kann für viele stehen. Er wurde 1777 in die bedeutende Frankfurter Bankiers- und Kaufmannsfamilie geboren, ging 1798 zu einer Handelslehre nach London und ein Jahr später weiter nach Manchester, um seine eigene Textilvertretung zu eröffnen, wobei er reichlich Kapital mitbrachte. «Je näher ich England kam, desto billiger wurden die Waren», erinnerte er sich. «Sobald ich in Manchester war, gab ich mein ganzes Geld aus, weil die Sachen so billig waren, und machte einen guten Profit.» Er kaufte Waren aus Manchester für den Markt in Frankfurt und auf dem ganzen Kontinent und gab Fabrikanten Kredit. Rothschilds Erfolg in Manchester ermutigte weitere jüdische Familien aus Frankfurt, Firmen in Manchester zu eröffnen. Infolgedessen spielten sie Anfang des 19. Jahrhunderts eine wichtige Rolle im Kontinentalhandel mit englischen Textilien.[61]

Obwohl das in der ersten Hälfte des 19. Jahrhunderts noch die Ausnahme war, waren manche dieser Netzwerke auch in Firmen integriert. Die Rallis waren ein solcher Fall und in geringerem Maße auch die Browns. Am weitesten ihrer Zeit voraus war aber ein schweizerisches Handelshaus, das ausgedehnte Netzwerke integriert hatte: die Gebrüder Volkart. Die Firma wurde 1851 von Salomon Volkart gleichzeitig in Winterthur – einem wichtigen Zentrum der schweizerischen Textilindustrie – und in Bombay gegründet, wo sie mit dem Kauf indischer Rohbaumwolle begann und später auch Textilien nach Indien importierte. Mit der Eröffnung weiterer Filialen organisierten die Gebrüder Volkart den Baumwollkauf in Indien und anderen Weltgegenden, transportierten die Baumwolle in verschiedene europäische Häfen und verkauften sie dann an Spinnfabriken. Ende der 1850er Jahre kontrollierten sie globale Handelsnetzwerke innerhalb der eigenen Firma und vertraten ein breites Spektrum von Kaufs- und Verkaufsaktivitäten.[62]

Zur Jahrhundertmitte wurde aber die meiste Baumwolle noch zwischen unabhängigen Firmen gehandelt, die durch Netzwerke des Vertrauens verbunden waren. Aus den unzähligen Briefen, persönlichen Begegnungen und Reisen entstanden unter diesen Kaufleuten Vertrauen und Verbindung zu Menschen in vielen Teilen der Welt. Im Gegensatz zu Pflanzern oder Fabrikanten besaßen Kaufleute oft engere Beziehungen zu weit entfernten Personen als zu Personen in ihren Heimatstädten oder deren Hinterland. In einem typischen Brief jener

Zeit erwähnte E. Rathbone Geschäftspartner oder Verwandte an so unterschiedlichen Orten wie Kairo, Aden, Palästina, Alexandria und Frankreich.[63] Rathbone und andere gehörten einer kosmopolitischen Gemeinschaft an, in der sie sich sicher bewegten. Menschen in entfernten Städten verfolgten ähnliche Geschäfte, kleideten sich ähnlich, lebten in Häusern, die sich von denen daheim wenig unterschieden, lasen ein ähnliches Spektrum von Büchern, hatten ähnliche Ansichten über die menschliche Natur und politische Ökonomie und hätten derselben Familie angehören können.

Die Politik der Kaufleute

Diese Kaufleute waren eine zusammenhängende soziale Klasse, und gestärkt von den Institutionen, die sie geschaffen hatten, gewannen sie von England über Frankreich bis zu den USA gewaltigen politischen Einfluss. Sie erkannten schon früh, dass ihre Branche tief in lokale, nationale und globale Politik eingebettet war, und verstanden instinktiv, dass der Staat nicht im Markt interveniert, sondern ihn konstituiert. Ihre tägliche Erfahrung hatte sie gelehrt, dass globaler Handel nur bei sorgfältiger, bewusster Regulierung durch Staaten florieren konnte. Infolgedessen war die Politik überall, wie der Liverpooler Baumwollmakler Samuel Smith schrieb: «Da unser Geschäft viel internationalen Verkehr mit sich brachte und stark vom Gang ausländischer Angelegenheiten beeinflusst wurde, vor allem von Kriegen und Kriegsfurcht, wurden wir ganz von selbst eifrige Politiker.»[64]

Als Kaufleute «eifrige Politiker» wurden, trafen sie auf Machthaber und Bürokraten, die viele Interessen der Händler als ihre eigenen und die der ganzen Nation ansahen. Die Existenz europäischer Staaten hing immer stärker vom Wohlstand ab, den die rasche Industrialisierung erzeugte – auch und insbesondere im Baumwollgeschäft. Regierende waren also gegenüber Kapitalbesitzern aufgeschlossen und oft auch folgsam, wenn diese Mäzene des Staats sich kollektiv organisierten. Was europäische Staaten von anderen wie China und Japan unterschied, war nicht nur ihre Leistungsfähigkeit, sondern auch ihre Offenheit gegenüber den Bedürfnissen des Handels und der Industrie. Zu den wichtigsten Dingen zählte die Infrastruktur des Handels selbst. Der Bau von Docks, Lagerflächen, Eisenbahnen und Wasserstraßen stand ganz oben auf der Liste, denn davon hing die Geschwindigkeit ab, mit der sich Waren und Informationen durch die entstehende Weltwirtschaft bewegten – und die Geschwindigkeit dieser Zirkulation bestimmte die Geschwindigkeit der Akkumulation.[65]

Auch wenn Handel zufällig und unreguliert abzulaufen schien, den Launen und Vorlieben einiger weniger Männer unterworfen, hing er letztlich doch von einer rechtlichen Infrastruktur ab, die durch Staaten entwickelt und durchgesetzt wurde. Es überrascht nicht, dass Kaufleute viel von ihrer politischen Energie dafür aufwandten, diese Rechtsordnung zu stärken und sie ihren Interessen anzupassen. Dabei stärkten sie wissentlich wie unwissentlich die Macht des Staats. Unter Kaufleuten anerkannte Konventionen brauchten durchsetzbare Regeln, und kein einzelner Akteur konnte diese Regeln so effizient durchsetzen wie der Staat. Der New Yorker Anwalt Daniel Lord erläuterte beispielsweise 1835 detailliert, dass rechtliche Regeln es Kaufleuten erlaubt hatten, Agenten und Kommissionäre an fernen Orten zu haben, die für sie tätig wurden: «Durch diesen Einsatz der Kräfte anderer... umfängt der moderne Handel die Enden der Erde und unterwirft zugleich den Äquator und die Pole. Er überquert den Ozean, durchquert die afrikanischen Wüsten und erobert die Steppen Asiens.»[66]

Ebenso wichtig war aber die praktische Umwandlung der weltweiten Landwirtschaft zum Rohstofflieferanten für die Industrie und zum Markt für Industrieprodukte. Je mehr Anbieter von Baumwolle, je mehr Konsumenten – desto mehr Handel. Kaufleute ersehnten eine stärkere Präsenz des Staats, vor allem in den Regionen ohne Sklaverei, und wenn sie in neue Anbaugebiete kamen, versuchten sie den Staat quasi mitzubringen. Erneut war eine ihrer größten Obsessionen, das «Recht» in diese globale Landwirtschaft einzuführen, obwohl ihnen das in Gesellschaften, die von bäuerlicher Produktion dominiert waren, oft misslang. Das zeigte sich am deutlichsten in kolonialen Gesellschaften wie Britisch-Indien. In Bombay forderten Kaufleute von der britischen Regierung ständig neue Regeln und Vorschriften für den indischen Baumwollhandel. «Die Baumwollgesetze waren nicht nur chronologisch gesehen die früheste Wirtschaftsgesetzgebung der britischen Herrschaft, sondern vielleicht auch die fortschrittlichste Gesetzgebung in der damaligen wirtschaftlichen Welt», bemerkte ein Historiker. Das Gesetz war überall. 1829 bestimmte die Regierung in Bombay, dass der «Betrug beim Packen und Verkauf von Baumwolle» mit zwei Jahren Gefängnis zu bestrafen sei. Die Regeln des Markts und damit der Markt selbst entstanden am Schnittpunkt von Staat und kollektivem Handeln der Kaufleute. Je größer aber die staatliche Autorität wurde, desto weniger war der Handel von den Netzwerken des Vertrauens abhängig, die frühere Generationen von Kaufleuten aufgebaut hatten.[67]

Britische Kaufleute und Fabrikanten standen im Zentrum des globalen Baumwollimperiums und betrachteten die Öffnung ausländischer Märkte als Hauptfunktion einer Regierung. So bat die Handelskammer von Manchester 1821 die Regierung eindringlich, Dänemark zur Senkung seiner Importzölle auf Garn zu drängen; 1822 forderte sie freieren Handel nach Süd- und Südostasien, und später agitierte sie für die Abschaffung von Zöllen zwischen England und Irland, debattierte über «brasilianische Zölle», «Zölle auf britische Waren, die nach Batavia importiert werden», «Zölle in Montevideo», Handel mit Marokko und «Zölle in Shanghai». Kaufleute in Le Havre forderten ebenfalls einen möglichst ungehemmten Handel.[68]

Kaufleute konnten sich aber ebenso entschieden für neue Handelsschranken aussprechen – ihr Beharren auf Freihandel war bemerkenswert inkonsequent. Schon 1794 protestierte eine Reihe von Baumwollhändlern «gegen den Export von Baumwollgarn aus England». Dieser bedrohe den britischen Wohlstand, weil das Garn in Deutschland von niedriger bezahlten Arbeitern zu Stoff verwebt wurde, was Arbeitslosigkeit in England schaffe. Sie äußerten das gespenstisch moderne Argument, «ihre billigeren Lebensmittel ließen [die Deutschen] billiger von Hand produzieren als unsere Arbeiter, sie hätten zuerst unsere Weber an den Handwebstühlen ihrer Arbeit beraubt und stießen jetzt rasch in andere Bereiche vor, auch in das mechanische Spinnen». Die Handelskammer von Manchester wandte sich ebenfalls gegen die Auswanderung «englischer Handwerker» und «den freien Export von Maschinen, die in unseren Fabriken benutzt werden».[69]

Kaufleute appellierten auch an ihre Regierungen, den Zugang zu ausländischen Märkten durch politische und militärische Macht zu schützen. 1794 sprach die Society of Merchants von Manchester darüber, wie wichtig es sei, dass die britische Marine Schiffe schütze, die mit wertvoller Ladung ins Mittelmeer fuhren. 1795 appellierte sie an die Regierung, ihren Handel mit Deutschland und dem übrigen Kontinent militärisch zu sichern. In Manchester baten Kaufleute die Regierung, den Atlantikverkehr vor Piraten zu schützen, und forderten «einen starken Flottenverband».[70]

Die politische Vision der Kaufleute war genau wie ihr Handel wahrhaft global und reichte von «Zöllen für Garnexporte in die Ostseeländer» bis zu kolonialem Schuldrecht, das Indien als Markt öffnen sollte. Indien wurde in England in gewisser Weise zur «Hauptfrage». Für den Textilfabrikanten Henry Ashworth bot der indische Markt unbegrenzte Möglichkeiten, wenn er durch die richtigen Regierungsinterventionen geöffnet würde: «Obwohl ich ebenso sehr wie die meisten hier den gesunden Prinzipien des Freihandels anhänge, folgt daraus nicht immer, dass wir bei Menschen, die nicht so fortgeschrittene politische Ökonomen sind wie wir, unsere Handlungen so lange aufschieben sollten, bis sie überzeugt worden sind. (‹Hört, hört.›)» Als Amateurökonom verstand Ashworth intuitiv, dass ökonomisches Denken beim «Formatieren der Ökonomie» hilft und das früher Unmögliche möglich macht, so wie einige Jahrzehnte später in Indien.[71]

Der Ruf nach dem Staat, um indische Bauern zu Baumwollproduzenten für den Weltmarkt zu machen, war ein Teil des viel größeren Projekts der Kaufleute, den Staat in die globalen Baumwollanbaugebiete zu tragen. Sie erkannten, dass sie – im Gegensatz zu den von Sklaverei dominierten Baumwollregionen – in

Indien und anderswo die administrative und rechtliche Macht des imperialen Staats brauchten, um die Landwirtschaft zu transformieren. Sie sahen aber nicht voraus, dass sie ihre eigene Bedeutung im Baumwollimperium umso mehr verminderten, je mehr sie die Ausweitung des Staates forderten.

Henry Ashworth, Mitglied der Handelskammer Manchester, sah klarer als viele andere, dass die Welt des Handels auf machtvollen Staaten beruhte, die die globalen Märkte strukturierten, und feierte unerschrocken die Einmischung des britischen Staats im Interesse seiner Kaufleute und Fabrikanten. Junge Industriestaaten brauchten eine blühende verarbeitende Industrie, um stark und sozial stabil zu sein. So schnell war ihr Wachstum und so hart der Wettbewerb, dass europäische Staaten versuchten, die globale Landwirtschaft zur Quelle des Rohstoffnachschubs für die heimischen Fabriken und gleichzeitig zum Markt für deren Produkte zu machen. Nachdem sie ihre eigene Landwirtschaft auf der Suche nach Arbeitskräften verändert hatten, versuchten sie diese Erfahrung auf den Rest der Welt zu übertragen – und machten die besondere Form dieser Integration zu nicht weniger als einem «Naturgesetz».

Diese neue und quasi «göttlich auferlegte» Mission verminderte ungewollt, aber umso wirksamer die Abhängigkeit des Industriekapitalismus von einigen der früheren Mechanismen des Kriegskapitalismus – vor allem der umfassenden Enteignung einheimischer Völker und der Mobilisierung von Arbeitskräften durch Sklaverei. Als die Staaten stärker wurden, als Infrastrukturen für die Märkte und Rechtssysteme zur Sicherung der Investitionen geschaffen waren, gelang es den Kaufleuten zunehmend, die bäuerlichen Wirtschaften weltweit auf die Baumwollproduktion für die Weltmärkte hin zu orientieren. Sie lenkten beispiellose Kapitalflüsse und mit ihnen die Logik der industriellen Produktion ins zuvor unabhängige Hinterland. Die britischen Barings diversifizierten beispielsweise schon in den 1840er Jahren ihre Baumwollkäufe durch Importe aus Bombay. Europäische Kapitalbesitzer mobilisierten auch die Baumwolle produzierenden Fellachen in Ägypten. Ende der 1840er und Anfang der 1850er Jahre drangen Kaufleute meist griechischer Herkunft mit dem Erlahmen des staatlichen Baumwollmonopols ins Landesinnere vor und begannen die Baumwolle direkt von den Bauern zu kaufen. Am vorausschauendsten war aber vielleicht das Modell der Gebrüder Volkart. Ihre indischen Baumwollhändler näherten sich im Schlepptau einer expandierenden Kolonialregierung immer mehr den lokalen Produzenten, so dass die Volkarts und ihre europäischen Kollegen 1875 schon mehr als doppelt so viel Baumwolle exportierten wie die ehedem so dominanten indischen Händler.[72]

...

Die Bildung globaler Netzwerke

Die revolutionäre Vorhut:
Salomon Volkart aus Winterthur
verändert die bäuerliche
Landwirtschaft

Bevor das europäische Kapital seine Partner in den imperialen Staaten des späten 19. Jahrhunderts fand, erhielt das Baumwollimperium einen Stoß aus der Weltgegend, wo Sklaverei und Industriekapitalismus scheinbar am mächtigsten und profitabelsten zusammenwirkten, aus den USA. Überall sonst schienen sie perfekt koexistieren zu können, doch überall sonst waren diese beiden Profitquellen auch durch nationale Grenzen getrennt. Nicht so in Nordamerika. Dort existierten Kriegs- und Industriekapitalismus auf demselben nationalen Territorium. Doch kein politischer Verbund konnte auf Dauer die gegenläufigen politischen Kräfte beider Systeme bändigen.

Als die USA sich wirtschaftlich konsolidierten, stellten Sklavenhalter und Industrieunternehmer zunehmend unterschiedlichere Forderungen an den Staat. Amerikanische Fabrikanten und einige Kaufleute kamen wie ihre Kollegen in England und anderswo zu der Überzeugung, die Mechanismen des Industriekapitalismus ließen sich auf den globalen Baumwollanbau übertragen und würden ausreichende Mengen an Rohmaterial liefern. Baumwolle anbauende Sklavenhalter favorisierten dagegen die politische Ökonomie des Atlantikhandels und waren von der Bereitschaft des Staats abhängig, mehr Land für die Plantagenwirtschaft bereitzustellen und die Sklavenwirtschaft weiter durchzusetzen. Sie befürchteten auch, jede Stärkung der Bundesregierung könnte ihre Herrschaft über ihre Arbeitskräfte gefährden. Schließlich beruhte die Sklaverei auf ständiger Gewalt gegen potenziell rebellische Sklaven, und diese Gewalt wiederum beruhte auf der Bereitschaft des Staats, sie hinzunehmen. Sklavenhalter empfanden darum das starke Bedürfnis, Kontrolle über den Staat auszuüben oder zumindest politische Gegner der Sklaverei aus der Washingtoner Machtzentrale herauszuhalten.

Doch diese Kontrolle wurde immer schwieriger. Aus der dynamischen industriellen Wirtschaft der Nordstaaten ging eine kleine, aber wachsende Gruppe von Kapitalbesitzern hervor, die eine politische Ökonomie der Industrialisierung anstrebten. Auch sie wollten politische Kontrolle über staatliche Institutionen. Im Gegensatz zu den Südstaatlern zogen die Industriellen des Nordens aber immer mehr politische Kraft aus einer relativ stabilen Koalition mit Farmern im amerikanischen Westen und sogar mit Teilen der rasch wachsenden Gruppe der Industriearbeiter. Und sie wurden zusätzlich dadurch ermutigt, dass eine kleine, aber ebenfalls wachsende Zahl von Kaufleuten, die bis dahin die wichtigsten nördlichen Verbündeten der Pflanzer gewesen waren und die politische Ökonomie des Atlantikhandels verteidigt hatten, der sie reich gemacht hatte, ihr altes Bündnis nun zunehmend aufgaben und sich dem Projekt der Industrialisierung anschlossen – auch wenn sie noch zögerten, die Sklaverei im Süden anzugreifen.[73]

Solche Schritte waren sinnvoll, weil ihr früherer Rohstoffhandel mit seinen niedrigen Einstiegskosten stets neuen Konkurrenten offenstand, die bereit waren, höhere Risiken einzugehen und niedrigeren Profit zu machen. Niedrige Einstiegsschwellen schufen einen Baumwollmarkt, auf dem es eine große Zahl kleiner Akteure gab, er drängte die reicheren Händler in neue und noch profitablere Geschäftsfelder mit größerem Kapitalbedarf. Wie die Browns diversifizierten auch ausländische Kapitalbesitzer wie die Barings immer mehr, besonders in Eisenbahnen, Kohlebergbau und Fabriken. Sie verstanden besser als andere, dass mit der wachsenden Macht des Staats die Rolle des Handelskapitals zurückging und dass eine Zukunft anbrach, in der Industrielle – im Zusammenwirken mit dem Staat – in der Lage sein würden, mehr Land und Arbeitskräfte für den Baumwollanbau und -konsum zu finden. Die weitblickendsten Fabrikanten und Kaufleute erkannten, dass dies die Macht der Rohstoffproduzenten entscheidend schwächen würde. Somit wäre einer der bedrohlichsten Herde der Instabilität im Baumwollimperium und damit im globalen Kapitalismus beseitigt.[74]

Diese Verschiebung der Machtverhältnisse zwischen den verschiedenen Wirtschaftsgruppen erwies sich als folgenschwer. Die Situation in den USA war insofern einzigartig, als die Spaltung zwischen den Wirtschaftseliten so groß war, dass sogar die mit Sklavenhaltern verbündeten Kaufleute in einem Augenblick großer Krise ihre alten Bundesgenossen fallenließen. Das war völlig anders als in anderen sklavenhaltenden Gesellschaften wie Brasilien, wo Pflanzer und Exportkaufleute einen einheitlichen politischen Block bildeten und sich einig waren, dass eine Industrialisierung des Landes ihre wirtschaftlichen Interessen bedrohe und Sklavenarbeit unverzichtbar sei.[75]

Die Neuausrichtung der nordamerikanischen Wirtschaftseliten wie auch die Aussicht, agrarisches Hinterland ohne Sklaverei zu erschließen, so wie es die Volkarts in Indien getan hatten, ließen die steigenden Kosten und sinkenden Profite der Verbindung von Sklaverei und Industriekapitalismus deutlich hervortreten. 1861 explodierte diese Mischung buchstäblich und metaphorisch, und der sich anschließende amerikanische Bürgerkrieg wurde nicht nur für die junge Republik zum Wendepunkt, sondern auch für die Geschichte des globalen Kapitalismus.

Kapitel 9

Ein Krieg und sein weltweiter Widerhall

Von außen gesehen, stand die Baumwolle im Zentrum des amerikanischen Konflikts.

(John Bull: «Oh! Wenn ihr beiden euch lieber streitet als was verkauft, geh ich zum Laden gegenüber.»)
Aus: Punch, or the London Charivari, **16. November 1861**

King Cotton – der Thron wackelt

Als im April 1861 bei Fort Sumter die ersten Schüsse des amerikanischen Bürgerkriegs fielen, war Baumwolle der Rohstoff der weltweit wichtigsten verarbeitenden Industrie. Die Herstellung von Baumwollgarnen und -stoffen war zur «größten Industrie, die irgendwann oder irgendwo existiert hatte oder existieren konnte», gewachsen, wie es der britische Baumwollhändler John Benjamin Smith ausdrückte. In vieler Hinsicht – Zahl der beschäftigten Arbeitskräfte, Wert der Gesamtproduktion, Profitabilität – war das Baumwollimperium konkurrenzlos. Ein Autor schätzte kühn, 1862 produzierten weltweit 20 Millionen Menschen (einer von 65) Baumwolle oder Baumwollstoffe. Allein in England, in dessen Fabriken sich zwei Drittel aller mechanischen Spindeln drehten, lebten 20–25 % der Bevölkerung von dieser Industrie, ein Zehntel des britischen Kapitals war darin investiert, und fast die Hälfte aller Exporte bestand aus Baumwollgarnen und -stoffen. Ganze Regionen Europas und der USA waren von einer geregelten Versorgung mit billiger Baumwolle abhängig. Bis auf Weizen beherrsche kein «Rohstoff ... so vollständig die Bedürfnisse des Volkes», erklärte das Londoner *Journal of the Statistical Society*.[1]

Die Baumwollindustrie, die Europas Industriellen und Kaufleuten großen Reichtum und hunderttausenden von Arbeitern ein karges Einkommen brachte, hatte auch den Aufstieg der Vereinigten Staaten zu einem Hauptakteur der Weltwirtschaft ermöglicht. Kurz vor dem Bürgerkrieg machte Rohbaumwolle 61 % des Werts aller ausgeführten Produkte aus. Großbritannien als Flaggschiff des globalen Kapitalismus war gefährlich abhängig von dem «weißen Gold», das aus New York, New Orleans, Charleston und anderen amerikanischen Häfen kam. Ende der 1850er Jahre lieferten die USA 77 % der rund 363 Millionen Kilogramm Baumwolle, die in England verarbeitet wurden. Sie lieferten auch 90 % der 87 Millionen Kilogramm, die in Frankreich, 60 % der 52 Millionen Kilogramm, die im Deutschen Zollverein, und 92 % der 46 Millionen Kilogramm, die in Russland verarbeitet wurden. Mitte des 19. Jahrhunderts hatte die Baumwolle zentrale Bedeutung für den Wohlstand der atlantischen Welt gewonnen. Der Dichter John Greenleaf Whittier nannte sie das «Haschisch des Westens», eine Droge, die starke halluzinatorische Träume von territorialer Expansion erzeugte, von Richtern, die entscheiden, dass «falsch richtig ist», und vom Himmel als einer «lauschigen Plantage» mit «Negeraufsehern als Engeln».[2]

...

Die Sklaverei stand im Zentrum des dynamischsten und verzweigtesten Produktionskomplexes der Weltgeschichte, und Manchester und Liverpool verdankten «ihren Reichtum in Wirklichkeit der Mühe und dem Leiden des Negers, als hätten seine Hände ihre Docks ausgeschachtet und ihre Dampfmaschinen gebaut», wie der Kolonialbeamte Herman Merivale notierte. Diese Kapitalakkumulation in der peripheren Rohstoffproduktion sei notwendig für die wirtschaftliche Expansion der industriellen Länder, und der Nachschub an Arbeitskräften, wenn nötig durch Zwang, sei eine Voraussetzung für die Umwandlung des reichlich vorhandenen Bodens in eine produktive Rohstoffquelle, so Merivale.³

Ob man nun den materiellen Nutzen der Sklaverei betonte oder deren Abschaffung forderte – viele Zeitgenossen stimmten in den 1850er Jahren überein, dass globale wirtschaftliche Entwicklung physischen Zwang erfordere. Karl Marx spitzte die um ihn herum vertretenen Meinungen zu und schrieb 1853, «bürgerliche Zivilisation» und «Barbarei» seien nicht voneinander zu trennen. Ein solches Argument war in Elitekreisen durchaus gängig. So kam der französische Geograph Élisée Reclus weitgehend zum selben Schluss: «Die industrielle Wohlstand Englands scheint eng an das Fortbestehen der Sklaverei gebunden zu sein.» Südstaatenpflanzer sahen es genauso: Baumwolle und damit Sklaverei waren für die moderne Welt unverzichtbar, sie waren die Grundlage des erstaunlichen materiellen Fortschritts in den Vereinigten Staaten und Europa. James Henry Hammond, Baumwollpflanzer und Senator für South Carolina, tat im Senat den berühmten Ausspruch: «England würde stürzen und die gesamte zivilisierte Welt mit sich reißen», wenn das System des Baumwollanbaus durch Sklaverei bedroht werde. «Niemand auf der Welt wagt es, sie anzugreifen. *Cotton is King.*»⁴

Doch viele Zeitgenossen hatten seit langem die Sorge, diese gewaltige und funkelnde Maschinerie könnte zusammenbrechen. Die Konflikte zwischen Nord- und Südstaaten hatten sich erheblich verschärft, es drohte die Auflösung der Union, die politische Stabilität der USA war höchst gefährdet. Für den britischen Politökonomen Leone Levi war die europäische Baumwollindustrie als «von anderen Ländern abhängige Industrie» potenziell verwundbar, und ihr Wohl war nach den Worten eines französischen Beobachters «eine Frage von Leben und Tod für zehntausende von Arbeitern geworden, eine Frage von Wohlstand oder Elend für alle entwickelten Industrieländer».⁵

Entscheidend war aber, dass die Sklaverei selbst als potenziell gefährlich für die Stabilität erschien – ein «trügerisches Fundament», so die Manchester Cotton Supply Association – , nicht nur wegen der politischen Spannungen innerhalb der USA, sondern weil Sklaven Widerstand leisten und sogar rebellieren konnten. «Die Furcht vor Sklavenaufstand und zivilem Zerwürfnis» war stets vorhanden, wie der *Cotton Supply Reporter* schrieb. Selbst der Londoner Finanzmarkt spiegelte dieses Risiko wider, denn Anleihen für Bahnlinien in den Südstaaten brachten höhere Zinsen als im Norden. «Dieses Misstrauen erwächst aus einer klugen Kalkulation der Gefahren, im moralischen wie physischen Sinne, die über einer Gesellschaft hängen, deren Grundlagen auf Unrecht und Gewalt gebaut sind», bemerkte der *Westminster Review* 1850.[6]

Das reichliche Vorhandensein von fruchtbarem Land und unfreien Arbeitern hatte den Süden zur Plantage der Industrie von Lancashire gemacht.[7] Aber um 1860 protestierten viele Amerikaner, besonders im Norden, gegen eine solche semi-koloniale Abhängigkeit, allen voran die Vertreter und Anhänger der neu entstandenen Republikanischen Partei mit ihrer Ideologie der freien Arbeit und des freien Bodens. Sie sollten damit eine zweite amerikanische Revolution auslösen. Besorgt um die Sicherheit ihres territorialen und menschlichen Besitztums, trennten die Sklavenhalter des Südens sich schließlich von der Union. Sie setzten darauf, dass ihre europäischen Partner intervenieren würden, um die Weltwirtschaft und damit ihre überaus profitable Position zu schützen. Südstaatenpflanzer verstanden, dass ihr Baumwollkönigreich nicht nur auf reichlich vorhandenem Boden und Arbeitskräften beruhte, sondern auch auf ihrer politischen Fähigkeit, die Sklaverei aufrechtzuerhalten und auf die neuen Anbaugebiete des amerikanischen Westens zu übertragen.

Aus globaler Perspektive war der Kriegsausbruch zwischen Konföderierten und Unionisten im April 1861 nicht nur ein Kampf um die territoriale Integrität der USA und die Zukunft ihrer «besonderen Institution» (so die euphemistische Bezeichnung für die Sklaverei), sondern auch ein Kampf um die Abhängigkeit des globalen Kapitalismus von Sklavenarbeit. Der amerikanische Bürgerkrieg war ein Lackmustest für die gesamte industrielle Ordnung. Konnte sie den auch nur vorübergehenden Verlust ihres Partners verkraften, oder würden soziales Chaos und wirtschaftlicher Zusammenbruch ihr Imperium zerstören? John Marshman, der Herausgeber der baptistischen Missionszeitung *Friend of India*, sah das Drama deutlich vor sich: «Man kann wohl sagen, dass der Wohlstand des Südens auf dem gewaltigen Verbrechen beruhte, drei oder vier Millionen Menschen in Sklaverei zu halten, und schwerlich lässt sich die Überzeugung von der Hand weisen, dass der Tag der Vergeltung vom Thron des Allmächtigen gekommen ist.»[8]

Weltweite Panik

Der Tag der Vergeltung kam am 12. April 1861. An diesem Frühlingstag feuerten konföderierte Truppen auf die Unionsgarnison Fort Sumter in South Carolina – der Sezessionskrieg hatte begonnen. Der Politologe Francis Lieber von der Columbia University sagte schon kurz darauf voraus, dass «weder Baumwolle noch Sklaverei ... unverändert aus diesem Krieg hervorgehen» würden. Mit seiner schockierenden Dauer und Zerstörungskraft markierte der Bürgerkrieg die erste wahrhaft globale «Rohstoffkrise», an deren Ende neue Netzwerke von Arbeit, Kapital und Staatsmacht entstehen würden. Eines der wichtigsten Kapitel der Geschichte von globalem Kapital und Arbeit wurde auf den ländlichen Schlachtfeldern Nordamerikas geschrieben.[9]

Der Ausbruch des Bürgerkriegs durchtrennte mit einem Schlag die globalen Bande, die das weltweite Gewebe von Baumwollproduktion und Kapitalismus seit den 1780er Jahren gestützt hatten. Die konföderierte Regierung versuchte die diplomatische Anerkennung durch England zu erzwingen, indem sie den gesamten Baumwollexport verbot. Als sie erkannte, dass diese Politik zum Scheitern verurteilt war, verhinderte eine Blockade des Nordens bereits den größten Teil der Exporte aus dem Süden. Obwohl es weiterhin Schmuggel gab, hielt die abschreckende Wirkung der Blockade die meisten Baumwollschiffe vom Handel mit dem Süden fern. So versiegten die Exporte nach Europa bis 1862 fast völlig. Die sogenannte Cotton Famine, die «Baumwollnot», zog immer weitere Kreise und sollte sämtliche Baumwollindustrien – und die Gesellschaften – von Manchester bis Alexandria prägen. Es war kaum übertrieben, als die Handelskammer der sächsischen Baumwollspinnerstadt Chemnitz 1865 erklärte: «Es hat die Handelsgeschichte noch nie so großartige und so folgenschwere Bewegungen aufzuweisen gehabt, als in den verflossenen 4 Jahren an dem Artikel Baumwolle und den damit zusammenhängenden Fabrikaten.»[10]

Es entstand ein besessenes Gerangel – umso verzweifelter, als niemand voraussagen konnte, wann der Krieg enden und wann die Baumwollproduktion im amerikanischen Süden sich erholen würde, wenn überhaupt. «Was sollen wir tun, wenn diese höchst unsichere Nachschubquelle plötzlich ausfällt?», fragte der *Liverpool Mercury* im Januar 1861. Als sie dann ausfiel, beschäftigte diese Frage Politiker, Kaufleute, Industrielle, Arbeiter und Bauern auf der ganzen Welt.[11]

Zunächst wurde die Panik der europäischen Baumwollfabrikanten dadurch gemildert, dass die Baumwollimporte der letzten Jahre extrem hoch gewesen waren, so dass in den großen Häfen und Fabriken genug Rohmaterial für die kommenden Monate lagerte. Überdies waren die Garn- und Tuchmärkte von Buenos Aires bis Kalkutta übersättigt. Da man annahm, der Krieg werde kurz sein, bedeutete die Unterbrechung des Exports aus den Südstaaten steigende Preise für die vorhandenen Waren, was die Besitzer von Rohbaumwolle und Textilien natürlich begrüßten. *Moskva*, das Sprachrohr der Moskauer Industriellen, schrieb im Rückblick auf die ersten Kriegsmonate, der Konflikt habe zunächst geholfen, «unsere eigene Krise in der Baumwollindustrie zu vermeiden, die [wegen Überproduktion] kurz bevorsteht».[12]

Schließlich begannen schwindende Vorräte und steigende Preise aber die Produktion zu lähmen. Im Spätsommer 1861 schrieb Charles Francis Adams, der US-Botschafter in London, an seinen Sohn Henry: «Diese Baumwollfrage fängt

Ein Krieg und sein weltweiter Widerhall

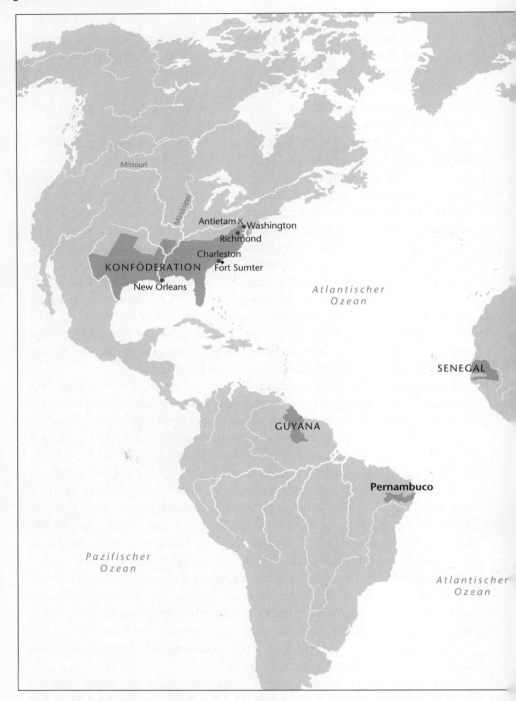

Die Auswirkungen des Amerikanischen Bürgerkriegs auf die globale Baumwollindustrie, 1861–1865

Weltweite Panik

an zu kneifen …»» Anfang 1862 waren die Baumwollimporte nach England auf etwas über 50 % der Vorjahresmenge gefallen, darunter die Importe aus den Vereinigten Staaten um 96 %, so dass Fabriken einige Tage in der Woche oder gleich ganz schlossen. Die Baumwollpreise schossen in den Himmel. Am 20. Juni 1862 kostete ein Pfund (= 0,4536 kg) mittlerer Orleans-Baumwolle 13 ⅝ Pence, am 10. Oktober waren es 27 ¾ Pence. Indische Baumwolle stieg von 8 ¼ Pence 1860 auf 31 ½ 1862 und ägyptische Baumwolle von 15 ½ auf 49 Pence. Infolgedessen schlossen viele Fabriken, und zehntausende verloren ihre Arbeit. Bereits im November 1861 hatten Industrielle in Lancashire 6 % ihrer Fabriken geschlossen und in weiteren zwei Dritteln kürzere Arbeitsschichten eingeführt. Anfang 1863 war ein Viertel der Bewohner von Lancashire – über 500 000 Menschen – arbeitslos und erhielt öffentliche oder private Unterstützung. Der Weber John O'Neil aus Low Moor Mill in Lancashire beschrieb sein Leiden in seinem Tagebuch: «traurig und müde … kann mich kaum am Leben erhalten». Als Reaktion auf solches Elend appellierten Arbeitslose an das Innenministerium und forderten Hilfe.[13]

1863 randalierten Arbeitslose in den Straßen mehrerer englischer Städte, was die explosiven sozialen Folgen der Baumwollkrise unterstrich. Stadtverwaltungen fragten beim Innenminister an, «wie das Militär zu bekommen sei, falls es in künftigen Notfällen gebraucht wird». Bald wurden Truppen stationiert, um rebellierende Arbeiter zu kontrollieren. Die Krise war so ernst, dass tausende Kilometer von Europa entfernt die Kaufleute der Handelskammer von Bombay Geld «zur Unterstützung der Not leidenden Fabrikarbeiter von Lancashire» sammelten. «Furcht» und «Besorgnis» breiteten sich aus.[14]

Eine ähnliche Krise entwickelte sich auf dem europäischen Kontinent. In Frankreich schlossen Unternehmer Fabriken, weil sie sich die hohen Baumwollpreise nicht mehr leisten konnten, als die US-Importe von über 600 000 Ballen (1860) auf 4169 (1863) fielen. Besonders schmerzhaft war die Wirkung für die Hersteller grober Baumwollstoffe in der Normandie, für die der Rohstoffpreis einen Großteil der gesamten Produktionskosten ausmachte. 1863 standen drei Fünftel aller Webstühle in der Normandie still, und in den Bezirken Colmar und Belfort, wo höherwertige Baumwollstoffe hergestellt wurden, waren es 35 % aller Spindeln und 41 % aller Webstühle. Im selben Jahr schätzte ein nationales französisches Hilfskomitee, dass eine Viertelmillion Textilarbeiter ohne Arbeit war. In den elsässischen Textilstädten wurden Plakate aufgehängt mit der Aufschrift «Du pain ou la mort.»[15]

Auch kleinere Baumwollzentren litten. In den Ländern des deutschen Zollvereins fielen die Importe von Rohbaumwolle zwischen 1861 und 1864 um etwa die Hälfte, und hunderte von Fabrikanten schickten ihre Arbeiter nach Hause. Von den etwa 300 000 Menschen, die allein in der sächsischen Textilindustrie arbeiteten, verlor bis Herbst 1863 ein Drittel ihre Arbeit, während die Übrigen deutlich kürzer arbeiteten. In den Nordstaaten der USA, die nicht den Krieg, aber seine Auswirkungen erlebten, wurden zehntausende von Baumwollarbeitern arbeitslos, aber die sozialen Folgen waren weniger schwer, weil viele in den boomenden Wollfabriken angestellt wurden, die Uniformen für die Armee herstellten, oder selbst Soldaten wurden. In Moskau waren dagegen 1863 schon 75 % aller Baumwollfabriken geschlossen. Arbeiter und Unternehmer hätten dem amerikanischen Konsul in Stettin zugestimmt, dass «dieser Krieg und seine Folgen vor der gesamten zivilisierten Welt stehen wie ein den Weg versperrendes Schicksal, dem keine Nation, so unbedeutend ihre direkten Beziehungen zum Konflikt sein mögen, ganz entgehen kann.»[16]

Während Unternehmer ihre Fabriken schlossen und Spinner und Weber Not litten, erlebten Baumwollhändler für kurze Zeit eine Hochphase. Steigende Baumwollpreise führten zu einer Welle der Spekulation bei «Ärzten, Pfarrern, Anwälten, Ehefrauen, Witwen und Kaufleuten». Baumwolle wechselte viele Male den Besitzer, bevor sie die Fabriken erreichte; bei jedem Weiterverkauf ließ sich Profit machen. Einer der größten Baumwollimporteure des 19. Jahrhunderts, Baring Brothers, bestätigte im Sommer 1863, dass «die Summen, die sich mit diesem Artikel verdienen ließen und noch verdienen lassen, fast märchenhaft sind; seit drei Jahren oder länger ist kein Ballen aus Indien gekommen, der keinen Profit abgeworfen hat, meistens einen hohen». Liverpooler Baumwollmakler verdienten ebenfalls an der großen Zahl von Spekulanten auf dem Markt (die zu vielen Transaktionen führte) und an den steigenden Preisen (ihre Kommission war ja ein bestimmter Prozentsatz des Verkaufssumme). 1861 hatten die gesamten Baumwollimporte einen Wert von 39,7 Millionen britischen Pfund gehabt, 1864 waren es 84 Millionen, trotz einer stark rückläufigen Menge.[17]

Als Preissprünge und überhitzte Spekulationen zunahmen, formalisierten Liverpooler Händler das Warentermingeschäft. 1863 erstellte die Liverpool Cotton Brokers' Association ein Standardformular, das Kaufleute für Verträge über die künftige Lieferung von Baumwolle verwenden konnten, und Liverpooler Zeitungen begannen die Terminpreise indischer Baumwolle abzudrucken. In diesem Jahr wurden Termingeschäfte sogar in Bombay etabliert und schufen neue Möglichkeiten für «Männer mit Spielleidenschaft». Der Krieg erzeugte «eine revolutionäre Modernisierung des Handels», deren wichtigstes Element vielleicht die Schaffung eines formellen Markts für Termingeschäfte war.[18]

...

Während Händler und Spekulanten von dem globalen Gerangel um die Baumwolle profitierten, forderten Industrielle laut und verzweifelt den Zugang zu neuen Baumwollquellen. In Frankreich übten Fabrikbesitzer aus verschiedenen textilverarbeitenden Regionen ständigen Druck auf die Regierung aus. «Es ist ...

dringend notwendig, neue Produktionsfelder zu entwickeln», schrieb zum Beispiel die Handelskammer von Rouen. 1862 appellierte eine Gruppe von Textilfabrikanten aus Senones in den Vogesen an Napoleon III., chinesische Arbeiter nach Algerien zu bringen, um dort Baumwolle anzubauen. Im selben Jahr reichte der Baumwollfabrikant Jacques Siegfried mit Unterstützung der Société Industrielle in Mulhouse ein «Memorandum» ein, um den Baumwollanbau in Algerien zu propagieren: «Keine Kolonisierung durch die Baumwolle, Baumwolle durch die Kolonisierung». Als der wohlhabende elsässische Baumwollfabrikant Antoine Herzog 1864 ein Buch über *L'Algérie et la Crise Cotonnière* schrieb, hoffte er, Frankreich werde erkennen, dass es «den politischen Wirren eines einzigen Volkes ausgeliefert» sei und darum «auf jede mögliche Art die Baumwollkultur von Ländern entwickeln [müsse], die sie produzieren können, vor allem in unseren Kolonien». Herzog bat Napoleon III. in einer Audienz um seine Unterstützung für den Baumwollanbau in den Kolonien und reiste 1862 sogar nach Algerien, um die Möglichkeiten der dortigen Produktion zu erkunden.[19]

Auch Regierungsvertreter waren nun zunehmend besorgt. Baumwolle war schließlich von zentraler Bedeutung für ihre Volkswirtschaften und die Erhaltung des sozialen Friedens. Manche europäischen Politiker traten für eine Anerkennung der Konföderierten und einen Bruch der Blockade der Nordstaaten ein. Andere hofften auf neue Bezugsquellen außerhalb der USA, vor allem die beiden europäischen Mächte, die sowohl große Textilindustrien als auch Kolonien besaßen, England und Frankreich. Noch vor Kriegsausbruch hatte der britische Außenminister Lord John Russell den Baumwollfabrikanten Manchesters versichert, seine Regierung werde alles in ihrer Macht Stehende tun, um sich Baumwolle aus Quellen außerhalb der USA zu sichern. Der preußische Botschafter in Washington, Freiherr von Gerolt, wiederholte genau wie seine britischen und französischen Kollegen bei seinen Treffen mit dem amerikanischen Außenminister William Seward häufig, wie wichtig die Baumwolle für das wirtschaftliche Wohl ihrer Länder sei. Unterhaus und Oberhaus in England debattierten genau wie der französische Senat regelmäßig über die «Baumwollfrage».[20] Das französische Kolonialministerium forderte Berichte über die Aussichten des Baumwollanbaus in so verschiedenen Gegenden wie Guyana, Siam, Algerien, Ägypten und Senegal an, wo es später überall imperiale Anbauprojekte gab. Diese intensive staatliche Sorge um die Sicherung billigen Rohmaterials, das für nationale Industrien unverzichtbar war, zeigte, dass Baumwolle eine Angelegenheit des Staates geworden war, eines Staates, der nicht zuletzt durch Jahrzehnte politischer Mobilisierung der Kaufleute an Macht gewonnen hatte. Großinvestitionen in die Industrieproduktion – eine Neuheit in der Weltgeschichte – erforderten ein ständiges Angebot an Boden, Arbeitskräften und Kredit. Während politische Führer mit der Baumwollkrise rangen, sahen sie, dass die Entstehung des Industriekapitalismus sie von der zuverlässigen Versorgung mit Rohstoffen ebenso abhängig gemacht hatte wie die Fabrikanten selbst. Premierminister Lord Palmerston etwa warnte im Oktober 1861, England brauche dringend Baumwolle, denn «wir können nicht zulassen, dass Millionen Menschen unseres Volkes umkommen».[21]

Indien am Zug

Als Reaktion auf die drängende Nachfrage begannen 7500 Kilometer östlich von Liverpool und 15 000 Kilometer von Fort Sumter entfernt indische Händler und Bauern, britische Kolonialbeamte und Fabrikanten aus Manchester ein verzweifeltes Rennen, um Baumwolle für die Weltmärkte zu produzieren. Wie schon gesehen, hatte England seit den 1820er Jahren versucht, Indien zu einer verlässlichen Quelle von Baumwolle zu machen, doch das war laut der Handelskammer von Bombay «ein großer Misserfolg». Der *Economist* hatte schon vor dem Bürgerkrieg bemerkt: «Solange es Neger in den Südstaaten gab und diese Neger zur Arbeit angehalten werden konnten, wäre es nicht nur wagemutig, sondern geradezu abenteuerlich», in Indien Baumwolle für die Weltmärkte anzubauen.[22]

Der Beschuss von Fort Sumter kündigte aber an, dass Indiens Stunde gekommen war. Für Baumwollhändler, Fabrikanten und Politiker schien kein Ort für den Baumwollanbau vielversprechender als Indien, für Edmund Potter von der Handelskammer in Manchester war es sogar «das einzige Mittel gegen das Übel, das über uns zu hängen scheint». Während des Bürgerkriegs arbeiteten britische Baumwollunternehmer und Kolonialbeamte fieberhaft daran, die indische Produktion zu steigern und auf den Markt zu bringen. «Baumwolle scheint mir das wichtigste Thema des Tages zu sein», schrieb ein Beobachter im Juli 1861 aus Nagpur, und die englischen Zeitungen in Indien druckten hunderte, wenn nicht tausende von Artikeln über Baumwolle. Unternehmer aus Manchester schickten Baumwollsamen nach Bombay, die an die Pflanzer verteilt werden sollten; sie transportierten Entkörnungsmaschinen und Baumwollpressen aufs Land, und sie sprachen davon, in Eisenbahnen zu investieren, um die Baumwolle an die Küste zu bringen. Doch sie stießen dabei auf Indiens altbekannte Hindernisse. Als die Manchester Cotton Supply Association 1862 mehrere Entkörnungsmaschinen und Pressen nach Indien schickte, wollte sie diese im neuangelegten Hafen Sedashegur entladen, nahe den künftigen Anbaugebieten. Bei Ankunft der Schiffe war der Hafen aber nicht fertig. Schließlich brachten sie die Maschinen zu einem anderen Hafen, der zwar Entladeeinrichtungen besaß, aber die Straße von dort zu den Anbaugebieten war nicht fertig, und so konnten die Maschinen nicht transportiert werden.[23]

Trotzdem verstärkten die britischen Baumwollfabrikanten ihre Bemühungen, die indische Landwirtschaft zu verändern. «Was sind unsere Besitztümer wert, wenn wir sie nicht nutzen?», fragte Handelskammermitglied Henry Ashworth aus Manchester. Ashworth und andere drängten die nun aufgeschlossenere britische Regierung zu massiven Investitionen in die Infrastruktur, zu Gesetzesänderungen, um die Verfälschung von Baumwolle strafbar zu machen und zu neuen Eigentumsgesetzen, um klar definierten und leicht vermarktbaren Landbesitz zu schaffen.[24]

Diese Forderungen stießen nicht auf taube Ohren. Im September 1861 traf sich der indische Finanzminister Samuel Laing mit Vertretern der Baumwollinteressen von Manchester, um Wege zur Verbesserung der indischen Baumwollproduktion zu erörtern, und solche Treffen wurden während des Krieges fortgesetzt, in Manchester, London und Bombay. Charles Wood, der Minister für Indien, sah die Dringlichkeit ebenfalls und empfahl, «so viel wie möglich aus Indien zu holen». Kolonialbeamte schrieben Dutzende von Berichten über das Potenzial des Baumwollanbaus in dieser oder jener Region Indiens.[25]

Britische Regierung und Unternehmer waren sich einig, dass der imperiale Staat in der indischen Landwirtschaft aktiv werden müsse. Am wichtigsten war vielleicht der Druck der Fabrikanten zur Schaffung eines neuen rechtlichen Rahmens, um europäische Investitionen in die Baumwollproduktion und ihre Kontrolle zu erleichtern. Baumwollunternehmer wollten das indische Vertragsrecht ändern, um «Vertragsbruch strafbar zu machen, sofern Vorschüsse gezahlt wurden», was «dem Vorschusszahler ein absolutes Recht auf die Ernte in Höhe seines Vorschusses» gäbe und Strafen wie Zwangsarbeit vorsähe. Wenn Händler eine so absolute Verfügungsgewalt über die Baumwolle erreichen könnten, die mit ihrem Kapital angebaut wurde, würde dies zu Investitionen ermutigen und auch die Schwierigkeit überwinden helfen, «die Einhaltung von Verträgen bei der bäuerlichen Bevölkerung Indiens zu erzwingen». In einem solchen System könnten die Erzeuger sich ganz auf den Anbau für den Verkauf konzentrieren, da die Vorschüsse ihnen den Kauf von Getreide für den Eigenverbrauch erlauben würden, bevor ihre Baumwollernte reif war. Schließlich erzeugte dieser Druck tatsächlich ein neues Vertragsrecht. 1863 wurden außerdem Gesetze eingeführt, die das Verfälschen von Baumwolle mit Gefängnis und Zwangsarbeit bestraften.[26]

Auch Infrastrukturprojekte wurden vorangetrieben, die zugleich den Interessen der «Manchester-Leute» und denen des kolonialen Staats dienten, vor allem der Eisenbahnbau, der laut Charles Wood nicht nur den Transport der Baumwolle zu den Häfen, sondern auch schnelle Truppenverlegungen zur Unterwerfung von Aufständen erlauben würde. Allein im ersten Jahr des amerikanischen Bürgerkriegs stiegen die Staatsausgaben für Infrastrukturprojekte in Indien fast auf das Doppelte. Darüber hinaus senkte die Kolonialregierung den Einfuhrzoll für Baumwollprodukte von 10 % auf 5 %, was britische Fabrikanten sehr begrüßten, denn sie glaubten, die Zölle wirkten als «fiktive Ermutigung ... für mechanisch produzierte Waren». Sie alle sahen Indiens Zukunft aber nicht in der Verarbeitung, sondern in der Lieferung von Rohbaumwolle an die europäische Industrie.[27]

Dennoch blieben die Fabrikanten mit der britischen Regierung unzufrieden. Ihre jahrzehntealten Forderungen nach mehr staatlichen Eingriffen nahmen nun fast hysterische Töne an und beschleunigten die Entstehung einer noch engeren Beziehung zwischen Händlern, Industriellen und imperialem Staat, die ab dem letzten Drittel des 19. Jahrhunderts zum Wahrzeichen des Baumwollimperiums wurde. Die Handelskammer von Manchester beschwerte sich ständig über das fehlende Engagement der Regierung. Frustrierte Fabrikanten versuchten den Druck zu erhöhen, indem sie ihre Sache ins Parlament trugen. Im Juni 1862 forderten Abgeordnete aus den baumwollverarbeitenden Wahlkreisen größere staatliche Aktivitäten zur Verbesserung der indischen Infrastruktur. «Die Versorgung mit Baumwolle ist nicht nur eine Frage für Lancashire – es ist eine Frage von großer nationaler Bedeutung», sagte der Abgeordnete für Stockport, John Benjamin Smith, in dieser Debatte. Der Unmut wurde so stark, dass Fabrikanten aus Lancashire sich schließlich öffentlich über Charles Wood beschwerten und Mitglieder der Cotton Supply Association sogar «die Amtsenthebung des unfähigen Ministers» forderten. Umgekehrt äußerte Wood regelmäßig seinen Ärger über «die Manchester-Leute». Die Interessen von Fabrikanten und Regierung waren nie völlig identisch, weil Wood und andere Regierungsvertreter einerseits an einer beschränkten Rolle des Staates im Wirtschaftsleben festhielten und andererseits nur zu gut die Risiken einer Störung der zerbrechlichen sozialen Ordnung in Indien nach der Rebellion 1857 kannten, die die britische Herrschaft stark bedroht hatte. Sie verstanden, dass die Transformation der indischen Landwirtschaft ein gigantisches Projekt war, das große Risiken mit sich brachte.[28]

■ ■ ■

Doch wie keine Krise zuvor eröffnete die Baumwollkrise neue Horizonte für die koloniale Rohstoffproduktion. Sogar der *Economist*, die weltweit führende Stimme für den Nutzen des Laissez-faire-Kapitalismus, trat schließlich für staatliche Beteiligung bei der Sicherung des Baumwollnachschubs ein, vor allem aus Indien. Es war schwer, diese Schritte mit den Gesetzen von Angebot und Nachfrage zu rechtfertigen, aber schließlich fanden der *Economist* und viele andere einen Weg:

> «Die Antwort, zumindest ein großer Teil der Antwort ist, dass in vielen wichtigen Teilen der indischen Gesellschaft anscheinend sehr eigentümliche Schwierigkeiten bestehen, die in gewissem Maße die Wirkung der primären Motive, von denen die Wirksamkeit der politischen Ökonomie abhängt, hemmen und ihnen entgegenwirken.»

In Indien seien «die einfachsten Voraussetzungen der gewöhnlichen politischen Ökonomie ... nicht erfüllt. Es gibt den Engländer mit Warennachfrage, aber offen gesagt keinen Inder mit Warenangebot.» Aus diesem Grund

> «werden die Regeln der politischen Ökonomie bei einem Eingriff der Regierung in einer solchen Situation nicht gelockert. Die Regierung greift nicht ein, um die Wirkung und Tätigkeit von ‹Angebot und Nachfrage› zu hindern, sondern um diese Tätigkeit zu schaffen, damit die Wirkung eintritt ... Es ist nicht ungewöhnlicher, wenn man außerordentliche Maßnahmen für einen Staat empfiehlt, dem die normalen wirtschaftlichen Fähigkeiten fehlen, als wenn man eine ungewöhnliche Bildungsmethode für ein Kind empfiehlt, das blind und taub geboren wurde.»[29]

Auch die Handelskammer von Manchester, die im Juli 1862 eine Sondersitzung über den Baumwollnachschub aus Indien einberief, forderte: «Dieses Ziel muss staatliche Hilfe erhalten, indem solche staatlichen Bauprojekte gefördert werden, welche die Produktion und den Transport der Baumwolle zum Hafen erleichtern, etwa Bewässerungsanlagen, Straßen oder Eisenbahnen, und indem Vertragsrecht und Pachtgesetze verbessert werden ...» Die Fabrikanten wurden angesichts der Baumwollkrise immer ungeduldiger, wann denn der Markt funktionieren würde. Auch Charles Wood war zu der Auffassung gelangt, dass die «Gesetze von Angebot und Nachfrage» nicht ausreichen, um mehr Baumwolle von Indien nach England zu bringen. Er glaubte, dass indische Erzeuger die Muße der Akkumulation vorzogen. Indien brauchte staatliche Reformen und Druck, wenn es den amerikanischen Süden in der Baumwollwirtschaft ersetzen sollte.[30]

Die Wirksamkeit staatlicher Interventionen wurde durch rasch steigende Preise befördert, die den oft holprigen Übergang zur Weltmarktproduktion schmierten. Der Wert indischer Baumwolle verfünffachte sich in den ersten beiden Kriegsjahren. Diese hohen Preise ermutigten indische Erzeuger, Baumwolle auf frisch gerodetem Land anzubauen und auch dort, wo zuvor Getreide wuchs. Diese beispiellose Wende zur Exportlandwirtschaft schuf, so der US-Konsul in Kalkutta, «ein Angebot von unerwarteter Größe». Es war während des Bürgerkriegs überaus rentabel und verhalf europäischen Textilfabrikanten zu einem Teil der Rohbaumwolle, die sie brauchten, um ihre Betriebe am Laufen zu halten. Während 1860 nur 16 % der englischen und 1857 nur 1,1 % der französischen Importe aus Indien gekommen waren, waren es 1862 in England 75 % und in Frankreich 70 %. Ein Teil davon war vom Binnenverbrauch oder von konkurrierenden Märkten (vor allem China) abgezogen worden, aber der Rest war das Ergebnis einer fünfzigprozentigen Produktionssteigerung.[31]

Agrarproduzenten im Westen Indiens trugen am meisten dazu bei. Das explosive Wachstum Bombays geht auf die Bürgerkriegsjahre zurück, als die indische Baumwolle ihre alten Handelswege nach Bengalen verließ und dem großen europäischen Umschlaghafen zustrebte. 1863 segelten sogar Schiffe mit Baumwolle von Bombay nach New York. Europäische Händler und Fabrikanten beschwerten sich zwar über die mangelnde Qualität der indischen Baumwolle – sie war weniger rein, von kürzerem Stapel, und die Maschinen mussten dem angepasst werden –, aber sie verhinderte den totalen Zusammenbruch der europäischen Textilindustrie. «Die amerikanischen Sklavenhalter haben mehr für die Entwicklung der Ressourcen Indiens durch britisches Kapital getan, als die britischen Kapitaleigner ohne ihre Einmischung je getan hätten», bemerkte der *Cotton Supply Reporter*. Die Krise der amerikanischen Sklaverei erzwang und ermöglichte den Umbau des Baumwollanbaus in anderen Regionen.[32]

Auswirkungen in anderen Baumwollregionen

Diese Welle, die Teile von Indien transformierte, schwappte auch in das ägyptische Nildelta. Als Reaktion auf die verzweifelte weltweite Suche nach neuen Rohstoffquellen wandelte der osmanische Vizekönig Muhammad Said Pascha seine ausgedehnten Ländereien rasch in riesige Baumwollplantagen um. Nach den Worten des Textilfabrikanten Edward Atkinson aus Massachusetts wurde Said Pascha auf einen Schlag «der größte und beste Baumwollerzeuger der Welt», aber Atkinson wusste nicht, dass er dies durch enormen Zwang und Gewalt wurde, die er auf die ägyptische Landwirtschaft ausübte, einschließlich des Imports zusätzlicher Sklaven aus dem Sudan.[33]

Aus Sicht des Vizekönigs schien sein langfristiges Projekt einer Modernisierung Ägyptens durch den Verkauf von Baumwolle auf den Weltmärkten nun dem Erfolg näher als je zuvor – ein Projekt, das etwa vier Jahrzehnte zuvor unter Muhammad Ali Pascha begonnen worden war. Neue Eisenbahnen, neue Kanäle, neue Entkörnungsmaschinen und Baumwollpressen wurden auf dem Land gebaut. Bis 1864 wurden 40 % des fruchtbaren Bodens in Unterägypten für den Baumwollanbau genutzt. Ägyptische Fellachen verfünffachten die Baumwollproduktion zwischen 1860 und 1865 von 22,7 auf knapp 102 Millionen Kilogramm, ein dauerhafter wirtschaftlicher Wandel von solchem Gewicht, dass Historiker den amerikanischen Bürgerkrieg zu den bedeutsamsten Ereignisse des 19. Jahrhunderts für Ägypten zählen. Der vierzehnfache Anstieg im Wert der Baumwollexporte war «eine ökonomische Revolution». Und es überrascht nicht, dass der Vizekönig 1862 bei seiner Reise nach Manchester wie ein Held empfangen wurde.[34]

Die Auswirkungen des Bürgerkriegs erreichten auch die Nordostküste Brasi-

Ein Krieg und sein weltweiter Widerhall

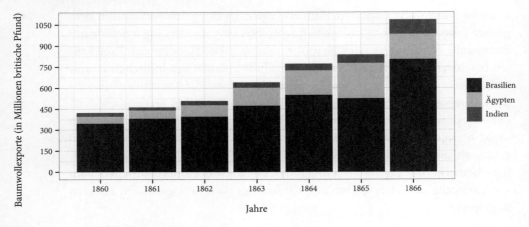

Brasilianische, ägyptische und indische Baumwollexporte, 1860–1866[35]

liens. Jahrzehnte zuvor hatten Kleinbauern Land der Großgrundbesitzer in und um Pernambuco besetzt. Mit der Zeit begannen diese Bauern geringe Mengen von Baumwolle anzubauen. Als die Baumwollpreise während des Krieges in die Höhe schossen und britische Kredite die Landwirtschaft überschwemmten, gaben die Bauern die Selbstversorgung auf, um Baumwolle für den Weltmarkt anzubauen. Diese Erzeuger konnten die brasilianischen Baumwollexporte von 1860 bis 1865 mehr als verdoppeln.[36]

Auch in anderen Regionen der Welt reagierten Erzeuger auf die Baumwollkrise. Die Exporte aus Westanatolien verdreifachten sich auf 14,3 Millionen Kilogramm 1863 dank der gemeinsamen Bemühungen britischer Baumwollunternehmer und der Regierung in Istanbul, die besondere Privilegien für Baumwollpflanzer einführte, amerikanischen Baumwollsamen verteilte und Bahnstrecken ins Hinterland verlängerte, um den Transport an die Küste zu erleichtern. Französische Kolonialbeamte in Algerien bemühten sich unter dem Druck von Fabrikanten und der Société Industrielle aus Mulhouse, die Produktion zu steigern, wobei sie von einer Reihe von Unternehmen unterstützt wurden, die Kapital aufbrachten und in Algerien investierten. In Argentinien «wurden mehrfach Experimente zur Ausweitung des Baumwollanbaus unternommen, vor allem 1862–1865 ..., als der Baumwollexport aus den USA wegen des Bürgerkriegs zurückging». In Mexiko, einer späteren Baumwollmacht, stieg der Anbau für den Nordstaatenmarkt, und der Wert der Exporte schoss von 1861 bis 1865 auf das Achtfache. Die Exporte aus Peru vervierfachten sich. Auch die Baumwolle aus China durchbrach die Schranken des Binnenmarkts und strömte auf die Weltmärkte. Transkaukasische und zentralasiatische Baumwolle wurde in Moskau und St. Petersburg gehandelt. Durch die gemeinsamen Anstrengungen afrikanischer Kaufleute und französischer Kolonialisten fand westafrikanische Baumwolle begierige Käufer im Elsass und in der Normandie. Und entlang der afrikanischen Atlantikküste setzten afrikanische Händler ihre Sklaven in der späteren deutschen Kolonie Togo zum Baumwollanbau für den Transport nach Liverpool ein.³⁷

Der Baumwollboom regte auch noch abstrusere Szenarien bei Ökonomen, Fabrikanten und Händlern an, die meinten, diese oder jene Weltgegend werde die vom Krieg gerissene Lücke schließen, was den chaotischen und expe-

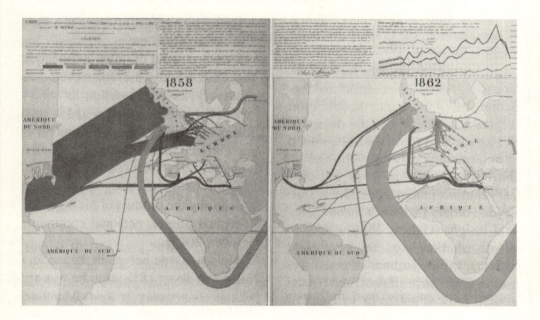

rimentellen Charakter dieser Reaktion auf den Bürgerkrieg zeigt. Der *Manchester Guardian* propagierte mehrfach die Chancen für den Baumwollanbau in verschiedenen Teilen Afrikas, Indiens, Australiens und des Nahen Ostens. «L'Afrique est le vrai pays du coton», erklärte ein französischer Beobachter 1864 optimistisch. «Queensland muss für die Baumwolle erobert werden», forderte der australische *Queensland Guardian* 1861. Zum Kummer von Textilfabrikanten und leichtgläubigen Investoren funktionierten nicht alle dieser Pläne in den Kriegsjahren. Die Menge an afrikanischer, australischer und zentralasiatischer Baumwolle, die auf dem Weltmarkt verkauft wurde, blieb gering, die Hindernisse für den Markt in diesen Regionen blieben zu groß für privates Kapital, selbst im Verein mit verzweifelten europäischen Regierungen.³⁸

«Die größte wirtschaftliche Katastrophe der Welt.» Der französische Ingenieur Charles Joseph Minard zeigt den Einfluss des Bürgerkriegs auf die globale Baumwollindustrie.

Dennoch sahen Kaufleute, Fabrikanten und Politiker während des amerikanischen Bürgerkriegs die ersten Konturen des künftigen Baumwollimperiums.

Durch sie wurde indische, ägyptische und brasilianische Baumwolle zu wichtigen Faktoren auf westlichen Märkten. Ihre Erfahrungen während der Baumwollkrise hatten außerdem kühne neue Ausblicke auf koloniale Abenteuer und Staatsbeteiligung an Rohstoffmärkten eröffnet. Waren die Bemühungen von Baumwollhändlern und Textilfabrikanten vor dem Bürgerkrieg durch Privatinvestitionen und Lobbyarbeit bei Politikern gekennzeichnet, so steigerte die Baumwollkrise ihre Abhängigkeit vom Staat und von der eigenen politischen Raffinesse empfindlich. Der Kolonialismus war eine Sache des dringlichen Eigeninteresses geworden, sobald Spinnereibesitzer erkannt hatten, wie verletzlich ihre globalen Netzwerke und gewaltigen Investitionen gegenüber lokalen Störungen waren und wie instabil die Sklaverei geworden war.

Anerkennung der Konföderierten vs. Neutralität

Die Frage der künftigen Rolle der amerikanischen Baumwolle in der Weltwirtschaft stand weiterhin im Raum. Würde sie wieder auf den Markt kommen? Und wenn ja, würde sie immer noch von Sklaven angebaut werden?

Einige Textilfabrikanten und -händler in Europa gingen so weit, auf eine permanente Spaltung der USA und eine international anerkannte Konföderation der Südstaaten zu hoffen. Dann sei der konstante Baumwollanbau durch Sklaven gesichert, von dem ihrer Meinung nach das Baumwollimperium in absehbarer Zukunft abhing. In Frankreich berichtete der *Procureur géneral* von der weitverbreiteten Meinung unter Kapitalbesitzern in der Textilregion Elsass, dass «vom wirtschaftlichen Standpunkt aus gesehen die Trennung nützlich für uns wäre, wegen der Erleichterungen, die der Süden dem europäischen Handel geben wolle». Die unter Fabrikanten verbreitete Hoffnung, der Krieg solle bald zu einem Ende kommen, förderte eher die Interessen des Südens. Der *Procureur général* von Colmar schrieb etwa 1862, die öffentliche Meinung sei mehr und mehr für die «schnelle Anerkennung der Konföderierten». Viele wohlhabende Engländer waren ebenfalls gegen die Union, aus antidemokratischer Überzeugung und weil sie lieber eine geteilte und damit geschwächte Macht in Nordamerika sahen. Doch auch in ihre Überlegungen spielten Baumwollsorgen hinein. Als John Arthur Roebuck im Unterhaus für die Anerkennung der Südstaaten warb, wurde er nicht müde, vom Schicksal der Textilarbeiter in Lancashire und ihrem Bedarf an Baumwolle zu reden. Bezeichnenderweise war Liverpool, der größte Baumwollhafen der Welt, auch der am stärksten für die Konföderation eingestellte Ort außerhalb der Südstaaten. Liverpooler Kaufleute halfen der Südstaatenmarine dabei, Baumwolle aus vom Norden blockierten Häfen zu bringen, sie bauten Kriegsschiffe für den Süden und lieferten ihm militärische Ausrüstung und Kredite. Der Liverpool Southern Club und die Central Association for the Recognition of the Confederate States agitierten für eine dauerhafte Trennung. Sogar die Handelskammer von Liverpool sprach von den Vorteilen eines unabhängigen Südens.[39]

In Manchester agitierten der Southern Club und die Manchester Southern Independence Association für den Süden. Und 1862 demonstrierten tausende Menschen, darunter auch Arbeiter, in britischen Textilstädten und forderten die diplomatische Anerkennung der Südstaaten. Obwohl viele Arbeiter den Norden unterstützten, da sein Kampf zunehmend als Kampf für «freie Arbeit» angesehen wurde, stand die Elite eher auf Seiten der Konföderierten.[40]

Diese Ansicht wurde zwar nicht von allen Fabrikanten und Kaufleuten geteilt, doch sie hatte das Potenzial, die Haltung von Regierungen gegenüber dem amerikanischen Krieg zu beeinflussen, besonders in England und Frankreich. Die Nordstaaten, die am Erhalt der europäischen Neutralität interessiert waren, nahmen diese Gefahr ernst. Die Südstaaten wiederum sahen den Gewinn internationaler Anerkennung als ihr wichtigstes außenpolitisches Ziel. Natürlich gab es gute Gründe, nicht zu intervenieren: England musste an seine kanadischen Kolonien und seine wachsende Abhängigkeit von Weizen- und Maisimporten aus den Nordstaaten denken, während Kontinentalmächte wie Frankreich, Russland und Preußen ein Interesse daran hatten, starke Vereinigte Staaten als Gegengewicht zur Wirtschafts- und Militärmacht Englands zu erhalten. Doch eine europäische Vermittlung oder sogar eine Anerkennung der Südstaaten stand immer im Raum, und ihre Verfechter warben stets für die Vorteile eines unabhängigen Südens als Lieferant von Rohbaumwolle.[41]

Soziale Turbulenzen wie Demonstrationen, Unruhen und Streiks in den Textilregionen (über 50 Streiks allein in Frankreich) verschärften die Angst von Staatsbeamten und Unternehmern. Bevor er britischer Premierminister wurde, nannte William Gladstone wie andere auch die Furcht vor sozialem Aufruhr in Lancashire als Grund für eine mögliche europäische Intervention im amerikanischen Konflikt. 1862 malte er in einer öffentlichen Rede ein düsteres Bild der sozialen und finanziellen Auswirkungen der Baumwollkrise und verglich sie mit den anderen beiden Katastrophen, die das Empire getroffen hatten: der Hungersnot in Irland und dem indischen Aufstand.[42]

Europäische Baumwollinteressen drängten die Lincoln-Regierung, an den Baumwollbedarf europäischer Konsumenten zu denken. Die diplomatische Korrespondenz zwischen dem britischen Außenministerium und der Botschaft in Washington legt nahe, dass Außenminister Earl Russell genau wie die französische Regierung einigen Druck auf Washington ausübte. So berichtete Botschafter Lyons nach London:

«Ich ging am 25. [Juli 1863] ins Außenministerium und sprach mit Mr. Seward über die Baumwolle ... Ich sagte ihm, wir hätten mit der größten Geduld die militärischen Operationen am Mississippi abgewartet, aber dieser Fluss sei nun offen und die Zeit gekommen, zu der man uns ein reichliches Angebot versprochen habe. Ob er nun bereit sei, seine Versprechen einzulösen?»

Lincoln war die Bedeutung der Baumwolle im Konflikt wohl bewusst. In seiner ersten Jahresbotschaft am 3. Dezember 1861 sagte er: «Der wichtigste Hebel, auf den die Aufständischen sich verlassen, um die Feindschaft anderer Nationen gegen uns zu erregen ... ist die Behinderung des Handels.» Und als das Kabinett Mitte 1862 Lincolns Plan für die Sklavenbefreiung diskutierte, sprach sich Außenminister Seward erfolgreich gegen eine «sofortige Durchsetzung» und «stark für Baumwolle und ausländische Regierungen» aus. Er befürchtete, die Verkündung der Emanzipation werde zur europäischen Anerkennung der Südstaaten führen. Äußerst wachsam erkannte er die potenziell revolutionären Konsequenzen des Bürgerkriegs für den globalen Kapitalismus und riet zur Vorsicht.[43]

Auch amerikanische Diplomaten wurden regelmäßig an Europas dringendes Bedürfnis nach Baumwolle erinnert. 1862 wurde der US-Botschafter in Brüssel, Henry Sanford, vom französischen Außenminister daran erinnert, dass «wir fast keine Baumwolle mehr haben, und wir müssen Baumwolle haben». Baron Jacob Rothschild fügte hinzu: «Ich sage Ihnen als Geschäftsmann, dass dieser Stand der Dinge nicht lange anhalten kann.» Und Napoleon III. drückte sich in Paris gegenüber US-Botschafter William L. Dayton sehr klar aus: «Ich hoffe ... dass Ihre Regierung etwas tun wird, um die hiesigen Schwierigkeiten zu lindern, die aus der Baumwollknappheit entstehen.» Die Baumwollfabrikanten drängten die französische Regierung zu diplomatischen Anstrengungen, um den amerikanischen Konflikt zu beenden – damit «Friede zwischen den beiden amerikanischen Staaten herrsche», wie der Textilfabrikant Gustave Imbert-Koechlin aus Mulhouse sagte. Südstaatendiplomaten in Europa wurden von solchen Beschwerden ermutigt – die europäische Nachfrage nach Baumwolle war der stärkste Pfeil in ihrem Köcher, und sie benutzten ihn mit wachsender Verzweiflung, als der Krieg sich gegen den Süden wandte.[44]

Das überzeugendste Argument für eine Wendung gegen die Konföderierten war der Nachweis, dass billige Baumwolle anderswo zu bekommen sei. Und die US-Regierung tat ihr Bestes, um die Produktion in anderen Teilen der Welt zu ermutigen, etwa durch den Export großer Mengen von Baumwollsamen. Seward schrieb im April 1862, Washington habe «eine offensichtliche Pflicht ... die Eignung anderer Länder für den Baumwollanbau zu untersuchen und so die destruktiven Pläne der aufrührerischen Monopolisten im eigenen Land zunichtezumachen.» Ägypten mit seiner Langstapelbaumwolle war in diesen Kalkulationen von besonderer Bedeutung, weil es im Gegensatz zu Indien amerikanische Exporte durch ein hochwertiges Produkt ersetzen konnte. Der amerikanische Konsul Thayer hatte guten Kontakt zum Vizekönig, traf ihn häufig, um über Baumwolle zu sprechen, und konnte so im November 1862 berichten:

«Der Vizekönig hat seinen Einfluss geltend gemacht, um die Ausweitung des Anbaus zu fördern ... er hat ... allen großen Landbesitzern geraten, in Zukunft ein Viertel ihres Landes mit Baumwolle zu bebauen. Da der Rat seiner Hoheit praktisch einem Befehl gleichkommt, haben die Grundbesitzer begonnen ... die große landwirtschaftliche Revolution, die sich jetzt abspielt, zu beschleunigen.»[45]

Seward war optimistisch, dass solche Anstrengungen erfolgreich sein und das Unabhängigkeitsstreben des Südens beeinflussen würden: «Die aufständischen Baumwollstaaten wären blind für ihr eigenes Wohl, wenn sie nicht sehen würden, wie ihr Wohlstand und all ihre Hoffnungen schwinden, sobald erst Ägypten, Kleinasien und Indien die Welt mit Baumwolle versorgen und Kalifornien das Gold für ihren Kauf liefert.»[46]

Und tatsächlich halfen diese Bemühungen beim Abbau der Spannungen zwischen Washington und den europäischen Hauptstädten. Im Frühjahr 1862 äußerten Baring Brothers Liverpool die Ansicht, ein Krieg zwischen den USA und England sei weniger wahrscheinlich, «sofern wir große Mengen aus Indien importieren». Charles Wood sah auch, dass «unsere einzige Sorge im Inland ... die Not in Lancashire ... sich stark lindern lässt, wenn sich die Menge, die Indien im letzten Jahr geschickt hat, nennenswert erhöht». Anfang 1864 konnten die *Procureurs généraux* verschiedener baumwollverarbeitender Bezirke berichten, dass Importe aus Indien und Ägypten den Druck auf die französische Fabrikanten gemildert hätten, die Firmen wieder zu produzieren begännen und der Krieg «in unserem Département sehr an Interesse verloren hat». Als William H. Seward wenige Jahre nach dem Krieg ins indische Agra kam, um eine Baumwollentkörnungsmaschine zu besichtigen, schrieb er: «Vom Grab des indischen Mogulkaisers Akbar (dem Taj Mahal) fuhren wir zum Grab des amerikanischen Thronprätendenten King Cotton.»[47]

Sobald größere Mengen an Baumwolle aus anderen Quellen als den USA eintrafen, ließ der politische Druck auf die europäischen Regierungen nach. Der Bostoner Fabrikant Edward Atkinson war erleichtert, dass die «angebliche Abhängigkeit Europas von den Baumwollstaaten sich als großer Irrtum erwiesen hat», und hielt es für möglich, dass Europa «in seiner Versorgung bald völlig unabhängig von diesem Land» werde. Ab 1863 konnten selbst die, deren Existenz von der Baumwolle abhing und die zuvor auf Seiten der Südstaaten gestanden hatten, sich ein Versorgungsnetzwerk für Rohbaumwolle vorstellen, das nicht auf Sklavenarbeit beruhte.[48]

Manche sahen nun sogar die Sturheit des Südens mit seiner Forderung nach Unabhängigkeit und dem Festhalten an der Sklaverei als wahren Grund für die

Störung der Weltwirtschaft.⁴⁹ Schließlich waren Baumwollhändler und -fabrikanten weder an eine ganz bestimmte Quelle der Baumwolle – den amerikanischen Süden – gebunden noch an ein bestimmtes Arbeitssystem zu ihrem Anbau – die Sklaverei. Alles, was sie wollten, war eine sichere und berechenbare Versorgung mit billiger Baumwolle in der erwünschten Qualität.

Freiheit und Baumwolle

Angesichts der geschwächten Position ihrer Herren während des Kampfes der US-Regierung gegen die Südstaatenrebellen begannen immer mehr Sklaven zu revoltieren: Sie verließen die Plantagen und verweigerten ihre Arbeitskraft, sie lieferten den Nordstaatentruppen Informationen und kämpften schließlich für sie. Amerikanische Sklaven machten den Bürgerkrieg zum Befreiungskrieg. Und sie hatten Erfolg. Vier Millionen Sklaven in den Vereinigten Staaten – darunter die wichtigsten Baumwollerzeuger der Welt – gewannen ihre Freiheit. Niemals zuvor oder danach rebellierten Baumwollarbeiter mit ähnlichem Erfolg, denn ihre Stärke wurde durch eine tiefe und irreversible Spaltung in der Elite der Nation begünstigt. Die Sklaverei hielt sich natürlich noch mehrere Jahrzehnte an Orten wie Kuba, Brasilien und Afrika. Im Großen und Ganzen wurde aber keine Baumwolle mehr durch Sklaven produziert.⁵⁰

Für viele Kaufleute und Fabrikanten war es eine Sache, auf kurzfristige Lieferengpässe wegen einer Blockade zu reagieren, und eine völlig andere Sache, sich ein Baumwollimperium ohne Sklaverei vorzustellen. Sie befürchteten, der Bruch in der «tiefen Beziehung zwischen Sklaverei und Baumwollproduktion» könne, so das *Bremer Handelsblatt*, «eine der unabdingbaren Bedingungen für die Massenproduktion zerstören». Schon 1861, als der Nordstaatengeneral John C. Frémont die Befreiung einiger Sklaven in Mississippi ankündigt hatte, warnte der *Economist*, eine so «schreckenerregende Maßnahme» könne auf andere Sklavenhalterstaaten überspringen, «was diese fruchtbaren Gebiete in völligen Untergang und umfassendes Elend stürzen würde». Für Kaufleute und für Politökonomen wie Leone Levi bestand kein Zweifel: «Sollte die Sklaverei abgeschafft werden, können wir wohl annehmen, dass die Baumwollproduktion in diesen Staaten auf mehrere Jahre fast völlig zum Erliegen kommen wird.»⁵¹

Und so suchten Baumwollunternehmer nach neuen Wegen, Arbeitskräfte für den Anbau zu mobilisieren. Die früheren Anbauversuche in anderen Weltteilen waren, wie gesehen, nicht ermutigend. Zu Vorkriegspreisen hatten nur wenige Erzeuger in Indien, Brasilien, Afrika oder auch den Südstaaten Baumwolle für die europäischen Märkte produziert – trotz der großen Bemühungen einiger Fabrikanten. Bauern hatten zäh an der Subsistenzwirtschaft festgehalten, und die wenigen, die Baumwolle für die Märkte produzierten, verkauften sie an Spinner in ihrer Nähe, nicht an Kaufleute in Liverpool oder Le Havre. Sogar von den nordamerikanischen Sklaven, die während des Kriegs ihre Freiheit gewonnen hatten, gaben viele rasch den industrialisierten Rhythmus der Plantage auf und strebten eine Subsistenzwirtschaft an. Landbesitzer, Politiker, Fabrikanten und Kaufleute erkannten, dass staatliches Eingreifen nötig war, um Arbeitskräfte auf den Plantagen zu halten.[52]

Die Erfahrung der Sklavenbefreiung in der Karibik, vor allem in Saint-Domingue, hatte die Hoffnungen von Händlern und Fabrikanten enttäuscht. Schon 1841 hatte Herman Merivale bemerkt, es sei schwierig, «die Neger dazu zu bringen, Lohnarbeit zu machen, solange sie ihr eigenes Land und andere Hilfsmittel zur Verfügung haben». Das Britische Komitee, das 1842 die «bestehenden Beziehungen zwischen Arbeitgebern und Arbeiter» in der Karibik untersucht hatte, beobachtete, dass die Agrarproduktion in diesen fruchtbaren Gebieten nach der Emanzipation der Sklaven nachgelassen hatte, weil «die Arbeiter in der Lage sind, bequem zu leben und Wohlstand anzuhäufen, meist ohne auf den Plantagen mehr als drei oder vier Tage in der Woche arbeiten zu müssen». Der *Economist* meinte dazu, es habe «in den Tropen die Natur den Menschen den Nutzen, oder den Fluch, einer ständigen Versorgung bereitgestellt, einen Überfluss an Nahrungsmitteln».[53]

Für den britischen Kolonialbeamten W. H. Holmes war das Dilemma eindeutig: «Wenn der Sklave ein freier Mann wird ..., ist sein erster Wunsch, auch unabhängig zu werden, ganz und gar sein eigener Herr zu sein.» In Guyana, das er genau untersuchte, «beschert geringe Mühe die wenigen Luxusartikel, die nicht schon ein überaus fruchtbarer Boden bereithält», und das mache es unwahrscheinlich, dass Farmer Baumwolle für den Export anbauen würden. Gemüse, Fisch und Früchte seien reichlich vorhanden, um die eigene Versorgung sicherzustellen, was «meiner Meinung nach negative Folgen gehabt hat». Französische Kolonialbeamte kamen zu dem gleichen Ergebnis: Sobald «der Schwarze ... frei ist, kehrt er zurück in die Hütte des Wilden». Die Rückkehr zur Subsistenzwirtschaft, die viele Freigelassene als wahre Grundlage ihrer neuen Freiheit sahen, war für Baumwollhändler und -fabrikanten auf der ganzen Welt der schlimmste Albtraum.[54]

Kapitalbesitzer und Politiker schlossen aus all dem, dass die Sklavenbefreiung potenziell das Wohl der Baumwollindustrie bedrohte. Also suchten sie dringend nach Wegen, um das weltweite Gewebe der Baumwollproduktion dauerhaft wiederherzustellen und die globale Landwirtschaft zu transformieren. Schon während des Kriegs widmeten sie sich in Artikeln und Büchern, Reden und Briefen der Frage, ob und wo Baumwolle von freien Arbeitern angebaut werden könne.[55]

Dabei zog man auch Lehren aus den Erfahrungen des Bürgerkriegs selbst.

Der plötzliche Aufschwung von Baumwolle aus Ägypten, Brasilien, Indien und den von Washington kontrollierten Teilen des Südens, die nicht von Sklaven bebaut wurden, war schließlich ein globales Experiment gewesen, wie eine Welt mit Baumwolle, aber ohne Sklaven aussehen würde. Diese Versuche führten zu zwei gegensätzliche Erwartungen: Einige glaubten, man könne ohne Sklaverei genug Baumwolle produzieren, um die Industrie deutlich weiterwachsen zu lassen. Am optimistischsten waren wohl Republikaner in den USA wie Edward Atkinson, die meinten, die Baumwollproduktion in den Südstaaten lasse sich durch freie Arbeitskräfte stark ausweiten – jedenfalls solange Freigelassene sich nicht in die Subsistenzwirtschaft zurückziehen würden. Atkinson, der seine Fabriken erfolgreich mit Lohnarbeitern führte, war fest überzeugt, die Zukunft der Baumwollversorgung der USA – und der ganzen Welt – hänge von der Fähigkeit der Landbesitzer im Süden ab, befreite Sklaven zum Baumwollanbau zu motivieren.[56]

Doch die Erfahrungen des Bürgerkriegs hatten auch gezeigt, dass «frei angebaute» Baumwolle nur wegen der dauerhaft nicht haltbaren hohen Preise auf den Weltmarkt gekommen war; schließlich hatte sich der Preis für indische Baumwolle wie erwähnt verfünffacht, und frühere Versuche, sie zu niedrigeren Preisen auf den Markt zu bringen, waren weitgehend gescheitert. Außerdem war die Sklavenbefreiung aus der Perspektive von 1864 und 1865 von großen sozialen Verwerfungen in den amerikanischen Südstaaten begleitet. Befürchtungen, die Freiheit werde zu einem konstanten Rückgang des Angebots an Rohbaumwolle führen, waren also realistisch und drückten sich unmittelbar darin aus, dass die Preise nach dem Krieg spürbar über dem Vorkriegsniveau blieben. Atemlose Berichte erreichten Liverpool, nach denen «Negerarbeiter für das nächste Jahr nicht mit Gewissheit vorhanden sein» würden.[57]

Nach der Niederlage der Konföderierten wurden folglich Rufe nach einer Wiederherstellung der Plantagenkultur im amerikanischen Süden laut, vor allem nach einer geordneten Rückkehr der Arbeiter auf die Felder. Das *Bremer Handelsblatt* forderte eine Politik der Versöhnung mit der besiegten Pflanzerelite. Im Frühjahr 1865 berichtete der britische Botschafter in Washington, Sir Frederick William Adolphus Bruce, regelmäßig über den Stand des Wiederaufbaus nach London, kritisierte heftig die «Ultra-Republikaner» und erinnerte Präsident Johnson an die Notwendigkeit, sich der Wiederbelebung der Baumwollindustrie zu widmen. Die Frage, ob und wie befreite Sklaven arbeiten würden, beschäftigte ihn sehr; er befürchtete: «… die Emanzipation der Neger wird ein schwerer Schlag für das materielle Wohl der baumwoll- und zuckerproduzierenden Staaten sein.» Besorgt über Aufstände im Süden und kritisch gegenüber Versuchen, befreiten Sklaven das Wahlrecht zu geben, berichtete er im Mai 1865 beifällig: «Überall werden Maßnahmen ergriffen, um die Neger zur Arbeit zu zwingen und sie zu lehren, dass Freiheit bedeutet, für Lohn statt für Herren zu arbeiten.»[58] Weit gröber fragte der französische Autor M. J. Mathieu 1861, wie sich «schwarze Arbeiter disziplinieren und anspornen» ließen.[59]

Am wichtigsten war also die Erkenntnis, dass Arbeitskräfte, nicht Land, die Baumwollproduktion einschränkten. Der Präsident der Cotton Supply Association äußerte sich hoffnungsvoll: «Wir erschließen jetzt das Landesinnere.» Im ganzen Baumwollimperium grübelten Bürokraten und Kapitaleigner über die Frage, ob «der Neger künftig ein fleißiger Arbeiter sein wird».[60] In einem außergewöhnlich langen Artikel ergriff der *Economist* am Ende des Bürgerkriegs die Gelegenheit, dieses Problem ausführlich zu erörtern:

> «Es gibt wahrscheinlich kein politisches Thema, das so weitreichende oder so langfristige wirtschaftliche Resultate berührt wie die Beziehung zwischen den weißen und den dunklen Rassen der Welt. ... Es ist wohl das Schicksal, es ist jetzt die Aufgabe und es ist gewiss das Anliegen der europäischen, genauer: der englischen Familie der Menschheit, die industriellen Unternehmungen ganz Asiens, ganz Afrikas und jener Teile Amerikas, die von afrikanischen, asiatischen oder gemischten Rassen besiedelt sind, zu lenken und zu fördern. Diese Unternehmungen sind wahrhaft weitreichend. ... Die grundlegende Notwendigkeit für die Entwicklung dieser neuen Quellen des Wohlstands ist die Organisation eines industriellen Systems, unter dem große Zahlen dunkler Arbeiter bereitwillig unter sehr wenigen europäischen Aufsehern arbeiten. Gebraucht wird nicht nur individuelle Arbeit, sondern organisierte Arbeit, so wissenschaftlich organisiert, dass ein Maximum an Ergebnis bei einem Minimum an Kosten erreicht wird, dass gewaltige plötzliche Anstrengungen, wie sie beim Tunnelgraben, Baumwollpflücken und vielen anderen Vorhaben nötig sind, ohne Streiks oder Streitigkeiten möglich sind, und dass es vor allem keinen unnatürlichen Anstieg der Arbeitskosten in Form von Bestechungsgeldern an die Arbeiter gibt, damit sie Befehle befolgen, die ihrem Denken von Natur aus zuwider sind.»

Sicherlich wurden, so der *Economist* weiter,

> «all diese Ziele, wie man offen zugeben muss, durch die Sklaverei erreicht. Zur bloßen Ausführung großer Arbeiten bei geringen Kosten kam keine Organisation der gleich, die den qualifizierten Europäer an die Spitze stellte und ihn zum despotischen Gebieter über den wenig qualifizierten schwarzen oder kupferfarbenen Arbeiter unten machte.»

Aber die Sklaverei hatte auch «moralische und soziale Folgen, die nicht wohltätig sind». Aus diesem Grund musste

> «eine neue Organisation in Angriff genommen werden, und die Einzige, die bisher als wirksam befunden wurde, ... beruht auf völliger Freiheit und beiderseitigem Eigeninteresse ... Wird aber das Prinzip der völligen Freiheit gewählt, so ist klar, dass die dunklen Rassen auf die eine oder andere Art dazu gebracht werden müssen, weißen Männern bereitwillig zu gehorchen.»

Doch wie sollten «die dunklen Rassen ... dazu gebracht werden ..., weißen Männern bereitwillig zu gehorchen»? Der Bürgerkrieg hatte unabsichtlich die Möglichkeiten, wo und wie Baumwolle anzubauen sei, verändert und mit einem Schlag das Gleichgewicht zwischen unfreien und nominell freien Arbeitskräften im globalen Produktionsnetz umgeworfen. Das System der Sklaverei, das 250 Jahre lang den Kriegskapitalismus und dann die Industrielle Revolution angetrieben hatte, war zerstört.[61] Neue Arbeitsformen, die zunehmende Verknüpfung von Kapital und Kapitalbesitzern mit imperialen Nationalstaaten und die schnelle Ausbreitung kapitalistischer Sozialbeziehungen waren die Bausteine einer neuen politischen Ökonomie, die das Weltgeschehen nun über ein Jahrhundert lang dominieren sollten. Weitsichtige Beobachter verstanden, dass mithilfe beispielloser Summen europäischen Kapitals und imperialer Staatsmacht die Produktion von Bauern revolutioniert werden könnte und dass so die Baumwollproduktion expandieren würde, obwohl ihre erste Quelle – die Sklaverei – kollabiert war.

Die Konturen dieses Umbaus waren während des Bürgerkriegs nur hier und da zu sehen, doch schon am Ende des 19. Jahrhunderts sollte die Welt der Baumwolle dramatisch anders aussehen. Die Geschwindigkeit und Flexibilität, mit der Kaufleute, Fabrikanten und Agrarproduzenten auf die Krise reagierten, zeigten ihre Anpassungsfähigkeit und auch die Fähigkeit, neue indirekte, aber weitreichende Formen der Staatsmacht zu aktivieren, um Arbeitskräfte auch ohne Sklaverei zu sichern. «Die Emanzipation der versklavten Rassen und die Erneuerung der Völker des Orients waren eng miteinander verknüpft», merkte die *Revue des Deux Mondes* klarsichtig an.[62]

Feuerprobe: Cotton bleibt King

Als die Kanonen auf dem amerikanischen Kontinent im April 1865 verstummten, endete die größte Umwälzung in der 85-jährigen Geschichte der europäisch dominierten Baumwollindustrie. Neue Systeme zur Mobilisierung von Arbeitskräften waren auf der ganzen Welt erprobt worden – von Kulis bis zu Lohnarbeitern –, und obwohl noch unklar war, ob die Baumwollproduktion ihr Vorkriegsniveau wieder erreichen würde, hatte sich nun fast allgemein der Glaube durchgesetzt, dass der Anbau durch freie Arbeiter möglich sei. Während frühere Sklaven in den ganzen USA ihre Freiheit feierten, waren Fabrikanten und Arbeiter zuversichtlich, dass ihre Fabriken wieder ausgelastet sein würden, angetrieben von reichlichem Baumwollnachschub.

Unter den Kaufleuten allerdings «löste das Friedensgerücht fast eine Panik aus», berichteten Baring Brothers aus Liverpool im Februar 1865 an ihre Filiale in London. Die *Indian Daily News* berichteten im März in einer Sonderausgabe zur Eroberung Charlestons durch Nordstaatentruppen von einer «Panik in Liverpool. Baumwolle auf einen Shilling gesunken», eine Panik, die rasch auch Bombay erfasste. Der Bostoner Eishändler Calvin W. Smith schrieb von dort: «Ich muss leider sagen, dass ich noch nie so lange Gesichter gesehen habe wie hier bei Engländern und Parsen. Unser Sieg zu Hause ist ihr Ruin. Wenn dieser Krieg in einem Jahr enden sollte, wird es hier mehr Bankrotte geben als an irgendeinem anderen Ort. So wilde Spekulationen wie hier in den letzten vier Jahren hat es noch nie gegeben.» Und der Liverpooler Baumwollhändler Samuel Smith erinnerte sich: «Es war traurig, die Männer zu sehen, die sich schöne Häuser und kostbare Bildersammlungen gekauft hatten und sich nun vor der Börse herumtrieben, wo sie eine Guinea von einem alten Freund zu borgen hofften.»[63]

Allen Beteiligten war nun klar, wie eng miteinander verknüpft die Entwicklungen auf der ganzen Welt geworden waren. Schlachten im ländlichen Virginia hallten in kleinen Dörfern in Berar und Unterägypten wider. Was ein Farmer in Brasilien anbaute, hing von seiner Meinung über den Markt in Liverpool ab, und sobald die Nachricht vom Fall Richmonds Indien erreichte, fielen die Immobilienpreise in Bombay. Ein britischer Beobachter war verblüfft über diese neuen globalen Verbindungen, die der Bürgerkrieg befördert hatte: «Wir haben gesehen, wie mächtig und schnell die Wirkung des ‹Preises› in den entferntesten Teilen des Erdballs war.»[64]

Die Welt war tatsächlich kleiner geworden, und die Art und Weise, wie die Baumwolle die Enden dieser Welt miteinander verband, hatte sich erheblich gewandelt. Der Bürgerkrieg war eine handfeste Krise für das Baumwollimperium gewesen, aber zugleich eine «Feuerprobe» für seinen Wiederaufbau. Baumwollunternehmer schöpften Zuversicht aus ihren eigenen Erfolgen beim Umbau der industriellen Fertigung in Europa und in den nördlichen Staaten der USA. Während sie die Niederlage der Südstaaten beobachteten, sahen sie vielversprechende neue Hebel, die eine große Zahl freier Arbeiter zum Baumwollanbau in vielen Ländern bewegen könnten, und dazu neue Formen der Arbeitsbeziehungen schaffen würden. Am wichtigsten war vielleicht ihre Erkenntnis, dass die lukrativen globalen Handelsnetzwerke, die sie gesponnen hatten, sich nur durch eine völlig neue staatliche Aktivität schützen und erhalten ließen. Regierende und Bürokraten wiederum verstanden, dass diese Netzwerke unverzichtbar für die soziale Ordnung ihrer Nationen geworden waren und damit zu einem entscheidenden Bollwerk von politischer Legitimität, Ressourcen und Macht. So hatte der französische Beobachter völlig Recht, als er 1863 vorhersagte: «Das Baumwollimperium ist gesichert. King Cotton ist nicht entthront.»[65]

Kapitel 10

Der Umbau des Baumwollimperiums

Indische Erzeuger liefern Baumwolle bei einer Agentur der Gebrüder Volkart ab

Im Herbst 1865 reiste Hauptmann W. Hickens von den British Royal Engineers durch die besiegten Südstaaten. Er war vom Londoner Außenministerium geschickt worden, um die Perspektiven des Baumwollanbaus einzuschätzen, und traf Pflanzer, Händler «und andere Personen, die in Beziehung zur Baumwolle stehen». In seinem Bericht an den britischen Außenminister äußerte er sich pessimistisch zu der Chance, ob der amerikanische Süden je wieder große Mengen an Baumwolle zu ähnlichen Preisen wie vor dem Bürgerkrieg produzieren könne. Für 1866 erwartete er höchstens eine Million Ballen, ein Viertel der Ernte von 1860. Der Grund für seine pessimistische Einschätzung war klar: Es gab nicht genügend Arbeitskräfte, um die ganze Baumwolle zu säen, zu pflegen und zu ernten. «Das System der Arbeit ist durch die Sklavenemanzipation so vollständig aufgelöst worden», dass es in absehbarer Zukunft nur viel geringere Ernten geben werde, klagte er. Pflanzer in Louisiana hatten Hickens erzählt, es gebe «die größten Schwierigkeiten, ein ordentliches Tagewerk von den Negern zu bekommen», denn die befreiten Sklaven hätten «keine Vorstellung von der Heiligkeit eines Vertrags» und drückten «sich davor, ihren Teil zu erfüllen». Die Lösung sah Hickens im Baumwollanbau durch weiße Farmer, die irgendwann in der Lage sein würden, «ebenso viel anzubauen wie vor dem Krieg», aber nie wieder so billig wie «in der alten Zeit».[1]

Revolutionäre Lösungen

Im April 1865 beschäftigte Baumwollunternehmer und Politiker vor allem die Frage, ob und wann die Südstaatenpflanzer ihre Position im Baumwollimperium wieder einnehmen würden. Fast alle stimmten mit Hickens überein, dass diese Frage auf einen Punkt hinauslief: die Mobilisierung von Arbeitskräften. Der Baumwollmakler Maurice Williams aus Liverpool fasste das Problem zusammen:

> «Da die Macht, diese Arbeiter zu zwingen, für immer verschwunden ist und die Südstaaten vor allem durch diese Macht so enorme Baumwollmengen ernten konnten, um vier Fünftel des Weltverbrauchs zu decken, ist anzunehmen, dass man von freien Arbeitern, die vor allem für sich selbst arbeiten, auf Jahre hinaus keine ähnlich hohen Mengen erwarten kann, es sei denn, ihre Zahl vergrößert sich spürbar.»[2]

So wie Sklaven das Baumwollimperium revolutioniert hatten, als sie für ihre Emanzipation kämpften, zwang die Sklavenbefreiung die Baumwollunternehmer zu ihrer eigenen Revolution – zu einer fieberhaften Suche nach neuen Organisationsmethoden für den Baumwollanbau. Die Befreiung von Amerikas Plantagenarbeitern einerseits und der Bedarf an immer mehr Rohbaumwolle anderseits – das war nicht leicht in Einklang zu bringen. Doch der unstillbare Hunger der Textilfabrikanten hielt die «Baumwollfrage» ganz oben auf der Tagesordnung. Baumwolle war noch immer der wertvollste Posten in den Importen der europäischen Industriestaaten, und Textilien standen ganz oben auf der Liste der Exportgüter. Da hunderttausende in den Textilfabriken Arbeit fanden, waren diese Ein- und Ausfuhren entscheidend für die soziale Stabilität der Gesellschaften Europas und Nordamerikas.[3] Eine so wichtige Industrie zu erhalten, erforderte die Suche nach innovativen Kombinationen von Land, Arbeit, Kapital und Staatsmacht.

Das konstant rasche Wachstum der weltweiten Industrie während der nächsten fünf Jahrzehnte verstärkte diesen Bedarf. Von 1860 bis 1890 verdoppelte sich der weltweite Baumwollkonsum, und bis 1920 verdoppelte er sich erneut. Britische Textilfabrikanten blieben die wichtigsten Konsumenten von Rohbaumwolle, aber ihr Verbrauch stieg langsamer als vor 1860. In den 1840er Jahren war ihre Nachfrage jährlich um 4,8 % gestiegen, doch in den 1870er und 1880er Jahren betrug dieser Zuwachs nur noch 1,4 % pro Jahr. Die Verlangsamung in England wurde aber mehr als ausgeglichen durch die Nachfrage von Fabriken in den rasch wachsenden Baumwollindustrien West- und Osteuropas, Nordamerikas und am Ende des Jahrhunderts auch Brasiliens, Mexikos, Indiens, Chinas und Japans. In den Jahren zwischen 1860 und 1920 verdreifachte sich die Zahl der mechanischen Spindeln dank weiterer 100 Millionen Spindeln weltweit: die Hälfte davon wurde in den 40 Jahren vor 1900 in Betrieb genommen und die andere Hälfte in den ersten beiden Jahrzehnten des 20. Jahrhunderts. Die Verbreitung von mechanischen Webstühlen stieg auch schnell: Im Jahre 1860 gab es weltweit 650 000 solcher Webstühle, im Jahre 1929 waren es 3,2 Millionen. Kontinentaleuropa vergrößerte seinen Anteil an den weltweiten Spindeln langsam, von einem Viertel im Jahre 1860 auf 30 % um die Jahrhundertwende. Die USA vergrößerten ihren Anteil ebenso, von 10 % auf 20 %. Diese Verschiebung hatte vor allem zur Folge, dass eine immer größere Zahl an Staaten und Fabrikbesitzern an billiger Baumwolle und damit an einer Umwälzung der globalen Landwirtschaft interessiert waren, was einen immer größeren Teil des Hinterlands der Welt in die Kreisläufe der industriellen Kapitalakkumulation zog.[4]

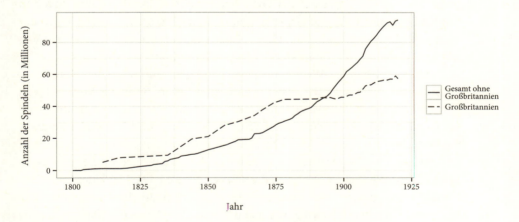

Zahl der industriellen Spindeln, Großbritannien und Rest der Welt, 1800–1920[5]

Dass die Nachfrage nach Rohbaumwolle explodierte, als gerade die traditionelle Art ihrer Produktion, die Sklaverei, zusammengebrochen war, machte es für Unternehmer wie für Regierungsvertreter noch dringlicher, den Baumwollnachschub zu sichern. Wie schon gesehen, zogen es die meisten ländlichen Erzeuger vor, für ihre Familien und lokalen Gemeinschaften statt für den Weltmarkt zu produzieren. Obwohl Kleinbauern von Indien über Alabama bis Togo nichts dagegen hatten, für Märkte zu produzieren, um so die sich bietenden Gewinnchancen zu nutzen, waren sie fast immer in familiärer Subsistenzwirtschaft, gegenseitigen Verpflichtungen, politischen Arrangements, Rechten und Gebräuchen verankert, die eine Produktion für den Markt sekundär machten. Sie gaben dies ungern auf und waren in manchen Regionen stark genug, um dem Eindringen europäischer und nordamerikanischer Kaufleute und Staaten zu widerstehen. Außerdem war die Bezahlung für Lohnarbeit in der Landwirtschaft zu niedrig und zu unsicher, um Bauern dazu zu bringen, die Subsistenzwirtschaft aufzugeben, denn größere Risiken wurden nicht durch die Aussicht auf größere Gewinne ausgeglichen.[6]

Für den Umbau des Baumwollimperiums mussten Textilfabrikanten, Landbesitzer und Staatsbeamte im Prinzip diese alten Präferenzen untergraben, wobei sie die Kräfte der sich gerade konsolidierenden Staaten nutzten: Legaler – oder manchmal auch illegaler – Zwang wurde gebilligt, um Bauern zu Rohstofferzeugern und schließlich auch Konsumenten zu machen. Sie versuchten die Landwirtschaft zu revolutionieren, indem sie kapitalistische Sozialbeziehungen wie den Privatbesitz an Boden, Kredit und Vertragsrecht verbreiteten. Sie suchten und fanden schließlich auch, was französische Kolonialbeamte knapp, aber zustimmend «eine neue Form der Ausbeutung» nannten.[7] Die von ihnen geförderte Umwälzung der Landwirtschaft hatte mehrere hundert Jahre zuvor in England begonnen, sich zunächst langsam und nach 1860 in anderen Teilen der Welt beschleunigt ausgebreitet. Gegen Ende des Jahrhunderts war sie sehr eng mit dem globalisierten Charakter der Industrieproduktion verbunden.

Frühere Formen des Welthandels hatten auf dem Austausch von Gütern beruht, die auf alle möglichen Arten produziert wurden, ohne der Kontrolle von entfernten Kapitalbesitzern zu unterliegen. Nun veränderten der Reichtum und die Durchsetzungskraft globalisierender Unternehmer und imperialer Politiker die Produktionsweise von Menschen auf der ganzen Welt, indem sie ihre Arbeit und ihr Land zur Ware machten. In Asien und Afrika erreichten sie zum ersten Mal Gebiete, die weit von Hafenstädten entfernt waren. Die Logik des Industriekapitalismus erzeugte eine neue Form der weltwirtschaftlichen Integration. Die wachsende Macht der Fabrikanten und die besondere Form des Kapitals, das sie kontrollierten, schufen ein neues Verhältnis zwischen dem Kapital und dem Territorium und auch den Menschen, die darauf lebten, und sie erlaubten neue Arten der Mobilisierung von Arbeitskräften.

Diese neue Agrarökonomie hatte einen willkommenen Nebeneffekt – sie machte noch mehr Menschen zu Konsumenten von industriell gefertigten Waren, die nicht zufällig meist aus Westeuropa und Nordamerika stammten. Dabei verbreiteten sich neue Formen der Arbeit – einschließlich neuer Formen des Zwangs, der Gewalt und der Enteignung – über immer größere Teile der Baumwollanbaugebiete der Welt. Die neuen Arbeitssysteme, die aus diesen Konflikten hervorgingen, wurden zur Hauptquelle der Baumwollproduktion bis zur Einführung der kommerziell rentablen maschinellen Ernte in den USA der 1940er Jahre, sie waren die Wurzel einer neuen globalen politischen Ökonomie.[8]

Letzten Endes bewiesen diese innovativen Fabrikanten, Kaufleute und Herrscher, dass die Abschaffung der Sklaverei innerhalb des Baumwollimperiums weder das Ende billiger Baumwolle noch das Ende außerökonomischen Zwangs bedeutete. Vielmehr gewann die Transformation der Marktbeziehungen zunehmend selbst den Charakter eines Zwangsprozesses. Die besondere und sich ständig wandelnde Form des Weltmarkts war das Resultat eines manchmal gewaltsamen, aber stets asymmetrischen Konfliktes zwischen Fabrikanten, Kaufleuten, Agrarproduzenten, Arbeitern, Regierenden und Bürokraten. Anders als bei der Sklaverei beruhte die Herrschaft nun aber weniger auf der Autorität der Herren als auf den vermeintlich unpersönlichen, aber keinesfalls unparteiischen sozialen Mechanismen von Markt, Gesetz und Staat.

Südstaaten: Zwang unter anderen Vorzeichen

Obwohl Zeitgenossen sich unsicher waren, ob und wann amerikanische Produzenten wieder den Weltmarkt beherrschen würden, bezweifelte niemand, dass die Arbeit der ehemals vier Millionen Sklaven die Grundlage jeder möglichen Erholung der amerikanischen Baumwollexporte und damit einer stetigen Expansion der weltweiten Baumwollindustrie sein werde. 1865 brüteten Kaufleute, Diplomaten und Journalisten über Landkarten und Tabellen und schickten Beobachter in die Südstaaten, um herauszufinden, welches Arbeitssystem an die Stelle der Sklaverei treten könne.[9] Die Kernfrage war, ob Freigelassene auf die Baumwollfelder zurückkehren würden oder nicht. Konnte man sie bewegen, weiterhin, wie seit fast sieben Jahrzehnten, Baumwolle anzubauen, ohne sie zu versklaven?

Gewiss gab es optimistische Stimmen. Der Bostoner Textilfabrikant Edward Atkinson war weiterhin von der größeren Produktivität freier Arbeitskräfte überzeugt, auch in der Baumwollproduktion. Andere hofften, das «Zwicken der Not» würde die «vorherrschende Indolenz der farbigen Rasse ... korrigieren» und sie zurück auf die Baumwollfelder zwingen.[10]

Die meisten Beobachter waren jedoch pessimistischer: «Die Kultivierung der bisherigen Hauptprodukte des Südens wird notwendigerweise enden», sagte der *Southern Cultivator* voraus, und der britische Botschafter in Washington,

William A. Bruce, erwartete, dass «[d]ie Emanzipation der Neger ein harter Schlag für den Wohlstand der baumwoll- und zuckerproduzierenden Staaten sein wird». Das *Commercial and Financial Chronicle*, eine Stimme der New Yorker Geschäftsleute, war ebenso pessimistisch: «Der Baumwollanbau in diesem Land wird nicht so bald wieder so umfangreich sein wie zuvor, sofern er nicht durch die Einführung arbeitssparender Maschinen revolutioniert wird.» Nur eine erneute Versklavung werde Baumwolle produzieren, so der Autor George McHenry aus London: «Baumwolle lässt sich in den Südstaaten nur durch Negerarbeiter im großen Stil anbauen, und Negerarbeiter lassen sich nur unter dem semipatriarchalen System namens Sklaverei kontrollieren.» Britische Baumwollexperten in Indien stimmten – nicht ohne Eigeninteresse – überein, dass die Stellung der USA auf dem Weltmarkt für lange Zeit geschwächt sei. Für den Präsidenten der Handelskammer von Bengalen war klar, dass «Amerika auf Jahre hinaus nicht fähig sein wird, dieselbe Menge zu exportieren wie vor dem Bürgerkrieg».[11]

Viele «Experten» befürchteten, dass Freigelassene, wie eine Generation zuvor in der Karibik, sich auf die Subsistenzwirtschaft zurückziehen würden. Um solche «üblen Folgen» zu verhindern, hofften manche auf Lohnarbeit, andere auf ein Pachtsystem, wieder andere auf eine Aufrechterhaltung der Arbeitskolonnen. Ein Abonnent des *Southern Cultivator* aus South Carolina schrieb: «Der Neger ist der richtige, legitime und gottgewollte Arbeiter im Süden. ... Er ist im Überschwang seiner Freiheit wild geworden ... Man darf ihm nicht erlauben, das zu werden, was er auf Santo Domingo ist.» «Die große Frage für unser Volk ist, wie man sich alle afrikanischen Arbeitskräfte im Land aneignet», schrieb der *Macon Telegraph* im Frühjahr 1865 prägnant.[12]

Einige Antworten auf diese Frage waren schon während des Bürgerkriegs gefunden worden, als Nordstaatengeneräle und -investoren die Baumwollproduktion in eroberten Südstaatengebieten wieder anzukurbeln versuchten. Am bekanntesten waren die Versuche auf den Sea Islands vor der Küste South Carolinas und Georgias, wo Nordstaatler wie Edward Atkinson Baumwollplantagen kauften, um ihre Visionen der «freien Arbeit» zu verwirklichen. Sie sahen eine Welt voraus, in der Freigelassene gegen Lohn weiterhin Baumwolle für den Export anbauen würden, und verfolgten dieses Projekt mit ansteckender Begeisterung. Weil befreite Sklaven häufig jedoch anderer Meinung waren, was Freiheit ausmachte – nämlich eigenes Land und Kontrolle der eigenen Arbeit –, verpflichtete die Nordstaatenarmee sie häufig zur Lohnarbeit auf Plantagen. Solche Maßnahmen waren kein gutes Omen für die Hoffnungen und Ziele der ehemaligen Sklaven.[13]

...

Es brauchte viele Jahre des Konfliktes auf Plantagen, vor örtlichen Gerichten, in den Regierungen der Bundesstaaten und in Washington, um die Konturen eines neuen Arbeitssystems für die Baumwollregionen der USA sichtbar werden zu lassen. Dieser Konflikt begann mit dem Ende des Krieges, als die ruinierten Plantagenbesitzer eine Welt wiederaufzubauen suchten, die der Sklaverei so weit wie möglich ähnelte. Natürlich musste man jetzt Verträge schließen und Löhne zahlen – der *Macon Telegraph* informierte seine Leser im Mai 1865 bedauernd: «Von nun an wird Bezahlung für Arbeit notwendig sein» –, aber davon abgesehen, sollte das Leben so weitergehen wie früher. Ehemalige Sklaven sollten dieselben Hütten bewohnen wie vor ihrer Befreiung und unter den Augen von Aufsehern roden, pflanzen, beschneiden und ernten. Geld oder häufiger ein Anteil an der Ernte (nach dem Krieg verfügten Landbesitzer meist über wenig Bargeld) würden sie für ihre Arbeit entlohnen.[14]

Ein Arbeitsvertrag des Pflanzers Alonzo T. Mial aus Wake County, North Carolina, von Anfang 1866 mit 27 Freigelassenen sah eine Arbeitszeit von Sonnenaufgang bis -untergang vor, danach einige weitere Aktivitäten und die Verpflichtung, «sonntags auf der Plantage zu bleiben». Bei Krankheiten oder anderen Ausfällen wurde kein Lohn gezahlt. Die Arbeiter bekamen 10 Dollar im Monat, dazu 15 Pfund Speck und einen Scheffel Mehl. Ähnlich war die Lage im Yazoo-Mississippi-Delta, vielleicht dem wichtigsten Anbaugebiet der Welt, wo die Grundbesitzer Löhne zahlten, aber ebenfalls versuchten, die Mobilität der Arbeiter zu beschränken und sie zum Bleiben auf den Plantagen und zum Baumwollanbau zu zwingen. Da die meisten Freigelassenen kaum etwas besaßen, konnten Grundherren diese Bedingungen einseitig durchsetzen und ihre Arbeiter zwingen, Jahresverträge zu unterzeichnen, die sie bis nach der Ernte auf der Plantage festhielten.[15]

Die Pflanzer stellten sich also einen Wiederaufbau des Baumwollimperiums auf der Grundlage einer Art Lohnarbeit vor, wobei der Landbesitz, der Arbeitsrhythmus und die Struktur des Plantagenlebens weitgehend bestehen bleiben sollten. Sie hatten mächtige Verbündete unter den ökonomischen und politischen Eliten Europas, die einzig daran interessiert waren, mehr Baumwolle aus den USA zu bekommen.

Doch die Pflanzer trafen zu ihrer Überraschung auf Freigelassene, die entschlossen waren, eine radikal andere Welt zu schaffen – eine Welt, in der die Rohstoffproduktion für den Weltmarkt nicht mehr ihr oberstes Ziel wäre. Ehemalige Sklaven glaubten aus gutem Grund, dass nur Landbesitz ihre neue Freiheit sichern werde und dass ihre unbezahlte Arbeit unter der Sklaverei und ihre Unterstützung der Nordstaaten im Krieg ihnen ein Recht darauf gebe. Viele waren überzeugt, beim Sieg der Nordstaaten würden «40 acres and a mule» (16 Hektar und ein Maultier) auf sie warten. So hatte eine Gruppe von Freigelassenen in Virginia sehr klare Vorstellungen, warum «wir ein gottgegebenes Recht auf das Land haben ... Unsere Frauen, unsere Kinder, unsere Ehemänner wurden wieder und wieder verkauft, um das Land zu kaufen, auf dem wir wohnen ... Und haben wir das Land nicht gerodet und Getreide, Tabak, Reis, Zucker und alles angebaut? Und sind die großen Städte im Norden nicht auf der Baumwolle und dem Zucker und dem Reis gewachsen, die wir produziert haben?»

Sklaverei war ein Diebstahl des gerechten Lohns für ihre Arbeit – ein Diebstahl, der nun durch Landverteilung ausgeglichen werden sollte.[16]

Doch die Hoffnung der Freigelassenen, landbesitzende Bauern zu werden und für den eigenen Bedarf zu produzieren, war kurzlebig. Ein großer Teil des im Bürgerkrieg beschlagnahmten Bodens wurde schon im Herbst 1865 an die ursprünglichen Besitzer zurückgegeben. Ohne Land war es schwierig für Freigelassene, Kontrolle über ihre Arbeit auszuüben. Durch Präsident Andrew Johnsons milde «Reconstruction»-Politik gewannen außerdem die früheren Sklavenhalter viel von ihrem politischen Einfluss zurück, und sie benutzten ihre wiederhergestellte lokale und regionale Macht, um die Ansprüche Freigelassener auf wirtschaftliche Ressourcen und Macht mithilfe des Staatsapparats zu begrenzen. Eine der ersten Maßnahmen dieser konstruierten Regierungen in den Bundesstaaten war der Versuch, Arbeitsdisziplin zu erzwingen und Arbeiter auf den Plantagen zu halten. Sogenannte *Black Codes* – in Mississippi schon im November 1865 erlassen – schrieben Freigelassenen vor, Arbeitsverträge abzuschließen, die Mobilität als «Landstreicherei» definierten. Und obwohl die Washingtoner Regierung durch das Freedmen's Bureau einige der schlimmsten Verletzungen der «freien Arbeit» korrigierte, glaubten auch hier viele, dass Zwang von Seiten des Staates nötig sei, um Freigelassene zu Lohnarbeitern zu machen. Tatsächlich drohte man Freigelassenen ohne Anstellung mit Zwangsarbeit. Nordstaatler rechtfertigten diese «Zwangsverträge» als Maßnahme, um Freigelassene in die Freiheit zu führen. Gleichzeitig wurden andere Arten des Lebensunterhalts wie das Weiden von Tieren auf öffentlichem Land, Jagd, Fischfang und das Sammeln von Früchten und Nüssen zunehmend eingeschränkt.[17]

Baumwollunternehmer befürworteten im Allgemeinen solche Maßnahmen, und das *Commercial and Financial Chronicle* in New York drückte die Hoffnung aus, die Mobilität der Freigelassenen könne «nur als vorübergehender Zustand betrachtet werden, der durch die kombinierte Wirkung der Gesetze gegen Landstreicherei und der Not der Landstreicher korrigiert» werde. Angesichts so machtvoller Gegner hatten viele Freigelassene das Gefühl, sie sollten für immer «Holz hauen und Wasser tragen» – und natürlich Baumwolle anbauen. Ohne Zugang zu anderen Überlebensmöglichkeiten – ganz im Gegensatz zu landwirtschaftlichen Erzeugern in Indien oder Afrika – erschien es vergleichsweise einfach, Freigelassene zu agrarischen Proletariern zu machen.[18]

Neue Arbeitsbeziehungen

Doch die Geschichte endete nicht mit dem Scheitern der freigelassenen Sklaven. Der Versuch der weißen Südstaateneliten, ein der Sklaverei ähnliches Arbeitssystem durchzusetzen, war so offensichtlich und das Ignorieren ihrer Nie-

Harper's Weekly, 12. Januar 1867

derlage im Bürgerkrieg so unverhohlen, dass Nordstaatler gegen die «Reconstruction»-Politik Präsident Johnsons zu mobilisieren begannen. Dank der Bemühungen früherer Sklaven und ihrer Verbündeten im Norden erhielten Freigelassene 1866 Bürgerrechte und 1867 das Wahlrecht, und so konnten sie ihre wachsende politische Macht nutzen, um ihre Lage auf den Plantagen zu verbessern. 1867 stellte der Kongress sogar die militärische Autorität über die Südstaaten wieder her. Nördliche Unterstützung und die politische Mobilisierung der Freigelassenen gaben schwarzen Arbeitern bessere Möglichkeiten, ihre Forderungen auf den Plantagen selbst zu artikulieren, und im selben Jahr begannen «Freigelassene die Felder und ihre Arbeit zu verlassen». Ihnen half der Arbeitskräftemangel, weil die Männer weniger arbeiteten als unter der Sklaverei und viele Frauen und Kinder sich von der Feldarbeit ganz zurückzogen. In Arbeitsverträgen im Delta wurden nun auch höhere Löhne und bessere Arbeitsbedingungen festgelegt als zuvor. Außerdem kämpften freigelassene Frauen, die es immer schwerer hatten, für sich und ihre Kinder in einer Plantagenwelt, die physisch starke Männer bevorzugte, einen Platz zu finden, für die Einbeziehung in die Welt der Arbeitsverträge. Dies waren die «Waffen der Schwachen.»[19]

Noch wichtiger war aber, dass Freigelassene forderten, unabhängig, im Familienverband und mit der Möglichkeit zum Anbau für den Eigenbedarf arbeiten zu können. Pflanzer konnten die Arbeitsverhältnisse nicht mehr einseitig bestimmen. Freigelassenen wiederum gelang es immer noch nicht, den Anspruch auf eigenes Land durchzusetzen. 1867 konnte keine Seite der anderen völlig ihren Willen aufzwingen. So entstand ein sozialer Kompromiss, bei dem afroamerikanische Familien bestimmte Parzellen ohne tägliche Aufsicht bearbeiteten, Lebensmittel vom Grundbesitzer erhielten und dann mit einem Teil der Ernte entlohnt wurden. Solche Teilpachtarrangements verbreiteten sich in den Baumwollregionen der USA wie ein Flächenbrand, und Arbeitskolonnen, das vorherrschende System während der Sklaverei, verschwanden fast völlig. Ab 1868 gab es sogar im Yazoo-Mississippi-Delta verbreitete Teilpacht, und 1900 waren über drei Viertel aller schwarzen Farmer in Arkansas, South Carolina, Mississippi, Louisiana, Alabama und Georgia Teilpächter, die einen Anteil der Ernte behielten, oder Pächter, die dem Grundbesitzer eine bestimmte Summe bezahlten, aber die Ernte behielten. Der erwähnte Landbesitzer Alonzo T. Mial schloss nun keine Lohnarbeitsverträge mehr mit seinen ehemaligen Sklaven und teilte seine Plantage in Pachtparzellen auf.[20]

Die Ausbreitung der Teilpacht als dominierendes Arbeitssystem in den amerikanischen Baumwollregionen zeigte die kollektive Stärke der Freigelassenen und erlaubte ihnen, dem viel schlimmeren System von Kolonnenarbeit für Lohn zu entkommen. Teilpacht gab freigelassenen Männern und Frauen die Kontrolle über die eigene Arbeit ohne die tägliche Aufsicht, die so sehr an die Sklaverei erinnerte, und erlaubte es Familien – anstelle von Einzelpersonen –, Verträge mit Landbesitzern abzuschließen und über den Einsatz von Männern, Frauen und Kindern selbst zu entscheiden.

Doch in vieler Hinsicht war es ein hohler Sieg. Die entstehenden Muster von Grundbesitz, Arbeitssystemen und Kreditvergabe im Süden der USA stellten nahezu sicher, dass Farmer Baumwolle anbauen mussten und dass der Baumwollanbau Armut erzeugte. Wenn Pflanzer und Händler die Teilpächter mit dem versorgten, was sie brauchten, nahmen sie enorme Zinsen. So reichte die Ernte kaum aus, um am Ende der Saison die Gläubiger zu bezahlen. Auf der Plantage Runnymede im Leflore County im Mississippi-Delta zum Beispiel bezahlten die Teilpächter 25 % Zinsen, wenn sie Lebensmittel, und 35 %, wenn sie Kleidung kauften. Hohe Schulden bei Händlern und Grundbesitzern zwangen die Teilpächter, immer mehr Baumwolle anzubauen, das einzige Produkt, das immer zu verkaufen war, obwohl der Preis pro Ballen sank. Da sie in einer Situation arbeiteten, die von teuren Krediten, einer Randposition in der politischen Ökonomie der Nation und fallenden Preisen gekennzeichnet war, sahen die Farmer ihr Einkommen sinken – so wie meisten Erzeuger weltweit, die nun für den Weltmarkt produzierten.[21]

Das Ausmaß ihrer Niederlage wurde 1873 besonders deutlich, als der wirtschaftliche und politische Rahmen sich drastisch verschob. In diesem Jahr begann die bis dahin größte internationale Wirtschaftskrise des 19. Jahrhunderts. Gerade als viele neue Produzenten immer mehr Baumwolle ernteten, sank das Wachstum der Nachfrage unter den Durchschnittswert vor dem Bürgerkrieg. Bei sinkenden Weltmarktpreisen schrumpfte der Gewinn für die Anbauer. Gleichzeitig übte die Struktur von Pachtwesen, Verschuldung und Vermarktung der Ernte in den Südstaaten weiterhin enormen Druck auf die Farmer aus, immer mehr Baumwolle anzubauen, trotz – oder gerade wegen – sinkender Preise. Obwohl jeder Farmer ganz rational handelte, wenn er Baumwolle anbaute, war eine solche Konzentration negativ für die Region insgesamt.[22]

Als die wirtschaftliche Lage der Baumwollproduzenten sich verschlechterte und die Bereitschaft des Nordens schwand, zugunsten der Freigelassenen zu intervenieren, schrumpfte auch ihre politische Macht. Grundbesitzer unterdrückten kollektive Aktivitäten der Schwarzen mit Gewalt und erweiterten ständig ihre politische Macht. Sie übernahmen die Kontrolle der Legislative der Einzelstaaten, und diese neu gebildeten Regierungen nahmen schwarzen Baumwollproduzenten das Wahlrecht wieder weg, stellten sicher, dass ihre Kinder durch schlechte Schulen benachteiligt waren, und verweigerten ihnen den Schutz des Gesetzes. Mit gewachsener Macht suchten die Landbesitzer rasch die afroamerikanischen Arbeitskräfte zu kontrollieren. Begleitet wurde dies durch eine beispiellose Gewaltkampagne, die ausdrücklich die politischen Aktivitäten der kleinen Baumwollfarmer einschränken sollte; allein im Mississippi-Delta gab es zwischen 1888 und 1930 hundert Lynchmorde. Die neuen Parlamente änderten das Pfandrecht, um Grundbesitzern einen Erstanspruch auf die Ernte zu geben, wodurch verschuldete Freigelassene immer tiefer in Abhängigkeit gerieten und auch noch die geringe Verhandlungsstärke verloren, die ihnen einmal ihre Teilpacht gegeben hatte. 1872 ging das Oberste Gericht des Staates Georgia so weit, «Teilpächtern das Recht auf Anbauentscheidungen und die Rechte an ihren Feldfrüchten» abzusprechen. Gerichte definierten die Teilpächter zunehmend nicht mehr als Pächter, sondern als Lohnarbeiter. Gleichzeitig benutzten Landbesitzer die Staatsmaschinerie, um die Mobilität der Arbeitskräfte zu begrenzen. So beschloss das Parlament von Mississippi 1904 ein neues Gesetz gegen Landstreicherei, durch das «schwarze Faulenzer aufs Feld» getrieben werden sollten. Das Verhältnis zwischen Grundbesitzern und Erzeugern war nun zwar grundlegend anders als zu Zeiten der Sklaverei, aber um die Jahrhundertwende lebten Baumwollfarmer dennoch weiterhin in tiefer Armut mit wenigen Rechten und ohne politische Stimme.[23]

Der Umbau des Baumwollimperiums

Während die Grundbesitzer ihre regionale Macht konsolidierten, erlebten sie zugleich einen «dramatischen und irreversiblen Machtverlust» innerhalb der nationalen Wirtschaft der USA. An sinkende Baumwollpreise gebunden, von Schutzzöllen für die Produkte, die sie konsumierten, und von Kapitalknappheit und hohen Zinsen betroffen, wurden sie zu Juniorpartnern in der politischen Ökonomie der Industrialisierung, die während des Bürgerkriegs entstanden

Pächterfamilie auf einem Baumwollfeld, Louisiana, 1920

war. Im globalen Vergleich waren die Pflanzer nie so mächtig gewesen wie die Kaufleute, doch vor dem Bürgerkrieg hatten sie regionale politische Kontrolle und auf nationaler Ebene spürbaren politischen Einfluss genossen. Nun aber entglitt ihnen diese Macht. Obwohl sie es damals noch nicht wussten, hatte der Bürgerkrieg die weltweit letzte politisch mächtige Gruppe von Baumwollproduzenten entmachtet. Aus Sicht der Textilfabrikanten, stabilisierte diese Marginalisierung das Baumwollimperium und machte erneute Turbulenzen, wie sie durch die Verteidigung der Sklaverei während der Bürgerkriegsjahre entstanden waren, sehr unwahrscheinlich.[24]

Alternativen: Weiße Farmer und Sträflinge

Nicht nur die zu Teilpächtern gewordenen ehemaligen Sklaven produzierten immer mehr Baumwolle für die Weltmärkte, sondern auch die weißen Farmer des Südens. Während der Sklaverei hatten sie, etwa im Hochland von Georgia, meist Subsistenzwirtschaft betrieben und nur wenig Baumwolle produziert.

Alternativen: Weiße Farmer und Sträflinge

Doch nach dem Krieg änderte sich die Lage. Dort, wo die Haushalte vom Anbau von Nahrungsmitteln und von Heimarbeit lebten, wurde der Baumwollanbau plötzlich wichtig. Auf den weißen Farmen in den Hügeln von Georgia verdreifachte sich zwischen 1860 und 1880 die Baumwollmenge, die pro 1000 Scheffel Mais – eine Feldfrucht für den Eigenverbrauch – angebaut wurde.[25]

Wie ist diese Expansion des Baumwollanbaus durch weiße Farmer zu erklä-

Baumwollanbau durch weiße Farmer wuchs dramatisch an: «Der sechsjährige Warren Frakes. Seine Mutter sagt, er pflückte gestern 41 Pfund.» (Lewis W. Hine)

ren? Nach dem Krieg verbreiteten sich Transport- und Kommunikationswege und Verkaufseinrichtungen rasch in zuvor abgelegenen Gebieten des Südens. Allein in den 1870er Jahren verdreifachte sich die Länge des Schienennetzes in Georgia. Die infrastrukturelle Durchdringung der neuen Anbaugebiete verwandelte die Landwirtschaft. Mit der Eisenbahn kamen Läden und Kaufleute, dazu Entkörnungs- und Pressmaschinen. Unabhängige, vom Krieg ruinierte Farmer bauten jetzt Baumwolle an, um an Bargeld zu kommen. Da Kaufleute nun auch die kleinsten Orte im Hinterland erreichten, konnten Farmer diese Baumwolle leicht verkaufen und kamen zugleich leichter an Waren, Düngemittel und vor allem Kredite. «Stürzte ... die Kreditmaschinerie den Pflanzer immer tiefer in den Abgrund der einseitigen Baumwollproduktion, so schädigte in übelster Wechselwirkung die Einseitigkeit, die Abhängigkeit vom Ausfalle einer einzigen Ernte, wieder seine Kreditfähigkeit», schrieb ein deutscher Soziologe 1906. Da-

Der Umbau des Baumwollimperiums

durch verloren viele weiße Farmer ihr Land, und 1880 hatte schon jeder Dritte das Land gepachtet, das er bestellte. Die kapitalistische Transformation machte sie den schwarzen Teilpächtern ähnlicher; immer mehr verloren diese Weißen die Kontrolle über das Einzige, was sie besaßen: ihr Land und ihre Feldfrüchte. Doch dass sie nun etwas anderes anbauten als früher, war für die globale Baumwollwirtschaft überaus wichtig. Vor dem Bürgerkrieg hatten weiße Farmer höchstens 17 % aller amerikanischen Baumwolle produziert, 1880 war ihr Anteil schon auf 44 % gestiegen.[26]

Obwohl weiße Farmer und ehemalige Sklaven die weitaus meiste Baumwolle im Süden anbauten, waren sie nicht die Einzigen. Manche Pflanzer forderten, «deutsche und chinesische Einwanderer» ins Land zu bringen. Anfang des 20. Jahrhunderts gab es auch Versuche, italienische Einwanderer im Mississippi-Delta anzusiedeln. Zwar kamen tatsächlich Einwanderer als Lohnarbeiter auf Baumwollplantagen in Louisiana, sie stellten aber nie einen größeren Anteil der

Kontrolle der Arbeiter: Sträflinge auf einer Baumwollfarm in Louisiana, 1911

Arbeiter, da sie in anderen Gegenden Nord- und Südamerikas lukrativere Arbeit fanden. Eine viel wichtigere Gruppe von Arbeitskräften wurden dagegen gemietete Sträflinge. James Monroe Smiths 8000-Hektar-Plantage im Oglethorpe County, Georgia, die um 1904 jährlich 3000 Ballen Baumwolle produzierte, zählte unter ihren über 1000 Arbeitern zum Beispiel viele Sträflinge. Da die Produktion rasch expandierte, hatte Smith ständig mit Arbeitermangel zu kämpfen. 1879 fand er eine Lösung, indem er in die «Penitentiary Company Three» investierte. Als Besitzer eines Viertels der Firma verfügte Smith über ein Viertel ihrer Sträflinge, dazu beschäftigte er solche aus örtlichen Gefängnissen. Auf nur einer seiner Plantagen arbeiteten 171 Sträflinge gleichzeitig. Sie wurden mit großer Härte behandelt und beim Fluchtversuch erschossen. Die Behandlung war so hart, dass Smith schließlich einer staatlichen Untersuchung unterzogen wurde. Ein Leserbrief im *Cartersville Courant* warf ihm 1886 vor, Sträflinge grausam auszupeitschen, manche mit bis zu 225 Hieben, was er aber bestritt.[27]

...

Wie auch dieses Beispiel zeigt, war die Mobilisierung der Arbeitskräfte für den Baumwollanbau in den USA eng mit Zwang verbunden.[28] Das Ausmaß der Gewalt war in mancher Hinsicht überraschend, wenn man bedenkt, dass der Übergang der Freigelassenen zu proletarischen Landarbeitern viel leichter zu bewirken war als der von indischen oder afrikanischen Erzeugern, die größere Kontrolle über den Boden und ihre Arbeit genossen. Doch die Gewalt, die in der Landwirtschaft der Südstaaten herrschte, bezeugte indirekt den überaus machtvollen Wunsch der Freigelassenen nach einem anderen Leben und zeigte ebenso sehr die Schwäche der Grundbesitzer wie ihre Stärke. Die entschlossene Initiative des Staates war nötig, um die Subsistenzorientierung der Agrarerzeuger zu untergraben und ihre Arbeitskraft in die Baumwollproduktion für die Weltmärkte zu lenken. Wenige Beobachter hatten 1865 einen so spektakulär erfolgreichen Übergang von der Sklaverei zu neuen Arbeitssystemen erwartet – ein Übergang, der imperiale Politiker und städtische Textilfabrikanten auf der ganzen Welt mit Hoffnung erfüllte.

Als die Konflikte auf den Plantagen, in den Hauptstädten der Bundesstaaten und in den Regierungsgebäuden von Washington die Arbeitssysteme in den Anbaugebieten des Südens entschieden, führte die «Reconstruction» zu einem raschen, starken und dauerhaften Anstieg der Baumwollproduktion. Amerikanische Erzeuger gewannen trotz gegenteiliger Voraussagen ihre führende Stellung zurück. 1870 übertraf ihre Produktion den bisherigen Spitzenwert von 1860. 1877 hatten sie ihren Marktanteil der Vorkriegszeit in England wieder erreicht, 1880 exportierten sie mehr Baumwolle als 1860. Und 1891 bauten Teilpächter, Familienfarmer und Plantagenbesitzer in den USA doppelt so viel Baumwolle an wie 1861 und lieferten 81 % der britischen, 66 % der französischen und 61 % der deutschen Importe. Der Umbau der amerikanischen Baumwollwirtschaft war so erfolgreich, dass er von imperialen Bürokraten und Kapitalbesitzern bald überall als Vorbild angesehen wurde. Von Großbritannien über Deutschland bis Japan studierten Imperialisten aller Art die Vereinigten Staaten, um Lehren für ihre eigenen Projekte zu ziehen, und amerikanische Produzenten wurden zu gesuchten Experten und berieten Kolonialregierungen in Fragen des Übergangs zum Baumwollanbau für den Export.[29]

Der Umbau des Baumwollimperiums

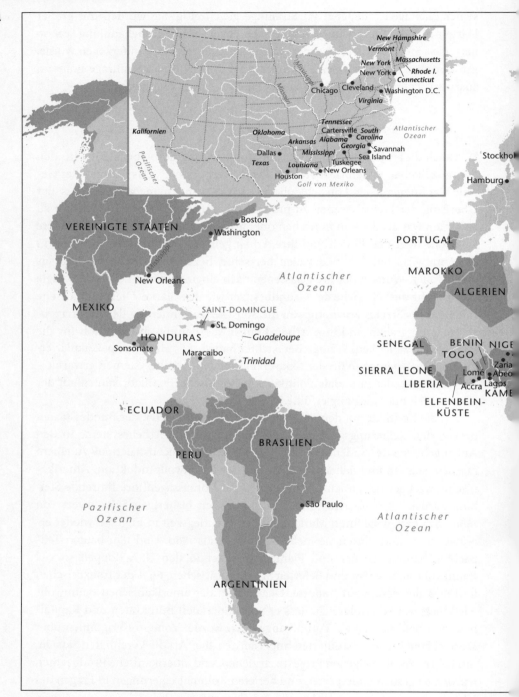

Das Baumwollimperium nach der Sklaverei, 1865–1914

Alternativen: Weiße Farmer und Sträflinge

Transformation in Indien, Brasilien und Ägypten

Teilweise ermutigt durch die Krise der Produktion in den USA, beschleunigten auch Fabrikanten, Kaufleute und Bürokraten in anderen Teilen der Welt die Transformation der Landwirtschaft, die schon während des Bürgerkriegs begonnen hatte, wenn auch mit unterschiedlichen Methoden und abweichenden Resultaten. Dank ihrer Aktivitäten begannen zwischen 1865 und 1930 mehrere Millionen Teilpächter, Lohnarbeiter und Bauern in Asien, Afrika, Nord- und Südamerika, das weiße Gold für die Textilfabriken Europas und zunehmend auch Nordamerikas anzubauen und zur Jahrhundertwende auch für Fabriken in Japan, Indien, Brasilien und China.

In den letzten Jahrzehnten des 19. Jahrhunderts erlebte Indien die dramatischste Expansion der Baumwollproduktion. Schon am Ende des amerikanischen Bürgerkriegs hatte die Handelskammer in Bombay die «Emanzipation der amerikanischen Sklaven eine Angelegenheit von größter Bedeutung» genannt, die einen permanenten Wandel in der Sozialstruktur großer Teile der indischen Landwirtschaft und des Handels auslöste. Obwohl indische Produzenten nach dem Krieg ihre beherrschende Stellung auf den Weltmärkten nicht halten konnten (besonders nach 1876), stiegen ihre Exporte rasch von 118 Millionen Kilogramm 1858 auf über 540 Millionen Kilogramm 1914. Exporteure verkauften den Großteil dieser gewaltigen Menge aber nicht mehr auf den traditionellen Märkten England und China, sondern fanden zunehmend Käufer auf dem europäischen Kontinent und, noch nach 1900, auch in Japan. 1910 gingen nur noch 6 % der indischen Baumwollexporte nach England, während Japan 38 % und Kontinentaleuropa 50 % verbrauchte. Im Gegensatz zu ihren englischen Kollegen hatten kontinentale und japanische Fabrikanten ihre Maschinen auf die Verarbeitung der kurzstapeligen indischen Baumwolle umgestellt und mischten erfolgreich indische mit amerikanischer Baumwolle, was einen gröberen Stoff ergab. So stieg der europäische Verbrauch indischer Baumwolle 1860–1890 um das 62-Fache, «eine wesentliche Hilfe», wie die Bremer Handelskammer 1913 es nannte. Um diesen Bedarf zu decken, wurden die Anbauflächen in Indien vergrößert, und Ende der 1880er Jahre wurde in einigen Regionen bereits ein Drittel des Bodens für Baumwolle genutzt. Diese Ausfuhrexpansion fiel, wie wir sehen werden, mit einer Explosion der Zahl mechanisierter Spindeln in Indien selbst zusammen. 1894 wurde weniger als die Hälfte der Baumwollernte exportiert, da indische Textilfabriken rund 235 Millionen Kilogramm Baumwolle verbrauchten, und zusätzliche 102–152 Millionen Kilogramm wurden für die Handspinnerei benutzt.[30]

Während die meist kurzstapelige indische Baumwolle eine wichtige Rolle auf dem Markt für grobe Qualitäten spielte, erreichte die brasilianische Baumwolle die Qualität der amerikanischen. Daher stiegen die Exporte aus Brasilien im letzten Drittel des 19. Jahrhunderts an. In den 1850er Jahren hatten sie bei durchschnittlich 14,7 Millionen Kilogramm pro Jahr gelegen. In den folgenden drei Jahrzehnten exportierte Brasilien durchschnittlich 30 Millionen Kilogramm Baumwolle – trotz eines gleichzeitigen Wachstums der einheimischen Textilverarbeitung um das 53-Fache. 1920 produzierte das Land 100 Millionen Kilogramm.[31]

Unterdessen hatten die ägyptischen Fellachen ihre Baumwollproduktion zwischen 1860 und 1865 auf 113,7 Millionen Kilogramm jährlich verfünffacht. Natürlich hatte ägyptische Baumwolle eine viel höhere Qualität als ein Großteil der US-Ernte; sie war nach den Worten des französischen Textilfabrikanten Roger Seyrig «ein «Luxusartikel». Nach dem amerikanischen Bürgerkrieg fiel die Produktion zunächst auf knapp 57 Millionen Kilogramm zurück, aber 1872 exportierten Kaufleute schon wieder über 90 Millionen Kilogramm aus Alexandria in europäische Häfen. Und 1920 produzierte Ägypten 271 Millionen Kilogramm Baumwolle, zwölfmal so viel wie 1860. 40 % des Bodens in Unterägypten wurden nun als Anbaufläche genutzt. Manchen erschien Ägypten als eine gewaltige Baumwollplantage.[32]

Im letzten Drittel des 19. Jahrhunderts waren ägyptische, brasilianische und indische Baumwolle wichtige neue Faktoren auf den Weltmärkten geworden. 1883 deckte Baumwolle aus diesen Regionen 31 % der inzwischen viel größeren kontinentaleuropäischen Nachfrage, etwas mehr als das Doppelte als 1860.[33]

Die Expansion des Baumwollanbaus auf mehreren Kontinenten war umso bemerkenswerter, als sie ohne Sklaverei erzielt wurde. Das Problem, das Kapitalbesitzer seit den 1820er Jahren beschäftigt hatte, nämlich wie man nicht-versklavte Erzeuger zu Produzenten für die Weltmärkte machen solle, bewegte sich auf eine Lösung zu, die den Interessen europäischer und nordamerikanischer Textilfabrikanten und Politiker entgegenkam. Doch wie in den Südstaaten, die in vieler Hinsicht als Muster für eine solche Transformation dienten, gab es ganz unterschiedliche Wege zu diesem Ziel, die aus langen Konflikten zwischen Erzeugern, Grundbesitzern, Kapitalgebern und imperialen Bürokraten hervorgingen.

All diesen Konflikten um die Neugestaltung der globalen Landwirtschaft war gemeinsam, dass Staaten nun eine wichtige Rolle spielten. Neue Formen des Zwangs, durch Staaten eingeführt und ausgeführt, ersetzten die offene Gewalt der Herren, die für die Sklaverei so wichtig gewesen war. Das heißt nicht, dass es keine physische Gewalt mehr gab, aber sie war sekundär im Vergleich zu dem Druck, der aus Verträgen, Gesetzen und Besteuerung erwuchs. Während Staaten neue Souveränität über ihre Territorien entwickelten, dehnten sie auch ihre Souveränität über Arbeitskräfte aus.

Laboratorium Berar

Khamgaon war eine kleine Stadt im Bezirk Berar im Westen Indiens, der seit langem für die Qualität seiner Baumwolle bekannt war. Jahrzehnte vor der Ankunft der Engländer war ein Teil dieser Baumwolle auf Ochsenkarren nach Mirzapur am Ganges transportiert und dann nach Kalkutta verschifft worden, doch Bauern spezialisierten sich nie ausschließlich auf diese Pflanze und bauten vieles andere an, dazu spannen und webten sie auch. Tatsächlich hatte der Handel mit lokal gesponnenem «Rohgarn» den Handel mit Rohbaumwolle verkümmern lassen. Die Lage veränderte sich ab 1825, als das parsische Handelshaus Pestanji and Company die erste Baumwolle auf Packochsen nach Bombay brachte. Da England mit der langsamen Zunahme dieses Handels nicht zufrieden war, übernahm es 1853 die politische Kontrolle über Berar – was den Fabrikanten in Lancashire zupasskam, als es während des amerikanischen Bürgerkriegs «eine der besten Baumwollregionen Indiens» wurde.[34]

Da die britische Kolonialverwaltung und Fabrikanten in Lancashire das Potenzial Berars als großes Baumwollanbaugebiet für den Export sahen, stellte der koloniale Staat auf Drängen britischer Fabrikanten 1870 eine Bahnlinie nach Khamgaon fertig, das inzwischen 9000 Einwohner zählte (die Bahnlinie wurde aus «Steuerüberschüssen» Berars bezahlt, also von den Bauern selbst). «Das letzte Hindernis ist beseitigt, und in Zukunft gibt es eine direkte Verbindung durch Dampfkraft zwischen dieser größten Baumwollquelle im Westen Indiens und den europäischen Häfen, die jeden Ballen nehmen werden, der auf den Markt kommt», freute sich Mr. C. B. Saunders, der britische Bevollmächtigte in Hyderabad. Zur Einweihungsfeier in Khamgaon sprach sogar der Vizekönig persönlich. Er erinnerte seine Zuhörer, darunter viele Baumwollhändler: «Wir wissen alle, dass die Baumwollkrise in Amerika viel zur Anregung der Entwicklung und der Baumwollproduktion in diesem Land beigetragen hat.» Diese neue Produktion für die Weltmärkte komme nicht nur Indien zugute, sondern habe auch «gewaltige Vorteile für eine Klasse, die in jüngster Zeit, in einer Zeit großer Not und Leiden, fast heroische Qualitäten zeigte» – die Textilarbeiter von Lancashire. Als Zeichen für die zentrale Bedeutung der Baumwolle für das koloniale Projekt in Berar fuhr der Vizekönig anschließend zum Baumwollmarkt, wo «ein großer Triumphbogen, der hauptsächlich aus Baumwollballen bestand», zu Ehren seiner Person und der Eisenbahn errichtet worden war.[35]

Mit der Eisenbahn kam der Telegraph. Nun konnte ein Liverpooler Händler Baumwolle in Berar bestellen und schon sechs Wochen später an den Docks am Mersey in Empfang nehmen, denn die Fahrt eines Dampfer von Bombay nach Liverpool dauerte dank des neuen Suez-Kanals nur noch atemberaubende 21 Tage.[36] Die Wirkung solcher Infrastrukturprojekte war gewaltig.

Britisch-Indien kann tatsächlich als Prototyp für den flexiblen Pragmatismus gelten, mit dem Staaten Kapitalbesitzern dabei halfen, Arbeiter für den Baumwollanbau zu mobilisieren. Unter dem Druck von Fabrikanten aus Lancashire und von Baumwollkaufleuten von Liverpool bis Bombay setzte die britische Kolonialverwaltung ihr Projekt einer Transformation der Landwirtschaft fort, das während des amerikanischen Bürgerkriegs an Fahrt gewonnen hatte. Die Wirkung war dramatisch. Noch 1853 war Berar weitgehend von den Weltmärkten abgeschnitten und hatte eine dörflich orientierte Ökonomie, zu der auch ein starker Heimarbeit-Sektor gehörte. In den 1870er Jahren bestand jedoch ein großer Teil der Wirtschaft schon aus der Baumwollproduktion für die Weltmärkte. Ein britischer Kolonialbeamter bemerkte in der Mitte dieses Jahrzehnts, in Berar werde «Baumwolle fast nur für den Export angebaut. Die Heimherstellung von Stoffen ist durch den Import britischer Textilwaren untergraben worden, und viele Weber sind ungelernte Hilfsarbeiter geworden.» Diese Reorientierung der lokalen Wirtschaft drängte unter anderem auch die *banjaras* (Wagenbesitzer, die Baumwolle transportierten) in die Landwirtschaft, und Spinner wie Weber sahen sich zunehmend beschäftigungslos und immer mehr auf die Landwirtschaft angewiesen. 40 Jahre später hieß es in einem Bericht, «seit der Ankunft der Eisenbahn» sei die ehemals blühende Baumwollverarbeitung in Berar nahezu verschwunden. Der britische Baumwollbevollmächtigte Rivett-Carnac erklärte 1869:

> «Die Hoffnung ist nicht übertrieben, dass mit einem Eisenbahnzubringer in diese Gegend europäische Textilien importiert werden könnten, um die einheimischen Stoffe zu unterbieten. Infolgedessen stünde nicht nur mehr Rohmaterial zum Verkauf – denn was jetzt zu Garn verarbeitet wird, könnte exportiert werden –, sondern der größere Anteil der Bevölkerung, die jetzt mit Spinnen und Weben beschäftigt ist, würde für die Landwirtschaft zur Verfügung stehen, und so könnte der Dschungel gerodet und die kultivierte Fläche vergrößert werden.»

Für Charles Wood, den Minister für Indien, erzeugten solche Veränderungen der Sozialstruktur ein Gefühl des Déjà-vu:

> «Die Schlussfolgerungen aus den Baumwollberichten sind im Ganzen befriedigend. Die einheimischen Weber sind genau die Klasse von Menschen, an die ich mich in meiner Jugend an den Rändern der Moore von West-Yorkshire erinnere. Jeder kleine Farmer hatte 10–20 Hektar Land und zwei oder drei Webstühle im Haus. Die Fabriken zerstörten alle Weberei dieser Art, und nun sind sie nur noch Bauern. Ihre indischen Gegenstücke werden genauso enden.»

Zeitgenossen wie Wood verstanden, dass sie Teil einer umfassenden Bewegung zum Umbau der globalen Landwirtschaft in Rohstoffproduzenten und Konsumenten von Industrieprodukten (und schließlich auch Arbeitskräftereservoir für Fabriken) waren, und sahen ihre Rolle mit Stolz.[37]

Berar wurde zu einem der weltweit wichtigsten Laboratorien für den Umbau des Baumwollimperiums. Seine diversifizierte Landwirtschaft spezialisierte sich immer mehr auf Baumwolle. Während 1861 251 000 Hektar mit Baumwolle bebaut gewesen waren, hatte sich diese Zahl 1865 schon verdoppelt und verdoppelte sich ein weiteres Mal bis zu den 1880er Jahren. Zu Beginn des 20. Jahrhunderts produzierte Berar allein ein Viertel der indischen Ernte – mehr als ganz Ägypten.[38]

Der Druck des Kapitals

In Ägypten war die Expansion des Baumwollanbaus genau wie in Indien und den USA das direkte Ergebnis machtvoller staatlicher Interventionen. Die Neudefinition von Eigentumsrechten ermöglichte eine massive, zum Teil gewaltsame Umverteilung des Bodens von Dörfern und Nomaden auf gut vernetzte Großgrundbesitzer. Vor dieser Transformation gab Eigentum Anrechte auf einen Teil des Bodenertrags, Besitzrechte am Boden waren meist unter verschiedenen Einzelpersonen, Gemeinschaften, religiösen Autoritäten und dem Staat aufgeteilt. Dies behinderte den Kauf und Verkauf von Land; im späteren 19. Jahrhundert standen solche Rechte einer weiteren Kommerzialisierung der Landwirtschaft entgegen. Nun übertrug der ägyptische Staat, um einerseits höhere Steuereinnahmen für die Expansion der nationalen Infrastruktur zu erzielen sowie die Zinsen für seine enormen Schulden zu bedienen und andererseits seine Untertanen besser kontrollieren zu können, Eigentumsrechte an Großgrundbesitzer. Damit wurden die Dorfbewohner, die früher über einen Teil des Bodenertrags verfügt hatten, auf Gedeih und Verderb von ihnen abhängig. Diese neuen Grundherren konnten Bauern dazu zwingen, in «Privatdörfern» zu leben, wo fast alle Aspekte des Lebens kontrolliert wurden. Wer sich den Anweisungen nicht fügte, wurde vertrieben und vermehrte das stetig zunehmende landlose Agrarproletariat.[39]

Die Befugnisse der neuen Besitzer waren weitreichend und umfassten das Recht, «einzusperren, zu vertreiben, hungern zu lassen, auszubeuten und viele andere Formen willkürlicher, außergewöhnlicher und wenn nötig gewaltsamer Befugnisse». Daher waren diese Güter «ein Überwachungs- und Zwangssystem, dem es zum ersten Mal gelang, die Erzeuger dauerhaft auf diesem Land festzuhalten». Boden zum exklusiven Besitz von Einzelpersonen zu machen, hatte das erfordert, was man die «Gewalt der Eigentumsbildung» nennen könnte. Die neuen Besitzrechte breiteten sich rasch aus. 1863 kontrollierten Großgrundbesitzer ein Siebtel der ägyptischen Anbaufläche, 1875 war es fast doppelt so viel und 1901 die Hälfte. 1895 besaßen nur knapp 18 000 Personen fast die Hälfte des ägyptischen Bodens und etwa 727 000 Personen die andere Hälfte. Manche dieser Güter waren riesig, zum Beispiel kontrollierte Ibrahim Murad Pascha im etwas nördlich von Kairo gelegenen Toukh 5200 Hektar, die von 20 000 Menschen bearbeitet wurden. Nur der Grundbesitz, den sich der ägyptische Herrscher Ismail Pascha selbst angeeignet hatte, war noch größer.[40]

Wie auch anderswo ruhte der Umbau der ägyptischen Baumwollwirtschaft auf einer gewaltigen Kreditpyramide. Auf der untersten Ebene waren die Arbeiter auf den Baumwollgütern fast immer bei Geldverleihern und Grundbesitzern verschuldet und ständig von Schuldknechtschaft bedroht. Grundbesitzer wiederum bekamen Kredit von örtlichen Kaufleuten, viele davon Ausländer. Ismail Pascha als größter Grundbesitzer häufte solche Schulden an, dass er 1878 nach dem Fall der Baumwollpreise seinen Besitz an seine Gläubiger, die Rothschilds, überschreiben musste. Auch der ägyptische Staat nahm hohe Kredite für das Graben von Bewässerungskanälen (weitgehend durch Zwangsarbeiter), den Eisenbahnbau und den Import von Dampfpumpen auf. Diese Summen waren so atemberaubend, dass der Staat schließlich Bankrott machte, trotz seines immer größeren Drucks auf das Volk, für den Export zu produzieren. Der Schuldenberg brachte schließlich Ägypten insgesamt in die Hände der Engländer: Wegen gesunkener Einnahmen aus der Baumwollproduktion konnte es seine Schulden nicht mehr bedienen, verlor seine Souveränität und wurde 1882 von Großbritannien übernommen.[41]

...

Wie das Beispiel Ägyptens und Indiens zeigt, spielten Herrscher und Bürokraten im letzten Drittel des 19. Jahrhunderts eine entscheidende Rolle in dem Bestreben, Baumwolle für die Weltmärkte anzubauen. Zum Teil beruhte ihre Macht auf dem Zugang zu Ressourcen und wurde durch den relativen sozialen Frieden stabilisiert, den ratternde Fabriken erzeugten. Doch sie handelten auch im Sinne mächtiger Kapitalbesitzer – entweder weil sie denselben Eliten angehörten, wie in Ägypten, oder weil Politiker unter konzertiertem politischem Druck standen, wie in England, Frankreich und, wie wir noch sehen werden, in Deutschland.

Das Ziel, Arbeitskräfte für den Baumwollanbau zu mobilisieren, führte nun auch zu beispiellosen Forderungen an die Untertanen, da Staaten zunehmend die Regeln des Marktes definierten und durchsetzten. Von Berar über das Nildelta bis Minas Gerais schafften Regierungen und Gerichte alte Kollektivansprüche an Ressourcen wie Weide- und Jagdrechte ab und zwangen Bauern, sich allein auf die Baumwollproduktion zu konzentrieren. Die natürliche Landschaft Berars wurde zum Beispiel mittels einer gewaltigen britischen Landvermessung umgewälzt, gefolgt von der britischen Ermutigung, «Ödland» in Baumwollfarmen umzuwandeln. Dieses «Ödland» hatte einmal der kollektiven Nutzung durch Bauern gedient, wurde aber immer häufiger zu Privateigentum. Große Wälder, die früher Feuerholz und Nahrung geliefert hatten, wurden abgeholzt und Grasland, das Kommunen gemeinsam genutzt hatten, umgepflügt. Die Wälder wurden zusätzlich abgeholzt, um die Dampfpressen der westlichen Kaufleute in den großen Baumwollstädten Berars anzutreiben. In manchen Regionen führte diese Entwaldung zu deutlich veränderten Niederschlägen, was schließlich den kolonialen Baumwollrausch bremste, der die Entwaldung ursprünglich angeheizt hatte.[42]

Gerichtlich erzwungene Pfandrechte gaben Gläubigern weitere Mittel in die Hände gegen die Ansprüche der Bauern auf Land und trieben diese tiefer in die Verschuldung, die sie dann zu immer stärkerer Konzentration auf den Baumwollanbau zwang. Die Systeme gegenseitiger Abhängigkeit und persönlicher Herrschaft, die die Landwirtschaft in Berar, in den US-Südstaaten und anderswo vor dem amerikanischen Bürgerkrieg charakterisiert hatten, wurden von einer Welt abgelöst, in der Gläubiger Bauern mit staatlicher Unterstützung zu Warenproduzenten und -konsumenten machten. Ein anonymer britischer Autor beschrieb diesen Prozess für Indien zynisch: «Wo es keine intelligente Bevölkerung gibt, die den Weg weisen kann, muss eine Regierung tun, was in zivilisierteren Ländern der Privatinitiative überlassen werden kann.»[43]

Der erste Schritt war in Indien und anderswo die Schaffung von privatem Grundbesitz. Britische Textilfabrikanten forderten, die Kolonialregierung müsse neue Formen von Landrechten einführen, um das alte System des Gemeinschaftseigentums als «Hindernis für die Rechte des individuellen Eigentums und seine wirksame Weiterentwicklung» zu überwinden. Sie verstanden privaten Grundbesitz als Voraussetzung für eine expandierende Baumwollproduktion für die Weltmärkte. Im vorkolonialen Berar waren die Beziehungen sozialer Gruppen durch ein «Verhältnis von Herr und Knecht innerhalb der Kastenhierarchie» gekennzeichnet gewesen, bei dem «der Ertrag des Bodens ... entsprechend der sozialen Stufe aufgeteilt wurde». Einzelpersonen kontrollierten nicht bestimmte Landstücke, sondern besaßen stattdessen Rechte auf einen Anteil an der Ernte. Ein britischer Kolonialbeamter verglich dieses «System, wenn man es ein System nennen kann» mit dem «Europa des Mittelalters». Kaum waren die Briten erschienen, wurde das Land vermessen, die Grenzen zwischen verschiedenen Grundbesitzern klar gezogen und jedes Stück Land besteuert. Eine Klasse von *Khatedars* wurde geschaffen, die das Land kontrollierten und für die Steuerzahlungen verantwortlich waren. 1870 konnte ein britischer Beamter berichten, dass die Revolution Erfolg hatte. In Berar «ist der, der das Land nutzt, auch dessen uneingeschränkter Besitzer». Weil die Khatedars Land, aber kein Kapital besaßen, waren sie von Geldverleihern abhängig, denen sie das von ihnen kontrollierte Land als Sicherheit bieten konnten. Für die Bodenbearbeitung hatten sie Teilpächter, die ihr Arbeitskapital ebenfalls von Geldverleihern bekamen. Hier und in anderen Gegenden Indiens waren es die Großgrundbesitzer und Geldverleiher, die Profit aus der Expansion des Baumwollanbaus für den Export zogen. Auf der anderen Seite stand die große Mehrheit kleiner Landbesitzer oder landloser Bauern, die in einen Sumpf aus Schulden und Armut gerieten.[44]

Da sich der private Grundbesitz über die globale Landwirtschaft verbreitete, konnten Grundbesitzer nun auch für Steuerzahlungen verantwortlich gemacht werden, die in bar zu leisten waren, was wiederum den Anbau für den Export förderte. In der indischen Provinz Maharashtra schwächten britische Bemühungen um gesteigerte Einnahmen und erhöhte Produktion der Bauern den kollektiven Charakter der Dörfer. Nicht mehr ganze Dörfer, sondern Einzelbauern waren nun steuerpflichtig. Dadurch gewannen Geldverleiher neue Macht über das Land und die Arbeitskraft der Bauern, denn diese wurden von Vorschüssen abhängig, um ihre Steuern zahlen zu können.[45] Auch um Landgeräte, Baumwollsamen und sogar Getreide zu kaufen, das sie bis zur Erntezeit ernährte, brauchten sie Vorschüsse. Ein neues Vertragsrecht bot den Geldverleihern eine gewisse Sicherheit, wenn sie Bauern Vorschüsse zahlten. Insgesamt förderte das neue Eigentumsrecht in Indien die Kommerzialisierung der Landwirtschaft – nicht nur, weil es Landtransaktionen erleichterte, sondern weil es den Zustrom von Kapital erlaubte, für den das Land jetzt als Absicherung dienen konnte. Bauern zahlten enorme Zinsen für diese Kredite (30 % im Jahr waren nicht ungewöhnlich) und überschrieben ihre Baumwollernte den Geldverleihern, häufig viele Monate im Voraus.[46]

Geldverleiher – *Sowkars* – waren in den Dörfern tief verwurzelt und hatten den Bauern schon lange vor der Ankunft der Briten Kredit gegeben. Damals waren sie aber in eine moralische Ökonomie eingebettet gewesen, die sie zwang, Bauern in Jahren schlechter Ernten zu unterstützen, aber diese Lebensversicherung verschwand in der kommerzialisierteren Wirtschaft des britischen Kolonialismus zunehmend. Während Geldverleiher bescheidenen Wohlstand ansammeln und Großgrundbesitzer vom Vorhandensein von Kapital profitieren konnten (das ihnen den Anbau mit Lohnarbeitern erlaubte), trugen kleine Landbesitzer, Teilpächter und vor allem landlose Tagelöhner das größte Risiko. Als die Baumwollpreise nach dem amerikanischen Bürgerkrieg fast 30 Jahre lang stetig fielen, rutschte die Masse dieser sich «modernisierenden» Bauern in immer größere Armut hinab. Viele starben schließlich während der Hungersnöte, die in den 1890er Jahren die Baumwollregionen Indiens trafen.[47]

Bestandsaufnahme und Forschung

Der staatliche Einfluss auf die Baumwollwirtschaft kam auch in einem gigantischen Vorhaben zum Ausdruck: der systematischen Sammlung und Weitergabe von Informationen über alle Aspekte des Baumwollanbaus. Gewaltige Kompilationen über Klima- und Bodenbedingungen, Produktionstrends, Formen des Landbesitzes, Samenqualitäten und Arbeitssysteme füllten immer mehr Behördenschränke, dieselbe Art von Informationen, die Jahrzehnte zuvor von Kaufleuten mühsam gesammelt und in Briefen oder Rundbriefen weitergegeben worden waren. Teilweise war dies ein direkter Versuch, das Wissen der Einheimischen zu systematisieren und sich anzueignen. Die Beobachtung des Baumwollanbaus indischer Bauern konnte nützliche Informationen über die unter bestimmten Umweltbedingungen besten Methoden liefern, die sich dann auf Afrika oder andere Gegenden übertragen ließen. Auch bestimmte Baumwollsorten konnte man sammeln und an andere Orte verschicken – die Regierungen ermöglichten tatsächlich eine stark beschleunigte Zirkulation biologischen Materials. Wichtiger als diese beiden Aufgaben war aber die schlichte Bestandsaufnahme – die natürlichen und sozialen Gegebenheiten beobachten, diese Information in Zahlen übersetzen, sie in Tabellen packen und dann im gesamten Baumwollimperium verbreiten. Solche Zahlen verdeutlichten das «Potenzial» bestimmter Orte und legten bestimmte Maßnahmen nahe, um es umzusetzen.[48]

Überall in der Welt des Baumwollanbaus starteten Regierungen solche Versuche. 1866 schuf die indische Kolonialregierung die Stelle des «Baumwollbevollmächtigten für die Zentralprovinzen und Berar», der akribische Informationen über den Anbau in diesen Regionen sammeln sollte. Die umwälzende Transformation der weltweiten Landwirtschaft ruhte auf den Schultern solcher Revolutionäre, die im späten 19. Jahrhundert oft in Gestalt von Regierungsbeamten daherkamen. 1873 weitete die indische Regierung diese Aktivitäten aus und zentralisierte sie durch die Schaffung eines Faser- und Seidenamts, das in ganz Indien die Produktion von Baumwolle und anderen Faserpflanzen untersuchte.[49]

Andere Länder folgten. Die USA besaßen ab 1862 ein Landwirtschaftsministerium, das sich bald besonders mit der Baumwolle beschäftigte: Statistik, Krankheiten, Züchtung und neue Anbaugebiete (vor allem in westlichen Staaten wie Arizona). 1895 schuf Russland eine Verwaltung für Landwirtschaft und Staatsdomänen in seinen neu erworbenen zentralasiatischen Territorien, die sich besonders auf Baumwolle konzentrierte. In Ägypten lieferte die Regierung den Baumwollfarmern detaillierte Informationen über die besten Anbaumethoden und schuf 1919 dafür ein Landwirtschaftsministerium – ein Modell, das später von den belgischen Kolonialbehörden im Kongo übernommen wurde.⁵⁰

Aufbauend auf früheren Versuchen, wurden nun überall landwirtschaftliche Experimente betrieben, um die lokale Baumwollwirtschaft den Bedürfnissen der Industrie anzupassen. Die ägyptische Societé Royale de l'Agriculture experimentierte mit Musterfarmen, ebenso die Engländer in Berar. Einheimische Bauern leisteten dem oft Widerstand, denn das Pflanzen neuer Baumwollsorten war nicht nur arbeitsintensiver, sondern auch riskanter, weil sie im lokalen Klima nicht erprobt waren. Nur wenige Projekte erzeugten höheren Gewinn, um diese Risiken auszugleichen, und es bedurfte starken Drucks, um sie durchzusetzen.⁵¹

Obwohl mächtige Regierungen, kapitalstarke Kaufleute und Großgrundbesitzer zusammenarbeiteten, konnten sie ihre großartigen Projekte nicht immer verwirklichen. Staatliche Archive sind voller Dokumente über die Versuche einheimischer Erzeuger, den Umbau ihrer Wirtschaft zu bremsen oder sogar zu verhindern. In Dhawar im Westen Indiens beispielsweise bauten die Bauern weiterhin lieber Nahrungsmittel und indische Baumwollsorten an, trotz dauerhafter Bemühungen der britischen Kolonialbeamten, amerikanische Sorten einzuführen. Einheimische Sorten waren dem Klima viel besser angepasst, fanden einen lokalen Markt und passten besser zur Heimarbeit, weil sie vor Ort entkörnt werden konnten.⁵²

Für solchen Widerstand und das Problem, Baumwollarbeiter zu finden, gibt es viele weitere Beispiele. Der österreichische Generalkonsul berichtete 1877 aus Khartoum, die Versuche, sudanesische Bauern zur Produktion größerer Baumwollmengen zu bewegen, seien gescheitert, weil sie ihren Unterhalt mit weniger anstrengenden Beschäftigungen fänden als dem schwierigen und relativ unprofitablen Kultivieren des Bodens. Im Irak bemerkte ein deutscher Beobachter 1919: «Störend für eine Erweckung einer größeren Arbeitsfreudigkeit steht ferner im Wege, dass Kulturen im Lande vorhanden sind, die dem Arbeiter mühelos alles zur Nahrung und seinem sonstigen Leben Notwendige verschaffen.» In Burma beobachtete ein britischer Bürokrat bedauernd «die Gleichgültigkeit gegenüber dem Baumwollanbau als Einnahmequelle durch die burmesischen Bauern selbst, die ihn für sehr zweitrangig halten und wohl nicht sehr viel Interesse an Baumwolle entwickeln werden, solange sie mit weniger Mühe guten Gewinn aus ihren Reisfeldern ziehen können.» Doch Baumwollkapitalisten suchten immer mehr Arbeitskräfte.

Die Bedeutung dieser Konflikte um die Produktionsausweitung ist vielleicht am besten in einer Region zu sehen, in der die Baumwollproduktion trotz großer Anstrengungen auf ganzer Linie scheiterte: Australien. Zu Beginn des 20. Jahrhunderts versuchte die britische Kolonialverwaltung, auf diesem Kontinent mit praktisch unbegrenztem Bodenreservoir Baumwolle anzubauen. Die Produktion stieg nur langsam, denn es gab zwar reichlich Land, aber es fehlten billige Arbeitskräfte zum Pflanzen, Hacken und Ernten. Das größte Problem jeder Art von Expansion waren laut dem Advisory Council of Science and Industry «die hohen Kosten des Pflückens von Hand». Weil es an billigen Arbeitern mangelte und weiße Siedler viel bessere Optionen als die Baumwolle hatten, beobachtete der Ausschuss 1918, dass «der Baumwollanbau in Australien nun praktisch aufgehört hat».[53]

Pacht und Proletarisierung

Doch in den Anbaugebieten Indiens, Brasiliens und Ägyptens expandierte das Baumwollimperium genau wie in den USA, weil es Grundbesitzern, Kolonialbeamten, Kaufleuten und lokalen politischen Eliten gelang, landwirtschaftliche Erzeuger zu Rohstoffproduzenten zu machen. Die spezifischen Arrangements zur Mobilisierung der Arbeitskräfte unterschieden sich von Ort zu Ort, weil sie von den lokalen, regionalen oder nationalen Traditionen, Präferenzen, Institutionen und Machtstrukturen abhingen. Es spielte eine wichtige Rolle, dass Baumwollanbauer in den USA für zwei Jahrzehnte das Wahlrecht genossen, genauso wie es eine Rolle spielte, dass bäuerliche Wirtschaften südlich der Sahara dynamisch und fast unabhängig von europäischem Kapital blieben. Die große Stärke des Industriekapitalismus erwuchs aber gerade aus seiner Fähigkeit, verschiedene Arbeitssysteme zu nutzen, etwa die außergewöhnlich billige Produktion, die durch die unvollständige Transformation der Welt der Agrarerzeuger möglich wurde.[54]

Die globale wirtschaftliche Integration führte also nicht zu einer immer homogeneren Arbeitswelt. Manche Bauern wurden zu Teilpächtern, andere zu Pächtern, wieder andere zu Lohnarbeitern. Auch wenn ihre Macht und ihr traditionelles Leben immer mehr verschwanden, hatten sie doch noch einen gewissen Einfluss – in der Tat hatten sie mehr Kontrolle über ihr tägliches Leben als die Millionen ungelernter Arbeiter in den Spinn- und Webfabriken.[55]

Trotz der bleibenden Unterschiede wurden im ganzen Baumwollimperium Teilpacht und Pacht am Ende des 19. Jahrhunderts zur vorherrschenden Form der Mobilisierung von Arbeitskräften, denn wie in den USA arbeiteten Bauern lieber ohne tägliche Überwachung und wehrten sich meist, aber nicht immer erfolgreich dagegen, Lohnarbeiter zu werden. In Berar bestellten Teilpächter das Land von Khatedar-Landbesitzern, deren Arbeitskapital von Geldverleihern kam. In Ägypten wurde der Großteil der Baumwolle nicht von Lohnarbeitern, sondern von Kleinproduzenten angebaut – manche Teilpächter, manche Kleinbauern –, von denen alle über die Arbeitskraft ihrer Familien verfügten; tatsächlich waren es meist Kinder, die die Baumwolle pflückten. In Brasilien verbreitete sich die Teilpacht neben kleinen Familienfarmen: Auf großen Gütern «bezahlten» Pächterfamilien ihre Pacht mit einem Anteil der Ernte für die Besitzer. In Peru verpachteten Grundbesitzer ihr Land an Bauern, weil es ab 1874 keine chinesischen Vertragsarbeiter mehr gab und sie keine einheimischen Bauern für die Lohnarbeit gewinnen konnten. Auch in der osmanischen Çukurova-Ebene, die vor der Ankunft des Baumwollanbaus gegen Ende des 19. Jahrhunderts weitgehend unbesiedelt gewesen war, brauchten Großgrundbesitzer Arbeitskräfte – und die meisten von ihnen wurden als Teilpächter engagiert, dazu einige Wanderarbeiter.[56]

Wo die Teilpacht dominierte, wurden Pächter wie Kleinbauern von Kapital von außen abhängig. Im indischen Sind verkauften Bauern die Ernte an Geldverleiher, sobald sie gesät war, um das zu bezahlen, was sie geliehen hatten, damit sie überhaupt auf Baumwolle umsteigen konnten: «teilweise Bargeld, teilweise Getreide und Baumwollsamen, Stoffe, Hirse, Mehl etc. für die Familie und die Arbeiter». Geldverleihende Kaufleute bestimmten hier und anderswo oft, was die Bauern anbauten, denn sie streckten Samen und Werkzeuge vor. Zinssätze zwischen 12 und 24 % waren typisch, konnten aber bis auf 150 % pro Jahr schießen. In der Çukurova bekamen Teilpächter Darlehen von Landbesitzern und Kaufleuten, daher «gewann das Handelskapital trotz der Arbeiterknappheit Kontrolle über das Land und den Produktionsprozess».[57]

So wurde der Großteil der Baumwolle am Ende des 19. Jahrhunderts von Menschen angebaut, die mit ihren Familienangehörigen auf eigenem oder gepachteten Land arbeiteten; aber statt Subsistenzwirtschaft oder lokalen Verkauf zu betreiben, wurden sie durch das einströmende großstädtische Kapital an den globalen Baumwollmarkt gekoppelt. Teilpacht, Verpfändung der Ernte und mächtige lokale Kaufleute, die Kapital besaßen, wurden rasch zur neuen Normalität und prägten eine Landwirtschaft mit Arbeitskräften, die zwar keine Sklaven, aber auch nicht völlig frei waren. Weltweit waren diese Baumwollfarmer hochverschuldet, wehrlos gegenüber den Schwankungen des Weltmarkts, meistens arm und dazu den neuartigen Arbeitsverträgen und Gesetzen gegen Landstreicherei unterworfen, die sie an einen Ort binden sollten. Sie wurden politisch marginalisiert und oft außerökonomischem Zwang unterworfen. Ein solches System war nicht völlig neu. Doch nun begann es den globalen Baumwollanbau in beispiellosem Ausmaß zu prägen.[58]

...

Obwohl die meisten Erzeuger erfolgreich Widerstand gegen ihre völlige Proletarisierung leisteten, arbeiteten manche dennoch als schlecht bezahlte Lohnarbeiter auf den Feldern. Sie hatten die geringste Macht. Häufig war ihr Abstieg das Ergebnis ihrer sich verschlechternden Lage als hochverschuldete Teilpächter, Pächter oder Kleinbauern. Lohnarbeiter zu werden, bedeutete ihre Niederlage. In Ägypten waren 1907 fast 40 % aller Bauern solche landlosen Arbeiter geworden.[59] Auch in Indien nahm die Zahl der Lohnarbeiter im Baumwollanbau während des 19. Jahrhunderts zu. Im Bezirk Khandesh führten die größere Orientierung auf Baumwolle und die damit verbundenen rechtlichen und sozialen Veränderungen zu einer Welle der Proletarisierung, so dass 1872 schon einer von vier Männern für Lohn arbeitete.

Eine Proletarisierung auf den Baumwollfeldern fand auch in Nordmexiko statt. Nach 1844 hatten Unternehmer in La Laguna mithilfe der neuen Eisenbahnen und Bewässerungssysteme eine riesige Baumwollproduktion begonnen «und machten sie zu Mexikos wichtigstem kommerziellen Anbaugebiet». Zehntausende von Arbeitern bevölkerten die Felder, manche lebten auf Plantagen, andere wurden wochen- oder monatsweise angestellt, und die Landbevölkerung, die oft aus anderen Gegenden Mexikos kam, stieg zwischen 1880 und 1910 von 20 000 auf 200 000, mit zusätzlichen 40 000 Wanderarbeitern in der Erntezeit. Dadurch wuchsen die Baumwollfarmen rasend schnell und steigerten die Produktion von 1880 bis 1890 um das Fünffache; im folgenden Jahrzehnt verdoppelte sie sich erneut. Manche dieser Haziendas waren extrem groß – die Familie Luján besaß zum Beispiel 20 000 Hektar –, und die Güter waren oft hochmechanisiert mit Baumwollpressen, Entkörnungsmaschinen und Ölmühlen.[60]

Die Baumwollarbeiter von La Laguna waren proletarisiert wie sonst nirgends auf der Welt. Manche Plantagen unterhielten Arbeiter, die in Gruppen von 8–12 Mann mit einem Vorarbeiter eingeteilt waren und ein bestimmtes Stück Land bearbeiteten. Manche großen Haziendas beschäftigten mehrere tausend solcher Arbeiter, die zwölf Stunden am Tag und sechs Tage die Woche schufteten. Arbeiter zu finden war wie anderswo das Kernproblem dieser Grundbesitzer, und sie versuchten sie in ganz Nordmexiko anzuwerben, wo viele Menschen die frühere gemeinschaftliche Nutzung des Landes wegen der Konzentration des Landbesitzes verloren hatten. Viele kamen schließlich in Güterwaggons auf privaten Bahnlinien in La Laguna an, zusammengepfercht wie Vieh. Da für diese Wanderarbeiter kein Land zur Verfügung stand, konnten sie keine Subsistenzwirtschaft betreiben.[61]

Arbeiter in La Laguna waren harschen Arbeitsbedingungen ausgesetzt: «Das Wort des Grundbesitzers war Gesetz», und die Haziendas erzwangen Arbeitsdisziplin mithilfe von uniformierten Privatpolizisten, Gefängnissen und «körperlicher Strafen». Auf manchen Plantagen gab es sogar einen «Cepo de Campana», einen «Käfig ... zur Bestrafung aufsässiger Arbeiter». Wanderarbeiter wurden oft von bewaffneten Wachen auf den Feldern kontrolliert. Der Staat half bei der Durchsetzung der Arbeitsdisziplin, indem die Städte und Gemeinden «strenge Gesetze gegen Landstreicherei [anwandten], um [diese Arbeiter] außerhalb ihrer Arbeitszeit vom Zentrum fernzuhalten». Diese Anwendung von körperlichem Zwang war in den Baumwollregionen der Welt weit verbreitet, ob in den USA, Peru, Ägypten oder anderswo. Die atemberaubenden Fortschritte des Kapitalismus beruhten weiterhin nicht nur auf einer großen Vielfalt von Arbeitsformen, sondern auch auf einem überwältigenden Maß an Gewalt.[62]

...

Innerhalb des umgestalteten Baumwollimperiums waren die an Macht gewachsenen Staaten Europas und die USA überall vertreten, denn das kapitalistische Projekt der Akkumulation – durch das Mobilisieren von Arbeitskräften – und das administrative Projekt der Staatsbildung – durch Kontrolle der Bevölkerung – gingen, wie wir gesehen haben, Hand in Hand.

Gegen Ende des 19. Jahrhunderts hatte sich die Dynamik des Industriekapitalismus so verstärkt, dass Unternehmer und Politiker den gemeinsamen Versuch unternahmen, die Auflösung nichtkapitalistischer sozialer Formationen zu beschleunigen. Um den Widerstand gegen die neuen, ja revolutionären Formen von Arbeit und sozialen Beziehungen zu brechen, wandten sie manchmal Zwang an. Arbeit wurde zur Ware, indem man Arbeiter von traditionellen sozialen Verpflichtungen «befreite». Gleichzeitig sollte auch das Land von nichtökonomischen Bindungen «befreit» und zu einer frei handelbaren Ware gemacht werden. Kapitalbesitzer waren die wahren Revolutionäre dieser Epoche.[63]

Herrscher und Bürokraten unterstützten dieses Projekt, weil die Sicherung von Rohstoffen, einschließlich der Baumwolle, immer mehr zum Prüfstein der nationalen Politik wurde. Mächtige Staaten, Regierende und Bürokraten waren von starken nationalen Industrien abhängig, die wiederum in globalem Maßstab Rohstoffe und Märkte brauchten, denn diese Industrien produzierten Wohlstand, den man besteuern konnte, und schufen Arbeit für Millionen, was die soziale Stabilität förderte und den Staat weiter stärkte.

Die Konstruktion von Märkten, auch der globalen, war also ein politisches Projekt. Als immer mehr Staaten um Rohstoffe, Arbeitskräfte und Märkte konkurrierten, wurde dieser Prozess immer stärker zur nationalen Angelegenheit. Als dann die Kolonien wichtige Lieferanten von Rohstoffen und ein Markt für manche Industrien wurden (so gingen bis zu 60 % der britischen Baumwolltextilien nach Indien und in den Fernen Osten), nahm der Industriekapitalismus eine neue Form an. Seine Methoden, die in den Fabriken Englands und anderer Länder entwickelt worden war, wurden nun global und ersetzten immer mehr die erprobten Methoden des Kriegskapitalismus. Staaten übten die politische Kontrolle über Territorien aus, die Rohstoffe und Märkte boten. «Zwischen 1876 und 1915 wurde etwa ein Viertel der Landoberfläche der Erde als Kolonien unter einem halben Dutzend Staaten verteilt oder neuverteilt», fasst Eric Hobsbawm zusammen. Der Imperialismus des Freihandels, der Kaufleuten früher große

Der Umbau des Baumwollimperiums

Freiheit beim Strukturieren des Baumwollimperiums gegeben hatte, wurde von der Eingrenzung von Kapital und Kapitalbesitzern in Staaten abgelöst. Regierende und Kapitalbesitzer verbanden ihre jeweiligen Ziele von Macht und Akkumulation und schufen dabei eine ganz neue Form der kapitalistischen Globalisierung.[64]

Bezeichnend für die neue Globalität wurden die internationalen Baumwollkongresse, die ab 1905 Kaufleute, Fabrikanten, Pflanzer und Bürokraten in Manchester, Wien, Paris, Brüssel, Mailand, London, Stockholm und Alexandria zusammenführten. 1927 nahmen schon 17 Länder daran teil. Sie erörterten die Methoden des Baumwollanbaus in verschiedenen Regionen der Welt, betrachteten beispielhafte Versuche zur Produktionssteigerung und diskutierten sehr ausführlich etwa die deutschen Erfahrungen beim Baumwollanbau in der Kolonie Togo. In Paris erstellten die Experten des Kolonialministeriums sogar einen Bericht über «Arbeitsorganisation in den Kolonien», in Berlin und Chicago untersuchten Sozialwissenschaftler der ersten Stunde die Möglichkeiten «freier Arbeitskräfte» bei der Sicherung von Agrarrohstoffen, und der spanische Botschafter in Paris bat den französischen Kolonialminister um Aufklärung über die französischen Erfahrungen mit der Sklavenbefreiung und ihren Auswirkungen auf das Angebot an Arbeitern. Die britischen Kolonialbehörden in Bombay erkundigten sich nach der Mobilisierung von Arbeitskräften im russischen Zentralasien. Und in den 1910er Jahren untersuchte das japanische Ministerium für Landwirtschaft und Handel mit Blick auf die Kolonie Korea die Versuche europäischer Staaten, «freie Arbeitskräfte» für den Anbau in ihren kolonialen Besitzungen einzusetzen. Wie wir noch sehen werden, waren postkoloniale und postkapitalistische Regime später ebenso erpicht darauf, von diesen Erfahrungen zu lernen, und sie setzten diese Lektionen oft mit einem ungeduldigen Radikalismus um, der sogar die revolutionären Pläne ihrer Lehrmeister in den Schatten stellte. Als konkurrierende Staaten in einigen Teilen der Welt erstarkten, hatten sie gemeinsam den dringenden Wunsch, die globale Landwirtschaft umzubauen, und zwar mit Strategien, die über den einzelnen Staat hinausgingen. Erneut entwickelten Staatsbildung und Globalisierung sich Hand in Hand.[65]

Und obwohl die Probleme der «freien Arbeitskräfte» ein zentrales Thema der globalen Diskussionen blieben, war die Krise des Baumwollimperiums aus der Sicht der Baumwollwirtschaft in den 1870er Jahren gelöst. Die neu gefundene Fähigkeit von Kapitalbesitzern und Staaten, die globale Landwirtschaft mit den Werkzeugen des Industriekapitalismus zu transformieren, erlaubte immer größere Baumwolllieferungen zu immer niedrigeren Preisen nach Liverpool, Bremen, Le Havre, Osaka und Boston. Die Kombination von Arbeitskräften, Land, Kapital und Staatsmacht war so erfolgreich, dass die Baumwollpreise in Liverpool nicht nur auf das Vorkriegsniveau, sondern noch tiefer fielen. 1870 hatte das Pfund Baumwolle in den USA 24 Cent gekostet, 1894 lag der Preis nur noch bei 7 Cent. Die Manchester Cotton Supply Association, die ihr Ziel, Bauern auf der ganzen Welt zu Baumwollproduzenten zu machen, weitgehend erreicht hatte, löste sich 1872 auf. Das Scheitern der wirtschaftlichen und politischen Ziele der Freigelassenen im amerikanischen Süden und die erfolgreiche Erfindung neuer Arbeitssysteme dort und anderswo hatte Zuversicht erzeugt, dass die revolutionären Aktivitäten des Kapitals weiterhin erfolgreich die globale Landwirtschaft umwälzen würden.[66]

Kapitel 11

Kreative Zerstörungen

Europäisches Kapital dringt ins Hinterland vor: Baumwollhändler in Indien, 1870er Jahre

Die schnelle Expansion des Industriekapitalismus veränderte nach 1865 die globale Landwirtschaft. Fabrikanten in den industriellen Zentren des Baumwollimperiums forderten Rohmaterial, Arbeitskräfte und Märkte, und ihr Bedarf erfasste immer stärker die Menschen, die weit entfernt von den städtischen Zentren Europas und Nordamerikas lebten. Mit der Abschaffung der Sklaverei in den USA wurden Bauern in Indien, Ägypten, dem amerikanischen Süden wie auch in Brasilien und ein paar Jahrzehnte später in Westafrika und Zentralasien in neue Arbeitssysteme hineingezogen, die enorme und noch weiter steigende Mengen Baumwolle erzeugten. Dank ihrer schweren und schlecht bezahlten Arbeit war der Baumwoll- und Baumwolltextilhandel bis weit ins 20. Jahrhundert hinein «bei weitem der größte Handelszweig» in der transatlantischen Welt wie auch in Asien. Noch in den 1930er Jahren stellten die japanischen Baumwollhändler von Tōyō Menka Kaisha fest: «Baumwolle ist unstrittig der wichtigste Rohstoff im Welthandel.»[1]

Die Ausprägung neuer Arbeitssysteme und das erstaunliche Wachstum des Rohbaumwollertrags nach dem amerikanischen Bürgerkrieg standen für eines der revolutionärsten Projekte des Industriekapitalismus: die Schaffung einer neuen Beziehung zwischen Industrie und Landwirtschaft. In den 1870er Jahren konnten Kapitalbesitzer tun, was wenige Jahrzehnte zuvor noch unmöglich schien – einen immer größeren Teil der globalen Landwirtschaft in den Dienst der Industrieproduktion zu stellen, und das ohne Rückgriff auf die Sklaverei. Denn mächtige imperiale Staaten waren nun im Stande, tief in bis dahin entlegene Regionen vorzudringen. Die Vertreter des Industriekapitalismus fuhren in Eisenbahnen durch Berar, schickten Baumwollpreise über transatlantische Telegraphenkabel und folgten militärischen Expeditionen nach, die Taschkent und Tanganjika «befriedeten».

So trieben die neuen Baumwollkönige einen doppelten Prozess der kreativen Zerstörung voran. Sie brachten das Kapital der Metropolen näher zu den Erzeugern außerhalb der Sklavengebiete, wobei sie ältere Handelsnetzwerke zunehmend zerstörten, die die Baumwolle von den 1780er bis in die 1860er Jahre vom Feld in die Fabrik gebracht hatten. Und sie untergruben die älteren Netzwerke der Handspinnerei und -weberei und bewirkten damit die größte Welle der Deindustrialisierung in der Geschichte. Millionen von Menschen gaben nun das Spinnen und Weben auf und ließen damit eine Beschäftigung hinter sich, die seit Jahrhunderten oder gar Jahrtausenden ihre Gesellschaften geprägt hatte.

Ausländisches Kapital dringt ein

Im letzten Drittel des 19. Jahrhunderts flossen Kapital und Fertigwaren aus den Metropolen in immer neue ländliche Räume. Bezeichnenderweise gelang es den europäischen Kaufleuten gerade dort, wo sie traditionell am schwächsten vertreten gewesen waren, zum ersten Mal, näher an die eigentlichen Baumwollerzeuger heranzukommen: in Asien. In den 1870er Jahren gab es beispielsweise in Berars zentralem Handelsplatz Khamgaon Kaufleute aus England, Deutschland, Frankreich, Italien, der Schweiz und dem Habsburgerreich. Sie alle schickten indische Agenten in die nahegelegenen Anbaugebiete, um Rohbaumwolle zu kaufen, die sie dann säuberten, pressten und zum Hafen von Bombay transportierten. So veränderten sie eine von früheren Generationen ererbte Welt, in der «der Handel vollkommen in der Hand der örtlichen Kaufleute lag».[2]

Es war der sich abzeichnende Zerfall der Sklaverei gewesen, der europäische und später auch japanische Händler in Indien, Ägypten, Westafrika und anderswo ins Landesinnere trieb. Schon beim ersten Anzeichen im Jahr 1861 hatten die in der Manchester Cotton Supply Association organisierten Fabrikanten gehofft, man könne Europäer «dazu ermuntern, ins Innere Indiens zu gehen, um den Handel der Eingeborenen zu beaufsichtigen». Ein Jahr später hatte das India Office in London dem Gouverneur in Bombay mitgeteilt, es unterstütze die «Einrichtung von Agenturen in diesen Distrikten, um Baumwolle direkt von den Erzeugern statt von Mittelsmännern zu kaufen». Das war jedoch leichter gesagt als getan, denn indische Baumwollhändler waren tief im lokalen Handel verwurzelt – ohne die völlige Umwälzung der indischen Sozialstruktur würden europäische Kapitalbesitzer niemals ihre indischen Pendants ersetzen können. Doch schließlich gelang es ihnen, nicht zuletzt dank der Unterstützung durch den immer mächtigeren imperialen Staat, so dass ein britischer Kolonialbeamter schon 1878 beobachten konnte, der Baumwollhandel von Berar sei «fast vollständig in die Hände europäischer Kaufleute gefallen».[3]

Unter den vielen europäischen Kaufleuten, die die Baumwollproduktion in einem entlegenen Hinterland des Industriekapitalismus wie Khamgaon nun dominierten, waren auch die Gebrüder Volkart. Die schweizerische Firma aus dem idyllischen Städtchen Winterthur nahe dem Bodensee war seit 1851 im indischen Baumwollhandel aktiv gewesen, wobei sie sich zunächst der Dienste indischer Makler bediente. Im letzten Drittel des 19. Jahrhunderts verlegte sie ihre Ankäufe und ihr Kapital jedoch immer näher zu den Erzeugern: Volkarts Agenten kauften Baumwolle von örtlichen Händlern, ließen sie von firmeneigenen Maschinen entkörnen, pressten sie dann in der «Volkart-Presse» und schickten sie per Bahn nach Bombay, wo sie von anderen Volkart-Agenten zur Verschiffung nach Liverpool, Le Havre oder Bremen gestempelt und dort an Fabrikbesitzer verkauft wurde, die großes Vertrauen in das «VB» auf den Ballen hatten. Im Unterschied zum alten System, das auf vielen Zwischenhändlern beruht hatte, brachte Volkart nun im Alleingang Baumwollerzeuger mit Spinnereibesitzern zusammen.[4]

1883 waren schon 16 Volkart-Pressen über Berar verstreut. Das Unternehmen dominierte immer mehr Aspekte des Handels und wurde bis 1920 zum größten Exporteur indischer Baumwolle, als es über 180 000 Ballen, d. h. ein Viertel des gesamten Exports, verkaufte. Die Gebrüder Volkart waren nicht alleine, sondern arbeiteten Seite an Seite mit den Agenturen, Entkörnungsmaschinen und Pressen anderer europäischer Kaufleute, darunter den Rallis, Knoops und Siegfrieds. Anfang des 20. Jahrhunderts stiegen auch japanische Baumwollhandelsfirmen ein. 1926 besaß allein Tōyō Menka Kaisha 156 indische

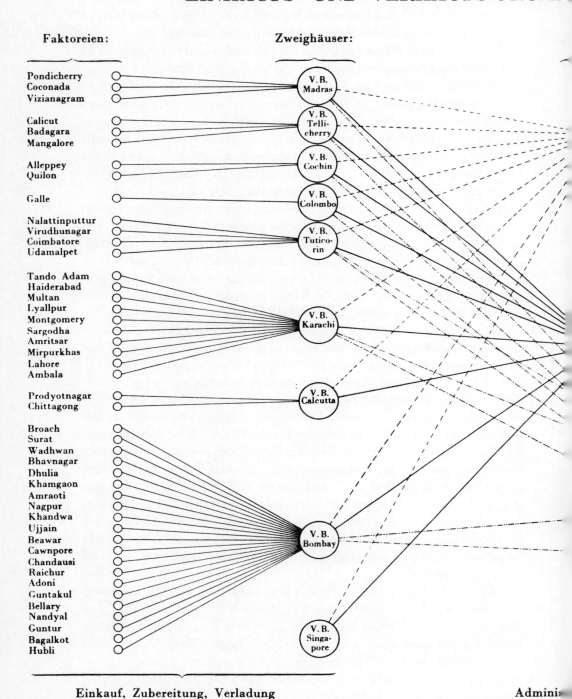

Die schweizerischen Baumwollhändler Gebrüder Volkart verbinden Baumwollerzeuger und Fabrikanten, 1925

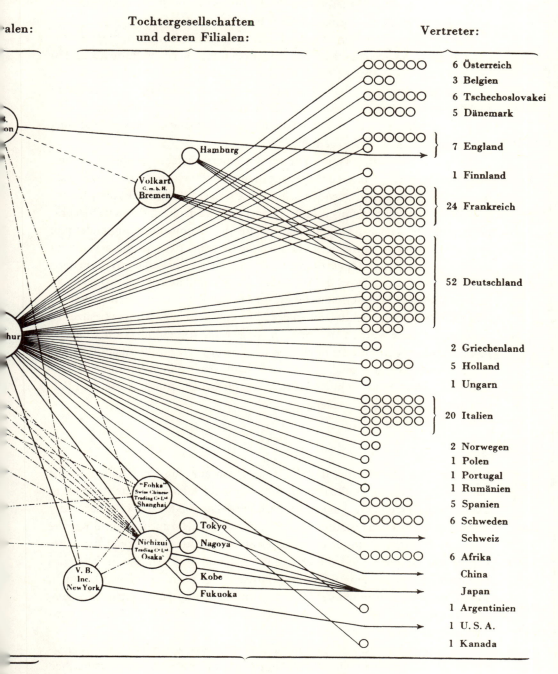

Unteragenturen, und die meisten Profite der Firma kamen aus solchen Handelsaktivitäten im Hinterland, einschließlich Berar.[5]

Freilich gab es weiterhin kleinere Kaufleute und Geldverleiher, die die indischen Bauern mit europäischen und japanischen Händlern zusammenbrachten und mit Kapital versorgten, das sie für den Kauf von Samen, ihre Steuerzahlungen und den Lebensunterhalt bis zur nächsten Ernte brauchten, fast immer zu Wucherzinsen. Diese *Sowkars* waren tief in den Dörfern verwurzelt, und europäische Kaufleute waren von ihnen jahrzehntelang abhängig gewesen. Jetzt wurden sie jedoch an den Rand gedrängt.[6]

Viele *Sowkars* hatten zwar während des amerikanischen Bürgerkriegs mit Kommissionsverkäufen Reichtümer angehäuft, aber viele gingen, wie wir gesehen haben, beim anschließenden schnellen Preisverfall unter. Darüber hinaus minderten die Veränderungen in der Transportinfrastruktur, die neue Telegraphenverbindung nach Liverpool und mit ihr der Baumwollterminhandel ihre Spekulationsprofite. Europäische Großkaufleute reagierten auf diese Veränderungen, indem sie ihre Geschäfte vertikal integrierten – also Bauern und Fabrikanten verbanden –, wie es die Volkarts mit spektakulärem Erfolg vorgemacht hatten. Diesen Schritt konnten die indischen Kaufleute nicht nachmachen, da ihnen die Möglichkeit fehlte, sich in der Nähe europäischer Spinnereibesitzer zu etablieren. Damit wurden sie immer mehr verdrängt, besonders im Überseehandel. 1861 exportierten sie noch 67 % aller Baumwolle aus Bombay, aber 1875 war ihr Anteil auf 28 % gefallen und sank dann weiter. Einige von ihnen investierten ihr Kapital nun in junge indische Textilfabriken, mit dramatischen Folgen, wie wir noch sehen werden.[7]

...

Anderswo auf der Welt lief das Eindringen von europäischem Kapital in die Baumwollproduktion ähnlich ab. In Ägypten «schickten Kaufleute Agenten in die Dörfer, um kleine Mengen zu kaufen», entweder von lokalen Händlern oder direkt von den Erzeugern, die vor der Erntezeit kleine Vorschüsse und Kredite bekommen hatten – dies ersetzte das einst vollkommene Monopol des Vizekönigs von Ägypten. Viele dieser Kaufleute waren Griechen, die im Zuge des Baumwollbooms des amerikanischen Bürgerkriegs nach Ägypten gekommen waren. Fast alle von ihnen gehörten zu Familien- oder Herkunftsnetzwerken, die sich nicht nur nach Griechenland, sondern auch nach Triest, Marseille, London und Manchester erstreckten.[8]

In der westanatolischen Çukurova-Ebene spielten griechische und christlich-arabische Kaufleute dieselbe Rolle, zunächst gemeinsam mit armenischen Händlern, die ihre transmediterranen Netzwerke mit den ländlichen Erzeugern verbanden. In den 1880er Jahren schalteten sich jedoch ausländische Banken und Handelsgesellschaften ein und drängten die örtlichen Kaufleute beiseite. 1906 nahm die Deutsch-Levantinische Baumwollgesellschaft ihren Betrieb auf, 1909 eröffnete die Deutsche Orientbank eine Filiale in Mersin, und im Jahr darauf begann die Deutsche Bank große Summen in Bewässerungsprojekte zu investieren. In außergewöhnlichen Fällen ging die Kapitalisierung der ländlichen Gebiete noch einen Schritt weiter, und ausländische Investoren kauften ganze Baumwollplantagen. Im mexikanischen La Laguna betrieben britische Investoren die riesige Baumwollhazienda Compañia Agricola, Industrial y Colonizadora del Tlahualilo; in Scott, Mississippi, gehörte der British Spinners Ltd. die Delta and Pine Land Company mit fast 15 000 Hektar Baumwollfeldern.[9]

Sogar in den Baumwollstaaten Nordamerikas entwickelte sich das Verhältnis zwischen Kaufleuten und Pflanzern immer mehr in Richtung des in Indien und Ägypten erprobten imperialen Modells, das die Baumwollpflanzer marginalisierte. Vor dem Bürgerkrieg waren die USA eine Ausnahme gewesen: das weltweit einzige große Anbaugebiet, das von europäischem Kapital abhängig war, in dem aber Kaufleute eine relativ untergeordnete Rolle gegenüber den mächtigen Baumwollpflanzern gespielt hatten. Das änderte sich im späten 19. Jahrhundert, als Kapital auf neuen Wegen in die Landwirtschaft der Südstaaten floss.[10]

Imperiale Innovationen gelangen in die USA

Im Zentrum der Neuordnung des amerikanischen Baumwollhandels stand das langsame Verschwinden der Kommissionäre. Sie hatten, wie wir gesehen haben, den Plantagenbesitzern Kapital vorgeschossen, ihre Ernte verkauft und sie mit allem Nötigen versorgt. Nun wurden sie durch Händler ersetzt, die sich im Landesinneren niederließen, um Baumwolle direkt zu kaufen. Als sich die Transport- und Kommunikationswege im Süden nach dem Bürgerkrieg erheblich verbesserten und das Baumwollimperium sich weiter nach Westen ausbreitete, verkauften Pflanzer ihre Baumwolle immer häufiger direkt an diese Händler oder sogar an ausländische Fabrikvertreter, statt einen Kommissionär in einem fernen Hafen zu beauftragen. Damit wurden Städte im Hinterland wichtige Baumwollhandelsplätze. Schon 1880 gab es zum Beispiel im texanischen Dallas, weit entfernt vom Meer, 33 Baumwollankäufer. Viele von ihnen vertraten riesige europäische und amerikanische Firmen wie Alexander Sprunt aus Wilmington oder Frank und Monroe Anderson, die mit Will Clayton zusammen Anderson, Clayton & Co. zur größten Baumwollhandelsfirma der Welt machten.[11]

Da sich der Verkauf nun in das amerikanische Hinterland verlagerte, wurden dort auch Baumwollpressen und Entkörnungsmaschinen errichtet, und

Experten wie Baumwollklassifizierer kamen (wie in Indien, Ägypten und anderswo) dorthin. Die Händler vor Ort kauften die Ernte auf, und der Telegraph kabelte die Liverpooler und New Yorker Preise rasch in die entlegensten Südstaatenstädtchen. Dass nun die Eisenbahn eine Vielzahl von Waren in die Geschäfte der kleinen Städte lieferte, untergrub auch die frühere Rolle des Kommissionärs als Lieferant der Plantagen weiter. Und diese Kaufleute gaben den Erzeugern immer mehr Kredit und übernahmen damit eine weitere Funktion der Kommissionäre der Vorkriegszeit. Die alten Kommissionäre reagierten auf die neue Situation, indem sie selbst im Landesinneren kauften, was dem alten System des Kommissionshandels einen weiteren Schlag versetzte. Ab den frühen 1870er Jahren kauften Vertreter der Spinnunternehmer von Manchester direkt in Städten wie Memphis. Alexander Sprunt and Son besaßen beispielsweise Ankaufsagenturen in allen Südstaaten und Verkaufsagenturen in Bremen, Liverpool, Neuengland und Japan, was den Geschäften von Volkart in Indien sehr ähnelte.[12] In Indien, Ägypten, den USA und anderswo gewann das Kapital der Metropolen neue Macht über Baumwollerzeuger und marginalisierte damit sowohl die lokale Kontrolle über den Handel als auch die früher so mächtigen und im Bürgerkrieg geschlagenen Baumwollpflanzer.

...

Die Rolle der Händler wandelte sich auch deshalb, weil die Verbindung zwischen Erzeugern und Verarbeitern von Rohbaumwolle durch die vom Staat betriebene Transformation der Landwirtschaft durch neues Vertragsrecht, privaten Landbesitz, Eisenbahnen und die imperiale Kontrolle von Gebieten deutlich einfacher geworden war. Gleichzeitig versuchten die Fabrikanten, die nun einen direkteren Zugang zu den Anbaugebieten hatten, Transaktionskosten beim Baumwollkauf zu sparen. Thomas Ellison, einer der bedeutendsten Experten zum globalen Baumwollhandel des 19. Jahrhunderts, schätzte, dass die Transaktionskosten zwischen 1870 und 1886 um 2,5 % des Wertes der Baumwolle fielen. Dies bedeutete geringere Profite für die am Baumwollhandel Beteiligten, der Löwenanteil ging an diejenigen, die sich einen ungeheuer gestiegenen Anteil am Handel sichern konnten. Unter diesem Druck verschwanden die unzähligen Mittelsmänner, die die Baumwolle vor den 1860er Jahren von der Plantage in die Fabrik gebracht hatten. Sie wurden durch einen neuen Typ von wenigen, vertikal integrierten Baumwollhändlern ersetzt, die Erzeuger direkt mit Fabrikanten zusammenbrachten. Die Importeure, Kommissionäre und Makler alter Schule – und mit ihnen die immer komplizierter gewordenen Netzwerke – waren auf dem Rückzug. Manche waren gewieft, wie die Browns, und hatten sich schon vor dem Bürgerkrieg vom Baumwollgeschäft verabschiedet. Andere, wie die Rathbones, erlitten nach dem Krieg große Verluste und zogen sich danach zurück. Die einstmals zentrale Rolle der Händler im Baumwollimperium schrumpfte dank ihres eigenen spektakulären Erfolgs.¹³

Die Bedeutung der ehemals zentralen Importeure, Makler und Kommissionäre ging noch weiter zurück, als der Welthandel zunehmend von einer kleinen Zahl von Baumwollbörsen beherrscht wurde. Dort lief der Handel nicht mehr über Netzwerke des Vertrauens, die auf Religion, Verwandtschaft oder Herkunft

Ein Hafenarbeiter wiegt Baumwolle im Hafen von Liverpool.

basierten. Vielmehr wurden diese Institutionen zu unpersönlichen Marktplätzen, an denen jeder zu jeder Zeit jede beliebige Baumwollmenge und Qualität zur sofortigen oder künftigen Lieferung handeln oder auf die künftige Preisentwicklung von noch nicht verschiffter oder noch nicht einmal angebauter Baumwolle spekulieren konnte. Solche Börsen verbreiteten sich rasch um die Welt. Die New Yorker Baumwollbörse eröffnete 1871, im selben Jahr die Börse von New Orleans, gefolgt von Börsen in Le Havre, Bremen, Osaka, Shanghai, São Paulo, Bombay und Alexandria. Sie alle waren auf den Handel mit Termingeschäften spezialisiert. Diese waren schon vor den 1860er Jahren sporadisch aufgekommen, wie wir gesehen haben, aber nun expandierten sie und wurden zur dominierenden Form des globalen Baumwollhandels, ermöglicht durch die beschleunigten Informationswege um den Erdball, besonders durch das erste transatlantische Telegraphenkabel 1866.[14]

Für die Holts, Drinkwaters und ihre Zeitgenossen, die in den 1810er Jahren durch den Hafen von Liverpool eilten und aus Amerika kommende Baumwollsäcke persönlich inspizierten, wären diese entstehenden Rohstoffmärkte undurchschaubar gewesen. Nun war der Handel höchst abstrahiert von der greifbaren Baumwolle und dazu hochstandardisiert – die große Bandbreite der Natur wurde durch Konventionen und Verträge zu abstrakten Kategorien geformt, die das Kapital brauchte, um sie messbar und damit austauschbar zu machen.[15]

Am wichtigsten war die Standardisierung der Baumwolle selbst, die vor dem Bürgerkrieg, wie wir gesehen haben, zuerst in Liverpool eingeführt und durchgesetzt worden war. Die enorme natürliche Vielfalt des Rohstoffs war für den Terminhandel unmöglich zu handhaben und wurde somit fiktiv auf eine einzige – «middling upland» – festgelegt und Preise für andere Qualitäten wurden in festgelegten Abweichungen vom Standard ausgedrückt. Die Liverpool Cotton Association übernahm die Funktion der Qualitätsdefinition und der Durchsetzung dieser Standards – eine direkte Folge der zentralen Position der Stadt im globalen Baumwollreich. Marktteilnehmer konnten nun Verträge über zukünftige Lieferungen dieser standardisierten Qualitäten und Mengen kaufen. Es gab detaillierte Regeln für die Baumwollklassifizierung und Mechanismen zur Schlichtung von Auseinandersetzungen zwischen Verkäufern und Käufern – auch dies machte die Informations- und Vertrauensnetzwerke früherer Händlergenerationen immer nebensächlicher. Der Historiker Kenneth Lipartio stellte fest, dass die «Spekulation mit Termingeschäften dabei half, den lokalen Märkten weltweite Angebots- und Nachfragebedingungen aufzuzwingen. Damit bewegte sich der gesamte Baumwollhandel auf das Ideal eines einzigen Marktes mit einem einzigen, international ermittelten Preis für jede Baumwollqualität zu.»[16]

Durch diese Umstrukturierung des Baumwollmarkts wuchs das Geschäft schnell an. 1871/72 hatte beispielsweise die New Yorker Baumwollbörse fünf Millionen Ballen gehandelt, zehn Jahre später waren es 32 Millionen – das Siebeneinhalbfache der realen Ernte. Der globale Baumwollhandel fand jetzt nicht mehr durch den Ankauf realer Baumwolle, sondern durch die Spekulation auf zukünftige Preisbewegungen der Ware statt. Dies war möglich, weil die Börse einen «Weltpreis» für Baumwolle festlegte, der zu jeder Tageszeit in allen baumwollerzeugenden und -verarbeitenden Zentren abrufbar war.[17] Die Rhythmen des Industriekapitals – und zunehmend auch die der Finanzwelt – beherrschten nun die Baumwollerzeugung und wurden vom hektischen Handelstempo an den

Baumwollbörsen vermittelt, nicht vom, wie es rückblickend scheinen musste, gemächlichen Tempo der Importeure, Kommissionäre und Makler, die durch die Hafenstädte des Baumwollimperiums spazierten.

■ ■ ■

Die Bedeutung der Kaufleute schrumpfte weiter, weil viele ihrer Kernfunktionen von Staaten übernommen wurden. Nach der Jahrhundertwende wurden in Verträgen zunehmend Standards und Qualitäten verwendet, die nicht mehr von der privaten Liverpool Cotton Association stammten, sondern die von staatlichen Klassifizierern in den USA definiert und durchgesetzt wurden. Die Verschiebung der überaus wichtigen Definitionsmacht im Handel von England in die USA war ein Ergebnis des wachsenden amerikanischen Einflusses auf die globale Wirtschaft und auch des politischen Drucks von Baumwollerzeugern in den USA, die sich von den Liverpooler Regeln benachteiligt fühlten. 1914 wurden schließlich von staatlicher Seite die «Offiziellen Baumwoll-Standards der Vereinigten Staaten» festgelegt und ihre Verwendung für alle künftigen Transaktionen vorgeschrieben. Ab 1923 verbot das Baumwoll-Standard-Gesetz jeden anderen Standard im Binnen- oder Außenhandel mit amerikanischer Baumwolle, und so wurden diese Standards auch zur Richtlinie für den europäischen Markt, zum großen Leidwesen britischer Kreise.

Der Staat wurde nun auch eine wichtige Quelle von Statistiken, die den Markt transparenter machten, und das ließ die raffinierten Informationsnetzwerke, die Kaufleute mit viel Zeit und Geld aufgebaut hatten, immer nebensächlicher werden. Ab Juli 1863 gab das amerikanische Landwirtschaftsministerium monatliche Berichte über die Baumwollproduktion heraus. 1894 gründete es das *Agricultural Yearbook*, eine riesige Sammlung von Statistiken, und ab 1900 veröffentlichte es seine Ernteberichte, die von «41 Vollzeitstatistikern und ihren 7500 Assistenten, 2400 freiwilligen Bezirkskorrespondenten, ihren 6800 Assistenten und 40 000 freiwilligen Kreis- oder Distriktkorrespondenten gesammelt wurden». Zwei Jahre später wurde das Census Bureau (Amt für Statistik) vom Kongress beauftragt, jährlich «die Statistik der Baumwollproduktion des Landes auf der Basis von Daten der Entkörnungsbetriebe zu erheben». Der Staat hatte sich im Herzen des Baumwoll-Welthandels etabliert.[18]

Deindustrialisierung

Imperiale Politiker, Fabrikanten und neue Typen von Rohstoffhändlern arbeiteten auch eifrig an ihrem anderen Langzeitprojekt: die älteren Welten der Baumwolle zu zerstören, die immer noch in vielen Regionen existierten. Sie brachten eine komplexe Dynamik der Deindustrialisierung in die nun globale Landwirtschaft. Jeder Spinner und Weber, der sein Handwerk aufgab, war ein potenzieller neuer Kunde für europäische Produzenten, die im Lauf des Jahrhunderts bereits die indischen Textilien vom Weltmarkt verdrängt hatten.

Im letzten Drittel des 19. Jahrhunderts wurde Asien, die angestammte Heimat der weltweiten Baumwollindustrie, zum wichtigsten Markt überhaupt. Seine Baumwollmärkte waren riesig, und der britische, französische, holländische, spanische und amerikanische Imperialismus rang darum, sie zu gewinnen. Besonders Indien wurde ein bedeutender Markt – für britische Hersteller war es schon 1843 der wichtigste Kunde geworden und sollte ungefähr ein Jahrhundert lang von zentraler Bedeutung bleiben. Im Jahr 1900 wurden 78 % der gesamten britischen Textilproduktion exportiert, ein großer Teil davon nach Indien.[19]

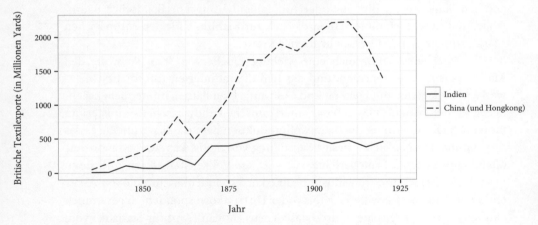

Die Übernahme des asiatischen Marktes: britische Textilexporte nach Indien und China 1820–1920, in Millionen Yards[20]

In den frühen Jahrzehnten des 19. Jahrhunderts hatten hohe Transportkosten die Inlandsmärkte Asiens und Afrikas weitgehend unerreichbar für Fabrikanten in Europa gemacht, und sogar auf Märkten, die europäischen Kaufleuten offenstanden, war der Verkauf europäischer und nordamerikanischer Textilien schwierig gewesen. Doch schon in den 1830er Jahren änderten die weltweit ältesten Handelskanäle ihre Fließrichtung, und es begannen größere Mengen britischer Textilien in die alten Verarbeitungsländer des Baumwollimperiums zu strömen, wo das Handspinnen und -weben über Jahrhunderte oder sogar Jahrtausende geblüht hatte. Diesen Waren folgten französische, schweizerische und andere Produkte. Als etwa dem Osmanischen Reich 1838 der Freihandel aufgezwungen wurde und britische Stoffe «den Markt von Izmir überschwemmten», wurde es einheimischen Textilarbeitern unmöglich, ihr altes Produktionssystem aufrechtzuerhalten. Auch in den Küstenregionen Südostafrikas begannen die

Garn- und Stoffimporte die einheimische Textilindustrie zu zerstören. In Mexiko hatten europäische Textilimporte eine schädliche Wirkung auf die einheimische Herstellung – bevor Schutzzölle die mexikanische Industrialisierung möglich machten, war die Industrie Guadalajaras «nahezu ausgelöscht». In Oxaca stellten 450 von 500 Webstühlen den Betrieb ein. In China erzwang der Vertrag von Nanking 1842 die Öffnung der Märkte, und die darauffolgende Einfuhr von europäischem und nordamerikanischem Garn und Stoffen hatte eine «verheerende» Wirkung, besonders auf die chinesischen Handspinner.[21]

Akteure der Deindustrialisierung: K. Astardjian, Textilkaufleute armenischer Herkunft mit Filialen in Konstantinopel, Manchester und anderswo, präsentieren Proben von Manchester-Stoffen in Haskovo (im heutigen Bulgarien), 1886.

Indien war der größte Markt von allen. Schon 1832 war das große Handelshaus Baring, das nie eine Chance auf Profit ausließ, eine Verbindung mit der bengalischen Handelsfirma Gisborne & Company in Kalkutta zum Export von britischem Garn eingegangen. Es finanzierte auch den Garn- und Stoffhandel nach China und Ägypten. Dank des Engagements von Kaufleuten wie Gisborne flossen immer größere Mengen britischer Textilien auf den indischen Markt «in einem Ausmaß, das man zuvor noch für unmöglich halten konnte», so die Handelskammer von Bombay 1853. Bezeichnenderweise korrespondierten die Garnfabrikanten McConnel & Kennedy aus Manchester, die früher die meisten ihrer Kunden auf dem europäischen Kontinent gefunden hatten, in den 1860er Jahren überwiegend mit Kunden in Kalkutta, Alexandria und ähnlich weit entfernten Teilen der Welt, während die Fielden Brothers ihre Produktion so schnell steigerten, dass sie darüber nachzudenken begannen, Stoffe für die «Massen der Armen» nach Kalkutta zu schicken. Die maschinelle Produktion verlangte immer mehr Märkte, um profitabel zu bleiben.[22]

Doch trotz dieser Anstrengungen hatten die älteren Zentren der Baumwollwelt in der ersten Hälfte des Jahrhunderts noch eine bedeutende handwerkliche Produktion behalten. 1850 lag der britische Marktanteil in Indien schätzungsweise bei recht bescheidenen 11,5 %.[23] Der Durchbruch gelang erst mithilfe imperialer Staaten im letzten Drittel des Jahrhunderts. Tatsächlich war die Schaffung von Märkten ein bewusstes Projekt kolonialer Verwaltungen. Der globale Süden sollte ein Markt und kein Konkurrent für die Industrie der Metropolen sein und dazu ein Lieferant von Rohstoffen und Arbeitskräften – und beides erforderte die Zerstörung der einheimischen Baumwollverarbeitung. Kolonialregierungen entwickelten Zoll- und Abgabensysteme, die einheimische Hersteller diskriminierten. Sie betrieben auch den Bau neuer Infrastrukturen, die nicht auf lokale Bedürfnisse, sondern auf den Zugang zum Weltmarkt zugeschnitten waren.

Und imperiale Mächte investierten viel Zeit und Geld in die Analyse ausländischer Textilmärkte, um ihre Fabrikanten an entfernten Orten konkurrenzfähig zu halten. Die Handelskammer von Bombay hatte schon 1853 darauf gedrungen,

> «wenn möglich, festzustellen, wo die wesentlichen Verbrauchsorte für jede einzelne Warenart liegen und auf welchen Wegen diese Waren ihr Ziel erreichen ... Es ist sowohl für die Händler von Bombay als auch für die einheimischen Hersteller von größtem Interesse, genauer zu wissen, in welchem Ausmaß und in welche Richtung der Importhandel im westlichen Indien wächst.»

Forbes Watsons *Collection of Specimens and Illustrations of the Textile Manufactures of India*, eine schöne vierbändige Buchausgabe, enthielt 25 Jahre später hunderte Proben von indischen Stoffen mit detaillierten Beschreibungen jedes einzelnen mit Länge, Breite, Gewicht und Herkunftsort. Manche davon verzeichnen sogar ihren Preis pro Yard – alles, um europäische Hersteller auf dem indischen Markt konkurrenzfähig zu machen. Und 1906 «entsandte der Außenminister einen Beamten des India Office, um die Produkte der indischen Handwebstühle daraufhin zu prüfen, ob nicht einige dieser indischen Waren gewinnbringend von der britischen Textilindustrie geliefert werden könnten».

Deindustrialisierung

Zusammengenommen waren alle diese Aktivitäten erfolgreich. Englands Marktanteil in Indien stieg bis 1880 auf etwa 60 %. Bengalische Kaufleute protestierten gegen die Welle britischer Importe, aber ohne Erfolg.[24]

Chinas Märkte waren ebenso verlockend. 1887 gab ein britischer Beamter in Ning-Po einen Bericht über die einheimischen Textilfabriken dieses Bezirks für die Handelskammer von Manchester heraus, dem er «Proben der hier getragenen Baumwollstoffe» beilegte. Jahre zuvor hatte der britische Konsul in China bereits zwei Kisten «gewöhnlicher Kleidung, wie sie von der arbeitenden Bevölkerung mehrerer Bezirke in China getragen wird», einschließlich Angaben über ihre Preise, an die gleiche Handelskammer, geschickt. Sie wurde zwei Tage lang dort ausgestellt und «hatte viele Besucher».[25]

Als Baumwollgarne und -stoffe aus den Zentren der Textilindustrie in die Anbaugebiete der Welt strömten, die nun zur Provinz wurden, lösten sie eine gewaltige Deindustrialisierung aus. «Der Import von billigen, maschinell hergestellten Waren hat die einheimischen Spinner und Weber an vielen Orten vollkommen vom Markt verdrängt, und viele mussten im Straßenbau arbeiten oder sind als Landarbeiter angestellt worden», bemerkte der Baumwollbevollmächtigte von Berar, Rivett-Carnac, 1869.[26]

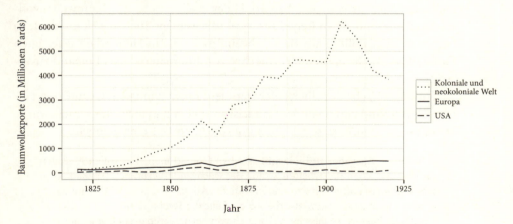

Die Einkleidung der kolonialen und neokolonialen Welt: britische Baumwolltextilexporte 1820–1920, nach Zielort[27]

Noch Mitte des 19. Jahrhunderts spannen und webten Millionen von Menschen in ihren Haushalten, so wie sie es seit Jahrhunderten taten. Die Konkurrenz industriell hergestellten Garns und Stoffes hatte in der ersten Hälfte des Jahrhunderts schon an diesen Rändern der alten Welten der Baumwolle genagt – besonders in Europa und Neuengland –, und sie hatte die Exportproduktion Indiens effektiv zum Erliegen gebracht. In den Orten der alten Welten der Baumwolle, dort, wo Garn und Stoffe in Haushalten für Familien und lokale

Märkte hergestellt wurden, waren diese Veränderungen jedoch noch minimal. Das sollte sich nun ändern. Gewöhnlich waren diese Entwicklungen schleichend – zum Beispiel wurde eine neue Eisenbahnlinie eröffnet, die Garne in das Hinterland brachte –, aber manchmal auch schlagartig. In Indien etwa konnten schon während des amerikanischen Bürgerkrieges viele Spinner und Weber nicht mit dem Weltmarktpreis für ihren unverzichtbaren Rohstoff mithalten. Die Handelskammer von Madras stellte 1863 fest: «Der erhöhte Baumwollpreis hat die Lage der Baumwollweber dieser Provinz äußerst schwierig gemacht.» Der Baumwollpreis – und mit ihm der Preis von Textilien – stieg tatsächlich so stark, dass es schwierig, wenn nicht sogar «unmöglich für die Armen wurde, warme Kleidung zu bekommen». So verringerte sich die Zahl der Weber während des amerikanischen Bürgerkriegs um bis zu 50 %, viele von ihnen wechselten zur Landarbeit. Die Integration in den Weltmarkt ging in einem großen Teil Indiens Hand in Hand mit einer «Verbäuerlichung» und nicht, wie man erwarten sollte, mit Proletarisierung.[28]

Diese Veränderungen verschärften sich in den folgenden Jahrzehnten: In Berar «wurde die Herstellung von Stoffen in Heimarbeit durch den Import englischer Textilien unterwandert, und viele Angehörige der Weberklasse sind einfache Arbeiter geworden», bemerkte der stellvertretende Baumwollbevollmächtigte der indischen Regierung 1874. Mit weniger Tuch aus Heimarbeit, so berichtete sein Kollege aus Berar, «beeinflussen die in Heimarbeit gefertigten Stoffe nicht im Geringsten das Angebot von Rohmaterial, das England zuversichtlich aus Berar erwartet.»

Für europäische Textilhersteller war diese Entwicklung ein Grund zum Feiern. Als Edmund Potter vor der Handelskammer von Manchester sprach, wurde er vom sonst so gesetzten Publikum mit «Hört, hört»-Rufen bejubelt:

> «Die hohen Ausgaben unserer militärischen Operationen, die großen Auslagen für die staatlichen Bauarbeiten ... und der wachsende Verbrauch [Englands] ... von landwirtschaftlichen Produkten Indiens. All dies hat Geld in Umlauf gebracht und in gewissem Maße die soziale Lage der Ryots [Kleinbauern] dieses Landes verbessert, so dass ihr Verbrauch von Fertigwaren gestiegen ist. Ich erfahre aus einem Brief, dass die Weber in manchen Bezirken ihre schlecht bezahlten Geschäfte in diesem Handwerk aufgeben und die Beschäftigung aufnehmen, die wir von ihnen wünschen, nämlich landwirtschaftliche Arbeit – (‹Hört, hört!›) –, denn ohne Frage wäre es das Beste für Indien, wenn es landwirtschaftliche Produkte auf seinem fruchtbaren Boden anbauen würde. (‹Hört, hört!›)»[29]

Am Ende des Jahrhunderts führte dieser Niedergang in die soziale Katastrophe. In Bengalen «wird aus jedem Bezirk berichtet, dass wegen des verbreiteten Gebrauchs europäischer Textilien, die billiger und besser sind, wenn auch nicht immer haltbarer, indische Waren nach und nach verschwunden sind». Der Bezirk Parganas meldete: «Die Weber sind weitgehend von ihrer traditionellen Beschäftigung in die Landwirtschaft getrieben worden.» Als in der Provinz Bombay 1896/97 eine Hungersnot ausbrach, stellte der Bericht der Steuerbehörde fest, dass die Weber «nicht nur unter der Missernte und den hohen Preisen litten, sondern auch unter der fehlenden Nachfrage nach ihren Produkten.» Solche Geschichten können über das Spinnen und Weben in vielen Regionen der Welt erzählt werden.[30]

Überlebensstrategien

Trotzdem verschwand die heimische Produktion nicht völlig. Im Osmanischen Reich nutzten Weber das Vorhandensein von billigerem Importgarn und belieferten erfolgreich stark differenzierte lokale Märkte. Chinahistoriker haben beobachtet, dass zwar das Handspinnen schnell zurückging (1913 wurden nur noch 25 % allen Garns in China von Hand gesponnen), das Handweben aber wichtig blieb, und selbst in den 30er Jahren des 20. Jahrhunderts noch 70 % aller Baumwolltextilien in Heimarbeit produziert wurden, eine Tendenz, die sogar in der sozialistischen Periode noch anhielt. In Lateinamerika hielt sich die Heimproduktion, vor allem unter den Ureinwohnern. Auch für Afrika sind «zeitgenössische Aussagen über die vollständige Hegemonie von Importtextilien nur für recht begrenzte Gebiete gültig» – vor allem Orte in der Nähe europäischer Siedlungen. Selbst in Indien berichtete 1906 die britische Kolonialbehörde für Handel und Industrie:

> «Das Handweben ist aber keineswegs ausgestorben, nach der Landwirtschaft ist es immer noch die wichtigste Beschäftigung der Inder; sie wird in manchen Gegenden als Hauptberuf ausgeübt oder um die Einnahmen aus dem Landbau zu ergänzen, anderswo nur im Haushalt.»[31]

Inmitten großer Veränderungen und ohne die Macht, politisch darauf zu reagieren, passten sich lokale Baumwollspinner und Weber so gut wie möglich an. Zunächst arbeiteten sie angesichts des Verlusts ihrer Exportmärkte wieder für einheimische Verbraucher und stellten statt gehobener Qualitäten gröbere Produkte her. Sie konzentrierten sich oft auch erfolgreich auf Marktnischen, die von europäischen Fabrikanten nicht bedient wurden, und produzierten haltbarere Waren. Das britische Amt für Handel und Industrie in Indien berichtete mit gewissem Bedauern von der «Schwierigkeit, viele der Märkte im Landesinnern zu durchdringen; die Auswirkungen von Sitten, Kasten, Glauben, dem Tauschsystem usw. haben den Prozess nicht so schnell ablaufen lassen, wie es sonst geschehen wäre.» Noch 1920 gab es rund 2,5 Millionen Handweber in Indien. Auch Mahatma Gandhi meinte 1930, dass «neben der Landwirtschaft das Handweben immer noch die größte und verbreitetste Industrie in ganz Indien» war, nicht zuletzt deshalb, weil der kapitalistische Umbau der Landwirtschaft trotz rascher Fortschritte im frühen 20. Jahrhundert noch nicht abgeschlossen war.[32]

Wenn diese Anpassungen nicht ausreichten, versuchten Weber die Kosten ihrer Waren zu senken, indem sie die Produktion weiter aufs Land verlegten und Frauen eine größere Rolle dabei gaben. Im Osmanischen Reich wurden Textilien statt von Männern, die Zünften angehörten, zunehmend von Frauen und Kindern produziert, häufig auf dem Land. Deindustrialisierung untergrub also die Heimwirtschaft und damit die soziale Balance in den Haushalten und förderte so die Ungleichheit der Geschlechter. Tatsächlich wurzelte die Fähigkeit zum Überleben oft in den ungleichen Geschlechterrollen auf dem Land, wo die Arbeitenden, häufig Frauen, nicht das ganze Jahr über in der Landwirtschaft beschäftigt waren, und Familien die «Kosten» der fortgeführten Textilproduktion für den Eigenverbrauch oder sogar den Verkauf als extrem niedrig ansahen. Das britische Amt für Handel und Industrie berichtete aus Indien:

> «In Assam und Burma gehört das Weben für Mädchen zur Erziehung und für Frauen zu den gewöhnlichen Haushaltspflichten. Die Familie ... wird auf diese Weise versorgt, und die hergestellten Textilien werden selten verkauft; wenn die Überproduktion auf dem örtlichen Markt verkauft wird, sind die Kosten der Arbeit, die in den Mußestunden im Haushalt verrichtet wird, nicht in den Preis eingerechnet.»

Der unvollendete Übergang zum Kapitalismus erlaubte also die zusätzliche Ausbeutung von Haushaltsmitgliedern, die für weniger als ihre Lebenshaltungskosten arbeiteten. Dadurch hielten sich Frauen viel länger in der heimischen Textilproduktion als Männer.[33]

Spinner und Weber versuchten natürlich, der Zerstörung ihrer alten Industrien auch kollektiv Widerstand zu leisten – vom Schwarzwald bis nach Indien und China. Im frühen 19. Jahrhundert hatten Handspinner im Schwarzwald, wie wir gesehen haben, Maschinen angezündet. 1860 rebellierten Spinnereiarbeiter in Guangzhou als Reaktion auf umfangreiche europäische Importe.[34] Aber Staaten nahmen solchen Widerstand nicht einfach hin. Eine Gruppe indischer Weber berichtete 1843, dass Steuereintreiber auch Folter anwandten, um die indischen Weber zu Steuerzahlungen zu zwingen. Zügellose Gewalt was also keine Besonderheit der Sklavenhalter.

> «Man band mit dafür zugeschnittenen Kordeln und Hölzern die empfindlichsten und intimsten Stellen ab, man legte Steine auf Kopf und Rücken, ließ sie in der Sonne stehen, kniff sie in Schenkel und Ohren, zog sie an den Backenbärten, verknotete die Locken eines Mannes mit denen eines anderen, versiegelte die

Türen von Häusern, versteigerte den Besitz von anderen, den man gewaltsam beschlagnahmte, sperrte ein paar von uns ein, ohne dass sie arbeiten durften, beschimpfte und schlug manche, beschimpfte andere und wandte Gewalt und Zwang an.»[35]

Die Weber verstanden die Logik dieser neuen politischen Ökonomie gut, obwohl sie sie nicht ändern konnten: «Wer aus Europa nach Indien kommt ... nimmt das hier gesammelte Vermögen mit nach Europa zurück, das aus unserer Arbeit stammt, aber wir selbst bleiben ohne Verdienst.»[36]

Der Gesamttrend war trotz individuellen Widerstands und kollektiver Proteste ungebrochen und letztlich katastrophal. Millionen von Menschen, die auf der ganzen Welt in Heimarbeit spannen und webten, verloren ihre Arbeit. Ein Historiker kommt zu dem Schluss, dass allein in Indien «unbezweifelbare empirische Belege existieren, dass sehr viele Handspinner ihren Beruf aufgaben, und allein dieser Faktor erklärt die Arbeitslosigkeit von 4–5 Millionen Menschen». Andere haben geschätzt, dass dieser Produktionsverlust zwischen 1830 und 1860 in Indien 2–6 Millionen Menschen die Beschäftigung kostete. Die gewaltige Expansion der Textilherstellung in Europa und die zunehmende Orientierung großer Teile der globalen Landwirtschaft auf den Export destabilisierten oder zerstörten die alten Welten der Baumwolle mit dramatischen Folgen für Spinner, Weber und Bauern.[36]

Hungersnöte

In den meisten Baumwollgebieten weltweit war das Leben immer schon bestenfalls schwierig gewesen. Sich auf den Export statt auf das häusliche Spinnen und Weben und die Nahrungsmittelproduktion zu konzentrieren, konnte durchaus vorteilhaft für die ländlichen Erzeuger sein. Viele profitierten beispielsweise von den steigenden Preisen während des amerikanischen Bürgerkriegs. Doch die radikale Umgestaltung immer größerer Regionen barg große Risiken, vor allem gefährdete sie die Nahrungssicherheit der Bevölkerung. 1874 berichtete ein britischer Kolonialbeamter, trotz des Preisrückgangs seien «in sieben Jahren in einer kleinen Provinz über 200 000 Hektar besten Bodens dem Nahrungsmittelanbau entzogen worden». Und der Sekretär der Steuerbehörde der Nordwest-Provinzen berichtete im Herbst 1864 aus Allahabad: «Das vergrößerte Baumwollgebiet entstand vor allem durch die Abschaffung der Herbsternten Sorghum, Perlhirse, Hülsenfrüchte, Linsen etc. und teilweise auch des Weizens.» In der Folge griff Ende des Jahres die Furcht vor einer Hungersnot um sich, zum einen wegen der Dürre, zum anderen wegen «der umfangreichen Umwandlung von Getreide- in Baumwollfelder in allen Gegenden des Landes». Von 1861 bis 1865 stiegen die Lebensmittelpreise um über 325 %, und sogar der britische Finanzminister in Indien, Sir Charles Trevelyan, musste 1864 zugeben, dass «in mehreren Teilen Indiens die Masse des Volkes bei den gegenwärtigen hohen Lebensmittelpreisen kaum überleben kann». Zynischerweise erschien es ihm darum unwahrscheinlich, dass sie viel für Kleidung ausgeben würde. In Ägypten war die Lage ganz ähnlich. Das ehemalige Getreideexportland wurde wegen der stärkeren Konzentration auf Baumwolle während des amerikanischen Bürgerkriegs von Nahrungsmittelimporten abhängig. Als im Sommer 1863 eine Seuche fast alles Vieh in Ägypten tötete, kam es zu einer Krise, bei der zehntausende von Bauern starben.[38]

Die zunehmende Orientierung auf den Weltmarkt zerstörte auch die althergebrachten Sozialstrukturen vieler Gesellschaften. Der Markt erfasste allmählich alle Aspekte der Gesellschaft, nicht nur in Lancashire oder im Elsass, sondern auch in Berar und Unterägypten. In Anatolien fand wegen des Baumwollbooms «ein umfassender Übergang zum Anbau für den Verkauf» statt, wobei Nahrungsmittel von Baumwolle abgelöst wurden, die feudalen sozialen Beziehungen auf dem Land schwächten sich ab, und die Bauern wurden von lokalen Händlern anhängig, die 33–50 % Zinsen für lebensnotwendige Kredite nahmen. Auch in Ägypten zerstörte die boomende Baumwollexportindustrie «die alten quasi-gemeinschaftlichen Formen der Landpacht, zerriss das schützende Netz der sozialen Beziehungen im Dorf, ersetzte sie durch den Privatbesitz von Land und individuelle Steuerpflicht und schuf vier Klassen: Großgrundbesitzer ..., reiche Bauern, Kleinbauern und eine landlose Klasse». Schon seit den 1840er Jahren hatte die Regierung Bauern gezwungen, bestimmte Pflanzen, darunter Baumwolle, anzubauen und in staatlichen Lagerhäusern abzugeben. Daraufhin hatten Bauern in Scharen ihr Land verlassen, was die Regierung zum Grund nahm, sie zu enteignen. 1862 verlor jeder, der sein Land länger als zwei Monate verließ, den Anspruch auf seinen Besitz. Als Ismail Pascha ein Jahr später an die Macht kam, konzentrierte er sich darauf, große Güter zu schaffen, indem er Verwandten und Beamten seiner Regierung Land gab und Bauern zur Arbeit in Infrastrukturprojekten und auf seinen Plantagen zwang. Widerstand gegen diese Maßnahmen wurde gewaltsam unterdrückt.[39]

Nach dem Fall der Weltmarktpreise für Baumwolle und dem Beginn der weltweiten Krise 1873 verschlimmerte sich die Situation überall. Indischen, ägyptischen, brasilianischen und nordamerikanischen Erzeugern fiel es schwer, das verlorene Einkommen auszugleichen, denn sinkende Preise machten es schwierig, Kredite zu bedienen und Steuern zu zahlen. Der Preis für Surat-Baumwolle in Liverpool sank 1873–1876 um 38 %. Baumwollproduzenten, die oft bei örtlichen Geldverleihern hochverschuldet waren, erlebten nun einen Einbruch ihrer Einnahmen. Obwohl Historiker unterschiedlicher Meinung sind, wie stark

Hungersnöte

sich der Preisverfall auf die Erzeuger auswirkte, wuchs zumindest die Unsicherheit für Menschen auch in entfernten Winkeln der Welt. Ihre Einkommen und buchstäblich ihr Überleben waren nun an globale Preisschwankungen geknüpft, über die sie keine Kontrolle hatten. Allzu oft war die einzige Reaktion, die Bauern mit wenig Kontrolle über das Land blieb, noch mehr Baumwolle anzubauen, um das verlorene Einkommen auszugleichen – worauf das Überangebot die Preise weiter sinken ließ. Lohnarbeiter hatten genau wie Pächter und Teilpächter den Zugang zur Subsistenzwirtschaft verloren – Produktion und Konsum hingen für sie nun ganz von den Weltmärkten ab. Obwohl Baumwolle früher ein «untergeordnetes Produkt» gewesen war und «der Ryot nicht den Anbau von Lebensmitteln über der Baumwolle vernachlässigt[e], egal wie hoch ihr Preis [war], denn dadurch riskiert[e] er zu verhungern», waren Millionen von in der Landwirtschaft Beschäftigten im späten 19. Jahrhundert vor allem von Baumwolle abhängig. Außerdem wuchs die Gruppe landloser Pächter und Landarbeiter, die regelmäßig von lebensbedrohlichen Nahrungsmittelengpässen bedroht waren, denn die Integration des Weltmarkts ging meist mit sozialer Differenzierung einher. Im mexikanischen La Laguna etwa litt ein enorm großer Teil der Kinder an Unterernährung. In Argentinien herrschte überall auf kleinen Baumwollfarmen Elend.[40]

Schon von 1864 bis 1873 hatte sich die Menge der Baumwolle verdoppelt, die ein indischer Pächter oder Bauer anbauen musste, um eine bestimmte Menge Sorghum – das wichtigste Lebensmittel in Berar – zu kaufen, und bis 1878 verdoppelte sie sich erneut. Wichtiger ist vielleicht noch, dass das Preisverhältnis von Getreide und Baumwolle sich jedes Jahr dramatisch änderte (Schwankungen von 20 oder sogar 40 % waren nicht ungewöhnlich), was einen neuen Grad von Unsicherheit in das prekäre Leben der Baumwollanbauer brachte. Ein Indienhistoriker bemerkte dazu: «Erfolgreiche Marktteilnahme erfordert wirtschaftliche Autonomie und die Fähigkeit, Risiken einzugehen und Verluste auszuhalten. Arme und verschuldete Bauern hatten weder das eine noch das andere.» Und die Kolonialregierung in Indien folgerte 1874 ganz richtig: «Je mehr der Nahrungsmittelanbau der Gebiete zugunsten von Faserpflanzen schrumpft, desto größer ist die Gefahr, wenn der Monsun ausbleibt, und desto notwendiger erscheint eine Absicherung gegen die Folgen eines solchen Ausbleibens.» Bis weit ins 20. Jahrhundert hinein schuf die Baumwollproduktion für den Export nicht nur in Indien einen Sumpf aus Armut, Schulden und Unterentwicklung.[41]

Die Ursachen dieser Einkommensunsicherheit blieben häufig für die Bauern selbst unverständlich. Der Baumwollbevollmächtigte für Berar, Harry Rivett-Carnac, berichtete, «der hohe Anstieg und dann der jähe Absturz der Baumwollpreise und die ständigen Marktschwankungen, die den Erzeuger sogar in den abgelegensten Dörfern berühren, haben manche weniger kluge Menschen dazu gebracht, die Baumwolle nicht nur mit Misstrauen, sondern mit einer gewissen Furcht zu betrachten». Auf der Reise in die «entfernteren Teile der Anbaugebiete der Provinz» fand er Menschen, denen es schwerfiel, «den gegenwärtigen Handel zu verstehen, und dass durch den elektrischen Telegraph der Puls der heimischen Märkte sofort nach Hingunghat und in andere Handelszentren im ganzen Land übertragen wird». Diese Bauern schrieben solche Schwankungen dem «Glück», «einem Krieg», «der Freundlichkeit einer väterlichen Regierung» oder der Tatsache zu, dass die Queen zur Heirat des Kronprinzen «jedem in England neue Kleider geschenkt hat».[42] Sie verstanden also sehr wohl, dass ferne Ereignisse nun die wesentlichen Umstände ihrer Existenz bestimmten, Ereignisse, über die sie keine Kontrolle hatten.

Die existenzielle Unsicherheit infolge der Spezialisierung auf Baumwolle und der Schwächung der Heimindustrie konnte lebensbedrohliche Ausmaße annehmen. 1877 und erneut Ende der 1890er Jahre erlebten Berar und auch Nordostbrasilien den Hungertod von Millionen Bauern, als die Baumwollpreise sanken, während gleichzeitig die Getreidepreise stiegen. Die Hungersnöte entstanden nicht durch Nahrungsmangel (vielmehr wurde weiterhin Getreide aus Berar exportiert), sondern weil die ärmsten Landarbeiter sich die dringend gebrauchten Lebensmittel nicht mehr leisten konnten. Allein in Indien verhungerten Ende der 1870er Jahre zwischen 6 und 10 Millionen Menschen. Während der Hungersnot um 1900 starben etwa 8,5 % der Bewohner von Berar, die meisten in den am stärksten auf Baumwollanbau spezialisierten Bezirken. In der Stadt Risod beobachtete ein Zeitgenosse, dass die Menschen «wie Fliegen starben». Besitzlose Landarbeiter und frühere Weber litten besonders, «denn sie mussten nicht nur mehr für ihre Nahrung bezahlen, sondern es sanken ihre Löhne wegen der Konkurrenz» durch Arbeiter aus anderen Regionen. Ein Journalist beobachtete scharfsinnig: «Wäre Berar eine isolierte, auf sich selbst gestellte Gegend gewesen, hätte es in den einfachen Taluks [britischen Verwaltungseinheiten] keine Hungersnot gegeben.» Die medizinische Zeitschrift *The Lancet* aus England schätzte, dass bei den indischen Hungersnöten der 1890er Jahre insgesamt 19 Millionen Menschen starben, insbesondere in jenen Gebieten, die sich auf die Exportproduktion von Baumwolle spezialisiert hatten.[43] In einigen Regionen der Welt war das Reich der Baumwolle zu einem riesigen Friedhof geworden.

Rebellionen

Unter diesem existenziellen Druck machten Baumwollerzeuger in Indien, Brasilien, Mexiko und den US-Südstaaten einen verzweifelten, aber gefährlichen Schritt: sie rebellierten. In Ägypten revoltierten schon 1865 Landarbeiter unter der Führung von Ahmed al-Shaqi. Während der Quebra Quilos-Revolte 1873/74 zerstörten brasilianische Bauern, von denen viele einige Jahre zuvor auf Baumwollanbau umgestellt hatten, Grundbücher und weigerten sich, Steuern zu zahlen, für die sie nach dem globalen Preisverfall kein Geld mehr hatten. In Indien richteten sich die Deccan-Unruhen im Mai und Juni 1875 gegen ausbeuterische Geldverleiher und Kaufleute. 1899 gab es erneut verbreitete Getreideunruhen, denen sich auch in kleinen Dörfern häufig Hunderte anschlossen.

Zu diesem Zeitpunkt organisierten Baumwollfarmer in den amerikanischen Südstaaten die Farmers Alliance und starteten die politische Bewegung des Populismus mit der Forderung, der Staat solle sie von einem Teil des ökonomischen Drucks entlasten. Nach 1900 bekam die Bewegung neuen Zulauf, und mehrere hunderttausend Farmer schlossen sich der Southern Cotton Association und der National Farmers' Union an. Dieser Baumwoll-Populismus breitete sich bis nach Ägypten aus, wo Wady E. Medawar im Jahr 1900 ein Programm für Agrarreformen formulierte, das dem der US-Farmer sehr ähnelte, darunter Kooperativen, Gesellschaften zur Verbesserung der Landwirtschaft, Mechanismen für billige Kredite für Farmer und eine Erzeugerorganisation, die private und staatliche Initiative verbinden sollte. Und nach 1900 griffen mexikanische Baumwollarbeiter in La Laguna zu «Ungehorsam, Diebstahl, Banditentum» und anderen Formen kollektiven Handelns, um ihre Lage zu verbessern. Lebensmittelknappheit führte zu Aufständen, die von Privatmilizen mithilfe der Bundesarmee brutal niedergeschlagen wurden. Die weltweiten Widerstandsstrategien unterschieden sich je nach politischem Regime – von der Schaffung von Kooperativen und der Aufstellung politischer Kandidaten in Texas bis zum Mord an Geldverleihern in Indien.[44]

Die Rebellion der Baumwollerzeuger hatte zeitweise spürbaren Einfluss auf die nationale Politik, so in den Vereinigten Staaten, wo Populisten das knappe Ergebnis der Präsidentschaftswahlen von 1896 beeinflussten und schließlich eine stärkere staatliche Präsenz im Baumwollhandel erzwangen, aber auch in Mexiko, wo sie eine wichtige Rolle in der Revolution nach 1910 spielten. Doch auch der «Baumwollnationalismus» wurde zum wichtigen Thema in den nun einsetzenden antikolonialen Kämpfen des 20. Jahrhunderts. Vor allem indische Nationalisten sahen in der neuen Rolle ihres Landes im Baumwollimperium eine der zerstörerischsten Auswirkungen des Kolonialismus und stellten sich eine postkoloniale Wirtschaft vor, in der Indien wieder zur großen Baumwollmacht werden würde.[45]

...

Diese Bewegungen sollten das Reich der Baumwolle einige Jahrzehnte später ein weiteres Mal revolutionieren. Doch bevor dies geschah, förderte die machtvolle neue Kombination von Unternehmern und imperialen Politikern, die nach dem amerikanischen Bürgerkrieg in einigen Regionen der Welt entstanden war, die Integration des globalen Baumwollanbaus in immer weiteren Teilen der Welt, einschließlich Zentralasien, Afrika und Korea. Die Tentakel des Baumwollimperiums breiteten sich immer weiter aus. Und in oft überraschender Weise sollte diese imperiale Ausdehnung auch die postkoloniale und sogar die postkapitalistische Baumwollindustrie beeinflussen.

Kapitel 12

Unter nationaler Flagge: der neue Baumwollimperialismus

Baumwollexpedition nach Togo, 1901

Im Jahr 1902 langweilten sich Sako Tsuneaki, der Direktor für landwirtschaftliche Angelegenheiten im japanischen Landwirtschaftsministerium, und Wakamatsu Tosaburo, ein japanischer Regierungsbeamter, der gerade aus dem chinesischen Shashi nach Mokpo in Korea versetzt worden war, auf der Überfahrt von China nach Korea. Sie hatten viel Zeit und erörterten ausgiebig die Aussichten, den Baumwollanbau in Ostasien auszuweiten, um die Fabriken, die in und um Osaka aus dem Boden geschossen waren, zu versorgen. 1893 hatte Japan etwa 56,8 Millionen Kilogramm Rohbaumwolle importiert. 1902 waren die Einfuhren auf 202,6 Millionen Kilogramm gestiegen, meist aus Indien und den USA; 1920 sollten sie bei über 450 Millionen Kilogramm liegen. Vielleicht könnten koreanische Bauern mehr Baumwolle für japanische Fabriken erzeugen, schlug der Landwirtschaftsexperte Sako vor. Wakamatsu stimmte zu und bemerkte, dass in Shashi, wo er gerade einige Jahre verbracht hatte, ein florierender Baumwollanbau entstanden war. Bei der Ankunft in Korea beschlossen die beiden, sich die dortigen Anbaumethoden anzuschauen und Wege zur Produktionssteigerung zu suchen.[1] Auf kleinen Musterfarmen begann Wakamatsu bald darauf, seine Beobachtungen aus China umzusetzen und mit verschiedenen Baumwollsorten zu experimentieren.

Zwei Jahre später gründeten japanische Politiker zusammen mit Textilfabrikanten die Vereinigung für den Baumwollanbau in Korea. Sie konzentrierte sich vor allem auf die Einführung amerikanischer Sorten, baute eine Entkörnungsmaschine und legte der koreanischen Regierung schließlich einen Bericht mit Empfehlungen zur Produktionssteigerung vor. 1906 gründeten japanische Spinnereibesitzer in Osaka die Koreanische Baumwollgesellschaft mit einer Filiale in Mokpo und gewährten koreanischen Erzeugern Vorschüsse, die dafür ihre Ernten der Firma verpfändeten. Mit der raschen Ausweitung ihrer Aktivitäten gewannen die japanischen Unternehmer «die Kontrolle über einen großen Teil des Anbaus im südlichen Baumwollgürtel der Halbinsel». Dabei halfen ihnen die vielen Kaufleute, die von japanischen Baumwollhändlern in Korea über Land geschickt wurden, um das «weiße Gold» zu kaufen.[2]

Als dann Japan 1910 Korea besetzte, strebte die neue Kolonialregierung weitere Schritte zur Produktionssteigerung an. Im März 1912 «erließ der Generalgouverneur ... eine Anordnung an die Provinzregierungen des Südens ... über die Förderung des Anbaus von Hochlandbaumwolle.» Japanische Baumwollunternehmer und Kolonialbeamte fürchteten, Japans Abhängigkeit von Baumwolleinfuhren könne das Wachstum seiner Textilindustrie gefährden. Sie wollten sich vor allem aus den Beziehungen zum Britischen Empire lösen, denn 1909 waren 62 % aller Baumwollimporte aus Indien gekommen.[3]

Baumwolle aus Korea und aus Japans anderen Kolonien, Mandschurei und Taiwan, war eine mögliche Lösung. Koreanische Kleinbauern hatten neben Feldfrüchten wie Bohnen und Gemüse traditionell auch Baumwolle angebaut. Der Hauptteil der Ernte wurde zur heimischen Textilherstellung benutzt. Japanische Kolonialisten hofften, diese einheimische Baumwollindustrie umwälzen zu können, so wie es ihre britischen Kollegen in Indien getan hatten: Sie kultivierten neues Land, überzeugten die Bauern, einen größeren Teil ihrer Felder für den Anbau von Baumwolle zu nutzen, führten Agrarversuche durch, um Menge und Qualität zu steigern, und ließen den Verkauf staatlich kontrollieren. Sie machten sich dabei die Erfahrungen konkurrierender Baumwollmächte zunutze; das japanische Ministerium für Landwirtschaft und Handel hatte sogar den Baumwollanbau der Deutschen in Togo, der Franzosen in Französisch-Sudan (heute Mali) und der Briten im Sudan analysiert.[4]

Diese Anstrengungen trugen Früchte. Die koreanischen Baumwollausfuhren stiegen von durchschnittlich 17 Millionen Kilogramm in den Jahren 1904–1908 auf knapp 75 Millionen zwischen 1916 und 1920. Die Exporte aus der japanisch kontrollierten Provinz Kwantung in Südchina trugen weitere 1,85 Millionen Kilogramm bei. Besonders schnell wuchs die Baumwollproduktion aus amerikanischen Samen. 1915 ernteten 263 069 koreanische Erzeuger schon

15,4 Millionen Kilogramm. Dank der staatlichen Anstrengungen hatte die japanische Textilindustrie einen kleinen, aber wachsenden kolonialen Baumwollkomplex geschaffen.[5]

Koloniale Expansion im Zeichen der Baumwolle

Geschichten wie diese könnte man über viele Teile der Welt erzählen. Als Staaten eine immer wichtigere Rolle bei der Einführung der neuen Arbeitssysteme spielten, die den Baumwollanbau nach 1865 prägten, sicherten sie auch riesige neue Territorien für die Produktion und beherrschten diese militärisch, politisch und administrativ. Souveränität über Arbeit war mit der Kontrolle über Territorien durch gerade erstarkte Staaten verbunden. Im späten 19. Jahrhundert wurde es selbstverständlich, dass der Übergang zum Baumwollanbau für die Weltmärkte grundsätzlich auf der Beherrschung von Territorien durch imperiale Staaten beruhte. Nachdem sie die große Niederlage der Sklaverei im amerikanischen Süden erlebt hatten, drängten vor allem die Textilfabrikanten, die den reibungslosen Zugang zu billiger Baumwolle und Märkten brauchten, ihre Regierungen, immer mehr Kontrolle über immer größere Anbaugebiete auszuüben.[6]

Die Konsolidierung des Staates in den USA, Ägypten, dem Osmanischen Reich und anderswo wie auch die Ausweitung der Kontrolle über Kolonialgebiete in Korea, Westafrika und Zentralasien dehnten das Baumwollimperium in den Jahrzehnten nach dem amerikanischen Bürgerkrieg weiter aus. Eroberung und Kontrolle produzierten aber nicht von allein Baumwolle. Expansion erforderte Integrationsstrategien, und Staatsbeamte wie Kapitalbesitzer wandten systematisch die Lektionen an, die sie aus der Mobilisierung der Baumwollerzeuger in den USA nach der Sklavenbefreiung gelernt hatten. In manchen Fällen siedelten sie die einheimische Bevölkerung um, um Land für Baumwollfarmer bereitzustellen, wie in Ostafrika. Typischer war aber, dass sie ihre neuen Untertanen durch den Bau von Infrastruktur, die Schaffung neuer Arbeitssysteme und die Umwälzung sozialer Strukturen vor Ort in den globalen Baumwollanbau integrierten, wie in Westanatolien, Zentralasien und West- und Zentralafrika. Diese Metamorphose beruhte auf Zwang und Gewalt, aber nicht auf Sklaverei, und ihr jeweiliges Tempo und Ausmaß hingen davon ab, wie die Gesellschaften vorher organisiert gewesen waren, dazu von der jeweiligen Kapazität der Kolonialstaaten. Tatsächlich konnte die Integration in die Weltwirtschaft manchmal scheitern oder steckenbleiben, wenn die neuen Untertanen die Kontrolle über das Land und ihre Arbeitskraft behaupteten.

Doch diese Ausnahmen bestätigen die Regel. In den meisten Fällen gingen

Unter nationaler Flagge: der neue Baumwollimperialismus

die Sklavenbefreiung und die Herausbildung eines neuen Imperialismus Hand in Hand. Sklaverei wurde zu freier Arbeit, lokale Souveränitäten zu Nationalstaaten und Imperien, Maultier- und Kamelpfade zu Bahnstrecken und der Kriegskapitalismus zu wissenschaftlicher Agrarreform, ausgeführt von eifrigen Dienern des Kolonialismus, die aus dem Industriekapitalismus gelernt hatten. Staaten brachten militärische Beherrschung und Befriedung, Infrastruktur und Privatbesitz des Bodens. Und während diese Staaten neue und weitreichende globale Netzwerke bildeten, förderten globale Netzwerke wiederum die Stärkung dieser Staaten.

...

Nach den großen Kämpfen des 19. Jahrhunderts um die Sklavenbefreiung verfolgten die baumwollverarbeitenden Nationen Europas, die USA und Japan entschieden die Kontrolle und Ausbeutung von Territorien, die für den Anbau geeignet waren. Dieser Baumwollrausch erreichte seinen Höhepunkt um die Jahrhundertwende, als neue imperiale Mächte sich ebenso heftig beteiligten wie die älteren Kolonialmächte zur Zeit des Bürgerkriegs. Die Gründe waren einfach: Obwohl es Baumwollunternehmern gelungen war, afroamerikanische Arbeiter in den 1870er Jahren wieder zum Anbau für den Export zu bewegen, was einigen Druck von der globalen Landwirtschaft genommen hatte, traten im späten 19. Jahrhundert erneut die alten Sorgen von Fabrikanten und Politikern wegen eines sicheren und billigen Baumwollangebots in den Vordergrund.

Während die Baumwollpreise zum ersten Mal seit einem Vierteljahrhundert wieder stiegen – von 1898 bis 1913 um 121 % –, befürchteten europäische und japanische Unternehmer, die USA könnten einen wachsenden Teil ihrer Baumwolle selbst verarbeiten, was Knappheit und hohe Preise nach sich ziehen würde. Diese Sorgen wuchsen durch die zeitweise erfolgreichen Versuche einiger Spekulanten, den Markt aufzukaufen und höhere Preise zu erzwingen, indem sie Termin- und Spotgeschäfte an den neu geschaffenen Baumwollbörsen manipulierten. Als das scheiterte, fegte eine Welle des «Baumwollpopulismus» über die amerikanischen Südstaaten, und die Erzeuger waren entschlossen, gemeinsam höhere Preise für ihre Ernten zu erreichen. Auch der Baumwollkapselkäfer, ein Schädling, der sich seit 1892 auf amerikanischen Farmen verbreitete, schien die Produktion zu bedrohen. Und es entstand auch Druck durch die steigende Nachfrage, als Textilfabriken auf dem Kontinent sich weiter ausbreiteten. So beobachteten britische Fabrikanten, dass Kontinentaleuropäer nun ein Drittel der gesamten US-Ernte verbrauchten, mehr als ihre eigenen Fabriken.[7]

Zur gleichen Zeit wurde auch die allgemeine Vorstellung einer «Rohstoffautarkie» ein immer wichtigeres Ziel für Wirtschaftspolitiker und Unternehmer in Europa und Japan. Dadurch gewann die Idee an Boden, sich Baumwolle in von imperialen Staaten kontrollierten Gebieten zu sichern. So wurde die «Rohstoffgrenze» der Baumwolle in immer neue Weltgegenden vorangeschoben und intensivierte das, was man treffend den «großen Landrausch» genannt hat.[8]

Die Expansion des Baumwollimperiums war keine neue Entwicklung, doch der Versuch seiner «nationalen» Organisation war ein echter Aufbruch, wenn man bedenkt, wie tief die Baumwollindustrie in globale Handelsnetze eingebettet gewesen war, die nationale und imperiale Grenzen überschritten und auf von Kaufleuten geschaffenen Verbindungen beruhten. Als Industriekapital statt Handelskapital für die Staaten immer wichtiger wurde und diese Staaten immer wichtiger für nationale Kapitaleigner, verlor die alte von Kaufleuten dominierte Ordnung an Bedeutung – und galt Politikern und Fabrikanten zunehmend sogar als potenzielle Gefahr für ihre Macht, ihren Reichtum und die Aufrechterhaltung der sozialen Stabilität.

Russische Vorreiter

Am bemerkenswertesten für seine Kühnheit war vielleicht Russlands Versuch, eine «inländische» Versorgung mit dem «weißen Gold» zu sichern. Schon seit Anfang des 19. Jahrhunderts hatten weitsichtige Regierungsbeamte gemeinsam mit einer Gruppe von Kaufleuten und Unternehmern Transkaukasien und Zentralasien als Quelle von Rohbaumwolle gesichtet. Der russische Befehlshaber im Kaukasus, Baron Rosen, hatte bereits 1833 vorausgesehen, dass die dortigen Baumwollerzeuger «unsere Neger» sein würden. Aber noch 1857 trugen solche Bemühungen nur geringe Früchte – zentralasiatische Baumwolle deckte nur 6,5 % des Bedarfs der russischen Industrie.[9]

In den 1860er Jahren vervielfachten sich jedoch die Anstrengungen zur Förderung der zentralasiatischen Baumwolle, als eine kleine Gruppe von Textilfabrikanten des Zentralasiatischen Handelsverbands sich in Moskau traf, um über einen verstärkten Anbau zu beraten. Ermutigt durch die Verdreifachung des Preises während des amerikanischen Bürgerkriegs, stiegen die Exporte aus Zentralasien nach Russland zwischen 1861 und 1864 fast um das Fünffache auf über 10 Millionen Kilogramm. 1865 eroberte Russland in einem Schlüsselmoment die wichtigen späteren Anbaugebiete Taschkent und das zentralasiatische Khanat Kokand. Fabrikanten drängten die russische Regierung, weitere Gebiete in Zentralasien zu annektieren. Die Russische Industriegesellschaft, die ein breites Spektrum von Unternehmern vereinte, veröffentlichte 1869 zahlreiche Petitionen für eine verstärkte Intervention in Zentralasien, um einen Markt für russische Waren und eine Quelle für Rohbaumwolle zu schaffen. Der Staat reagierte positiv, nicht zuletzt wegen seiner geostrategischen Absicht, britischen Vorstößen in Zentralasien zu begegnen, aber auch weil der Baumwollimport seine Handelsbilanz stark belastete. 1890 machte Rohbaumwolle 20 % des Werts aller russischen Einfuhren aus. Die Eroberung zentralasiatischer Gebiete steigerte nur den Appetit russischer Unternehmer. 1904 gründeten Fabrikanten, unter ihnen der Textilfabrikant Baron Andrei Lwowitsch Knoop, der Sohn des schon erwähnten eingewanderten Bremer Kaufmanns, in Moskau die Kommission zur Entwicklung des russischen Baumwollanbaus, um Möglichkeiten für dessen weitere Ausweitung in Zentralasien auszuloten.[10]

Dank staatlicher Initiative expandierte die zentralasiatische Baumwolle genau wie in Indien auch. Nach der Festigung der russischen Herrschaft über Zentralasien in den 1860er und 1870er Jahren verfolgte die zaristische Regierung auf Drängen von Unternehmern systematisch eine Steigerung der Produktion. 1871 schrieb der Kolonialbeamte Štaba L. Kostenko: «Das Ziel all unserer Anstrengungen muss es sein, amerikanische Baumwolle von unseren heimischen Märkten zu entfernen und sie durch unsere eigene zentralasiatische zu ersetzen.» Um das zu ermöglichen, startete die Kolonialverwaltung große Infrastrukturprojekte wie den Eisenbahnbau. In entfernten Gebieten hatte es früher bis zu sechs Monate gedauert, die Baumwolle mit Kamelen zum nächsten Bahnhof zu bringen, nun dauerte es zwei Tage. Die Regierung schuf Samenplantagen und schickte Agronomen, um den Farmern bei der Verbesserung der Anbaumethoden zu helfen. Außerdem plante sie große Bewässerungsprojekte. Sie sandte Beamte in die USA, um amerikanische Anbaumethoden zu studieren, und diese Beamten brachten amerikanischen Baumwollsamen mit und verteilten ihn an heimische Bauern. Ende der 1880er Jahre stammte über die Hälfte der zentralasiatischen Baumwolle von diesen Samen ab. Gleichzeitig installierten Textilfabrikanten Entkörnungsmaschinen in Turkestan und schickten Agenten, um lokalen Erzeugern Kredite zu geben, die durch ihre künftige Ernte abgesichert waren.[11]

Mit der Zeit engagierten sich der koloniale Staat und russische Kapitalbesitzer zunehmend auch im Produktionsprozess, was sie bis dahin vermieden hatten. Trotz bleibender Konflikte zwischen dem russischen Staat – der das Territorium integrieren wollte – und Unternehmern – die ihren Profit maximieren wollten – führten solche Versuche zu einer gewaltigen Steigerung der Anbaufläche. Sie wuchs in Turkestan in den fünf Jahrzehnten nach 1870 um das 48-Fache. Schon in den 1880er Jahren deckten die dortigen Erzeuger ein Viertel des Bedarfs der russischen Textilfabriken und 1909 über die Hälfte, so dass man die Provinz «die Baumwollkolonie des russischen Kapitalismus» genannt hat. Der Staat schützte seine koloniale Produktion durch Zölle auf Rohbaumwollimporte, die bis 1905 auf 43 % von deren Wert stiegen. Ein britischer Reisender beobachtete 1902, dass «der Baumwollanbau ... nun zur Hauptbeschäftigung der Einwohner aller zentralasiatischen Khanate geworden ist». Russland war zu einem der wichtigsten Baumwollanbauländer aufgestiegen, an fünfter Stelle hinter den USA, Indien, China und Ägypten.[12]

Die radikalen Veränderungen, die der zaristische Staat und russische und zentralasiatische Kapitaleigner durchsetzten, ließen andere mit Neid auf ihre Erfolge blicken. Russland verdiene Lob, so ein deutscher Ökonom, denn «mit seiner asiatischen Baumwollkultur hat [es] dem übrigen Europa gezeigt, was energisches Wollen und planmäßiges Zusammenwirken staatlicher und privater Kräfte in der Baumwollfrage vermögen».[13] Der neue Baumwollimperialismus nahm Gestalt an. Und Russland, allzu oft als Nachzügler Westeuropas abgehandelt, stand an dessen Spitze.

...

Andere imperiale Mächte starteten bald eigene Projekte zum Baumwollanbau. Sie waren zu dem Schluss gekommen, dass «[i]m Übersee-Programm der europäischen Völker ... die Förderung der Baumwollkultur mit dem ausgesprochenen Zweck, sich von Amerika zu emanzipieren, eine leitende Stelle einnehmen [muss].» Unter Hinweis auf den amerikanischen Bürgerkrieg entwickelte der Ökonom August Etienne Argumente für die staatliche Unterstützung nationaler Unternehmer, die sich wie ein Lauffeuer in den europäischen Hauptstädten verbreiteten. Staaten konnten schließlich die Kommerzialisierung der potenziellen Anbaugebiete in einer Weise beschleunigen, die einzelnen Kaufleuten und Pflanzern unerreichbar blieb.[14] So gingen Baumwoll- und Kolonialexpansion Hand in Hand, nicht nur für Russland und Japan, die verzweifelt versuchten, im großen Spiel der Rohstoffsicherung für ihre Industrien aufzuholen, sondern auch für expansionserfahrene Mächte wie England, Frankreich und die USA und für imperiale Randmächte wie Portugal, Deutschland, Belgien und Italien.[15]

Überall waren Industrielle, manchmal mit Unterstützung der Textilarbeiter und ihrer Gewerkschaften, die treibende Kraft hinter diesen Veränderungen und drängten ihre Regierungen dazu, mehr Baumwolle aus asiatischen und afrikanischen Kolonien zu beziehen. In England hatten solche kolonialen Projekte die längste Geschichte – man erinnere sich an die enorm breit gefächerten Aktivitäten der Manchester Cotton Supply Association. Nach dem amerikanischen Bürgerkrieg gingen imperiale Baumwollprojekte weiter, aber auf niedrigerem Niveau, denn wegen der Rückkehr der US-Baumwolle auf die Weltmärkte waren sie weniger dringend. Doch der Wunsch nach Baumwolle aus den Kolonien war um die Jahrhundertwende in England wieder auf dem Siedepunkt, als Produktion und Preise stiegen und neue Konkurrenten auf den Plan traten. Die 1902 gegründete British Cotton Growing Association in der Baumwollmetropole Manchester meinte: «Alle Baumwolle, die Lancashire benötigt, kann innerhalb des

Empire angebaut werden.» Und die Oldham Master Cotton Spinners' Association berichtete: «Eine wichtige Wirtschaftsnation wie die unsere sollte nicht von anderen Ländern bei der Versorgung mit Baumwolle abhängig sein, die innerhalb des Empire angebaut werden könnte.» 1916 schaltete sich auch die staatliche Empire Cotton Growing Association in den Kampf um Baumwolle ein. Es sei «für den künftigen Wohlstand des Landes und das Wohlergehen der Kolonien unabdingbar, dass der Baumwollanbau in allen geeigneten Teilen des Empire so rasch wie möglich entwickelt werden sollte». Noch 1924 berichtete der parlamentarische Sekretär der British and Foreign Anti-Slavery and Aborigines Protection Society, John Harris, eine Regierungskommission prüfe, «welche Schritte zu ergreifen sind, um die Neger des Britischen Empire zu ermutigen, Baumwolle in solcher Menge anzubauen, dass wir der Gefahr der Knappheit enthoben sind».[16]

Auch in Frankreich waren Textilfabrikanten die Vorkämpfer für Kolonialbaumwolle, schon zur Zeit des amerikanischen Bürgerkriegs. 1867 setzte sich der Unternehmer Frédéric Engel-Dollfus aus Mulhouse dafür ein, und 1889 stieß Louis Faidherbe, ein Kolonialbeamter mit langer Erfahrung auf Guadeloupe, in Algerien und dem Senegal, ins gleiche Horn: «Der Baumwollanbau ist das mächtigste Element beim Erfolg der Kolonisierung.» Um die Jahrhundertwende gewannen die kolonialen Baumwollprojekte Frankreichs aber neu an Dringlichkeit. 1903 gründeten Unternehmer die Association Cotonnière Coloniale, um den Baumwollanbau zu ermutigen und «die Unabhängigkeit unserer nationalen Textilindustrie» zu fördern.[17]

Fabrikanten in anderen Teilen Europas folgten. Belgische Unternehmer gründeten 1901 die Association Cotonnière de Belgique, die ab 1903 für den Baumwollanbau im Belgisch-Kongo eintrat und bald darauf auch amerikanische Pflanzer aus Texas nach Zentralafrika holte. 1904 gründeten portugiesische Bürokraten und Fabrikanten einen Verband für kolonialen Baumwollanbau nach dem Muster der britischen Organisation. Italienische Kolonialisten strebten auf Drängen der Industriellen des Kolonialbaumwollverbands eine Ausweitung des Anbaus in Eritrea an.[18]

Sogar in den USA drängten die nördlichen Wirtschaftseliten auf eine Expansion der Anbaugebiete. Der Textilfabrikant Edward Atkinson aus Massachusetts, ein überzeugter Verfechter von «Baumwolle aus freier Arbeit», hatte schon in den 1860er Jahren auf das große Potenzial der Baumwolle in Texas hingewiesen, und forderte die Regierung auf, sie solle Indianer aus Gebieten umsiedeln, die für den Anbau nutzbar seien, und Eisenbahnen für den Transport an die Küste bauen. Diese Gedanken rückten nach dem Bürgerkrieg weiter in den Vordergrund. 1868 gründeten Textilfabrikanten aus Neuengland und Baumwollpflanzer aus den Südstaaten die National Association of Cotton Manufacturers and Planters, um die Produktion auszuweiten, besonders in Mississippi und Texas, was dem Projekt der Kolonialeliten Europas sehr ähnelte. Zu Beginn des

20. Jahrhunderts drängte auch die New England Cotton Manufacturers' Association auf territoriale Expansion für den Baumwollanbau.[19]

Um eine solche Expansion zu ermöglichen, strebten sie einerseits die verstärkte Mobilisierung von Arbeitskräften an, andererseits staatliche Infrastrukturprojekte wie den Bau von Dämmen am Mississippi. 1904 beklagten Fabrikanten immer noch das «Arbeiterproblem», dessen Lösung sie sich von steigenden Einwandererzahlen erhofften. Wie jede andere Industrienation lösten die Vereinigten Staaten aber die Landfrage durch die Eroberung, Entvölkerung und Integration riesiger neuer Gebiete.[20]

...

Die erste Welle der territorialen Erweiterung des Baumwoll-Imperiums erfasste jene Regionen der Welt, die schon lange Baumwolle für globale Märkte anbauten. Das tief in die Weltwirtschaft integrierte Ägypten wurde 1882 britische Kolonie, was die Sorgen von britischen Fabrikanten über die «höchst schädliche Wirkung» der «unglücklichen Verwicklungen in Ägypten» milderte – gemeint war der Staatsbankrott. Englands territoriale Kontrolle über Ägypten verlief parallel mit der Ausweitung der Baumwollwirtschaft. 1861 war die Anbaufläche gut 100 000 Hektar groß, 50 Jahre später über 700 000 Hektar. Das Land für diese Expansion kam teilweise von der Umwidmung von Weizenfeldern, aber auch von der Bewässerung früher unproduktiven Bodens, der nun für die kommerzielle Landwirtschaft durch den Bau von Straßen und Eisenbahnen erschlossen wurde. 1899 transportierte die ägyptische Delta Railways Company schon über 111 Millionen Kilogramm oder 40 % der gesamten Ernte. Und 1902 ermöglichten die Dämme von Assuan und Asyut das ganze Jahr über eine regelmäßigere Wasserversorgung der Anbauflächen.[21]

Auch der Anbau in der osmanischen Çukurova-Ebene wurde zu Beginn des 20. Jahrhunderts ausgeweitet, wo Land, das einmal Nomaden zum Weiden des Viehs gedient hatte, zunehmend in Baumwollfarmen umgewandelt wurde. 1908 wurde dafür ein Viertel des fruchtbaren Bodens genutzt.

In Brasilien war der Anbau während des Baumwollbooms der 1860er Jahre nach Ceará vorgedrungen, wo Bauern nun immer mehr für den Export statt für den Eigenbedarf produzierten. Obwohl die Produktion mit dem Verfall der Preise in den 1870er Jahren zurückging, hatte das Baumwollimperium dauerhaft Fuß gefasst und dehnte seine Stellung Ende des 19. und Anfang des 20. Jahrhunderts wieder aus. 1921/22 umfasste die Anbaufläche 560 000 Hektar, und in den 1930er Jahren war Brasilien dank staatlicher Unterstützung in Form von Infrastruktur und Institutionen wie dem Instituto Agronomico de Campinas zum viertgrößten Baumwollproduzenten der Welt aufgestiegen.[22]

Auch in anderen alten Anbaugebieten wuchs die kommerzielle Produktion.

In Peru wurde immer mehr Land mit Baumwolle bepflanzt, daher stieg der Export von durchschnittlich 322 000 Kilogramm in den Jahren 1861–1865 auf jährlich knapp 27 Millionen Kilogramm zwischen 1916 und 1920. Einige tausend Kilometer weiter südlich unternahm die Regierung Argentiniens große Anstrengungen, um das sich industrialisierende Land bei Rohbaumwolle autark zu machen; dies war Teil eines größeren Programms zur Senkung von Einfuhren.[23]

Der große «Landrausch» innerhalb der USA

Am bedeutsamsten war jedoch die Ausweitung der Baumwollproduktion in den USA. Die Entwicklung dort war in mancher Hinsicht mit Russland vergleichbar – staatliche Vertreter und Militär waren in neue Gebiete vorgestoßen und hatten Infrastrukturprojekte zu ihrer Erschließung durchgeführt. Wie in Russland legte der Staat später auch Ödland trocken, dämmte Wasserwege ein und baute Bewässerungsanlagen, um die Produktion für den Export zu erleichtern. Doch während Russland zentralasiatische Erzeuger mobilisierte und Nomaden zwangsweise ansiedelte, um Baumwolle anzubauen (wie es auch die Osmanen in der Çukurova taten), vertrieben die USA die meisten Ureinwohner vom Land, denn das ermutigte Bürger aus dem Osten, sich hier anzusiedeln, und verband «kühne Privatinitiative» mit «den geordneten, vom Staat gestützten Gewissheiten des Eigentumsrechts», wie ein Historiker schreibt.[24]

Die Eroberung und Einverleibung neuer Territorien als Strategie zur Steigerung der Baumwollproduktion war also, wie das amerikanische Beispiel zeigt, nicht nur im Kontext der europäischen Kolonialexpansion wichtig. Das Baumwollimperium der USA dehnte sich rasch aus und erfasste ganz neue Gebiete. Vor dem Bürgerkrieg waren 5,38 Millionen Ballen erzeugt worden – 1920 waren es dann mit 13,42 Millionen zweieinhalbmal so viele. Und die Anbauflächen wuchsen rapide. 8,8 Millionen Hektar Land wurden zusätzlich für die Baumwollerzeugung genutzt, was etwas mehr als der Fläche von Portugal entsprach.[25]

Die Expansion geschah auf zwei unterschiedliche Arten. Sie erschloss das Hinterland älterer Baumwollstaaten wie North und South Carolina und Georgia, die durch Eisenbahnen zugänglich wurden und wo weiße Farmer nun viel mehr anbauten. An der südlichen Atlantikküste stieg die Jahresproduktion von 1860 bis 1920 um mehr als das Dreifache. In Tennessee, Alabama und Mississippi blieb sie dagegen bis zur Jahrhundertwende konstant, sank dann aber bis 1920 um rund ein Viertel, weil die Böden erschöpft waren und weiter westlich produktivere Anbauflächen entstanden. Doch selbst hier stieg die Produktion in einigen Gebieten dramatisch, wie im Yazoo-Mississippi-Delta, wo viele Afroamerikaner dank neuer Eisenbahnen, Kanäle und Dämme Baumwolle erzeugten; dadurch war hier um 1900 «eines der am höchsten spezialisierten Baumwollanbaugebiete der Welt» entstanden. Der gewaltigste Anstieg fand aber weiter westlich statt. In Arkansas, Louisiana, Oklahoma und Texas explodierte die Produktion von 1,6 Millionen Ballen 1860 auf 7,3 Millionen 1920 um das 4,6-Fache. Den größten Anteil daran hatte Texas, dessen Farmer 1860 nur 431 463 Ballen produziert hatten, aber 1920 mit 4,34 Millionen das Zehnfache. 1920 ernteten texanische Farmer so viel Baumwolle, dass ihr Ertrag 80 % der Gesamternte der USA im Jahre 1860 entsprach. Und um 1920 ermöglichten große Investitionen der US-Regierung in Bewässerungsprojekte eine weitere Ausdehnung des Anbaus in die trockenen Gebiete von Arizona und Kalifornien.[26]

Territoriale Expansion – «der große Landrausch« – war also entscheidend für die Stellung der Vereinigten Staaten im Baumwollimperium und stellte eine Parallele zur Entwicklung in anderen Regionen dar. Die meisten dieser neuen Gebiete hatte man 1848 von Mexiko erobert, und ohne sie wäre vielleicht Anfang des 20. Jahrhunderts Mexiko und nicht die USA der größte Baumwollproduzent der Welt gewesen.

Ihre Einbindung hing entscheidend vom Fortschritt der Infrastruktur ab. Wie in Indien und Afrika breitete sich die Baumwolle parallel mit der Eisenbahn aus. Vor Mitte der 1880er Jahre gab es in Oklahoma keine Eisenbahn, aber 1919 durchzogen 10 500 Kilometer Schienen den Staat; in Texas waren es 1870 noch 1150 Kilometer, aber 1919 fast 26 000. In Texas wurden die fruchtbaren Böden der Schwarzerde-Prärie erst 1872 zugänglich, als die Houston and Texas Central Line Dallas erreichte. Daraufhin explodierte die Baumwollproduktion: In Dallas County erntete man 1870 3854 Ballen, aber 1880 21 649 Ballen – ein Anstieg um 465 % in nur zehn Jahren.[27]

In den meisten Fällen wurden die Ureinwohner mit der Ankunft der Baumwollpflanzer verdrängt. In den Jahrzehnten vor dem Bürgerkrieg waren sie, wie erwähnt, unter Druck aus den Anbaugebieten in Georgia, Alabama und Mississippi nach Westen gezogen. Nun begann der Druck von Neuem. Im Oktober 1865 wurden Kiowa und Komantschen gezwungen, Land in Zentraltexas, im Westen von Kansas und im Osten New Mexicos aufzugeben, das unter anderem zu Baumwollplantagen wurde. Kurz danach wurden viele der Prärieindianer aus Texas in Reservate in Oklahoma gedrängt, und während des Red River-Kriegs von 1874/75 wurden die letzten Indianer des Südwestens ebenfalls in Reservate in Oklahoma gezwungen, was noch mehr Land für den Anbau frei machte.[28]

Doch Oklahoma bot den amerikanischen Ureinwohnern letztlich nur wenig Schutz. Die alten Indianergebiete gerieten in den 1880er Jahren unter den Druck weißer Siedler, die sie aus den fruchtbarsten Gegenden zu verdrängen hofften. 1889 gab die Regierung nach und bezahlte die Creeks und Seminolen für das Aufgeben von Landansprüchen im Zentrum Oklahomas. In den nächsten Jahren erzeugten weitere «Wettläufe um Land» in verschiedenen Gebieten immer mehr Druck auf die Ureinwohner. Viele der neuen weißen Siedler bauten Baumwolle an, denn Oklahomas fruchtbarer Boden und seine infrastrukturelle Öffnung zu den Weltmärkten durch den Eisenbahnbau ließen das profitabel erscheinen. Als Oklahoma 1907 zum amerikanischen Bundesstaat wurde, wuchs auf über 800 000 Hektar Baumwolle, und die Produktion hatte 862 000 Ballen erreicht – verglichen mit 425 Ballen auf 443 Hektar im Jahr 1890. In Oklahoma wie in anderen Gegenden der USA gingen die Enteignung der Ureinwohner und die Ausdehnung der Anbauflächen Hand in Hand – staatlicher Zwang war ein zentrales Element der weiteren Expansion des Baumwollimperiums.

Afrika – eine neue Obsession der Deutschen, Franzosen, Briten

Die Expansion des Baumwollimperiums in den USA, Zentralasien, Ägypten, Korea und anderen Gegenden war gewaltig. Doch europäische Politiker und Kapitalbesitzer schoben die Baumwoll-Frontier noch weiter vor, und vor allem Afrika trat ins Zentrum ihrer Bemühungen. Um Europa von den Lieferungen der USA unabhängig zu machen, sollte Afrika zum «Süden» und «Westen» Europas werden – ein Lieferant von Rohstoffen, die als notwendig galten, um die globale Herausforderung der aufsteigenden USA mit ihren anscheinend unbegrenzten Rohstoffquellen anzunehmen und auch die Russlands, dessen Ausdehnung eine wachsende «Bedrohung» verkörperte.[29] Die Bemühungen um den Baumwollanbau in Afrika waren die Speerspitze der neuen «nationalen» Signatur des Baumwollimperiums.

Nehmen wir beispielsweise Deutschland. In diesem spät zum Kolonialismus gekommenen Land unternahmen Textilfabrikanten und imperiale Politiker in den 1890er Jahren verzweifelte Anstrengungen, aus ihren afrikanischen Besitzungen Baumwolle zu beziehen. Das war nicht überraschend, denn um 1900 war die deutsche Textilindustrie die größte auf dem Kontinent und die drittgrößte der Welt geworden. Trotz bedeutender Produktivitätsgewinne nahm die Zahl der Arbeiter in der Baumwollindustrie zu, und 1913 beschäftigte die Industrie ca. 400 000 Menschen, so dass etwa einer von acht deutschen Industriearbeitern dort beschäftigt war. Der Wert ihrer Produktion stand an erster Stelle aller Industriebranchen und war das wichtigste deutsche Exportgut. 1897 produzierte die deutsche Textilindustrie – die in unserem historischen Gedächtnis gar nicht so stark präsent ist – Waren im Wert von einer Milliarde Reichsmark, 36 % mehr als die Kohleindustrie und 45 % mehr als die von Männern dominierte Eisen- und Stahlindustrie, die das deutsche Wirtschaftswunder bis heute symbolisiert. Und keine andere deutsche Industrie war rohstoffmäßig so stark von anderen

Ländern abhängig. Weil sämtliche Rohbaumwolle aus dem Ausland kam, war sie Deutschlands teuerstes Importgut. Über 450 Millionen Kilogramm Baumwolle wurden 1902 eingeführt.[30]

Angesichts der Größe dieser Industrie wünschten deutsche Fabrikanten verständlicherweise eine reichliche, regelmäßige und billige Versorgung mit Rohbaumwolle. Seit den Anfängen der mechanisierten Textilverarbeitung in Deutschland war der Nachschub weitgehend aus den Vereinigten Staaten gekommen. Die Baumwollknappheit der 1860er Jahre hatte Fabrikanten und Politikern aber klargemacht, wie gefährlich eine solche Abhängigkeit sein konnte. Indische und ägyptische Baumwolle hatten während der Krise Marktanteile gewonnen, aber in den 1880er und 1890er Jahren kamen wieder 50-90 % des Verbrauchs aus den USA.[31] Eine so überwältigende Dominanz war beunruhigend. Ende des Jahrhunderts nahmen diese Sorgen weiter zu, denn deutsche und europäische Importeure sahen konkurrierende Niedrigkostenhersteller in Japan, den US-Südstaaten und Mexiko auf den Plan treten.

Erst als Deutschland Kolonien in Afrika und der Südsee erwarb, taten sich scheinbar neue Wege zur Lösung der «Baumwollfrage» auf. Fabrikanten sprachen von einem globalen «Baumwollkulturkampf» und gründeten 1896 das Kolonial-Wirtschaftliche Komitee, um die Kolonien als Rohstoffquelle für die heimische Industrie zu nutzen. Über 400 Baumwollindustrielle beteiligten sich an diesem Vorhaben.[32]

Mehrere Faktoren heizten das Interesse der Industriellen am Baumwollanbau in den deutschen Kolonien an. Sie waren höchst besorgt über den Anstieg der Baumwollpreise. Ihrer Meinung nach lag dies am immer größeren Verbrauch in den beiden wichtigsten Anbauländern USA und Indien, was sich, in ihren Augen, auch nicht ändern werde. Die USA hatten vor dem Bürgerkrieg nur 20 % ihrer Baumwolle in eigenen Fabriken verarbeitet, doch in den 1870er Jahren war dieser Anteil auf 33 % und nach 1900 auf fast 50 % gestiegen. Außerdem befürchteten deutsche Fabrikanten ebenso wie viele amerikanische Industrielle und Landbesitzer, es fehle den USA an genügend billigen Arbeitern, um die zusätzliche Baumwolle zu säen und zu ernten, die nun auf den Weltmärkten gebraucht wurde. Dazu blieb der Baumwollmarkt labil, und diese Preisschwankungen erschwerten die Planung einer profitablen Produktion. Baumwolle aus den Kolonien versprach dagegen stabile und niedrige Preise und konnte hoffentlich eine Wiederholung der Marktstörungen der 1860er Jahre verhindern.[33]

Die Fabrikanten befürchteten außerdem, die Nachfrage neuer Industrienationen wie Japan werde ihren Nachschub weiter gefährden. Und schließlich argumentierten sie strategisch geschickt – in der Hoffnung auf breite politische Unterstützung –, eine florierende Textilindustrie sei notwendig, um mögliche Arbeiterunruhen aufzufangen. Karl Supf, Präsident des KWK, beispielsweise beschwor eindrücklich die schrecklichen sozialen Folgen des amerikanischen Bürgerkriegs herauf und kam zu dem Schluss: «Es ist klar, daß eine Krise, welche über die Baumwollindustrie in ihrem heutigen Umfange hereinbrechen würde, eine soziale Gefahr in sich schlösse, deren Folgen unabsehbar sind.» Selbst die im Allgemeinen antikolonialistische SPD drückte die Hoffnung aus, dass koloniale Baumwolle das «Baumwollmonopol» der USA brechen könne. Mit dem fantastischen Plan, Baumwolle für deutsche Hersteller in deutschen Kolonien unter deutscher Aufsicht zu produzieren und so mit ihren amerikanischen und russischen Konkurrenten gleichzuziehen, betraten die Textilunternehmer die politische Bühne.[34]

Ihre Interessen trafen sich mit denen mächtiger Politiker und Bürokraten, die Baumwolle aus den Kolonien als geostrategisch enorm wichtig ansahen. Der deutsche Forscher, Ingenieur und Afrikaexperte Ernst Henrici bemerkte 1899:

«In dem großen wirtschaftlichen Wettkampf der Völker spitzt alles sich auf Massenerzeugung und Massenabsatz zu. Auch unsere Kolonien müssen, wenn sie dem Mutterlande von wirklichem Nutzen sein sollen, danach trachten, große Massen von Roherzeugnissen zu liefern, um wiederum Massen von Erzeugnissen der Industrie des Mutterlandes kaufen zu können.»

Nur die koloniale Baumwollproduktion, so der Ökonom Karl Helfferich, könne die «wirkliche Herrschaft Amerikas über die europäische Baumwollindustrie» brechen. Kurz gesagt, Baumwolle aus den Kolonien sei der einzige Weg, sich gegen die «amerikanische Vergewaltigung» zu wehren. Solche Rhetorik symbolisierte die neue Symbiose des mächtigen Nationalstaats mit mächtigen nationalen Industrien – eine neue Form des globalen Kapitalismus, in deren Zentrum die Stärkung des nationalen Kapitals gegenüber rivalisierenden kapitalistischen Nationen stand.[35]

Die Deutschen begannen 1888 – nur vier Jahre nachdem sie in Afrika Fuß gefasst hatten – mit den ersten systematischen Versuchen der Erzeugung für die Weltmärkte. Im Mai 1890 kam der Pflanzer Ferdinand Goldberg aus Samoa nach Togo, um die dortigen Anbaubedingungen zu untersuchen. Obwohl seine Experimente scheiterten, unternahm die deutsche Reichsregierung einen weiteren Versuch, indem sie Baumwollfarmer aus Alabama rekrutierte, um den Anbau in Togo auszuweiten. Gleichzeitig legten Landbesitzer, Kolonialbeamte und Fabrikanten riesige Plantagen in Deutsch-Ostafrika an. 1907 eröffneten die Textilfabrikanten Heinrich und Fritz Otto eine Baumwollfarm in Kilossa (Deutsch-Ostafrika), wo drei Jahre später schon rund 1000 Arbeiter fast 15 000 Hektar bestellten. Bald taten die Leipziger Baumwollspinnerei und der Industrielle Hermann Schubert aus dem sächsischen Zittau es den Ottos nach.[36]

...

Französische Fabrikanten und Kolonialbeamte unternahmen ähnliche Anstrengungen. In Französisch-Sudan, der Elfenbeinküste und Französisch-Äquatorialafrika ging die koloniale Erschließung Hand in Hand mit Versuchen, Baumwolle anzubauen. Afrikanische Baumwollimporte deckten zunächst nur einen sehr kleinen Teil des französischen Bedarfs, stiegen aber rasch an. So lieferte die Elfenbeinküste 1912 noch fast keine Baumwolle, 1925 aber knapp 2 Millionen Kilogramm. In anderen Kolonien war die Entwicklung ähnlich. Portugiesische Kolonialisten in Mosambik begannen 1901 mit den ersten Anbauversuchen und produzierten 1928 schon 2,7 Millionen Kilogramm. Die Belgier machten die ersten Versuche im Kongogebiet 1890, und die Produktion explodierte in den 1920er Jahren, allerdings um den Preis unerhörter Gewalt. 1920 produzierte Belgisch-Kongo etwas mehr als 1,5 Millionen Kilogramm, 1931 schon 44,8 Millionen und 1941 141,5 Millionen Kilogramm. Eine respektable Menge, die etwa 15 % der US-Produktion vor dem Bürgerkrieg entsprach, als King Cotton unumschränkt herrschte.[37]

Die größte Anstrengung zum Baumwollanbau in Afrika unternahmen aber die Engländer. 1913 kamen 74 % der afrikanischen Baumwollexporte nach Europa aus britischen Kolonien. In den Augen der British Cotton Growing Association hatte kein anderer Teil der Welt «größere schlummernde Möglichkeiten als unsere westafrikanischen Besitztümer» mit ihrem Reichtum an Land und Arbeitskräften. Da man die Menschen aus Afrika nicht mehr nach Nord- und Südamerika verschleppen konnte, kamen die Europäer zu dem Schluss, sie könnten profitabel ermutigt oder gezwungen werden, in ihrer Heimat landwirtschaftliche Produkte für den Weltmarkt anzubauen. Insgesamt exportierte Afrika 1930 über eine Milliarde Kilogramm Baumwolle – etwas mehr als die USA im letzten Jahr vor dem Bürgerkrieg.[38]

Als Ergebnis all dieser Bemühungen wurde zwischen 1860 und 1930 auf 22 Millionen Hektar Land in Afrika, Asien und Amerika erstmals Baumwolle für die Weltmärkte angebaut, eine Fläche, die etwa der Größe Rumäniens entspricht. Rund 80 % dieser neuen Anbauflächen befanden sich in Gebieten, wo 1860 noch keine Baumwolle wuchs, erst danach waren sie unter die Kontrolle der Kolonialstaaten gekommen. 1905 schätzten Experten, dass 15 Millionen Menschen oder ein Prozent der Weltbevölkerung im Baumwollanbau arbeiteten. Imperiale Expansion und die Produktion von immer mehr Baumwolle für die Weltmärkte waren unauflöslich verbunden.[39]

...

Mit der räumlichen Ausdehnung des Baumwollimperiums durch mächtige imperiale Staaten verbreitete sich auch der Kampf um die Mobilisierung von Arbeitskräften – Territorium allein genügte nicht. Tatsächlich war die Kernfrage für diese Staaten dieselbe wie 1865 bei der Befreiung der amerikanischen Baumwollsklaven: Wie motivierte man Bauern, Baumwolle für die Weltmärkte anzubauen, oder anders gesagt, wie bewirkte man die Umwälzung der Landwirtschaft? Land zu bekommen, war leicht, aber – so die französische Association Cotonnière Coloniale – Land «braucht Arme: Arbeiter».[40]

In einem wichtigen Aspekt folgte keine Kolonialmacht den USA, die ja Anbaugebiete geschaffen hatten, indem sie die dort seit Jahrhunderten ansässigen Ureinwohner umsiedelten. Natürlich mussten einheimische Völker in der Çukurova, Zentralasien, Ägypten und Ostafrika ihre Nutzung des Bodens aufgeben, um Platz für die Baumwolle zu machen – eine Welle der Enteignung, die die geographische Ausbreitung der Baumwolle im Besonderen und des Kapitalismus im Allgemeinen begleitete. Doch Kolonialregierungen und erstarkende Nationalstaaten versuchten diese Bevölkerung meist in das neue Baumwollanbausystem zu integrieren. Statt sie zu vertreiben, machten Kolonialisten sich ihre Arbeitskraft auf dreierlei Art zunutze. In Gegenden wie Indien, Zentralasien und Westafrika wurde Baumwolle weiterhin von einheimischen Erzeugern angebaut und an westliche Händler verkauft. In Zentralasien und der anatolischen Çukurova wurden nomadische Stämme, die seit Jahrhunderten ihre Herden dort geweidet hatten, fest angesiedelt, um Raum für riesige Anbaugebiete zu schaffen. In wieder andere Gebiete kamen Siedler, um den Baumwollanbau mit Lohnarbeitern auf Plantagen zu organisieren, etwa in Algerien und Deutsch-Ostafrika, aber auch in Teilen Mexikos und Argentiniens.[41]

Letztlich führte das Drängen zum kommerziellen Baumwollanbau bei jeder Mobilisierungsmethode zu einer bleibenden Umwälzung der Sozialstruktur. Russisch-Zentralasien ist ein Beispiel dafür.

Baumwollrevolutionen in Zentralasien

Schon lange vor der russischen Besatzung bauten zentralasiatische Bauern Baumwolle an – auf kleinen Familienfarmen als eine Pflanze unter vielen –, spannen Garn und webten Stoffe, verbrauchten einen Teil selbst und exportierten den Rest auf entfernte Märkte. Baumwolle und Baumwollprodukte waren die wichtigste Industrie in ganz Zentralasien. Jährlich durchquerten Karawanen von bis zu 5000 Kamelen mit Stoffen und Garn die Steppen zwischen den zentralasiatischen Khanaten und Russland.[42]

Zentralasien war also traditionell für Russland ein Lieferant von Baumwolltextilien. Nach der Einverleibung in das Zarenreich aber wurde es in den letzten Jahrzehnten des 19. Jahrhunderts ein wichtiger Lieferant von Rohbaumwolle für die Fabriken in Moskau und St. Petersburg und umgekehrt ein Markt für russische Stoffe. Um diesen Übergang zu bewirken, veränderten russische Kapitalbesitzer und Staatsbeamte die zentralasiatische Landwirtschaft schnell und radikal. Zuerst kamen wie überall im Baumwollimperium großstädtische Kaufleute und Agenten von Textilfirmen, die Baumwolle von kleinen Farmern kauften und ihnen Darlehen gaben, um sich auf eine nicht essbare Pflanze zu spezialisieren. Sobald die Produktion expandierte, verlegten diese Firmen sich immer mehr auf den Export in russische Großstädte, und eine einheimische Gruppe von Kaufleuten entstand, um mit den zahlreichen Erzeugern in Kontakt zu treten, so wie in den US-Südstaaten und in Indien auch. Sie gaben kleinen Farmern unverzichtbares Arbeitskapital und nahmen meist 40–60 % Zinsen pro Jahr, manchmal auch bis zu 100 %. So exorbitante Zinsen in Verbindung mit ein oder zwei schlechten Ernten oder einem Preissturz genügten meist, um Bauern abhängig von diesen Kreditgebern zu machen, auch wenn sie die Kontrolle über ihr Land nicht völlig verloren.[43]

Ab den 1880er Jahren legten russische Unternehmer große Baumwollplantagen an, um den Anbau der kleinen Farmer zu ergänzen. Diese Plantagen scheiterten aber rasch am Arbeitskräftemangel. Wie auch anderswo wollten die Erzeuger nicht für Lohn, sondern auf eigenem oder gepachtetem Land arbeiten. Ein deutscher Autor schrieb, dass

> «es nur wenig Besitzlose gibt, die für diese Arbeit in Betracht kommen. Auch ziehen es die landlosen Eingeborenen vor, den Ackerbau für eigene Rechnung auf kleinen gepachteten Zellen zu betreiben. Aus diesen Gründen findet die Aussaat auf größeren Farmen zu spät statt ... Unternehmer, welche im Besitz größerer Ländereien sind, sehen sich gezwungen, diese in kleinen Parzellen an die Eingeborenen zu verpachten, unter der Bedingung, dass sämtliche davon geerntete Baumwolle an den Verpächter ausgeliefert wird.»[44]

Weil zum einen nicht genug Arbeiter für große Plantagen bereitstanden und zum anderen die Lage der freien Bauern unsicher war, entstand nach und nach ein System der Teilpacht wie im amerikanischen Süden. Der deutsche Konsul in St. Petersburg berichtete 1909 über die sich verändernden sozialen Beziehungen, dass «mehr und mehr Land von eingesessenen Pflanzern in die Hände kapitalkräftiger Kaufleute übergeht; die früheren Besitzer des Bodens bebauen in vielen Fällen ihr früheres Besitztum als Pächter des Käufers weiter.» Durch die Krise der landbesitzenden Bauern erwarben Mittelsmänner viel Boden, und die Weigerung der landlosen Erzeuger, als Lohnarbeiter auf Plantagen zu arbeiten, zwang die Grundbesitzer, sie als Teilpächter zu beschäftigen. Die Sozialstruktur dieses Teils der Baumwollzone veränderte sich genau wie anderswo binnen weniger Jahrzehnte, und es entstanden große Gruppen verschuldeter Farmer und besitzloser Landarbeiter.[45]

Teilpacht war jedoch letztendlich oft nur ein Schritt auf dem Weg zur Lohnarbeit. Eine immer größere Gruppe von Erzeugern wurde schließlich gegen ihren Willen zu Lohnarbeitern, als eine große Enteignungswelle über die Landwirtschaft schwappte. Hochverschuldete Kleinbauern konnten nicht mehr über das Land verfügen und hatten kaum andere Optionen, als ihre Arbeitskraft zu verkaufen. 1910 gab es im Baumwollbezirk Fergana rund 200 000 landlose Arbeiter. 1914 besaßen 25–30 % der Bevölkerung von Fergana kein Land mehr, und die zentralasiatische Landwirtschaft ähnelte dank des entschlossenen Handelns des russischen Staates und seiner Baumwollunternehmer den amerikanischen Südstaaten. Außerdem waren viele der Nomaden in Turkestan, denen Futter und Land für ihre Herden fehlten, zur Sesshaftwerdung gezwungen, was sie als Landarbeiter verfügbar machte. Erneut band die Globalisierung die Menschen stärker an bestimmte Orte als je zuvor.[46]

Diese drastische Umformung der zentralasiatischen Wirtschaft eröffnete russischen Textilfabrikanten neue Märkte, und 1899 beobachtete ein britischer Reisender, dass dort «Geld ... aus den Taschen von Bombay und Manchester genommen wird und in die Taschen von Nischni Nowgorod und Moskau fließt». Auch in Zentralasien hatte diese zunehmende Konzentration auf den Baumwollanbau ernste Folgen für die sichere Nahrungsversorgung. Genau wie andere Baumwollregionen wurde es von Lebensmittelimporten abhängig, und das Einkommen der Bauern wurde gleichzeitig «höchst empfindlich gegenüber Schwankungen» des Baumwollmarkts. Zur Zeit des Ersten Weltkriegs bewirkte die veränderte Sozialstruktur zusammen mit dem Rückgang des Nahrungsmittelanbaus schreckliche Hungersnöte, die zu einer spürbaren Entvölkerung führten. So fiel die Bevölkerungszahl in Turkestan zwischen 1914 und 1921 um 1,3 Millionen Menschen oder 18,5 %.[47]

...

Während die Bemühungen von Staaten, ihre Gebiete mit administrativen, infrastrukturellen, rechtlichen und militärischen Mitteln zu kontrollieren, mit ihren Fähigkeiten und Ressourcen zunahmen, blieb die Frage, wie genau Arbeitskräfte für den Baumwollanbau zu mobilisieren seien, weiter vorrangig. Expertenwissen war äußerst gefragt. Die folgende erstaunliche, fast unglaubliche Geschichte, wie eine kleine Gruppe von Afroamerikanern eine wichtige Rolle bei den Bemühungen deutscher Kolonisten spielte, die Baumwollwirtschaft in Togo umzuwälzen, illustriert sowohl die Art und Weise, wie koloniale Baumwollquellen für nationale Industrien erschlossen werden sollten, als auch den kontinuierlichen Kampf, Arbeiter dafür zu mobilisieren.

Von Tuskegee nach Togo

An einem stürmischen Novembermorgen des Jahres 1900 lief die *Graf Waldersee* aus dem Hafen von New York aus, mit Kurs auf Hamburg. Unter den mehr als 2000 Passagieren stachen besonders vier Passagiere heraus: James N. Calloway, John Robinson, Allen Burks und Shepard Harris. Alle waren Söhne von Sklaven aus Alabama, und alle waren mit Booker T. Washingtons berufsbildendem Industrial and Normal Institute in Tuskegee verbunden. Calloway lehrte dort, Robinson, Burks und Harris studierten noch oder hatten gerade abgeschlossen. Noch bemerkenswerter war vielleicht ihre Mission. Sie waren an Bord der *Graf Waldersee* gegangen, um neue Stellen in einem fernen Land anzutreten – in der westafrikanischen Kolonie Togo, die das Deutsche Reich 1884 erworben hatte. In der alten Heimat des Volkes der Ewe war es ihre Aufgabe, «die Möglichkeit einer rationellen Baumwollkultur als Eingeborenenkultur in Togo festzustellen und gegebenenfalls die Marktfähigkeit des Produktes für die deutsche Industrie nachzuweisen».[48]

In den folgenden acht Jahren berieten diese Spezialisten aus Tuskegee deutsche Kolonialisten, wie afrikanische Erzeuger mehr Baumwolle für den Export produzieren könnten. Sie errichteten Versuchsfarmen, führten neue Baumwollsorten ein, eröffneten eine «Baumwollschule», verbesserten die örtliche Infrastruktur und wandten immer strengere Maßnahmen an, um Bauern zur Baumwollproduktion zu zwingen. Tatsächlich stiegen die Exporte aus Togo dank dieser Bemühungen von 1900 bis 1913 um das 35-Fache.

Sobald die vier Experten in Togo angekommen waren, begannen die Operationen des Kolonial-Wirtschaftlichen Komitees (KWK) im großen Stil. Auf Land, das zuvor der König von Tove kontrolliert hatte, versuchten sie eine Baumwollfarm anzulegen, die denen in den USA ähnelte. Mit 200 Männern rodeten sie hohes Gras und Bäume, während Frauen und Kinder die Wurzeln verbrannten. Bis Mai hatten sie auf rund 10 Hektar Baumwolle angepflanzt, bis Juli waren es etwa 25 Hektar. Calloway und seine Kollegen ignorierten die gesammelten Erfahrungen der Menschen von Tove und bepflanzten die Felder systematisch mit verschiedenen Baumwollsorten, um zu erfahren, welche am besten wuchsen und wann sie ausgesät werden sollten. Im April schrieb Calloway stolz an Washington: «Unsere Arbeit sieht recht vielversprechend aus ... und wir glauben, wir werden Baumwolle ernten.»[49]

Trotz dieser energischen Anfänge stießen die Experten aus Tuskegee bald auf zahlreiche Schwierigkeiten. Für die afroamerikanischen Pflanzer war es beispielsweise undenkbar, eine erfolgreiche Baumwollfarm ohne Zugtiere zu betreiben, doch die Bauern um Tove hatten «so viel Angst vor einem Pferd oder einer Kuh wie ein normaler amerikanischer Junge vor einem tollwütigen Hund».

Und nicht nur das, auch die Tiere überlebten die lokalen Krankheiten nicht lange. Unerwarteter Regen schuf weitere Probleme. Als die Regenfälle im Juli begannen, verfaulte die Baumwolle, die die Experten gleich nach ihrer Ankunft gepflanzt hatten. Das hätten sie von den einheimischen Bauern erfahren können, aber ihr fester Glaube an die Überlegenheit der eigenen Methoden und ihre Unkenntnis der Sprache standen ihnen im Wege. Unüberwindlich erschienen auch die Probleme aufgrund der fehlenden Infrastruktur. Um ihre Entkörnungsmaschine vom Strand bei Lomé, wo sie sie mehrere Monate zuvor stehen gelassen hatten, nach Tove zu bringen, musste zuerst der Weg verbreitert werden, um sie für ihre Karren passierbar zu machen. Dann mussten sie 30 Leute anstellen, um die Karren zu ziehen, und brauchten dennoch über zwei Wochen, um die Ausrüstung zu holen.[50]

Trotz dieser Rückschläge ernteten Calloway, Robinson, Burks und Harris im Frühsommer einen Ballen ägyptische sowie vier Ballen amerikanische Baumwolle und im Spätherbst vier weitere Ballen amerikanische Baumwolle.[51] Angesichts des gewaltigen Aufwands an Land, Arbeit und Fachwissen war das ein mageres Ergebnis, aber Calloway wie auch das KWK sahen es als Erfolg an. Das KWK kam zu dem Schluss, das örtliche Klima sei tatsächlich, wie erwartet, für den Anbau hochwertiger Baumwolle geeignet, die lokale Bevölkerung sei bereit, sie anzubauen, und es sei genug Land dafür vorhanden, vielleicht so viel wie in Ägypten. Calloway stimmte zu und schlug vor, die Produktion auszubauen, indem man Märkte schaffe, auf denen Eingeborene ihre Baumwolle verkaufen könnten, und lokalen Erzeugern Agrartechniken beibringe, vor allem den Einsatz von Pflug und Zugtieren. Mithilfe dieser Reformen erwartete Calloway,

> «dass man bei Fortsetzung der Kulturversuche in wenigen Jahren im Stande sein wird, viele tausend Ballen Baumwolle aus dieser Kolonie auszuführen. Wenn dieses auch nicht auf den Weltmarkt einwirken wird, so würde es doch von großem Nutzen sein für Deutschland und besonders für die 2,5 Millionen Eingeborenen seiner Kolonie.»[52]

Die von den Experten geerntete Baumwollmenge mochte im ersten Jahr sehr klein gewesen sein, aber das KWK hatte nie beabsichtigt, Calloway und seine Kollegen zu Großproduzenten zu machen. Stattdessen hatten deutsche Unternehmer gehofft, von diesen erfahrenen Pflanzern zu lernen und dieses Wissen an die einheimischen Erzeuger weiterzugeben.[53] Das Ziel war von Anfang an, den Baumwollanbau zur «Volkskultur» zu machen, nicht wie anderswo im deutschen Kolonialreich zur «Plantagenkultur».

Dieser Entschluss beruhte teilweise auf den gewaltigen Problemen, die die Deutschen bei der Mobilisierung von Arbeitskräften für ihre Plantagen in Deutsch-Ostafrika gehabt hatten. Obwohl die Pflanzer die dortige Kolonialverwaltung zur Erhebung von Steuern gedrängt hatten, um die Bauern zur Lohnarbeit zu zwingen, hatte die Regierung das skeptisch gesehen, weil sie offenen Aufstand befürchtete.[54]

Diese deutschen Erfahrungen ähnelten denen anderer Kolonialmächte. Lohnarbeit war extrem schwer zu institutionalisieren. In Britisch-Ostafrika war den Experten klar, dass «der Mangel an Arbeitern die größte Schwierigkeit ist. ... Man muss Kulis von weit weg holen, weil die Einheimischen, die ohne jede Anstrengung vier Ernten im Jahr haben, nicht einsehen, warum sie für Lohn arbeiten sollten.» Auch in Britisch-Uganda war der Baumwollanbau «von den Bauern systematisch abgelehnt worden». Infolgedessen glaubten britische Kolonialisten: «Der Eingeborene wird besser arbeiten, wenn es auf eigene Rechnung geschieht, als wenn er für Lohn auf einer Plantage arbeitet, die Europäern gehört.»[55]

Die deutsche Baumwollpolitik wurde aber auch von ihrer Begegnung mit der alten und blühenden Baumwollindustrie der Ewe, die die Region bewohnten, beeinflusst. Jahrhundertelang hatten Bauern zwischen ihren Feldern Baumwolle gepflanzt, die von den Frauen zu Garn versponnen und von den Männern zu Stoffen verwebt wurde. Das ganze 19. Jahrhundert über war ein Teil dieser Baumwolle auch über große Entfernungen gehandelt worden. Während des amerikanischen Bürgerkriegs war ein Teil sogar auf die Weltmärkte gelangt, als lokale Herrscher Plantagen anlegten, auf denen Sklaven arbeiteten, und angeblich 20–40 Ballen im Monat nach Liverpool exportierten. Noch 1908 berichtete die deutsche Kolonialverwaltung, europäische Textilien hätten das einheimische Spinnen und Weben nicht zerstört. Eine so florierende Baumwollindustrie war tatsächlich trotz europäischer Textilimporte in ganz Afrika beheimatet.[56]

...

Diese blühende einheimische Industrie hofften die deutschen Kolonialisten umzumodeln, als sie ihren Einfluss auf das togolesische Hinterland in den 1890er Jahren ausweiteten. Ihr Ziel war es, die Binnenorientierung zu einer Außenorientierung umzuformen, wie die Briten in Indien und die Russen in Zentralasien. Durch «wissenschaftliche» Landwirtschaft, Infrastrukturmaßnahmen und Anreize durch «freie» Märkte sollten einheimische Bauern mehr Baumwolle von einheitlicher Qualität anbauen und an deutsche Händler verkaufen. Diese «Eingeborenenkultur» war nach der Teilpacht ein weiterer Versuch, die schwierige Frage der Arbeitskräfte zu lösen.

Ermutigt von der Expansion der Baumwollproduktion durch «freie Arbeiter» in den USA und der scheinbar erfolgreichen Übertragung dieser Erfahrung nach Togo durch die Tuskegee-Experten, hofften deutsche Baumwollkreise, eine kleine Zahl von Musterfarmen einzurichten, die den Ewe als Beispiel dienen würden. Außerdem entwickelte die deutsche Kolonialverwaltung mit den afroamerikanischen Beratern eine Reihe von Maßnahmen, um die Ewe dazu zu ermutigen, mehr gut entkörnte und gepackte Baumwolle zu erzeugen und rasch auf die Märkte zu bringen. Das KWK und andere Investoren wie die Deutsche Togogesellschaft stellten Entkörnungsmaschinen in allen Anbaugebieten Togos auf, um die Qualität zu steigern. So brauchten die Erzeuger sie nicht selbst zu entkörnen oder die viel schwerere Rohbaumwolle über weite Strecken zu trans-

Baumwolltransport aus dem Hinterland: ein Zug mit Baumwollballen in der deutschen Kolonie Togo, 1905

portieren. Die Käufer wiederum erlangten viel früher im Produktionsprozess Kontrolle über die Baumwolle. Die Kolonialverwaltung versuchte darüber hinaus die Qualität zu vereinheitlichen, indem sie Samen an die Produzenten verteilte. Hier waren die Studien der Experten wichtig, da sie mit ägyptischen, amerikanischen, peruanischen und brasilianischen Samen experimentiert und auch togolesische Sorten katalogisiert hatten. Nach 1911 wurde eine Mischung aus amerikanischen und einheimischen Sorten namens «Togo-Sea Island» als einzige Sorte von den Behörden verkauft. Um die Bauern zur Produktionssteigerung anzuregen, setzte die Kolonialverwaltung Mindestpreise fest, was wohl den Anbau weniger risikoreich machen sollte. Und schlussendlich konzentrierten sich Fachleute, Behörden und das KWK darauf, den Baumwollmarkt zu kontrollieren, indem sie zunächst Mitglieder der Baumwollexpedition in entfernte Gegenden schickten, um Baumwolle zu kaufen. 1902 hatten die Amerikaner sich über einen großen Teil von Togo verteilt, leiteten mehrere Versuchsfarmen und kauften wo immer möglich Baumwolle. Sie wirkten auch an Bau und Leitung der Baumwollsammelstationen mit.[57]

All dies waren entscheidende Maßnahmen, um deutschen Kaufleuten mehr Baumwolle zu liefern, aber noch wichtiger war die schnelle Entwicklung der Transportwege an die Küste. Calloway und seine Kollegen hatten nach ihrer Ankunft 15 Tage nach Lomé und zurück gebraucht – auf Karren, die von einheimischen Arbeitern gezogen wurden. Als eine Bahnstrecke 1907 die wichtigsten Anbaugebiete mit der Küste verband, sank die Transportzeit auf wenige Stunden.[58]

Preise, Märkte und Infrastruktur waren Schöpfungen der Kolonialverwaltung. Und die Rolle des Kolonialstaats ging noch weiter. Durch die Besteuerung ländlicher Erzeuger und die Einziehung der Steuern in Form von Arbeit zwang der Staat sie unter anderem dazu, Baumwolle von Tove an die Küste zu tragen, Eisenbahnen zu bauen und Land für den Anbau zu roden.[59]

Insgesamt waren die Anstrengungen der Experten aus den USA und der Kolonialregierung spektakulär erfolgreich. Die Baumwollexporte aus Togo stiegen auf 14 453 Kilogramm im Jahre 1902, 108 171 Kilogramm 1904 und gut eine halbe Million Kilogramm 1909. Dies war zwar nur ein kleiner Teil des deutschen Gesamtimports (Deutschland bezog nie mehr als 0,5 % seines Baumwollbedarfs aus den Kolonien), aber die Wachstumsrate (eine Steigerung um das 35-Fache in sieben Jahren) ließ eine glänzende Zukunft für die afrikanische Baumwolle vermuten.[60]

Trotz dieser spektakulären Anfänge gelang aber danach kein weiterer Zuwachs. 1913, im letzten Jahr der deutschen Kolonialherrschaft in Togo, waren die Exporte sogar etwas niedriger als 1909. Die Grenzen des Wachstums erklären sich aus der Rolle, die Baumwolle im landwirtschaftlichen System der einheimischen Erzeuger spielte. Wie an vielen Ort der Welt wollten sie ältere wirtschaftliche und soziale Muster beibehalten, die ihnen Kontrolle über ihre Arbeit und ihr Leben gaben. Traditionell hatten Ewe-Frauen zwischen ihre Mais- und Süßkartoffelfelder Baumwollsträucher gesetzt. Diese lieferten ihnen eine zusätzliche Ernte ohne viel zusätzliche Arbeit, da das Land ohnehin gehackt und gejätet werden musste. Zunächst störten Baumwollproduktion und -export diese Anbauform noch nicht. Doch die traditionellen Arbeitsmuster und die alte geschlechtsspezifische Arbeitsteilung setzten der Ausweitung des Anbaus enge Grenzen. Zum Ärger der deutschen Behörden bedeutete es unter anderem, dass togolesische Bauern sich weigerten, eine Baumwollmonokultur zu übernehmen, weil sie viel arbeitsintensiver, aber nicht zwingend profitabler war. Mais und Süßkartoffeln lieferten den Erzeugern außerdem Nahrung, egal wie hoch der Baumwollpreis war. Die Preise, die deutsche Kolonialbeamte und Kaufleute für die Rohbaumwolle boten, waren zu niedrig, um Bauern zu dem Risiko zu er-

Unter nationaler Flagge: der neue Baumwollimperialismus

muntern, ihren Anbau für den Eigenbedarf aufzugeben. Sogar August Etienne, der entschiedene Verfechter der kolonialen Baumwolle, musste zugeben: «Der Übergang zum ausschließlichen Baumwollanbau hat für die bäuerliche Wirtschaft etwas Riskantes.»[61]

Außerdem waren die einheimischen Spinner eine starke Konkurrenz um das weiße Gold. Dr. Gruner, der Leiter des deutschen Verwaltungspostens Misahöhe

Togolesische Frauen beim Spinnen

Station, berichtete im Dezember 1901: «Wie in manchen Dingen verderben die eingeborenen Handwerker, die für die Produkte ihrer Handfertigkeit außergewöhnlich hohe Preise erzielen, den Preis des Rohmaterials.» Diese Spinner und Weber waren laut Gruner nur wenige, zahlten aber für ein Pfund gereinigte Baumwolle bis zu 50 Pfennig – sehr viel mehr als die 25–30 Pfennig, die deutsche Kolonialisten boten.

Solche Preisunterschiede zeigen, dass sich nie ein freier Baumwollmarkt entwickelte; deutsche Kaufleute, die in Togo Baumwolle kaufen wollten, mussten sogar förmlich garantieren, dass sie nicht mehr bezahlen würden, als von der Kolonialverwaltung festgelegt. In ganz Afrika schufen europäische Kolonialbehörden solche streng regulierten und überwachten Märkte, die immer mehr Zwang ausübten, damit die Bauern ihre Rohbaumwolle nicht weiter an die florierende und für sie profitablere lokale Baumwollverarbeitung verkauften.⁶² Die Kolonialisten mussten erkennen, wie es ein britischer Ökonom 1926 in einem anderen Kontext formulierte, dass «ein Teil des Problems darin besteht, die Baumwolllieferungen von den nigerianischen Handwebstühlen zu den Textilmaschinen von Lancashire umzuleiten». In seinen Augen und auch denen anderer Beobachter war eine Deindustrialisierung notwendig, um Afrika zum Satelliten Manchesters und anderer Textilzentren Europas zu machen.⁶³

Selbst nach der Ankunft der Deutschen hatten kapitalistische Sozialbeziehungen Togo nur ganz oberflächlich durchdrungen; die Bauern widersetzten sich der Logik der Weltmärkte und der Kommerzialisierung ihrer Lebensweise, sie blieben bei ihren alten lokalen Tauschsystemen und ihrer Produktion für den eigenen Bedarf. Deutsche Kolonialbeamte beklagten, «im Gegensatz zu vielen Teilen Amerikas ist der hiesige Bauer auf den Baumwollanbau als Lebensunterhalt nicht angewiesen. Letzterem stehen fast durchweg andere Feldfrüchte zum Anbau zur Verfügung, und seine Lebensbedürfnisse sind so gering, dass er ohne Bareinahmen längere Zeit auskommen kann.» Die «Furcht vor dem Verhungern», von der britische Sklavereigegner gehofft hatten, sie werde bei den kolonialen Völkern die «Furcht vor der Peitsche» als Motivation für den exportorientierten Anbau ablösen, scheiterte in Togo, weil es genügend Alternativen gab. Dieser Widerstand gegen den globalen Markt hatte auch deshalb erstaunliche Ausdauer, weil die Deutschen kein ausbeuterisches Kreditsystem in Togo einführen konnten.⁶⁴

Noch bevor der togolesische Baumwollanbau stagnierte, hatten deutsche Kolonialbehörden diese konservativen Kräfte erkannt. Karl Supf vom KWK, der sich der Spannungen zwischen Eigenbedarf und Weltmarktproduktion bewusst war, schlug als Ziel der Kolonialpolitik vor, «die Eingeborenen in wirtschaftliche Abhängigkeit von uns zu bringen». Ein Weg dorthin sei die Anhebung lokaler Steuern, die in Baumwolle zu zahlen seien. Als Alternative schlug der Gouverneur von Togo 1903 vor, den Bauern kleine Geldsummen vorzuschießen, die durch künftige Ernten abgesichert wären, damit sie sich auf Baumwolle konzentrierten. Doch die Deutschen sahen, dass alte Gewohnheiten schwer zu brechen waren, vor allem weil die relativ schwache Präsenz des deutschen Kolonialstaats – Eisenbahnen, Märkte und Preisgarantien – die widerstandsfähige Sozialstruktur der Bauern, die auf dem Zugang zu Land beruhte, weitgehend unberührt ließ.⁶⁵

Da die Bemühungen scheiterten, Erzeuger in Schuldsysteme einzubinden, und eine direkte Enteignung nicht in der Macht der Kolonialverwaltung stand, entwickelten andere Formen des Zwangs größeren Reiz. Während der Textilfabrikant Karl Supf «sanften Druck» empfahl, sah der Kolonialbeamte Georg A. Schmidt die Notwendigkeit von «starkem Druck». Systematisch wurden die Märkte untergraben, indem man Preise festsetzte, die völlig vom Weltmarktpreis getrennt waren; indem man die Erzeuger zwang, ihre Baumwolle so auf den Markt zu bringen, wie es die Kolonialverwaltung vorschrieb; indem man

Zwischenhändler ausschaltete, den Erzeugern bestimmte Baumwollsorten aufdrängte und nicht zuletzt Bauern unter Zwang arbeiten ließ. Mit Zwangsarbeit wurden zum Beispiel Straßen, Eisenbahnen und Entkörnungsmaschinen gebaut. Immer strenger überwachten lokale Beamte die Aussaat, das regelmäßige Jäten der Felder und die rechtzeitige Ernte. 1911 bestanden 47 von der deutschen Verwaltung autorisierte Ankaufstationen in den Anbaugebieten, um sicherzustellen, dass der Verkauf nur unter dem wachsamen Blick der Regierung vor sich ging; manchmal übernahmen sogar Soldaten den Baumwollankauf. Im Januar 1912 wurde überdies angeordnet, jede Entkörnungs- oder Handelsfirma dürfe nur staatlich lizensierte Käufer auf die Märkte schicken. Die Verkäufer wiederum mussten stets gute und schlechte Qualitäten trennen. Und 1914 wurden solche Regeln zum Umgang mit Baumwolle verschärft und schlossen nun körperliche Strafen für Erzeuger ein, die sie übertraten. Mit der Zeit spielten Gewalt und Zwang eine immer größere Rolle für die deutsche Politik.[66]

Diese Entwicklung führte zu Konflikten zwischen den Experten aus Tuskegee und den deutschen Kolonialisten. Vor allem Robinson befürwortete den gemeinsamen Ausbau von Baumwolle und Nahrungsmitteln auf «harmonische Art», und seine Haltung spiegelte Booker T. Washingtons Sorge wider, dass sich Afroamerikaner in der Landwirtschaft zu sehr auf Baumwolle konzentrierten und zu wenig auf den eigenen Bedarf. Robinson hatte die gescheiterten Kämpfe der Freigelassenen in den USA noch vor Augen. In einem außergewöhnlich weit gehenden Brief schrieb er:

> «Die Quelle und das Leben jeder Regierung ist ihr Volk. Darum ist das Volk die erste und größte Sorge. Aus demselben Grund wollen wir den Menschen Baumwollkultur beibringen, weil es gut für sie ist, sie dadurch Wohlstand erwerben und die Kolonie reicher wird. Aber die Menschen können auch nicht allein von Baumwolle leben. Darum sollten wir jetzt beginnen, sie zu lehren; wo sie bisher Mais anbauten, werden wir sie lehren, mehr und besseren Mais anzubauen, und auch Baumwolle. Wo sie jetzt Jams und Baumwolle anbauen, muss man ihnen zeigen, wie man größere Jams und bessere Baumwolle anbaut.»

Um einen langsamen Wandel zu bewerkstelligen, sei es wichtig, die Bauern nicht zu zwingen, sondern sie mit «so wenig Aufregungen und Unbequemlichkeiten» wie möglich daran zu beteiligen. Robinson und seine Kollegen aus Alabama wurden von der deutschen Kolonialverwaltung aber zunehmend ignoriert.[67] Dabei wussten einige deutsche Beobachter in Togo nur allzu gut, dass «für die Eingeborenen ... jeder andere Anbau profitabler als der Baumwollanbau» war.[68]

In anderen Teilen Afrikas entwickelten sich ähnliche rassistische Regime. Das unterschied den Kontinent von den meisten übrigen Anbauregionen, wo Gewalt durch subtilere und letztlich erfolgreichere Formen des Zwangs ersetzt worden war. Hier aber glaubten die Kolonialmächte, man müsse Afrikaner gewaltsam zwingen, die «Naturgesetze» des Marktes zu akzeptieren.⁶⁹ In der Elfenbeinküste mussten Bauern auf besonders gekennzeichneten Feldern unter der Aufsicht von lokalen Kolonialbeamten produzieren. Im Belgisch-Kongo wurde der Baumwollanbau 1917 zur «culture obligatoire», was Bauern neben dem Anbau auch dazu zwang, unter Marktpreis zu verkaufen, und zu niedrige

Zwang zur Baumwollproduktion im Belgisch-Kongo, um 1920

Erträge mit Geldbußen bestrafte. Wenn die Arbeit nicht zur Zufriedenheit ausfiel, wurden schwere Strafen verhängt, auch Auspeitschungen. In Französisch-Sudan (Mali) wurden Bauern ähnlich zum Baumwollanbau gezwungen. Bauern in Mosambik sahen sich «sexueller Erniedrigung und Schlägen» ausgesetzt. Die Gewalt war so furchteinflößend, dass noch in den 1970er Jahren das Wort Baumwolle «fast automatisch» die Assoziation «Leiden» hervorrief.⁷⁰

...

In Togo brachten alle Bemühungen der Deutschen jedoch nur minimale Erfolge. Unter ihrer Herrschaft konnte nach dem Höhepunkt 1909 die Baumwollproduktion nicht mehr gesteigert werden. Andere Kolonialmächte in vielen anderen Teilen Afrikas machten ähnliche Erfahrungen. Neidisch schaute man auf die Ausweitung des Baumwollanbaus in Zentralasien und im Westen Indiens, wo russische und britische Kolonialisten die örtlichen Sozialstrukturen weitgehend umgewälzt hatten, um sie auf die Produktion für den Export zu orientieren. Eine solche Transformation erforderte meist mehrere Jahrzehnte, wie in Indien, oder große Gewalt, wie im amerikanischen Süden, der Karibik und Brasilien. Natürlich passten sich auch Afrikaner rasch den Anreizen neuer Märkte und neuer Gewinnmöglichkeiten an – das zeigen die bahnbrechenden Bemühungen der Bauern an der Goldküste um die Jahrhundertwende, Kakao für die Weltmärkte zu produzieren. Aber die Deutschen konnten weder solche Anreize bieten noch hatten sie Jahrzehnte Zeit, und sie besaßen auch nicht die administrativen, ökonomischen oder militärischen Kapazitäten, um den Prozess zu verkürzen. Erst in den 1920er Jahren, als Frankreich einen großen Teil Togos regierte, stieg die Baumwollproduktion für den Weltmarkt spürbar an, von 1913 bis 1938 um das Dreifache. Doch der größte Anstieg kam bezeichnenderweise erst nach der Unabhängigkeit, und heute exportiert Togo über 38 Millionen Kilogramm jährlich, 75-mal so viel wie unter deutscher Herrschaft. Aber noch immer ist Togo eines der ärmsten Länder der Welt.[71]

...

Das Unternehmen der kleinen Gruppe von Baumwollexperten aus Tuskegee in Togo steht für eine viel größere Geschichte. Die Begegnung zwischen Afroamerikanern der ersten Generation nach der Sklaverei, deutschen Kolonialbeamten und togolesischen Bauern wirft ein Schlaglicht auf den gewaltigen Umbau des Baumwollimperiums – und damit des globalen Kapitalismus – im frühen 20. Jahrhundert. Imperiale Staaten sicherten sich gewaltige Flächen, auf denen der Anbau möglich war, und benutzten ihre geballte administrative, infrastrukturelle und militärische Macht, um Arbeitskräfte dafür zu mobilisieren. Wo wir auch hinschauen, ob in die Kolonialwelt, in die USA oder nach Russland, die Kontrolle des Baumwollanbaus lag immer mehr in den Händen von mächtigen Nationalstaaten und Imperien.

Natürlich konkurrierten diese Mächte um die Kontrolle von Territorien, doch in ihrer Suche nach Wegen, um Anbaugebiete für ihre heimischen Industrien nutzbar zu machen, versuchten die Akteure im gesamten Baumwollimperium von den Erfahrungen der anderen zu lernen. Französische, japanische und britische Baumwollkreise beobachteten beispielsweise genau die deutschen Aktivitäten in Togo und schickten Delegierte zu John Robinson; der Vorsitzende der British Cotton Growing Association sah die deutschen Bemühungen in Togo sogar als Vorbild für den Baumwollanbau in Afrika. Das französische Konsulat in St. Petersburg berichtete ausführlich über die Entwicklungen in der zentralasiatischen Produktion, ebenso das deutsche Konsulat. All dies drehte sich zwar im Grunde darum, nationale Industrien vor den Schwankungen des Weltmarkts unabhängig zu machen, war aber selbst Teil eines neuen globalen Diskurses über Baumwolle. Das gemeinsame Interesse der Textilfabrikanten am Umbau der globalen Landwirtschaft überstieg nationale Grenzen und führte in den Jahren vor dem Ersten Weltkrieg zur Entstehung einer transnationalen Bourgeoisie.[72]

Auch in den veränderten Machtkonstellationen nach dem Krieg wurde weiter experimentiert, ob in der Sowjetunion oder dann noch später im unabhängigen Indien oder in der Volksrepublik China. Es war das weitgehend unter indischer Kontrolle stehende Indian Central Cotton Committee, dem es schließlich gelang, den Baumwollanbau so umzugestalten, dass er besser den Bedarf der indischen Textilfabriken in den 1920er Jahren erfüllen konnte. Es sagt ebenfalls viel aus, dass 1923 die Baumwollexperten des Kolonial-Wirtschaftlichen Komitees mit Unterstützung von deutschen Großbanken und Textilfabrikanten die zentralasiatische Baumwollproduktion untersuchten. Nach dem Verlust der deutschen – nun sowjetischen – Kolonien im Ersten Weltkrieg interessierten die Baumwollexperten sich sehr für die Verhältnisse in Zentralasien. Ihre sowjetischen Partner lasen eifrig die Vorkriegsveröffentlichungen der Deutschen über Kolonialbaumwolle und hofften, deutsches Fachwissen anzuwenden. Die Anordnungen, die das sowjetische Baumwollkomitee 1923 aus Moskau erhielt, waren fast identisch mit den vielen Dokumenten, die Kolonialbeamte in Afrika, Asien und anderswo produziert hatten.[73]

Eine der Auswirkungen dieser neuen politischen Ökonomie war die Marginalisierung von Gebieten, die für die regionalen oder sogar globalen Netzwerke von Austausch und Macht einmal zentral gewesen waren. Überall konzentrierten sich die erstarkten imperialen Nationalstaaten jetzt auf ihren industriellen Kern. Für die politischen Anliegen von Erzeugern landwirtschaftlicher Rohstoffe – wie bei den einst mächtigen Südstaatenpflanzern vor 1865 – blieb wenig oder kein Raum. Nach dem amerikanischen Bürgerkrieg waren Baumwollerzeuger auf der ganzen Welt politisch und wirtschaftlich an den Rand gedrängt worden, und eine neue globale Peripherie war entstanden, an der Millionen von Farmern, Teilpächtern, Bauern und Landarbeitern schufteten, um mit den atemberaubenden Fortschritten des industriellen Kapitalismus Schritt zu halten, ohne selbst daran teilzuhaben. Die besonderen Arten, auf die Regionen, Länder und sogar ganze Kontinente in diesen neuen industriellen Kapitalismus integriert wurden, verschärften und zementierten die globale Ungleichheit.

Trotzdem blieb das Baumwollimperium zu Beginn des 20. Jahrhunderts so global wie zuvor. Da gab es indische Händler, die ugandische Baumwolle nach Japan verkauften. Die Söhne amerikanischer Sklaven berieten deutsche Kolonialisten in Togo. Ein Inder aus Madras, der in einer deutschen Textilfabrik ausgebildet worden war, leitete nun eine Baumwollplantage in Deutsch-Ostafrika. Texanische Farmer reisten mit ägyptischen Agrarexperten durch den Kongo, um ihre belgischen Gastgeber zur Ausweitung der Produktion zu beraten. Russische Landwirtschaftsexperten besichtigten Bewässerungssysteme in Indien, Ägypten und den USA. Und japanische Landwirtschaftsbeamte studierten sorgfältig den Baumwollanbau in Deutsch-Westafrika. 1913 formulierte E. R. Bartley Denniss, der Abgeordnete für die britische Textilstadt Oldham, pointiert, die Frage der Baumwollversorgung sei nun «eine Weltfrage. Die Baumwollindustrie der Welt macht die Nationen stärker voneinander abhängig als jede andere.»[74]

Diese neue Geographie des globalen Kapitalismus beendete ironischerweise die über hundert Jahre alte Dominanz der beiden Achsen des Baumwollimperiums, Europa und USA. Die gewaltige Expansion des Baumwollanbaus, die die wachsende Zahl von Fabriken auf der ganzen Welt versorgte, spiegelt sich in der explosiven Zunahme der Spindeln: 1865 hatten sich weltweit 57 Millionen Spindeln gedreht – 1920 waren es 155 Millionen.[75] Doch diese Spindeln und Webstühle produzierten Garne und Stoffe immer weniger in den Städten und Dörfern Westeuropas und der US-Nordstaaten, sondern immer mehr in denen des globalen Südens.

Kapitel 13
Rückkehr in den globalen Süden

Der Aufstieg des Südens: Textilfabrik bei Petropolis, Brasilien

Ahmedabad erstreckt sich am Fluss Sabarmati nahe der indischen Westküste. Es ist heute eine lebhafte Metropole mit sechs Millionen Einwohnern, die wichtigste Stadt der Provinz Gujarat. Aber vor nur 150 Jahren war es im Wesentlichen eine mittelalterliche Stadt, ihre

> «alte Institutionen ... blühten; die Sarafs und Mahajans [Bankiers und Geldverleiher] ... beherrschten Handel und Industrie; die alten Handwerke waren die Grundlage ihres Wohlstands; und ihre Ein- und Ausfuhren wurden mit Packtieren auf ungepflasterten Gassen zwischen hohen unbemalten Holzhäusern durch die bewachten Stadttore transportiert.»

Das änderte sich mit der neuen Welle der indischen Baumwollindustrialisierung, die noch nie dagewesene Produktivität und Profite brachte. Am 30. Mai 1861 setzte Ranchhodlal Chhotalal zum ersten Mal in der Stadtgeschichte dampfgetriebene Spinnmaschinen in Gang. Schon als junger Mann hatte er die Idee einer Textilfabrik propagiert. Angeregt durch die neuen Fabriken in Bombay erkannte er, dass die neue Technologie die indische Industrie radikal verwandeln würde. Er ließ sich von der mangelnden Begeisterung der Geschäftsleute von Ahmedabad nicht entmutigen und fand schließlich ein paar Kaufleute und Bankiers, die sein Vorhaben unterstützen. Die neuen Maschinen wurden in England bestellt, dazu ein Team englischer Mechaniker, und ein paar Monate später trafen Chhotalals Spinnmaschinen in einer langen Prozession von Ochsenkarren in Ahmedabad ein.[1]

Im Mai 1861 setzten 65 Arbeiter der Shapur Mill 2500 Spindeln in Gang. Obwohl das selbst nach den damaligen Bombayer Maßstäben nur eine kleine Fabrik war, verhieß sie eine strahlende Zukunft: Sie machte von Anfang an Gewinn. Anfang 1865 stellte Chhotalal weitere 235 Arbeiter ein, vergrößerte die Fabrik auf 10 000 Spindeln und stellte auch 100 Webstühle auf.[2]

Manchesters weltweit

Ahmedabads spektakulärer Aufstieg zu einem der größten baumwollverarbeitenden Orte der Welt verdankte sich nur zum Teil den fortschrittlichen britischen Maschinen. Die Stadt hatte eine lange Tradition der Baumwollverarbeitung, und seine Kaufleute hatten, in Gilden organisiert, seit Jahrhunderten von hier aus Fernhandel mit Baumwolle betrieben. Manche hatten dabei große Vermögen angesammelt, und auch nachdem die Briten die Stadt 1818 von den Marathas übernahmen, spielten diese Kaufleute eine wichtige Rolle im Handel. Sogar als ab den 1830er Jahren britisches Garn in großen Mengen eingeführt wurde und einheimische Produzenten verdrängte, nahmen lokale Händler ausländisches Garn ins Sortiment auf und finanzierten weiterhin die örtlichen Webereien.[3]

Trotzdem zögerten die meisten Kaufleute und eingesessenen Geschäftsleute von Ahmedabad, in weitere Fabriken zu investieren, da sie mit den hohen Zinsen des Geldverleihs zufrieden waren. Erst in den 1870er Jahren, als die sich verschärfende Krise der exportabhängigen Landwirtschaft den Geldverleih weniger sicher machte, wandten sich vermögende Bürger der Baumwollverarbeitung zu. Die Händler Masukkhbai und Jamnabhai Bhagubhai, Anhänger der Jain-Religion, waren die Ersten, die den Sprung wagten. 1877 eröffneten sie die Gujarat Spinning and Weaving Company mit 11 561 Spindeln und 209 Webstühlen.

Rasch folgten ihnen andere Kaufmannsfamilien, die zunehmend aus dem Überseehandel verdrängt wurden. Wie in Europa mehrere Jahrzehnte zuvor floss altes Handelskapital nun in die Textilverarbeitung und machte bald den Großteil der Investitionen aus. Und wie im elsässischen Mulhouse und anderswo waren diese Investoren eng miteinander verbunden. Jainisten und vishnuistische Hindus dominierten die Industrie. Mitglieder dieser Kasten institutionalisierten ihre sozialen Verbindungen in Organisationen wie der Jain Conference und der Gujarat Vaishya Sabha, zu deren Führern die Fabrikbesitzer der Stadt zählten.[4] Dank des reichlich vorhandenen Investitionskapitals seiner Kaufleute gab es 1918 schon 51 Textilfabriken in Ahmedabad, und 35 000 Arbeiter strömten jeden Morgen durch ihre Tore, um diese Investitionen in Profite zu verwandeln. Ahmedabad war das «Manchester Indiens» geworden.[5]

Als das Baumwollimperium wuchs, sollte die Welt bald voll solcher Manchesters sein. Die räumliche Verteilung der globalen Baumwollindustrie – und damit des Kapitalismus – waren ständig im Fluss. Baumwolle wurde nicht nur in neuen Regionen angebaut, sondern zunehmend auch in neuen Regionen durch dampfgetriebene Maschinen gesponnen, gewebt und bedruckt. Die Tage des alten Baumwollimperiums unter dem Monopol der nordatlantischen Staaten waren gezählt.

Am steilsten war der Absturz von Großbritanniens Bedeutung im Reich der Baumwolle. 1860 standen dort noch 61 % aller mechanischen Spindeln, aber 1900 war dieser Anteil auf 42 % und 1930 auf 34 % gesunken. Die Laufzeit britischer Maschinen war außerdem kürzer als die in anderen Ländern und die Maschinen auch älter, so dass im Jahre 1932 nur noch 11 % der globalen Garn- und Tuchproduktion von dort kam. Die Zwischenkriegszeit insbesondere war ein «Desaster» für die britische Industrie. Die ehemalige «Werkstatt der Welt», die Textilien als Exportgut Nr. 1 auf ihren wichtigsten Markt Asien lieferte, brach nach dem Ersten Weltkrieg zusammen – der Export nach Indien ging gegenüber den Vorkriegsjahren um 46 % zurück, der nach Holländisch-Ostindien um 55 % und der nach China um 59 %. So begann die schmerzhafte Auflösung der britischen Baumwollindustrie nicht nur in Relation zu einer wachsenden Weltwirtschaft, sondern auch in realen Zahlen: 1919–1939 verschwanden 43 % aller Webstühle, 1926–1938 41 % aller mechanischen Spindeln und 1920–1939 45 % der Textilarbeiter.[6]

Während die englische Industrie ihre globale Vormachtstellung langsam verlor, hielten der Kontinent und die USA bis 1930 ihre Anteile an der weltweiten Zahl der Spindeln von 30 % bzw. 20 %. Doch auch die Herrschaft dieser nordatlantischen Länder im Baumwollreich wurde schließlich durch den langsameren, aber unaufhaltsamen Aufstieg der Baumwollindustrie im riesigen globalen Süden beendet. Tatsächlich erlebten die Fabriken Neuenglands in den 1920er Jahren «einen noch umfassenderen Zusammenbruch» als die britischen. Unter den

Rückkehr in den globalen Süden

Aufsteigern war Japan der bei weitem eindrucksvollste: 1880 hatte das Land nur 8000 Baumwollspindeln besessen. 50 Jahre später waren es 7 Millionen, ein Anteil von 4,3 % an der globalen Gesamtzahl, gleich hinter Deutschland (6,7 %), Frankreich (6,2 %) und Russland (4,6 %). Japan wurde nun auch der größte Investor in die chinesische Baumwollproduktion, wo die Industrie von knapp einer Million Spindeln 1908 auf fast vier Millionen 1930 wuchs. Indien entwickelte sich ähnlich, wobei es eine etwas stärkere Ausgangsposition hatte: Es steigerte die Zahl seiner Spindeln von 1,6 Millionen 1877 auf knapp 9 Millionen 1930, Spindeln, die jedoch weniger produktiv waren als jene in Japan. Im 20. Jahrhundert wuchs die asiatische Textilindustrie weltweit am schnellsten; die Baumwollverarbeitung kehrte in ihre alte Heimat zurück.[7]

Obwohl Baumwolle für die Weltwirtschaft im Zeitalter riesiger Stahl- und Chemiewerke und einer expandierenden Maschinenindustrie klar an Bedeutung verlor, erfuhr sie eine bedeutende geographische Verschiebung, die – wie ein Jahrhundert zuvor – auf die nächste Phase des globalen Kapitalismus vorausdeutete. Viele Europäer des 19. Jahrhunderts wollten zwar glauben, ihnen seien die Wunder der modernen Industrie wegen so unwandelbarer Faktoren wie Klima und Geographie, einer überlegenen Religion und «Kultur» oder gar «rassischer» Besonderheiten vorbehalten – aber die Geschichte des Baumwollimperiums zeigte, dass sie Unrecht hatten.

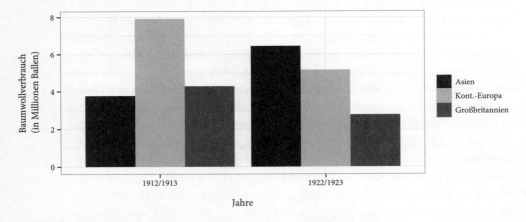

Der Aufstieg Asiens: Weltverbrauch aller Baumwollarten in Millionen Ballen[8]

Dieser Aufstieg der Baumwollfabrikanten im globalen Süden entstand aus einer Verschiebung der sozialen Macht sowohl im Zentrum des Industriekapitalismus wie auch an seiner Peripherie. Der Industriekapitalismus hatte die Sozialstruktur nicht nur in Europa und Nordamerika, sondern auch im globalen Süden verändert, wo neue Ungleichheiten in Staatsmacht und Wohlstand entstanden.

Zwei Gruppen spielten eine entscheidende Rolle in dieser hundert Jahre währenden Geschichte: Arbeiter in Europa und dem Nordosten der USA und ehrgeizige Baumwollunternehmer im globalen Süden. Unabhängig voneinander förderten sie zwei einander verstärkende Prozesse: die Nationalisierung sozialer Konflikte und die Stärkung des Staates. Als Arbeiter sich auf beiden Seiten des Atlantiks organisierten, stiegen die Arbeitskosten. Das machte anderswo Niedriglohnproduzenten konkurrenzfähig auf den Weltmärkten, obwohl ihre Fabriken oft weniger effizient waren. Gleichzeitig unterstützten Kapitalbesitzer im globalen Süden staatliche Maßnahmen, die ihr eigenes Projekt der einheimischen Industrialisierung förderten. Sie konnten auch aus einem Reservoir an Niedriglohnarbeitern schöpfen, von denen viele durch die rasche Umwälzung der Landwirtschaft ihren althergebrachten Platz verloren hatten. Diese Kombination aus riesigen Lohnunterschieden und dem Aufbau aktiv handelnder Staaten verschob die Geographie der globalen Textilherstellung schneller, als die meisten Beobachter es für möglich gehalten hatten. Kurz gesagt, selbstbewusste Arbeiter in den nordatlantischen Staaten und politisch geschickte Kapitalbesitzer des globalen Südens gaben dem Baumwollimperium eine neue Gestalt, und es kündigte sich die neue globale Arbeitsteilung an, die uns heute so vertraut ist.[9]

Arbeiter organisieren sich

Natürlich hatten Textilarbeiter schon vor den 1860er Jahren gestreikt, sich in Gewerkschaften organisiert und sich um höhere Löhne und bessere Arbeitsbedingungen bemüht. Doch ab dem späten 19. Jahrhundert vermehrte sich dieses kollektive Handeln unter der Wärmelampe des Nationalstaats – und es gelang vielen Arbeitern, bessere Lebensbedingungen durchzusetzen.

Fall River in Massachusetts, eines der wichtigsten Zentren der amerikanischen Textilindustrie, ist nur eines von vielen Beispielen. Zu Beginn des 19. Jahrhunderts hatte die reichlich vorhandene Wasserkraft hoffnungsvolle Unternehmer angezogen. 1813 eröffneten Dexter Wheeler und sein Cousin David Anthony die Fall River Factory, der zahlreiche ähnliche Unternehmen folgten. 1837 hatte Fall River zehn Textilfabriken, in denen die Söhne und Töchter aus der umliegenden Landwirtschaft arbeiteten. Dank guter Transportmöglichkeiten nach New York stieg die Stadt in der zweiten Hälfte des Jahrhunderts zum größten US-Hersteller bedruckter Baumwollstoffe auf. Von 1865 bis 1880 verfünffachte sich die Zahl der Fabriken; auf dem Höhepunkt um 1920 zählte Fall River 111 Textilfabriken, ein Achtel der gesamten Spinnkapazität der USA, mit 30 000 Arbeitern und Arbeiterinnen, fast so viele wie in Ahmedabad.[10]

Die Arbeiter organisierten sich schon wenige Jahre nach Beginn der Industrialisierung, um ihre Löhne und Arbeitsbedingungen zu verbessern. Zwischen 1848 und 1904 gab es 13 große Streiks. Bei manchen, wie dem Streik der Spinnarbeiter 1865, ging es nur um die Lohnforderungen einer Sparte; bei anderen, wie dem Streik von 1904, standen fast alle Fabriken monatelang still.[11]

Die Militanz der Arbeiter rührte zum Teil von ihren Arbeits- und Lebensbedingungen her. Textilfabriken waren wie zur Zeit von Ellen Hootton über ein Jahrhundert zuvor laut, schmutzig und gefährlich. Die inzwischen oft von Dampf statt von Wasser angetriebenen Anlagen waren größer geworden und kombinierten häufig das Spinnen und das Weben. Das Rattern von Spulen und Weberschiffchen, Treibriemen und beweglichen Metallteilen betäubte die Ohren von Männern, Frauen und Kindern, der Baumwollstaub füllte ihre Lungen, und nicht selten verhakten sich Kleidungsstücke, Haare oder Glieder in den Maschinen und verstümmelten die Arbeiter. Der Arbeitstag war streng geregelt und scheinbar endlos, Spinner und Weber hatten kaum freie Zeit. Die Folgen einer solchen Arbeitsorganisation waren schwerwiegend. So schätzte man, dass etwa in Aachen die Hälfte aller Kinder der Textilarbeiter vor dem ersten Lebensjahr starb – eine ungewöhnlich hohe Kindersterblichkeit. Selbst in relativ guten Zeiten litten Arbeiter unter Hungerlöhnen und ungesunden, elenden Wohnverhältnissen. Aus einer Untersuchung des Amts für Arbeitsstatistik des Staates Massachusetts ging 1875 hervor, dass ein ungelernter Arbeiter in Fall River einen Lohn von 395,20 Dollar erhielt – weniger als das Existenzminimum einer Familie –, hinzu kam der Lohn seiner zwölfjährigen Tochter, die neben ihm in der Fabrik arbeitete. Seine siebenköpfige Familie lebte in einer «heruntergekommenen» 5-Zimmer-Wohnung «im schlimmsten Teil der Stadt». Die Familie war verschuldet, und der einzige Hoffnungsschimmer war die Tatsache, dass im nächsten Sommer ein weiteres Kind alt genug sein würde, um mit Vater und Schwester in der Fabrik zu arbeiten.[12]

Eine Folge solcher Arbeits- und Lebensbedingungen war jedoch, dass sich die Textilarbeiter von Fall River dagegen organisierten. Angespornt durch die Arbeitersolidarität und -militanz, die britische Arbeiter über den Atlantik trugen, erreichten sie mit ihren kollektiven Aktionen eine Reihe bahnbrechender Siege. 1866 setzte die Gewerkschaft der Spinnarbeiter in der ganzen Stadt den Zehnstundentag durch. 1886 gelang ihnen eine weitreichende Übereinkunft, die die Löhne der Spinner in New Bedford, Fall River und Lawrence an einen Staffeltarif band, der auf dem Verkaufspreis von bedruckten Baumwolltextilien beruhte. Nach dem stadtweiten Streik von 1904 akzeptierten die Firmen von Fall River die Forderung der Webergewerkschaft nach derselben Regelung. Schon in den 1890er Jahren interessierten sich die örtlichen Facharbeiter für landesweite Gewerkschaften, und in den folgenden 50 Jahren traten die Arbeiter von Fall River verschiedenen regionalen Arbeiterorganisationen bei oder gründeten sie.[13]

Arbeiter organisieren sich

Die Textilarbeiter von Fall River und ihre Kollegen aus Neuengland waren auch deshalb erfolgreich, weil sie als Bürger der USA politischen Einfluss besaßen. Vor allem setzten sie ihr Wahlrecht in verbesserte Arbeitsbedingungen um. In Fall River und anderswo wurden Gewerkschaften und Streiks Faktoren in der Politik, da es für den Staat praktisch unmöglich war, die Forderungen von wahlberechtigten und organisierten Arbeitern völlig zu ignorieren.

...

Textilarbeiterstreik in der Firestone-Fabrik, Fall River, 1934

Und die Geschichte von Fall River ist keineswegs außergewöhnlich. In Frankreich widersetzten sich 1867 bis zu 25 000 Arbeiter in Roubaix gewaltsam der Einführung mechanischer Webstühle. Im Sommer 1870 streikten 15 000 Textilarbeiter in Mulhouse und dem übrigen Elsass und forderten unter anderem den Zehnstundentag. Zu Beginn des 20. Jahrhunderts stieg die Zahl der Streiks unter den rund 165 000 Textilarbeitern rapide an. 1909, in einem besonders streikfreudigen Jahr, gab es beispielsweise 198 Aktionen mit über 30 000 Teilnehmern. Obwohl es bis zum frühen 20. Jahrhundert wenige stabile Gewerkschaften im Land gab, waren die bestehenden eine wachsende Größe in der französischen Politik.[14]

Auch in der deutschen Baumwollindustrie hatten sich bereits in den 1840er Jahren Textilarbeiter organisiert. Zu Beginn des 20. Jahrhunderts gehörte etwa ein Viertel von ihnen Gewerkschaften an, in manchen Gegenden wie Sachsen noch mehr. Diese Arbeiter waren ungewöhnlich politisch, beispielsweise war in der sächsischen Baumwollindustrie «die Herrschaft der Sozialisten fast unange-

Rückkehr in den globalen Süden

Der Aufstieg des globalen Südens

Arbeiter organisieren sich

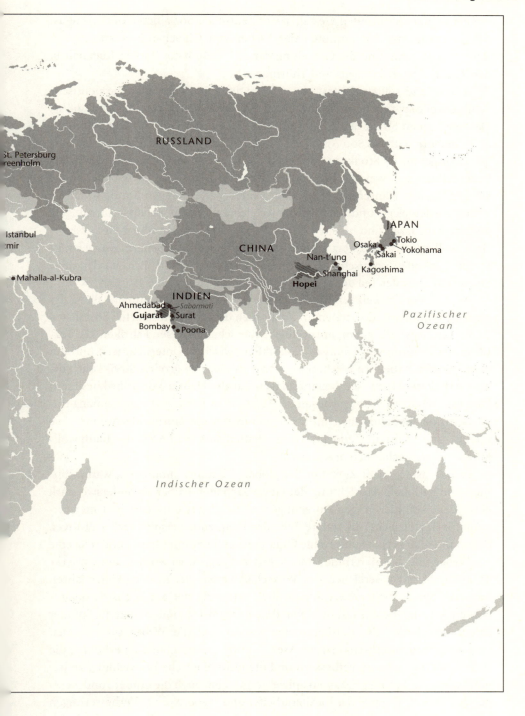

fochten». Eine der größten Gestalten der deutschen Sozialdemokratie, August Bebel, wurde mit den Stimmen der Weber von Glauchau-Meerane in den Reichstag gewählt, und die Gründung der SPD 1869 hatte starken Rückhalt in den Textilgebieten Sachsens und Thüringens.[15]

In Russland sollten die fast 500 000 Textilarbeiter ebenfalls eine politische Schlüsselrolle spielen, besonders während der Revolutionen von 1905 und 1918/19. Der erste große Streik fand schon im Mai 1870 in der Newskij-Spinnfabrik in St. Petersburg statt, wo 800 Arbeiter ihre Maschinen verließen. Von 1870 bis 1894 gab es insgesamt 85 Streiks in der Textilindustrie, an denen mehr als 50 000 Arbeiter teilnahmen; von 1895 bis 1900 beteiligten sich fast 140 000 Arbeiter an 188 solcher Streiks. Während der gewaltigen Streikwelle 1905 wurde 1008-mal die Arbeit niedergelegt, und die Arbeiter erreichten bessere Arbeitsbedingungen, kürzere Arbeitszeit und höhere Löhne. Weitere Streikwellen trafen die russische Baumwollindustrie 1912, 1913 und dann 1914 mit 233 000 Arbeitern, wobei einige Streiks eine offen politische Färbung annahmen. 1917 schließlich wurden neue Streiks ein zentraler Teil der revolutionären Umwälzung dieses Jahres.[16]

Auch in der Schweiz schlossen sich die Textilarbeiter zusammen, allerdings ohne revolutionäre Aktivitäten. In Katalonien dagegen dominierten Sozialisten und Anarchisten die gut organisierte Arbeiterschaft in vielen Fabriken; die Textilindustrie wurde von häufigen Konflikten zwischen Unternehmern und gut organisierten Arbeitern erschüttert, wobei es 1890 bei großen Streiks für kürzere Arbeitszeiten zu Bombenanschlägen auf die Häuser von Fabrikbesitzern kam und 1909 zu einem gewaltsamen Aufstand in Barcelona, der «semana tràgica». In der holländischen Industrie gab es um die Jahrhundertwende viele Streiks, und in ihrem Zentrum Twente hatten sich 1929 60 % der Baumwollarbeiter gewerkschaftlich organisiert.[17]

In Lancashire, dem Zentrum der globalen Baumwollindustrie, waren Einfluss und nationale Ausrichtung der Gewerkschaften früher als anderswo stark geworden. Von hier gingen Anregungen und auch organisatorische Unterstützung für Textilarbeiter in andere Teile der Welt, zum Beispiel nach Fall River. Schon 1870 gab es eine landesweite Organisation für Spinnarbeiter und 1884 eine für Weber. 1882 war der Trade Union Congress gegründet worden, der Gewerkschaften aus allen Bereichen der Wirtschaft vereinigte. In den 1880er Jahren hatte die Spinnarbeitergewerkschaft, die Vertretung der am höchsten qualifizierten Arbeiter, bereits fast 90 % von ihnen organisiert. 1910 hatten die Spinner 22 000 Mitglieder, die Kardierarbeiter 52 000 und die Weber 114 000. Den «mächtigsten Gewerkschaften der Welt» gelang es, die Löhne zu erhöhen, die Arbeitsbedingungen zu verbessern und die technologische Entwicklung zu beeinflussen. Die Spinner bekamen Spitzenlöhne, aber auch die größere und weniger qualifizierte Gruppe der Kardierarbeiter und Weber konnte Verbesserungen erzielen. Laut einer Studie von Daten des Jahres 1890 lag der Gewerkschaftszuschlag für gelernte, angelernte und ungelernte Arbeiter in der Baumwollregion bei rund 12 %, ein ansehnlicher Bonus. Noch immer waren die Arbeitsplätze heiß und feucht und die Arbeitszeiten lang, aber die Baumwollarbeiter zwangen die Unternehmer durch militantes, schlagkräftiges und diszipliniertes kollektives Handeln, die Profite der steigenden Produktivität in den 1880er bis 1920er Jahren mit ihnen zu teilen.[18]

Sinkende Arbeitszeiten, steigende Löhne, sinkende Profite

Alle diese Veränderungen in den nordatlantischen Ländern geschahen mit dem stillschweigenden Einverständnis der erstarkenden Staaten, die besonders um die gesellschaftliche Stabilität besorgt waren, zumal der Druck der politisch mobilisierten und nun zunehmend das Wahlrecht genießenden Arbeiter stieg. Dieser Trend verstärkte sich durch die Angleichung der Löhne innerhalb nationaler Grenzen, durch die auch weniger gut organisierte Textilarbeiter von der kollektiven Mobilisierung anderer Gruppen Nutzen zogen.[19]

Dank ihrer kollektiven Bemühungen verbrachten Arbeiter in West- und Nordeuropa und dem Nordosten der USA immer weniger Zeit am Arbeitsplatz. Textilarbeiter im sächsischen Crimittschau forderten 1903: «Eine Stunde für uns! Eine Stunde für unsere Familie! Eine Stunde zum Leben!» Auch wenn ihre Forderungen häufig erfolglos blieben, konnten sie ihre Arbeitszeit über die Jahre von einem Jahresdurchschnitt von 3190 Stunden 1865 auf 2475 Stunden 1913 senken. In Frankreich beschränkte die Gesetzgebung 1892 den Arbeitstag von Frauen auf 11 Stunden und verkürzte ihn später weiter. Im Januar 1919 beschloss die spanische Regierung für Textilarbeiter den Achtstundentag.[20]

Die Arbeitszeiten sanken, die Löhne stiegen. In Deutschland hatten Spinnarbeiter 1865 durchschnittlich 390 Mark im Jahr verdient, 1913 waren es 860 Mark, ein um 53 % gestiegener Reallohn. Auch im Elsass gab es von 1870 bis 1913 einen bemerkenswerten Lohnanstieg. Spinner in Mulhouse hatten 1870 40–48 Francs für zwei Wochen Arbeit bekommen, 1910 waren es dann 65–75 Francs, eine Verdoppelung des Reallohns. In Rhode Island stieg der Stundenlohn männlicher Weber von 13,5 Cent 1890 auf 59,8 Cent 1920, für Webstuhleinrichter im selben Zeitraum von 18,4 auf 79,1 Cent. Sogar ungelernte Spulenwechsler, die in der Regel von den Gewerkschaften ausgeschlossen blieben, verdienten mehr. In den 1890er Jahren konnte der männliche Spulenwechsler einen Tageslohn von 135 Cent erwarten, 1920 waren es 484 Cent, eine inflationsbereinigte Steigerung um 50 %, während sich der Reallohn der qualifizierteren Webstuhleinrichter fast verdoppelte.[21]

Arbeiter steigerten durch kollektives Handeln nicht nur ihre Löhne, sondern konnten in den neu erstarkten Nationalstaaten ihre Lage auch durch Gesetze verbessern. In diesen Jahrzehnten verabschiedete Deutschland zum Beispiel ein ganzes Bündel arbeiterfreundlicher Gesetze. Nach Einführung der Schulpflicht 1871 durften Kinder unter 12 Jahren nicht mehr in Fabriken arbeiten, und die Arbeitszeit von Kindern unter 14 wurde begrenzt. Ab 1910 durften Frauen nur noch zehn Stunden an Wochentagen und acht Stunden am Samstag arbeiten, und das Arbeitsverbot von Kindern wurde auf 13 Jahre heraufgesetzt. Massachusetts verabschiedete die ersten Arbeitsgesetze schon 1836; Sicherheitsbestimmungen für Fabriken folgten 1877, und 1898 wurde Nachtarbeit für Frauen und Minderjährige verboten, was die Fabriken praktisch bei Nacht schloss. Auch in der Schweiz ließen Arbeitsgesetze die Arbeitskosten steigen, denn schon 1877 wurde die Arbeitszeit für Textilarbeiter auf 11 Stunden begrenzt, Nachtarbeit für Frauen und Kinderarbeit unter 14 Jahren verboten.[22]

Nach dem Ersten Weltkrieg stieg auch die Besteuerung der Unternehmer, weil die administrative, juristische und militärische Kapazität des Staates steigende Kosten verursachte. Tatsächlich waren die Spannungen, die zum Krieg führten, aus den enger werdenden Verbindungen zwischen nationalem Kapital, Nationalstaaten und nationalen Territorien entstanden. Die Konkurrenz zunehmend mächtiger werdender Staaten beruhte auf der Mobilisierung ihrer Bürger in Massenarmeen und der Erhebung von Steuern zur Finanzierung dieser Armeen und zur Produktion von Kriegsmaterial. Unter diesem Druck mussten Staaten sich demokratisch legitimieren. Für europäische und nordamerikanische Kapitalbesitzer war die Abhängigkeit von mächtigen Staaten – sie waren die wichtigste Quelle ihrer Stärke – nun auch zu ihrer größten Schwäche geworden, weil diese Staaten Arbeitern in den Fabriken und in der Politik Macht gaben.

Infolgedessen wurden soziale Konflikte, die früher entweder primär global gewesen waren (zum Beispiel, als die Revolte der Sklaven von Saint-Domingue die Interessen der britischen Textilfabrikanten berührte) oder aber lokal (als englische Arbeiter neue Spinnmaschinen zerstörten), nun immer nationaler. Baumwollindustrien waren von starken Nationalstaaten abhängig gewesen und hatten sie zugleich befördert. Starke Staaten erleichterten nun aber auch die Mobilisierung der Arbeiter in neuartigen und immer stärker national und bürokratisch ausgerichteten Gewerkschaften. Aus Sicht der Kapitalbesitzer hatte der Staat also einen Januskopf: Er ermöglichte die Entstehung des Industriekapitalismus, einschließlich der Mobilisierung von Arbeitskräften in der globalen Landwirtschaft, aber er war auch eine Art Falle, denn die Arbeiter nutzten den erstarkenden Nationalstaat, um ihre Arbeitsbedingungen und Löhne zu verbessern.

...

Sinkende Arbeitszeiten, steigende Löhne, sinkende Profite

Steigende Produktionskosten in den Kerngebieten der Industriellen Revolution in England, Kontinentaleuropa und Neuengland in Verbindung mit unaufhörlichem Preiskampf senkten die ehemals strahlende Profitabilität der Baumwollverarbeitung. Ab 1890 klagten Fabrikanten im Norden der Vereinigten Staaten über sinkende Profite. Deutsche Baumwollspinnereien zahlten zwischen 1900 und 1911 nur Dividenden von 4 bis 6 %. In den Spinnereien von Oldham und Rochdale, dem Herzen Lancashires, war die durchschnittliche Rendite auf Kapital ähnlich niedrig: von 3,85 % 1886–1892 stieg sie 1893–1903 auf 3,92 % und 1904–1910 auf 7,89 %. Und in den 1920er Jahren erlebten britische Baumwollindustrielle einen «rapiden Fall der Profite von Spinnfabriken».[23]

In einigen Teilen der Welt reagierten Fabrikanten auf steigende Löhne, indem sie in verbesserte Technologie investierten. Neue Spinnmaschinen und Webstühle brachten einen größeren Ausstoß pro Arbeiter, und in Deutschland stieg die Produktivität der Spinnereien von 1865 bis 1913 um mehr als das Dreifache und die der Webstühle um das Sechsfache.[24] Damit machten Löhne nun einen geringeren Teil der Produktionskosten aus. In der deutschen Spinnindustrie fiel der Anteil der Löhne an den Gesamtkosten von 78 % im Jahr 1800 auf 39 % 1913, beim Weben weniger dramatisch von 77 % auf 57 %.

Da die Industriellen andere Kostenfaktoren jedoch kaum verändern konnten, vor allem bei der Rohbaumwolle, hatten die Lohnkosten aber weiter großen Einfluss auf die Profitabilität. Schließlich lagen die chinesischen Löhne 1910 bei nur 10,8 % der britischen und 6,1 % der amerikanischen, und chinesische Arbeiter schufteten auch fast doppelt so lange wie ihre Kollegen in Neuengland – 5302 Stunden jährlich gegenüber 3000 Stunden. Solche Niedriglohnkonkurrenz wirkte sich aus – in den 1920er Jahren etwa waren tschechische und sowjetische Produzenten eine Bedrohung für die deutsche Baumwollindustrie –, und auf lange Sicht wurde die Baumwollproduktion ein Unterbietungswettlauf: ein «race to the bottom».[25]

Unternehmer reagierten auf solchen Druck, indem sie ihren Draht zu den Regierungen nutzten, um sich vor der globalen Konkurrenz zu schützen. Die deutsche Textilindustrie war von einem komplexen Zollsystem abhängig, das auf die sehr spezifischen Bedürfnisse bestimmter Sektoren abgestimmt war. Als Fabrikanten sich organisierten (etwa 1870 im Verein Süddeutscher Baumwollindustrieller), beeinflussten sie den Staat erfolgreich zugunsten ihrer Interessen; eine Zeitschrift schrieb, Schutzzölle seien das einzige Mittel, um sich «die erdrückenden englischen Importe vom Halse [zu] halten» – ein Mittel, über das indische, chinesische oder ägyptische Unternehmer nicht verfügten. Solche Schutzzölle waren auch anderswo wichtig. Italien schützte den Binnenmarkt durch 1878 und 1888 eingeführte Zölle. In Frankreich ließen auf Betreiben der Textilfabrikanten zunehmend protektionistischere Zölle die Profite der Industrie ab den 1880er Jahren steigen, vor allem nach 1892 mit der Einführung des

Méline-Zolls. Ähnlich war es in den USA, wo 1861 der Morrill-Zoll die Abgaben auf importierte Baumwolltextilien anhob, und obwohl der Zoll auf billige Baumwollqualitäten 1883 gesenkt wurde (weil amerikanische Fabriken damit konkurrieren konnten), stieg er für höhere Qualitäten, ein Trend, der sich mit dem Zollgesetz 1890 fortsetzte.[26]

Imperiale Märkte gewannen ebenfalls an Bedeutung, als der neue Imperialismus, der aus der Asche der «zweiten Sklaverei» des 19. Jahrhunderts erstanden war, sich nun auszahlte – zumindest für manche. Er zahlte sich eine Weile für katalanische Industrielle aus, die in den 1880er Jahren einen stärker geschützten Zugang zu den verbliebenen spanischen Kolonien erhielten, darunter ein Monopol auf den kubanischen Markt. Er förderte die Interessen russischer Textilfabrikanten in den zentralasiatischen Territorien. Er schützte britische Unternehmer vor indischer Konkurrenz. Sogar in den Vereinigten Staaten griff die Regierung auf Betreiben von Textilfabrikanten energisch ein, um ihnen den Zugang zu ausländischen Märkten zu eröffnen, vor allem in Lateinamerika.[27]

Aber trotz der verzweifelten Bemühungen europäischer und neuenglischer Baumwollfabrikanten, ihre privilegierte Stellung im Baumwollimperium zu halten, waren die steigenden Arbeitskosten eine machtvolle Gegenkraft. Als Ergebnis der Chancen und Zwänge der Nationalisierung von Arbeit und Kapital schufen die steigenden Arbeitskosten neue Möglichkeiten in den Teilen der Welt, in denen die Arbeit billiger und weniger reguliert war.

Verlagerung in Niedriglohnregionen

Im 20. Jahrhundert kehrte die Baumwollindustrie nach einem Jahrhundert wieder in den globalen Süden zurück. Zunächst war diese Bewegung kaum wahrnehmbar – aber in den 1920er Jahren wurde sie zum Thema weitreichender Debatten, die vor allem in Großbritannien und Neuengland alarmierende Untertöne annahmen. So schrieb die Londoner *Times* 1927 über

> «die schlimmste Phase des Handelsrückgangs, die [die Industrie von Lancashire] seit der schrecklichen Baumwollkrise der sechziger Jahre erlebt hat ... Hauptfaktor bei diesem alarmierenden Niedergang ist der Rückgang bei den großen Märkten im Fernen Osten – Indien, China etc. ... Während 1913 61,6 % unserer gesamten Warenexporte in den Fernen Osten gingen, ist dieser Prozentsatz 1925 auf 41,8 % zurückgegangen. ... Indien wie China haben ihre einheimische Produktion sehr gesteigert, und in beiden Ländern hat die rasch wachsende japanische Industrie – die bis jetzt im Zweischichtensystem mit 120-Stunden-Woche arbeitet gegenüber dem Maximum von 48 Stunden in Lancashire – Importe aus Großbritannien verdrängt.»

Etwa zur selben Zeit sagte der Gouverneur von Massachusetts, James Michael Curley, präzise den völligen Untergang der Textilindustrie in Neuengland voraus, wenn es keine starke Intervention der Bundesregierung gebe. Als lokale Industrievertreter 1935 eine «Kauft amerikanische Waren»-Kampagne starteten, um der «Bedrohung» durch japanische Importe zu begegnen, traf Curley sich mit Industriellen, die Pläne zur Lohnkürzung in Massachusetts vorlegten, um die großen Lohnunterschiede zwischen dem amerikanischen Norden und dem Süden zu verringern. Trotzdem kündigte sich hier und anderswo das Ende der nordatlantischen Phase der Baumwolle an, ihre vielgepriesene Produktivität und die staatliche Unterstützung waren den Niedriglöhnen des globalen Südens nicht mehr gewachsen.[28]

Die Abwanderung der Baumwollindustrie in den globalen Süden begann wie so viele der Umwälzungen dieser Industrie in den USA. Ihre Arbeiterklasse war landesweit stets heterogener als in Europa. Die Arbeitsmärkte in Amerika waren stark segmentiert mit großen Lohnunterschieden zwischen verschiedenen Regionen – eine Nachwirkung der Sklaverei. Wegen der besonderen Beziehung zwischen den enteigneten Sklavenbesitzern und dem Industriekapitalismus nach dem Bürgerkrieg besaßen die Vereinigten Staaten einen «globalen Süden» innerhalb der eigenen Grenzen. Und sie hatten dort auch ihre eigene Klasse von Kapitalbesitzern, die wie ihre indischen Pendants durch den Handel mit Rohbaumwolle Reichtum angesammelt hatte und bereit war, einen Teil davon in Industrieunternehmen zu stecken. Diese außergewöhnliche Kombination von ausgedehntem Territorium und eingeschränkter politischer, wirtschaftlicher und sozialer Integration zwischen Nord und Süd betrachteten europäische Unternehmer mit Neid – und sie war der erste Vorbote des globalen Schicksals der europäischen Baumwollindustrie.[29]

Schon 1910 war die Baumwollindustrie im amerikanischen Süden die drittgrößte der Welt, nach Großbritannien und den US-Nordstaaten. Das war ein verblüffender Aufstieg, denn am Ende des Bürgerkriegs hatte es kaum Baumwollindustrie in den Südstaaten gegeben, und noch 1879 drehten sich im Norden 17-mal mehr Spindeln als im Süden. Die Wachstumsraten im Süden waren erstaunlich hoch – in den 1880er Jahren jährlich 17,6 %, in den 1890er Jahren 19,1 % und 1900–1910 14,3 %. Natürlich wuchs die Textilindustrie im Norden auch, aber mit 4 % pro Jahr deutlich langsamer. In den 1920er Jahren schrumpfte sie zum ersten Mal, und 1925 besaß der Süden mehr Spindeln als der Norden.[30]

Die massive Verlagerung in die Südstaaten hatte Jahrzehnte zuvor bei der Internationalen Baumwollausstellung in Atlanta begonnen. Dort kauften 1881 die Exposition Cotton Mills Textilmaschinen, aus denen eine Fabrik wurde. Mit einem gewaltigen Reservoir an Arbeitskräften und der Unterstützung lokaler und regionaler Behörden eröffneten Industrielle in rascher Folge weitere Fabriken. Gleichzeitig zogen lockere Arbeitsgesetze, niedrige Steuern, niedrige Löhne und fehlende Gewerkschaften Unternehmer in den Süden, einen Teil der USA, «wo der Arbeiteragitator nicht so mächtig ist und der Industrielle nicht ständig durch neue und quälende Einschränkungen geplagt wird». Konsequenterweise schlossen 1922–1933 93 Textilfabriken in Massachusetts, und in den sechs Jahren nach 1922 verlor dieser Staat rund 40 % seiner Arbeitsplätze in der Baumwollverarbeitung. In Fall River allein verschwand in den 1920er Jahren über die Hälfte der Fabriken.[31]

Es war nicht die geringe Entfernung zu den Baumwollfeldern, die das plötzliche Wachstum der Textilindustrie in den Südstaaten erklärt, denn die etwas geringeren Kosten der Baumwollbeschaffung glichen sich durch die Transportkosten der Waren in den Norden wieder aus. Das Geheimnis des Erfolgs in den Südstaaten war das Riesenangebot an billigen Arbeitskräften. Die Auflösung der Sklaverei und die damit verbundene Umwälzung der Landwirtschaft hatte ein großes und formbares Reservoir an Niedriglohnarbeitern für die Textilindustrie geschaffen – zunächst vor allem weiße Landarbeiter, die früher Pächter gewesen waren, später Afroamerikaner, meist ehemalige Teilpächter. Ein Zeitgenosse bemerkte, die Baumwollanbauer im Süden verließen die Farmen «wie Ratten das sinkende Schiff». Eine Studie des Amts für Arbeit und Industrie von Massachusetts zeigte 1922, dass der durchschnittliche Stundenlohn in einer dortigen Textilfabrik 41 Cent betrug, in North Carolina dagegen 29, in Georgia 24, in South Carolina 23 und in Alabama nur 21.[32]

Die niedrigen Löhne für diese Arbeiter waren noch niedriger, weil die Fabriken auf eine große Zahl sehr junger Arbeiter zurückgreifen konnten. 1905 waren 23 % aller Textilarbeiter im Süden unter 16 Jahren alt, in den Nordstaaten nur 6 %. Wegen des Fehlens landesweiter Standards arbeiteten die Menschen im Süden auch länger, 64 oder sogar 75 Wochenstunden waren nicht ungewöhnlich. Der Einfluss der Baumwollfabrikanten auf die Regierungen der Südstaaten und der Wahlrechtsentzug vieler Arbeiter seit den 1880er Jahren erlaubten viel lockerere Arbeitsgesetze als in anderen US-Staaten, ein typisches Merkmal der neuen Textilindustrie im globalen Süden.[33]

...

Auch Baumwollunternehmer in Europa versuchten die Produktion an Orte mit niedrigeren Lohnkosten zu verlagern. Niemand von ihnen konnte das US-Modell aber direkt kopieren, weil sie in ihren Ländern keine so ungleichen regionalen Bedingungen vorfanden. Dennoch gab es ein paar vorsichtige britische Investitionen, beispielsweise in Indien.[34] Andere britische Firmen investierten in Fabriken im Osmanischen Reich, besonders um Izmir und Istanbul, und in Portugal und Russland. In China gewannen ausländische Fabriken an Bedeutung, vor allem japanische Investitionen, aber auch ein paar in britischem und deutschem Besitz. In Ägypten gründeten britische Unternehmer 1894 die Egyptian Cotton Manufacturing Company, gefolgt von der Alexandria Anglo-Egyptian Spinning and Weaving Company und ein Jahr später der Cairo Egyptian Cotton Mills Limited. Französische Investitionen flossen in die mexikanische Textilindustrie. In Brasilien eröffneten britische, belgische und holländische Unternehmer in den ersten Jahrzehnten des 20. Jahrhunderts Fabriken. Auch deutsche Fabrikanten investierten in Niedriglohnregionen. Eines der wichtigsten Ziele für deutsches Kapital war Polen, besonders das Gebiet um Lodz, das die Leipziger Handelskammer einen Ableger der deutschen, vor allem der sächsischen Textilindustrie nannte, ein «Manchester des Ostens», das zwischen 1870 und 1914 einen gewaltigen Boom mit der Eröffnung riesiger Fabriken erlebte.[35]

Industrieller Fortschritt als nationaler Fortschritt

Trotz dieser internationalen Kapitalabenteuer waren die allermeisten Firmen im globalen Süden, die im Laufe des 20. Jahrhunderts die Baumwollmagnaten Europas und Neuenglands hinter sich lassen sollten, jedoch einheimische Gründungen mit einheimischem Kapital. Die Besitzer von Kapital im globalen Süden erkannten das Potenzial des Industriekapitalismus und sahen die Chance in ihren Niedriglohnarbeitern. Diese Unternehmer waren zudem häufig umgeben von Arbeitern mit Erfahrung in der Baumwollproduktion, sie verfügten über moderne Technologie und waren meisterhafte Manipulatoren der einheimischen Märkte, denn sie hatten oft schon seit Jahrzehnten Baumwollwaren importiert. Wie die Unternehmer von Ahmedabad verstanden sie, dass der Industriekapitalismus, um profitabel zu sein, starke – und unabhängige – Staaten brauchte, die Infrastruktur schufen, Besitzrechte durchsetzten und einen vorteilhaften Arbeitsmarkt aufrechterhielten. Das in den ersten Jahrzehnten des 19. Jahrhunderts in Europa und Nordamerika so erfolgreich geschaffene Modell des Industriekapitalismus wanderte nun in veränderter Form in den globalen Süden und veränderte erneut die Geographie der Weltwirtschaft.[36]

Vom britischen Beispiel angeregte Ideen über den Industriekapitalismus hatten sich bereits zu Beginn des 19. Jahrhunderts über die ganze Welt verbreitet. Während der Baumwollrevolutionen Deutschlands, Ägyptens, der USA und Mexikos hatten sich in jedem Land vorausschauende Herrscher, Denker und Unternehmer wie Friedrich List, Muhammad Ali Pascha, Tench Coxe und Esteban de Antuñano an diesen Debatten beteiligt und politische Schlüsse daraus gezogen. Gegen Ende des Jahrhunderts nahmen auch andere Notiz davon, etwa in Brasilien, Japan oder China. Weil importierte Textilien das heimische Handwerk gefährdeten und weil sie eine eigene Industrie aufbauen wollten, suchten brasilianische, japanische, chinesische und andere Herrscher und Kapitalbesitzer nach Wegen, Einfuhren durch eigene Produkte zu ersetzen, und schufen dabei eine einzigartige Kombination aus Staatsbildung und Kapitalakkumulation. Die Debatte, wie man dem europäischen Imperialismus widerstehen und sich die neuen Wege zum Profit durch eigene Industrialisierung zunutze machen könne, verbreitete sich um die Welt. So argumentierte der chinesische Unternehmer Zhang Jian:

> «Die Menschen sagen, dass ausländische Nationen vom Handel leben. Das ist eine oberflächliche Sicht. Sie wissen nicht, dass Reichtum und Stärke der ausländischen Nationen in ihrer Industrie liegen. ... Darum müssen wir uns einzig darauf konzentrieren, die Industrie zu fördern. ... Man sollte Fabriken gründen, um jene ausländischen Waren zu produzieren, die in China den größten Absatz finden.»[37]

Zhang gehörte zu einer Denkschule im globalen Süden, die die Rolle ihrer Nationen in der Weltwirtschaft neu definieren wollte. Sie wollten heimische Märkte zurückerobern, die Deindustrialisierung rückgängig machen, moderne Maschinen einführen und wie List, Ali, Coxe und Antuñano den Staat davon überzeugen, eine wichtige Rolle bei der Industrialisierung zu übernehmen. Mit dem Argument, industrieller Fortschritt sei auch nationaler Fortschritt, wollten sie lokale Industrien vor Importen schützen. «Die einheimische Produktion grober Baumwolltextilien steht unter dem Beschuss ausländischer Konkurrenten, und wenn der Industrie keine Gesetze zu Hilfe kommen, werden alle bisherigen Anstrengungen und alles Kapital vergeudet sein», schrieb der brasilianische Industrieverband 1881. Mit direktem Verweis auf den Protektionismus Deutschlands und der USA forderte er den Staat auf, die Industrie in «jungen Ländern» zu unterstützen. Textilfabriken seien nicht weniger als ein «patriotisches Vorhaben». In ähnlicher Weise kam Inoue Shozo vom japanischen Amt für industrielle Entwicklung nach einer Studienreise in Deutschland 1870 zu dem Schluss:

> «Ich will unser Land Europa und Amerika gleichstellen. ... Nach einiger Lektüre über Weltgeschichte und Geographie auf meiner Suche nach der Quelle des Wohlstands, der militärischen Macht, der Zivilisation und der Aufklärung der heutigen westlichen Nationen habe ich erkannt, dass die Quelle in Technologie, Industrie, Handel und Außenhandel liegen muss. Um diese Grundsätze anzuwenden und unser Land reich und stark zu machen, müssen wir das Volk zunächst über die Industrie belehren. Dann können wir diverse Güter herstellen und exportieren, die uns fehlenden importieren und Wohlstand aus dem Ausland ansammeln.»[38]

Diese Ideen wurden zu einer Hauptsäule antiimperialistischer Diskussionen von Japan bis Indien, von Westafrika bis Südostasien. Starke Nationalstaaten sollten eines Tages heimische Industrien schützen, Infrastrukturen aufbauen, Arbeitskräfte mobilisieren und Unternehmern bei der Erschließung von Exportmärkten helfen. Es entbehrt nicht der Ironie, dass der antikolonialistische Nationalismus häufig die Lehren des Kolonialismus übernahm.

Doch die Umsetzung solcher Ideen in die Praxis blieb schwierig. Zunächst mussten zukünftige Fabrikanten die Hebel der Staatsmacht kontrollieren und sich gegen konkurrierende Eliten durchsetzen. Im Süden der USA konnten Baumwollfabrikanten die Regierungen der Bundesstaaten nur wegen des vorangegangenen Machtverlusts der Sklavenhalter-Elite dominieren. In Brasilien, Japan und anderswo dauerte der Konflikt mit konkurrierenden Eliten länger.

So war die brasilianische Textilindustrie im Gegensatz zu Mexiko, dem Aushängeschild der Region, bis in die 1890er Jahre trotz eines großen Markts für Baumwolltextilien, großer lokaler Kapitalansammlung und großer Importe schwach entwickelt. 1866 besaß Brasilien nur neun Spinnfabriken mit unerheblichen 15 000 Spindeln, da die meisten Textilien entweder importiert oder auf Plantagen produziert wurden. In den folgenden Jahrzehnten stieg die Zahl der Fabriken und Spindeln zunächst nur langsam, explodierte aber dann geradezu: 1921 gab es 242 Fabriken mit 1,52 Millionen Spindeln, 57 208 Webstühlen und 108 960 Arbeitern. Die Industrie wuchs weiter, und 1927, am Vorabend der Weltwirtschaftskrise, standen in Brasilien 354 Fabriken.[39]

Man hat die drei Jahrzehnte nach 1892 das «Goldene Zeitalter» der brasilianischen Textilindustrie genannt. Nach der Abschaffung der Sklaverei 1888 gewannen industrielle Eliten größeren Einfluss auf den Staat und konnten Maßnahmen durchsetzen, die ihren Interessen dienten, vor allem Schutzzölle. 1860 hatte der Zoll auf Baumwolltextilien nur 30 % des Importwerts betragen, 1880 verdoppelte er sich auf 60 %, und nach langen Kämpfen immer besser organisierter Unternehmer stieg er 1885 auf 100 %, bis zur Jahrhundertwende sogar noch weiter. Die protektionistischen Zölle von 1900 blieben drei Jahrzehnte lang in Kraft und schufen einen geschützten Markt, der für Industrielle höchst profitabel war. Aus diesem Grund wurden 1920 75–85 % aller in Brasilien benutzten Baumwolltextilien im Land hergestellt. Mit etwas Bedauern sagte ein Engländer 1921: «Vor 25 Jahren war Brasilien ein ausgezeichneter Markt für Manchester. ... Zuerst verschwanden die groben Qualitäten, und jetzt werden all diese Waren im Lande produziert und nur die allerfeinsten Qualitäten importiert.»[40]

Seit den 1890er Jahren hatten die brasilianischen Industriellen den Staat so mitgeprägt, wie es ihren Interessen entsprach. Gleichzeitig verfügten sie im Gegensatz zu ihren Konkurrenten in Europa und Neuengland weiterhin über billige Arbeitskräfte. Die große Mehrzahl der Arbeiter kam «aus örtlichen Waisen-, Findel- und Armenhäusern und aus der Klasse der städtischen Arbeitslosen». Frauen und manchmal nur zehn Jahre alte Kinder bevölkerten die Fabriken. Noch 1920, als das legale Alter für Fabrikarbeit auf 14 Jahre angehoben wurde, fand man dort auch viel jüngere Kinder, und manchmal arbeiteten Frauen und Kinder 14 oder sogar 17 Stunden am Tag.[41]

Billige Arbeitskräfte und Schutzzölle wirkten mit dynamischeren Märkten zusammen. Die Sklaverei hatte den Binnenmarkt unterdrückt, weil viele Plantagen selbst grobe Textilien produzierten, und die Einwanderung von Arbeitern hatte wegen der Konkurrenz durch die Sklavenarbeit stagniert. Nun kamen zahlreiche Einwanderer nach Brasilien und begannen genau wie die gerade befreiten Sklaven, Textilien auf dem Binnenmarkt zu kaufen. Dadurch schloss Brasilien auf dem Weg zur Baumwollindustrialisierung endlich zu Mexiko auf, dem führenden Produzenten der Region, dessen Industrie nicht zuletzt wegen seiner protektionistischen Politik weiter wuchs. Von Brasilien breitete sich das Modell nach Argentinien aus, dessen erste Textilfabrik 1906 eröffnet wurde. Auch dort wurde die Förderung der Industrialisierung zum staatlichen Projekt.[42]

Japan übernimmt die Führung in der Textilindustrie

Japan erlebte einen noch größeren Boom seiner Spinnereien und Webereien, durch den es binnen weniger Jahrzehnte zur stärksten baumwollverarbeitenden Macht der Welt aufstieg. Seine Geschichte hat einiges mit der Brasiliens im späten 19. Jahrhundert gemein. Keines dieser Länder stand unter direkter kolonialer Herrschaft, aber sie waren starken Einflüssen von außen ausgesetzt und hatten gewaltige Textileinfuhren zu verkraften. Ihre wirtschaftlichen Eliten waren in einer völlig anderen politischen Ökonomie verwurzelt als jener der Industrialisierung, sahen aber neue Elemente entstehen, die die Einkommensquellen und politischen Neigungen ihrer Klasse veränderten. An der Wende zum 20. Jahrhundert standen sie am Rande einer revolutionären Veränderung des Staates, deren sehr unterschiedliche Ergebnisse sie nicht weniger revolutionär machten.

Japans Geschichte der industriellen Baumwollverarbeitung begann später als die Brasiliens, aber ebenso wenig verheißungsvoll. 1867 importierten die Herren der Domäne Satsuma in Kagoshima auf der Insel Kyūshū 6000 Spindeln aus England. Zwei weitere kleine Fabriken eröffneten etwa zur selben Zeit. Wegen der Flut von Garnimporten nach der erzwungenen Öffnung des japanischen Marktes durch den Freundschafts- und Handelsvertrag von 1858 war aber keines dieser Pionierprojekte erfolgreich.[43]

Angesichts dieser Fehlschläge und einer immer größeren Menge importierter Textilien begann die japanische Regierung mit der Förderung der Baumwollindustrialisierung.[44] Die Meji-Restauration von 1868 hatte ein zentralisierteres und mehr um Modernisierung bemühtes Regime an die Macht gebracht und konzentrierte die ehemals zerstreute Macht der Tokugawa-Samurai. Seit den 1870er Jahren begann der neue Nationalstaat die Industrie aktiver zu unterstützen – und Textilien standen für die neuen Herrscher dabei an erster Stelle. Der Druck des westlichen Imperialismus inspirierte auch hier die Industrialisierung als nationales Projekt.

Von 1879 bis in die Mitte der 1880er Jahre dehnte Innenminister Ito Hirobumi die einheimische Spinnkapazität aus, indem er zehn Spinnfabriken mit je 2000 Spindeln in England bestellte und zu vorteilhaften Bedingungen an lokale Unternehmer weiterverkaufte. Obwohl diese Fabriken zu klein waren, um wirtschaftlich zu arbeiten, führten sie im Unterschied zu ihren Vorläufern neue Strategien ein, die zu Schlüsselfaktoren für den Erfolg der japanischen Industrialisierung wurden: Man wechselte von einheimischer zu viel billigerer chinesischer Baumwolle, führte experimentelle Arbeitsorganisationen ein, die die japanische Textilherstellung noch lange Zeit strukturierten (etwa Tages- und Nachtschichten, die Kostenvorteile gegenüber indischen Konkurrenten brachten), und ermutigte Regierungsbeamte, selbst Unternehmer zu werden. Außerdem schufen diese Fabriken die «ideologischen Wurzeln» von Niedriglöhnen, harten Arbeitsbedingungen und der Beschäftigung von Frauen, deren Lohn unter dem Existenzminimum lag, alles verbunden mit einer Machtverschiebung von Samurai und Kaufleuten zu Managern und Fabrikbesitzern.[45]

Japans lange Geschichte der Baumwollverarbeitung federte den Schock einer so raschen Industrialisierung ab. Jahrhundertelang hatten Bauern in Heimarbeit für den Eigenverbrauch und lokale Märkte Baumwolle angebaut, gesponnen und gewoben. Im 19. Jahrhundert war eine florierende Verlagswirtschaft auf dem Land entstanden, die zunächst enorm aufblühte, als nach der erzwungenen Öffnung der japanischen Häfen billiges Garn importiert wurde.[46]

Als um 1880 staatlich geleitete Betriebe die Möglichkeiten des mechanisierten Baumwollspinnens demonstrierten, eröffneten Unternehmer mehr – und sehr viel größere – Fabriken. In diesem Jahr unterstützte der Direktor der privaten First National Bank, Sibusawa Eiichi, die Osaka Spinning Co., die 1883 mit 10 500 Spindeln den Betrieb aufnahm. Sie war von Anfang an profitabel, was die Eröffnung weiterer Fabriken von ähnlicher Größe ermutigte. Mit in England ausgebildeten japanischen Ingenieuren wurden diese Werke als Aktiengesellschaften betrieben und mobilisierten Kapital von Samurai und reichen Kaufleuten. Sie konnten mit britischen Importen nun preislich und sogar qualitativ konkurrieren. Schon 1890 dominierten japanische Spinnfabriken den einheimischen Markt; 1895 war die Handspinnerei fast völlig verschwunden. Eine so erfolgreiche Industrialisierung des Spinnens erlaubte wiederum den weiteren Ausbau des ländlichen Webhandwerks.[47]

Japans Fabrikanten hatten sich, um politischen Druck auf den Staat ausüben zu können, schon früh organisiert. Die Japanese Spinners' Association wurde 1882 als führende Lobby gegründet und forderte, Maßnahmen für die Industrialisierung zu ergreifen, besonders die Aufhebung der Einfuhrsteuer auf Rohbaumwolle (die japanische Baumwollfarmer schützen sollte) und der Ausfuhrzölle auf Garn. 1888 folgte die Greater Japan Cotton Spinners' Association. Tatsächlich halfen Industrielle dabei, genau den Staat zu bauen, der ihre Interessen stützte. Kapitalbesitzern und Herrschern gelang es, die politische Ökonomie rivalisierender (agrarischer) Eliten zu überwinden, ohne dass bedeutende demokratische Massenbewegungen ihre Kontrolle über den Staat in Frage gestellt hätten.[48]

Ein starker Staat, der eine politische Ökonomie der Industrialisierung anstrebte, war für Japan sehr wichtig, aber auf ganz andere Art als für Brasilien. Schutzzölle spielten zunächst keine Rolle, weil Japans internationale Verträge, die dem Land durch westliche Mächte aufgezwungen worden waren, Protektionismus ausschlossen; vor 1911 gab es keine Schutzzölle. Der Staat spielte aber eine Schlüsselrolle bei der Einfuhr der neuen Technologie und – vielleicht noch wichtiger – half japanischen Unternehmern, Zugang zu ausländischen Märkten zu bekommen, die wegen der extrem niedrigen Lohnkosten Japans aussichtsreich waren. Die Behörden der Präfekturen richteten «Industrielabore» ein, die den jeweiligen Bedarf ausländischer Märkte untersuchten und Webfabriken informierten, welche Textilien dort verkäuflich seien – genau wie die englische und die französische Regierung es im 18. Jahrhundert getan hatten. Der japanische Staat sammelte auch Marktinformationen durch Konsulate, Industrieausstellungen, Handelsmissionen und förderte «Auslandsreisen von Studenten zur Untersuchung bestimmter Industriezweige und Warenausstellungen». Außerdem bürgte die Regierung letztlich für alle Kredite, Kredite, die für den Erfolg der Industrie wichtig waren.[49]

Die japanische Regierung konnte einheimische Textilfabrikanten zum Teil auch durch Kriegsbeute unterstützen. Erneut zeigt dies die enge Verbindung von kolonialer Expansion und Industriekapitalismus: das eine ermöglichte das andere. Reparationen aus dem Chinesisch-japanischen Krieg von 1894/95 – im Grunde ein Landraub (bei dem Taiwan, die östliche Mandschurei und Liaodong von Japan besetzt wurden) – wurden benutzt, um die Schiffsindustrie des Landes zu subventionieren, was den Textilexporten half. Gleichzeitig konnte dadurch die Regierung den Handelsfirmen mehr Kredite geben und auf die Einnahmen aus Baumwollzöllen verzichten, die 1896 abgeschafft wurden, was den Rohstoff für die Industrie billiger machte.[50]

Eine der wichtigsten Folgen dieses Krieges war auch die Eröffnung neuer Märkte, die bald größte Bedeutung für die japanische Industrialisierung gewannen. China wurde zum wichtigsten Abnehmer von Garn und Stoffen, bis es 1929 selbst fähig wurde, Schutzzölle einzuführen. 1894 gingen schon 92 % aller japanischen Exporte nach China, und 1897/98 machten Garnexporte, vor allem nach China, 28 % der gesamten japanischen Spinnereiproduktion aus. Während des Ersten Weltkriegs, als die britischen Hersteller außen vor blieben, drang Japan am tiefsten in den chinesischen Markt ein. Die Ausfuhr von Garn sank, die von Baumwollstoffen stieg. Zwischen 1903 und 1929 ging über die Hälfte der japanischen Stoffexporte nach China.[51]

Auch der Stoffexport nach Indien stieg dramatisch an. Japan übte politischen Druck auf die britische Kolonialregierung in Indien aus, leichteren Zugang zum dortigen Markt zu erhalten. Da die indischen Baumwollbauern abhängig vom Export nach Japan wurden, konnte die japanische Regierung niedrige Zollschranken für ihre Textilausfuhren nach Indien erreichen. Als die indische Regierung 1930 solche Importe auf Druck aus Lancashire zu behindern begann, beschlossen japanische Textilfirmen den Boykott indischer Rohbaumwolle. Das schuf ein Problem für Indien, denn die Geldanweisungen nach London wurden aus diesen Exporten bezahlt. Bei den indisch-japanischen Handelsgesprächen 1933 wurden die Differenzen beigelegt und ein freierer Warenaustausch vereinbart. 1913/14 hatte Japan etwa 6,4 Millionen Meter Baumwolltextilien nach Indien exportiert, 1933 waren es knapp 530 Millionen.[52]

Ebenso wichtig wie die staatliche Unterstützung waren für Japans Erfolg die niedrigen Löhne. Die Arbeitskosten in japanischen Fabriken waren noch niedriger als in Indien und betrugen etwa ein Achtel von denen in Lancashire. Ursprünglich rekrutierten Fabriken ihre Arbeiter in der unmittelbaren Umgebung, aber mit der Zeit benutzten sie immer häufiger Vermittler, die Arbeiter aus entfernteren Gegenden holten und das Land auf der Suche nach armen Bauernfamilien buchstäblich durchkämmten.[53]

Vor allem Frauen wurden vom Land in die Fabriken gedrängt. 1897 waren 79 % aller Arbeitskräfte in japanischen Textilfabriken Frauen. Die meisten waren sehr jung, zwischen 15 und 25 Jahren, 15 % sogar unter 14 Jahren. Meist begannen sie mit 13 Jahren zu arbeiten und blieben bis zur Heirat mit 20 Jahren. Für die Textilarbeiterinnen war diese Arbeit eine bestimmte Phase in ihrem Lebenszyklus, die an ihr vorindustrielles Spinnen und Weben in Heimarbeit anknüpfte und oft das Motiv hatte, Geld für die Aussteuer zu sparen. Der Strom sehr junger Frauen in die Fabriken wurde durch die frühe Einführung des Ringspinnens begünstigt, das weitgehend mit ungelernten Kräften auskam.[54]

Diese jungen Frauen wurden extrem ausgebeutet. Ohne den Schutz der Familie lebten die meisten in Wohnheimen neben den Fabriken, wo sie überwacht und kontrolliert wurden. Das ähnelte den Lebensbedingungen in Lowell,

Rückkehr in den globalen Süden

370 Massachusetts, ein Jahrhundert zuvor. Eine Studie von 1911 fand heraus, dass die Arbeiterinnen sich oft die Betten teilen mussten und im Durchschnitt nur 2,5 Quadratmeter Platz hatten. Paternalistische Rhetorik und manchmal auch weitergehende Maßnahmen sollten sie an die Firma binden. Kurze Wege und eine totale Kontrolle der Arbeitsabläufe ermöglichten es, die Frauen bis zum Äußersten auszunutzen, wobei ein Zweischichtensystem von je 12 Stunden das eingesetzte Kapital perfekt einsetzte, da die Maschinen rund um die Uhr liefen.[55] Als Widerstand gegen solche Bedingungen kam im Prinzip nur die Flucht in Frage, dieselbe Taktik, die Ellen Hootton ein Jahrhundert zuvor in Eccle's Mill in Lancashire ergriffen hatte. Die Fluktuation war tatsächlich atemberaubend; 1897 verließen 40 % aller Arbeitskräfte die Fabriken in den ersten sechs Monaten wieder. Die Arbeitgeber reagierten, indem sie die Wohnheime nachts abschlossen, den Frauen verboten, sie in ihrer Freizeit zu verlassen, und einen Teil des Lohns einbehielten, bis der Arbeitsvertrag erfüllt war.[56]

Der Staat widersetzte sich allen Schutzbestimmungen für Textilarbeiter – bis 1920 endlich der Factory Act von 1911 auch auf Frauen und Kinder in der Textilindustrie ausgedehnt wurde. Das kollektive Handeln der Spinnereiunternehmer hatte die Einführung des Arbeitsschutzes 40 Jahre lang hinausgezögert – zweifellos dadurch erleichtert, dass sich das Wahlrecht in Japan auf Männer mit eigenem Besitz beschränkte.[57]

Die japanische Textilindustrie expandierte außerordentlich schnell. 1902 hatte die heimische Produktion die Importe weitgehend verdrängt. 1909 hatten die japanischen Fabriken den fünftgrößten Baumwollverbrauch auf der Welt. Während sich das Spinnen in großen Fabriken konzentrierte, blühte das Weben, einschließlich des manuellen Webens, weiterhin auf dem Land, wo viele Kleinunternehmer die Arbeitskräfte organisierten und in den 1910er und 1920er

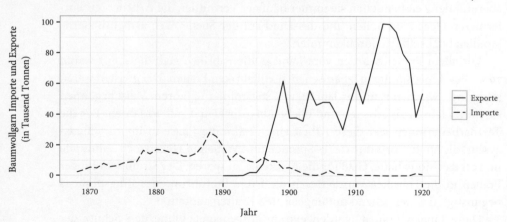

Asiatische Industrielle wenden das Blatt: japanische Garnimporte und -exporte in Tonnen, 1868–1918[59]

Jahren mechanische Webstühle in ihren oft sehr kleinen Werkstätten aufstellten. Der Wert der Baumwollprodukte stieg von 19 Millionen Yen 1903 auf 405 Millionen Yen 1919. Insbesondere die Jahre 1920–1937 waren ein Goldenes Zeitalter für die japanische Textilindustrie. 1933 exportierte Japan erstmals mehr Baumwolltextilien als England, Frankreich und Deutschland und stieg zur dritten Baumwollmacht der Welt neben England und den USA auf. 1937 hatte das Land 37 % des Weltmarkts für Baumwollstoffe erobert, gegenüber England mit nur 27 %. Dank dieser Explosion der japanischen Produktion führte Asien nach rund anderthalb Jahrhunderten wieder mehr Baumwolltextilien aus, als es einführte.[58]

Kampf gegen die Kolonialherren

Zahlreiche Unternehmer des globalen Südens mussten jedoch nicht nur gegen konkurrierende Eliten oder andere soziale Gruppen im Inneren kämpfen, sondern auch gegen imperiale Staaten und deren mächtige Wirtschaftseliten, die ihren Zugang zu kolonialen Märkten verteidigten und die Industrialisierung anderswo ablehnten. Um diesen Kampf durchzuhalten, mussten diese Baumwoll-Aufsteiger weit stärker als anderswo eine nationalistische Massenideologie kultivieren und mit anderen sozialen Gruppen zusammenarbeiten. Koloniale Abhängigkeit im globalen Rahmen entsprach häufig großer Schwäche im Inneren.

Nehmen wir beispielsweise Ägypten. Es war einer der bedeutendsten Produzenten von Rohbaumwolle und eines der frühesten Länder mit einer Baumwollindustrie, aber es musste bis in die 1930er Jahre auf einen dauerhaften Industrialisierungsschub warten. An Versuchen hatte es nicht gemangelt. 1895 hatte eine Gruppe von Unternehmern in Kairo die Societé Anonyme Égyptienne pour la Filature et le Tissage du Coton gegründet, und vier Jahre später eröffneten zwei weitere Textilfabriken. Sie waren nie sehr profitabel und scheiterten an einer achtprozentigen Steuer auf ihre Garn- und Stoffproduktion und an der Konkurrenz der Textilimporte, vor allem nachdem Ägypten ein Freihandelsanhängsel des Britischen Empire wurde. Ein Viertel bis ein Drittel aller Einfuhren nach Ägypten bestand 1880–1914 aus Baumwolltextilien, die in England gewinnbringend produziert wurden. Auch hier ordnete der koloniale Staat die lokale Industrialisierung der Sicherung eigener Exportmärkte unter.[60]

Nach dem Ersten Weltkrieg änderte sich das langsam, und die neu gegründete Filature Nationale d'Égypte florierte für kurze Zeit. Die Zollreformen von 1930, die von einer immer lautstärkeren nationalistischen Bewegung gefordert wurden, erlaubten ihnen eine weitere Expansion. Der glühend nationalistische Ökonom und Unternehmer Talaat Harb gründete Anfang der 1930er Jahre schließlich die Misr Spinning and Weaving Company, die gut kapitalisiert war und rasch expandierte. 1945 arbeiteten 25 000 von 117 272 ägyptischen Textilarbeitern in seinen Fabriken. Schutzzölle waren praktisch ein staatliches Geschenk an die «entstehende Bourgeoisie» gewesen.[61]

...

Vorgänge wie in Ägypten signalisierten Kapitalbesitzern überall im globalen Süden, dass sie einen Staat aufbauen mussten, der die Industrialisierung unterstützte, und dass ein solcher Staat unter den Bedingungen des Kolonialismus nicht möglich war. Indien ist dafür das beste Beispiel. Auf den ersten Blick verfügte es über alle Voraussetzungen für die Textilindustrialisierung – Märkte, Zugang zu Technologie, Facharbeiter, niedrige Löhne und kapitalstarke Kaufleute. Es gab sogar einen mächtigen Staat. Auch die Überwindung konkurrierender Eliten erwies sich als nicht übermäßig schwierig. Doch unter der Herrschaft einer ausländischen Kolonialmacht sahen sich indische Fabrikanten großen Hürden beim Aufbau des Staates gegenüber, den sie so dringend wollten – Hürden, die sie schließlich in einen antikolonialen Kampf zogen, der zwar erfolgreich war, aber auch ihre Macht gegenüber Arbeitern und Bauern schwächte.

Die indische mechanisierte Baumwollindustrie entstand vor allem in Bombay und Ahmedabad nach dem amerikanischen Bürgerkrieg. Zwar hatte die Bombay Spinning and Weaving Company schon Anfang 1854 die Produktion aufgenommen, und 1861 gab es 12 Spinnereien in Indien. Doch die wahre Expansion kam erst nach 1865 und nutzte die Profite, die indische Kaufleute in den Jahren sehr hoher Baumwollpreise angesammelt hatten. Sie wurden immer mehr von europäischen Firmen wie den Volkarts aus dem Handel verdrängt und investierten nun in Textilfabriken. 1875 hatten sie 27 davon eröffnet, und 1897 standen allein in der Provinz Bombay 102 Fabriken. Die Zahl der Spindeln explodierte von 1,5 Millionen 1879 auf fast neun Millionen 1929. Bald beherrschten Spinnereien und Webereien die indische Industrie.[62]

Die dynamische Unternehmerklasse nutzte den britischen Kolonialstaat so gut sie konnte. So waren Absatzmärkte innerhalb des Empire sehr geschätzt, denn ein großer Teil der Märkte für Industrieprodukte lag in der britischen Einflusssphäre – in den 1890er Jahren gingen 80 % der Garnexporte aus Bombay nach China.[63] Dieser Staat sorgte auch für Infrastruktur, Gesetze und Regulierungen, die das Wirtschaftsleben zunehmend bestimmten. Er trieb die massive Kommerzialisierung der Landwirtschaft voran, und so entstanden auch dynamischere Märkte für Industrieprodukte.

Indische Baumwollfabrikanten nutzten den kolonialen Staat zunehmend auch zur Mobilisierung von Arbeitskräften – immerhin trieben die Veränderungen auf dem Land große Zahlen von Arbeitern in die Städte und in die Fabriken. Im Jahr 1896 arbeiteten schätzungsweise 146 000 Arbeiter in Baumwollfabriken, 1940 waren es 625 000, eine nicht geringe Zahl für ein Land, das noch kaum andere Industrien besaß. Viele Familien konnten – wie über 100 Jahre zuvor in New Hampshire oder im Elsass – auch hier ihr Land behalten, wenn sie ein Mitglied zur Fabrikarbeit in die Stadt schickten. Doch im Unterschied zu anderen Teilen des Baumwollimperiums waren die Arbeiter meist Männer. Die Wurzeln des indischen Proletariats lagen in der Baumwollwirtschaft – ebenso wie die der Bourgeoisie. «Billige Arbeitskräfte» galten weithin als Indiens wichtigster Wettbewerbsvorteil – ein Proletariat, das unter anderem durch das energische Handeln eines mächtigen Kolonialstaats geschaffen worden war.[64]

Doch oft stellte der Kolonialstaat für die einheimische Industrialisierung auch ein Hindernis dar – schließlich stand er unter dem Druck von Politikern und Unternehmern in England, nicht in Indien. Dies zeigte sich etwa in Bezug auf die Arbeitskräfte. Wie anderwo auch waren die Arbeitsbedingungen in indischen Textilfabriken fürchterlich. Arbeitstage dauerten 13 bis 14 Stunden im Sommer und 10 bis 12 Stunden im Winter. Es war oft über 32 Grad heiß. Fabrikbesitzer rechtfertigten diese Umstände damit, so die Bombay Millowners Association von 1910, dass ihre Arbeiter «bloße Maschinen des blinden Industrialismus, ohne eigene Initiative oder viele Gedanken an die Zukunft» seien, was für europäische Industrielle ein Jahrhundert zuvor seltsam vertraut geklungen hätte. Doch im Gegensatz zu Japan verbesserten sich die Arbeitsbedingungen allmählich, und die Arbeitskosten stiegen aufgrund des Eingreifens der Regierung, was zeigte, dass indische Kapitalbesitzer deutlich weniger Einfluss hatten als ihre japanischen Kollegen. Der Indian Factory Act von 1891, der auf Betreiben der Textilunternehmer von Lancashire zustande kam, weil sie die indische Konkurrenz fürchteten, schränkte die Arbeitszeit von Kindern in Fabriken ein. 1911 wurden Arbeitszeiten sowie Kinder- und Frauenarbeit weiter geregelt. Obwohl Arbeitsbedingungen und Löhne sehr schlecht blieben, protestierten indische Industrielle gegen diese Gesetze, beklagten die geringe Produktivität ihrer Arbeiter und argumentierten: «Jede restriktive Gesetzgebung, die uns aufgezwungen wird, muss unermüdlich bekämpft werden.» Doch gegenüber den eigennützigen Protesten britischer Textilarbeiter gegen «die übermäßigen Arbeitszeiten in den Fabriken von Bombay und die Beschäftigung von Kindern» und den Sorgen englischer Industrieller um ihre Absatzmärkte zogen sie den Kürzeren.[65]

Am auffallendsten war der Ausnahmecharakter des Kolonialstaats in Indien aber bei der Frage des Marktzugangs. Sein größter Erfolg war in vieler Hinsicht, dass er das gewaltige Einströmen britischer Textilien erleichterte, das Indien zum größten Absatzmarkt Lancashires machte.[66] Industrialisierung und Deindustrialisierung überschnitten sich also auf dem indischen Subkontinent, und es war der Januskopf des indischen kolonialen Staates – stark, aber ausländischen Interessen unterworfen –, der die Textilindustrialisierung bremste und einschnürte.[67]

Kapitalbesitzende Eliten im globalen Süden von Ahmedabad bis North Carolina, von Petropolis bis Osaka und von Mahalla al-Kubra bis Veracruz versuchten, sich der Industrialisierung anzuschließen und lernten dabei die Bedeutung starker Staaten kennen. Ihre Erfahrungen waren sehr unterschiedlich. Während sie in Brasilien, dem Süden der USA und in Japan konkurrierende Eliten übertrumpfen und einen Staat nach ihren Bedürfnissen schaffen konnten, stieß die Industrialisierung in Ägypten und Indien auf ein mächtiges Hindernis – den Kolonialstaat selbst. Aber wo immer es Unternehmern des globalen Südens gelang, sich einen Platz in der weltweiten Baumwollindustrie zu sichern, geschah das, weil sich zwei Prozesse gleichzeitig entfalteten: die Nationalisierung sozialer Konflikte – mit steigenden Arbeitskosten – in den Heimatländern der ersten Industriellen Revolution und der Aufbau von Staaten, die für Industrialisierung und niedrige Arbeitskosten im globalen Süden eintraten. In China verbanden sich diese Prozesse am wirksamsten.

Die Öffnung Chinas

Die Baumwollindustrialisierung begann in China später als in den US-Südstaaten, Japan, Indien oder Brasilien. Das lag nicht an mangelnder Erfahrung in der Baumwollverarbeitung oder am Fehlen von Rohmaterial, Märkten, Kapital oder moderner Technologie. China besaß einen der ältesten und größten Verarbeitungskomplexe der Welt, und bis zur Mitte des 19. Jahrhunderts waren chinesische Bauern die weltweit größte Gruppe von Baumwollerzeugern, deren Produkt fast vollständig im eigenen Land zu Garn und Stoffen verarbeitet wurde. Spinnen und Weben waren Chinas wichtigster Handwerkszweig, eine Industrie, die weitgehend außerhalb des eurozentrischen Baumwollimperiums verblieb.[68]

Trotz solch idealer Vorbedingungen setzte die Textilindustrialisierung erst am Ende des 19. Jahrhunderts ein. In gewisser Weise wurde sie durch die florierende traditionelle Baumwollverarbeitung erschwert. Wie im größten Teil des Baumwollgürtels der Welt erzeugten Millionen chinesischer Bauern Baumwolle für den Eigenbedarf oder lokale Märkte, und es gab kaum Druck, dies zu ändern. Noch zur Mitte des 19. Jahrhunderts webten bis zu 45 % aller Haushalte selbst. In der zweiten Jahrhunderthälfte begannen westliche Mächte, Druck auf Chinas Hafenstädte auszuüben, und überschwemmten das Land mit Garnen und Stoffen. Europäische und amerikanische Kaufleute und Regierungen forderten vom chinesischen Staat Zugang zu den Märkten, so gestattete beispielsweise der Vertrag von Tschifu (heute Yantai) 1877 Zugang zu Tiefwasserhäfen und Häfen am Yangtse sowie die Abschaffung interner Zölle. Marktdurchdringung war ein klar formuliertes Ziel aller imperialen Mächte. In der Folge stiegen die Baumwolleinfuhren nach China gewaltig an. Allein der Garnimport stieg um das 24fache, und die Stoffimporte verdoppelten sich zwischen den 1880er und den 1920er Jahren. 1916 nannte das US-Handelsministerium China «den weltweit größten Markt für Baumwollgarn», auch für amerikanische Produzenten. Bis 1900 stammte der überwiegende Anteil dieser Garn- und Stoffimporte aus England und den USA, danach fanden vor allem japanische Hersteller einen Absatzmarkt in China.[69]

Eine solche Marktöffnung erforderte die Anwendung imperialer Macht, also starker nordatlantischer Staaten, die ihren Industriellen den Marktzugang sicherten. Ein spektakuläres Beispiel: 1878 war die erste chinesische Spinnerei, die Shanghai Cotton Cloth Mill, eröffnet worden, die 1882 ein Zehnjahresmonopol erhielt. Als die amerikanische Handelsfirma Frazer & Co. chinesische Investoren für eine konkurrierende Fabrik suchte, bat die Shanghai Cotton Cloth Mill sofort die chinesische Regierung um den Schutz ihrer Interessen. Willkürliche Haftbefehle wurden für die beiden chinesischen Hauptinvestoren der US-Firma ausgestellt und zwangen sie zum Untertauchen. Der neu ernannte US-Botschafter in China beschloss, es sei an der Zeit, «den Chinesen nahezubringen, dass wir eine Regierung sind, die die Macht besitzt, unsere vertraglich festgelegten Rechte zu verteidigen». Zur Bekräftigung wurde auf persönlichen Befehl des US-amerikanischen Präsidenten Chester A. Arthur das entlang der chinesischen Küste eingesetzte Kanonenboot *Ashuelot* nach Shanghai beordert und den Winter über dort stationiert.[70]

Modernisierende Eliten innerhalb des chinesischen Staatsapparats und unter den Kapitalbesitzern traten jedoch immer energischer für die Industrialisierung ein. Dabei fanden sie überraschende Verbündete in ausländischen Unternehmern, besonders aus Japan, die auf der Suche nach immer billigeren Arbeitskräften stark in chinesische Textilfabriken investierten. Gemeinsam schufen sie eine der am schnellsten wachsenden Baumwollindustrien der Welt. Die Shanghai Cotton Cloth Mill, die, wie wir gesehen haben, Anfang der 1880er Jahre ihren Betrieb aufnahm, war die erste moderne Spinnerei. Zunächst wuchs die Industrie nur langsam. 1896 gab es 12 Fabriken mit 412 000 Spindeln. Zwei Jahrzehnte später waren es 31 Fabriken mit etwas über einer Million Spindeln. Dann kam der Erste Weltkrieg, der eine ähnliche Rolle für die Industrialisierung Chinas und Asiens spielte wie die Napoleonischen Kriege für Kontinentaleuropa 120 Jahre zuvor. Seine protektionistischen Effekte erzeugten einen Boom, und 1925 standen in China 118 Fabriken mit über 3 Millionen Spindeln. Nirgends auf der Welt wuchs die Textilindustrie nach 1914 schneller. Weltweit vermehrten sich die Spindeln von 1913 bis 1931 um 14 % – in China dagegen um 297 %. Nimmt man 1913 als Ausgangsjahr, so stieg die Zahl der Spindeln in China vom Wert 100 auf 397, in Japan auf 313, in Indien auf 150 und in den USA auf 106, dagegen sank sie in Russland und England auf 99 und in Deutschland auf 97. Ebenso war es bei der Zahl mechanischer Webstühle. Von 1913 bis 1925 stieg ihre Zahl in China um mehr als das Dreifache, sie verdreifachte sich fast in Japan, ging in England aber leicht zurück. 1927 arbeiteten 252 031 Menschen in chinesischen Baumwollfabriken, etwa die Hälfte von ihnen alleine in Shanghai.[71]

Anfang der 1920er Jahre hatte die chinesische Garnherstellung die Vorherrschaft auf dem Binnenmarkt erreicht, und 1925 konnte das Land mehr Baumwollprodukte exportieren, als es importierte. 1937 war China wieder autark bei Baumwollgarn und -stoffen. Noch 1875 waren 98,1 % allen Garns von Hand gesponnen worden, aber 1931 waren es nur noch 16,3 %, und fast der ganze Rest stammte aus heimischen Fabriken. Die Textilherstellung war zum wichtigsten chinesischen Industriezweig geworden; ein Autor schrieb 1919: «Shanghai wird rasch zum Manchester des Fernen Ostens.»[72]

Auch hier profitierte die Industrie von extrem billigen Arbeitskräften. Als das US-Wirtschaftsministerium 1916 über die Situation in chinesischen Textilfabriken berichtete, fand es zehntausende von Arbeitern, die Tag und Nacht Zwölfstundenschichten verrichteten und nur am Sonntag zwölf Stunden frei hatten. Ihr Lohn lag bei umgerechnet 10 Cent pro Tag. Wie gesehen, verdienten 1920 amerikanische Spulenwechsler 484 Cent pro Tag. Mit Arbeitszeiten, die «länger als in jedem anderen Land der Welt» waren, und gesetzlich gänzlich ungeregelter Kinderarbeit war China der billigste Produzent der Welt, billiger als Japan. Sogar die Fabrikbesitzer von Bombay fürchteten die Konkurrenz Chinas, auch weil dessen Industrie im Gegensatz zu ihnen «völlige Immunität von restriktiven Arbeitsgesetzen» genoss.[73]

Trotz niedriger Arbeitskosten bevorzugten chinesische Fabrikanten die allerbilligsten Arbeitskräfte – Kinder und Frauen. 1897 waren 79 % der Arbeitskräfte in den Spinnfabriken weiblich und 15 % Jungen und Mädchen unter 14 Jahren. Während Frauen in früheren Jahren nicht in die Fabriken gebracht werden konnten, hatten die Veränderungen der 1890er Jahre in der Landwirtschaft, die nicht zuletzt durch billige Garnimporte verursacht wurden, weibliche Arbeitskräfte verfügbar gemacht. Wandernde Landarbeiter und -arbeiterinnen stellten die Kerngruppe der Beschäftigten und wurden oft direkt auf dem Land unter Bedingungen angestellt, die auch Zwang umfassten. Privilegierte Fabrikarbeiter, die sogenannten Nummer Einsen, stellten sie gegen «Geschenke» an. Arbeitskräfte, vor allem Frauen, wurden häufig gehandelt, denn sehr arme Familien verkauften ihre Töchter an Fabriken, wobei ihre Löhne zumindest teilweise von anderen kontrolliert wurden, ein Status, der sehr der Zwangsarbeit ähnelte und dem schwer zu entgehen war.[74]

Sehr wichtig für den Aufstieg der chinesischen Textilindustrie war auch die

Die Öffnung Chinas

strategische Unterstützung des Staates – auch hier unter dem Druck von immer besser organisierten städtischen Wirtschaftseliten. Er half dabei, die Arbeitskosten niedrig zu halten, indem er Streiks und andere Aktionen mit starker Polizei- oder sogar Militärpräsenz in Fabriken unterdrückte. In den 1920er Jahren betrieben Shanghaier Industrielle mit Unterstützung des Kuomintang-Führers Chiang Kai-shek die Ermordung tausender Arbeiterführer. Doch der Staat griff noch in anderer Weise ein. Manchmal gab der Staat bestimmten Firmen Monopole, um Kapital anzuziehen, oder stellte «bürokratisches» Kapital für die Gründung einer Fabrik bereit. Er versprach niedrige Steuern und andere Unterstützung, dazu Kredite und sogar Maschinen. Aber die finanziellen Mittel und auch die Macht der Regierung waren recht begrenzt, vor allem als die Niederlage im Krieg gegen Japan 1895 dem Land Wiedergutmachungszahlungen auferlegte. Erst ab den 1920er Jahren, als Nationalisten zum Boykott japanischer Waren aufriefen, und nach 1929, als China erstmals seit 1842 wieder in der Lage war, Schutzzölle einzuführen, wurden chinesische Industrielle wirklich konkurrenzfähig.[75]

Im Gegensatz zu Japan oder anderen Teilen der Welt verbanden chinesische Investitionen in Fabriken sich aber rasch mit internationalen. Der Grund für dieses ungewöhnlich tiefe Eindringen fremden Kapitals war die Schwäche des chinesischen Staates. Der Vertrag von Shimonoseki, der den Krieg mit Japan 1895 beendete, erlaubte ausdrücklich die Errichtung ausländischer Fabriken in China, und 1898 gab es schon vier solcher Werke in Shanghai. Es folgten noch viele weitere. Manche dieser Fabriken verfügten über englisches und deutsches Kapital und Fachwissen, aber die überwiegende Mehrheit war japanischen Ursprungs.

Letztlich schuf die japanische Baumwollindustrie ihr eigenes Billiglohnparadies in China, genau wie die Deutschen in Polen und die Fabrikanten Neueng-

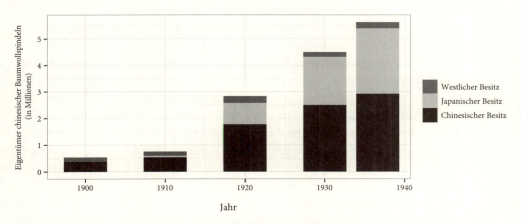

Besitz an Spindeln in der chinesischen Textilverarbeitung, 1900–1936[76]

lands in den Südstaaten. Die erste Textilfabrik in japanischem Besitz eröffnete 1902 in Shanghai, wo die Arbeitskosten nur halb so hoch waren wie im Mutterland. Chinesische Arbeiter bekamen nichts von den paternalistischen Wohlfahrtsleistungen und steigenden Löhnen, die ihre japanischen Kollegen zunehmend erhielten. Fabriken in japanischem Besitz wurden zum am schnellsten wachsenden Segment der chinesischen Textilindustrie, und 1925 hatte fast die Hälfte der gesamten Spinnkapazität ausländische Besitzer.

Indien: das Spinnrad als nationales Symbol

Angesichts des Ansturms einer immer größeren Zahl imperialer Mächte wie der USA und Deutschlands überrascht es nicht, dass Eliten überall im globalen Süden ebenfalls den Aufbau starker Nationalstaaten anstrebten. Sie stießen auf den Widerstand westlicher Politiker und Unternehmer, die selbst immer abhängiger von ihren eigenen Staaten wurden, welche wiederum die sich aufheizenden antikolonialistischen Bewegungen unter Kontrolle bringen mussten. Der daraus entstehende Konflikt war heftig und gewalttätig und schuf für angehende Industrielle im globalen Süden fundamental andere Bedingungen als in Westeuropa und den USA 100 Jahre zuvor. Weil ihre Gegner so mächtig waren, mussten die neuen Unternehmer in ihren eigenen Gesellschaften Koalitionen mit immer engagierteren und nationalistischeren Gruppen von Arbeitern und Bauern schmieden. Diese Abhängigkeit von niedrigeren sozialen Gruppen bei der Staatsbildung machte ihren Weg zur Industrialisierung so anders. Dieses Erbe des Kolonialismus blieb noch lange nach der Unabhängigkeit einflussreich, obwohl die Entkolonialisierung vielleicht das wichtigste Ereignis in der Geschichte des Kapitalismus des 20. Jahrhunderts war.

Kapitalstarke Kaufleute und Bankiers, die im globalen Süden positive Bedingungen für die Textil- und sonstige Industrialisierung zu schaffen suchten, entwickelten eine schonungslose Kritik des Kolonialismus. Unternehmer in Shanghai, Mahalla al-Kubra, Ahmedabad und anderswo erkannten, wie wichtig ein Staat war, der ihre Interessen vertrat, und das brachte sie in offene Gegnerschaft zu ausländischen Mächten.[77] Indische Spinnereibesitzer waren unter den Eloquentesten und beschuldigten den Kolonialstaat lautstark, sich den Interessen Lancashires zu beugen. Der britische Kolonialismus habe es nicht geschafft, indischen Unternehmern geschützte Märkte zu bieten, da die Zollpolitik der Kolonialregierung darauf abziele, die massive Einfuhr von englischem Garn und Stoffen zu ermöglichen.

Umso energischer machten indische Fabrikbesitzer für die Schaffung eines Staates mobil, der ihre Interessen besser vertrat. In Bombay gründeten sie die

Millowners' Association; die Unternehmer Ahmedabads folgten und organisierten die Gujarat Industrial Association, um für Protektionismus zu kämpfen. Einzeln und gemeinsam protestierten sie gegen die Verbrauchssteuer, die sie auf ihre Produkte zahlen mussten, um die niedrigen Einfuhrzölle auszugleichen, und die sie «durch und durch unfair» nannten. Bei der Konferenz des Indischen Nationalkongresses 1902 in Ahmedabad beklagte sich etwa der Fabrikant und Aktivist Ambalal Sakarlal Desai darüber, dass «die hohen Zölle, die auf der Baumwollindustrie lasten, ungerechterweise von jedem Haushaltsvorstand in Ahmedabad getragen» wurden. Der erste indische Industriekongress 1905 brachte Unternehmer aus ganz Indien zusammen, um «den Gebrauch solcher Produkte in Indien anstelle von ausländischen Waren zu fördern und auszuweiten». Diese Konflikte mit der Kolonialmacht brachen auf, während Industrielle gleichzeitig an einer zweiten Front mit ihren eigenen Arbeitern kämpfen mussten. «Die Aufsässigkeit der Fabrikarbeiter muss rechtzeitig gestoppt werden», verkündete die Bombay Millowners' Association 1908 und forderte die Industriellen auf, «ihre Interessen gemeinsam zu schützen».[78]

Indische Nationalisten wiederum richteten ihre Agitation auf die Nachteile des britischen Kolonialismus für die Baumwollindustrialisierung. Tatsächlich wurden die politischen Interessen der Baumwollfabrikanten wichtig für den gesamten indischen Antikolonialismus. Der militante Nationalist Bal Gangadhar Tilak in Poona wetterte in seiner Zeitschrift *The Mahratta* gegen den britischen Baumwollkolonialismus, propagierte Massenproteste gegen die Textilzölle und warf der Kolonialregierung vor, sie «opfere» Indien durch das «Verbrechen der Textilzölle» an Lancashire. 1897 wurde Tilak wegen «Zersetzung» von der britischen Kolonialregierung inhaftiert. Sogar G. P. Gokhale, Gründer der Servants of India Society und führendes Mitglied des Nationalkongresses, der nur selten mit Tilak übereinstimmte, trat gegen die Zollregelungen der Briten bei Baumwolltextilien ein. Als 1911 das Imperial Legislative Council vergrößert wurde, forderte der Baumwollfabrikant Tata mit Unterstützung von 15 der 16 indischen Mitglieder die Abschaffung der Verbrauchssteuern. Für den Publizisten und Befreiungskämpfer Gandhi waren diese Abgaben «ein Beispiel fiskalischer Ungerechtigkeit ... die es in keinem zivilisierten Land der modernen Welt» gebe. Der Kampf um die Verbrauchssteuer auf Baumwolltextilien war einer der ersten großen Konflikte des antikolonialistischen Kampfes.[79]

Baumwollunternehmer forderten außerdem mehr Unterstützung bei der Eroberung von Absatzmärkten. Wie ihre britischen Kollegen erkannten indische Industrielle die Chancen ferner Märkte wie Afrika und produzierten Stoffe, die speziell auf den Geschmack von Ostafrikanern abgestimmt waren. Sie beklagten aber, es gebe «keine offizielle Organisation zur Versorgung indischer Kaufleute und Produzenten mit den Informationen, die für ihre Unternehmungen so unverzichtbar sind und die der britische Kaufmann vom Außenministerium und vom Board of Trade erhält». Um auf ausländische Märkte zu kommen, brauchten sie staatliche Hilfe, die jedoch der britische Kolonialstaat, etwa im Gegensatz zum japanischen Staat, nicht liefern wollte.[80]

Besonders die aufkeimende Swadeshi-Bewegung, die für indische Autarkie, speziell bei Textilien, eintrat, stand für die Vereinigung von Textilunternehmern und den sich herausbildenden indischen politischen Eliten. Es hatten «sich an verschiedenen Orten Zusammenschlüsse gebildet..., um die Notwendigkeit des Gebrauchs einheimischer Stoffe zu vertreten und so Lancashire und Manchester vom indischen Markt zu verdrängen», und der 1885 gegründete und immer einflussreichere Indische Nationalkongress unterstützte die Swadeshi-Bewegung. Indische Unternehmer schlossen sich an: So gründete der bereits erwähnte Textilpionier Ranchhodlal Chhotalal aus Ahmedabad zusammen mit anderen die Organisation für die Förderung der einheimischen Industrie, der Baumwollfabrikant Tata nannte eines seiner Werke die «Swadeshi-Fabrik», und der Vorsitzende der Bombay Millowners Association, Vithaldas Damodar Thakersey, bemerkte bei der Jahreskonferenz 1907, er sei «froh, ... das gestiegene Interesse zu sehen, das die Öffentlichkeit auf Anregung der Swadeshi-Bewegung an einheimischen Industrien zeigt». Man hoffte, die Industrialisierung werde Indiens frühere Bedeutung im Baumwollimperium wiederherstellen.[81] Wenige Jahre später schrieb Gandhi, der die große Bedeutung der Baumwolle für Nationalismus und Antikolonialismus erkannte, nicht nur eine Geschichte der Baumwolle in Indien, sondern setzte sich sogar öffentlich ans Spinnrad, das der Indische Nationalkongress dann 1930 auch auf seine Flagge setzte.

Gandhis Vorliebe für selbstgesponnene Baumwolltextilien war Nostalgie – indische Unternehmer strebten die Entkolonialisierung auf realpolitische Art an und erhofften sich eine grandiose Ausdehnung der Fabrikproduktion.[82] Spinnereibesitzer stimmten mit Gandhi überein, dass die radikale räumliche Umwälzung der globalen Baumwollindustrie im 19. Jahrhundert eine der schädlichsten Folgen des Kolonialismus gewesen sei, aber sie hatten auch ein Interesse daran, die koloniale Strategie weiterzuführen, nämlich ländliche Baumwollspinner und -weber zu Produzenten und Konsumenten von Industrieprodukten zu machen. Im Grunde kämpften indische Fabrikanten ebenso unermüdlich für die weitere Industrialisierung und somit auch die Transformation der indischen Landwirtschaft wie ihre britischen Pendants. Tata schlug selbst vor, man solle in Indien längerstapelige Baumwolle anbauen, um die einheimischen Fabrikanten zu unterstützen. Bei einem Treffen in Surat im April 1919 erörterten Baumwollhändler Maßnahmen zur Qualitätssicherung lokaler Baumwollsorten. Der Fabrikant und Präsident der East India Cotton Association, Purshotamdas Thakurdas, hielt es für dringend notwendig, die Qualität der indischen Baumwolle zu verbessern und zu schützen, sonst würde es «der indischen Webindustrie sehr schaden». V. D. Thackersey von der Bombay Millowners Association forderte staatliche Unterstützung für den Anbau langstapeliger Baumwolle, um «die ganze Industrie zu revolutionieren». 1910 ging man so weit, die Anstrengungen der British Cotton Growing Association zur Verbesserung des Anbaus in Indien zu loben: «Wir können das Fehlen von Gesetzen gegen die Baumwollverfälschung in diesem Land nur bedauern.»[83]

Letztlich führte der Baumwollnationalismus nicht zu einer Rückkehr in die vorindustrielle Welt, die Gandhis Spinnrad symbolisierte, sondern zu einer massiven Welle staatlich geförderter Industrialisierung, die das Baumwollimperium erneut umwälzte und Millionen ehemaliger Bauern in Baumwollfabriken holte, um für Löhne zu arbeiten, die nur einen Bruchteil von dem ausmachten, was in Lancashire, Lowell oder im Schwarzwald bezahlt wurde.

Vielleicht enger als irgendwo sonst auf der Welt waren in Indien Baumwolle und Nationalismus miteinander verknüpft. Spinnereibesitzer unterstützten die Unabhängigkeitsbewegung, deren Führer wiederum machten die einheimische Textilindustrialisierung zu einem Hauptziel ihrer Bewegung, auf deren Agenda «die Rekonstruktion des gesamten politischen und wirtschaftlichen Lebens» stand. 1930 schrieb Gandhi, der enge Beziehungen zu den Fabrikanten von Ahmedabad pflegte:

«Die Textilindustrie ist ein wertvolles nationales Gut, das vielen Menschen
Arbeit gibt und zum Wohlstand des indischen Volkes beiträgt; ihrer Sicherheit
und ihrem Fortschritt muss weiterhin die stetigeAufmerksamkeit der indischen
Kapitalbesitzer, Arbeiterführer, Politiker und Ökonomen gelten.»[84]

Unabhängigkeit und Revolution

Trotz ganz neuartiger Gefälle im Wohlstand wie auch in der staatlichen Stärke und trotz einer hohen Barriere des Rassismus, die einem großen Teil der Menschheit eine untergeordnete Rolle zuwies, waren die Ausbruchsversuche aus dem imperialen System in der zweiten Hälfte des 20. Jahrhunderts auf der ganzen Welt erfolgreich. Manchmal kamen kleine Siege noch vor der großen Welle der Entkolonialisierung, etwa in Indien, wo Zölle die heimische Industrie vor der japanischen Konkurrenz zu schützen begannen und 1926 die verhasste Verbrauchssteuer abgeschafft wurde.[85] Solche Siege – und mehr noch die Entkolonialisierung selbst – erwuchsen nicht allein aus der politischen Stärke der Kapitalbesitzer des globalen Südens, sondern weil nationale Bewegungen zahlreiche Bauern und Arbeiter hinter sich bringen konnten. Fast immer beruhte die Entkolonialisierung auf Massenmobilisierung, darum ging der Aufbau von Nationalstaaten in der ehemals kolonialen Welt völlig anders vor sich als anderthalb Jahrhunderte zuvor in Europa und Nordamerika.

Die Abhängigkeit der Kapitalbesitzer des globalen Südens von Arbeitern und Bauern in ihrem Kampf für einen Staat, der ihre Interessen vertrat, schwächte einige von ihnen langfristig. So überrascht es kaum, dass sie in ihrer Haltung zu antikolonialen Bewegungen ambivalent blieben. Manchmal trieb die Furcht sie sogar in die Arme der Kolonialmacht. In Korea beobachteten japanische Kolonialisten 1919: «Wohlhabende Koreaner haben in letzter Zeit große Angst vor der Radikalisierung der öffentlichen Meinung gezeigt.» Indische Fabrikanten waren im Allgemeinen ebenfalls gemäßigt, nicht zuletzt, weil sie die Militanz ihrer Arbeiter fürchteten. Der Industrielle Ratan Tata unterstützte aus ähnlichen Gründen die Servants of India Society mit ihrer nationalistischen Forderung nach einer «industriellen Entwicklung des Landes», hoffte aber, die Society werde ihre gemäßigten Positionen beibehalten. Purshotamdas Thakurdas wandte sich heftig gegen Gandhi und seine Bewegung des gewaltlosen Widerstands und zivilen Ungehorsams. Indische Unternehmer gerieten in ein immer unbehaglicheres Bündnis mit politisch mobilisierten Arbeitern und Bauern. Nach der Wirtschaftskrise von 1929 sahen sie kaum Alternativen zu einem Bündnis mit der Kongresspartei, deren Massenbasis zunehmend aus Bauern bestand. Als sie mit den Planungen für die Wirtschaft nach der Unabhängigkeit begannen, erkannten sie im Bombay-Plan von 1944 die zentrale Bedeutung staatlicher Planung an, bei der ein «oberster Wirtschaftsrat» die meisten Bereiche der Wirtschaft koordinierte, und legten damit den Grundstein für Indiens ersten Fünfjahresplan von 1950. Solche Fünfjahrespläne, wie sie aus Russland nach China und schließlich Indien gelangten, waren ganz und gar nicht das Ziel der Fabrikanten aus Lancashire, dem Elsass oder Neuengland ein Jahrhundert zuvor gewesen.[86]

Überall im globalen Süden schlossen Textilarbeiter sich nicht nur Gewerkschaften und großen Streikbewegungen an, sondern spielten auch Schlüsselrollen beim Kampf für die nationale Unabhängigkeit. Häufig gingen soziale und nationale Konflikte ineinander über. Einige der 25 000 Arbeiter der riesigen Misr Spinning and Weaving Company in Mahalla al-Kubra spielten eine zentrale Rolle im Kampf um die ägyptische Unabhängigkeit. Dort und anderswo traten 1946/47 zehntausende von Textilarbeitern in den Ausstand und forderten bessere Arbeitsbedingungen – und den Abzug der britischen Truppen aus Ägypten.[87]

Chinesische Textilarbeiter mobilisierten sich ebenso stark und spielten schließlich eine wichtige Rolle im Kampf gegen westliche Mächte und in der Revolution. Sie streikten regelmäßig: 209-mal von 1918 bis 1929. Als Arbeiter im Mai 1925 in der japanischen Naigai Wata Kaisha Mill in Shanghai in den Ausstand traten, lösten sie die berühmte «Bewegung des 30. Mai» aus – Proteste und Kundgebungen, bei denen 13 chinesische Demonstranten von der Polizei getötet wurden. Dieser Zwischenfall schürte den allgemeinen Unmut gegen den Imperialismus und stärkte die chinesische Gewerkschaftsbewegung. Manchmal traten Baumwollarbeiter auch der Kommunistischen Partei bei; in der Revolution von 1946–1949 spielten sie eine wichtige Rolle.[88]

Auch in Indien verband sich das Ringen um höhere Löhne und bessere Arbeitsbedingungen mit dem antikolonialen Kampf. Indische Textilarbeiter hatten sich seit dem späten 19. Jahrhundert organisiert, und auf den ersten Streik 1874 folgten in den 1880er Jahren viele weitere. 1895 demonstrierten Arbeiter gewaltsam für bessere Arbeitsbedingungen, und 1918 übernahm Gandhi selbst eine führende, aber versöhnliche Rolle beim Textilarbeiterstreik in Ahmedabad. Die Textilarbeitergewerkschaft von Bombay entstand 1925 vor dem Hintergrund eines Generalstreiks gegen den Versuch der Industriellen, die Löhne um 10 % zu kürzen. Zwei Jahre später zählte die Gewerkschaft rund 100 000 Mitglieder und 1938 schon 400 000, eine mächtige Gruppe bei Arbeitskonflikten, aber auch eine wichtige Stütze im Kampf um die nationale Unabhängigkeit.[89]

...

Die Textilarbeiter konnten ihre wichtige Rolle im antikolonialen Kampf schließlich in weitere soziale und wirtschaftliche Vorteile ummünzen. In China wurde die Textilindustrie wenige Jahre nach der Revolution verstaatlicht und enorm ausgeweitet (was der Masse der Landbevölkerung aber wenig Nutzen brachte). Im postkolonialen Indien nach 1947 führten Protektionismus und staatliche Investitionen, die in Fünfjahrespläne kanalisiert wurden, zum Wachstum der Textilindustrie, wobei der Aktivismus der Arbeiter die Löhne nach der Unabhängigkeit zunächst stark ansteigen ließ. Sie kletterten von 1950 bis 1963 um 65 %, obwohl die Warenpreise nur um 18 % stiegen. In Ägypten brachte die Unabhängigkeit zunächst wichtige neue Arbeitsschutzgesetze und vor allem eine starke Rolle des Staates bei der Vermittlung von Arbeitskonflikten. Später bewirkte sie große Veränderungen für die ägyptische Wirtschaft, als der Export von Rohbaumwolle – seit über 100 Jahren das wichtigste Ausfuhrgut Ägyptens – immer mehr stagnierte und stattdessen mehr Baumwolle im Land verarbeitet wurde. Der «arabische Sozialismus» brachte Verbesserungen für die Arbeiter, aber auch die Unterdrückung der unabhängigen Gewerkschaften. In den 1960er Jahren wurde die Textilindustrie unter Gamal Abdel Nasser verstaatlicht. Die Stärke und politische Bedeutung der Arbeiter hatte praktisch zur Enteignung der Baumwollunternehmer geführt – zusammen mit dem Glauben, die Industrialisierung sei notwendig zur Verteidigung des Staates. Die Abhängigkeit der Unternehmer von Arbeitern (und Bauern) im Kampf gegen den Kolonialstaat hatte nun ihren rapiden Machtverlust bewirkt.[90]

Nicht nur die Machtverhältnisse zwischen Arbeitern und Unternehmern hatten sich in diesen postkolonialen Gesellschaften verändert, sondern auch das Verhältnis von Staat und Gesellschaft. In einer Welt, die anders war als für die Industrialisierer in England, Kontinentaleuropa und den USA, glaubten diese Nachzügler, sie müssten den Übergang zum Industriekapitalismus schneller vollziehen, einschließlich der Mobilisierung von Arbeitskräften, Territorium, Märkten und Rohstoffen. Da der Industriekapitalismus den Staat brauchte, führten solche «großen Sprünge nach vorn» häufig zu extrem etatistischen Resultaten in der postkolonialen Welt – wobei postkoloniale oder sogar postkapitalistische Regime nun die Instrumente der kolonialen Integration von Territorium, Ressourcen und vor allem Arbeitskräften radikalisierten. Der Industriekapitalismus war unverzichtbar für das Überleben des Staates geworden, der nun oft dem *industriellen* Element Vorrang einräumte. Tatsächlich schien der Kapitalismus nun manchmal der Industrialisierung im Weg zu stehen.

Doch obwohl die Sowjetunion, das kommunistische China, das unabhängige Indien und Ägypten Variationen einer radikalen Verschmelzung von Staat und Kapital, Industrialisierung und politischer Konsolidierung waren, war das Kapital in den 1950er Jahren allgemein von Nationalstaaten eingehegt. Erst ab den 1970er Jahren begannen Kapitalbesitzer sich aus ihrer alten Abhängigkeit von bestimmten Staaten zu befreien. Unternehmer, die so lange einen starken Staat für ihr Projekt des Industriekapitalismus gebraucht hatten, überwanden nun ihre größte Schwäche – die territoriale Bindung des Kapitals. An diesem Punkt nahm das Baumwollimperium die Gestalt an, die wir heute kennen.

Kapitel 14

Kette und Schuss. Ein Epilog

Das Baumwollimperium 2014: Der Verkauf von Kleidung bei kik, Deutschland

Europas Herrschaft über das Baumwollimperium endete kläglich. Es war das Jahr 1963. Die Beatles, Liverpools berühmteste Band, traten zum ersten Mal in den USA auf, Martin Luther King hatten den Traum, «dass eines Tages sogar der Staat Mississippi ... in eine Oase der Freiheit und Gerechtigkeit verwandelt werden wird», und die gewaltige Bhakra-Talsperre in Indien ging in Betrieb und bewässerte 1,7 Millionen Hektar Land, ein großer Teil davon Baumwollfelder. An einem regnerischen Dezembermorgen versammelte sich eine Gruppe von Liverpoolern vor der Baumwollbörse in der Old Hall Street. Nicht um ihr Imperium zu beherrschen, sondern um es aufzulösen. An diesem Tag wurde die «wertvolle Clubeinrichtung» versteigert, die ein Jahrhundert lang in den Büros der Liverpool Cotton Association gestanden hatte. Unter Leitung des ehrwürdigen Auktionshauses March Lyons ersteigerten die Anwesenden fast hundert Objekte, darunter «einen Kaufmannsschreibtisch aus Mahagoni», «Kurstafeln mit Mahagonirahmen», eine «Wetterkarte der Vereinigten Staaten im Mahagonirahmen» und S. A. Hobbys Gemälde «Baumwollpflanze». Das Gebäude selbst war ein Jahr zuvor wegen mangelnder Auslastung verkauft worden.[1]

Kette und Schuss. Ein Epilog

Über ein Jahrhundert lang war die 1841 gegründete Vereinigung eine der mächtigsten Gruppen von Kaufleuten gewesen und hatte eine zentrale Rolle bei der Regulierung des globalen Baumwollhandels gespielt. Als die Käufer ihre ersteigerten Stühle, Schreibtische, Lampen, Regale, Sofas und Gemälde durch die Straßen dieser immer traurigeren Großstadt karrten, war es fast unvorstellbar, dass Liverpool hundert Jahre zuvor eine der reichsten Städte der Welt gewesen war, der Dreh- und Angelpunkt, der Baumwollerzeuger in Nord- und Südamerika, Afrika und Asien mit europäischen Fabrikanten und Verbrauchern auf der ganzen Welt verband.

Nach anderthalb Jahrhunderten Markherrschaft lag Ende der 1960er Jahre der Anteil Englands an den weltweiten Exporten von Baumwollgarn und Stoffen noch bei 2,8 %. Von den über 600 000 Arbeitern, die einmal in britischen Fabriken gearbeitet hatten, blieben nur noch 30 000 übrig; die Baumwollstädte zerfielen zusehends. Schon 1958, als die Handelskammer von Manchester, lange Zeit die weltweit entschiedenste Verfechterin des Freihandels, erklärte, die britische Textilindustrie brauche Zollschutz, war dies ein ungewolltes, aber offensichtliches Eingeständnis der Niederlage.[2]

...

Doch obwohl Europa und zunehmend auch die USA für dieses unglaublich effektive und erschreckend gewalttätige Produktionssystem marginal geworden waren, bestand das Imperium selbst fort, wenn auch in ganz veränderter Form. Die Welt erzeugt und verbraucht mehr Baumwolle als je zuvor.

Während Hemden und Blusen etwa für den deutschen Markt vor einem Jahrhundert vielleicht in einer Werkstatt in Berlin oder Frankfurt aus Stoff genäht wurden, der in Sachsen aus amerikanischer Baumwolle gewebt wurde, bestehen sie heute aus chinesischer, indischer, usbekischer oder senegalesischer Baumwolle, die in China, Pakistan oder der Türkei gesponnen und gewoben und dann in Bangladesch oder Vietnam vernäht werden. Wenn das frühere Baumwollimperium überhaupt noch Teil daran hat, so wäre es in Form amerikanischer Baumwolle. Es gibt in den USA noch 25 000 hochkapitalisierte Farmer, vor allem in Arizona und Texas. Ihre Baumwolle ist auf dem Weltmarkt allerdings so wettbewerbsschwach, dass man riesige Subventionen zur Aufrechterhaltung der Produktion benötigt, in manchen Jahren so viel wie das Bruttoinlandsprodukt von Benin, einem weiteren wichtigen Baumwollproduzenten.[3]

Die Textilfabriken, die einmal so wichtig für die Wirtschaft Europas und Nordamerikas waren, sind fast völlig verschwunden. Sofern diese massigen Gebäude nicht abgerissen wurden, sind sie heute Einkaufszentren, Künstlerateliers, schicke Loftwohnungen oder Museen. Tatsächlich hat der Niedergang der Baumwollindustrie im globalen Norden zu einem Boom der Textilmuseen geführt. Man kann das Boots Cotton Mills Museum in Lowell (Massachusetts) besichtigen, die Quarry Bank Mill bei Manchester, die ehemalige Wesserling-Fabrik außerhalb von Mulhouse im Elsass, das Cotton Museum in der früheren Baumwollbörse von Memphis, das Wiesentaler Textilmuseum im Schwarzwald, die Redcliffe-Plantage von John Henry Hammond in South Carolina, den 32 Kilometer langen Wanderweg entlang des Flusses Llobregat in Katalonien mit seinen

Ruinen des Baumwollimperiums: Cal Rosal in Spanien, 2013

18 leeren Textilfabriken und dutzende, vielleicht hunderte weiterer solcher Orte. Eltern und ihre Kinder oder ganze Schulklassen durchwandern die seltsam aussehenden Fabriken und ihre idyllische Umgebung, sehen Spinner und Weber in historischen Kostümen, die antiquierte Maschinen vorführen, halten sich gegen den Lärm der mechanischen Webstühle die Ohren zu und betrachten Fotografien von Kindern – früh gealtert, wie von einem anderen Planeten –, die vor nicht allzu langer Zeit 60 Stunden die Woche an denselben Maschinen arbeiteten. Auch Baumwollplantagen sind für Touristen aufbereitet worden. Hier sind die Schrecken der Sklavenarbeit allerdings weniger deutlich sichtbar – oft bewusst überspielt vom Anblick prächtiger Herrenhäuser, schöner Ausblicke und gepflegter Gärten. Doch ob aufgelassene Fabrik oder Plantage – die globale Bedeutung des

Kette und Schuss. Ein Epilog

Ortes ist kaum zu spüren. Was unsichtbar bleibt, ist die größte Erfindung des Baumwollimperiums: das weltumspannende Netzwerk, das landwirtschaftliche Produzenten, Fabrikanten und Konsumenten verband, ein Netzwerk, das sich zwar radikal verändert hat und weit weg von diesen Museen liegt, aber weiterhin existiert.

Auch heute erzeugen Millionen Farmer Baumwolle in Afrika, Asien und Nord- und Südamerika, und jeden Morgen strömen Millionen Arbeiter in chinesische, indische, pakistanische und andere Textilfabriken. Infolge der Billiglöhne werden heute 90 % der in Deutschland verkauften Kleidungsstücke im Ausland hergestellt, vor allem in Asien. Allein China liefert Deutschland jedes Jahr rund 25 % seiner Textileinfuhren, gefolgt von der Türkei, Bangladesch und Indien. Stoffe und Garn kommen nicht mehr vorwiegend aus Sachsen, dem Schwarzwald oder England; heute spinnen China, Indien, Pakistan und die Türkei die meiste Baumwolle. In Chinas Fabriken steht fast die Hälfte aller Spindeln und Webstühle der Welt. Sie verarbeiten 43 % aller Rohbaumwolle (Asien insge-

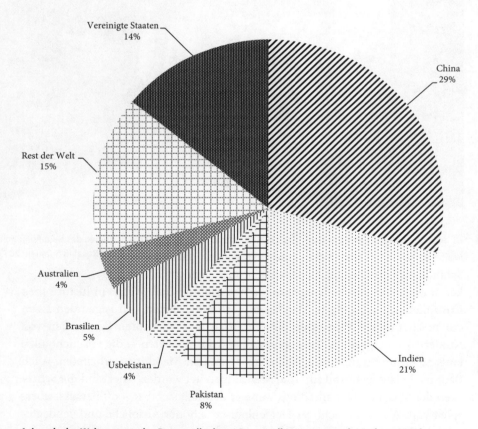

Asien als das Weltzentrum des Baumwollanbaus: Baumwollerzeugung nach Ländern, 2012[6]

Kette und Schuss. Ein Epilog

samt verarbeitet 82,2 %) gegenüber 4,2 % in den USA und 0,7 % in Europa. Die globale Textilverarbeitung ist in das asiatische Herz der vorindustriellen Baumwollindustrie zurückgekehrt. Eine weitere Veränderung: Mitte der 1990er Jahre überholte die Produktion synthetischer Fasern die von Baumwolltextilien. Heute werden jedes Jahr etwa 52 Millionen Tonnen Kunstfasern auf Erdölbasis hergestellt, z. B. für Fleecebekleidung, fast doppelt so viel wie die weltweite Baumwollproduktion.[4]

Auch die Zentren des Baumwollanbaus haben sich verschoben. 1860 besaßen die USA fast ein Monopol auf den Anbau für den Export, heute stammen nur noch 14 % der Baumwolle aus Nordamerika. Es führen China und Indien mit 34 bzw. 26 Millionen Ballen jährlich gegenüber 17 Millionen aus den USA. Die weltweite Produktion hat sich seit 1920 versiebenfacht. Baumwollerzeugung ist für die Volkswirtschaften vieler Entwicklungsländer immens wichtig geworden, vor allem in Asien und Westafrika. Allein in Zentral- und Westafrika sind schätzungsweise 10 Millionen Farmer von Baumwolle abhängig. Schätzungen zur Gesamtzahl derer, die mit Anbau und Verarbeitung von Baumwolle beschäftigt sind, reichen von 110 Millionen Haushalten im Anbau, 90 Millionen in Transport, Entkörnung und Aufbewahrung, 60 Millionen an Spinn- und Webmaschinen bis zu einer Gesamtzahl – in allen Branchen – von 350 Millionen Menschen. Das ist eine Zahl, die nie zuvor in der Weltgeschichte erreicht wurde, sie entspricht zwischen 3 und 4 % der Weltbevölkerung. Über 35 Millionen Hektar werden für den Anbau genutzt, etwa die Fläche Deutschlands.[5]

Manche Staaten zwingen ihre Bürger weiterhin zum Baumwollanbau, trotz häufig katastrophaler Folgen für deren Lebensbedingungen sowie die Umwelt – genau wie die europäischen Kolonialmächte in Afrika ein Jahrhundert zuvor. Usbekistan zum Beispiel, einer der zehn größten Baumwollexporteure der Welt, zwingt seine Landbevölkerung, Baumwolle anzubauen, obwohl die Bewässerung der ariden Böden den Aralsee weitgehend ausgetrocknet und große Teile des Landes praktisch zu Salzpfannen gemacht hat. «Wir zerstören uns selbst», sagte ein usbekischer Bauer 2008 zu einem Journalisten. Darüber hinaus hat die Entwicklung neuer, genetisch veränderter Baumwollpflanzen die Belastung für einige Farmer verdoppelt. Die Samen dieser Pflanzen sind teurer in Kauf und Pflege, aber auch weit produktiver, wodurch gleichzeitig die Kosten steigen und die Preise sinken. Viele tadschikische Baumwollpflanzer sind beispielsweise in einem Teufelskreis von Schulden und erzwungener Baumwollerzeugung gefangen, genau wie ihre Vorgänger vor über hundert Jahren in Indien und den US-Südstaaten. Baumwollerzeuger sind allgemein nach wie vor relativ machtlos. 2005 trieb in Indien eine Saison mit wenig Regen und großen Ernteausfällen hunderte von hochverschuldeten Farmern, die genetisch veränderte Baumwolle anbauten, in den Selbstmord: Sie tranken ihre eigenen Pestizide.

Kette und Schuss. Ein Epilog

Und das ist kein Einzelfall. Baumwollproduktion ist nach wie vor eine oft brutale Quälerei.[7]

Und die ökologischen Folgen ihrer Produktion sind oft genauso gravierend wie ihre sozialen Folgen. Baumwolle ist eine der chemieintensivsten Feldfrüchte – angeblich werden 25 % der Insektizide und 12 % der Herbizide, die weltweit benutzt werden, zum Baumwollanbau eingesetzt. Und in Zeiten weltweiter Wasserknappheit ist Baumwolle unglaublich durstig: Für die Herstellung der Baumwolle für ein einziges T-Shirt sind 2700 Liter Wasser erforderlich.[8]

Eine der wenigen Übereinstimmungen zwischen dem Beginn des 21. Jahrhunderts und der vorindustriellen Welt der 1780er Jahre ist die neuerliche Präsenz Asiens in der Welt der Baumwolle. Sowohl Anbau als auch Verarbeitung zu Garn und Stoffen sind seit den 1920er Jahren nach Asien zurückgewandert. Wir haben gesehen, wie asiatische Kapitalbesitzer und staatenbildende Nationalisten die europäischen Strategien, Territorien zu durchdringen und Arbeitskräfte zu beherrschen, auf ihr eigenes postkoloniales, manchmal sogar postkapitalistisches Hinterland anwandten. Diese Staaten verbanden auf neuartige Weise die Methoden des Industriekapitalismus mit nationalen Entwicklungsprojekten; Bürokraten und Unternehmer aller Art träumten vom «großen Sprung nach vorn». Binnen eines Jahrhunderts zogen sie die geographischen Grenzen des Baumwollimperiums neu: Die einzigartige Kombination aus niedrigen Löhnen und mächtigen Staaten machte es möglich, dass Baumwollanbau und -verarbeitung erneut in dem Teil der Welt florierten, wo Baumwolle 5000 Jahre zuvor zuerst angebaut worden war. So mächtig ist der Aufstieg Asiens, dass asiatische Staaten, insbesondere China, immer mehr darauf drängen, selbst die Regeln des globalen Bauwollhandels zu bestimmen.[9]

Heute hat sich das Kräftegleichgewicht zwischen landwirtschaftlichen Erzeugern, Fabrikanten, Kaufleuten und Politikern erneut verschoben. Es ist ganz normal, wenn Baumwolle in Usbekistan, Togo oder Indien geerntet wird und dann über eine Spinnerei in Shanghai und eine Schneiderei in Vietnam an die Kleiderstange eines Geschäfts in Offenbach gelangt. Die ausgedehnten Netzwerke, über die die Faser durch ihre verschiedenen Stadien bewegt wird, werden nicht mehr von Fabrikanten oder Baumwoll- und Stoffhändlern zusammengehalten. Vielmehr sind es riesige Handelsketten wie Wal-Mart, Metro oder Carrefour, die die Warenketten aus Unternehmern, Subunternehmern, Farmern, Fabriken und Niedrigstlohn-Sweatshops bestimmen. Fabrikanten «drücken» ihre Produkte nicht mehr in den Markt – die Produkte werden von Handelsketten über die Ozeane «gezogen»; so können sie Hersteller, Unternehmer und Arbeiter gegeneinander ausspielen, um die schnellste Lieferung und die niedrigsten Kosten zu erzielen.[10]

...

Diese Wiederkehr der Händler als Schlüsselakteure, besonders seit den 1990er Jahren, in Form von Handelsketten und Markenfirmen ist überraschend. Deren Macht erinnert in mancher Hinsicht an die Bedeutung der Kaufleute in der ersten Hälfte des 19. Jahrhunderts, doch ab den 1860er Jahren waren ja die Hauptakteure im Baumwollimperium mächtige Staaten im Zusammenwirken mit Industriellen. Staaten waren bei der Transformation des globalen Baumwollanbaus in den Vordergrund getreten und hatten dabei für nationale Fabrikanten und – innerhalb sorgfältig definierter Grenzen – auch für organisierte Textilarbeiter eine zentrale Rolle geschaffen. Diese Trends hatten sich bis in die 1970er Jahre verstärkt. In England, um das prominenteste Beispiel zu nennen, übernahm die Regierung 1941 als Reaktion auf die Kriegsbedingungen den gesamten Baumwollmarkt, einschließlich dem Kauf und Verkauf von Rohbaumwolle. Das blieb auch nach dem Krieg so. Die Kaufleute, die ein weltumspannendes Netzwerk aufgebaut hatten, mussten nun die Regierung anbetteln, ihre Interessen nicht ganz zu vergessen. Die *New York Times* schrieb 1946, «dieses Handeln mit Bezug auf Baumwolle zeigt ein weltweites Misstrauen des freien Marktes ... in Verbindung mit einem grenzenlosen Vertrauen in die Magie staatlicher ‹Planung›.» Erst als eine konservative Regierung an die Macht kam und 1953 ein neues Baumwollhandelsgesetz verabschiedete, öffnete der Markt in Liverpool wieder, litt aber weiter unter «Subventionen, Abgaben und Währungsschwankungen». Als Reaktion auf das «Schrumpfen des kaufmännischen Elements im Markt» organisierte sich die Liverpool Cotton Association 1963 um – und verkaufte, wie wir gesehen haben, ihre Einrichtung.[11]

Auf der anderen Seite des Atlantiks spielte der Staat ebenfalls eine immer größere Rolle. Wegen der katastrophalen Agrarkrise der 1920er Jahre und der folgenden Weltwirtschaftskrise wurden in der Politik des New Deal die Produktion der Nachfrage angepasst und die Baumwollfarmer subventioniert – zunehmend umstrittene Maßnahmen, die aber bis heute fortbestehen. Der Foreign Agricultural Service (FAS), eine Abteilung innerhalb des Landwirtschaftsministeriums der USA, entstand 1953, um überall auf der Welt Märkte für amerikanische Baumwolle zu erschließen. Bis heute hat sich seine Aufgabe nicht geändert. Gleichzeitig sollten Zölle und andere Maßnahmen die unter immer stärkerem Druck stehende Spinn- und Webindustrie schützen. Dennoch schloss 1965 sogar im Textilzentrum Fall River die letzte Fabrik.[12] 1974 unterzeichneten die USA und England das sog. Multifaser-Abkommen, um ihre jeweilige Baumwollindustrie weiter zu schützen. In den 1970er Jahren war der amerikanische Baumwollkomplex ebenso abhängig von staatlicher Hilfe geworden wie die Überreste des britischen.

Mitte des 20. Jahrhunderts vollzog sich der Machtzuwachs der Staaten weltweit. Am extremen Rand propagierten Franco in Spanien und Perón in Argentinien den heimischen Baumwollanbau, um ihre Länder vom Weltmarkt zu isolieren, während Nazideutschland in den besetzten Gebieten Zwangsarbeiter für seine Textilfabriken gefangen nahm. Doch nirgends war die Macht der Regierung größer als in postkolonialen und postkapitalistischen Staaten, was sich am besten am «großen Sprung nach vorn» des kommunistischen China und an den Fünfjahresplänen des unabhängigen Indien zeigt. Staatliche Planer strebten gewaltige Zuwächse bei Anbau und Verarbeitung an; die Produktion schoss in die Höhe. In China brachten niedrige Betriebskosten und großzügige Farmerkredite zusammen mit der Anwendung von Kunstdünger und Insektiziden auf zusammengelegtem und verstaatlichtem Land und der Präferenz hochproduktiver Sorten erstaunliche Zuwachsraten im Anbau. Auch die Verarbeitung expandierte. 1952 produzierte China 656 000 Tonnen Baumwollgarn, ein bemerkenswerter Anstieg gegenüber früheren Jahrzehnten, aber noch weit hinter den Weltmarktführern. 1957 war China jedoch schon an die dritte Stelle vorgerückt und produzierte 2,5-mal so viel Garn wie England. 1983 kamen dann 3,27 Millionen Tonnen aus den gewaltigen staatlichen Fabriken, denn die chinesische Regierung sah die Entwicklung ihrer Textilindustrie als wichtig für die nationale Wirtschaftsentwicklung an. Indien verfolgte eine ähnliche Strategie.[13]

Die Dominanz Chinas – eines selbst erklärten Arbeiter- und Bauernstaats – wäre den Baumwollkönigen des frühen 19. Jahrhunderts als Halluzination vorgekommen, den Hammonds aus South Carolina, den Rylands aus Manchester, den Dollfus aus Mulhouse, den Barings aus Liverpool und den Volkarts aus Winterthur. Sie hätten sich nicht vorstellen können, dass im Jahre 2008 eine halbmilitärische Einheit der Volksrepublik China, das Xinjiang Production and Construction Corps, 1,3 Millionen Tonnen Baumwolle produzieren würde, 5 % der weltweiten Erntemenge. Doch diese Verbindung von Staatsbildung und Industrialisierung war nun üblich. Sie hatte auch in anderen Regionen Erfolg, etwa in der Sowjetunion, die die zentralasiatische Landwirtschaft weiter transformierte, um einen wahrhaft spektakulären Anstieg des Rohbaumwollertrags zu erzielen. 1980 produzierte die UdSSR über 2,7 Millionen Tonnen Baumwolle, was sie zum zweitgrößten Produzenten nach China machte. Ihre atemberaubenden Zuwächse – allein von 1950 bis 1966 stieg die Produktion um rund 70 % an – waren nur wegen der hohen staatlichen Investitionen in Bewässerung, Kunstdünger und Maschinen möglich.[14]

Die prominente Rolle des Staates in postkolonialen und postkapitalistischen Gesellschaften bedeutete keine Rückkehr zum Kriegskapitalismus des 18. und frühen 19. Jahrhunderts, sondern ein Schärfen der Werkzeuge und eine Verstärkung der Methoden des Industriekapitalismus. Obwohl Zwang weiterhin eine wichtige Rolle bei der Mobilisierung von Arbeitskräften spielte, war direkte körperliche Gewalt nun der extremste Rand des Industriekapitalismus: ein gewaltig gestärkter Staat in uneingeschränktem Streben nach industrieller Revolution. Trotz wichtiger Unterschiede zwischen dem globalen Süden, Europa und Nordamerika ist es langfristig gesehen höchst bemerkenswert, wie sich die Entwicklung des Baumwollimperiums im Lauf des 20. Jahrhunderts immer mehr den Zielen der staatlich geführten Entwicklung annäherte.[15] Staatlich gelenkte Wirtschaftsplanung, die ihre ersten großen Siege in Europas verstreuten imperialen Besitzungen gefeiert hatte, war nun weltweit die effiziente und scheinbar unausweichliche Norm.

Doch auch diese besondere Form des Kapitalismus im 20. Jahrhundert war vergänglich, wie wir in den letzten Jahrzehnten beobachten konnten. Die Führung im Baumwollimperium übernahmen ab den 1970er Jahren immer mehr riesige Firmengebilde, die ihre Markenwaren auf der ganzen Welt beziehen, um sie an Konsumenten auf der ganzen Welt zu verkaufen. Das Wachstum dieser neuen Gruppe wurde sehr stark durch zwei größere Verschiebungen unterstützt, mit denen sie selbst nichts zu tun hatten. Als die verarbeitende Industrie, besonders bei Baumwolltextilien, immer weniger wichtig für die europäische und nordamerikanische Wirtschaft wurde, schrumpfte auch die Fähigkeit dieser Staaten, sie zu gestalten. Doch der Aufstieg neuer Kaufleute war auch das ungewollte Ergebnis eines großen staatlichen Erfolgs. Mitte des 20. Jahrhunderts hatte der Staat endgültig die globale Landwirtschaft transformiert; die Kapitalisierung des Alltagslebens hatte ein ganz neues Niveau erreicht. Die meisten Menschen auf der Welt waren nun unauflöslich in Warenproduktion und -konsum eingebunden. Somit brauchten Kapitalbesitzer den Staat nicht mehr, um Bauern zu Baumwollerzeugern und zu einem Reservoir von Arbeitskräften für die Textilherstellung oder zu Verbrauchern dieser Textilien zu machen. Dieser Prozess war bereits weit fortgeschritten, deswegen können diese neuen Kaufleute heute von einem größeren Markt von Konsumenten und einem größeren Arbeitskräftereservoir profitieren als je zuvor.

Ihre Erfolge verdankten sich aber auch ihrer Fähigkeit, die Produktion global zu organisieren, Marken zu schaffen und ihre Waren auf der ganzen Welt zu verkaufen. Anders als im 19. Jahrhundert konzentrieren die modernen Handelsunternehmen sich nicht auf den Handel mit Rohbaumwolle, Garnen und Stoffen, sondern den mit Kleidung. Sie kaufen von den billigsten Anbietern, ohne sich mit der Herstellung selbst zu befassen. Dann konzentrieren sie ihre Energie darauf, Kanäle zum Verkauf dieser Waren mit ihren Markenzeichen zu bilden, wie die amerikanische Textilkette Gap (Slogan: «Get together»), das chinesische Textilhaus Meters/bonwe («Be different») oder der deutsche Sportwarenhersteller Adidas («Adidas is all in»), aber auch neue Formen des Einzelhandels zu entwickeln, wie Wal-Mart (USA), Metro und kik (Deutschland) und Lojas Americanas S. A. (Brasilien). Um diese globale Lieferkette im Griff zu behalten, sind sie zwar immer noch auf staatliche Macht angewiesen, aber ihre Abhängigkeit von einem bestimmten Staat hat stark abgenommen. Infolgedessen fördern sie die Konkurrenz nicht nur unter Herstellern und unter Erzeugern, sondern auch un-

Kette und Schuss. Ein Epilog

ter Staaten. Damit ist der Schutz, den starke Nationalstaaten zumindest einem Teil ihrer Arbeiter für eine Phase des 20. Jahrhunderts boten, allmählich zersetzt worden. Arbeiter sind heute immer mehr den Launen von Firmen ausgesetzt, die alle Formen der Produktion einfach um die Welt verschieben können. Globalisierung ist im Baumwollimperium nichts Neues, aber die Fähigkeit von Unternehmern, sich einzelne Staaten auf der ganzen Welt zunutze zu machen und

Kinder bei der Baumwollernte in Usbekistan, 2012

damit von den Ansprüchen aller frei zu bleiben, ist neu. Der Staat als die Institution, die den Aufstieg der Kapitalbesitzer zu Wohlstand und Macht erst ermöglichte, braucht nun immer dringender deren Investitionen.

Bei aller Prominenz der modernen Bekleidungsriesen und Handelsketten dürfen wir aber bestimmte kontinuierliche Muster nicht übersehen: Diese Baumwollunternehmer sind weiterhin auf den Staat angewiesen – auf viele subtile Arten und auf einige weniger subtile. In den USA halten, wie erwähnt, riesige Subventionen die Baumwollfarmer im Geschäft. 2001 zahlten die USA eine Rekordsumme von 4 Milliarden Dollar als Subventionen an ihre Baumwollerzeuger – 30 % mehr als der Marktwert der Ernte. Anders ausgedrückt, waren diese Subventionen dreimal so hoch wie die gesamte US-Entwicklungshilfe dieses Jahres für Afrika – einen Teil der Welt, wo die Produktionskosten der Baumwolle nur ein Drittel der amerikanischen ausmachten. Tatsächlich verklagte Brasilien 2002 die Vereinigten Staaten bei der Welthandelsorganisation, weil die staatlichen Baumwollsubventionen ein Bruch früherer Handelsabkommen seien.

Man einigte sich unter anderem darauf, dass die US-Regierung nun auch die brasilianische Baumwollwirtschaft unterstützt, mit 147,3 Millionen Dollar jährlich. Auch die Europäische Union unterstützt ihre kleinen Baumwollerzeuger in Spanien und Griechenland mit Subventionen in Höhe von 160–189 % des Weltmarktpreises. Hoch subventionierte Baumwolle wird dann auf die Weltmärkte gepumpt und drückt die Preise für billigere Erzeuger in Afrika und anderswo.[16]

In anderen Teilen der Welt spielen Staaten ihre aktive Rolle durch die Mobilisierung von Arbeitskräften weiter und stellen Handelsketten dadurch mehr Baumwolle für immer billigere Kleidung zur Verfügung. In Usbekistan zwingt der Staat Kinder, bei der Baumwollernte zu helfen (man schätzt, dass bis zu zwei Millionen Kinder unter 15 Jahren auf die Felder geschickt werden), was laut der International Crisis Group «nur unter den Bedingungen politischer Unterdrückung möglich ist».[17] In China hält die Unterdrückung unabhängiger Gewerkschaften die Löhne niedrig. Die Emanzipation der Kapitalbesitzer vom Staat ist also nicht vollständig – der Staat ist sogar weiterhin sehr wichtig –, aber weil das Baumwollkapital selbst flüssig geworden und nicht mehr an bestimmte Territorien gebunden ist, kommt es viel weniger auf bestimmte Nationalstaaten an. Nicht nur die geographische Gestalt des Baumwollimperiums hat sich erneut verschoben, sondern auch das Gleichgewicht der Kräfte zwischen landwirtschaftlichen Erzeugern, Kaufleuten, Herstellern und dem Staat. Die endlose Revolution des Kapitalismus geht weiter.

...

Heute wie in den letzten 250 Jahren verbindet das Baumwollimperium landwirtschaftliche Produzenten, Händler, Spinner, Weber, Fabrikanten und Verbraucher über gewaltige Entfernungen in immer neuen räumlichen Anordnungen. Diese fundamentale Neuerung – die Verbindung über den Raum hinweg – wurde zuerst durch die Verbindung von Sklaverei und Lohnarbeit im grausamen Kessel des Kriegskapitalismus geschaffen und steht seitdem im Zentrum des Baumwollimperiums. Doch die Geographie dieser Verbindungen hat sich radikal verändert. Knotenpunkte, die einmal zentral waren wie Lancashire oder Barmen, sind an den Rand gerückt, während früher unwichtige Knotenpunkte wie vor allem Shanghai heute das Zentrum darstellen.

Während Unternehmer nach immer billigeren Arbeitskräften, besserer Infrastruktur und größeren Märkten suchen, verbinden sie die Arbeiter und Konsumenten der Welt und ihre Länder und Rohstoffe auf immer neue Art.[18] In diesem Prozess ist das kollektive Handeln der Arbeiter sehr wichtig, ebenso das Handeln von Staaten. Wir haben gesehen, dass die Geschichte von Kapital und Baumwolle nur zu verstehen ist, wenn wir die Geschichte vieler verschiedener Orte und Gruppen von Menschen betrachten. Den Blick nur auf einen Teil des

Imperiums zu richten, führt zu großen Missverständnissen, etwa wenn man die Welt der letzten fünfzig Jahre als eine Welt der Deindustrialisierung sieht – während genau das Gegenteil stattfand: die größte Industrialisierungswelle aller Zeiten.

Kapitalbesitzer – von den Barings des 18. Jahrhunderts zu den Titanen der heutigen Handelsketten – haben viele der Verbindungen geschaffen, aus denen die Welt, wie wir sie heute kennen, entstanden ist. Unsere globalen Untersuchungen haben jedoch gezeigt, dass Kapitalbesitzer und Staaten gemeinsam aufstiegen – die einen erleichterten den Aufstieg der anderen. Man könnte in unserer gnadenlos mit Markenzeichen zugepflasterten Welt leicht vermuten, dass die gewaltigen Firmen von heute ganz für sich existieren. Doch eine solche Vereinfachung lässt außer Acht, dass historisch gesehen die größte Kraftquelle der Kapitalbesitzer war, dass sie sich auf ungewöhnlich mächtige Staaten verlassen konnten – und dass gleichzeitig die Abhängigkeit von diesem Staat ihre größte Schwäche war, zumindest während einer langen Phase der Geschichte des Kapitalismus. Denn diese Abhängigkeit gab Arbeitern die Chance, ihre Lebensbedingungen zu verbessern. Es bleibt abzuwarten, was die zunehmende Emanzipation des Kapitals von bestimmten Nationalstaaten für die Arbeiter dieser Welt bedeuten wird. Für das Baumwollimperium ist das Urteil aber klar: Die Erfolge der Arbeiter bei der Verbesserung ihrer Lage führten fast überall zur Verlegung des Kapitals – im Lauf der letzten Jahrzehnte haben Wal-Mart und andere Handelsriesen ihre Produktion ständig von einem armen Land in ein noch etwas ärmeres verlegt, angezogen von noch eifrigeren und billigeren Arbeitskräften. Selbst die chinesische Produktion ist jetzt durch noch niedrigere Löhne an anderen Orten bedroht.[19] Das Baumwollimperium hat einen gigantischen Unterbietungswettlauf ausgelöst, der keine anderen Grenzen kennt als die des Erdballs.

Diese permanenten Verschiebungen innerhalb des Baumwollimperiums deuten auf ein wesentliches Element des Kapitalismus allgemein: seine Fähigkeit zur ständigen Anpassung. Immer wieder erzeugte eine scheinbar unüberwindliche Krise in einem Teil des Baumwollimperiums eine kreative Reaktion in einem anderen. Der Kapitalismus fordert und bewirkt einen Zustand permanenter Revolution.

Solch permanente Revolution ist nur möglich, wenn es Orte und Menschen gibt, deren Dasein sich umwälzen lässt. Diese vordersten Fronten des Kapitalismus sind oft auf dem Land zu finden, und unsere Reise durch das Baumwollimperium hat gezeigt, dass die globale Landwirtschaft ins Zentrum unseres Nachdenkens über die Ursprünge der modernen Welt rücken muss. Meist werden unsere historischen Vorstellungen von Städten, Fabriken und Arbeitern beherrscht, aber hier haben wir gesehen, dass ein großer Teil der Entstehung der modernen Welt auf dem Land stattfand – durch die häufig gewaltsame Umwandlung von Landbewohnern in Erzeuger und Verbraucher von Waren, die anderswo hergestellt oder konsumiert wurden.

Dieses Buch zum globalen Kapitalismus hat die Rolle von Zwang und Gewalt in dessen Geschichte ausdrücklich betont. Sklaverei, Kolonialismus und Zwangsarbeit waren keine Entgleisungen, sondern gehörten zu seinem innersten Kern. Die Gewalt der Markterzeugung – das erzwungene Arbeiten von Menschen an bestimmten Orten auf bestimmte Art – ist eine Konstante in der Geschichte des Baumwollimperiums.

Damit werden einige der am tiefsten verwurzelten Einsichten in die Geschichte der modernen Welt infrage gestellt, zum Beispiel die verbreitete Vorstellung vom 19. Jahrhundert als dem Zeitalter der «bürgerlichen Zivilisation» im Gegensatz zum 20. Jahrhundert, das der britische Historiker Eric Hobsbawm als «Zeitalter der Katastrophe» bezeichnet hat.[20] Eine solche Bewertung kann nur einer Weltsicht entstammen, die ihre moralischen Urteile auf Europa konzentriert. Aus Sicht eines großen Teils von Asien, Afrika und Nord- und Südamerika war das 19. Jahrhundert ein Zeitalter der Barbarei und Katastrophe, in dem Sklaverei und Imperialismus einen Teil des Erdballs nach dem anderen verwüsteten. Das 20. Jahrhundert erscheint dagegen als Zeitalter, in dem die Schwächung der imperialen Mächte es mehr Menschen erlaubte, ihre eigene Zukunft zu bestimmen und die Fesseln der Kolonialherrschaft abzuwerfen. Jenseits eurozentrischer Verzerrungen verdient die Dekolonialisierung im Zentrum der Erzählung über das 20. Jahrhundert zu stehen – tatsächlich ist der globale Kapitalismus heute tiefgreifend von diesen Unabhängigkeitskämpfen geprägt. So oder so hat unsere Reise durch das Baumwollimperium gezeigt, dass Zivilisation und Barbarei eng verbunden sind, sowohl in der Entwicklung der ersten globalen Industrie wie in der vieler anderer, die ihr folgten.

Gewalt und Zwang sind genauso anpassungsfähig wie der Kapitalismus, den sie ermöglichen, und spielen im Baumwollimperium bis heute eine wichtige Rolle. Immer noch werden Baumwollerzeuger gezwungen, diese Pflanze anzubauen; immer noch sind Arbeiter praktisch Gefangene in Fabriken. Auch die Früchte ihrer Arbeit werden nach wie vor extrem ungleich verteilt: So verdienen Baumwollerzeuger in Benin am Tag einen Dollar oder weniger, während Baumwollfarmer in den USA zwischen 1995 und 2010 insgesamt 35 Milliarden Dollar staatliche Subventionen erhielten.[21] Arbeiter in Bangladesch nähen Kleidungsstücke unter äußerst gefährlichen Arbeitsbedingungen für sehr geringen Lohn zusammen, während Konsumenten in den USA und Europa diese Artikel zu häufig absurd niedrigen Preisen kaufen können.

Innerhalb dieser größeren Geschichte von Beherrschung und Ausbeutung steckt aber eine Parallelgeschichte von Befreiung und Kreativität. Der Kern des globalen Kapitalismus und seine atemberaubenden Anpassungen in den letzten 250 Jahren haben zu enormen Produktivitätsfortschritten geführt. Noch in den

1950er Jahren musste eine fünfköpfige nordchinesische Familie 60 Tage lang intensiv spinnen und weben, um genug Kleidung für ihre minimalen Bedürfnisse herzustellen. Heute gibt die amerikanische Durchschnittsfamilie (mit 2,5 Personen allerdings kleiner als die chinesische Familie der 1950er Jahre) nur 3,4 % ihres Haushaltseinkommens für sehr viel mehr und sehr viel bessere Kleidung aus – den Gegenwert von etwa acht Arbeitstagen. Die Produktion von Landwirtschaft und Industrie ist nahezu explodiert und zeigt, dass kapitalistische Sozialbeziehungen einen enormen Zuwachs in der Warenproduktion ermöglicht haben, der von keinem anderen Produktionssystem je erreicht worden ist. Manche Beobachter erwarten heute, dass die Baumwollproduktion sich bis 2050 erneut verdreifachen oder vervierfachen wird.[22]

Die menschliche Fähigkeit, unsere Anstrengungen auf immer produktivere Art zu organisieren, sollte uns Hoffnung geben, die Hoffnung, dass unsere beispiellose Beherrschung der Natur uns auch die Klugheit, die Macht und die Stärke gibt, eine Gesellschaft zu schaffen, die die Bedürfnisse aller Menschen berücksichtigt – ein Baumwollimperium, das nicht nur produktiver, sondern auch gerechter ist. Wie wir im Lauf des Buches sahen, haben die schwächsten Glieder des Baumwollimperiums immer wieder versucht, eine solche Welt zu schaffen, und manchmal dramatische Veränderungen bewirkt. Eine Welt, die in einem Moment stabil und dauerhaft erscheint, kann im nächsten Moment radikal verändert werden. Schließlich erschafft die kapitalistische Revolution unsere Welt ständig neu, so wie die Webstühle der Welt unablässig neuen Stoff produzieren.

Anhang

Abkürzungen

BL British Library, London
JRL John R. Rylands Library, Manchester, UK
MALS Manchester Archives and Local Studies, Manchester, UK
MSA Maharashtra State Archives, Mumbai, India
NAI National Archives of India, New Delhi
NYT *New York Times*
TNA The National Archives of the UK, Kew
ToI *Times of India*

Anmerkungen

Anmerkungen Einleitung

1 *The Thirty-Ninth Annual Report of the Board of Directors of the Manchester Chamber of Commerce for the Year 1859.* Manchester 1860. S. 18 f., 22 f., 33 f., 38 f., 45.

2 «Liverpool. By Order of the Liverpool Cotton Association Ltd., Catalogue of the Valuable Club Furnishings etc. to be Sold by Auction by Marsh Lyons & Co., Tuesday, 17th December 1963», Greater Manchester County Record Office.

3 http://www.cottoninc.com/corporate/Market-Data/MonthlyEconomicLetter/ (Zugriff 23. Januar 2013): http://www.thefabricofourlives.com/ (Zugriff 23. Januar 2013).

4 Das durchschnittliche Gewicht der Wolle eines Schafes in den USA beträgt 3,3 kg: «Fast Facts About American Wool», American Sheep Industry Association. Berechnungen aufgrund der Zahlen in www.sheepusa.org/get_file/file_id/5ab52656e6d6e32821aa9f177bf05876 (Zugriff 10. März 2013).

5 Edward Baines, *History of the Cotton Manufacture in Great Britain.* London 1835, S. 5 f.; Kenneth Pomeranz, *The Great Divergence: China, Europe, and the Making of the Modern World Economy.* Princeton 2000.

6 Jared Diamond, *Guns, Germs, and Steel: The Fates of Human Societies.* New York 1998; David Landes, *The Wealth and Poverty of Nations: Why Some Are So Rich and Some So Poor.* New York 1998; Niall Ferguson, *The West and the Rest.* New York 2011; Daron Acemoglu und James A. Robinson, *Why Nations Fail: The Origins of Power, Prosperity, and Poverty.* New York 2012; Robert Brenner, «Agrarian Class Structure and Economic Development in Pre-Industrial Europe», *Past & Present,* 70 (1976), S. 30–75; Robert Brenner, «The Agrarian Roots of European Capitalism», *Past & Present,* 97 (1982), S. 16–113; E. P. Thompson, *The Making of the English Working Class.* New York 1963.

7 Zu Kapitalismus und Sklaverei siehe u. a. Eric Williams, *Capitalism & Slavery.* New York 1961; Rafael de Bivar Marquese, «As desventuras de um conceito: capitalismo histórico e a historiografia sobre escravidão brasileira», *Revista de História,* 169 (2013). São Paulo, S. 223–253; Philip McMichael, «Slavery in the Regime of Wage Labor: Beyond Paternalism in the U. S. Cotton Culture», *Social Concept,* 6 (1991), S. 10–28; Barbara L. Solow und Stanley L. Engerman, *British Capitalism and Caribbean Slavery: The Legacy of Eric Williams.* New York 1987; Gavin Wright, *The Political Economy of the Cotton South: Households, Markets, and Wealth in the Nineteenth Century.* New York 1978; Joseph E. Inikori, *Africans and the Industrial Revolution in England: A Study in International Trade and Development.* New York 2002, Robin Blackburn, *The American Crucible: Slavery,*

Emancipation and Human Rights. London 2011.

8 Siehe dazu u. a. Dale W. Tomich, *Slavery in the Circuit of Sugar: Martinique and the World Economy, 1830–1848.* Baltimore 1990; Andre Gunder Frank, *ReORIENT: Global Economy in the Asian Age.* Berkley, CA 1998; Immanuel Wallerstein, *The Modern World-System,* Bd. III: *The Second Great Expansion of the Capitalist World-Economy, 1730–1840's.* San Diego 1989; Abdoulaye Ly, *La Théorisation de la Connexion Capitaliste des Continents.* Dakar 1994; John Gallagher und Ronald Robinson, «The Imperialism of Free Trade», *Economic History Review,* Serie 2, 51 (1953), S. 1–15; Patrick Wolfe, «History and Imperialism: A Century of Theory», *American Historical Review,* 102 (1997), S. 388–420.

9 Die Literatur zur Globalgeschichte blüht zur Zeit, siehe aber schon: Abdoulaye Ly, *La Compagnie du Sénégal.* Paris 1958; Marc Bloch, «Toward a Comparative History of European Societies», in Frederic Chapin Lane und Jelle C. Riemersma (Hg.), *Enterprise and Secular Change: Readings in Economic History.* Homewood, Ill 1953; Williams, *Capitalism & Slavery;* C. L. R. James, *The Black Jacobins.* London 1938; siehe auch C. A. Bayly, *The Birth of the Modern World, 1780–1914: Global Connections and Comparisons.* Malden, MA 2004; Jürgen Osterhammel, *Die Verwandlung der Welt. Eine Geschichte des 19. Jahrhunderts.* München 2009. Einen Überblick gibt Sebastian Conrad, *Globalgeschichte: Eine Einführung.* München 2013; Dominic Sachsenmaier, *Global Perspectives in Global History: Theories and Approaches in a Connected World.* New York 2011; Sven Beckert und Dominic Sachsenmaier, *Global History Globally.* Honolulu, in Vorbereitung; Bruce Mazlich und Ralph Buultjens, *Conceptualizing Global History.* Boulder 1993; Jerry Bentley, «The Task of World History», unveröff. Aufsatz, im Besitz des Autors; Robert C. Allen, *The British Industrial Revolution in Global Perspective.* Cambridge, UK 2009; Jan Luiten van Zanden, *The Long Road to Industrial Revolution: The European Economy in a Global Perspective, 1000–1800.* Amsterdam 2009; Patrick O'Brien, «European Economic Development: The Contribution of the Periphery», *Economic History Review,* Serie 2, 35 (1982), S. 1–18.

Anmerkungen Kapitel 1

1 Die damals genutzte Baumwollart war höchstwahrscheinlich *G. hirsutum palmieri,* eine Sorte, die im Gebiet der heutigen mexikanischen Staaten Oaxaca und Guerrero wuchs. Zur Beschreibung der Pflanze siehe C. Wayne Smith und J. Tom Cothren (Hg.), *Cotton: Origin, History, Technology and Production.* New York 1999, S. 11; zur Herstellung von Textilien siehe Frances F. Berdan, «Cotton in Aztec Mexico: Production, Distribution and Uses», *Mexican Studies* 3 (1987), S. 241 f. Joseph B. Mountjoy, «Prehispanic Cultural Development Along the Southern Coast of West Mexico», in Shirley Gorenstein (Hg.), *Greater Mesoamerica: The Archaeology of West & Northwest Mexico.* Salt Lake City 2000, besonders S. 106; Donald D. Brandt, «The Primitive and Modern Economy of the Middle Rio Balsas, Guerrero and Michoacan», Achter amerikanischer Wissenschaftskongress, Sektion 8, Geschichte und Geographie (Washington, D. C., 1940, Abstract). Zum damaligen

Gewicht eines Ballens Baumwolle siehe José Rodríguez Vallejo, *Ixcatl, el algodón mexicano*. México: Fondo de Cultura Económica, 1976, S. 64.

2 K. D. Hake und T. A. Kerby, «Cotton and the Environment», in *Cotton Production Manual*. UCANR Publications 1996, S. 324–327; Frederick Wilkinson, *The Story of the Cotton Plant*. New York 1899, S. 39.

3 Es existieren (leichte) Meinungsverschiedenheiten zwischen Gavin Wright, *The Political Economy of the Cotton South*. New York 1978, S. 14 f., und Jason Clay, *World Agriculture and the Environment*, S. 284–287.

4 Ralf Kittler, Manfred Kaysar und Mark Stoneking, «Molecular Evolution of *Pediculus humanus* and the Origin of Clothing», *Current Biology* 13 (19. August 2003), S. 1414 f.

5 Eine viel frühere Datierung des Spinnens und Webens findet sich in Eliso Kvabadze et al., «30 000 Year-Old Wild Flax Fibres», *Science* 11 (September 2009), S. 1359.

6 Almut Bohnsack, *Spinnen und Weben: Entwicklung von Technik und Arbeit im Textilgewerbe*. Reinbek 1981, S. 31 f.; «Kleidung», in Johannes Hoops, *Reallexikon der Germanischen Altertumskunde*, Bd. 16. Berlin 2000, S. 603–625; Mary Schoeser, *World Textiles: A Concise History*. New York 2003, S. 20; «Kleidung», in Max Ebert (Hg.), *Reallexikon der Vorgeschichte*, Bd. 6. Berlin 1926, S. 380–394; Harry Bates Brown, *Cotton: History, Species, Varieties, Morphology, Breeding, Culture, Diseases, Marketing and Uses*. New York 1938, S. 1.

7 T. W. Rhys Davids (Übers.), *Vinaya Texts*. Oxford 1885, S. 168; Georg Buehler (Übers.), *The Sacred Laws of the Âryas*. Oxford 1882, S. 165, 169 f.; Vijaya Ramaswamy, *Textiles and Weavers in South India*. New York 2006, S. 1; Doran Ross (Hg.), *Wrapped in Pride: Ghanaian Kente and African American Identity*. Los Angeles 1998, S. 77; Frank Goldtooth, wiedergegeben in Stanley A. Fishler, *In the Beginning: A Navaho Creation Myth*. Salt Lake City 1953, S. 16; Aileen O'Bryan, *The Dîné: Origin Myths of the Navaho Indians*, Smithsonian Institution, Bureau of American Ethnology, Bulletin no. 163. Washington, D. C. 1956, S. 38; Francesca Bray, «Textile Production and Gender Roles in China, 1000–1700», *Chinese Science* 12 (1995), S. 116.

8 C. L. Brubaker et al. (Hg.), «The Origin and Domestication of Cotton», in Smith und Cothren (Hg.), *Cotton*, S. 4–6, 12, 17, 22 (dort auch das Zitat); Wafaa M. Amer und Osama A. Momtaz, «Historic Background of Egyptian Cotton (2600 BC–AD 1910)», *Archives of Natural History* 26 (1999), S. 219.

9 Thomas Robson Hay und Hal R. Taylor, «Cotton», in *Collier's Encyclopedia, with Bibliography and Index*, hg. von William Darrach Halsey und Emmanuel Friedman. New York 1981, S. 387; A. Lucas, *Ancient Egyptian Materials and Industries*, 4. Ausgabe, überarbeitet von J. R. Harris. London 1962, S. 147; Richard H. Meadow, «The Origins and Spread of Agriculture and Pastoralism in Northwestern South Asia», in David R. Harris (Hg.), *The Origins and Spread of Agriculture and Pastoralism in Eurasia*. London 1996, S. 1–9; James Mann, *The Cotton Trade of Great Britain*. London 1860, S. 1; Brown, *Cotton*, S. 2. Herodot ist zitiert in Mann, *The Cotton Trade of Great Britain*, S. 2 f.; Arno S. Pearse, *The Cotton Industry of India, Being the Report of the Journey to India*. Manchester 1930, S. 15; J. Forbes Royle, *On the Culture and Commerce of Cotton in India and Elsewhere: With an Account of the Experiments Made by the Hon. East India Company up to the Present Time*. London 1851, S. 116–118.

10 Brown, *Cotton*, S. 5; Edward Baines,

History of the Cotton Manufacture in Great Britain. London 1835, S. 65–70; Prasannan Parthasarathi, «Cotton Textiles in the Indian Subcontinent, 1200–1800», in Giorgio Riello und Prasannan Parthasarathi (Hg.), *The Spinning World: A Global History of Cotton Textiles, 1200–1850.* Oxford 2009, S. 23–25.

11 H. Wescher, «Die Baumwolle im Altertum», in *Ciba-Rundschau* 45 (Juni 1940), S. 1635; Alwin Oppel, *Die Baumwolle.* Leipzig 1902, S. 206 f.; Marco Polo zit. n. Clinton G. Gilroy, *The History of Silk, Cotton, Linen, Wool and other Fibrous Substances.* New York 1845, S. 334; Baines, *History of the Cotton Manufacture*, S. 56, 58.

12 A. G. Hopkins, *An Economic History of West Africa.* New York 1973, S. 48; M. D. C. Crawford, *The Heritage of Cotton: The Fibre of Two Worlds and Many Ages.* New York 1924, S. 46; Amer und Momtaz, «Historic Background of Egyptian Cotton», S. 212; William H. Prescott, *History of the Conquest of Peru.* Westminster, MD 2000, S. 300.

13 Gilroy, *The History of Silk, Cotton*, S. 331 f.; Smith und Hirth, «Prehispanic Cotton-Spinning», S. 353; Barbara L. Stark, Lynette Heller und Michael A. Ohnesorgen, «People with Cloth: Mesoamerican Economic Change from the Perspective of Cotton in South Central Veracruz», *Latin American Antiquity* 9 (März 1978), S. 9; Crawford, *The Heritage of Cotton*, S. 32, 35; Barbara Ann Hall, «Spindle Whorls and Cotton Production at Middle Classic Matacapan and the Gulf Lowlands», in Barbara L. Stark und Philipp J. Arnold III, *Olmec to Aztec: Settlement Patterns in the Ancient Gulf Lowlands.* Tucson 1997, S. 117 f., 133 f.; Juan de Villagutierre Soto-Mayor, *History of the Conquest of the Province of the Itza*, erste engl. Ausgabe, übersetzt nach der span. Ausgabe von Robert D. Wood. Culver City, CA 1983, S. 197; Berdan, «Cotton in Aztec Mexico», S. 238 f.; Smith und Hirth, «Prehispanic Cotton-Spinning», S. 356; R. B. Handy, «History and General Statistics of Cotton», in *The Cotton Plant: Its History, Botany, Chemistry, Culture, Enemies, and Uses*, prepared under the supervision of A. C. True, United States Department of Agriculture, Office of Experiment Stations, Bulletin 33. Washington, D. C. 1896, S. 63; «Hay, Cotton, Cottonseed, Shorn Wool, and Tobacco – Acreage, Production, and Price: 1790 to 1970», in United States, *Historical Statistics of the United States, Colonial Times to 1970*, Bd. 1. Washington: U. S. Dept. of Commerce, Bureau of the Census, 1975, Reihe K-550-563, S. 518.

14 Brown, *Cotton*, S. 14; Kate Peck Kent, *Prehistoric Textiles of the Southwest.* Santa Fe 1983, S. 9, 27–29; Crawford, *The Heritage of Cotton*, S. 37; Kate Peck Kent, *Pueblo Indian Textiles: A Living Tradition.* Santa Fe 1983, S. 26; Watts, *The West Indies*, S. 174. Zitat von Christopher Columbus, 4. November 1492, *The diario of Christopher Columbus's first voyage to America: 1492–1493*, vereinfacht übernommen von Bartolomé de las Casas, transkribiert und übersetzt ins Englische, mit Anmerkungen und Konkordanz zum Spanischen von Oliver Dunn. Norman 1989, S. 131–135. Siehe auch die Einträge vom 16. Oktober, 3. November und 5. November 1492, S. 85–91, 131, 135; Watts, *The West Indies*, S. 65, 89.

15 Christopher Ehret, *The Civilizations of Africa: A History to 1800.* Charlottesville 2002, S. 67 f.; Ross (Hg.), *Wrapped in Pride*, S. 75; Lars Sundström, *The Trade of Guinea.* Lund 1965, S. 148.

16 L. Griffith und G. M. Crowfoot, «On the Early Use of Cotton in the Nile

Valley», *The Journal of Egyptian Archaeology* 20 (1934), S. 7; Amer und Momtaz, «Historic Background of Egyptian Cotton», S. 212, 214 f.

17 M. Kouame Aka, *Production et Circulation des Cotonnades en Afrique de l'Ouest du XIème Siècle à la Fin de la Conquette Coloniale (1921)*. Unpublished PhD dis: Université de Cocody-Abidjan 2013, S. 18, 41; Marion Johnson, «Technology, Competition and African Crafts», in Dewey und Hopkins (Hg.), *The Imperial Impact*, S. 176, 195, 201; Venice Lamb und Judy Holmes, *Nigerian Weaving*. Roxford 1980, S. 16; Marion Johnson, «Cloth Strips and History», *West African Journal of Archaeology* 7 (1977), S. 169; Philip D. Curtin, *Economic Change in Precolonial Africa: Senegambia in the Era of the Slave Trade*. Madison 1975, S. 48; Johnson, «Technology, Competition and African Crafts», S. 176; Marion Johnson, «Cloth as Money: the Cloth Strip Currencies of Africa», in Dale Idiens und K. G. Pointing, *Textiles of Africa*. Bath 1980, S. 201. In Südostafrika verarbeitete man ebenfalls Baumwolltextilien. Archäologische Funde belegen das Spinnen und Weben ab spätestens 1150 n. Chr. Frühe europäische Forscher berichteten, dass Baumwolle entlang einiger Flüsse weitläufig angebaut wurde. Baumwolle war außerdem eher für die Kleider der Eliten bestimmt. Patricia Davison und Patrick Harries, «Cotton Weaving in South-East Africa: Its History and Technology», in Idiens und Pointing, *Textiles of Africa*, S. 177, 179 f.; Marie Philiponeau, *Le Coton et l'Islam: Fil d'une Histoire Africaine*. Algier 2009, S. 15, 17; Ross (Hg.), *Wrapped in Pride*, S. 75; Lamb und Holmes, *Nigerian Weaving*, S. 15; Rita Bolland, *Tellem Textiles: Archaeological Finds from Burial Caves in Mali's Bandiagara Cliff*.

Leiden 1991; Leo Africanus, *The History and Description of Africa and of the Notable Things Therein Contained, Done in the English in the Year 1600 by John Pory*, Bd. 3. London 1896, S. 823 f.

18 Zur Kenntnis der verschiedenen Ursprünge der Baumwolle und ihres Anbaus siehe Meadow, «The Origins and Spread», S. 397.

19 Brown, *Cotton*, S. 8; Maureen Fennell Mazzaoui, *The Italian Cotton Industry in the Later Middle Ages, 1100–1600*. Cambridge, UK 1981, S. 11, 15, 17; Lucas, *Ancient Egyptian Materials*, S. 148; Hartmut Schmoekel, *Ur, Assur und Babylon: Drei Jahrtausende im Zweistromland*. Stuttgart 1958, S. 131; Baines, *History of the Cotton Manufacture*, S. 27; Richard W. Bulliet, *Cotton, Climate and Camels in Early Islamic Iran: A Moment in World History*. New York, 2009, S. 1, 8, 46; Marco Polo, *Travels of Marco Polo*. Westminster 2001, S. 22, 26, 36, 54, 58–60, 174, 247, 253, 255.

20 Chao Kuo-Chun, *Agrarian Policy of the Chinese Communist Party 1921–1959*. Westport, CT 1977, S. 5, 8 f.

21 Craig Dietrich, «Cotton Culture and Manufacture in Early Ch'ing China», in W. E. Willmott (Hg.), *Economic Organization in Chinese Society*. Stanford, CA 1972, S. 111–113; Mi Chü Wiens, «Cotton Textile Production and Rural Social Transformation in Early Modern China», *The Journal of the Institute of Chinese Studies of the Chinese University of Hong Kong* 7 (Dezember 1974), S. 516 f., 519; Frederick W. Mote und Denis Twitchett (Hg.), *The Ming Dynasty, 1368–1644*, Teil I. New York 1998, S. 256, 507; Kenneth Pomeranz, «Beyond the East-West Binary: Resituating Development Paths in the Eighteenth-Century World», *The Journal of Asian Studies* 61 (Mai 2002), S. 569; United States, Historical Statistics of the United Sta-

tes, Colonial Times to 1970, vol. 1, Washington, D.C., 1975, Series K-550-563, «Hay, Cotton, Cottonseed ... 1790 to 1970», S. 518.

22 Anthony Reid, *Southeast Asia in the Age of Commerce, 1450–1680: The Lands Below the Winds*, Bd. 1, New Haven 1988, S. 90; Crawford, *The Heritage of Cotton*, S. 7; William B. Hauser, *Economic Institutional Change in Tokugawa Japan: Osaka and the Kinai Cotton Trade*. Cambridge 1974, S. 117–120; Mikio Sumiya und Koji Taira, (Hg.), *An Outline of Japanese Economic History, 1603–1940: Major Works and Research Findings*. Tokio 1979, S. 99 f.

23 Stark, Heller und Ohnesorgen, «People with Cloth», S. 10, 29; Howard F. Cline, «The Spirit of Enterprise in Yucatan», in Lewis Hanke (Hg.) *History of Latin American Civilization*, Bd. 2. London 1969, S. 137; Johnson, «Technology, Competition, and African Crafts», S. 259; Thomas J. Bassett, *The Peasant Cotton Revolution in West Africa, Côte d'Ivoire, 1880–1995*. New York 2001, S. 33; James Forbes, *Oriental Memoirs: A Narrative of Seventeen Years Residence in India*, Bd. 2. London 1834, S. 34; Moritz Schanz, «Die Baumwolle in Russisch-Asien», *Beihefte zum Tropenpflanzer* 15 (1914), S. 2; zu Korea siehe *No-shomu sho noji shikenjyo. Kankoku ni okeru mensaku chosa*. Tokio 1905, S. 1–3, 76–83.

24 Berdan, «Cotton in Aztec Mexico», S. 241; Hall, «Spindle Whorls», S. 120; Sundström, *The Trade of Guinea*, S. 147; Curtin, *Economic Change in Precolonial Africa*, S. 50, 212; Brown, *Cotton*, S. 8; Reid, *Southeast Asia*, S. 93; Gilroy, *The History of Silk, Cotton*, S. 339, Carla M. Sinopoli, *The Political Economy of Craft Production: Crafting Empire in South India, c. 1350–1650*. Cambridge, UK 2003, S. 185; A. Campbell, «Notes on the State of the Arts of Cotton Spinning, Weaving, Printing and Dyeing in Nepal», *The Journal of the Asiatic Society of Bengal* (Kalkutta) 5 (Januar bis Dezember 1836), S. 222.

25 Hall, «Spindle Whorls,» S. 116, 120; Bray, «Textile Production», S. 115, 122, 124; Davison und Harries, «Cotton Weaving in South-East Africa», S. 182, 261; Oppel, *Die Baumwolle*, S. 209; Prescott, *History of the Conquest*, S. 51; Gilroy, *The History of Silk, Cotton*, S. 339; Curtin, *Economic Change in Precolonial Africa*, S. 213; Kent, *Prehistoric Textiles*, S. 35, 28; Reid, *Southeast Asia*, S. 93; Sundström, *The Trade of Guinea*, S. 148 f.; Lamb und Holmes, *Nigerian Weaving*, S. 10 f.; Gilroy, *The History of Silk, Cotton*, S. 343.

26 Reid, *Southeast Asia*, S. 94.

27 Berdan, «Cotton in Aztec Mexico», S. 242, 259; *Cambridge History of China*, Bd. 8, Teil 2. New York 1998, S. 507, 690 f.; K. N. Chaudhuri, «The Organisation and Structure of Textile Production in India», in Tirthankar Roy (Hg.), *Cloth and Commerce: Textiles in Colonial India*. Walnut Creek 1996, S. 71; Wiens, «Cotton Textile Production», S. 520; Sinopoli, *The Political Economy of Craft Production*, S. 177.

28 Curtin, *Economic Change in Precolonial Africa*, S. 212; Davison und Harries, «Cotton Weaving in South-east Africa», S. 187; Johnson, «Cloth as Money», S. 193–202; Reid, *Southeast Asia*, S. 90; Sundström, *The Trade of Guinea*, S. 162, 164; Stark, Heller und Ohnesorgen, «People with Cloth», S. 9; Berdan, «Cotton in Aztec Mexico», S. 242; Bray, «Textile Production», S. 119.

29 Smith und Hirth, «Prehispanic Cotton-Spinning», S. 356; Philiponeau, *Le Coton et l'Islam*, S. 25; Pedro Machado, «Awash in a Sea of Cloth: Gujarat, Africa and the Western Indian Ocean Trade, 1300–1800», in Riello und Par-

thasarathi (Hg.), *The Spinning World*, S. 161–179; Hall, «Spindle Whorls», S. 115; Stark, Heller und Ohnesorgen, «People with Cloth», S. 9; Berdan, «Cotton in Aztec Mexico», S. 247 ff., 258; Kent, *Prehistoric Textiles*, S. 28; Volney H. Jones, «A Summary of Data on Aboriginal Cotton of the Southwest», in *The University of New Mexico Bulletin, Symposium on Prehistoric Agriculture*, Bd. 296 (15. Oktober 1936), S. 60; Reid, *Southeast Asia*, S. 91; Sundström, *The Trade of Guinea*, S. 147; Bassett, *The Peasant Cotton Revolution*, S. 34; Curtin, *Economic Change in Precolonial Africa*, S. 212 f.; Halil Inalcik, «The Ottoman State: Economy and Society, 1300–1600», in Inalcik und Donald Quataert (Hg.), *An Economic and Social History of the Ottoman Empire, 1300–1914*. Cambridge, UK 1994, S. 296; Hauser, *Economic Institutional Change*, S. 59; Gil J. Stein, *Rethinking World-Systems: Diasporas, Colonies, and Interaction in Uruk Mesopotamia*. Tuscon, 1999, z. B. auf S. 173.

30 Sundström, *The Trade of Guinea*, S. 156f.; Ramaswamy, *Textiles*, S. 25, 70–72; Chaudhuri, «The Organisation and Structure of Textile Production in India», S. 352; Mann, *The Cotton Trade*, S. 2 f.; Baines, *History of the Cotton Manufacture*, S. 23f., 76; Smith und Cothren (Hg.), *Cotton*, S. 68 f.; Wescher, «Die Baumwolle im Altertum», S. 321; John Peter Wild und Felicity Wild, «Rome and India: Early Indian Cotton Textiles from Berenike, Red Sea Coast of Egypt», in Ruth Barnes (Hg.), *Textiles in Indian Ocean Societies*. New York 2005, S. 11–16; Gopal, *Commerce and Crafts in Gujarat*, S. 3. Der Beamte ist zitiert in Inalcik, «The Ottoman State», S. 355, siehe auch S. 350, 354 f.; siehe auch Eliyahu Ashtor, «The Venetian Cotton Trade in Syria in the Later Middle Ages», *Studi Medievali*, Serie 3, Bd. XVII (1976), S. 690; Suraiya Faroqhi, «Crisis and Change, 1590–1699», in Inalcik und Quataert (Hg.), *An Economic and Social History of the Ottoman Empire*, S. 524; Eugen Wirt, «Aleppo im 19. Jahrhundert», in Hans Georg Majer (Hg.), Osmanische Studien zur Wirtschafts- und Sozialgeschichte. Wiesbaden 1986, S. 186–205; Sinopoli, *The Political Economy of Craft Production*, S. 179; Mazzaoui, *The Italian Cotton Industry*, S. 9–11; Beverly Lemire, «Revising the Historical Narrative: India, Europe, and the Cotton Trade, c. 1300–1800», in Riello und Parthasarathi (Hg.), *The Spinning World*, S. 226; siehe auch Crawford, *The Heritage of Cotton*, S. 69.

31 B. C. Allen, *Eastern Bengal District Gazetteers: Dacca*. Allahabad, 1912, S. 106; Sinopoli, *The Political Economy of Craft Production*, S. 186; Baines, *History of the Cotton Manufacture*, S. 75; Wiens, «Cotton Textile Production», S. 522, 528; Mazzaoui, *The Italian Cotton Industry*, S. 22; Max Freiherr von Oppenheim, *Der Tell Halaf: Eine Neue Kultur im Ältesten Mesopotamien*. Leipzig 1931, S. 70; Sundström, *The Trade of Guinea*, S. 147; Lamb und Holmes, *Nigerian Weaving*, S. 10; Curtin, *Economic Change in Precolonial Africa*, S. 48; Aka, *Production et Circulation des Cotonnades*, S. 69; Hauser, *Economic Institutional Change*, S. 20–30.

32 Chaudhuri, «The Organisation and Structure of Textile Production in India», S. 49, 51, 53; Hossain, «The Alienation of Weavers: Impact of the Conflict Between the Revenue and Commercial Interests of the East India Company, 1750–1800», in Roy (Hg.), *Cloth and Commerce*, S. 117; Suraiya Faroqhi, «Notes on the Production of Cotton and Cotton Cloth in Sixteenth- and Seventeenth-Century Anatolia», in Huri Islamoglu-Inan (Hg.), *The Ottoman Empire and the World-Economy*, New York 1987, S. 267 f.; Inalcik,

«The Ottoman State», S. 11–49; Huri Islamoglu-Inan, *State and Peasant in the Ottoman Empire: Agrarian Power Relations and Regional Economic Development in Ottoman Anatolia During the Sixteenth Century*. Leiden 1994, S. 223, 235; Socrates D. Petmezas, «Patterns of Protoindustrialization in the Ottoman Empire: The Case of Eastern Thessaly, ca. 1750–1860», *Journal of European Economic History* (1991), S. 589; Prasannan Parthasarathi, «Merchants and the Rise of Colonialism», in Burton Stein und Sanjay Subrahmanyam, *Institutions and Economic Change in South Asia*. New Delhi 1996, S. 96, 98; S. Arasaratnam, «Weavers, Merchants and Company: The Handloom Industry in Southeastern India, 1750–90», in Roy (Hg.), *Cloth and Commerce*, S. 87; Bray, «Textile Production», S. 127.

33 Smith und Hirth, «Prehispanic Cotton-Spinning», S. 349, 354f.; Angela Lakwete, *Inventing the Cotton Gin: Machine and Myth in Antebellum America*. Baltimore 2005, S. 11 f.; Mazzaoui, *The Italian Cotton Industry*, S. 74–82, 89.

34 Alan L. Olmstead und Paul W. Rhode, *Creating Abundance: Biological Innovation and American Agricultural Development*. New York 2008, S. 108 f.; John Hebron Moore, *Agriculture in Ante-Bellum Mississippi*. New York 1958, S. 13–36, 97; James Lawrence Watkins, *King Cotton: A Historical and Statistical Review, 1790 to 1908*. New York 1908, S. 13; Bassett, *The Peasant Cotton Revolution*, S. 33; Mazzaoui, *The Italian Cotton Industry*, S. 20 f.; Bulliet, *Cotton, Climate, and Camels*, S. 40.

35 Chaudhuri, «The Organisation and Structure of Textile Production in India», S. 75.

36 Mahatma Gandhi, *The Indian Cotton Textile Industry: Its Past, Present and Future*. Calcutta 1930, S. 6.

37 Henry Lee, *The Vegetable Lamb of Tartary: A Curious Fable of the Cotton Plant*. London 1887, S. 5.

38 Mann, *The Cotton Trade*, S. 5; Oppel, *Die Baumwolle*, S. 39; siehe auch einige Exponate im Museu Tèxtil i d'Indumentària, Barcelona.

39 Zur entscheidenden Rolle der Kreuzfahrer für den Beginn der Baumwolltextilindustrie in Europa siehe auch: *Baumwolle*, Eintrag in *Lexikon des Mittelalters*, Bd. 1. München 1980, S. 1670.

40 Im 12. Jh. entwickelte sich die Baumwollverarbeitung in Regionen wie Südfrankreich, Katalonien und v. a. in Norditalien. Siehe Maureen Fennell Mazzaoui, «The Cotton Industry of Northern Italy in the Late Middle Ages, 1150–1450», *Journal of Economic History* 32 (1972), S. 263, 268; Wescher, «Die Baumwolle im Altertum», S. 1643 f.; Mazzaoui, *The Italian Cotton Industry*, S. 114; Alfred P. Wadsworth und Julia De Lacy Mann, *The Cotton Trade and Industrial Lancashire, 1600–1780*. Manchester 1931, S. 15; Ashtor, «The Venetian Cotton Trade», S. 677.

41 Mazzaoui, «The Cotton Industry of Northern Italy», S. 271, 273, 276; Wescher, «Die Baumwolle im Altertum», S. 1643; Mazzaoui, *The Italian Cotton Industry*, S. 64, 66, 69.

42 Ebd., S. 7, 29, 63; Mazzaoui, «The Cotton Industry of Northern Italy», S. 265.

43 Ashtor, «The Venetian Cotton Trade», S. 688; Mazzaoui, *The Italian Cotton Industry*, S. 35, 53; Ashtor, «The Venetian Cotton Trade», S. 675 f., 697.

44 Mazzaoui, *The Italian Cotton Industry*, S. 65.

45 Ebd., S. xi, 29.

46 Ebd., S. 139, 144, 150, 152; Mazzaoui, «The Cotton Industry of Northern Italy», S. 282, 284; Wolfgang von Stromer, *Die Gründung der Baumwollindustrie in Mitteleuropa*. Stuttgart 1978,

S. 84–86; Eugen Nübling, *Ulms Baumwollweberei im Mittelalter*. Leipzig 1890, S. 146.

47 von Stromer, *Die Gründung der Baumwollindustrie*, S. 32; Götz Freiherr von Pölnitz, *Die Fugger*. Tübingen 1981; Richard Ehrenberg, *Capital and Finance in the Age of the Renaissance: A Study of the Fuggers and Their Connections*, übers. von H. M. Lucas. New York 1928.

48 von Stromer, *Die Gründung der Baumwollindustrie*, S. 1 f., 8, 21, 128, 139, 148; Nübling, *Ulms Baumwollweberei*, S. 141; Bohnsack, *Spinnen und Weben*, S. 152.

49 Mazzaoui, *The Italian Cotton Industry*, S. 54f., 141, 154; von Stromer, *Die Gründung der Baumwollindustrie*, S. 88; Wadsworth und Mann, *The Cotton Trade*, S. 23; Inalcik, «The Ottoman State», S. 365; siehe auch Daniel Goffman, «Izmir: From Village to Colonial Port City», in Edhem Eldem, Daniel Goffman, Bruce Masters (Hg.), *The Ottoman City Between East and West Aleppo, Izmir and Istanbul*. Cambridge, UK 1999, S. 79–134.

50 Nübling, *Ulms Baumwollweberei*, S. 166.

Anmerkungen Kapitel 2

1 Ich verwende den Ausdruck «Netzwerk» hier anstelle von «System» oder «Weltsystem», da ich die Bedeutung der lokalen Verteilung von sozialer, ökonomischer und politischer Macht betonen möchte, um die Art der Beziehungen zwischen verschiedenen Erdteilen besser herauszustellen. Die Anregung hierzu gab Gil J. Stein, *Rethininking World-Systems: Diasporas, Colonies, and Interaction in Uruk Mesopotamia*. Tuscon 1999, besonders S. 171.

2 Om Prakash, *European Commercial Enterprise in Pre-Colonial India*, Bd. 2, *The New Cambridge History of India*. Cambridge 1998, S. 23; Surendra Gopal, *Commerce and Crafts in Gujarat, 16th and 17th Centuries: A Study in the Impact of European Expansion on Precapitalist Economy*. New Delhi 1975, S. 10 f., 18, 26, 28, 58; Celine Cousquer, *Nantes: Une Capitale Française des Indiennes*, Nantes 2002, S. 17.

3 S. Arasaratnam, «Weavers, Merchants and Company: The Handloom Industry in Southeastern India, 1750–90», in Tirthankar Roy (Hg.), *Cloth and Commerce: Textiles in Colonial India*. Walnut Creek 1996, S. 2; Walter R. Cassels, *Cotton: An Account of its Culture in the Bombay Presidency*. Bombay 1862, S. 77; Beverly Lemire, *Fashion's Favourite: The Cotton Trade and the Consumer in Britain 1660–1800*. Oxford 1991, S. 15; Hameeda Hossain, *The Company Weavers of Bengal: The East India Company and the Organization of Textile Production in Bengal 1750–1813*. Delhi 1988, S. 65; Sitzungsprotokoll, Bombay Castle, 10. November 1776, in *Bombay Commercial Proceedings*, P/414, 47, Oriental and India Office Collections, British Library, London (im Folgenden BL); Stephen Broadberry und Bishnupriya Gupta, «Cotton Textiles and the Great Divergence: Lancashire, India and Shifting Competitive Advantage, 1600–1850», CEPR Discussion Paper Nr. 5183, London, Centre for Economic Policy Research (August 2005), Tabelle 3, S. 32; Daniel Defoe und John McVeagh, *A Review of the State of the British Nation*, Bd. 4, 1707–1708. London 2006, S. 606.

4 Siehe z. B. Factory Records, Dacca,

1779, Record Group G 15, col. 21 (1779), Oriental and India Office Collections, BL.

5 K. N. Chaudhuri, «European Trade with India», in *The Cambridge Economic History of India*, Bd. 1, c. 1200 – c. 1750. Cambridge 1982, S. 405 f.; Arasaratnam, «Weavers, Merchants and Company», S. 92, 94; Copy of the Petition of Dadabo Monackjee, Contractor for the Investment anno 1779, in Factory Records, G 36 (Surat), 58, Oriental and India Office Collections, BL.

6 Atul Chandra Pradhan, «British Trade in Cotton Goods and the Decline of the Cotton Industry in Orissa», in Nihar Ranjan Patnaik (Hg.), *Economic History of Orissa*. New Delhi 1997, S. 244; Arasaratnam, «Weavers, Merchants and Company», S. 90; Hossain, «The Alienation of Weavers, S. 117, 119; Shantha Hariharan, *Cotton Textiles and Corporate Buyers in Cottonopolis: A Study of Purchases and Prices in Gujarat, 1600–1800*. Delhi 2002, S. 49; Protokolle der Handelssitzungen in Bombay Castle, 15. April 1800, in Minutes of Commercial Proceedings at Bombay Castle from April 15, 1800 to 31st December 1800, in Bombay Commercial Proceedings, P/414, Schachtel 66, Oriental and India Office Collections, BL; Copy of the Petition of Dadabo Monackjee, 1779, Factory Records Surat, 1780, Schachtel 58, record G 36 (Surat), Oriental and India Office Collections, BL; Lakshmi Subramanian, *Indigenous Capital and Imperial Expansion: Bombay, Surat and the West Coast*. Delhi 1996, S. 15; Report of John Taylor on the Cotton Textiles of Dacca, S. 91, Home Miscellaneous Series 456, Oriental and India Office Collections, BL; Memorandum of the Method of Providing Cloth at Dacca, 1676, in Factory Records, Miscellaneous, Bd. 26, Oriental and India Office Collections, BL.

7 Beverly Lemire, *Fashion's Favourite*; John Styles, «What Were Cottons for in the Early Industrial Revolution?» in Riello und Parthasarathi (Hg.), *The Spinning World*, S. 307–326; Inalcik, «The Ottoman State», S. 354; Machado, «Awash in a Sea of Cloth», S. 169; Subramanian, *Indigenous Capital*, S. 4.

8 Mazzaoui, *The Italian Cotton Industry*, S. 157.

9 Assessing the Slave Trade, Estimates, Voyages: The Trans-Atlantic Slave Trade Database, http://www.slavevoyages.org/tast/assessment/estimates.faces (Zugriff 5. April 2013).

10 David Richardson, «West African Consumption Patterns and Their Influence on the Eighteenth-Century English Slave Trade», in *The Uncommon Market: Essays in* Henry A. Gemery und Jan S. Hogendorn (Hg.), *the Economic History of the Atlantic Slave Trade*, New York 1979, S. 304; Joseph C. Miller, «Imports at Luanda, Angola 1785–1823», in G. Liesegang, H. Pasch und A. Jones (Hg.), *Figuring African Trade: Proceedings of the Symposium on the Quantification and Structure of the Import and Export and Long Distance Trade in Africa 1800–1913*, Berlin 1986, S. 164; George Metcalf, «A Microcosm of Why Africans Sold Slaves: Akan Consumption Patterns in the 1770s», *The Journal of African History* 28, Nr. 3 (1. Januar 1987), S. 378, 380.

11 Harry Hamilton Johnston, *The Kilima-Njaro Expedition: A Record of Scientific Explortation in Easten Equatorial Africa*. London 1886, S. 45; zit. in Jeremy Prestholdt, «On the Global Repercussions of East African Consumerism», *The American Historical Review* 109, Nr. 3 (1. Juni 2004), S. 761; Robert Harms, *The Diligent: A Voyage Through the Worlds of the Slave Trade*. New York 2002, S. 81; Miles an Shoolbred, 25. Juli 1779, T70/1483, The Na

tional Archives of the UK (im Folgenden TNA), Kew, zit. in George Metcalf, «A Microcosm of Why Africans Sold Slaves», S. 388.

12 Siehe auch Carl Wennerlind, *Casualties of Credit: The English Financial Revolution, 1620-1720*. Cambridge, MA; Adam Smith, *An Inquiry into the Nature and Causes of the Wealth of Nations*, Bk. IV, Ch. VII, Pt. II, vol. II, Edwin Cannan (Hg.), Chicago 1976, S. 75.

13 Mazzaoui, *The Italian Cotton Industry*, S. 162; Wadsworth und Mann, *The Cotton Trade and Industrial Lancashire*, S. 116; Mann, *The Cotton Trade of Great Britain*, S. 5; Wolfgang von Stromer, *Die Gründung der Baumwollindustrie in Mitteleuropa*, Stuttgart 1978, S. 28; H. Wescher, «Die Baumwolle im Altertum», S. 1644 f.

14 Wadsworth und Mann, *The Cotton Trade and Industrial Lancashire*, S. 11, 15, 19, 21, 72.

15 Ebd., S. 4 f., S. 27, 29, 42, 55, 73.

16 Ebd., S. 36.

17 Bernard Lepetit, «Frankreich, 1750-1850», in Wolfram Fischer et al. (Hg.), *Handbuch der Europäischen Wirtschafts- und Sozialgeschichte*, Bd. 4, Stuttgart 1993, S. 487; Mann, *The Cotton Trade of Great Britain*, S. 6; Edward Baines, *History of the Cotton Manufacture in Great Britain*. London 1835, S. 109.

18 Dies wird auch explizit dargelegt mit Blick auf das Osmanische Reich von Frangakis-Syrett, *The Commerce of Smyrna*, S. 14; Svoronos, *Le Commerce de Salonique*, S. 246. Einen Überblick über diesen Handel gibt Elena Frangakis-Syrett, «Trade Between the Ottoman Empire and Western Europe: The Case of Izmir in the Eighteenth Century», *New Perspectives on Turkey* 2 (1988), S. 1-18. 1753 liefen 26 mit Baumwolle beladene Schiffe aus Jamaika in den Hafen von Liverpool ein. Von diesen hatten 24 nicht einmal 50 Säcke Baumwolle an Bord. Vgl. Wadsworth und Mann, *The Cotton Trade and Industrial Lancashire*, S. 187; Baines, *History of the Cotton Manufacture*, S. 304; James Mann, *The Cotton Trade of Great Britain*. London 1860, S. 23. Ellison behauptet zu Unrecht, dass «noch etwa 20 Jahre vor Ende des letzten Jahrhunderts die Baumwollimporte nach Großbritannien nahezu vollständig aus dem Mittelmeerraum kamen, hauptsächlich aus Smyrna». Siehe Thomas Ellison, *The Cotton Trade of Great Britain: Including a History of the Liverpool Cotton Market*. London/Liverpool 1886, S. 81.

19 Wadsworth und Mann, *The Cotton Trade*, S. 520 f.

20 Wadsworth und Mann, *The Cotton Trade and Industrial Lancashire*, S. 183, 186; 1761 verschifften Kaufleute nahezu 1,4 Mio. kg von den britisch kontrollierten Inseln; 20 Jahre später waren die Exporte nahezu gleich geblieben. Vgl. Lowell Joseph Ragatz, *Statistics for the Study of British Caribbean Economic History, 1763-1833*. London 1927, S. 22; ders., *The Fall of the Planter Class in the British Caribbean*, S. 39.

21 Joseph E. Inikori, *Africans and the Industrial Revolution in England: A Study in International Trade and Economic Development*. New York 2002, S. 429-431.

22 Arasaratnam, «Weavers, Merchants and Company», S. 100; Debendra Bijoy Mitra, *The Cotton Weavers of Bengal, 1757-1833*. Kalkutta 1978, S. 5; Parthasarathi, «Merchants and the Rise of Colonialism», S. 89.

23 «Commercial Board Minute laid before the Board», Surat, 12. September 1795, in Surat Factory Diary, Nr. 53, Teil 1, 1795-1796, Maharashtra State Archives, Mumbai, India (im Folgenden MSA).

24 Kopie eines Briefes von Gamut Farmer, Präsident, Surat, an Mr. John Griffith, Esq., Governor in Council

Bombay, 12. Dezember 1795, in Surat Factory Diary, Nr. 53, Teil 1, 1795–1796, MSA; Arasaratnam, «Weavers, Merchants and Company», S. 86; Handelskammer, Bericht über wirtschaftliche Vorkommnisse, 12. September 1787, in *Reports to the Governor General from the Board of Trade*, RG 172, Schachtel 393, Home Miscellaneous, India Office Records, BL; Brief von John Griffith, Bombay Castle, an William [unleserlich], Esq., Chief President, 27. Oktober 1795, in Surat Factory Diary Nr. 53, Teil 1, 1795–1796, MSA; Hossain, «The Alienation of Weavers, S. 121, 125; Mitra, *The Cotton Weavers of Bengal*, S. 9; Depesche, London, 29. Mai 1799, in Bombay Dispatches, E/4, 1014, Oriental and India Office Collections, BL.

25 Parthasarathi, «Merchants and the Rise of Colonialism», S. 99 f.; Arasaratnam, «Weavers, Merchants and Company», S. 107, 109; Chaudhuri, «The Organisation and Structure of Textile Production in India», S. 58 f.

26 Arasaratnam, «Weavers, Merchants and Company», S. 102, 107; Debendra Bijoy Mitra, *The Cotton Weavers of Bengal*, S. 48; Hossain, «The Alienation of Weavers», S. 124 f.

27 Bowanny Sankar Mukherjee, zit. ebd., S. 129. Siehe hierzu Om Prakah, «Textile Manufacturing and Trade without and with Coercion: The Indian Experience in the Eighteenth Century», unveröff. Dokument, Global Economic History Network Conference Osaka, Dezember 2004, S. 26, http://www.lse.ac.uk/economicHistory/Research/GEHN/GEHNPDF/PrakashGEHN5.pdf [Zugriff 3. Juli 2013]; Hossain, *The Company Weavers of Bengal*, S. 52; «Copy of Letter from Board Directors, London, 20. April 1795 to our President in Council at Bombay», in Surat Factory Diary, Nr. 53, Teil 1, 1795–1796, in MSA.

28 Zur Bedeutung des Widerstandes auch Mitra, *The Cotton Weavers of Bengal*, S. 7. Siehe auch Arasaratnam, «Weavers, Merchants and Company», S. 103. Zu Details über das Weben in Bengalen siehe «Home Miscellaneous Series» 795, S. 18–22, Oriental and India Office Collections, BL.

29 «Commercial Board Minute Laid before the Board», Surat, 12. September 1795, in Surat Factory Diary, Nr. 53, Teil 1, 1795–1796, MSA; Homes Miscellaneous Series, 795, S. 18–22, Oriental and India Office Collections, BL. Siehe auch Parthasarathi, «Merchants and the Rise of Colonialism», S. 94.

30 Amalendu Guha, «The Decline of India's Cotton Handicrafts, 1800–1905: A Quantitative Macro-Study», *The Calcutta Historical Journal* 17 (1989), S. 41 f.; Chaudhuri, «The Organisation and Structure of Textile Production in India», S. 60. 1786/87 wurde geschätzt, dass 16403 Weber in und um Dhaka aktiv waren. Homes Miscellaneous Series, 795, S. 18–22, Oriental and India Office Collections, BL; Diary, Consultation, 18. Januar 1796, in Surat Factory Diary, Nr. 53, Teil 1, 1795–1796, MSA.

31 Depesche der East India Company, London nach Bombay, 22. März 1765, in Dispatches to Bombay, E/4, 997, Oriental and India Office Collections, BL, S. 611.

32 «Report of the Select Committee of the Court of Directors of the East India Company, Upon the Subject of the Cotton Manufacture of this Country, 1793», S. 1, in Home Miscellaneous Series, Bd. 401, Oriental and India Office Collections, BL.

33 Inikori, *Africans and the Industrial Revolution in England*, S. 430; Inalcik, «The Ottoman State», S. 355.

34 Crawford, *The Heritage of Cotton*, S. xvii; zit. n. Cassels, *Cotton: An Account of its Culture*, S. 1, und Baines,

History of the Cotton Manufacture, S. 75; Daniel Defoe und John McVeagh, *A Review of the State of the British Nation*, S. 605 f.; Kopie einer Denkschrift der Kattun-Drucker an die Lords des Schatzamtes, eingegangen am 4. Mai 1779, Treasury Department, T 1, 552, TNA.

35 Zit. n. S. V. Puntambekar und N. S. Varadachari, *Hand-Spinning and Hand-Weaving: An Essay*. Ahmedabad 1926, S. 49; Inikori, *Africans and the Industrial Revolution in England*, S. 431 f.; Crawford, *The Heritage of Cotton*, S. xvii; Baines, *History of the Cotton Manufacture*, S. 79; Wadsworth und Mann, *The Cotton Trade and Industrial Lancashire*, S. 132; Puntambekar und Varadachari, *Hand-Spinning and Hand-Weaving*, S. 51 f.; Crawford, *The Heritage of Cotton*, S. xvii; Inikori, *Africans and the Industrial Revolution in England*, S. 432; Lemire, *Fashion's Favourite*, S. 42.

36 Cousquer, *Nantes: Une Capitale Française des Indiennes*, S. 23, 43, 12; *Arrêt du Conseil d'état du Roi, 10 Juillet 1785*. Paris 1785.

37 Wadsworth und Mann, *The Cotton Trade and Industrial Lancashire*, S. 118 f.; *Examen des Effets Que Doivent Produire dans le Commerce de France, L'usage et la Fabrication des Toiles Peintes*. Paris 1759; Friedrich Wilhelm, König von Preußen, *Edict dass von Dato an zu rechnen nach Ablauf acht Monathen in der Chur-Marck Magdeburgischen, Halberstadtschem und Pommern niemand einigen gedruckten oder gemahlten Zitz oder Cattun weiter tragen soll*. Berlin 1721.

38 Legoux de Flaix, *Essai Historique, Géographique et Politique sur l'Indoustan, avec le Tableau de son Commerce*, Bd. 2, Paris 1807, S. 326; Lemire, *Fashion's Favourite*, S. 3–42.

39 Siehe auch George Bryan Souza, «Convergence Before Divergence: Global Maritime Economic History and Material Culture», *The International Journal of Maritime History* 17: 1 (2005), S. 17–27; Georges Roques, «La manière de négocier dans les Indes Orientales», original in Fonds Français 14614 Bibliothèque National, Paris, France; Paul R. Schwartz, «L'Impression sur Coton à Ahmedabad (Inde) en 1678», *Bulletin de la Société Industrielle de Mulhouse*, Nr. 1 (1967), S. 9–25; Cousquer, *Nantes: Une Capitale Française des Indiennes*, S. 18 f., 20; Jean Rhynier, «Traité sur la Fabrication et le Commerce des Toiles Peintes, commencés en 1766», Archive du Musée de l'Impression sur Étoffes, Mulhouse, France. Siehe auch *Réflexions sur les Avantages de la Libre Fabrication et de l'Usage des Toiles Peintes en France*. Genf 1758, Archive du Musée de l'Impression sur Etoffes, Mulhouse, France; M. Delormois, *L'art de faire l'indienne à l'instar d'Angleterre, et de composer toutes les couleurs, bon teint, propres à l'indienne*. Paris 1770; Dorte Raaschou, «Un Document Danois sur la Fabrication des Toiles Peintes à Tranquebar, aux Indes, à la Fin du XVIII siècle», in *Bulletin de la Société Industrielle de Mulhouse*, Nr. 4 (1967), S. 9–21.

40 S. D. Chapman, *The Cotton Industry in the Industrial Revolution*. London 1972, S. 16.

41 Johnson, «Technology, Competition, and African Crafts», S. 262; J. Irwin und P. R. Schwartz, *Studies in Indoeuropean Textile History* (Ahmedabad: Calico Museum of Textiles, 1966), S. 12. Wir wissen, dass Sklaven während des 18. Jh. die wichtigsten «Exporte» aus Afrika darstellten – ca. 80–90 % des gesamten Handels. J. S. Hogendorn und H. A. Gemery, «The ‹Hidden Half› of the Anglo-African Trade in the Eighteenth Century: The Significance of Marion Johnson's Statistical Research», in David Henige

und T. C. McCaskie (Hg.), *West African Economic and Social History: Studies in Memory of Marion Johnson.* Wisconsin 1990, S. 90; Auszug aus einem Brief der East India Company, Commercial Department, London, nach Bombay, 4. Mai 1791, in Home Miss. 374, Oriental and India Office Collections, BL; Cousquer, *Nantes: Une Capitale Française des Indiennes*, S. 32. Zit. n. Richard Roberts, «West Africa and the Pondicherry Textile Industry», in Roy (Hg.), *Cloth and Commerce*, S. 142.

42 Wadsworth und Mann, *The Cotton Trade and Industrial Lancashire*, S. 116, 127, 147. Inikori, *Africans and the Industrial Revolution in England*, S. 434 f., 448; Adam Smith. Wealth of Nations, B.IV, Ch. 1, Of the Principle of the Commercial or Mercantile System, Chicago, 1976, S. 470.

43 Wadsworth und Mann, *The Cotton Trade and Industrial Lancashire*, S. 122, 131, 151, 154; Auszug aus einem Brief nach Bombay, Commercial Department, 4. Mai 1791, in Home Miscellaneous 374, Oriental and India Office Collections, BL.

44 Maurice Dobb, *Studies in the Development of Capitalism.* New York 1947, S. 277; George Unwin, in dem Vorwort zu George W. Daniels, *The Early English Cotton Industry*, Manchester 1920. Siehe dazu Daron Acemoglu, Simon Johnson, und James Robinson, «The Rise of Europe: Atlantic Trade, Institutional Change and Economic Growth», National Bureau of Economic Research: Working Paper 9378, Dezember 2002. Unerwähnt bleibt jedoch die anhaltende Bedeutung von Institutionen des Kriegskapitalismus in anderen Teilen der Erde, außerhalb des europäischen Zentrums.

45 Siehe hierzu Wennerlind, *Casualties of Credit*, bes. S. 223–225; Inikori, *Africans and the Industrial Revolution in England*, S. 478; P. K. O'Brien und S. L. Engerman, «Exports and the Growth of the British Economy from the Glorious Revolution to the Peace of Amiens», in Barbara Solow (Hg.), *Slavery and the Rise of the Atlantic System.* New York 1991, S. 19.

46 Siehe z. B. Kevin H. O'Rourke und Jeffrey G. Williamson, «After Columbus: Explaining Europe's Overseas Trade Boom, 1500–1800», *Journal of Economic History* 62 (2002), S. 417–456; Dennis O. Flynn und Arturo Giraldez, «Path Dependence, Time Lags and the Birth of Globalization: A Critique of O'Rourke and Williamson», *European Review of Economic History* 8 (2004), S. 81–108; Janet Abu-Lughod, *The World System in the Thirteenth Century: Dead End or Precursor?* Washington, D. C. 1993; Andre Gunder Frank, *ReOrient: Global Economy in the Asian Age.* Berkeley 1988. Ich stimme mit Joseph E. Inikori überein, der Argumente für die Bedeutung von «integrierten Warenproduktionsprozessen auf der ganzen Erde» für die Geschichte der Globalisierung darlegt. Siehe Joseph E. Inikori, «Africa and the Globalization Process: Western Africa, 1450–1850», *Journal of Global History* (2007), S. 63–86.

47 Mann, *The Cotton Trade of Great Britain*, S. 20.

Anmerkungen Kapitel 3

1 Grafik des Autors.
2 Anthony Howe, *The Cotton Masters, 1830–1860*. Oxford 1984, S. 41; Michael James, *From Smuggling to Cotton Kings: The Greg Story*. Cirencester, Gloucestershire 2010, S. 4, 8 f., 37–40; Mary B. Rose, *The Gregs of Quarry Bank Mill: The Rise and Decline of a Family Firm, 1750–1914*. Cambridge, UK 1986, S. 5.
3 Caitlin C. Rosenthal, «Slavery's Scientific Management: Accounting for Mastery», in *Slavery's Capitalism: A New History of American Economic Development*, Sven Beckert und Seth Rockman (Hg.), Philadelphia, erscheint 2015; Robin Blackburn, *The American Crucible: Slavery, Emancipation and Human Rights*. London 2011, S. 104–107.
4 Die Bedeutung des atlantischen Handels für die Great Divergence wird auch hervorgehoben von Daron Acemoglu, Simon Johnson und James Robinson, «The Rise of Europe: Atlantic Trade, Institutional Change and Economic Growth», National Bureau of Economic Research: Working Paper 9378, Dezember 2002», siehe z. B. S. 4. Wie tief die britische Gesellschaft in die Sklaverei verwickelt war und welche bedeutenden materiellen Vorteile sie daraus zog, wird dargelegt von Nicholas Draper, *The Price of Emancipation: Slave-Ownership, Compensation and British Society at the End of Slavery*. Cambridge, UK 2010.
5 Rose, *The Gregs of Quarry Bank Mill*, S. 15 f., 20. Wie seine Biographin Mary B. Rose darlegte, war er tatsächlich der Erste, «der auf den wachsenden Bedarf an Stoffen reagierte...» – ein Bedarf, von dem er aus erster Hand erfuhr. Mary B. Rose, «The Role of the Family in Providing Capital and Managerial Talent in Samuel Greg and Company, 1784–1840», *Business History* 19, Nr. 1 (1977), S. 37–53.
6 James, *From Smuggling to Cotton Kings*, S. 21. Zur Umrechnung: Eric Nye, «Pounds Sterling to Dollars: Historical Conversion of Currency», University of Wyoming, http://uwacadweb.uwyo.edu/numimage/currency.html (Zugriff 9. Januar 2013); Rose, *The Gregs of Quarry Bank Mill*, S. 14, 28, 30, 33. Tatsächlich gingen zwischen 1801 und 1804 59 % seiner Produktion in die Vereinigten Staaten. Bezüglich der Staatsanleihen siehe David Stasavage, *Public Debt and the Birth of the Democratic State: France and Great Britain, 1688–1789*. Cambridge, UK 2003, S. 96.
7 Siehe David Landes, *The Unbound Prometheus: Technical Change and Industrial Development in Western Europe from 1750 to the Present*, zweite Auflage, New York 2003; David Landes, *The Wealth and Poverty of Nations: Why Some are So Rich and Some So Poor*. New York 1998; Niall Ferguson, *Civilization: The West and the Rest*. New York 2011; Jared Diamond, *Guns, Germs, and Steel: The Fates of Human Societies*. New York 1998. Für einen Überblick siehe auch Joseph E. Inikori, *Africans and the Industrial Revolution in England: A Study in International Trade and Economic Development*. New York 2002, Kapitel 2.
8 Crawford, *The Heritage of Cotton*, S. v; Angus Maddison, *The World Economy: A Millennial Perspective*. Paris 2001, S. 27; C. Knick Harley und N. F. R. Crafts, *Cotton Textiles and Industrial Output Growth During the Industrial Revolution*. Coventry 1994, S. 45. Sogar jemand, der wie Nicholas Craft das langsame Tempo des Wirtschaftswachstums während der Industriellen Revolution hervorhebt, sieht

in ihr immer noch den Wendepunkt zum «schnelleren TFP-Wachstum». Siehe Nicholas Crafts, «The First Industrial Revolution: Resolving the Slow Growth/Rapid Industrialization Paradox», *Journal of the European Economic Association* 3, Nr. 2/3, Papers and Proceedings of the Nineteenth Annual Congress of the European Economic Association (April–Mai 2005), S. 525–534, hier S. 533. Siehe auch Peter Temin, «Two Views of the Industrial Revolution», *The Journal of Economic History* 57 (März 1997), S. 63–82, im Hinblick auf eine Neuformulierung der Auswirkungen der Industriellen Revolution auf die britische Wirtschaft als Ganzes. Es gibt fast so viele Erklärungen für die Industrielle Revoultion, wie Bücher über sie geschrieben wurden. Einen guten Überblick gibt Joseph Inikori, «A Historiography of the First Industrial Revolution», in *Africans and the Industrial Revolution in England*, Kapitel 2. Ein langsamer kultureller oder institutioneller Wandel kann die relativ schnelle von anderen Staaten abweichende Entwicklung Großbritanniens nicht erklären – wohl aber der hier beschriebene «Lohn» des Kriegskapitalismus.

9 Maurice Dobb, *Studies in the Development of Capitalism*. New York 1964, S. 294; Eric Hobsbawm, *The Age of Revolution, 1789–1848*. London 1977, S. 49; Rose, *The Gregs of Quarry Bank Mill*, S. 7; Stephen Broadberry und Bishnupriya Gupta, «Cotton Textiles and the Great Divergence: Lancashire, India and Shifting Competitive Advantage, 1600–1850», CEPR Discussion Paper Nr. 5183, London, Centre for Economic Policy Research (August 2005), S. 7.

10 Broadberry und Gupta, «Cotton Textiles and the Great Divergence», S. 7, S. 27; Robert C. Allen hebt zu Recht die Bedeutung des Bedarfs an effizienteren Maschinen als Hauptantrieb für die Industrielle Revolution hervor. Dennoch kam diese Nachfrage nach Maschinen letztlich durch die Existenz riesiger Märkte und die Fähigkeit der britischen Kapitalisten, diese zu bedienen, zustande. Siehe Robert C. Allen, *The British Industrial Revolution in Global Perspective*. New York 2009, zum Beispiel S. 137.

11 Die beste Erläuterung dieses Argumentes gibt Allen, *The Industrial Revolution in Global Perspective*. Siehe auch Broadberry und Gupta, «Cotton Textiles and the Great Divergence»; K. N. Chaudhuri, «The Organisation and Structure of Textile Production in India», in Tirthankar Roy (Hg.), *Cloth and Commerce: Textiles in Colonial India*. Walnut Creek 1996, S. 74; Friedrich Hassler, *Vom Spinnen und Weben*. München 1952, S. 7.

12 Almut Bohnsack, *Spinnen und Weben: Entwicklung von Technik und Arbeit im Textilgewerbe*. Reinbek 1981, S. 25, 201.

13 Mike Williams und D. A. Farnie, *Cotton Mills in Greater Manchester*. Preston 1992, S. 9; S. D. Chapman, *The Cotton Industry in the Industrial Revolution*. London 1972, S. 18 f.

14 S. & W. Salte an Samuel Oldknow, 5. November 1787, Bestand SO/1,265, Oldknow Papers, John R. Rylands Library, Manchester, UK (im Folgenden JRL).

15 Chapman, *The Cotton Industry in the Industrial Revolution*, S. 20; Broadberry und Gupta, «Cotton Textiles and the Great Divergence», S. 23.

16 Edward Baines, *History of the Cotton Manufacture in Great Britain*. London 1835, S. 353; Preise für Mule-Garn zwischen 1796 und 1843 verkauft von McConnell and Kennedy, Manchester, in McConnel and Kennedy Papers, Bestand MCK, Ordner 3/3/8, JRL; C.

Knick Harley, «Cotton Textile Prices and the Industrial Revolution», *The Economic History Review, New Series* 51, Nr. 1 (Februar 1998), S. 59.
17 Baines, *History of the Cotton Manufacture*, S. 357.
18 Broadberry und Gupta, «Cotton Textiles and the Great Divergence», S. 8, 26. Diese Zahlen sind nur Näherungswerte. Chapman, *The Cotton Industry in the Industrial Revolution*, S. 22, 29; Howe, *The Cotton Masters*, S. 6.
19 Patrick O'Brien, «The Geopolitics of a Global Industry: Eurasian Divergence and the Mechanization of Cotton Textile Production in England», in Giorgio Riello und Prasannan Parthasarathi (Hg.), *The Spinning World: A Global History of Cotton Textiles, 1200–1850*. Oxford 2009, S. 360. Siehe u. a. auch Dobb, *Studies in the Development of Capitalism*, S. 258.
20 Zum Beispiel war die erste «im großen Stil errichtete Baumwollspinnerei» in der weiteren Umgebung von Manchester die Shudehill-Spinnerei, die um 1782 gebaut wurde. Sie war etwa 60 Meter lang, 9 Meter breit und fünf Stockwerke hoch. Siehe Mike Williams und D. A. Farnie, *Cotton Mills in Greater Manchester*. Preston 1992, S. 50; Stanley D. Chapman, *The Early Factory Masters: The Transition to the Factory System in the Midlands Textile Industry*. Newton Abbot, Devon 1967, S. 65.
21 Williams und Farnie, *Cotton Mills in Greater Manchester*, S. 4 f., 8 f.; Harold Catling, *The Spinning Mule*. Newton Abbot 1970, S. 150.
22 Charles Tilly, «Social Change in Modern Europe: The Big Picture», in Lenard R. Berlanstein, *The Industrial Revolution and Work in Nineteenth-Century Europe*. London/New York 1992, S. 53.
23 M. Elvin, «The High-Level Equilibrium Trap: The Causes of the Decline of Invention in the Traditional Chinese Textile Industries», in W. E. Willmott (Hg.), *Economic Organization in Chinese Society*. Stanford 1972, S. 137 f. Siehe auch Sucheta Mazumdar, *Sugar and Society in China: Peasants, Technology and the World Market*. Cambridge, MA 1998, S. 183; Philip C. C. Huang, *The Peasant Family and Rural Development in the Yangzi Delta, 1350–1988*. Stanford 1990, S. 44.
24 Zu diesem Punkt siehe Roy Bin Wong, *China Transformed: Historical Change and the Limits of European Experience*. Ithaca 1997; Chaudhuri, «The Organisation and Structure of Textile Production in India», S. 57.
25 Tabelle 3.2, «*Samuel Greg and Company, 1833*», in Rose, *The Gregs of Quarry Bank Mill*, S. 40; Tabelle 3.1, «*Quarry Bank Spindlage, 1817–31*», ebd., S. 39; Chapman, *The Cotton Industry in the Industrial Revolution*, S. 29.
26 Chapman, *The Cotton Industry in the Industrial Revolution*, S. 29, 32; Howe, *The Cotton Masters*, S. 9, 11 f.
27 Howe, «Oldknow, Samuel (1756–1828)», in *Oxford Dictionary of National Biography*, H. C. G. Matthew und Brian Harrison (Hg.), Oxford 2004; George Unwin, *Samuel Oldknow and the Arkwrights: The Industrial Revolution at Stockport and Marple*. New York 1968, S. 2, 6, 45, 107, 123, 127.
28 Howe, *The Cotton Masters*, S. 24, 27; Chapman, *The Cotton Industry in the Industrial Revolution*, S. 31, 37–41.
29 *Partnership Agreement Between Benjamin Sanford, William Sanford, John Kennedy and James McConnel, 1791*: 1/2, Papers of McConnel & Kennedy; *Personal Ledger, 1795–1801*: 3/1/1, Papers of McConnel & Kennedy, JRL.
30 N. F. R. Crafts, *British Economic Growth during the Industrial Revolution*. New York 1985, S. 22; Bohnsack, *Spinnen und Weben*, S. 26; Allen, *The*

Industrial Revolution in Global Perspective, S. 182; Howe, *The Cotton Masters*, S. 1, 51.

31 Fernand Braudel, *Afterthoughts on Material Civilization and Capitalism*. Baltimore 1977, S. 109.

32 Beverly Lemire, *Fashion's Favourite: The Cotton Trade and the Consumer in Britain 1660–1800*. Oxford 1991.

33 Broadberry und Gupta, «Cotton Textiles and the Great Divergence, S. 5; Baines, *History of the Cotton Manufacture*, S. 349 f. Zu diesem Punkt im Allgemeinen siehe Joseph E. Inikori, *Africans and the Industrial Revolution in England*, S. 450.

34 Baines, *History of the Cotton Manufacture*, S. 335; R. C. Allen und J. L. Weisdorf, «Was there an ‹industrious revolution› before the industrial revolution? An empirical exercise for England, c. 1300–1830», *Economic History Review*, 64, Nr. 3 (2011), S. 715–729; K. O'Brien und S. L. Engerman, «Exports and the Growth of the British Economy from the Glorious Revolution to the Peace of Amiens», in Barbara Solow (Hg.), *Slavery and the Rise of the Atlantic System*. New York 1991, S. 184, 188, 200; Hobsbawm, *The Age of Revolution*, S. 49.

35 Diese Graphik basiert auf Zahlen in Tafel X und XI aus: Elizabeth Boody Schumpeter und T. S. Ashton, *English Overseas Trade Statistics 1697–1808*. Oxford 1960, S. 29–34. Tafel X gibt Werte der wesentlichen englischen Exporte von Textilwaren (ausgenommen Wolle) für die Jahre 1697–1771, 1775 und 1780 in britischen Pfund an. Tafel XI gibt Mengen und Werte der wesentlichen britischen Exporte von Textilwaren (ausgenommen Wolle) für die Jahre 1772–1807 in britischen Pfund an; die Jahre 1772–1791 betreffen England und Wales, die Jahre 1792–1807 beziehen sich auf ganz Großbritannien.

36 O'Brien und Engerman, «Exports and the Growth of the British Economy», S. 185.

37 Debendra Bijoy Mitra, *The Cotton Weavers of Bengal, 1757–1833*. Kalkutta 1978, S. 25; John Taylor, *Account of the District of Dacca by the Commercial Resident Mr. John Taylor in a Letter to the Board of Trade at Calcutta dated 30th November 1800 with P. S. 2 November 1801 and Inclosures, In Reply to a Letter from the Board dates 6th February 1798 transmitting Copy of the 115th Paragraph of the General Letter from the Court of Directors dated 9th May 1797 Inviting the Collection of Materials for the use of the Company's Historiographer*, Home Miscellaneous Series 456, Schachtel F, S. 111–112, Oriental and Indian Office Collections, BL; *The Principal Heads of the History and Statistics of the Dacca Division*. Kalkutta 1868, S. 129; «Extracts from the Reports of the Reporter of External Commerce in Bengal; from the year 1795 to the latest Period for which the same can be made up», in *House of Commons Papers*, Bd. 8 (1812–1813), S. 23. Siehe auch Konrad Specker, «Madras Handlooms in the Nineteenth Century», in Tirthankar Roy (Hg.), *Cloth and Commerce: Textiles in Colonial India*. Walnut Creek 1996, S. 179; G. A. Prinsep, *Remarks on the External Commerce and Exchanges of Bengal*. London 1823, S. 28. The East-India and China Trade», *The Asiatic Journal and Monthly Register for British India and its Dependencies* 28, Nr. 164 (August 1829), S. 150.

38 O'Brien und Engerman, «Exports and the Growth of the British Economy», S. 177–209; Inikori, *Africans and the Industrial Revolution in England*, S. 405–472; Kenneth Pomeranz, *The Great Divergence: China, Europe, and the Making of the Modern World Economy*. Princeton 2000, S. 266; Marion

Johnson, «Technology, Competition, and African Crafts», S. 263.

39 O'Brien und Engerman, «Exports and the Growth of the British Economy», S. 189 f. Ich stimme hier mit der jüngeren Literatur über die Great Divergence überein, welche die bedeutende Rolle von Institutionen hervorhebt. Am überzeugendsten wurde dieses Argument dargelegt von Daron Acemoglu und James A. Robinson, *Why Nations Fail: The Origins of Power, Prosperity, and Poverty*. New York 2012. Dennoch bleiben diese Institutionen in Acemoglus und Robinsons Darstellung etwas gestaltlos und ihre eigenen Geschichten (und damit ihre Wurzeln im Kriegskapitalismus) unspezifiziert. Auf der Bedeutung von Institutionen beharrt auch Niall Ferguson, *Civilization: The Six Killer Apps of Western Power*. London 2012.

40 Howe, *The Cotton Masters*, S. 90, 94. Siehe hierzu auch die interessante Erörterung von Acemoglu, Johnson und Robinson, «The Rise of Europe».

41 Petition der Hersteller von Kattun, Musselin und anderen Baumwollwaren in Glasgow zur Erweiterung von Ausnahmeregelungen bezüglich des Auction Duty Act, 1. Juli 1789 (Eingang). 676/630, Treasury Department, TNA.

42 Siehe Allen, *The British Industrial Revolution in Global Perspective*, S. 5.

43 Um dies weiter auszuführen: Wie viele Beobachter von James Robinson bis Niall Ferguson bemerkten, hatten Institutionen großen Einfluss. Das Problem ist jedoch, diese Institutionen zu definieren und ihre Wurzeln in einem bestimmten historischen Prozess zu verorten. Institutionen entstehen nicht durch den «Willen» historischer Akteure, sondern vielmehr durch das Zusammenspiel einer Reihe von Faktoren und, was am wichtigsten ist, besonderer sozialer Machtverhältnisse. Wie wir in späteren Kapiteln sehen werden, führten die sozialen und politischen Strukturen in vielen Teilen der Erde nicht zur Herausbildung des Industriekapitalismus oder der Institutionen, die für gewöhnlich mit ihm verbunden sind. Siehe auch William J. Ashworth, «The Ghost of Rostow: Science, Culture and the British Industrial Revolution», *History of Science* 156 (2008), S. 261.

44 Baines, *History of the Cotton Manufacture*, S. 321–329.

45 Baines, *History of the Cotton Manufacture*, S. 503 f.; William J. Ashworth, *Customs and Excise Trade, Production, and Consumption in England, 1640–1845*. Oxford 2003, S. 4, 8; O'Brien und Engerman, «Exports and the Growth of the British Economy», S. 206; *The Edinburgh Review, or Critical Journal* 61 (Juli 1835), S. 455.

46 Greift man auf die Zahlen zurück, die Kenneth Pomeranz angibt (bei denen es sich nur um ungefähre Schätzungen handelt), dann ist der genaue Faktor 417. Pomeranz, *The Great Divergence*, S. 139, 337; Kenneth Pomeranz, «Beyond the East-West Binary: Resituating Development Paths in the Eighteenth-Century World», *The Journal of Asian Studies* 61, Nr. 2 (1. Mai 2002), S. 569; Baines, *History of the Cotton Manufacture*, S. 215.

47 Hobsbawm, *The Age of Revolution*, S. 44; Thomas Ashton an William Rathbone VI., Flowery Fields, 17. Januar 1837, Bestand RP.IX.1.48–63, Rathbone Papers, University of Liverpool, Special Collections and Archives, Liverpool; Asa Briggs, *Victorian Cities*. Berkeley/Los Angeles 1970, S. 89.

48 Alexis de Tocqueville, «Die neue Welt der Industrie» (1835), in Alexis de Tocqueville, *Das Zeitalter der Gleichheit. Eine Auswahl aus dem Gesamtwerk*, Siegfried Landshut (Hg.), Stuttgart 1954, S. 245–248.

49 Thomas Jefferson, Betrachtungen über den Staat Virginia, Zürich 1989, S. 343.
50 Dale Tomich und Michael Zeuske, «The Second Slavery: Mass Slavery, World-Economy, and Comparative Microhistories». Review: *Journal of the Fernand Braudel Center 31, No. 3 (2008)*, S. 91–100; Binghamton 2008; Michael Zeuske, «The Second Slavery: Modernity, mobility, and identity of captives in Nineteenth-Century Cuba and the Atlantic World», in Javier Lavina und Michael Zeuske (Hg.), *The Second Slavery. Mass Slaveries and Modernity in the Americas and in the Atlantic Basin*, Berlin/Münster/New York 2013; Dale Tomich, Rafael Marquese und Ricardo Salles (Hg.), *Frontiers of Slavery*. Binghamton, erscheint in Kürze.
51 J. De Cordova, *The Cultivation of Cotton in Texas: The Advantages of Free Labour, A Lecture Delivered at the Town Hall, Manchester, on Tuesday, the 28th day of September, 1858, before the Cotton Supply Association*. London 1858, S. 70 f.

Anmerkungen Kapitel 4

1 A. Moreau de Jonnes, «Reise eines Pfundes Baumwolle», in *Unterhaltungsblätter für Welt- und Menschenkunde. Wöchentliche Übersicht des Bemerkenswerthesten auf dem Erdball*, 2. Jahrgang, Aarau 1825, Nr. 34 (24. August).
2 John T. Danson, «On the Existing Connection Between American Slavery and the British Cotton Manufacture», *Journal of the Statistical Society of London* 20 (März 1857), S. 6, 7, 19. Ähnlich argumentiert auch Elisée Reclus, «Le Coton et la Crise Américaine», *Revue des Deux Mondes* 37 (1862), S. 176, 187. Eine Erörterung der Beziehung zwischen Kapitalismus und Sklaverei findet sich auch in Philip McMichael, «Slavery in Capitalism: The Rise and Demise of the U. S. Ante-Bellum Cotton Culture», *Theory and Society* 20 (Juni 1991), S. 321–349; Joseph Inikori, *Africans and the Industrial Revolution in England, A Study in International Trade and Development*. New York 2002, und Eric Williams, *Capitalism and Slavery*. Chapel Hill 1994.
3 «Cotton. Cultivation, Manufacture, and Foreign Trade of», Letter from the Secretary of the Treasury, 4. März 1836 (Washington, D.C., 1836), S. 7.
4 Zum Baumwollanbau in Frankreich siehe C. P. De Lasteyrie, *Du cotonnier et de sa culture*. Paris 1808; *Notice sur le coton, sa culture, et sur la posibilité de le cultiver dans le département de la gironde*, 3. Auflage, Bordeaux 1823; zu diesen Versuchen siehe auch Morris R. Chew, *History of the Kingdom of Cotton and Cotton Statistics of the World*. New Orleans 1884, 48. Zu den Bemühungen, Baumwolle in Lancashire anzubauen, siehe John Holt, *General View of the Agriculture of the County of Lancaster*. London 1795, S. 207.
5 Nicolas Svoronos, *Le Commerce de Salonique au XVIIIe Siècle*. Paris 1956, S. 246, S. 67; Bombay Dispatches, IO/E/4, 996, Oriental and India Office Collections, BL, S. 351, 657; Eliyahu Ashtor, «The Venetian Cotton Trade in Syria in the Later Middle Ages», *Studi Medievali*, Serie 3, Bd. XVII (1976), S. 676, 682, 686.
6 1790 stieg der Baumwollverbrauch Großbritanniens auf 13,9 Mio. kg an. Edward Baines, *History of the Cotton Manufacture in Great Britain*. London 1835, S. 215, 347; Thomas Ellison, *The Cotton Trade of Great Britain*. London 1886, S. 49; Joel Mokyr, *The Lever of Riches: Technological Creativity and*

Economic Progress. New York 1990, 99; Bernard Lepetit, «Frankreich, 1750–1850», in Wolfram Fischer et al. (Hg.), *Handbuch der Europäischen Wirtschafts- und Sozialgeschichte,* Bd. 4, Stuttgart 1993, S. 487; *Bremer Handelsblatt* 2 (1851), S. 4.

7 Ellison, *The Cotton Trade of Great Britain,* S. 82 f.; Michael M. Edwards, *The Growth of the British Cotton Trade, 1780–1815.* Manchester 1967, S. 75.

8 William Edensor, *An Address to the Spinners and Manufacturers of Cotton Wool, Upon the Present Situation of the Market.* London 1792, S. 15.

9 Es existierte immer ein Mangel an Arbeitskräften, was bedeutete, dass die Plantagenproduktion unvorstellbar war. Huṛi İslamoğlu-İnan, «State and Peasants in the Ottoman Empire: A Study of Peasant Economy in North-Central Anatolia during the Sixteenth Century», in Huṛi İslamoğlu-İnan (Hg.), *The Ottoman Empire and the World Economy.* New York 1987, S. 126; Elena Frangakis-Syrett, *The Commerce of Smyrna in the Eighteenth Century (1700–1820).* Athen 1992, S. 11, 236; Reşat Kasaba, *The Ottoman Empire and the World Economy: The Nineteenth Century.* Albany 1988, S. 25–27. Zur Kapitalknappheit siehe Donald Quataert, «The Commercialization of Agriculture in Ottoman Turkey, 1800–1914», *International Journal of Turkish Studies* 1 (1980), S. 44 f. Zur Bedeutung der politischen Unabhängigkeit siehe Şevket Pamuk, *The Ottoman Empire and European Capitalism, 1820–1913.* Cambridge 1987, S. 53; siehe auch Ellison, *The Cotton Trade of Great Britain,* S. 86.

10 Edwards, *The Growth of the British Cotton Trade,* S. 75, 82 f.; Ellison, *The Cotton Trade of Great Britain.* S. 28, 84. «East-India Company, Reports and Documents Connected with the Proceedings of the East-India Company in Regard to the Culture and Manufacture of Cotton-Wool, Raw Silk, and Indigo in India», London: East-India Company, 1836; Kopie eines Briefes von George Smith an Charles Earl Cornwallis, Kalkutta, 26. Oktober 1789, in Home Miscellaneous Series 434, Oriental and India Office Collections, BL, «Report of the Select Committee of the Court of Directors of the East India Company, Upon the Subject of the Cotton Manufacture of this Country, 1793», in Home Miscellaneous Series, 401, Oriental and India Office Collections, BL; «Objections to the Annexed Plan», 10. November 1790, in Home Miscellaneous Series 434, Oriental and India Office Collections, BL.

11 Watts, *The West Indies,* S. 158 f., 183, 194, 296; Charles Mackenzie, *Facts, Relative to the Present State of the British Cotton Colonies and to the Connection of their Interests.* Edinburgh 1811; Daniel McKinnen, *A Tour Through the British West Indies, in the Years 1802 and 1803: Giving a Particular Account of the Bahama Islands.* London 1804; George F. Tyson, Jr., «On the Periphery of the Peripheries: The Cotton Plantations of St. Croix, Danish West Indies, 1735–1815», *Journal of Caribbean History* 26, Nr. 1 (1992), S. 3, 6–8; Tableau de Commerce, &c. de St. Domingue», in Bryan Edwards, *An Historical Survey of the Island of Saint Domingo.* London 1801, S. 230 f.

12 «Report from the Select Committee on the Commercial State of the West India Colonies», in Great Britain, House of Commons, Sessional Papers, 1807, III (65), S. 73–78, zit. n. Lowell Joseph Ragatz, Statistics for the Study of British Caribbean Economic History, 1763–1833. London 1927, S. 22; Edwards, *The Growth of the British Cotton Trade,* S. 250; Selwyn H. H., *The British West Indies During the*

American Revolution. Dordrecht 1988, S. 31; «An Account of all Cotton Wool of the Growth of the British Empire Imported annually into that part of Great Britain Called England», T 64/275 Treasury Department, TNA. Die Zahlen stammen aus Baines, *History of the Cotton Manufacture*, S. 347.

13 «Report from the Select Committee on the Commercial State of the West India Colonies», in Great Britain, House of Commons, Sessional Papers, 1807, III (65), S. 73–78, zit. n. Ragatz, *Statistics*, S. 22; ders., *The Fall of the Planter Class in the British Caribbean*. New York 1928, S. 22, 38; M. Placide-Justin, *Histoire Politique et Statistique de l'Ile d'Hayti, Saint-Domingue; écrite sur des documents officiels et des notes communiquées par Sir James Barskett, agent du gouvernement britannique dans les Antilles*. Paris 1826, S. 501. Zu «coton des isles» siehe Robert Lévy, *Historie Economique de l'Industrie Cotonnière en Alsace*. Paris 1912, S. 56.

14 Siehe Robert H. Schomburgk, *The History of Barbados: Comprising a Geographical and Statistical Description of the Island: A Sketch of the Historical Events since the Settlement and an Account of its Geology and Natural Productions*. London 1971, S. 149; Ragatz, *Statistics*, S. 15; S. G. Stephens, «Cotton Growing in the West Indies During the Eighteenth and Nineteenth Centuries», *Tropical Agriculture* 21 (Februar 1944), S. 23–29; Wallace Brown, *The Good Americans: The Loyalists in American Revolution*. New York 1969, S. 2; Gail Saunders, *Bahamian Loyalists and Their Slaves*. London 1983, S. 37.

15 David Eltis, «The Slave Economies of the Caribbean: Structure, Performance, Evolution and Significance», in *General History of the Caribbean*, Bd. 3, Franklin W. Knight (Hg.) The *Slave Societies of the Caribbean*, London 1997, S. 113, Tabelle 3:1. Zur Produktion siehe Edwards, *The Growth of the British Cotton Trade*, S. 79. Zur französischen Nachfrage und zu Wiederausfuhren aus den französischen Häfen Europas siehe Jean Tarrade, *Le commerce colonial de la France à la fin de l'Ancien Régime*. Paris 1972, S. 748 f., 753. Ich setze voraus, dass der größte Teil der Wiederausfuhren an Baumwolle nach Großbritannien ging.

16 1790 existierten auf der Insel insgesamt 705 Baumwollplantagen, aber 792 Zuckerplantagen. Edwards, *An Historical Survey of the Island of Saint Domingo*, S. 163–165, 230 f. Zur Baumwollproduktion auf Saint-Domingue siehe auch Schomburgk, *The History of Barbados*, S. 150; Ragatz, *The Fall of the Planter Class*, S. 39, 125, 231; David Eltis et al., *The Trans-Atlantic Slave Trade: A Datebase on CD-ROM*. Cambridge 1999; Tarrade, *Le commerce colonial de la France*, S. 759.

17 Stefano Fenoaltea, «Slavery and Supervision in Comparative Perspective: A Model», *The Journal of Economic History* 44 (September 1984), S. 635–668.

18 Jason W. Moore, «Sugar and the Expansion of the Early Modern World-Economy: Commodity Frontiers, Ecological Transformaton, and Industrialization», *Review (Fernand Braudel Center)* 23, Nr. 3 (2000), S. 412, 428.

19 Reşat Kasaba, «Incorporation of the Ottoman Empire», *Review* 10, Ergänzungsband (Sommer/Herbst 1987), S. 827.

20 *Transactions of the Society Instituted at London for the Encouragement of Arts, Manufactures, and Commerce* 1. London 1783, S. 254. «Leeward Islands» zit. n. Ellison, *The Cotton Trade of Great Britain*, S. 28; Edwards, *The Growth of the British Cotton Trade*, S. 77; Gouverneur Orde an Lord Sydney, Roseau,

Dominica, 13. Juni 1786, in Colonial Office, 71/10, TNA; Präsident Lucas an Lord Sydney, Granada, 9. Juni 1786, Dispatches Granada, Colonial Office, 101/26, TNA; Gouverneur D. Parry an Lord Sydney, Barbados, 31. Mai 1786, Dispatches Barbados, Colonial Office, 28/60, TNA; Präsident Brown an Sydney, New Providence, 23. Februar 1786, in Dispatches Bahamas, Colonial Office 23/15, TNA. Zum Druck, den die Fabrikanten ausübten, siehe auch Edwards, *The Growth of the British Cotton Trade*, S. 75 f.; Gouverneur Orde an Lord Sydney, Rouseau, Dominica, 30. März 1788, TNA.

21 Zur Rolle der Sklaverei in der Geschichte des Kapitalismus siehe u. a. Robin Blackburn, *The Making of New World Slavery: From the Baroque to the Modern, 1492–1800*. New York 1997, S. 509–580; Ronald Bailey, «The Other Side of Slavery: Black Labor, Cotton, and Textile Industrialization in Great Britain and the United States», *Agricultural History* 68 (Spring 1994), S. 35–50; Seymour Drescher, *Capitalism and Antislavery: British Mobilization in Comparative Perspective*. New York 1987, S. 9. Der Begriff «second slavery» stammt von Dale Tomich, siehe zum Beispiel Dale Tomich und Michael Zeuske, The Second Slavery: Mass Slavery, World-Economy, und Comparative Microhistories, in *Review: Fernand Braudel Center 31, No. 2* (2008) Catherine Coquery-Vidrovitch argumentiert, dass diese Ausweitung der Sklaverei in den Amerikas auch zu einer «zweiten Sklaverei» in Afrika führte; siehe Catherine Coquery-Vidrovitch, «African Slaves and Atlantic Metissage: A Periodization 1400–1880». Diese These wurde vorgestellt auf dem Kolloquium «Second Slaveries and the Atlantization of the Americas», Universität Köln, Juli 2012. Zu Rohstoffgrenzen siehe Moore, «Sugar and the Expansion of the Early Modern World-Economy», S. 409–433; Voyages: The Trans-Atlantic Slave Trade Database, http://www.slavevoyages.org (Zugriff 31. Januar 2013).

22 Alan H. Adamson, *Sugar Without Slaves: The Political Economy of British Guiana, 1838–1904*. New Haven 1972, S. 24; Johannes Postma, *The Dutch in the Atlantic Slave Trade, 1600–1815*. Cambridge, UK 1990, S. 288.

23 Siehe zum Beispiel Roger Hunt, *Observations Upon Brazilian Cotton Wool, for the Information of the Planter and With a View to Its Improvement*. London 1808, S. 3; Chew, *History of the Kingdom of Cotton*, S. 28; John C. Branner, *Cotton in the Empire of Brazil: The Antiquity, Methods and Extent of its Cultivation; Together with Statistics of Exportation and Home Consumption*. Washington, D.C. 1885, S. 9, 46; Celso Furtado, *The Economic Growth of Brazil, a Survey from Colonial to Modern Times*. Berkeley/Los Angeles 1965, S. 97; Caio Prado, *The Colonial Background of Modern Brazil*. Berkeley/Los Angeles 1969, S. 172, Zitat S. 458; Luiz Cordelio Barbosa, «Cotton in 19th Century Brazil: Dependency and Development», unveröff. Diss., University of Washington 1989, S. 31; Prado, Caio Prado, *The Colonial Background of Modern Brazil*. Berkeley/Los Angeles 1969, S. 171–173; Francisco de Assis Leal Mesquita, «Vida e morte da economia algodoeira do Maranhão, uma análise das relações de produção na cultura do algodão, 1850–1890», unveröff. Diss., Universidade Federal do Maranhao, 1987, S. 50.

24 Beshara Doumani, *Rediscovering Palestine: Merchants and Peasants in Jabal Nablus, 1700–1900*. Berkeley 1995, S. 99; William Milburn, *Oriental Commerce: Containing a Geographical Description*

of the Principal Places in the East Indies, China, and Japan, With Their Produce, Manufactures, and Trade. London 1813, S. 281; Francisco de Assis Leal Mesquita, «Vida e morte da economia algodoeira do Maranhão», S. 63; Edwards, The Growth of the British Cotton Trade, S. 83.

25 John Tarleton an Clayton Tarleton, St. James's Hotel, 5. Februar 1788, in 920 TAR, Schachtel 4, Brief 5 Tarleton Papers, Liverpool Record Office, Liverpool, UK; Sandbach, Tinne & Co. Papers, Merseyside Maritime Museum, Liverpool, UK; John Tarleton an Clayton Tarleton, 29. April 1790, Brief 8, 4, 920 TAR, Tarleton Papers, Liverpool Records Office, Liverpool, UK. Siehe hierzu besonders die Briefe von John Tarleton an Clayton Tarleton, ebd., Schachtel 4; Annual Profit and Loss Accounts of John Tarleton, ebd. Schachtel 2; Annual Profit and Loss Accounts of Messrs. Tarleton and Backhouse, ebd. Box 5.

26 Baumwollverbrauch 1860 (517 367 285 kg = 1,140,599,712 lbs), geteilt durch den Ertrag pro Acre im Jahr 1840 in den Vereinigten Staaten (82 kg/181 lbs). Und der Baumwollverbrauch 1860, geteilt durch den Baumwollertrag pro Arbeiter im Jahr 1840 in den Vereinigten Staaten (494 kg/1.089 lbs). Kenneth Pomeranz schätzt die anbaufähigen Gebiete im Vereinigten Königreich 1860 auf 68 800 qkm (17 Millionen Acres). Siehe Kenneth Pomeranz, The Great Divergence: China, Europe, and the Making of the Modern World Economy. Princeton 2000, S. 276, 315. Siehe auch Edwards, The Growth of the British Cotton Trade, S. 75. Die Veränderungsresistenz des europäischen Agrarsystems wird auch hervorgehoben von McMichael, «Slavery in Capitalism», S. 326; für diese Diskussion siehe auch David Landes, The Unbound Prometheus: Technical Change and Industrial Development in Western Europe from 1750 to the Present, 2. Auflage, New York 2003; David Landes, The Wealth and Poverty of Nations: Why Some are So Rich and Some So Poor. New York 1998; Niall Ferguson, Civilization: The West and the Rest. New York 2011; Jared Diamond, Guns, Germs, and Steel: The Fates of Human Societies. New York 1998. Für einen Überblick siehe auch Inikori, Africans and the Industrial Revolution, Kapitel 2.

27 Für die karibischen Inseln wird dies dargelegt von Ragatz, The Fall of the Planter Class, S. 370. Zum Zucker als Konkurrent für die Baumwolle siehe Imperial Department of Agriculture for the West Indies, Information Relating to Cotton Cultivation in the West Indies. Barbados 1903; Edwards, The Growth of the British Cotton Trade, S. 79, 250; Barbosa, «Cotton in 19th Century Brazil», S. 170; Ragatz, Statistics, S. 10; Mann, The Cotton Trade of Great Britain, S. 80.

28 Edensor, An Address to the Spinners and Manufacturers of Cotton Wool, S. 14, 21–23; Franklin, The Present State of Hayti (St. Domingo), with Remarks on Its Agriculture, Commerce, Laws, Religion, Finances, and Population, etc. London 1828, S. 123.

29 John Tarleton an Clayton Tarleton, 27. September 1792, Brief 33, 4, 920 TAR, Tarleton Papers, Liverpool Record Office, Liverpool, UK; Orhan Kurmus, «The Cotton Famine and Its Effects on the Ottoman Empire», Huri İslamoğlu-İnan (Hg.), The Ottoman Empire and the World Economy. New York 1987, S. 16; Brian R. Mitchell, Abstract of British Historical Statistics. Cambridge, UK 1962, S. 490. Zu den steigenden Preisen siehe auch Stanley Dumbell, «Early Liverpool Cotton Imports and the Organisation of the Cotton Market in the Eighteenth Century», The Economic Journal 33 (Sep-

tember 1923), S. 370; Edwards, *The Growth of the British Cotton Trade*, S. 88.

30 Stuart Bruchey, *Cotton and the Growth of the American Economy: 1790–1860* (Harcourt, Brace & World, Inc., 1967), table A, «The Cotton Production and Trade of the United States: 1784, 1860».

Anmerkungen Kapitel 5

1 Petition, To the Right Honorable the Lords of His Majesty's Privy Council for Trade and Foreign Plantations, 8. Dezember 1785, Board of Trade, TNA. Andere Quellen erwähnen einen ähnlichen Vorfall 1784. Siehe ‚z. B. Morris R. Chew, *History of the Kingdom of Cotton and Cotton Statistics of the World*. New Orleans 1884, S. 37.

2 Siehe z. B. Ernst von Halle, *Baumwollproduktion und Pflanzungswirtschaft in den Nordamerikanischen Südstaaten,* Erster Teil: *Die Sklavenzeit*. Leipzig 1897, S. 16 f.

3 Gavin Wright, *The Political Economy of the Cotton South*. New York 1978, S. 14; Chew, *History of the Kingdom of Cotton*, S. 39; George Washington an Thomas Jefferson, 13. Februar 1789, Jared Sparks (Hg.), *The Writings of George Washington*, Bd. 9. Boston 1835, S. 470; Tench Coxe, *A Memoir of February 1817, Upon the Subject of the Cotton Wool Cultivation, the Cotton Trade, and the Cotton Manufactories of the United States of America*. Philadelphia 1817, S. 2. Über Coxe allgemein: James A. B. Scherer, *Cotton as a World Power: A Study in the Economic Interpretation of History*. New York 1916, S. 122f. Siehe auch Tench Coxe, *View of the United States of America*. Philadelphia 1794, S. 20.

4 Joyce Chaplin, «Creating a Cotton South in Georgia and South Carolina, 1760–1815», *Journal of Southern History*, 57 (1991), S. 178; Lewis Cecil Gray, *History of Agriculture in the Southern United States to 1860*, Bd. 2. Washington, D. C. 1933, S. 673; Chew, *History of the Kingdom of Cotton*, S. 36, 41. Zur Produktion von Stoffen in Haushalten siehe Scherer, *Cotton as a World Power*, S. 124 f.; Ralph Izard an Henry Laurens, Bath, 20. Dezember 1775, *Correspondence of Mr. Ralph Izard of South Carolina, From the Year 1774 to 1804; With a Short Memoir*. New York 1844, S. 174, siehe auch S. 16, 82, 246, 296, 300, 370, 386, 390.

5 John Hebron Moore, *The Emergence of the Cotton Kingdom in the Old South West, Mississippi, 1770–1860*. Baton Rouge, LA 1988, S. 77; Chaplin, «Creating a Cotton South», S. 177, 188, 193; Joyce E. Chaplin, *An Anxious Pursuit: Agricultural Innovation and Modernity in the Lower South, 1760–1815*. Chapel Hill, N. C. 1993, S. 154.

6 Michael M. Edwards, *The Growth of the British Cotton Trade, 1780–1815*. Manchester 1967, S. 85; Chew, *History of the Kingdom of Cotton*, S. 40. Es ist aber bis heute umstritten, wer die erste Baumwolle pflanzte. Siehe Nichol Turnbull, «The Beginning of Cotton Cultivation in Georgia», *Georgia Historical Quarterly*, 2, 1 (1917), S. 39–45; Gray, *History of Agriculture*, Bd. 2, S. 675 f., 679 f., S. G. Stephen, «The Origins of Sea Island Cotton», *Agricultural History*, 50 (1976), S. 391–399; Trapman, Schmidt & Co an McConnel and Kennedy, Charleston, 3. Januar 1824, MCK 2/1/30, Letters Received by McConnel and Kennedy, Papers of McConnel & Kennedy, JRL.

7 «La Rapida Transformacion del Paisaje Viorgen de Guantanamo por los

immigrantes Franceses (1802–1809)», Levi Marrero, *Cuba: Economía y Sociedad*, Bd. 11, *Azucar, ilustracion y conciencia, 1763–1868*. Madrid 1983, S. 148; Moore, *The Emergence of the Cotton Kingdom*, S. 4; Edwards, *The Growth of the British Cotton Trade*, S. 92; Brian Schoen, *The Fragile Fabric of Union: Cotton, Federal Politics, and the Global Origins of the Civil War*. Baltimore 2009, S. 12.

8 Wright, *The Political Economy of the Cotton South*, S. 13; Gray, *History of Agriculture*, Bd. 2, S. 735.

9 Wright, *The Political Economy of the Cotton South*, S. 13. Zu Whitney vgl. Scherer, *Cotton as a World Power*, S. 155–167; Stuart W. Bruchey, *Cotton and the Growth of the American Economy, 1790–1860: Sources and Readings*. New York 1967, S. 45; Angela Lakwete, *Inventing the Cotton Gin: Machine and Myth in Antebellum America*. Baltimore 2005, widerspricht diesem Bericht, aber m. E. nach nicht überzeugend. Siehe auch David Ramsay, *Ramsay's History of South Carolina, From its First Settlement in 1670 to the Year 1808*, Bd. 2. Newberry, S. C. 1858, S. 121.

10 Stanley Dumbell, «Early Liverpool Cotton Imports and the Organisation of the Cotton Market in the Eighteenth Century», *Economic Journal*, 33 (1923), S. 370. Chaplin, «Creating a Cotton South», S. 187. Hier fasst sie eine solche Geschichte zusammen. Siehe auch Gray, *History of Agriculture*, Bd. 2, S. 685; Lacy K. Ford, «Self-Sufficiency, Cotton, and Economic Development in the South Carolina Upcountry, 1800–1860», *Journal of Economic History*, 45 (1985), S. 261–267.

11 Zahlen nach Adam Rothman, «The Expansion of Slavery in the Deep South, 1790–1820». Diss., Columbia University 2000, S. 20; Allan Kulikoff,

«Uprooted People: Black Migrants in the Age of the American Revolution, 1790–1820», Ira Berlin und Ronald Hoffmann (Hg.), *Slavery and Freedom in the Age of the American Revolution*. Charlottesville, VA 1983, S. 149; Peter A. Coclanis und Lacy K. Ford, «The South Carolina Economy Reconstructed and Reconsidered: Structure, Output, and Performance, 1670–1985», in Winfred B. Moore et al. (Hg.), *Developing Dixie: Modernization in a Traditional Society*. New York 1988, S. 93–110; Gray, *History of Agriculture*, Bd. 2, S. 685.

12 *Farmer's Register*, Bd. 1, S. 490, zit. n. William Chandler Bagley, *Soil Exhaustion and the Civil War*. Washington, D. C. 1942, S. 18 f.; Bruchey, *Cotton and the Growth of the American Economy*, S. 80 f.

13 Ebd., Tabelle C.

14 United States, Department of Commerce and Bureau of the Census, *Historical Statistics of the United States, Colonial Times to 1970*, Part 1. Washington, D. C. 1975, S. 518; Baines, *History of the Cotton Manufacture*, S. 302; Edwards, *The Growth of the British Cotton Trade*, S. 89, 95; Ramsay, *Ramsay's History of South Carolina*, Bd. 2, S. 12.

15 United States, Department of Commerce and Bureau of the Census, *Historical Statistics of the United States, Colonial Times to 1970*, Part 1. Washington, D. C. 1975, S. 517.

16 Coxe, *A Memoir of February 1817*, S. 3.

17 Zu Frontier-Gebieten siehe John C. Weaver, *The Great Land Rush and the Making of the Modern World, 1650–1900*. Montreal 2003, S. 72–76. Notiz von Thomas Baring, Sonntag, den 19. Juni, in NP 1. A. 4. 13, Northbrook Papers, Baring Brothers, ING Baring Archive, London.

18 Gray, *History of Agriculture*, Bd. 2, S. 686, 901; Rothman, «The Expansion

of Slavery in the Deep South, 1790–1820», S. 155–169; Daniel H. Usner, Jr., *American Indians in the Lower Mississippi Valley: Social and Economic Histories*. Lincoln, NE 1998, S. 89; James C. Cobb, *The Most Southern Place on Earth: The Mississippi Delta and the Roots of Regional Identity*. New York 1992, S. 7; Lawrence G. Gundersen, Jr., «West Tennessee and the Cotton Frontier, 1818–1840», *West Tennessee Historical Society Papers*, 52 (1998), S. 25–43; David Hubbard an J. D. Beers, 7. März 1835, New York and Mississippi Land Company Records, 1835–1889, State Historical Society of Wisconsin, Madison, Wisconsin. Ich danke Richard Rabinowitz für den Hinweis auf diese Quelle.

19 Dewi Ioan Ball und Joy Porter (Hg.), *Competing Voices from Native America*. Santa Barbara, CA 2009, S. 85–86.

20 Diese Geschichte erzählt mit faszinierenden Details Rothman, «The Expansion of Slavery in the Deep South», S. 20 ff.; siehe auch Gray, *History of Agriculture*, Bd. 2, S. 709; Moore, *The Emergence of the Cotton Kingdom*, S. 6.

21 *American Cotton Planter*, 1 (1853), S. 152; *Debow's Review*, 11 (September 1851), S. 308. Siehe auch James Mann, *The Cotton Trade of Great Britain*. London 1860, S. 53; Elena Frangakis-Syrett, *The Commerce of Smyrna in the Eighteenth Century (1700–1820)*. Athen 1992, S. 237.

22 Charles Mackenzie, *Facts, Relative to the Present State of the British Cotton Colonies and to the Connection of their Interests*. Edinburgh 1811, S. 35.

23 Rothman, «The Expansion of Slavery in the Deep South», S. 59, 84, 314; Kulikoff, «Uprooted People», S. 143, 149, 152; Michael Tadman, *Speculators and Slaves: Masters, Traders, and Slaves in the Old South*. Madison, WI, 1989, S. 12; «Cotton. Cultivation, Manufacture, and Foreign Trade of», Letter from the Secretary of the Treasury, 4. März 1836 (Washington, D.C. 1836), S. 16; James McMillan, «The Final Victims: The Demography, Atlantic Origins, Merchants, and Nature of the Post-Revolutionary Foreign Slave Trade to North America, 1783–1810». Diss., Duke University 1999, S. 40–98; Walter Johnson, «Introduction», ders. (Hg.), *The Chattel Principle: Internal Slave Trades in the Americas*. New Haven, CT 2004, S. 6; Scherer, *Cotton as a World Power*, S. 151.

24 John H. Moore, «Two Cotton Kingdoms», *Agricultural History*, 60, 4 (1986), S. 1–16; Zahlen nach Wright, *The Political Economy of the Cotton South*, S. 28.

25 John Brown, *Slave Life in Georgia: A Narrative of the Life, Sufferings, and Escape of John Brown, a Fugitive Slave, Now in England: Electronic Edition*, ed. by Louis Alexis Chamerovzow. University of North, S. 132; Henry Bibb, *Narrative of the Life and Adventures of Henry Bibb, an American Slave, Written by Himself: Electronic Edition*. University of North Carolina at Chapel Hill 2000, S. 11, 27. 171 f.

26 William Rathbone VI. an Rathbone Brothers, 2. Februar 1849, RP/XXIV.2.4, File of Correspondence, Letters from William Rathbone VI. while in America, Rathbone Papers, Special Collections and Archives, University of Liverpool; *Bremer Handelsblatt*, 93 (1853), S. 6.

27 *Economist* (9. 12. 1865), S. 1488; Eric Foner, *Nothing But Freedom: Emancipation and Its Legacy*. Baton Rouge, LA 1983, S. 27 f.

28 Dieses wichtige Argument wird ausgeführt in Rothman, «The Expansion of Slavery in the Deep South», S. 55. Siehe auch Chaplin, «Creating a Cotton South», S. 193.

29 Diese ganze Geschichte bei John Casper Branner, *Cotton in the Empire of*

Brazil: The Antiquity, Methods and Extent of Its Cultivation, Together with Statistics of Exportation and Home Consumption. Washington, D. C. 1885, S. 25–27, und v. a. Luiz Cordelio Barbosa, «Cotton in 19th Century Brazil: Dependency and Development». Diss., University of Washington 1989, S. 7, 9, 65; Eugene W. Ridings, Jr., «The Merchant Elite and the Development of Brazil: The Case of Bahia during the Empire», *Journal of Interamerican Studies and World Affairs*, 15, 3 (1973), S. 343; Gray, *History of Agriculture*, Bd. 2, S. 694.

30 Bei 180 kg (400 lbs.) pro Ballen. Zahlen nach Moore, *The Emergence of the Cotton Kingdom*, S. 129.

31 Cobb, *The Most Southern Place on Earth*, S. 7–10.

32 Bonnie Martin, «Slavery's Invisible Engine: Mortgaging Human Property», *The Journal of Southern History*, 76, 4 (2010), S. 840 f.

33 C. Wayne Smith und J. Tom Cothren (Hg.), *Cotton: Origin, History, Technology, and Production*. New York 1999, S. 103, 122. Zur unterschiedlichen Herkunft der amerikanischen Baumwolle siehe auch Whitemarsh B. Seabrook, *A Memoir of the Origin, Cultivation and Uses of Cotton*. Charleston 1844, S. 15; Moore, «Cotton Breeding in the Old South», S. 97; Moore, *The Emergence of the Cotton Kingdom*, S. 35; Gray, *History of Agriculture*, Bd. 2, S. 691.

34 *American Cotton Planter*, 2 (Mai 1854), S. 160.

35 W. E. B. DuBois, *The Suppression of the African Slave-Trade to the United States of America*. New York 2009 [EA 1896], S. 140; Edgar T. Thompson, *Plantation Societies, Race Relations, and the South: The Regimentation of Population: Selected Papers*, Durham, N. C. 1975, S. 217; Alan L. Olmstead und Paul W. Rhode, «Slave Productivity on Cotton Production by Gender, Age, Season, and Scale» (http://www.iga.ucdavis.edu/Research/All-UC/conferences/spring-2010/Olmstead%20paper.PDF (Zugriff 20. Juli 2014); Bailey, «The Other Side of Slavery», S. 36.

36 Edward Baptist, «The Whipping-Machine», unveröff. Vortrag, Konferenz über Sklaverei und Kapitalismus, Brown und Harvard University, 10. März 2011, im Besitz des Autors; Caitlin C. Rosenthal, «Slavery's Scientific Management: Accounting for Mastery», in Sven Beckert und Seth Rockman (Hg.), *Slavery's Capitalism: A New History of American Economic Development*, Philadelphia, erscheint 2015; Bill Cooke, «The Denial of Slavery in Management Studies», *Journal of Management Studies*, 40 (2003), S. 1913. Die Bedeutung der «biologischen Innovation» wurde zuletzt gezeigt von Alan L. Olmstead und Paul W. Rhode, «Biological Innovation and Productivity Growth in the Antebellum Cotton Economy», NBER Working Paper Series: National Bureau of Economic Research (Juni 2008); dies., *Biological Innovation and American Agricultural Development*. New York 2008. Sie wurde wirksam kritisiert von Edward Baptist, «The Whipping-Machine». Zur Bedeutung fallender Preise bei der Eroberung von Märkten siehe Stephen Broadberry und Bishnupriya Gupta, «Cotton Textiles and the Great Divergence: Lancashire, India and Shifting Competitive Advantage, 1600–1850», CEPR Discussion Paper Nr. 5183, London, Centre for Economic Policy Research (August 2005).

37 Siehe zu diesem Argument Philip McMichael, «Slavery in Capitalism: The Rise and Demise of the U. S. Ante-Bellum Cotton Culture», *Theory and Society*, 20 (1991), S. 335. Vgl. dazu auch z. B. Juan Martinez Alier und Inge Ropke (Hg.), *Recent Develop-*

ments in Ecological Economics. Northampton, MA 2008; Dale W. Tomich, *Through the Prism of Slavery*. Lanham, MD 2004, S. 61.
38 John A. Todd, *The World's Cotton Crops*. London 1915, Section F, Prices: S. 429–432.
39 Gray, *History of Agriculture*, Bd. 2, S. 688; Eugene Genovese, «Cotton, Slavery and Soil Exhaustion in the Old South», *Cotton History Review*, 2 (1961), S. 3–17; Scherer, *Cotton as a World Power*, S. 150; Adam Rothman, «The Domestic Slave Trade in America: The Lifeblood of the Southern Slave System», *The Chattel Principle*, S. 95; Savannah Unit Georgia Writers' Project, Work Projects Administration in Georgia, «The Plantation of the Royal Vale», *Georgia Historical Quarterly*, 27 (1943), S. 97–99.
40 Philo-Colonus, *A Letter to S. Perceval on the Expediency of Imposing a Duty on Cotton Wool of Foreign Growth, Imported into Great Britain*. London 1812, S. 9; Lowell Joseph Ragatz, *Statistics for the Study of British Caribbean Economic History, 1763–1833*. London 1927, S. 16; siehe auch Planters' and Merchants' Resolution Concerning Import of Cotton Wool from the United States, 1813, Official Papers of First Earl of Liverpool, Add. Mss. 38252, f. 78, Manuscript Collections, Liverpool Papers, BL; John Gladstone, *Letters Addressed to the Right Honourable The Earl of Clancarty, President of the Board of Trade, on the Inexpediency of Permitting the Importation of Cotton Wool from the United States During the Present War*. London 1813, S. 7. Allein im Westen Indiens waren 1850 1,6 Mio. Hektar Land mit Baumwolle bebaut, in anderen Landesteilen noch mehr. In den USA waren 1850 rund 2,8 Mio. Hektar mit Baumwolle bebaut. Amalendu Guha, «Raw Cotton of Western India: 1750–1850», *Indian Economic & Social History Review*, 9 (1972), S. 25.
41 US Treasury Department Report, 1836, S. 16, zit. n. Barbosa, «Cotton in 19th Century Brazil», S. 150; Rothman, «The Expansion of Slavery in the Deep South», S. 15. Zur Bedeutung der Industriellen Revolution für die Dynamik der Sklaverei in den USA siehe auch Barbara Jeanne Fields, «The Advent of Capitalist Agriculture: The New South in a Bourgeois World», Thavolia Glymph (Hg.), *Essays on the Postbellum Southern Economy*. Arlington 1985, S. 77. Wright, *The Political Economy of the Cotton South*, S. 13; *The Proceedings of the Agricultural Convention of the State Agricultural Society of South Carolina: From 1839 to 1845 Inclusive*. Columbia, S. S. C. 1846, S. 322; Rohit T. Aggarwala, «Domestic Networks as a Basis for New York City's Rise to Pre-Eminence, 1780–1812», unveröff. Vortrag bei der Konferenz über Unternehmensgeschichte, Le Creusot, Frankreich, 19. Juni 2004, S. 21; Michael Hovland, «The Cotton Ginnings Reports Program at the Bureau of the Census», *Agricultural History*, 68 (1994), S. 147; Bruchey, *Cotton and the Growth of the American Economy*, S. 2; von Halle, *Baumwollproduktion und Pflanzungswirtschaft*, Erster Teil, S. viii.
42 «Cotton. Cultivation, Manufacture, and Foreign Trade of», Letter from the Secretary of the Treasury, 4. März 1836 (Washington, D.C. 1836), S. 7.
43 Wie wichtig es ist, die Plantagenwirtschaft der Südstaaten zu verorten, wird von Historikern des amerikanischen Südens oft ignoriert. Siehe Immanuel Wallerstein, «American Slavery and the Capitalist World-Economy», *American Journal of Sociology*, 81 (1976), S. 1208; Francis Carnac Brown, *Free Trade and the Cotton Question with Reference to India*. London 1848, S. 43. Copy of a Memorial Respecting the

Levant Trade to the Right Honourable the Board of Privy Council for Trade and Foreign Plantations, as copied in Proceedings of the Manchester Chamber of Commerce, Sitzung vom 9. Februar 1825, M8/2/1, Proceedings of the Manchester Chamber of Commerce, 1821–27, Archives of the Manchester Chamber of Commerce, Manchester Archives and Local Studies, Manchester, UK (im Folgenden MALS).

44 Ellison, *The Cotton Trade of Great Britain*, S. 86.

45 Brief von [unlesbar] an «My Dear Sir» (einen ehemaligen Präsidenten des Board of Trade), Liverpool, 16. Juni 1828, Document f255, Huskisson Papers, Manuscript Collections, BL; Memorial of the Directors of the Chamber of Commerce and Manufactures Established by Royal Charter in the City of Glasgow, 15. Dezember 1838, *Official Papers Connected with the Improved Cultivation of Cotton*. Kalkutta 1839, S. 6, 8; A Cotton Spinner, *India Our Hope; Or, Remarks Upon our Supply of Cotton*. Manchester 1844, S. 13; Mann, *The Cotton Trade of Great Britain*, S. 56; MacCulloch, zit. n. *Bremer Handelsblatt* 1 (1851), S. 5.

46 A Cotton Spinner, *India Our Hope*, S. 5; J. G. Collins, *An Essay in Favour of the Colonialization of the North and North-West Provinces of India, with Regard to the Question of Increased Cotton Supply and its Bearing on the Slave Trade*. London o. J. [um 1859], S. 35.

47 Baring Brothers Liverpool an Baring Brothers London, Liverpool, 22. Oktober 1835, HC3.35,2, House Correspondence, ING Baring Archive, London. Zu dieser Frage auch Schoen, *The Fragile Fabric of Union*, S. 1–10.

48 A Cotton Spinner, *The Safety of Britain and the Suppression of Slavery: A Letter to the Right Hon. Sir Robert Peel on the Importance of an Improved Supply of Cotton from India*. London 1845, S. 3f.

49 A Cotton Spinner, *India Our Hope*, S. 6; Tench Coxe an Robert Livingston, 10. Juni 1802, Papers of Tench Coxe, Correspondence and General Papers, Juni 1802, Film A 201, Rolle 74, Historical Society of Pennsylvania.

50 Ministerium für Marine und Kolonien an den Staatssekretär des Inneren, Paris, 27. Januar 1819; Gesellschaft für die Förderung der nationalen Industrie an den Staatssekretär des Inneren, Paris, 17. Oktober 1821, F12-2196, «Machine à égrainer le coton», Archives Nationales, Paris; A Cotton Spinner, *India Our Hope*, S. 15; An Indian Civil Servant, *Usurers and Ryots, Being an Answer to the Question «Why Does Not India Produce More Cotton?»*, London 1856; John Gunn Collins, *Scinde & The Punjab: The Gems of India in Respect to Their Past and Unparalleled Capabilities of Supplanting the Slave States of America in the Cotton Markets of the World, or, An Appeal to the English Nation on Behalf of Its Great Cotton Interest, Threatened with Inadequate Supplies of the Raw Material*. Manchester 1858, S. 5; Committee of Commerce and Agriculture of the Royal Asiatic Society, *On the Cultivation of Cotton in India*. London 1840; J. Forbes Royle, *On the Culture and Commerce of Cotton in India and Elsewhere: With an Account of the Experiments Made by the Hon. East India Company up to the Present Time*. London 1851, S. 314; John Chapman, *The Cotton and Commerce of India, Considered in Relation to the Interests of Great Britain*. London 1851.

51 Siehe z. B. *Report from the Select Committee on the Growth of Cotton in India*, House of Commons, Parliamentary Papers, 1847–48, Bd. 9; *The Sixteenth Annual Report of the Board of Directors of the Chamber of Commerce and Manufactures at Manchester for the Year 1836*. Manchester 1837, S. 13;

The Thirty-Sixth Annual Report of the Board of Directors of the Chamber of Commerce and Manufactures at Manchester for the Year 1856. Manchester 1857, S. 34; Resolution Passed at the Meeting of the Board of Directors, Manchester Commercial Association, 13. November 1845, M8, 7/1, Manchester Commercial Association Papers, MALS. Zum weiteren Druck siehe Kopie eines Briefs von John Peel, Manchester Commercial Association, an den Chairman of the Court of Directors of the Honourable East India Company, Manchester, 1. März 1848, Home Department, Revenue Branch, 28. Oktober 1849, Nos. ¾, in National Archives of India, New Delhi (im Folgenden NAI).

52 Arthur W. Silver, *Manchester Man and Indian Cotton, 1847–1872,* Manchester 1966, S. 58, 61; «Memorial of the Manchester Chamber of Commerce, dated December 1838», repr. in *Official Papers Connected with the Improved Cultivation of Cotton.* Kalkutta 1839, S. 8, 10; «Memorial of the Directors of the Chamber of Commerce and Manufactures Established by Royal Charter in the City of Glasgow, 15 December 1838», *Official Papers,* S. 6; Mann, *The Cotton Trade of Great Britain,* S. 62; Shlomo Avineri (Hg.), *Karl Marx on Colonialism and Modernization.* Garden City, N. J. 1968, S. 100 f.; *Thirty-Sixth Annual Report … for the Year 1856,* S. 13; *The Thirty-Eighth Annual Report … for the Year 1858.* Manchester 1859, S. 14–24; *Thirty-Sixth Annual Report … for the Year 1856,* S. 31–45; *The Thirty-Seventh Annual Report … for the Year 1857.* Manchester 1858, S. 11 f. Zitat: Cotton Supply Association, *Report of an Important Meeting Held at Manchester May 21, 1857.* Manchester 1857, S. 2.

53 Siehe z. B. *Report from the Select Committee on the Growth of Cotton in India,* House of Commons, Parliamentary Papers, 1847/48, Bd. IX, S. iii; *The Asiatic Journal and Monthly Register,* 30 (New Series) (1839), S. 304; Royal Asiatic Society, *On the Cultivation of Cotton in India,* S. 17; Guha, «Raw Cotton of Western India: 1750–1850», S. 2.

54 Silver, *Manchester Man and Indian Cotton,* S. 31, 34; Guha, «Raw Cotton of Western India: 1750–1850», S. 5, 33; Frederic Wakeman, Jr., «The Canton Trade and the Opium War», John K. Fairbank (Hg.), *The Cambridge History of China,* Bd. 10, 1. Cambridge 1978, S. 171; Mitte der 1840 Jahre betrugen die Baumwollexporte aus Bombay nach China rund 40 Millionen Pfund, *De Bow's Review,* 1 (1846), S. 295 f. Siehe auch Sucheta Mazumdar, *Sugar and Society in China: Peasants, Technology and the World Market.* Cambridge, MA 1998, S. 105 f.

55 Royle, *On the Culture and Commerce of Cotton in India,* S. 80 f.; Mann, *The Cotton Trade of Great Britain,* S. 103, 112; *Statistical Abstracts for the United Kingdom in Each of the Last Fifteen Years From 1857 to 1871.* London 1872, S. 48 f.

56 «Bombay Cottons and Indian Railways», *Calcutta Review* 26 (1850), S. 331; M. L. Dantwala, *A Hundred Years of Indian Cotton.* Bombay 1947, S. 45; K. L. Tuteja, «Agricultural Technology in Gujarat: A Study of Exotic Seed and Saw Gins, 1800–50», *Indian Historical Review,* 17, 1–3 (1990/91), S. 145; J. G. Medicott, *Cotton Hand-Book For Bengal.* Kalkutta 1862, S. 296; «Cotton in Southern Mahratta Country, Agency for the Purchase of Cotton Established», Compilation Volume 27/355, 1831, Compilation No. 395, Revenue Department, MSA; Home Department, Revenue Branch, G. G. August 1839, No. 1/4, NAI.

57 Territorial Department, Revenue – Cotton, an Thomas Williamson,

Secretary to Government, 21. Juni 1830, 43/324/1830, Compilations, Revenue Department, MSA; «Abstract of the Replies of Local Authorities to the Board's Circular of 21st February 1848 Calling for Certain Information Relative to the Cultivation of Cotton in India and Required by the Honourable Court of Directors», 2. Dezember 1848, Nr. 10–18, Home Department, Revenue Branch, NAI. Siehe auch «Prospects of Cotton Cultivation in the Saugor and Narbadda Territories in the Nizam's Dominions», 12. August 1848, Nr. 3–11, ebd.; Capabilities of the Bombay Presidency for Supplying Cotton in the Event of an Increased Demand from Europe», 1. März 1850, ebd.; Revenue Department, Compilation Volume 6/413, 1832, Compilation No. 62, Cotton Experimental Farm, Guzerat, MSA; siehe ebd., Compilation Volume 10/478, 1833, Compilation No. 5; *The Asiatic Journal and Monthly Register,* 21 (New Series) (1836), S. 220; 22 (1837), S. 234 u. 38 (1842), S. 371; Tuteja, «Agricultural Technology in Gujarat», S. 137.

58 Siehe u. a. «Cotton Cultivation under the Superintendence of the American Cotton Planters in N. W. Provinces, Bombay and Madras», S. 17. Januar 1842, Nr. 13–17, Revenue Branch, Home Department, NAI; John MacFarquhar an die East India Company, New Orleans, 13. Januar 1842, MSS EUR C157, Oriental and India Office Collections, BL; zwei Briefe vom 13. Januar und 10. Juni an die Direktoren der East India Company ebd.; Brief von (unleserlich) an T. H. Maddok, Territorial Department Revenue, Bombay, 10. Februar 1842, Revenue and Agriculture Department, Revenue Branch, 28. Februar 1842, Nr. 2–5, NAI; Medicott, *Cotton Hand-Book For Bengal,* S. 305; *The Asiatic Journal and Monthly Register* 36 (New Series) (1841), S. 343.

59 Silver, *Manchester Man and Indian Cotton,* S. 37–39; *The Asiatic Journal and Monthly Register* 35 (New Series) (1841), S. 502; Kopie eines Briefs von C. W. Martin, Aufseher der Baumwollfarm in Gujerat, Broach, November 1830, an William Stubbs, Esq., Obersteuereinnehmer, Surat, Revenue Department, Compilations Bd. 22/350, 1831, MSA; Gibbs, Broach, 5. Oktober 1831, an Thomas Williamson, Esq., Secretary of Government, Revenue Department, Compilation, Bd. 22/350, 1831, MSA; *The Asiatic Journal and Monthly Register* 39 (New Series) (1842), S. 106; Brief von unleserlich an T. H. Maddok, Territorial Department Revenue, Bombay, 10. Februar 1842, Revenue and Agriculture Department, Revenue Branch, 28. Februar 1842, Nos. 2–5, NAI; *Report of the Bombay Chamber of Commerce for the Year 1846–47.* Bombay 1847, S. 5.

60 Medicott, *Cotton Hand-Book For Bengal,* S. 320, 322 f., 331, 352, 340.

61 *Annual Report of the Transactions of the Bombay Chamber of Commerce for the Official Year 1840–41.* Bombay 1841, S. 112, 115; Kopie eines Briefs von John Peel, Manchester Commercial Association, an den Chairman of the Court of Directors of the Honourable East India Company, London, 1. März 1848, The Manchester Commercial Association, 18. Oktober 1848, Nr. 3–4, Revenue Branch, Home Department, NAI; *Annual Report of the Transactions... for the Official Year 1840–41,* S. 117, 119; Royal Asiatic Society, *On the Cultivation of Cotton in India,* S. 4.

62 East-India Company, *Reports and Documents Connected with the Proceedings of the East-India Company in Regard to the Culture and Manufacture of Cotton-Wool, Raw Silk, and Indigo in India.* London 1836; *Annual Report of the Transactions... for the Official Year 1840–41,* S. 104.

Anhang

63 In den 1820er Jahren waren jährlich fast 9 Mio. kg vom Subkontinent nach Liverpool und London gekommen, im nächsten Jahrzehnt verdoppelte sich diese Menge, und in den 1840er Jahren waren es etwas über 34 Mio. kg. Siehe Ellison, *The Cotton Trade of Great Britain*, S. 99; Revenue Department No. 4 of 1839, repr. in *Official Papers Connected with the Improved Cultivation of Cotton*. Kalkutta 1839, S. 1. Konsultiert in der Bibliothek der Asiatic Society of Bombay.

64 Mann, *The Cotton Trade of Great Britain*, S. 70.

65 Tuteja, «Agricultural Technology in Gujarat», S. 147; *Report from the Select Committee on the Growth of Cotton in India*, House of Commons, Parliamentary Papers, 1847/48, Bd. 9, S. 5; Brief von J. P. Simson, Secretary an Government, The Warehousekeeper and Commercial Account, Bombay Castle, 18. Mai 1820, Compilation Bd. 4, 1812, Commercial Department, MSA; Tuteja, «Agricultural Technology in Gujarat», S. 151.

66 Bombay Chamber of Commerce, *Annual Report of the Bombay Chamber of Commerce for the Official Year 1840-41*, 111. Einen detaillierten Bericht, wie einheimische Händler die Baumwolle von den Bauern zum Markt brachten, gibt *Cotton Trade in Bombay*, 1811, Despatches to Bombay, E4/1027, S. 135-147, India and Oriental Office Collections, BL. Siehe auch Marika Vicziany, «Bombay Merchants and Structural Changes in the Export Community, 1850 to 1880», *Economy and Society: Essays in Indian Economic and Social History*. Delhi 1979, S. 63-196; dies., *The Cotton Trade and the Commercial Development of Bombay, 1855-75*. London 1975, besonders S. 170-171; Dantwala, *A Hundred Years of Indian Cotton*, S. 37.

67 *Annual Report of the Bombay Chamber of Commerce for the Year 1846-47*. Bombay 1847, S. 7; *Annual Report... for the Year 1849-50*. Bombay 1850, S. 7; *Annual Report... for the Official Year 1840-41*, S. 110-111; Captain M. Taylor an Colonel Low, Reports on District of Sharapoor, Sharapoor, 23. Juni 1848, «Prospects of Cotton Cultivation in the Saugor and Narbadda Territories in the Nizam's Dominions», 12. August 1848, Nr. 3-11, Revenue Branch, Home Department, NAI; *Report from the Select Committee on the Growth of Cotton in India*, House of Commons, Parliamentary Papers, 1847-48, Bd. 9, S. v.

68 *Annual Report... for the Official Year 1840-41*, S. 104, 107; Kopie eines Briefs von C. W. Martin, Aufseher der Baumwollfarm in Gujerat, Broach, November 1830, an William Stubbs, Esq., Principal Collector, Surat, Compilations Bd. 22/350, 1831, Revenue Department, MSA. Siehe auch Martin an Stubbs, 1. Oktober 1831, ebd.

69 Peely, Acting Commercial Resident, Northern Factories, 21. Juli 1831, an Charles Norris, Esq., Civil Secretary to Government, Bombay, ebd.; *On the Cultivation of Cotton in India*, S. 13; H. A. Harrison, 1st Assistant Collector, Ootacmund, 14. Oktober 1832, an L. R. Reid, Esq., Secretary to Government, Bombay, Compilation Bd. 7/412, 1832, Compilation No. 118, «Proceedings respecting the formation of Cotton Farms in the Vicinity of Jails», MSA; Kopie eines Briefs von T. H. Balier (?), Steuereinnehmer, Dharwar, 19. August 1825, an William Chaplin, Esq., Commissioner, Poona, Commercial Department, Compilations Bd. 26, 1835, «Consultation Cotton Investment», MSA; *The Asiatic Journal and Monthly Register*, 15 (New Series) (1834), S. 81-90; Factory Records, Dacca, G 15, 21 (1779), Oriental and India Office Collections, BL.

70 Kopie eines Briefs von J. Dunbar, Commissioner of Dhaka, an Sudder,

Board of Revenue, 27. September 1848, Home Department, Revenue Branch, 2. Dezember 1848, Nr. 10–18, NAI.

71 E. R. J. Owen, *Cotton and the Egyptian Economy, 1820–1914: A Study in Trade and Development.* Oxford 1969, S. 12.

72 Owen, *Cotton and the Egyptian Economy,* S. 28f., 32, 47. Das betont auch Gliddon, *A Memoir on the Cotton of Egypt*; «Commerce of Egypt», *Hunt's Merchants' Magazine and Commercial Review,* 8 (1843), S. 17; Christos Hadziiossifm, «La Colonie Grecque en Egypte, 1833–1836». Diss., Paris-Sorbonne 1980, S. 111.

73 Owen, *Cotton and the Egyptian Economy,* S. 36–37, Zitat S. 40.

74 «Commerce of Egypt», S. 22; Owen, *Cotton and the Egyptian Economy,* S. 34; Tabelle 1: «Volume, Value, and Price of Egyptian Cotton Exports, 1821–1837», S. 45 u. Tabelle 5: «Volume, Value, and Price of Egyptian Cotton Exports, 1838–1859», S. 73.

75 Robert Lévy, *Histoire économique de l'industrie cotonière en Alsace: Étude de sociologie descriptive.* Paris 1912, S. 58; Memorial Respecting the Levant Trade to the Right Honourable The Board of Privy Council for Trade and Foreign Plantations, Kopie in Proceedings of the Manchester Chamber of Commerce, Sitzung vom 9. Februar 1825, M8/2/1, Proceedings of the Manchester Chamber of Commerce, 1821–27, Archives of the Manchester Chamber of Commerce, MALS.

76 Albert Feuerwerker, «Handicraft and Manufactured Cotton Textiles in China, 1871–1910», *Journal of Economic History,* 30 (1970), S. 340; Kang Chao, *The Development of Cotton Textile Production in China.* Cambridge, MA 1977, S. 4–13; Robert Fortune, *Three Years' Wanderings in the Northern Provinces of China, Including a Visit to the Tea, Silk, and Cotton Countries, With an Account of the Agriculture and Horticulture of the Chinese, New Plants, etc.* London 1847, S. 272–273; Koh Sung Jae, *Stages of Industrial Development in Asia: A Comparative History of the Cotton Industry in Japan, India, China and Korea.* Philadelphia 1966, S. 28, 38, 45; William B. Hauser, *Economic Institutional Change in Tokugawa Japan: Osaka and the Kinai Cotton Trade.* Cambridge 1974, S. 59, 117–120; Hameeda Hossain, *The Company of Weavers of Bengal. The East India Company and the Organization of Textile Production in Bengal 1750–1813.* Oxford 1988, S. 28.

77 Kären Wigen, *The Making of a Japanese Periphery, 1750–1920.* Berkeley, CA 1995; Tench Coxe, *An Addition, of December 1818, to the Memoir, of February and August 1817, on the Subject of the Cotton Culture, the Cotton Commerce, and the Cotton Manufacture of the United States, etc.* Philadelphia 1818, S. 3. Das war auch genau das Argument von W. Dunbar, dem Steuerbeamten des Bezirks Dhaka. Siehe Extracts and Abstract of a Letter from W. Dunbar, Officiating Commissioner of Revenue in the Dacca Division, to Lord B., Dacca, 2. Mai 1844, MSS EUR F 78, 44, Wood Papers, Oriental and India Office Collections, BL.

Anhang

Anmerkungen Kapitel 6

1 Biographische Informationen über Burke in *National Cyclopaedia of American Biography*, Bd. 20. New York 1929, S. 79. Siehe zu Baranda: «Pedro Sainz de Baranda», *Enciclopedia Yucatanense*, Bd. 7. Ciudad de Mexico 1977, S. 51–67. Zu Valladolid siehe John L. Stevens, *Incidents of Travel in Yucatan*, Bd. 2. New York 1843, S. 329.
2 Stevens, *Incidents of Travel in Yucatan*, S. 330; Howard Cline, «The ‹Aurora Yucateca› and the Spirit of Enterprise in Yucatan, 1821–1847», *Hispanic American Historical Review*, 27, 1 (1947), S. 39–44; «Pedro Sainz de Baranda», S. 61–62. Siehe auch Othon Banos Ramirez, *Sociedad, Estrucura Agraria y Estado en Yucatan*. Merida 1990, S. 24.
3 Gisela Müller, «Die Entstehung und Entwicklung der Wiesentäler Textilindustrie bis zum Jahre 1945». Diss., Universität Basel 1965, S. 35.
4 Richard Dietsche, «Die industrielle Entwicklung des Wiesentales bis zum Jahre 1870». Diss., Universität Basel 1937, S. 16, 18, 30, 34, 37; Müller, «Die Entstehung und Entwicklung der Wiesentäler Textilindustrie», S. 36; Walter Bodmer, *Die Entwicklung der schweizerischen Textilwirtschaft im Rahmen der übrigen Industrien und Wirtschaftszweige*. Zürich 1960, S. 226.
5 Dietsche, «Die industrielle Entwicklung des Wiesentales», S. 18, 20, 21, 34, 47, 48, 61, 76; Friedrich Deher, *Staufen und der obere Breisgau: Chronik einer Landschaft*. Karlsruhe 1967, S. 191 f.; Eberhard Gothein, *Wirtschaftsgeschichte des Schwarzwaldes und der angrenzenden Landschaften*. Straßburg 1892, S. 754; Müller, «Die Entstehung und Entwicklung der Wiesentäler Textilindustrie», S. 33, 46; Hugo Ott, «Der Schwarzwald: Die wirtschaftliche Entwicklung seit dem ausgehenden 18. Jahrhundert», Franz Quarthal (Hg.), *Zwischen Schwarzwald und Schwäbischer Alb: das Land am oberen Neckar*. Sigmaringen 1984, S. 399.
6 Arthur L. Dunham, «The Development of the Cotton Industry in France and the Anglo-French Treaty of Commerce of 1860», *Economic History Review*, 1, 2 (1928), S. 282; Gerhard Adelmann, *Die Baumwollgewerbe Nordwestdeutschlands und der westlichen Nachbarländer beim Übergang von der vorindustriellen zur frühindustriellen Zeit, 1750–1815*. Stuttgart 2001, S. 76. Nach anderen Quellen eröffnete Hieronymus Lange 1782 im sächsischen Ernstthal die erste Spinnfabrik; vgl. R. M. R. Dehn, *The German Cotton Industry*. Manchester 1913, S. 3; siehe auch J. K. J. Thomson, *A Distinctive Industrialization: Cotton in Barcelona, 1728–1832*. Cambridge 1992, S. 248; J. Dhondt, «The Cotton Industry at Ghent during the French Regime», in F. Crouzet et al. (Hg.), *Essays in European Economic History, 1789–1914*. London 1969, S. 18; Georg Meerwein, «Die Entwicklung der Chemnitzer bezw. sächsischen Baumwollspinnerei von 1789–1879». Diss., Universität Heidelberg 1914, S. 19; Rudolf Forberger, *Die industrielle Revolution in Sachsen 1800–1861*, Bd. 1, zweiter Halbband: *Die Revolution der Produktionskräfte in Sachsen 1800–1830. Übersichten zur Fabrikentwicklung*. Berlin (Ost) 1982, S. 14; Albert Tanner, «The Cotton Industry of Eastern Switzerland, 1750–1914: From Proto-Industry to Factory and Cottage Industry», *Textile History*, 23, 2 (1992), S. 139; Wolfgang Müller, «Die Textilindustrie des Raumes Puebla (Mexiko) im 19. Jahrhundert». Diss., Universität Bonn 1977, S. 144; E. R. J. Owen, *Cotton and the Egyptian Economy, 1820–1914: A Study in Trade and Development*. Oxford 1969, S. 23 f.

7 Zur Besorgnis unter britischen Fabrikanten wegen dieser Verbreitung siehe *The Sixteenth Annual Report of the Board of Directors of the Chamber of Commerce and Manufactures at Manchester for the Year 1836 Made to the Annual General Meeting of the Members, held February 13th 1837*. Manchester 1837, S. 13.

8 Sydney Pollard betont zu Recht, dass Industrialisierung zu diesem Zeitpunkt keine nationale, sondern eine regionale Entwicklung war (z. B. in Katalonien): *Peaceful Conquest: The Industrialization of Europe 1760–1970*. New York 1981. Siehe auch Joel Mokyr, *Industrialization in the Low Countries, 1795–1850*. New Haven, CT 1976, S. 26, 28, 41; Günter Kirchhain, *Das Wachstum der deutschen Baumwollindustrie im 19. Jahrhundert: Eine historische Modellstudie zur empirischen Wachstumsforschung*, Diss. Universität Münster 1973, S. 41. 1800 wurden nur 93 t Baumwollgarn in den deutschen Ländern gesponnen, zehn Jahre später 667 t, 1820 2047 t, 1830 4195 t, 1840 9858 t, 1850 13 146 t und 1860 53 473 t. Ebd., S. 30; Francisco Mariano Nipho, *Estafeta de Londres*. Madrid 1770, S. 44, zit. n. Pierre Vilar, *La Catalogne dans l'Espagne moderne: Recherches sur le fondements économiques des structures nationales*, Bd. 2. Paris 1962, S. 10; Pavel A. Chromov, *Ėkonomika Russii perioda promyšlennogo kapitalizma*. Moskow 1963, S. 80; Cline, «The Spirit of Enterprise in Yucatan», S. 133; Adelmann, *Die Baumwollgewerbe Nordwestdeutschlands*, S. 153; Dunham, «The Development of the Cotton Industry in France», S. 288; Basilio M. Biucchi, «Die Industrielle Revolution in der Schweiz 1700–1850», Knut Borchardt (Hg.), *Europäische Wirtschaftsgeschichte*, Bd. 4: *Die Entwicklung der industriellen Gesellschaften*. Stuttgart 1977, S. 49; Robert Lévy, *Histoire économique de l'industrie cotonnière en Alsace*. Paris 1912, S. 87, 89; United States Census Bureau, *Manufactures of the United States in 1860; Compiled from the Original Returns of the Eighth Census under the Direction of the Secretary of the Interior* (Washington 1865), S. xvii; Ronald Bailey, «The Slave(ry) Trade and the Development of Capitalism in the United States: The Textile Industry in New England», Joseph E. Inikori und Stanley L. Engerman (Hg.), *The Atlantic Slave Trade: Effects on Economies, Societies, and Peoples in Africa, the Americas, and Europe*. Durham, N. C. 1992, S. 221.

9 Bodmer, *Die Entwicklung der schweizerischen Textilwirtschaft*, S. 281.

10 Michel Hau, *L'industrialisation de l'Alsace (1803–1939)*. Straßburg 1987, S. 461.

11 Dhondt, «The Cotton Industry at Ghent during the French Regime», S. 15; Müller, «Die Textilindustrie des Raumes Puebla», S. 33; Max Hamburger, «Standortgeschichte der deutschen Baumwoll-Industrie». Diss., Universität Heidelberg 1911, S. 19; Wallace Daniel, «Entrepreneurship and the Russian Textile Industry: From Peter the Great to Catherine the Great», *Russian Review*, 54, 1 (1995), S. 1–25; Lévy, *Histoire économique de l'industrie cotonnière en Alsace*, 1 ff.; Bodmer, *Die Entwicklung der schweizerischen Textilwirtschaft*, S. 181–203.

12 Adelmann, *Die Baumwollgewerbe Nordwestdeutschlands*, S. 54; Maurice Lévy Leboyer, *Les Banques européennes et l'industrialisation internationale dans la première moitié du XIXe siècle*. Paris 1964, S. 16; Dhondt, «The Cotton Industry at Ghent during the French Regime», S. 16; William L. Blackwell, *The Beginnings of Russian Industrialization, 1800–1860*. Princeton 1968, S. 44; M. V. Konotopov et al., *Istorija otečestvennoj tekstil'noj promyšlen-*

nosti. Moskau 1992, S. 94, 96. Dieser Prozess ist für das Elsass detailliert dargestellt in Raymond Oberlé, «Le siècle des lumières et les débuts de l'industrialisation», in George Livet and Raymond Oberlé (Hg.), *Histoire de Mulhouse des origines à nos jours*. Straßburg 1977, S. 127. Paul Leuilliot, «L'essor économique du XIXe siècle et les transformations de la cité», ebd., S. 182.

13 Zum Konzept der Protoindustrialisierung siehe Peter Kriedte, Hans Medick und Jürgen Schlumbohm, *Industrialisierung vor der Industrialisierung. Gewerbliche Warenproduktion auf dem Land in der Formationsperiode des Kapitalismus*. Göttingen 1977; Meerwein, «Die Entwicklung der Chemnitzer», S. 17 f.; Thomson, *A Distinctive Industrialization*, S. 13.

14 Albert Tanner, *Spulen, Weben, Sticken: Die Industrialisierung in Appenzell Ausserrhoden*. Zürich 1982, S. 8, 19; Bodmer, *Die Entwicklung der schweizerischen Textilwirtschaft*, S. 231; John Bowring, *Bericht an das Englische Parlament über den Handel, die Fabriken und Gewerbe der Schweiz*. Zürich 1837, S. 37.

15 Adelmann, *Die Baumwollgewerbe Nordwestdeutschlands*, S. 49; Shepard B. Clough, *The Economic History of Modern Italy*. New York 1964, S. 62; Thomson, *A Distinctive Industrialization*, S. 12; Richard J. Salvucci, *Textiles and Capitalism in Mexico: An Economic History of the Obrajes, 1539–1840*. Princeton, N. J. 1987; Müller, «Die Textilindustrie des Raumes Puebla», S. 34.

16 Meerwein, «Die Entwicklung der Chemnitzer», S. 18.

17 Bodmer, *Die Entwicklung der schweizerischen Textilwirtschaft*, S. 279, 339; Thomson, *A Distinctive Industrialization*, S. 208; Lévy, *Histoire économique de l'industrie cotonnière en Alsace*, S. 14–52.

18 Barbara M. Tucker, *Samuel Slater and the Origins of the American Textile Industry, 1790–1860*. Ithaca, N. Y. 1984, S. 52, 97.

19 William Holmes an James Holmes, Kingston, 10. März 1813, Ordner 49, John Holmes Papers, Manuscripts and Archives Division, The New York Public Library, New York.

20 Meerwein, «Die Entwicklung der Chemnitzer», S. 32; , «Pedro Sainz de Baranda», S. 62. Zu den Jahreslöhnen von Facharbeitern siehe Michael P. Costeloe, *The Central Republic in Mexico, 1835–1846: Hombres de Bien in the Age of Santa Anna*. New York 1993, S. 108. Die Kalkulation über die Höhe der Investionen von Baranda ist eine sehr grobe Schätzung. Zu Frankreich siehe Hau, *L'industrialisation de l'Alsace*, S. 328, 330, 340.

21 Das entsprach etwas über zwei Millionen Francs, vgl. Robert F. Dalzell, *Enterprising Elite: The Boston Associates and the World They Made*. Cambridge, MA 1987, S. 27. Zur Umtauschrate vgl. Patrick Kelly, *The Universal Cambist and Commercial Instructor: Being a General Treatise on Exchange, Including Monies, Coins, Weights and Measures of All Trading Nations and Their Colonies*, Bd. 1. London 1811, S. 12; Thomas Dublin, «Rural Putting-Out Work in Early Nineteenth-Century New England: Women and the Transition to Capitalism in the Countryside», *New England Quarterly*, 64, 4 (1991), S. 536–537; Pierre Gervais, «The Cotton ‹Factory› in a Pre-industrial Economy: An Exploration of the Boston Manufacturing Company, 1815–1820» (unveröff. Aufsatz, im Besitz des Autors, 2003), 3; Peter Temin, «Product Quality and Vertical Integration in the Early Cotton Textile Industry», *Journal of Economic History*, 48, 4 (1988), S. 897; Ronald Bailey, «The Other Side of Slavery: Black Labor,

Cotton, and Textile Industrialization in Great Britain and the United States», *Agricultural History*, 68, 2 (1994), S. 45, 49.

22 Hau, *L'industrialisation de l'Alsace*, S. 335–338; Heinrich Herkner, *Die oberelsässische Baumwollindustrie und ihre Arbeiter*. Straßburg 1887, S. 92; Pierre-Alain Wavre, «Swiss Investments in Italy from the XVIIIth to the XXth Century», *Journal of European Economic History*, 17, 1 (1988), S. 86–87. Thomson, *A Distinctive Industrialization*, S. 7, 117; Müller, «Die Textilindustrie des Raumes Puebla», S. 225, 244.

23 M. L. Gavlin, *Iz istorii rossijskogo predprinimatel'stva: dinastija Knopov. Naučno-analitičeskij obzor*. Moskau 1995, S. 12, 14, 16, 19, 27, 36.

24 Bianka Pietrow-Ennker, «Wirtschaftsbürger und Bürgerlichkeit im Königreich Polen: das Beispiel von Lodz, dem ‹Manchester des Ostens›», *Geschichte und Gesellschaft*, 31, 2 (2005), S. 169–202; Hau, *L'industrialisation de l'Alsace*, S. 388; Paulette Teissonniere-Jestin, «Itinéraire social d'une grande famille mulhousienne: les Schlumberger de 1830 à 1930». Diss., Université de Limoges 1982, S. 129, 149; *Bulletin de la Société industrielle de Mulhouse*, 1 (1828); 2 (1829); 22 (1832), S. 113–136. David Allen Harvey, *Constructing Class and Nationality in Alsace, 1830–1945*. Dekalb, IL 2001, S. 49.

25 Adelmann, *Die Baumwollgewerbe Nordwestdeutschlands*, S. 67.

26 Wright Armitage an Enoch Armitage, Dukinfield, 16. April 1817, Armitage Papers, Manuscripts and Archives Division, New York Public Library. Siehe auch die Briefe von 1795 in Papers of McConnel & Kennedy, MCK, Schachtel 2/1/1, JRL; Briefbuch, 1805–1810, Papers of McConnel & Kennedy, MCK, Schachtel 2/2/3, ebd.; Briefbuch, Mai 1814 bis September 1816, Schachtel 2/2/5, ebd.; Consignments Book, 1809–1829, Schachtel 3/3/11, ebd.; Buchanan, Mann & Co an McConnel & Kennedy, Kalkutta, 3. November 1824, Schachtel 2/1/30, ebd.; William Radcliffe, *Origin of the New System of Manufacture Commonly Called «Power-loom Weaving» and the Purposes for which this System was Invented and Brought into Use*. Stockport 1828, S. 131; Analyse der Korrespondenz von McConnel & Kennedy für das Jahr 1825, MCK/2, McConnel & Kennedy Papers, JRL.

27 Yarn Delivery Book, 1836–38, Papers of McConnel & Kennedy, MCK, Schachtel 3/3/12, ebd.; Stanley Chapman, *Merchant Enterprise in Britain: From the Industrial Revolution to World War I*. Cambridge 1992, S. 62, 92, 133, 136, 139, 168, 176, 173; Bill Williams, *The Making of Manchester Jewry, 1740–1875*. Manchester 1976, S. 81; Farnie, *John Rylands of Manchester*. Manchester 1993, S. 4.

28 Chapman, *Merchant Enterprise in Britain*, S. 69f., 109, 113, 164; *British Packet and Argentine News* (3.8.1850); Vera Blinn Reber, *British Mercantile Houses in Buenos Aires, 1810–1880*. Cambridge, MA 1979, S. 58f.; Carlos Newland, «Exports and Terms of Trade in Argentina, 1811–1870», *Bulletin of Latin American Research*, 17, 3 (1998), S. 409–416; D. C. M. Platt, *Latin America and British Trade, 1806–1914*. London 1972, S. 15, 39; *British Packet and Argentine News* (9.2.1850); H. S. Ferns, «Investment and Trade between Britain and Argentina in the Nineteenth Century», *Economic History Review*, New Series, 3, 2 (1950), S. 207, 210; Blankenhagen & Gethen an Hugh Dallas, London, 18. November 1818, Dallas Papers, Ordner 003/1-1/24, Archivo y Museo Históricos, Banco de la Provincia de Buenos Aires, Buenos Aires; Platt, *Latin America and British Trade*, S. 39, 42, 51; Eugene

W. Ridings, «Business Associationalism, the Legitimation of Enterprise, and the Emergence of a Business Elite in Nineteenth-Century Brazil», *Business History Review*, 63, 4 (1989), S. 758; Stanley J. Stein, *The Brazilian Cotton Manufacture: Textile Enterprise in an Underdeveloped Area, 1850–1950*. Cambridge, MA 1957, S. 8–9, 14.

29 Bodmer, *Die Entwicklung der schweizerischen Textilwirtschaft*, S. 231, 276, 281; Adelmann, *Die Baumwollgewerbe Nordwestdeutschlands*, S. 58; Dehn, *The German Cotton Industry*, S. 3.

30 Siehe Warren C. Scoville, «Spread of Techniques: Minority Migrations and the Diffusion of Technology», *Journal of Economic History*, 11, 4 (1951), S. 347–360; Adelmann, *Die Baumwollgewerbe Nordwestdeutschlands*, S. 72; Dunham, «The Development of the Cotton Industry in France and the Anglo-French Treaty of Commerce of 1860», S. 283.

31 William O. Henderson, *Britain and Industrial Europe, 1750–1870: Studies in British Influence on the Industrial Revolution in Western Europe*. Liverpool 1954, S. 4, 7, 102, 267; Kristine Bruland, *British Technology and European Industrialization: The Norwegian Textile Industry in the Mid-Nineteenth Century*. New York 1989, S. 3, 14; David J. Jeremy, *Damming the Flood: British Government Efforts to Check the Outflow of Technicians and Machinery, 1780–1843*. Boston 1977, S. 32–33; Jan Dhont und Marinette Bruwier, «Die Industrielle Revolution in den Niederlanden (Belgien und Holland) 1700–1914», *Europäische Wirtschaftsgeschichte*, Bd. 4, S. 74 f.; Adelmann, *Die Baumwollgewerbe Nordwestdeutschlands*, S. 77; David J. Jeremy, *Transatlantic Industrial Revolution: The Diffusion of Textile Technology between Britain and America, 1790–1830*. Cambridge, MA 1981, S. 17; David S. Landes, *Der entfesselte Prometheus. Technologischer Wandel und industrielle Entwicklung in Westeuropa von 1750 bis zur Gegenwart*. Köln 1973, S. 145; Rondo Cameron, «The Diffusion of Technology as a Problem in Economic History», *Economic Geography*, 51, 3 (1975), S. 221.

32 Dominique Barjot, «Les entrepreneurs de Normandie, du Maine et de l'Anjou à l'époque du Second Empire», *Annales de Normandie*, 38, 2–3 (1988), S. 99–103; siehe auch Henderson, *Britain and Industrial Europe*, S. 12, 28; Leuilliot, «L'essor économique du XIXe siècle et les transformations de la cité», S. 184; Camille Koechlin, Cahier des notes faites en Angleterre 1831, Collection Koechlin, 667 Ko 22 I, Bibliothèque, Musée de l'Impression sur Etoffes, Mulhouse, Frankreich.

33 Bodmer, *Die Entwicklung der schweizerischen Textilwirtschaft*, S. 276 f.

34 Müller, «Die Textilindustrie des Raumes Puebla», S. 108 f., 237; Jeremy, *Transatlantic Industrial Revolution*, S. 41, 77f.; Bruland, *British Technology and European Industrialization*, S. 5 f., 18.

35 Bodmer, *Die Entwicklung der schweizerischen Textilwirtschaft*, S. 278; Meerwein, «Die Entwicklung der Chemnitzer», S. 25; Cameron, «The Diffusion of Technology as a Problem in Economic History», S. 220; Hau, *L'industrialisation de l'Alsace*, S. 366–370, 403–405; Bernard Volger und Michel Hau, *Historie économique de l'Alsace: croissance, crises, innovations: vingt siècles de développement régional*. Straßburg 1997, S. 146–148; Dave Pretty, «The Cotton Textile Industry in Russia and the Soviet Union», *The Ashgate Companion to the History of Textile Workers*, S. 424; K. J. Thomson, «Explaining the ‹Take-off› of the Catalan Cotton Industry», *Economic History Review*, 58, 4 (2005), S. 727; Herk-

ner, *Die oberelsässische Baumwollindustrie*, S. 72–73; Melvin T. Copeland, *The Cotton Manufacturing Industry of the United States*. Cambridge, MA 1917, S. 9, 69 f.

36 Joel Mokyr, *Industrialization in the Low Countries*, S. 39; Adelmann, *Die Baumwollgewerbe Nordwestdeutschlands*, S. 89 f.; Meerwein, «Die Entwicklung der Chemnitzer», S. 21; M. V. Konotopov et al., *Istorija otečestvennoj tekstil'noj promyšlennosti*. Moskau 1992, S. 79, 97; Lars K. Christensen, «Denmark: The Textile Industry and the Forming of Modern Industry», *The Ashgate Companion to the History of Textile Workers*, S. 144.

37 Alexander Hamilton, «Report on the Subject of Manufactures, December 5, 1971», *Writings*. New York 2001, S. 647–734. Vgl. auch Samuel Rezneck, «The Rise and Early Development of Industrial Consciousness in the United States, 1760–1830», *Journal of Economic and Business History*, 4 (1932), S. 784–811; Müller, «Die Textilindustrie des Raumes Puebla», S. 41.

38 Adelmann, *Die Baumwollgewerbe Nordwestdeutschlands*, S. 67; Herkner, *Die oberelsässische Baumwollindustrie*, S. 92, 95. Hau, *L'industrialisation de l'Alsace*, 209 ff.; Oberlé, «Le siècle des lumières et les débuts de l'industrialisation», S. 164; Meerwein, «Die Entwicklung der Chemnitzer», S. 23, 28, 37, 68.

39 Zit. n. Dhondt, «The Cotton Industry at Ghent during the French Regime», S. 24; Bodmer, *Die Entwicklung der schweizerischen Textilwirtschaft*, S. 278; Tanner, *Spulen, Weben, Sticken*, S. 33–35.

40 Douglas A. Irwin und Peter Temin, «The Antebellum Tariff on Cotton Textiles Revisited», *Journal of Economic History*, 61, 3 (2001), S. 795; U. S. Department of the Treasury, Letter from the Secretary of the Treasury, «Cultivation, Manufacture and Foreign Trade of Cotton», S. 4. März 1836, Doc. No. 146, Treasury Department, House of Representatives, 24th Congress, 1st Session. Washington, D. C. 1836; Jeremy, *Transatlantic Industrial Revolution*, S. 96; Mary B. Rose, *The Gregs of Quarry Bank Mill: The Rise and Decline of a Family Firm, 1750–1914*. New York 1986, S. 46.

41 Wright Armitage an Rev. Benjamin Goodier, Dunkinfield, 2. März 1817, Schachtel 1, Armitage Family Papers, Special Collections, New York Public Library.

42 Temin, «Product Quality and Vertical Integration in the Early Cotton Textile Industry», S. 898; Dunham, «The Development of the Cotton Industry in France and the Anglo-French Treaty of Commerce of 1860», S. 281; Meerwein, «Die Entwicklung der Chemnitzer», S. 43; United States Department of State, *Report on the Commercial Relations of the United States with Foreign Nations: Comparative Tariffs; Tabular Statements of the Domestic Exports of the United States; Duties on Importation of the Staple or Principal Production of the United States into Foreign Countries*. Washington, D. C. 1842, S. 534–535.

43 Leulliot, «L'essor économique du XIXe siècle et les transformations de la cité», S. 190; Dietsche, «Die industrielle Entwicklung des Wiesentales», S. 56 f.; Meerwein, «Die Entwicklung der Chemnitzer», S. 47, 51–52. Zur Bedeutung der Zölle siehe auch Dehn, *The German Cotton Industry*, S. 4; Günter Kirchhain, *Das Wachstum der deutschen Baumwollindustrie im 19. Jahrhundert: Eine historische Modellstudie zur empirischen Wachstumsforschung*, Diss., Universität Münster 1973, S. 185; Friedrich List, *Das nationale System der politischen Oekonomie*. Neudruck nach der Ausgabe letzter Hand einge-

leitet von Prof. Dr. Heinrich Waentig. Jena 1928 [EA 1841], S. 306; Angel Smith, Charles Enrech, Carme Molinero und Pere Ysàs, «Spain», *The Ashgate Companion to the History of Textile Workers,* S. 455. Es gab viele andere Staaten, die hohe Einfuhrzölle verlangten; einen Überblick gibt *Report on the Commercial Relations of the United States with Foreign Nations,* S. 534 f.

44 Temin, «Product Quality and Vertical Integration in the Early Cotton Textile Industry», S. 898; Irwin und Termin, «The Antebellum Tariff on Cotton Textiles Revisited», S. 780–793, 796; Temin, «Product Quality and Vertical Integration in the Early Cotton Textile Industry», S. 897; die Prozentzahl 83,5 (die vermutlich nicht ganz genau ist) stammt aus Hannah Josephson, *The Golden Threads: New England Mill Girls and Magnates* (New York 1949), S. 30. Zur Rolle der «Boston Associates» beim Import indischer Baumwolle siehe James Fichter, «Indian Textiles and American Industrialization, 1790–1820», unveröff. Vortrag, GEHN Conference, Universität Padua, 17.–19. November 2005, im Besitz des Autors.

45 Müller, «Die Textilindustrie des Raumes Puebla».

46 Ebd., S. 162; Gonzáles, Galvarriato und Williamson, «Globalization, De-Industrialization and Mexican Exceptionalism», S. 41. Die Zahl für Indien bezieht sich auf 1887.

47 Thomson, *A Distinctive Industrialization,* S. 204; Wallace Daniel, «Entrepreneurship and the Russian Textile Industry: From Peter the Great to Catherine the Great», *Russian Review,* 54, 1 (1995), S. 8; Lochmüller, *Zur Entwicklung der Baumwollindustrie in Deutschland,* S. 17; Hans-Werner Hahn, *Die industrielle Revolution in Deutschland.* München 1998, S. 27. Einen Überblick zum staatlichen Einfluss auf die europäische Industrialisierung gibt Barry Supple, «Der Staat und die Industrielle Revolution 1700–1914», *Europäische Wirtschaftsgeschichte,* Bd. 3: *Die Industrielle Revolution,* S. 195–231.

48 Thomson, *A Distinctive Industrialization,* S. 270; Jordi Nadal, «Der Fehlschlag der Industriellen Revolution in Spanien 1830–1914», *Europäische Wirtschaftsgeschichte,* Bd. 4, S. 390; Smith, Enrech, Molinero und Ysàs, «Spain», *The Ashgate Companion to the History of Textile Workers,* S. 453; J. K. J. Thompson, «Explaining the ‹Take-off› of the Catalan Cotton Industry», *Economic History Review* 58 (2005), S. 711–717.

49 Thomson, *A Distinctive Industrialization,* S. 274 f.; 1793 verbrauchten spanische Produzenten 16,06 % des Baumwollkonsums in England, 1808 nur 6–7,25 % und 1816 nur noch 2,2 %. James Clayburn La Force Jr., *The Development of the Spanish Textile Industry, 1750–1800.* Berkeley, CA 1965, S. 16; Nadal, «Der Fehlschlag der Industriellen Revolution in Spanien», S. 390; Thomson, *A Distinctive Industrialization,* S. 274, 299.

50 Baines, *History of the Cotton Manufacture in Great Britain,* S. 525; Wilma Pugh, «Calonne's ‹New Deal›», *Journal of Modern History,* 11, 3 (1939), S. 289–312; François-Joseph Ruggiu, «India and the Reshaping of the French Colonial Policy, 1759–1789», *Itinerario,* 35, 2 (2011), S. 25–43; Mokyr, *Industrialization in the Low Countries,* S. 32; van der Kraan, «The Birth of the Dutch Cotton Industry, 1830–1840», in Douglas A. Farnie und David J. Jeremy (Hg.), *The Fibre that Changed the World: The Cotton Industry in International Perspective, 1600–1990s.* Oxford 2004, S. 285; Jan Luiten van Zanden und Arthur van Riel, *The Strictures of*

Inheritance: The Dutch Economy in the Nineteenth Century. Princeton, N. J. 1976, S. 39–40; Mokyr, *Industrialization in the Low Countries*, S. 103–108.

51 Mokyr, *Industrialization in the Low Countries*, S. 31, 34 f.; Dhont and Bruwier, «The Low Countries, 1700–1914», S. 358 f.

52 Bodmer, *Die Entwicklung der schweizerischen Textilwirtschaft*, S. 290, 344–346. Die deutsche Baumwollindustrie war ähnlich abhängig von ihrer Exportfähigkeit, v. a. nach Nordamerika, vgl. Dehn, *The German Cotton Industry*, S. 18; Dietrich Ebeling et al., «The German Wool and Cotton Industry from the Sixteenth to the Twentieth Century», *The Ashgate Companion to the History of Textile Workers*, S. 208.

53 Mary Jo Maynes «Gender, Labor, and Globalization in Historical Perspective: European Spinsters in the International Textile Industry, 1750–1900», *Journal of Women's History*, 15, 4 (2004), S. 48.

54 Chapman, *The Cotton Industry in the Industrial Revolution*, S. 22; C. H. Lee, «The Cotton Textile Industry», Roy Church (Hg.), *The Dynamics of Victorian Business: Problems and Perspectives to the 1870s*. London 1980, S. 161; Adelmann, *Die Baumwollgewerbe Nordwestdeutschlands*, S. 153; Dunham, «The Development of the Cotton Industry in France and the Anglo-French Treaty of Commerce of 1860», S. 288; Richard Leslie Hills, *Power from Steam: A History of the Stationary Steam Engine*. New York 1989, S. 117. Diese Zahlen (bezüglich der Fabriken) sind notorisch ungenau und nur Annäherungen. Chapman, *The Cotton Industry in the Industrial Revolution*, S. 29; Anthony Howe, *The Cotton Masters, 1830–1860*. New York 1984, S. 6; *The Thirty-Fifth Annual Report of the Board of Directors of the Chamber of Commerce and Manufactures at Manchester, for the Year 1855.* Manchester 1856, S. 15.

55 C. H. Lee, «The Cotton Textile Industry», *The Dynamics of Victorian Business*, S. 165; Joseph E. Inikori, *Africans and the Industrial Revolution in England*, S. 436; P. K. O'Brien und S. L. Engerman, «Exports and the Growth of the British Economy», S. 184, 188; siehe auch Lars G. Sandberg, «Movements in the Quality of British Cotton Textile Exports», *Journal of Economic History*, 28, 1 (1968), S. 15–19.

56 Siehe zu diesem Argument auch Jeremy Adelman, «Non-European Origins of European Revolutions», unveröff. Vortrag, Making Europe: The Global Origins of the Old World, Konferenz, Freiburg, 2010, S. 25.

57 Afaf Lutfi Al-Sayyid Marsot, *Egypt in the Reign of Muhammad Ali.* Cambridge 1984, S. 162; Robert L. Tignor, *Egyptian Textiles and British Capital, 1830–1956.* Kairo 1989, S. 9; Joel Beinin, «Egyptian Textile Workers: From Craft Artisans Facing European Competition to Proletarians Contending with the State», *The Ashgate Companion to the History of Textile Workers*, S. 174.

58 Tignor, *Egyptian Textiles and British Capital*, S. 9; Marsot, *Egypt in the Reign of Muhammad Ali*, S. 166; E. R. J. Owen, *Cotton and the Egyptian Economy*, S. 23 f.

59 Jean Batou, «Muhammad-Ali's Egypt, 1805–1848: A Command Economy in the 19th Century?», in ders. (Hg.), *Between Development and Underdevelopment: The Precocious Attempts at Industrialization of the Periphery, 1800–1870.* Genf 1991, S. 187; Owen, *Cotton and the Egyptian Economy*, S. 44.

60 Marsot, *Egypt in the Reign of Muhammad Ali*, S. 181. 1838 arbeiteten vielleicht schon 30 000 Arbeiter in ägyptischen Spinnfabriken. Colonel Campbell, Her Britannic Majesty's Agent

and Consul-General in Egypt, an John Bowring, Kairo, 18. Januar 1838, zit. n. John Bowring, *Report on Egypt and Candia*. London 1840, S. 186; Batou, «Muhammad-'Ali's Egypt, 1805–1848», S. 181, 185, 199; Marsot, *Egypt in the Reign of Muhammad Ali*, S. 171; *Das Ausland* (1831), S. 1016.

61 Marsot, *Egypt in the Reign of Muhammad Ali*, S. 171; Colonel Campbell an John Bowring, zit. n. Bowring, *Report on Egypt and Candia*, S. 35; *The Asiatic Journal and Monthly Register for British and Foreign India, China, and Australia*, 4 (New Series) (1831), S. 133.

62 Rapport à Son Altesse Mehemet Ali, Vice Roi d'Égypt, sur la Filature et le Tissage du Cotton, par Jules Poulain, f78, Add. Mss. 37466, Egyptian State Papers, 1838–1849, Manuscript Division, BL.

63 Marsot, *Egypt in the Reign of Muhammad Ali*, S. 169; Joel Beinin, «Egyptian Textile Workers», S. 184.

64 Batou, «Muhammad-'Ali's Egypt, 1805–1848», S. 182, 201 f.

65 Die Existenz einer florierenden Proto-Industrie betonen zu Recht John Dickenson und Roberta Delson, *Enterprise under Colonialism: A Study of Pioneer Industrialization in Brazil, 1700–1830*. Liverpool 1991, v. a. S. 52; Herculano Gomes Mathias, *Algodão no Brasil*. Rio de Janeiro 1988, S. 67; Maria Regina und Ciparrone Mello, *A industrialização do algodão em São Paulo*. São Paulo 1983, S. 23; Stein, *The Brazilian Cotton Manufacture*, S. 2, 4, 20 f.; Roberta Marx Delson, «Brazil: The Origin of the Textile Industry», *The Ashgate Companion to the History of Textile Workers*, S. 75, 77; Mathias, *Algodão no Brasil*, S. 83; Delson, «Brazil: The Origin of the Textile Industry», S. 93 f.; Gonzáles, Galvarriato und Williamson, «Globalization, De-Industrialization and Mexican Exceptionalism», S. 17.

66 Stein, *The Brazilian Cotton Manufacture*, S. 13, 15.

67 Eugene W. Ridings, Jr., «The Merchant Elite and the Development of Brazil: The Case of Bahia during the Empire», *Journal of Inter-American Studies and World Affairs*, 15, 3 (1973), S. 336 f., 342–345.

68 Stein, *The Brazilian Cotton Manufacture*, S. 5 f., 51–62; Ridings, Jr., «The Merchant Elite and the Development of Brazil», S. 344.

69 W. A. Graham Clark, *Cotton Goods in Latin America: Part 1, Cuba, Mexico, and Central America: Transmitted to Congress in Compliance with the Act of March 4, 1909 Authorizing Investigations of Trade Conditions Abroad*. Washington, D. C. 1909, S. 9.

70 Broadus Mitchell, *The Rise of Cotton Mills in the South*. Baltimore 1921, S. 21. 1831 war die Textilproduktion im Norden 17-mal so hoch wie in den Sklavenstaaten. Siehe Friends of Domestic Industry, Reports of the Committees of the Friends of Domestic Industry, assembled at New York, 31. Oktober 1831 (1831), S. 12; Mitchell, *The Rise of Cotton Mills in the South*, S. 9–47. Es besteht eine fundamentale Diskontinuität zwischen diesen Fabriken und der späteren Industrialisierung im Süden.

71 Roberts, «West Africa and the Pondicherry Textile Industry», S. 142–145, 151, 153, 158; Tirthankar Roy, «The Long Globalization and Textile Producers in India», *The Ashgate Companion to the History of Textile Workers*, S. 266; Dwijendra Tripathi, *Historical Roots of Industrial Entrepreneurship in India and Japan: A Comparative Interpretation*. New Delhi 1997, S. 104 f.

72 Dale W. Tomich, *Through the Prism of Slavery*. Lanham, MD 2004, S. 70.

73 Siehe Rosa Luxemburg über primitive Akkumulation in «Die Akkumulation des Kapitals», *Gesammelte Werke*, Bd. 5. Berlin (Ost) 1981, Kap. 26.

Anmerkungen Kapitel 7

1 Bertolt Brecht, *Große kommentierte Berliner und Frankfurter Ausgabe.* Frankfurt a. M./Berlin/Weimar 1988–1999, Bd. 30, S. 11.
2 Zitat siehe Blogeintrag von «The Longford», 9. März 2009, http://www.skyscrapercity.com/showthread.php?t=823790, 8. August 2013.
3 Ihr Fall ist dokumentiert in House of Commons Parliamentary Papers, erster Bericht des Central Board of His Majesty's Commissioners for Inquiring into the Employment of Children in Factories, I833, S. xx, D.i, S. 103–115. Siehe auch Douglas A. Galbi, «Through the Eyes in the Storm: Aspects of the Personal History of Women Workers in the Industrial Revolution», *Social History*, 21, 2 (1996), S. 142–159.
4 Maurice Dobb, *Studies in the Development of Capitalism.* New York 1964, S. 272 f.
5 Mike Williams und D. A. Farnie, *Cotton Mills in Greater Manchester.* Preston 1992, S. 236; Stanley D. Chapman, *The Early Factory Masters: The Transition to the Factory System in the Midlands Textile Industry.* Newton Abbot 1967, S. 170; Leone Levi, «On the Cotton Trade and Manufacture, as Affected by the Civil War in America», *Journal of the Statistical Society of London*, 26, 8 (März 1863), S. 26.
6 Mary B. Rose, *Networks and Business Values: The British and American Cotton Industries Since 1750.* Cambridge 2000, S. 30; Kirchhain, *Das Wachstum der Deutschen Baumwollindustrie im 19. Jahrhundert. Eine historische Modellstudie zur empirischen Wachstumsforschung*, Diss., Universität Münster 1973, S. 73; Gerhard Adelmann, «Zur Regionalen Differenzierung der Baumwoll- und Seidenverarbeitung und der Textilen Spezialfertigungen Deutschlands, 1846–1907», in Hans Pohl (Hg.), *Gewerbe- und Industrielandschaften vom Spätmittelalter bis ins 20. Jahrhundert.* Stuttgart 1986, S. 293; Hans-Ulrich Wehler, *Deutsche Gesellschaftsgeschichte*, Bd. 2, München 1987, S. 92; Michel Hau, *L'Industrialisation de L'Alsace, 1803–1939.* Straßburg 1987, S. 89; Jean-François Bergier, *Histoire économique de la Suisse.* Lausanne 1984, S. 192. Eine andere Quelle schätzte die Zahl der Baumwollarbeiter in den Vereinigten Staaten 1830 auf 179 000. Siehe hierzu den Brief des Ministers für Finanzen, Anbau, Verarbeitung und Auslandshandel der Baumwolle, 4. März 1836, Dok. Nr. 146, Treasury Department, House of Representatives, S. 24; Kongress, erste Sitzung, in Levi Woodbury, *Woodbury's Tables and Notes on the Cultivation, Manufacture, and Foreign Trade of Cotton.* Washington, D.C. 1836, S. 51; A. Chromov, *Ekonomičeskoe razvitie Rossii v XIX-XX vekach: 1800–1917.* Moskau 1950, S. 32; Dave Pretty, «The Cotton Textile Industry in Russia and the Soviet Union», in Lex Heerman van Voss, Els Hiemstra-Kuperus und Elise van Nederveen Meerkerk (Hg.), *The Ashgate Companion to the History of Textile Workers, 1650–2000.* Burlington 2010, S. 425, 428; Elise van Nederveen Meerkerk, Lex Heerman van Voss und Els Hiemstra-Kuperus, «The Netherlands», in van Voss, Hiemstra-Kuperus und van Nederveen Meerkerk (Hg.), *The Ashgate Companion to the History of Textile Workers*, S. 4. Zu Spanien siehe Angel Smith, Carles Enrech, Carme Molinero und Pere Ysàs, «Spain», in van Voss, Hiemstra-Kuperus und van Nederveen Meerkerk (Hg.), *The Ashgate Companion to the History of Textile Workers*, S. 456. Über 90 % der gesamten spanischen Baumwollindustrie waren in Katalonien angesiedelt;

J. K. J. Thomson, *A Distinctive Industrialization: Cotton in Barcelona, 1728–1832*. Cambridge, UK 1992, S. 262.

7 Karl Polanyi, *The Great Transformation: The Political and Economic Origins of Our Time*. Boston 1957, S. 72. In Kapitel 6 schreibt er dort über Land, Arbeit und Geld als fiktive Waren.

8 Zit. n. E. P. Thompson, *The Making of the English Working Class*. New York 1966, S. 190; S. D. Chapman, *The Cotton Industry in the Industrial Revolution*, S. 53.

9 Charles Tilly, «Did the Cake of Custom Break?», in John M. Merriman (Hg.), *Consciousness and Class Experience in Nineteenth-Century Europe*. New York/London 1979; Eugen Weber, *Peasants into Frenchmen: The Modernization of Rural France, 1870–1914*. Stanford, CA 1976.

10 Robert J. Steinfeld, *Coercion, Contract, and Free Labor in the Nineteenth Century*. Cambridge, UK 2001, S. 20.

11 Ebd., S. 47, 74 f., 245, 317; Gesetzsammlung für die Königlich-Preußischen Staaten, Berlin Gesetzsammlungsamt 1845, §184; http://reader.digitale-sammlungen.de/de/fs1/object/display/bsb10509549_00097.html?contextType=scan&contextSort=score%2Cdescending&contextRows=10&context=fabrikarbeiter (Zugriff 7. September 2013); Steinfeld, Coercion, Contract, and Free Labor in the Nineteenth Century, S. 245.

12 Marta Vicente, «Artisans and Work in a Barcelona Cotton Factory, 1770–1816», *International Review of Social History*, 45 (2000), S. 3 f., 12 f., 18.

13 Arbeitnehmerverzeichnis der Dover Manufacturing Company (Dover, NH), Dover-Cocheco Collection, Baker Library, Harvard Business School, Cambridge, MA.

14 Benjamin Martin, *The Agony of Modernization: Labor and Industrialization in Spain*. Ithaca 1990, S. 21; Georg Meerwein, *Die Entwicklung der Chemnitzer bzw. Sächsischen Baumwollspinnerei von 1789–1879*, Diss., Universität Heidelberg 1914, S. 21; Bodmer, *Die Entwicklung*, S. 220, 224, 227; L. Dunham, «The Development of the Cotton Industry in France and the Anglo-French Treaty of Commerce of 1860», *The Economic History Review*, 1, 2 (Januar 1928), S. 286; Robert Lévy, *Histoire économique de l'industrie cotonnière en Alsace*. Paris 1912, S. 1 ff.; David Allen Harvey, *Constructing Class and Nationality in Alsace, 1830–1945*. Dekalb 2001, S. 56; Thomson, *A Distinctive Industrialization*, S. 259.

15 Robert Marx Delson, «How Will We Get Our Workers? Ethnicity and Migration of Global Textile Workers», in van Voss, Hiemstra-Kuperus und van Nederveen Meerkerk (Hg.), *The Ashgate Companion to the History of Textile Workers*, S. 662, 665; G. Bischoff, «Guebwiller vers 1830: La Vie Économique et Sociale d'une Petite Ville Industrielle à la fin de la Restauration», *Annuaire de la Société d'Histoire des Régions de Thann–Guebwiller*, 7 (1965–1967), S. 64–74; van Nederveen Meerkerk, van Voss und Hiemstra-Kuperus, «The Netherlands», S. 383; Joel Mokyr, *Industrialization in the Low Countries, 1795–1850*. New Haven 1976, S. 38.

16 Bodmer, *Die Entwicklung der Schweizerischen Textilwirtschaft*, S. 295, 298; Delson, «How Will We Get Our Workers?», S. 652 f., 666 f.; Erik Amburger, *Die Anwerbung ausländischer Fachkräfte für die Wirtschaft Russlands vom 15. bis ins 19. Jahrhundert*. Wiesbaden 1968, S. 147.

17 Zusammenkunft der Handelskammer Manchester, 1. Februar 1826, Proceedings of the Manchester Chamber of Commerce, 1821–1827, Bestand M8, Schachtel 2/1, Archives of the Manchester Chamber of Commerce, MALS; Gary Saxonhouse und Gavin Wright,

«Two Forms of Cheap Labor in Textile History», in dies. (Hg.), *Technique, Spirit and Form in the Making of the Modern Economies: Essays in Honor of William N. Parker*. Greenwich, CT 1984, S. 7; Robert F. Dalzell, *Enterprising Elite: The Boston Associates and the World They Made*. Cambridge, MA 1987, S. 33.

18 Carolyn Tuttle und Simone Wegge, «The Role of Child Labor in Industrialization» (unveröff. Paper, im Besitz des Autors, Economic History Seminar, Harvard University, April 2004), S. 21, 49.

19 MCK/4/51, McConnel and Kennedy Papers, JRL.

20 Terry Wyke, «Quarry Bank Mill, Styal, Cheshire», Revealing Histories, Remembering Slavery, http://www.revealinghistories.org.uk/how-did-money-from-slavery-help-develop-greater-manchester/places/quarry-bank-mill-styal-cheshire.html (Zugriff 21. Juli 2013); Mary B. Rose, *The Gregs of Quarry Bank Mill: The Rise and Decline of a Family Firm, 1750–1914*. Cambridge, UK 1986, S. 28, 31, 109 f.; George Unwin, *Samuel Oldknow and the Arkwrights. The Industrial Revolution at Stockport and Marple*. Manchester 1924, S. 170 f.; *The Edinburgh Review, or Critical Journal*, 61, 124 (Juli 1835), S. 464.

21 Tuttle und Wegge, «The Role of Child Labor in Industrialization», Tabelle 1A, Tabelle 2, Tabelle 3A; Gerhard Adelmann, *Die Baumwollgewerbe Nordwestdeutschlands und der westlichen Nachbarländer beim Übergang von der vorindustriellen zur frühindustriellen Zeit, 1750–1815*. Stuttgart 2001, S. 96; M. V. Konotopov et al., *Istorija otečestvennoj tekstil'noj promyšlennosti*. Moskau 1992, S. 97; Meerwein, *Die Entwicklung der Chemnitzer bezw. Sächsischen Baumwollspinnerei von 1789–1879*, S. 35; M. M. Guierrez, *Comercio Libre o Funesta Teoria de la Libertad Economica Absoluta*. Madrid 1834; Wolfgang Müller, *Die Textilindustrie des Raumes Puebla (Mexiko) im 19. Jahrhundert*, Diss., Universität Bonn, 1977, S. 279, 281; «Rapport de la Commission Chargée d'examiner la Question Relative à l'emploi des Enfants dan les Filatures de Coton», *Bulletin de la Société Industrielle de Mulhouse* (1837), S. 482, 493; Harvey, *Constructing Class and Nationality in Alsace*, S. 54; Marjatta Rahikainen, *Centuries of Child Labour: European Experiences from the Seventeenth to the Twentieth Century*. Hampshire, UK 2004, S. 133.

22 Maxine Berg, «What Difference did Women's Work Make to the Industrial Revolution?», in Pamela Sharpe (Hg.), *Women's Work: The English Experience, 1650–1914*. London 1998, S. 154, 158; Mary Jo Maynes, «Gender, Labor, and Globalization in Historical Perspective: European Spinsters in the International Textile Industry, 1750–1900», *Journal of Women's History*, 15, 4 (Winter 2004), S. 56. Janet Hunter und Helen Macnaughtan, «Gender and the Global Textile Industry», in van Voss, Hiemstra-Kuperus und van Nederveen Meerkerk (Hg.), *The Ashgate Companion to the History of Textile Workers*, S. 705.

23 Hunter und Macnaughtan, «Gender and the Global Textile Industry», S. 705; Maynes, «Gender, Labor, and Globalization in Historical Perspective», S. 51, 54.

24 Hunter und Macnaughtan, «Gender and the Global Textile Industry», S. 710, 715; Berg, «What Difference did Women's Work Make to the Industrial Revolution?», S. 154, 158, 168.

25 Maynes, «Gender, Labor, and Globalization in Historical Perspective», S. 55; Kenneth Pomeranz, «Cotton Textiles, Division of Labor and the Economic and Social Conditions of Women: A Preliminary Survey», unveröff. Paper, GEHN-Tagung, Osaka, Dezember

2004, S. 20; Jack A. Goldstone, «Gender, Work, and Culture: Why the Industrial Revolution Came Early to England But Late to China», *Sociological Perspectives*, 39, 1 (Frühjahr 1996), S. 1–21.

26 J. Dhondt, «The Cotton Industry at Ghent during the French Regime», in F. Crouzet, W. H. Chaloner und W. M. Stern (Hg.), *Essays in European Economic History, 1789–1914*. London 1969, S. 21; Wallace Daniel, «Entrepreneurship and the Russian Textile Industry. From Peter the Great to Catherine the Great», *Russian Review*, 54 (Januar 1995), S. 7; I. D. Maulsby, Maryland General Assembly, Joint Committee on the Penitentiary, *Testimony Taken Before the Joint Committee of the Legislature of Maryland, on the Penitentiary*. Annapolis 1837, S. 31; Rebecca McLennan, *The Crisis of Imprisonment: Protest, Politics, and the Making of the American Penal State, 1776–1941*. New York 2008, S. 66; Dave Pretty, «The Cotton Textile Industry in Russia and the Soviet Union», Vortrag, Textile Conference, International Institute of Social History, Amsterdam, November 2004, S. 7; M. L. Gavlin, *Iz istorii rossijskogo predprinimatel'stva: dinastija Knopov. Naučno-analitičeskij obzor*. Moskau 1995, S. 34 f.; Müller, *Die Textilindustrie des Raumes Puebla*, S. 298 f.; Max Hamburger, *Standortgeschichte der Deutschen Baumwoll-Industrie*, unveröff. Diss., Universität Heidelberg 1911; Andrea Komlosy, «Austria and Czechoslavakia: The Habsburg Monarchy and Its Successor States», in van Voss, Hiemstra-Kuperus und van Nederveen Meerkerk (Hg.), *The Ashgate Companion to the History of Textile Workers*, S. 57.

27 Delson, «How Will We Get Our Workers?», S. 657 f., 660; Jacqueline Jones, *Labor of Love, Labor of Sorrow: Black Women, Work, and the Family from Slavery to the Present*. New York 1985, S. 30 f.

28 Buch zur Erfassung von Arbeitszeiten, Oldknow Papers, Bestand SO, Schachtel 12/16, JRL; Delson, «How Will We Get Our Workers?», S. 655; Aleksej Viktorovič Kovalčuk, *Manufakturnaja promyšlennost' Moskvy vo vtoroj polovine XVIII veka: tekstil'noe proizvodstvo*. Moskau 1999, S. 311. Die allgemeine Geschichte der Disziplinierung von Fabrikarbeitern wird am eindringlichsten geschildert von E. P. Thompson, «Time, Work-Discipline and Industrial Capitalism», *Past & Present*, 38 (1967), S. 56–97.

29 Chapman, *The Cotton Industry in the Industrial Revolution*, S. 56. Hierzu hervorragend v. a. Marcel van der Linden, «Re-constructing the Origins of Modern Labor Management», *Labor History*, 51 (November 2010), S. 509–522.

30 Dietrich Ebeling et al, «Die deutsche Woll- und Baumwollindustrie vom 16. bis 20. Jahrhundert», Vortrag auf der International Textile History Conference, November 2004, International Institute of Social History, S. 32; Harvey, *Constructing Class and Nationality in Alsace*, S. 59; Smith, Enrech, Molinero und Ysàs, «Spain», S. 460; van Nederveen Meerkerk, van Voss und Hiemstra-Kuperus, «The Netherlands», S. 385.

31 Dietrich Ebeling et al., «The German Wool and Cotton Industry from the Sixteenth to the Twentieth Century», in van Voss et al. (Hg.) *The Ashgate Companion to the History of Textile Workers*, S. 227; J. Norris an Robert Peel, Staatssekretär, 28. April 1826, Manchester, Home Office, TNA. Zur Einführung mechanischer Webstühle: J. Norris, Manchester, einschließlich eines Handzettels, der sich an die Baumwollspinner von Manchester richtet, 6. Mai 1826, HO 44/16, TNA;

Paul Huck, «Infant Mortality and Living Standards of English Workers During the Industrial Revolution», *The Journal of Economic History*, 55, 3 (September 1995), S. 547; Simon Szreter und Graham Mooney, «Urbanization, Mortality, and the Standard of Living Debate: New Estimates of the Expectation of Life at Birth in Nineteenth-Century British Cities», *The Economic History Review, New Series*, 51, 1 (Februar 1998), S. 84–112; Hans-Joachim Voth, «The Longest Years: New Estimates of Labor Input in England, 1760–1830», *The Journal of Economic History*, 61, 4 (Dezember 2001), S. 1065–1082, Zitat auf S. 1065; Seth Luther, *Address to the Working Men of New England, on the State of Education, and on the Condition of the Producing Classes in Europe and America.* New York 1833, S. 11; siehe auch zum Beispiel Berichte vom 24. April 1822, 30. Januar 1823, 23. April 1825, Berichte der Handelskammer Manchester, 1821–1827, Bestand M8/2/1, MALS.

32 Jeff Horn, *The Path Not Taken: French Industrialization in the Age of Revolution, 1750–1830*. Cambridge, MA 2006, S. 107, 109 f., 116, 120.

33 H. A. Turner, *Trade Union Growth Structure and Policy: A Comparative Study of the Cotton Unions.* London 1962, S. 385 f.; Andrew Charlesworth et al., *Atlas of Industrial Protest in Britain, 1750–1985*. Basingstoke 1996, S. 42–46; W. Foster an Robert Peel, 13. Juli 1826, Manchester, Home Office, TNA. Zur Einführung mechanischer Webstühle: J. Norris, Manchester, einschließlich eines Handzettels an die Baumwollspinner von Manchester, 6. Mai 1826 6, HO 44/16, TNA.

34 Howard F. Cline, «The Aurora Yucateca and the Spirit of Enterprise in Yucatan, 1821–1847», *Hispanic American Historical Review*, 27, 1 (1947), S. 30; Max Lemmenmeier, «Heimgewerbliche Bevölkerung und Fabrikarbeiterschaft in einem ländlichen Industriegebiet der Ostschweiz (Oberes Glattal) 1750–1910», in Karl Ditt und Sidney Pollard (Hg.), *Von der Heimarbeit in die Fabrik: Industrialisierung und Arbeiterschaft in Leinen- und Baumwollregionen Westeuropas während des 18. und 19. Jahrhunderts.* Paderborn 1992, S. 410, 428 f.; Bodmer, *Die Entwicklung der Schweizerischen Textilwirtschaft*, S. 295 f.; van Nederveen Meerkerk, van Voss und Hiemstra-Kuperus, «The Netherlands», S. 386.

35 Thompson, *The Making of the English Working Class*; Horn, *The Path Not Taken*, S. 91, 95, 97 f. 1000 von 25 000 Waterframe-Spinnmaschinen wurden zerstört. John Brown, *A Memoir of Robert Blincoe, an Orphan Boy; Sent from the Workhouse of St. Pancras, London at Seven Years of Age to Endure the Horrors of a Cotton-Mill, Through His Infancy and Youth, with a Minute Detail of His Sufferings, Being the First Memoir of the Kind Published.* Manchester 1832, S. 2.

36 Turner, *Trade Union Growth Structure and Policy*, S. 382–385; Aaron Brenner, Benjamin Day und Immanuel Ness (Hg.), *The Encyclopedia of Strikes in American History.* Armonk, NY 2011, S. xvii; Mary H. Blewett, «USA: Shifting Landscapes of Class, Culture, Gender, Race and Protest in the American Northeast and South», in van Voss, Hiemstra-Kuperus und van Nederveen Meerkerk (Hg.), *The Ashgate Companion to the History of Textile Workers*, S. 536; Smith, Enrech, Molinero und Ysàs, «Spain», S. 457; Edward Shorter und Charles Tilly, *Strikes in France, 1830–1968.* New York 1974, S. 195; Hunter und Macnaughtan, «Gender and the Global Textile Industry», S. 721.

37 Steinfeld, *Coercion, Contract, and Free Labor in the Nineteenth Century*, S. 245, 319.

Anmerkungen Kapitel 8

1 *Neue Bremer Zeitung* (6.1.1850), Beiblatt, S. 1.
2 James Stonehouse, *Pictorial Liverpool: Its Annals, Commerce, Shipping, Institutions, Buildings, Sights, Excursions, &c. &c.: A New and Complete Handbook for Resident, Visitor and Tourist*. England o. J. [1844?], S. 143; Anon., *The Picture of Liverpool, or, Stranger's Guide*. Liverpool 1832, S. 31, 75. 1821 liefen 3381 Schiffe ein. Zur Geschichte der Arbeiterbewegung im Hafen siehe Harold R. Hikins, *Building the Union: Studies on the Growth of the Workers' Movement, Merseyside, 1756-1967*. Liverpool 1973.
3 Graeme J. Milne, *Trade and Traders in Mid-Victorian Liverpool: Mercantile Business and the Making of a World Port*. Liverpool 2000, S. 29; Captain James Brown an James Croft, New Orleans, 16. März 1844, 18. Oktober 1844, 387 MD, Letter book of Captain James Brown, 1843-1852, Nr. 48, Shipping Records of the Brown Family, Liverpool Record Office.
4 Ellison, *The Cotton Trade of Great Britain: Including a History of the Liverpool Cotton Market and of the Liverpool Cotton Brokers' Association*. London 1886, S. 168-170, 172; Samuel Smith, *My Life-Work*. London 1902, S. 16; Henry Smithers, *Liverpool, Its Commerce, Statistics, and Institutions: With a History of the Cotton Trade*. Liverpool 1825, S. 140; Hugh Gawthrop, *Fraser's Guide to Liverpool*. London 1855, S. 212.
5 Vincent Nolte, *Fifty Years in Both Hemispheres or, Reminiscences of the Life of a Former Merchant*. New York 1854, S. 278; *DeBow's Review*, 12 (Februar 1852), S. 123; *Merchants' Magazine and Commercial Review*, 15 (1846), S. 537.
6 Laut John R. Killick ist der Aspekt des internationalen Baumwollhandels im Gegensatz zur Plantagengeschichte fast völlig ignoriert worden: «The Cotton Operations of Alexander Brown and Sons in the Deep South, 1820-1860», *The Journal of Southern History*, 43 (1977), S. 169.
7 Edward Roger John Owen, *Cotton and the Egyptian Economy, 1820-1914. A Study in Trade and Development*. Oxford 1969, S. 34, Tabelle 1, auch S. 90; Jean Legoy, *Le peuple du Havre et son histoire: Du négoce à l'industrie, 1800-1914, le cadre de vie*. Saint-Etienne du Rouvray 1982, S. 256; Ellison, *The Cotton Trade of Great Britain*, Anhang: Tabelle 2, S. 350, 448: 350 448 Pfund, errechnet aus 3,129 Hundredweight (1 lb = 112 cwt) nach Elizabeth Boody Schumpeter, *English Overseas Trade Statistics, 1697-1808*. Oxford 1968, S. 34. Ein weiteres Beispiel ist der Import von britischem Garn und Stoffen nach Kalkutta, der sich von 1834-1851 vervierfachte, vgl. Imports of Cotton, Piece Goods, Twist and Yarn in Calcutta 1833/34 to 1850/51, Mss Eur F 78/44, Wood Papers, Oriental and India Office Collections, BL; Werner Baer, *The Brazilian Economy: Growth and Development*. Westport, CT 2001, S. 17; Patrick Verley, «Exportations et croissance économique dans la France des Années 1860», *Annales*, 43 (1988), S. 80; Leone Levi, «On the Cotton Trade and Manufacture, as Affected by the Civil War in America», *Journal of the Statistical Society of London*, 26, 8 (1863), S. 32; Stanley Chapman, *Merchant Enterprise in Britain: From the Industrial Revolution to World War 1*. Cambridge 1992, S. 6; Douglas A. Irwin, «Exports of Selected Commodities: 1790-1989», in Susan B. Carter et al. (Hg.), *Historical Statistics of the United States, Earliest Times to the Present: Millennial Edition*. New York 2006,

Tabelle Ee, S. 569–589; ders., «Exports and Imports of Merchandise, Gold, and Silver: 1790–2002», ebd., Tabelle Ee, S. 362–375.
8 Verley, «Exportations et croissance économique», S. 80.
9 Stanley Dumbell, «Early Liverpool Cotton Imports and the Organisation of the Cotton Market in the Eighteenth Century», *The Economic Journal*, 33 (1923), S. 367; ders., «The Cotton Market in 1799», *The Economic Journal*, 36 (1926), S. 141.
10 Dumbell, «Early Liverpool Cotton Imports», S. 369; Nigel Hall, «The Business Interests of Liverpool's Cotton Brokers, c. 1800–1914», *Northern History*, 41 (2004), S. 339; ders., «The Emergence of the Liverpool Raw Cotton Market, 1800–1850», *Northern History*, 38 (2001), S. 74 f., 77; *The Liverpool Trade Review*, 53 (1954), S. 318; Francis E. Hyde, Bradbury B. Parkinson und Sheila Marriner, «The Cotton Broker and the Rise of the Liverpool Cotton Market», *Economic History Review*, 8 (1955), S. 76; Dumbell, «Early Liverpool Cotton Imports», S. 370.
11 Hall, «The Business Interests of Liverpool's Cotton Brokers», S. 339 f., 343 f.; Milne, *Trade and Traders in Mid-Victorian Liverpool*, S. 124, 150; Ellison, *The Cotton Trade of Great Britain*, S. 166 f., 171, 175 f.; Hyde, Parkinson und Marriner, «The Cotton Broker», S. 76.
12 Ellison, *The Cotton Trade of Great Britain*, S. 206.
13 Ebd.
14 Allston Hill Garside, *Cotton Goes to Market: A Graphic Description of a Great Industry*. New York 1935, S. 47, 51. Laut Garside gibt es Güteklassen seit 125 oder 150 Jahren, als der Begriff «mittel» entstand, vgl. ebd., S. 58; Dumbell, «The Cotton Market in 1799», S. 147. Obwohl Harold D. Woodman sagt, dass Standards erst nach 1870 aufkamen, als Baumwollbörsen entstanden, sind solche Standards viel älter: *King Cotton and His Retainers: Financing and Marketing the Cotton Crop of the South, 1800–1925*. Columbus, SC 1990, S. xvii. Siehe zur Entstehung dieser Kategorien auf verschiedenen Märkten Arthur Harrison Cole, *Wholesale Commodity Prices in the United States, 1700–1861*. Cambridge, MA 1938, S. 110–343; *The Tradesman*, Bd. 2, S. 182; *The Colonial Journal*, 3, 5 (1817), S. 549; *The London Magazine*, 1 (1820), S. 593. Siehe auch den brillanten Artikel von Philippe Minard, «Facing Uncertainty: Markets, Norms and Conventions in the Eighteenth Century», in Perry Gauci (Hg.), *Regulating the British Economy 1660–1850*. Burlington, VT 2011, S. 189 f.
15 Carl Johannes Fuchs, «Die Organisation des Liverpooler Baumwollhandels», in Gustav Schmoller (Hg.), *Jahrbuch für Gesetzgebung, Verwaltung und Volkswirtschaft im deutschen Reich*, 14 (1890), S. 111; Ellison, *The Cotton Trade of Great Britain*, S. 272; Stephen M. Stigler, *Statistics on the Table: The History of Statistical Concepts and Methods*. Cambridge, MA 1999, S. 364; Minute Book of Weekly Meetings, Liverpool Cotton Brokers' Association, 3. April 1842, 380 COT, Akte 1/1, Papers of the Liverpool Cotton Association, Liverpool Record Office; ebd., 18. Februar 1842; ebd., 13. August 1844; ebd., 23. Oktober 1846. 1857 forderte auch der Vorstand der Bombay Cotton Dealers für den lokalen Baumwollhandel einheitliche, gedruckte Verträge, einheitlich gepackte Baumwollballen und Konfliktlösungen durch Schlichtung. Gujarati-Manuskript im Besitz der East India Cotton Association, zit. n. M. L. Dantwala, *A Hundred Years of Indian Cotton*. Bombay 1947, S. 63.
16 Sitzungsprotokolle der American Chamber of Commerce, Liverpool,

14. Oktober 1848, 380 AME, Bd. 2, American Chamber of Commerce Records, Liverpool Record Office; Woodman, *King Cotton and His Retainers*, S. xvii.

17 So argumentiert Stanley Dumbell, «The Origin of Cotton Futures», *The Economic Journal*, 1, Supplement (1927), S. 259–267; Fuchs, «Die Organisation des Liverpoolers Baumwollhandels», S. 115; Nigel Hall, «The Liverpool Cotton Market: Britain's First Futures Market», *Transactions of the Historic Society of Lancashire and Cheshire*, 149 (1999), S. 102; Daily Purchases and Sales Book, 1814–1815, George Holt & Co., Papers of John Aiton Todd, MD 230:4, Liverpool Record Office; Milne, *Trade and Traders in Mid-Victorian Liverpool*, S. 114; «List of Liverpool cotton importers and brokers», 20. April 1860, Baring Liverpool an Baring London, House Correspondence, 1. Jan.–19. April 1860, ING Baring Archives, London; Kenneth J. Lipartio, «The New York Cotton Exchange and the Development of the Cotton Futures Market», *Business History Review*, 57 (1983), S. 51; Robert Lacombe, *La bourse de commerce du Havre*. Paris 1939, S. 3; Claudie Reinhart, «Les Reinhart: Une famille de négociants en coton et café au Havre, 1856–1963». Diss. Paris-Sorbonne 2005, S. 304; Smith, *My Life-Work*, S. 17.

18 Daily Purchases and Sales Book, 1814–1815, George Holt & Co., in Papers of John Aiton Todd, Record group MD 230:4, Liverpool Record Office, Liverpool, UK; Dumbell, «The Origin of Cotton Futures», S. 261.

19 D. M. Williams, «Liverpool Merchants and the Cotton Trade, 1820–1850», in J. R. Harris (Hg.), *Liverpool and Merseyside: Essays in the Economic and Social History of the Port and its Hinterland*. London 1969, S. 192.

20 Hall, «The Business Interests of Liverpool's Cotton Brokers», S. 339; Dumbell, «Early Liverpool Cotton Imports», S. 362 f.; Hall, «The Emergence of the Liverpool Raw Cotton Market», S. 69, 71; Williams, «Liverpool Merchants and the Cotton Trade», S. 183; François Vigier, *Change and Apathy: Liverpool and Manchester During the Industrial Revolution*. Cambridge, MA 1970, S. 64; Chapman, *Merchant Enterprise in Britain*, S. 83; Thomas Kaye, *The Stranger in Liverpool: Or, an Historical and Descriptive View of the Town of Liverpool and Its Environs*. Liverpool 1820, S. 33.

21 Williams, «Liverpool Merchants and the Cotton Trade», S. 187 f., 190; Killick, «The Cotton Operations of Alexander Brown and Sons», S. 171; Chapman, *Merchant Enterprise in Britain*, S. 86.

22 Chapman, *Merchant Enterprise in Britain*, S. 195; Sheila Marriner, *Rathbones of Liverpool, 1845–1873*. Liverpool 1961, S. xi, 14, 228 f. Manchmal scheinen Makler auch zwischen Verkäufern (Kommissionären) und Käufern (Händlern) vermittelt zu haben. Woodman, *King Cotton and His Retainers*, S. 26. Zum Einkommen eines Arztes: R. V. Jackson, «The Structure of Pay in Nineteenth-Century Britain», *Economic History Review, New Series*, 40 (1987), S. 563. Zum Wert der Profite in zeitgenössischen Zahlen siehe Lawrence H. Officer und Samuel H. Williamson, «Five Ways to Compute the Relative Value of a U. K. Pound Amount, 1270 to Present», (www.measuringworth.com/ukcompare/), Zugriff 9. August 2013; R. G. Wilson und A. L. Mackley, «How Much Did the English Country House Cost to Build, 1660–1880?», *Economic History Review, New Series*, 52 (1999), S. 446.

23 Nolte, *Fifty Years in Both Hemispheres*, S. 275, 281; Ralph W. Hidy, *The House*

of Baring in American Trade and Finance: English Merchant Bankers at Work, 1763–1861. Cambridge, MA 1949, S. 77, 89.

24 Philip Ziegler, *The Sixth Great Power: Baring, 1762–1929.* London 1988, S. 130, 131, 145; Hidy, *The House of Baring*, S. 3, 185, 298. Baring Brothers Liverpool an Francis Baring, Liverpool, 12. Juli 1833, Ordner 35,1, House Correspondence, HC3, ING Baring Archive, London. Zur Bedeutung der Baumwolloperationen der Barings siehe weitere Briefe im selben Ordner. Zur Zahl der Plantagenarbeiter siehe David Eltis, *Economic Growth and the Ending of the Transatlantic Slave Trade.* Oxford 1987, S. 287.

25 Sam A. Mustafa, *Merchants and Migrations: Germans and Americans in Connection, 1776–1835.* Aldershot 2001, S. 118; Beutin, *Von 3 Ballen zum Weltmarkt, Kleine Bremer Baumwollchronik.* Bremen 1934, S. 11, 16; Karl-Heinz Schildknecht, *Bremer Baumwollbörse: Bremen und Baumwolle im Wandel der Zeiten.* Bremen 1999, S. 8 f.; Friedrich Rauers, *Bremer Handelsgeschichte im 19. Jahrhundert.* Bremen 1913, S. 35–39.

26 Beutin, *Von 3 Ballen zum Weltmarkt*, S. 20; Schiffsbuch «Albers», Papiere D. H. Wätjen & Co., 7, 2092, Schachtel 19, Staatsarchiv Bremen. Siehe auch Schiffsbuch «Magdalena», ebd., Schachtel 20, 1. Januar 1859–31. Dezember 1861.

27 G. Weulersse, *Le port du Havre.* Paris 1921, S. 67; Legoy, *Le peuple du Havre et son histoire*, S. 255, 257.

28 Legoy, *Le peuple du Havre et son histoire*, S. 217, 257; *New York Times* (im Folgenden *NYT*) (17. 4. 1901); Claude Malon, *Jules le Cesne: député du Havre, 1818–1878.* Luneray 1995, S. 11 f., 15, 24.

29 Alfred D. Chandler, Jr., *The Visible Hand: The Managerial Revolution in American Business.* Cambridge, MA 1977, S. 29; Chapman, *Merchant Enterprise in Britain*, S. 150; John Crosby Brown, *A Hundred Years of Merchant Banking.* New York 1909, S. 64, 184; Rundbrief, Brown Brothers & Company, Oktober 1825, nachgedr. in ebd., S. 190; John Killick, «Risk, Specialization, and Profit in the Mercantile Sector of the Nineteenth Century Cotton Trade: Alexander Brown and Sons, 1820–80», *Business History Review*, 16 (1974), S. 13.

30 John A. Kouwenhoven, *Partners in Banking: A Historical Portrait of a Great Private Bank, Brown Brothers Harriman & Co., 1818–1968.* Garden City, NJ 1967, S. 39, 43, 63, 70; Killick, «The Cotton Operations of Alexander Brown and Sons», S. 173, 176 f., 179, 185; Brown, *A Hundred Years of Merchant Banking*, S. 255; Tim Schenk, «Business is International: The Rise of the House of Brown, 1800–1866». Bachelorarbeit Columbia University, New York 1997, S. 30; Killick, «Risk, Specialization, and Profit», S. 15. Das waren 2011 rund 8,3 Mio. Dollar. Die Preise für Jachten und Kutschen in den 1830er Jahren stammen aus Scott Derks und Tony Smith, *The Value of a Dollar: Colonial Era to the Civil War, 1600–1865.* Millerton, NY 2005.

31 Killick, «The Cotton Operations of Alexander Brown and Sons», S. 183; Sven Beckert, *The Monied Metropolis: New York City and the Consolidation of the American Bourgeoisie, 1850–1896.* New York 2001, S. 271.

32 Philip McMichael, «Slavery in Capitalism: The Rise and Demise of the U. S. Ante-Bellum Cotton Culture», *Theory and Society*, 20 (1991), S. 325–328; W. Nott & Co., New Orleans, 26. November 1829, an Thomas Baring, House Correspondence, HCV 5.7.17, ING Baring Archive, London; W. Nott an Thomas Baring, Privat, New Orleans, 25. August 1830, ebd.

33 Woodman, *King Cotton and His Retainers*, S. 99; Ziegler, *The Sixth Great Power*, S. 76, 150. Forstall war auch der wichtigste Förderer der Zeitschrift *The Southerner*. E. J. Forstall an Baring Brothers London, New Orleans, 19. Februar 1848, House Correspondence, HC 5, 7.5, ING Baring Archive, London; Hidy, *The House of Baring*, S. 95 f.; President of the Consolidated Association of Planters, 7. April 1829, New Orleans, an Baring Brothers and Company, House Correspondence, House Correspondence, HC 5, 7.17, ING Baring Archive, London; Edmond Forstall an Baring Brothers London, Liverpool, 29. Juli 1830, House Correspondence, HC 5, 7.5, ING Baring Archive, London; Ziegler, *The Sixth Great Power*, S. 150.

34 Woodman, *King Cotton and His Retainers*, S. 8, 12 f., 30; Chandler, Jr., *The Visible Hand*, S. 21; Joseph Holt Ingraham, *The South-west: By a Yankee*, Bd. 2. New York 1835, S. 91.

35 Woodman, *King Cotton and His Retainers*, S. 34, 41, 53, 160; Chandler, Jr., *The Visible Hand*, S. 23.

36 920 TAR, Ordner 4, Briefe, Tarleton Papers, Liverpool Record Office, Liverpool; Milne, *Trade and Traders in Mid-Victorian Liverpool*, S. 51; zu Le Havre: Legoy, *Le peuple du Havre et son histoire*, S. 228.

37 Killick, «The Cotton Operations of Alexander Brown and Sons», S. 186; Schenk, «Business is International», S. 31.

38 Sitzungsprotokoll der American Chamber of Commerce, Liverpool, 9. August 1843, Liverpool Record Office, Liverpool, UK; Bonnie Martin, «Neighbor to Neighbor Capitalism: Local Credit Networks & the Mortgaging of Slaves», in Sven Beckert und Seth Rothman (Hg.), *Slavery's Capitalism* (in Vorb.).

39 Milne, *Trade and Traders in Mid-Victorian Liverpool*, S. 116; Chapman, *Merchant Enterprise in Britain*, S. 101; Hamlin and Van Vechten an Messrs. G. V. Robinson, New York, 8. März 1820, Hamlin and Van Vechten Papers, Manuscript Division, New York Public Library.

40 Marika Vicziany, «Bombay Merchants and Structural Changes in the Export Community, 1850–1880», in Clive Dewey und K. N. Chaudhuri (Hg.), *Economy and Society: Essays in Indian Economic and Social History*. New York 1979, S. 163 f.; Jonathan Duncan an den Earl of Worrington, Bombay, 22. März 1800, Home Miscellaneous, Home Misc, Bd. 471, Oriental and India Office Collections, BL.

41 «Report on the Private trade between Europe, America and Bengal from 1st June 776 to 31st May 1802, General Remarks», Bengal Commercial Reports, External, 1795–1802, P/174, Bd. 13, Oriental and India Office Collections, BL. Das Zitat geht weiter: «mangels passender Einrichtungen wie Lagerhäusern, Kränen, Schnecken und all der Einrichtungen, die die Arbeit erleichtern und effizienter machen, und er braucht vor allem größere europäische Hilfe ...» Report of Commercial Occurrences, 6. März 1788, Reports to the Governor General from the Board of Trade, 1789, Home Misc, Bd. 393, Oriental and India Office Collections, BL; «Minutes of Proceedings, April 15, 1800», Minutes of Commercial Proceedings at Bombay Castle from April 15, 1800 to 31st December, 1800, Bombay Commercial Proceedings, P/414, Bd. 66, Oriental and India Office Collections, BL; B. K. Karanjia, *Give Me a Bombay Merchant Anytime: The Life of Sir Jamsetjee Jejeebhoy, Bt., 1783–1859*. Mumbai 1998; Mitgliederliste im *Report of the Bombay Chamber of Commerce for the Year 1861-62*. Bombay 1862, S. 10–12; *Report of the Bombay*

Chamber of Commerce for the Year 1846–47. Bombay 1847, S. 7.
42 Cassels, *Cotton: An Account of its Culture*, S. 289, 292; John Richards an Baring Brothers London, Bombay, 24. Oktober 1832, House Correspondence, HC 6.3, India and Indian Ocean 6.3.1. Bd. 5, ING Baring Archive, London.
43 H. V. Bowen, «British Exports of Raw Cotton from India to China during the Late Eighteenth and Early Nineteenth Centuries», in Giorgio Riello und Tirthankar Roy (Hg.), *How India Clothed the World: The World of South Asian Textiles, 1500–1850.* Boston 2009, S. 130; Elena Frangakis, «The Ottoman Port of Izmir in the Eighteenth and Early Nineteenth Centuries, 1695–1820», *Revue de l'Occident Musulman et de la Méditerranée*, 39 (1985), S. 149–162; Wolfgang Müller, «Die Textilindustrie des Raumes Puebla (Mexiko) im 19. Jahrhundert». Diss. Universität Bonn 1977, S. 99–102.
44 Johannes Niederer an Salomon Volkart, Batavia, 20. Dezember 1854, getippte Kopie im Kopiebuch, Briefe, Bd. 1, Volkart-Archiv, Winterthur; Chapman, *Merchant Enterprise in Britain*, S. 181, 185; Hall, «The Emergence of the Liverpool Raw Cotton Market», S. 80.
45 Chapman, *Merchant Enterprise in Britain*, S. 181, 183.
46 Briefe in RP.XXIV.2.6., getippte Kopien von William Rathbone VI. Korrespondenz in Amerika, Rathbone Papers, Special Collections and Archives, University of Liverpool.
47 Hidy, *The House of Baring*, S. 95, 174; Malon, *Jules le Cesne*, S. 17 f.; William Rathbone an William Rathbone Jr., Liverpool, 11. Dezember 1850, RP.IX. 4.1–22, Rathbone Papers, Special Collections and Archives, University of Liverpool.
48 Milne, *Trade and Traders in Mid-Victorian Liverpool*, S. 154–156.
49 Menge & Niemann, Hamburg, an Phelps, Dodge, Hamburg, 14. Juli 1841, Phelps, Dodge Papers, Schachtel 4, Ordner Juli 1841, Manuscripts and Archives Division, New York Public Library.
50 Smith, *My Life-Work*, S. 30; Nolte, *Fifty Years in Both Hemispheres*, S. 275; Rundbriefe Noltes, z. B. New Orleans, 23. März 1839, Brown Family Business Records, B 40 f5, John Carter Brown Library, Providence, Rhode Island. Ich danke Seth Rockman für den Hinweis auf diese Quelle.
51 Zur allgemeinen Frage, wie die Agrarstatistik entstand: Conrad Taeuber, «Internationally Comparable Statistics on Food and Agriculture», *Milbank Memorial Fund Quarterly*, 27 (1949), S. 299–313; Lettres des Indes etc. de 1844/45 écrites par F. C. Dollfus, à Jean Dollfus président du Comité pour l'export des Tissues Imprimés d'Alsace, Dokument ohne Signatur, Archives du Musée de l'Impression sur Étoffes, Mulhouse; siehe auch Probenbücher, zum Beispiel 1247 (1825) und 1239 (1819), Archives du Musée de l'Impression sur Étoffes, Mulhouse.
52 William Rathbone VI. an Messrs. Rathbone, New York, 8. Januar 1849, RP.XXIV.2.4., Rathbone Papers, Special Collections and Archives, University of Liverpool.
53 *British Packet and Argentine News* (4. 8. 1826 ff.), Biblioteca Nacional, Buenos Aires; Reinhart, «Les Reinhart», S. 27; *The Asiatic Journal and Monthly Miscellany*, 2, Serie 3, London 1844, S. 148, 156.
54 Fuchs, «Die Organisation des Liverpoolers Baumwollhandels», S. 112; Ellison, *The Cotton Trade of Great Britain*, S. 180 f.; Protokollbuch der Wochensitzungen, Liverpool Cotton Brokers' Association, 28. Januar 1842, 380 COT, Ordner 1/1, Papers of the Liverpool Cotton Association, Liverpool Re-

cord Office; R. Robson, «Raw Cotton Statistics», *The Incorporated Statistician: The Journal of the Association of Incorporated Statisticians,* 5 (1955), S. 191; André Corvisier, *Histoire du Havre et de l'estuaire de la Seine.* Toulouse 1983, S. 164; Eugene W. Ridings, «Business Associationalism, the Legitimation of Enterprise, and the Emergence of a Business Elite in Nineteenth-Century Brazil», *Business History Review,* 63 (1989), S. 766 f.; Mitgliederliste in *Report of the Bombay Chamber of Commerce for the Year 1861–62.* Bombay 1862, S. 10–12. Eine detaillierte Geschichte der politischen Aktivitäten der Kaufleute von Manchester bietet Arthur Redford, *Manchester Merchants and Foreign Trade, 1794–1858,* Bd. 1. Manchester 1934.

55 Dazu auch Hartmut Berghoff, «Vertrauen als ökonomische Schlüsselvariable: Zur Theorie des Vertrauens und der Geschichte seiner privatwirtschaftlichen Produktion», in Karl-Peter Ellerbrook und Clemens Wischermann (Hg.), *Die Wirtschaftsgeschichte vor der Herausforderung durch die New Institutional Economics.* Dortmund 2004, S. 58–71; M. C. Casson, «An Economic Approach to Regional Business Networks», in John F. Wilson und Andrew Popp (Hg.), *Industrial Clusters and Regional Business Networks in England, 1750–1970.* Aldershot 2003, S. 28; Olivier Pétré-Grenouilleau, «Les négoces atlantique français: Anatomie d'un capitalisme relationnel», *Dix-huitième Siècle,* 33 (2001), S. 38; Geoffrey Jones, «Multinational Trading Companies in History and Theory», in ders. (Hg.), *The Multinational Traders.* London 1998, S. 5. Eine wichtige Fallstudie über die Familie Perkins aus Boston ist Rachel Van, «Free Trade and Family Values: Free Trade and the Development of American Capitalism in the 19th Century». Diss., Columbia University 2011.

56 Edward Baines, *History of the Cotton Manufacture in Great Britain.* London 1835, S. 319; Milne, *Trade and Traders in Mid-Victorian Liverpool,* S. 151.

57 William Rathbone VI. an William Rathbone IV., New York, 26. April 1841, RP.IX.3.53–82, Rathbone Papers, Special Collections and Archives, University of Liverpool; Adam Hodgson an Messrs. Rathbone, Hodgson & Co., New York, 9. Januar 1821, RP. XXIII 3.19, ebd.; Adam Hodgson an Messrs. Rathbone, Hodgson, & Co., New York, 2. Januar 1821, RP.XIII.3.17, ebd.; J. Anderegg, «Volkart Brothers, 1851–1976», Bd. 1, S. 42, unveröff. Manuskript, Volkart-Archiv, Winterthur.

58 William Rathbone IV. an Joseph Reynolds Rathbone, 25. Juni 1805, RP.IV.1.112–151, Rathbone Papers, Special Collections and Archives, University of Liverpool; William Rathbone IV. an Joseph Reynolds Rathbone, Greenbank, 3. Dezember 1807, ebd.; Brown, *A Hundred Years of Merchant Banking,* S. 262, 265; Milne, *Trade and Traders in Mid-Victorian Liverpool,* S. 152; Reinhart, «Les Reinhart», S. 27, 30.

59 *Ralli Brothers Limited* (o. O. 1951), Ralli Papers, Historical Materials of the Firm, MS 23836, Guildhall Library, London; Chapman, *Merchant Enterprise in Britain,* S. 155.

60 Reşat Kasaba, *The Ottoman Empire and the World Economy: The Nineteenth Century.* Albany, NY 1988, S. 21; Alexander Kitroeff, *The Greeks in Egypt, 1919–1937.* London 1989, S. 1, 76, 82, 88; Christos Hadziiossif, «La Colonie Grecque en Égypte, 1833–1856». Diss., Paris-Sorbonne 1980, S. 118 f.

61 John Foster, «The Jewish Entrepreneur and the Family», in Konrad Kwiet (Hg.), *From the Emancipation to the Holocaust: Essays on Jewish Literature*

and History in Central Europe. Kensington, New South Wales 1987, S. 25; Bill Williams, *The Making of Manchester Jewry, 1740–1875.* Manchester 1976, S. 17–19, 22, 34; S. D. Chapman, «The Foundation of the English Rothschilds: N. M. Rothschild as a Textile Merchant», *Textile History,* 8 (1977), S. 101 f., 113; Niall Ferguson, *The House of Rothschild: Money's Prophets, 1798–1848.* New York 1999, S. 53; Alexander Dietz, *Frankfurter Handelsgeschichte,* Bd. 4, Frankfurt a. M. 1925, nachgedr. Glashütten i. T. 1973, S. 330–334.

62 Anderegg, «Volkart Brothers», Bd. 1, S. 23; Walter H. Rambousek, Armin Vogt und Hans R. Volkart, *Volkart: Die Geschichte einer Welthandelsfirma.* Frankfurt a. M. 1991, S. 41, 69, 72. Dazu die hervorragenden Studien von Christof Dejung, z. B. «Hierarchie und Netzwerk: Steuerungsformen im Welthandel am Beispiel der Schweizer Handelsfirma Gebrüder Volkart», in Hartmut Berghoff und Jörg Sydow (Hg.), *Unternehmerische Netzwerke: Eine historische Organisationsform mit Zukunft?* Stuttgart 2007, S. 71–96.

63 E. Rathbone an William Rathbone Jr., Greenbank, o. J. [1850], RP.IX.4.1–22, Rathbone Papers, Special Collections and Archives, University of Liverpool.

64 Vgl. Michel Callon, «Introduction: The Embeddedness of Economic Markets in Economics», in ders. (Hg.), *The Laws of the Markets.* Malden, MA 1998, S. 40; Zitat: Smith, *My Life-Work,* S. 16.

65 Charles Tilly, *Coercion, Capital, and European States, AD 990–1990.* Cambridge, MA 1990; Milne, *Trade and Traders in Mid-Victorian Liverpool,* S. 66, 82; Chapman, *Merchant Enterprise in Britain,* S. 103; *Bremer Handelsblatt,* 1851,6/7; Minutes of the meeting of the American Chamber of Commerce, Liverpool, 29 Oktober 1824, in 380 AME, Bd. 1, American Chamber of Commerce Records, Liverpool Record Office, Liverpool, UK; Dantwala, *A Hundred Years of Indian Cotton,* S. 31, 39; Woodman, *King Cotton and His Retainers,* S. 188; Legoy, *Le peuple du Havre et son histoire,* S. 226; Daniel Lord, Jr., «Popular Principles Relating to the Law of Agency», *Hunt's Merchants' Magazine,* 1, 4 (1839), S. 338.

66 Lord, «Popular Principles», S. 338.

67 Dantwala, *A Hundred Years of Indian Cotton,* S. 43–45. Die Definition von Märkten als Institutionen hat eine lange Geschichte; Gustav Schmoller und Werner Sombart vertraten sie schon im 19. Jahrhundert (vgl. Geoffrey M. Hodgson, *How Economics Forgot History: The Problem of Historical Specificity in Social Science.* New York 2001); siehe auch John A. Hobson, *The Social Problem: Life and Work.* New York 1902, S. 144; Douglass North, «Markets and Other Allocations Systems in History: The Challenge of Karl Polanyi», *Journal of European Economic History,* 6, 3 (1977), S. 710.

68 Redford, *Manchester Merchants and Foreign Trade,* Bd. 2, S. 3–11; Sitzungsprotokolle vom 22. Oktober 1821, 27. Februar 1822 und 24. April 1822, Proceedings of the Manchester Chamber of Commerce, M8, Schachtel 2/1, MALS; *Fifth Annual Report of the Board of Directors of the Chamber of Commerce and Manufactures, Manchester, for the Year 1825.* Manchester 1825, S. 8; *Tenth Annual Report of the Board of Directors of the Chamber of Commerce and Manufactures, Manchester, for the Year 1830.* Manchester 1831, S. 4; *Fifteenth Annual Report of the Board of Directors of the Chamber of Commerce and Manufactures, Manchester, for the Year 1835.* Manchester 1836, S. 1; *The Thirty-Sixth Annual Report of the Board of Directors of the Chamber of Commerce and Manufac-*

tures at Manchester, for the Year 1856. Manchester 1857, S. 10, 15; Legoy, *Le peuple du Havre et son histoire*, S. 226.

69 Sitzungsprotokoll der Society of Merchants, 19. August 1794, Papers of the Society of Merchants, M8, Schachtel 1/1, MALS; Protokollkopie der Deputation der Manchester Chamber of Commerce, 1841, John Benjamin Smith Papers, MS f, Schachtel 932.2.S338, ebd.; Sitzungsprotokoll vom 15. März 1824, Proceedings of the Manchester Chamber of Commerce, M8, Schachtel 2/1, ebd.; *Fifth Annual Report ... 1825*, S. 5.

70 Sitzungsprotokoll der Society of Merchants, 27. Februar 1794, Papers of the Society of Merchants, MALS; Sitzungsprotokoll der Society of Merchants, 5. März 1795, ebd.; *Eighth Annual Report ... 1828*, S. 4.

71 *Report of the Proceeding of the Board of Directors of the Manchester Chamber of Commerce from the Time of its Institution in the Year 1820 to the End of 1821*. Manchester 1821, S. 9; *Ninth Annual Report ... 1829*. Manchester 1830, S. 5, 35; viel differenzierter von Callon, «Introduction», S. 2.

72 Martin Murray an Baring Brothers London, Bombay, 15. September 1846, House Correspondence, HC 6.3, 9, ING Baring Archive, London; Martin Murray an Baring Brothers London, Bombay, 2. März 1847, ebd.; Hadziiossif, «La Colonie Grecque en Egypte», S. 113; Ahmed Abdel-Rahim Mustafa, «The Breakdown of the Monopoly System in Egypt after 1840», in Peter Malcolm Holt (Hg.), *Political and Social Change in Modern Egypt: Historical Studies from the Ottoman Conquest to the United Arab Republic*. London 1968, S. 291, 293, 296; Kenneth Cuno, *The Pasha's Peasants: Land, Society, and Economy in Lower Egypt, 1740–1858*. Cambridge 1992, S. 125; Owen, *Cotton and the Egyptian Economy*, S. 37, 57, 65–67, 77; Vicziany, «Bombay Merchants and Structural Changes», S. 168, 170.

73 Beckert, *The Monied Metropolis*, S. 26.

74 John R. Killick, «Atlantic and Far Eastern Models in the Cotton Trade, 1818–1980», University of Leeds, Discussion Paper Series (1994), S. 1, 16; ders., «The Cotton Operations of Alexander Brown and Sons», S. 189, 191.

75 Ridings Jr., «The Merchant Elite and the Development of Brazil», S. 336, 348; Stein, *The Brazilian Cotton Manufacture*, S. 6. Zur Ausnahmerolle der USA Robin Einhorn, «Slavery», in *Enterprise & Society*, 9 (September 2008), S. 498.

Anmerkungen Kapitel 9

1 J. B. Smith, *Hansard's Parliamentary Debates*, Serie 3, 167 (19. 6. 1862), S. 754; Élisée Reclus, «Le coton et la crise américaine», *La Revue des Deux Mondes*, 37 (1. 1. 1865), S. 176. Die globale Bevölkerungsschätzung für 1850 stammt aus Teil 1 von Department of Economic and Social Affairs, United Nations Secretariate, *The World at Six Billion*. New York 1999, S. 5 (www.un.org/esa/population/publications/sixbillion/sixbilpart1.pdf, Zugriff 14. Februar 2013); Dwijendra Tripathi, «A Shot from Afar: India and the Failure of Confederate Diplomacy», *Indian Journal of American Studies*, 10, 2 (1980), S. 75; D. A. Farnie, *The English Cotton Industry and the World Market, 1815–1896*. Oxford 1979, S. 180; *Merchants' Magazine and Commercial Review*, 45, 5 (1861), S. 481 u. 44, 6 (1861), S. 676; Leone Levi, «On the

Cotton Trade and Manufacture, as Affected by the Civil War in America», *Journal of the Statistical Society of London*, 26, 8 (1863), S. 32; Elijah Helm, «The Cotton Trade of the United Kingdom, During the Seven Years, 1862–1868, as Compared with the Seven Years, 1855–1861; With Remarks on the Return of Factories Existing in 1868», *Journal of the Statistical Society of London*, 32 (1869), S. 429.

2 *Merchants' Magazine and Commercial Review*, 45, 5 (1861), S. 480; Douglas C. North, *The Economic Growth of the United States*. Englewood Cliffs, N. 1961, S. 40. Der Wert aller exportierten Waren aus den USA lag 1860 bei 316 Mio. Dollar, davon machte die Rohbaumwolle 192 Mio. aus, *Historical Statistics of the United States*, Part 1, S. 885, 899; *Economist* (19. 1. 1861), S. 58; M. K. Rožkova, *Ekonomičeskie svjazi Rossii so Srednej Aziej: 40–60-e gody XIX veka*. Moskau 1963, Tabelle 17, S. 61; «Vlijanie Amerikanskoj Vojny na Chlopčatobumažnoe delo v Rossii» [Die Wirkung des amerikanischen Kriegs auf die Baumwollbranche in Russland], *Moskva*, 25 (25. 1. 1867); *Statistisches Jahrbuch für das Deutsche Reich*, 1. (1880), S. 87; U. S. Bureau of Statistics, Treasury Department, *Cotton in Commerce, Statistics of United States, United Kingdom, France, Germany, Egypt and British India*. Washington, D. C. 1895, S. 29. Die französischen Zahlen sind für 1859, Claude Fohlen, *L'industrie textile au temps du Second Empire*. Paris 1956, S. 284, 514; M. Gately, *The Development of the Russian Cotton Textile Industry in the Pre-Revolutionary Years, 1861–1913*. Ann Arbor, MI 1968, S. 45. Zur Bedeutung der USA für den Baumwollweltmarkt: Gavin Wright, «Cotton Competition and the Post-Bellum Recovery of the American South», *Journal of Economic History*, 34, 3 (1974), S. 610–635; ders., *Old South, New South: Revolutions in the Southern Economy Since the Civil War*. New York 1986; John Greenleaf Whittier, «The Hashish», *Selected Poems*, ed. by Brenda Wineapple. New York 2004, S. 43 f. Ich danke George Blaustein für den Hinweis auf dieses Gedicht.

3 Herman Merivale, *Lectures on Colonization and Colonies, Delivered before the University of Oxford in 1839, 1840 & 1841*. London 1841/42, repr. 1928, S. 301 f., 304 f. Zu Merivale siehe Daniel Rood, «Herman Merivale's Black Legend: Rethinking the Intellectual History of Free Trade Imperialism», *New West Indian Guide*, 80, 3–4 (2006), S. 163–189.

4 Das betont auch Sugata Bose, «Introduction: Beyond the General and the Particular», in ders. (Hg.), *South Asia and World Capitalism*. New Delhi 1990, S. 1–13; Karl Marx und Friedrich Engels, «Die künftigen Ergebnisse der britischen Herrschaft in Indien» (1853), in *Aufstand in Indien*. Berlin (Ost) 1978, S. 270; Reclus, «Le coton et la crise américane», S. 176, 187; Frank Lawrence Owsley und Harriet Chappell Owsley, *King Cotton Diplomacy: Foreign Relations of the Confederate States of America*, verb. Aufl., Chicago 1959, S. 19; *DeBow's Review*, 30, 1 (Januar 1861), S. 75 f.; James Henry Hammond, «Speech on the Admission of Kansas, under the Lecompton Constitution, Delivered in the Senate of the United States, March 4, 1858», *Selections from the Letters and Speeches of the Hon. James H. Hammond of South Carolina*. New York 1866, S. 317.

5 Levi, «On the Cotton Trade», S. 37 f.; J. E. Horn, *La crise cotonnière et les textiles indigènes*. Paris 1863, S. 10.

6 *Fifth Annual Report of the Cotton Supply Association*. Manchester 1862, S. 5; *Cotton Supply Reporter* (15. 5. 1861), S. 497 und (2. 1. 1860), S. 7; Jay Sexton,

Debtor Diplomacy: Finance and American Foreign Relations in the Civil War Era, 1837–1873. New York 2005, S. 75; *Westminster and Foreign Quarterly Review: October, 1849–January, 1850,* 52 (1852), S. 214.

7 Beckert, *The Monied Metropolis: New York City and the Consolidation of the American Bourgeoisie, 1850–1896.* New York 2001, Kap. 3 u. 4.

8 Zit. n. *Times of India* [im Folgenden *ToI*], Overland Summary (12. 3. 1863).

9 Zit. n. *Merchants' Magazine and Commercial Review* (November 1861), S. 514; siehe auch Allen Isaacman und Richard Roberts, «Cotton, Colonialism, and Social History in Sub-Saharan Africa: Introduction», in dies. (Hg.), *Cotton, Colonialism, and Social History in Sub-Saharan Africa.* Portsmouth 1995, S. 7.

10 Neil Ashcroft, «British Trade with the Confederacy and the Effectiveness of Union Maritime Strategy during the Civil War», *International Journal of Maritime History,* 10 (1998), S. 155–176; Sam Negus, «‹The Once Proud Boast of the Englishman›: British Neutrality and the Civil War Blockade», unveröff. Vortrag, Massachusetts School of Law, 2007, im Besitz des Autors. Siehe zur «Baumwollnot» u. a.: William Otto Henderson, *The Lancashire Cotton Famine.* Manchester 1934; *Jahresbericht der Handels- und Gewerbekammer zu Chemnitz* (1865), S. 6, zit. n. Michael Löffler, *Preußens und Sachsens Beziehungen zu den USA während des Sezessionskrieges 1860–1865.* Münster 1999, S. 302; Matthew B. Hammond, *The Cotton Industry: An Essay in American Economic History.* New York 1897, Anhang. Sogar die Wollindustrie in Bradford benutzte das jetzt viel teurere Baumwollgarn nicht mehr. Mary H. Blewett, «The Dynamics of Labor Migration and Raw Material Acquisition in the Transatlantic Worsted Trade, 1830–1930», in Donna R. Gabaccia und Dirk Hoerder (Hg.), *Connecting Seas and Connected Ocean Rims: Indian, Atlantic, and Pacific Oceans and China Seas Migrations from the 1830s to the 1930s.* Boston 2011, S. 138–170.

11 *Liverpool Mercury* (14. 1. 1861), S. 2; ebd. (Juli 1862); Löffler, *Preußens und Sachsens Beziehungen,* S. 194–255.

12 Obwohl ein großer Teil der Literatur betont, dass es 1861 ein Überangebot an Baumwolle auf den Märkten gab, hat David G. Surdham gezeigt, dass die Vorräte an Rohbaumwolle in Europa nicht allzu groß waren. Der Vorrat am 31. Dezember 1861 entsprach dem Fabrikbedarf für 13,4 Wochen. «King Cotton: Monarch or Pretender? The State of the Market for Raw Cotton on the Eve of the American Civil War», *Economic History Review,* 51 (1998), S. 113–132, hier 119. Zum Überangebot als Zeichen der Krise siehe z. B. *Liverpool Mercury* (6. 10. 1863), S. 6; Farnie, *The English Cotton Industry,* S. 141–143; *Moskva* (1. 2. 1867), ohne Seitenzahl. «Sprachrohr der Moskauer Kapitalisten»: V. Ja. Laveryčev, *Krupnaja Buržuazija v Poreformennoj Rossii: 1861–1900.* Moskau 1974.

13 Charles Francis Adams, Jr. an Henry Adams, Quincy, 25. August 1861, Worthington Chauncey Ford (Hg.), *A Cycle of Adams Letters,* 1. Boston 1920, S. 33; Nigel Hall, «The Liverpool Cotton Market and the American Civil War», *Northern History,* 34, 1 (1998), S. 154; *Merchants' Magazine and Commercial Review,* 49, 6 (1863), S. 411. Zur Statistik: Thomas Ellison, *The Cotton Trade of Great Britain,* Anhang, Tabelle 1; zu den Zahlen: *Liverpool Mercury* (1. 11. 1861), S. 3 und (22. 2. 1864), S. 6; zu den Hilfsmaßnahmen in Lancashire: John Watts, *The Facts of the Cotton Famine.* London 1866,

Nachdr. 1968; John O'Neil, Tagebucheintrag vom 10. April 1864, zit. n. Rosalind Hall, «A Poor Cotton Weyver: Poverty and the Cotton Famine in Clitheroe», *Social History*, 28, 2 (2003), S. 243; «Memorial of the Unemployed Operatives of Stalybridge», eingegangen am 23. Februar 1863, Various documents relating to the distress in the cotton manufacturing districts during the American Civil War, Home Office 45: 7523, TNA; «Facilities Required for Public Workers for the Employment of Able-bodied Cotton Workmen at Ordinary Wages», Minutes of the Central Executive Committee, 25. Mai 1863, ebd.

14 Siehe *Liverpool Mercury* (25. 3.1863), S. 7; undatierter Bericht, Various documents..., Home Office 45: 7523 TNA; *ToI*, Overland Summary, 12. 6. 1862, S. 2; 27. 9. 1862, S. 3; 17. 10. 1862, S. 3; 27. 10. 1862, S. 2. Die weitaus größten internationalen Hilfsbeiträge für die Arbeiter in Lancashire kamen aus Kalkutta und Bombay. Watts, *The Facts of the Cotton Famine*, S. 164; M. J. Mathieu, *De la culture du coton dans la Guyane française*. Epinal 1861, S. 47.

15 Arthur L. Dunham, «The Development of the Cotton Industry in France and the Anglo-French Treaty of Commerce of 1860», *The Economic History Review*, 1, 2 (1928), S. 293; Lynn M. Case (Hg.), *French Opinion on the United States and Mexico: 1860–1867: Extracts from the Reports of the Procureurs Généraux*. New York 1936, S. 123–125; Harold Melvin Hyman (Hg.), *Heard Round the World. The Impact Abroad of the Civil War*. New York 1969, S. 132. «Brot oder Tod» zit. n. Thomas A. Sancton, «The Myth of French Worker Support for the North in the Amercian Civil War», *French Historical Studies*, Bd. 11, 1, S. 66. Zur sozialen Wirkung der Krise in Frankreich: A.-S. Menier, *Au profit des ouvriers cotonniers: pétition au Senat sur la détresse cotonnière*. Paris 1863.

16 Löffler, *Preußens und Sachsens Beziehungen*, S. 126, 147; Emerson David Fite, *Social and Industrial Conditions in the North During the Civil War*. New York 1910, S. 84, 86; Gately, *The Development*, S. 47; Rožkova, *Ekonomičeskie Svjazi Rossii so Srednej Aziej*, S. 61f.; Charles J. Sundell an William H. Seward, Stettin, 15. Mai 1863, Despatches from United States Consuls in Stettin, zit. n. Löffler, *Preußens und Sachsens Beziehungen*, S. 110.

17 John Rankin, *A History of Our Firm: Being Some Account of the Firm of Pollock, Gilmour and Co. and Its Offshoots and Connections, 1804–1920*. Liverpool 1921, S. 157; Baring Brothers Liverpool an Baring Brothers London, 24. August 1863, HC 3:35, Part 23, House Correspondence, Baring Brothers, ING Baring Archive, London. Baring Brothers & Co. waren auch die Bankiers der Vereinigten Staaten in London. Frederick William Seward an Thomas Haines Dudley, Washington, 26. März 1864, Seward Papers, Manuscript Division, Library of Congress, Washington, D. C.; Liverpool Chamber of Commerce, *Report of the Council, 1863*. Liverpool, 1863, S. 18; John D. Pelzer, «Liverpool and the American Civil War», *History Today*, 40 (1990), S. 49; Hall, «The Liverpool Cotton Market», S. 161.

18 Zit n. *ToI* (6. 10. 1863), S. 1, ebd. (8. 9. 1864), S. 2 f. Die *ToI* (Overland Summary) berichtete am 29. September 1863 negativ über diese Praxis, S. 5 f.; Pelzer, «Liverpool and the American Civil War», S. 52.

19 Chambre de Commerce de Rouen, *Délibération de la chambre sur la formation de la Compagnie française des cotons Algériens*. Rouen 1862, S. 5, F/80/737, Fonds Ministériels, Archives

Anhang

d'outre-Mer, Aix-en-Provence; *Pétition à Sa Majesté L'Empereur Napoléon III au sujet de la sulture du coton en Algérie*, Senones, 13. Februar 1862, ebd. *Bulletin de la Societé Industrielle de Mulhouse*, 32 (1862), S. 347, zit. n. Fohlen, *L'industrie textile*, S. 348. Die Handelskammer von Mulhouse schuf sogar einen Ausschuss, um die Möglichkeit des Baumwollanbaus in Algerien zu untersuchen, *Bulletin de la Société industrielle de Mulhouse*, 32 (1862), S. 346; siehe auch Antoine Herzog, *L'Algerie et la crise cotonnière*. Colmar 1864; *L'Industriel Alsacien* (25.12.1862); Antoine Herzog an Seine Majestät, den Kaiser der Franzosen, 6. Januar 1863, F/80/737, Fonds Ministériels, Archives d'outre-Mer, Aix-en-Provence. Auch aus vielen anderen Textilregionen ergingen Petitionen an den Kaiser. *Pétition à Sa Majesté l'Empereur Napoléon III, au sujet de la culture du coton en Algérie*, Senones, 13. Februar 1862, F/80/737, Fonds Ministériels, Archives d'outre-Mer, Aix-en-Provence, in 15 Akten, von Fabrikanten aus allen Regionen Frankreichs unterzeichnet. Vgl. zu diesem Druck auch F. Engel-Dollfus, président de la commision d'encouragement à la culture du coton en Algérie, an Monsieur le Marechal Comte Randon Senateur, Ministre Secrétaire d'État au Departement de la Guerre, Mulhouse, 8. April 1862, ebd.

20 Das betonte auch der *Liverpool Mercury* (22.1.1861), S. 7. Siehe auch «Memorandum by Mrs. E. Tennyson to Gladstone related to the cotton famine», Add. 44399 f. 188, Bd. 314, Gladstone Papers, BL, Brief zitiert im *Liverpool Mercury* (22.1.1861), S. 2; Löffler, *Preußens und Sachsens Beziehungen*, S. 111; J. B. Smith, *Hansard's Parliamentary Debates*, Serie 3, 171. London 1863, S. 1771–1840; ebd., 165. London 1862, S. 1155–1230.

21 Karl Polanyi, *The Great Transformation: the Political and Economic Origins of Our Time*. Boston 1957, S. 78; Französ. Berichte, darunter der eines unbekannten Autors: «Le Coton à la cote occidentale d'Afrique», ohne Datum; undatierte Notiz über Siam; anonymer, undatierter Artikelentwurf über «La Culture du Coton à la Guyana», alle in GEN 56/Ordner 547, Fonds Ministériels, Archives d'Outre-Mer, Aix-en-Provence; Henry John Temple, Lord Palmerston, an Lord John Russell, Broadlands, 6. Oktober 1861, Schachtel 21, 30/22, Lord John Russell Papers, TNA.

22 Manchester Chamber of Commerce, *Forty-First Annual Report... 1861*, S. 21. Belege für diesen Druck auch in Manchester Chamber of Commerce, *The Forty-Third Annual Report... for the Year 1863*. Manchester 1866, S. 6; Proceedings of the Manchester Chamber of Commerce, 1858–1867, M8/2/6, Archives of the Manchester Chamber of Commerce, MALS; *Report of the Bombay Chamber of Commerce for the Year 1859–60*. Bombay 1860, S. xxxiii. Zu früheren Versuchen, die indische Baumwollproduktion zu steigern, siehe *Anti-Cant, India v. America: A Letter to the Chairman of the Hon. East India Company, On Cotton*. London 1850; John Briggs, *The Cotton Trade of India, Part I: Its Past and Present Condition. With a Map of India...* London 1840; *The Cotton Trade of India, Part II: Its Future Prospects*. London o. J. [1840]; Chapman, *The Cotton and Commerce of India*; *The Cotton Trade of India*. London 1839; Thomas Williamson, *Two Letters on the Advantages of Railway Communication in Western India, Addressed to the Right Hon. Lord Wharncliffe, Chairman of the Great Indian Peninsula Railway Company*. London 1846; Cassels, *Cotton: An*

Account of its Culture, S. 16–237; Zitat: *Economist* (2. 2. 1861), S. 117.

23 Manchester Chamber of Commerce, *The Forty-Third Annual Report of the Board of Directors for the Year 1863*. Manchester 1866, S. 6; Proceedings of the Manchester Chamber of Commerce, 1858–1867, M8/2/6, Archives of the Manchester Chamber of Commerce, MALS; Zitat: Reclus, «Le coton et la crise americaine», S. 202. In den 1860er Jahren bezog Britisch-Ostindien 30,83 % aller aus England exportierten Waren. Ellison, *The Cotton Trade of Great Britain*, S. 64; Mann, *The Cotton Trade of Great Britain*, S. 112; Zitat: anonymer Leserbrief an den *Englishman*, Nagpur (31. Juli 1861), abgedruckt in *ToI* (21. 8. 1861), S. 3; Wood an Sir Frere, 30. Oktober 1862, LB 11, Briefbuch 3. Juli bis 31. Dezember 1862, F 78, Mss EUR, Wood Papers, Oriental and India Office Collections, BL.

24 *Cotton Supply Reporter* (15. 6. 1861), S. 532; Arthur W. Silver, *Manchester Men and Indian Cotton, 1847–1872*. Manchester 1966, S. 187.

25 Ein Bericht über die Sitzung im *Liverpool Mercury* (20. 9. 1861), S. 7, (23. 9. 1861), S. 2; Wood an Sir George Clerk, 18. März 1861, MSS EUR F 78, LB 7, Wood Papers, Oriental and India Office Collections, BL; Major E. K. Elliot, «Report Regarding the Cultivation of Cotton in Nagpore», abgedruckt in *ToI* (30. 7. 1861), S. 3 f., «Cotton Cultivation in India», *The Calcutta Review*, 37, 73 (1861), S. 89.

26 Zur rechtlichen Infrastruktur in Indien siehe Ritu Birla, *Stages of Capital: Law, Culture, and Market Governance in Late Colonial India*. Durham, N. C. 2009. Zur umstrittenen Rechtsgeschichte in kolonialen Gesellschaften siehe Lauren Benton, *Law and Colonial Cultures: Legal Regimes in World History, 1400–1900*. New York 2002.

Charles Wood hatte schon 1862 argumentiert: «Der vernünftigste Plan, den ich gehört habe, ist der, einer Person, die Geld für den Anbau einer bestimmten Pflanze in einem Jahr bezahlt, eine Art Pfandrecht auf die Ernte zu geben.» Wood an William Maine, 9. Oktober 1862, Briefbuch 3. Juli bis 31. Dezember 1862, LB 11, F 78, Mss EUR, Wood Papers, Oriental and India Office Collections, BL; Proceedings of the Manchester Chamber of Commerce, 23. September 1861, Archives of the Manchester Chamber of Commerce, Record Group M8, Ordner 2/6, in MALS. Zu den Anstrengungen der Fabrikanten: Charles Wood an William Reeves, 18. März 1861, Briefbuch, 18. März bis 25. Mai, LB 7, F 78, MSS EUR, Wood Papers, Oriental and India Office Collections, BL; Wood an Elgin, 25. Oktober 1862, Briefbuch, 3. Juli bis 31. Dezember 1862, LB 11, F 78, Wood Papers; Mosley and Hurst, Agents to the Cotton Supply Association, an W. Greq, Esq, Secretary to the Government of India, 20. Juni 1861, abgedruckt in *ToI* (18. 7. 1861), S. 3. Zitat: Wood an W. J. Grant, 9. Mai 1861, LB 7, F 78, MSS EUR, Wood Papers. Zum Gesetz gegen die Verfälschung von Baumwolle siehe die Berichte der *ToI* von 1863, z. B. im Overland Summary (12. 2. 1863), S. 6 f.; ebd. (27. 3. 1863), S. 1. Zum indischen Vertragsrecht: Manchester Chamber of Commerce, *The Forty-Second Annual Report of the Board of Directors for the Year 1862*. Manchester 1863, S. 13, 37. Wood an William Maine, 9. Oktober 1862, Briefbuch, 3. Juli bis 31. Dezember 1862, LB 11, F 78, MSS EUR, Wood Papers; Reprint einer Resolution des Innenministeriums, 28. Februar 1861, Anhang zur *Calcutta Gazette* (2. 3. 1861), Papers relating to Cotton Cultivation in India, S. 106, Wood Papers, MSS EUR F 78. Manche der Mechanismen sind gut dargestellt in John Henry Rivett-Carnac, *Many Memories of Life in India, At Home, and Abroad*. Edinburgh 1910, S. 165–193. Zur Debatte zwischen Fabrikanten und Regierungsvertretern siehe auch Wood an Elgin, 25. Oktober 1862, LB 11, F 78, MSS EUR, Wood Papers; Wood an William Maine, 9. Oktober 1862, Briefbuch, 3. Juli bis 31. Dezember 1862, ebd.; *Hansard's Parliamentary Debates*, Serie 3, 167 (1862), S. 767; Manchester Chamber of Commerce, *Forty-Third Annual Report... 1863*, S. 26; dies., *Forty-First Annual Report... 1861*; *Liverpool Mercury* (24. 9. 1862), S. 6; Wood an Sir George Clerk, 18. März 1861, LB 7, Briefbuch 18. März bis 25. Mai 1861, F 78, MSS EUR, Wood Papers; Peter Harnetty, «The Imperialism of Free Trade: Lancashire, India, and the Cotton Supply Question, 1861–1865», *Journal of British Studies*, 6, 1 (1966), S. 333–349, hier 75 f. Zur gesamten Debatte siehe Dwijendra Tripathi, «Opportunism of Free Trade: Lancashire Cotton Famine and Indian Cotton Cultivation», *Indian Economic and Social History Review*, 4, 3 (1967), S. 255–263. *Twelfth Annual Report of the Liverpool Chamber of Commerce*. Liverpool 1862, S. 6; M. L. Dantwala, *A Hundred Years of Indian Cotton*. Bombay 1947, S. 46 f.; Nachdruck einer Resolution des Innenministeriums, 28. Februar 1861, Anhang zur *Calcutta Gazette* (2. 3. 1861), Papers Relating to Cotton Cultivation in India, 106, Wood Papers.

27 Wood an Elgin, 25. Oktober 1862, LB 11, ebd. Der Zusammenhang zwischen niedrigeren Zöllen, größeren Warenimporten aus Lancashire und dem größeren Angebot von Rohbaumwolle wird explizit hergestellt in Manchester Chamber of Commerce, *Forty-First Annual Report... 1861*, S. 24. Hier wird auch vorausgesehen, dass Indien ein immer wichtigerer Markt für britische Baumwolltextilien werden würde – und dass Exporte von Rohbaumwolle diese Importe bezahlen sollten.

28 Zu Woods «Inkompetenz»: Manchester Chamber of Commerce, *Forty-Third Annual Report... 1863*, S. 26, u. *Forty-First Annual Report... 1861*; *Liverpool Mercury* (24. 9. 1862), S. 6; Wood an Elgin, 10. Januar 1863, MSS Eur 78, LB 12, Briefbuch 1. Januar bis 27. April 1863, Wood Papers; Wood an Sir George Clerk, 18. März 1861, Briefbuch 18. März bis 25. Mai 1861, LB 7, F 78, Mss EUR ebd.; Harnetty, «The Imperialism of Free Trade».

29 *Economist* (4. 10. 1862), S. 1093 f.

30 Harnetty, «The Imperialism of Free Trade»; Manchester Chamber of Commerce, *Forty-Second Annual Report... 1862*, S. 11, 22; Silver, *Manchester Men and Indian Cotton*, S. 254.

31 US-Generalkonsulat Kalkutta an William H. Seward, Kalkutta, 28. Oktober 1864, Despatches of the US Consul in Calcutta to US Secretary of State, National Archives of the United States, Washington, D. C.; *ToI*, (12. 2. 1862), Overland Summary, S. 1, hat folgende Angaben: 1860 exportierte Indien 497 649 Ballen Baumwolle nach Europa und 205 161 Ballen nach China; 1861 verschiffte es 955 030 Ballen nach Europa und nur 67 209 nach China. Siehe auch *ToI* (3. 10. 1862), S. 2; Harnetty, «The Imperialism of Free Trade», S. 92; Mann, *The Cotton Trade of Great Britain*, S. 103, 112; *Statistical Abstracts for the United Kingdom in Each of the Last Fifteen Years From 1857 to 1871*. London 1872, S. 48 f.; Fohlen, *L'industrie textile*, S. 287, 514.

32 Die Bedeutung der Integration des indischen Hinterlands in die Weltwirtschaft und die relative «Verspätung» dieses Vorgangs betont David Ludden, «World Economy and Village India,

1600–1900», in Sugata Bose (Hg.), *South Asia and World Capitalism*. New Delhi 1990, S. 159–77; siehe Register of Invoices from the Consulate by Sundry Vessels bound for Ports in the United States, September 1863, I Despatches from United States Consuls in Bombay, 1838–1906, National Archives of the United States, Washington D. C., S 1040 (m168) reel 2. Zur Anpassung der Maschinen: Mr. Baker, Inspector of Factories, to the Secretary of State for the Home Department, on the Present State of the Cotton Districts, in Various documents relating to the distress in the cotton manufacturing districts during the American Civil War, Home Office, 45: 7523, TNA; Neil Charlesworth, *Peasants and Imperial Rule: Agriculture and Agrarian Society in the Bombay Presidency, 1850–1935*. Cambridge 1985, S. 135; *Statistical Abstracts for the United Kingdom*. London 1872, S. 48 f.; «Reichsenquête für die Baumwollen- und Leinen-Industrie», *Statistische Ermittelungen*, Heft 1, (1879), S. 56–58; Mann, *The Cotton Trade of Great Britain*, S. 103, 112, 132; *ToI* (12. 2. 1862), Overland Summary, S. 1; *ToI* (3. 10. 1862), S. 2; Harnetty, «The Imperialism of Free Trade», S. 92; Fohlen, *L'industrie textile*, S. 287, 514; *Report of the Bombay Chamber of Commerce for the Year 1863–64*. Bombay, 1865, S. 1; Frenise A. Logan, «India – Britain's Substitute for American Cotton, 1861–1865», *Journal of Southern History*, 24, 4 (1958), S. 476; Manchester Chamber of Commerce, *The Forty-Fourth Annual Report... 1864*. Manchester 1865, S. 18; B. R. Mitchell, *European Historical Statistics, 1750–1970*. New York 1976, E14; Frenise A. Logan, «India's Loss of the British Cotton Market after 1865», *Journal of Southern History*, 31, 1 (1965), S. 40–50; *The Standard*, Agra (6. 3. 1861), zit. n. *Cotton Supply Reporter* (15. 4. 18.61), S. 473.

33 *Merchants' Magazine and Commercial Review*, 46, 2 (1862), S. 166; [anon.], «The Future Supply of Cotton», *North American Review*, 98, 203 (1864), S. 481. Atkinsons Autorschaft wird aus seiner Korrespondenz mit Charles E. Norton klar. Siehe N 297, Letters, 1861–1864, Edward A. Atkinson Papers, Massachusetts Historical Society, Boston.

34 Edward Mead Earle ist der Meinung, ohne den Krieg hätte die Ausweitung der Baumwollproduktion in Ägypten ein halbes Jahrhundert gebraucht: «Egyptian Cotton and the American Civil War», *Political Science Quarterly*, 41, 4 (1926), S. 520–545, hier S. 521 f., 532, 534 (dort auch das Zitat). Zur Umrechnung von Cantar in Pfund: Owen, *Cotton and the Egyptian Economy*, S. 89, 382 f. Ich setze hier 1 Cantar für 100 Pfund; Edward Atkinson, «The Future Supply of Cotton», *North American Review* 98, no. 203 (April 1864), S. 481.

35 Government of India, *Annual Statement of the Trade and Navigation of British India and Foreign Countries*, 5 (1872), 9 (1876); Owen, *Cotton and the Egyptian Economy*, S. 90; *Estatisticas Historica Do Brasil*, S. 346.

36 *Estatisticas Historica Do Brasil: Series Economicas Demograficas e Socias de 1550 a 1988*. Rio de Janeiro 1990, S. 346. Sie wurden von der Handelskammer in Manchester und Lord Russell persönlich gedrängt. Siehe Manchester Chamber of Commerce, *Forty-First Annual Report... 1861*, S. 8; Stanley S. Stein, *The Brazilian Cotton Manufacture*, S. 43.

37 Orhan Kurmuş, «The Cotton Famine and its Effects on the Ottoman Empire», in Hurî İslamoğlu-İnan (Hg.), *The Ottoman Empire and the World-Economy*. Cambridge 1987, S. 162, 164 f., 169; «Note du Ministère de L'Algérie et des colonies», Paris, 23. Dezember 1857; Societé Anonyme,

Compagnie française des cotons Algériens. Paris 1863, F/80/737, Fonds Ministériels, Archive d'outre Mer, Aix-en-Provence; siehe Ministère de l'Algérie et des colonies, Direction de l'Administration de l'Algérie, 2ème bureau, Paris Décret. 1859; (Autor unlesbar), «Culture du Coton», Paris, 19. Juli 1859, beide in Colonisation L/61, 2, Gouvernement General de l'Algérie, Center des Archives d'outre Mer, Aix-en-Provence; Alejandro E. Bunge, *Las Industrias del Norte: Contribucion al Estudio de una Nueva Política Economia Argentina*. Buenos Aires 1922, S. 209 f.; *Liverpool Mercury* (9. 11. 1863), S. 6; Thomas Schoonover, «Mexican Cotton and the American Civil War», *The Americas*, 30, 4 (1974), S. 430, 435, Vergleich der jährlichen Durchschnittsexporte 1856–60 mit 1866–70; W. S. Bell, *An Essay on the Peruvian Cotton Industry, 1825–1920*. Liverpool 1985, S. 80; *Liverpool Mercury* (3. 1. 1865), S. 6. Zur Bedeutung der Importe chinesischer Rohbaumwolle: Manchester Chamber of Commerce, *Forty-Fourth Annual Report... 1864*, S. 16; «Der Baumwollbau in Togo. Seine bisherige Entwicklung, und sein jetziger Stand», Entwurf für einen Artikel in *Kolonialwirtschaftliche Mitteilungen*; R 1001/8224, Bundesarchiv Berlin.

38 *Manchester Guardian* (13. 5. 1861), S. 4; (16. 5. 1861), S. 3; (17. 5. 1861), S. 4; (25. 5. 1861), S. 5; Céleste Duval, *Question cotonnière: La France peut s'emparer du monopole du coton par L'Afrique, elle peut rendre L'Angleterre, L'Europe, ses tributaires: L'Afrique est le vrai pays du coton*. Paris 1864, S. 7; *Queensland Guardian* (3. 4. 1861), zit. n. *Cotton Supply Reporter* (1. 7. 1861), S. 554; Bunge, *Las Industrias del Norte*, S. 209 f.; *Liverpool Mercury* (9. 11. 1863), S. 6, u. (3. 1. 1865), S. 6; Manchester Chamber of Commerce, *Forty-Fourth Annual Report... 1864*, S. 16; Donna Maier, «Persistence of Precolonial Patterns of Production: Cotton in German Togoland, 1800–1914», in Allen Isaacman und Richard Roberts (Hg.), *Cotton, Colonialism, and Social History*. London 1995, S. 75; Peter Sebald, *Togo 1884–1914. Eine Geschichte der deutschen «Musterkolonie» auf der Grundlage amtlicher Quellen*. Berlin 1988, S. 30; O. F. Metzger, *Unsere Alte Kolonie Togo*. Neudamm 1941, S. 242; «Der Baumwollbau in Togo»; Duval, *Question cotonnière*, S. 7.

39 Henry Blumenthal, «Confederate Diplomacy, Popular Notions and International Realities», *Journal of Southern History*, 32, 2 (1966), S. 151–171; Carl N. Degler, *One Among Many: the Civil War in Comparative Perspective*. Gettysburg, PA 1990; Hyman, *Heard Round the World*; Owsley und Owsley, *King Cotton Diplomacy*; Bernard Cresap, «Frank L. Owsley and King Cotton Diplomacy», *Alabama Review* 26, 4 (1973); Charles M. Hubbard, *The Burden of Confederate Diplomacy*. Knoxville, TN 1998; D. P. Crook, *Diplomacy during the American Civil War*. New York 1975; Howard Jones, *Union in Peril: The Crisis over British Intervention in the Civil War*. Chapel Hill, N. C. 1992; Lynn M. Case und Warren F. Spencer, *The United States and France: Civil War Diplomacy*. Philadelphia 1970; Löffler, *Preußens und Sachsens Beziehungen*; zu prokonföderierten Sympathien: z. B. *Liverpool Mercury* (24. 6. 1861), S. 3; (12. 8. 1861), S. 2; (20. 9. 1861), S. 6; (8. 10. 1861), S. 5; (15. 10. 1861), S. 5; (18. 12.1861), S. 6; (18. 4. 1862), S. 6; zum Druck für die Anerkennung der Südstaatenregierung vgl. (16. 7. 1862), S. 5; (19. 11. 1862), S. 3. Eine kontroverse Debatte über die Sklaverei zeigen die Leserbriefe an den *Liverpool Mercury* (7. und 9. 2. 1863, beide auf S. 3; *LM* (21. 5. 1863), S. 7; Pel-

zer, «Liverpool and the American Civil War», S. 46; *The Porcupine* (9. 11. 1861), S. 61. Zur praktischen Unterstützung für die Südstaaten siehe z. B. Kopie eines Briefs von Thomas Haines Dudley, US-Konsulat Liverpool, an Charles Francis Adams, Liverpool, 4. Mai 1864, Seward Papers, Library of Congress; Dudley an William H. Seward, Liverpool, 3. September 1864, ebd.; *LM* (3. 5. 1864), S. 6. Fraser, Trenholm & Company in Liverpool beschafften Finanzmittel für die Konföderierten, bauten Kriegsschiffe, nahmen am Blockadebruch teil und versuchten die öffentliche Meinung in England zugunsten der Südstaaten zu beeinflussen. Siehe Fraser, Trenholm & Company Papers, Merseyside Maritime Museum, Liverpool. Liverpooler Kaufleute handelten mit Agenten der Südstaaten beim Baumwollhandel trotz der Blockade. Brief von W. Fernie, Liverpool, undatiert, an Fraser, Trenholm & Co., B/FT 1/13, Fraser, Trenholm & Company Papers, Merseyside Maritime Museum, Liverpool. Siehe auch *Liverpool Mercury* (4. 2. 1863), S. 3; Pelzer, «Liverpool and the American Civil War», S. 46, zu Manchester: *Liverpool Mercury* (23. 5. 1863), S. 6; (6. 10. 1863), S. 6; (17. 10. 1863), S. 3; (1. 2. 1864), S. 7; zur Unterstützung durch Arbeiter: (2. Mai 1862), S. 7; (9. 8. 1862), S. 5; zu Frankreich: Case und Spencer, *The United States and France*, S. 179; Manchester Chamber of Commerce, *Forty-First Annual Report ... 1861*, S. 21 f.; Bigorie de Laschamps, Procurateur général, Colmar, 7. April 1862, zit. n. Lynn M. Case (Hg.), *Contemporary French Opinion on the American Civil War*. Baltimore 1924, S. 258; Raport de Bigorie de Laschamps, Procureur Général de Colmar, 14. Juli 1862, zit. n. ebd., S. 260. Eine luzide Diskussion dieser Positionen gibt Donald Bellows, «A Study of British Conservative Reaction to the American Civil War», *Journal of Southern History*, 51 (1985), S. 505–526; *Hansard's Parliamentary Debates*, Serie 3, Bd. 171 (1863), S. 1774. Siehe z. B. die Kopie eines Briefs von Thomas Haines Dudley, US-Konsulat Liverpool, an Charles Francis Adams, Liverpool, 4. Mai 1864, Seward Papers, Manuscript Division, Library of Congress; T. H. Dudley an William H. Seward, Liverpool, 3. September 1864, ebd.; *Liverpool Mercury* (3. 5. 1864), S. 6. Im Dezember 1862 verabschiedete die Liverpooler Handelskammer nach langer und heftiger Debatte eine Resolution, in der sie Änderungen im internationalen Recht zum Schutz des Privateigentums von Neutralen auf hoher See forderte, was die Blockade der Südstaatenhäfen untergraben hätte. *Liverpool Mercury* (4. 12. 1862), S. 5; (11. 12. 1862), S. 3; Tony Barley, *Myths of the Slave Power: Confederate Slavery, Lancashire Workers and the Alabama*. Liverpool 1992, S. 49; *Liverpool Mercury* (23. 5. 1863), S. 6; (6. 10. 1863), S. 6; (17. 10. 1863), S. 3; (1. 2. 1864), S. 7; Liverpool Chamber of Commerce, *Report of the Council, 1862*. Liverpool 1862, S. 20.

40 Britische Arbeiter, v. a. die Textilarbeiter von Lancashire, sprachen sich aber häufig für die Union aus, vor allem nachdem Lincoln die mögliche Sklavenbefreiung verkündet hatte. Er äußerte Anfang 1863 seinen Dank für die Unterstützung der Arbeiter aus Lancashire. Vgl. Barley, *Myths of the Slave Power*, S. 67–71; Philip S. Foner, *British Labor and the American Civil War*. New York 1981; Jones, *Union in Peril*, S. 225. Eine inzwischen weitgehend widerlegte Gegenstimme ist Mary Ellison, *Support for Secession: Lancashire and the American Civil War*. Chicago 1972. Eine ähnliche Diskussion betrifft die Haltung französischer Arbeiter.

Man kann wohl sagen, dass es Sympathie von Arbeitern für beide Seiten gab und dass für jene, die eine europäische Intervention befürworteten, der Mangel an Baumwolle eine sehr wichtige Rolle spielte.

41 Jones, *Union in Peril*; Owsley und Owsley, *King Cotton Diplomacy*; zu den Südstaaten: W. L. Trenholm an Charles Kuhn Prioleau (Liverpool), New York, 21. Juni 1865, B/FT 1/137, Fraser, Trenholm & Company Papers, Merseyside Maritime Museum, Liverpool. Zur Bedeutung der Weizenimporte für England siehe z. B. Thayer an Seward, London, 19. Juli 1862, Seward Papers, Library of Congress. Eine breite Debatte, warum man die Konföderierten nicht anerkennen solle, in *Hansard's Parliamentary Debates*, Serie 3, 171, 30. Juni 1863, S. 1771–1842; ebd., 167, 13. Juni 1862, S. 543; zur britischen Abhängigkeit von Weizen- und Maisimporten v. a. 171, 30. Juni 1863, S. 1795; Duke of Argyll an John Russell, 11. Oktober 1862, Schachtel 25, 30/22, Lord John Russell Papers, TNA; zum preußischen Wunsch nach starken USA: Löffler, *Preußens und Sachsens Beziehungen*, S. 59; Martin T. Tupper an Abraham Lincoln, 13. Mai 1861 (Support from England), Series 1. General Correspondence. 1833–1916, The Abraham Lincoln Papers, Library of Congress.

42 Sancton, «The Myth of French Worker Support», S. 58–80. Zur Lage arbeitsloser Textilarbeiter: Menier, *Au profit des ouvriers cotonniers*. Zu kollektiven Aktionen britischer Arbeiter: Rosalind Hall, «A Poor Cotton Weyver», S. 227–250; zur Furcht vor Arbeiterunruhen Jones, *Union in Peril*, S. 155, 167; Rede von William E. Gladstone über die Baumwollkrise, 1862, Add. 44690, f. 55, Vol. 605, Gladstone Papers, BL.

43 Lord John Russell Papers, TNA, sowie Jones, *Union in Peril*, S. 114, 123, 129 f., 133; Lord Lyons an Lord Russell, Washington, 28. Juli 1863, United States, Washington Legislation, Private Correspondence, Schachtel 37, 30/22, Lord John Russell Papers; Abraham Lincoln, «Annual Message to Congress», 3. Dezember 1861, *Complete Works ...*, hg. v. John George Nicolay und John Hay. New York 1894, Bd. 2, S. 94; «The Cabinet on Emancipation», Mss., 22. Juli 1862, (Filmrolle 3) Edwin M. Stanton Papers, Library of Congress; Glyndon G. Van Deusen, *William Henry Seward*. Oxford 1967, S. 330 f. Ich danke Eric Foner für den Hinweis auf diese Quelle.

44 William Thayer an Seward, London, 19. Juli 1862, Seward Papers, Manuscript Division, Library of Congress; Henry S. Sanford an Seward, 10. April 1862, Seward Papers, zit. n. Case und Spencer, *The United States and France*, S. 290; William L. Dayton an Seward, Paris, 25. März 1862, Despatches, France, State Department Correspondence, National Archives, Washington D. C.; Thurlow Weed an Seward, Paris, 4. April 1862, ebd.; Imbert-Koechlin im *L'Industriel Alsacien* (2. 2. 1862), zit. n. Sancton, «The Myth of French Worker Support», S. 76; Owsley und Owsley, *King Cotton Diplomacy*, S. 16 f.

45 Dazu Ricky-Dale Calhoun, «Seeds of Destruction: The Globalization of Cotton as a Result of the American Civil War». Diss., Kansas State University 2012, S. 99ff., 150ff.; Zitat: Thayer an Seward, 5. März 1863, US-Konsulat, Alexandria, Despatches from U. S. Consuls in Alexandria, National Archives of the United States; David R. Serpell, «American Consular Activities in Egypt, 1849–1863», *Journal of Modern History*, 10, 3 (1938), S. 344–363.

46 Seward an Thayer, Washington, 15. Dezember 1862, Seward Papers, Manuscript Division, Library of Congress; Trabulsi an Seward, Alexandria,

12. August 1862, und Thayer an Seward, 1. April 1862, Dispatches of the US Consul in Alexandria to Seward, National Archives of the United States.
47 Baring Brothers Liverpool an Joshua Bates, Liverpool, 12. Februar 1862, House Correspondence, 35: 1862, Baring Brothers, ING Baring Archives, London; Wood an Elgin, 9. August 1862, MSS EUR F 78, LB 11, Wood Papers, Oriental and India Office Collections, BL; «Rapport de Neveu-Lemaire, Procureur Général de Nancy», 5. Januar 1864, zit. n. Case, *French Opinion*, S. 285 f. Ähnliche Berichte kamen auch aus anderen Départements; Olive Risely Seward (Hg.), Zu Agra siehe *William H. Seward's Travels Around the World*. New York 1873, Eintrag vom 25. März 1871, S. 401.
48 Diesen Eindruck macht die Lektüre der Jahresberichte der Handelskammer von Manchester. Die Erleichterung der Baumwollkreise zeigen z. B. Manchester Chamber of Commerce, *Forty-Third Annual Report ... 1863*, S. 17, 25; *Liverpool Mercury* (8.8.1864), S. 7; (9.8.1864), S. 7; (10.8.1864), S. 3; (31.8.1864), S. 7; (22.9.1864), S. 7; (31.10.1864), S. 7; Owsley und Owsley, *King Cotton Diplomacy*, S. 137, 143; Atkinson, «The Future Supply of Cotton», S. 478. Siehe auch John Bright an Atkinson, London, 29. Mai 1862, Schachtel N 298, Atkinson Papers, ebd.
49 *Liverpool Mercury* (4.1.1864), S. 8.
50 Siehe v. a. Ira Berlin et al., *Slaves No More: Three Essays on Emancipation and the Civil War*. New York 1992; Eric Foner, *Reconstruction: America's Unfinished Revolution, 1863–1877*. New York 2002; Steven Hahn, *A Nation Under Our Feet: Black Political Struggles in the Rural South from Slavery to the Great Migration*. Cambridge, MA 2003; ders., *The Political Worlds of Slavery and Freedom*. Cambridge, MA 2009. Zu den Widersprüchen der Staatsbildung im Süden und den Schwächen, die daraus im Krieg erwuchsen: Stephanie McCurry, *Confederate Reckoning: Power and Politics in the Civil War South*. Cambridge, MA 2010; Suzanne Miers und Richard Roberts, *The End of Slavery in Africa*. Madison, WI 1988.
51 *Bremer Handelsblatt*, 12 (1862), S. 335; *Economist* (21.9.1861), S. 1042; Horn, *La Crise cotonnière*, S. 14; Levi, «On the Cotton Trade», S. 42; Stephen S. Remak, *La Paix en Amérique*. Paris 1865, S. 25 f.
52 Ravinder Kumar, *Western India in the Nineteenth Century: A Study in the Social History of Maharashtra*. London 1968, S. 35, 59, 151, 161; Maurus Staubli, *Reich und arm mit Baumwolle: Exportorientierte Landwirtschaft und soziale Stratifikation am Beispiel des Baumwollanbaus im indischen Distrikt Khandesh (Dekkan) 1850–1914*. Stuttgart 1994, S. 58, 68, 114 f., 187; Alan Richards, *Egypt's Agricultural Development 1800–1980: Technical and Social Change*. Boulder, CO 1982, S. 55, 61. In Turkestan war das Ergebnis viele Jahre später ganz ähnlich. John Whitman, «Turkestan Cotton in Imperial Russia», *American Slavic and East European Review*, 15, 2 (1956), S. 190–205; zum ökonomischen Wandel in den Südstaaten nach dem Krieg: Foner, *Reconstruction*, S. 392–411. Den Vorgang für den Süden analysiert Wright, *The Political Economy of the Cotton South*, S. 166–176; ders., *Old South, New South*, S. 34, 107; Steven Hahn, *The Roots of Southern Populism: Yeoman Farmers and the Transformation of the Georgia Upcountry, 1850–1890*. New York 1983, verfolgt diesen Prozess in faszinierenden Details.
53 W. H. Holmes, *Free Cotton: How and Where to Grow it*. London 1862, S. 18; Merivale, *Lectures on Colonization*,

S. 315; Report of the Select Committee of the House of Commons, 25. Juli 1842, zit. n. Alleyne Ireland, *Demerariana: Essays, Historical, Critical, and Descriptive*. New York 1899, S. 150; *The Economist*, December 9, 1865, S. 1487.

54 Holmes, *Free Cotton*, S. 16, 18, 22; Zitat: «libre (le Noir) retourne au carbet du sauvage.» Commission Coloniale, Rapport A M. Le Ministre de la Marine et des Colonies Sur la Organisation du Travail Libre, Gen 40, Schachtel 317, Fonds Ministérielles, Archives d'Outre-Mer, Aix-en-Provence, France; *Cotton Supply Reporter* (16. 12. 1861), S. 722.

55 Holmes, *Free Cotton* [anon.], *Les Blancs et les noirs en Amérique et le coton dans les deux Mondes*, par L'auteur de *La Paix en Europe par l'Alliance Anglo-Française*. Paris 1862.

56 Das Thema der «Probe für den Wiederaufbau» stammt aus Willie Lee Nichols Rose, *Rehearsal for Reconstruction: The Port Royal Experiment*. Indianapolis 1964; Atkinson, *Cheap Cotton by Free Labor*; Atkinson Papers, Massachusetts Historical Society, Boston; Manchester Chamber of Commerce, *Forty-First Annual Report … 1861*, S. 33.

57 Zu den Preisen: John A. Todd, *World's Cotton Crops*. London 1915, Nachdr. 1924, S. 429–432; Zitat: J. R. Busk an Firma Rathbone Brothers and Co., New York, 8. Dezember 1865, RP.XXIV.2.22, Rathbone Papers, Special Collections and Archives, University of Liverpool.

58 *Bremer Handelsblatt* (17. Juni 1865), S. 234 f.; W. A. Bruce an Lord John Russell, 10. Mai 1865, Letters from Washington Minister of Great Britain to Foreign Office, Earl Russell, 1865, 30: 22/38, Lord John Russell Papers, TNA; W. A. Bruce an Lord John Russell, 22. Mai 1865, ebd.

59 Mathieu, *De la culture du coton*, S. 25.

60 *Cotton Supply Reporter* (15. 6. 1861), S. 530; *Bremer Handelsblatt* (14. 10. 1865), S. 372.

61 Barbara J. Fields, «Freedom», in Berlin et al., *Slaves No More*, S. 1–76.

62 Reclus, «Le Coton et la crise américaine», S. 208.

63 Baring Brothers Liverpool an Baring Brothers London, 4. Februar 1865, House Correspondence, HC 3 (1865), Ordner 35 (Correspondence from Liverpool House), ING Baring Archive, London; *Indian Daily News*, Extraordinary (18. 3. 1865), Beilage im Brief des US-Generalkonsulats Kalkutta an William H. Seward, Kalkutta, 8. März 1864, Despatches of the US Consul in Calcutta to US Secretary of State, National Archives; Calvin W. Smith an «Dear Friends at home», Bombay, 23. April 1865, Ordner 13, Ms. N-937, Calvin W. Smith Papers, Massachusetts Historical Society, Boston; Smith, *My Life-Work*, S. 35.

64 William B. Forwood, «The Influence of Price upon the Cultivation and Consumption of Cotton during the Ten Years 1860–1870», *Journal of the Statistical Society of London*, 33, 3 (1870), S. 371.

65 Horn, *La Crise cotonnière*, S. 46.

Anmerkungen Kapitel 10

1 Frederick W. A. Bruce an den Earl of Clarendon, britischer Außenminister, Washington, 18. Dezember 1865, zit. n. *Cotton Supply Reporter* (1. 2. 1866), S. 1795; Memorandum, W. Hickens, Royal Engineers, an den Außenminister, Washington, 18. Dezember 1865, ebd.

2 Maurice Williams, «The Cotton Trade of 1865», *Seven Year History of the Cotton Trade of Europe, 1861 to 1868.* Liverpool 1868, S. 19. Mehr über Williams bei Thomas Ellison, *The Cotton Trade of Great Britain*, S. 255.

3 Robert Ed. Bühler, «Die Unabhängigkeitsbestrebungen Englands, Frankreichs und Deutschlands in ihrer Baumwollversorgung». Diss., Universität Zürich 1929, S. 3.

4 B. R. Mitchell, *International Historical Statistics: The Americas, 1750–2005.* New York 2007, S. 391, 467, 547–549; Gavin Wright, «Cotton Competition and the Post-Bellum Recovery of the American South», *Journal of Economic History*, 34, 3 (1974), S. 632 f.; Douglas A. Farnie und David J. Jeremy, *The Fibre that Changed the World: The Cotton Industry in International Perspective, 1600–1990s.* Oxford 2004, S. 23, 25.

5 Diese Zahlen basieren auf der Analyse des Autors von Daten über Baumwollspindeln aus 19 Ländern (Belgien, Brasilien, China, Deutschland, Frankreich, Großbritannien, Indien, Italien, Japan, Kanada, Mexiko, Niederlande, Österreich, Portugal, Russland, Schweden, Schweiz, Spanien, USA): Beckert, «Emancipation and Empire: Reconstructing the Worldwide Web of Cotton Production in the Age of the American Civil War», *American Historical Review*, 109, 5 (2004), S. 1437.

6 Diesen allgemeinen Punkt vertreten auch Herbert S. Klein und Stanley Engerman, «The Transition from Slave to Free Labor: Notes on a Comparative Economic Modell», in Manuel Moreno Fraginals, Frank Moya Pons und Stanley L. Engerman (Hg.), *Between Slavery and Free Labor: The Spanish-Speaking Carribean in the Nineteenth Century.* Baltimore 1985, S. 260.

7 Commission Coloniale, Rapport a M. le Ministre de la Marine et des Colonies Sur la Organisation du Travail Libre, S. 61, in Gen 40, Schachtel 472, Fonds Ministérielles, Archives d'Outre-Mer, Aix-en-Provence, France.

8 Die Kontinuität des Zwangs betont auch Lutz Raphael, «Krieg, Diktatur und imperiale Erschließung: Arbeitszwang und Zwangsarbeit 1880 bis 1960», in Elisabeth Herrmann-Ott (Hg.), *Sklaverei, Knechtschaft, Zwangsarbeit: Untersuchungen zur Sozial-, Rechts-und Kulturgeschichte.* Hildesheim 2005, S. 256–280; Robert Steinfeld, *Coercion, Contract, and Free Labor in the Nineteenth Century.* New York 2001; Eric Foner, *Nothing But Freedom: Emancipation and Its Legacy.* Baton Rouge, LA 1983; Nan Elizabeth Woodruff, *American Congo: The African American Freedom Struggle in the Delta.* Cambridge, MA 2003; Donald Holley, *The Second Great Emancipation: The Mechanical Cotton Picker, Black Migration, and How they Shaped the Modern South.* Fayetteville, AR 2000, S. 104f.; Charles S. Aiken, *The Cotton Plantation South Since the Civil War.* Baltimore 1998, S. 101.

9 Barbara Fields, «The Advent of Capitalist Agriculture: The New South in a Bourgeois World», in Thavolia Glymph et al. (Hg.), *Essays on the Postbellum Southern Economy.* College Station, TX 1985, S. 74.

10 Edward Atkinson, *Cheap Cotton by Free Labor.* Boston 1861; *Commercial and Financial Chronicle* (11. 1. 1865), S. 611 f.

11 *Southern Cultivator* (24. 1. 1866), S. 5; W. A. Bruce an Earl Russell, Washington, 10. Mai 1865, Letters from Washington Minister of Great Britain to Foreign Office, Earl Russell, 1865 (Private Correspondence), 22/38, 30, TNA; *Commercial and Financial Chronicle* (26. 8. 1865), S. 258 f.; George McHenry, *The Cotton Supply of the United States of America.* London 1865, S. 25 f.; Ben-

gal Chamber of Commerce, Reports, 1864–1866, S. 809, zit. n. Frenise A. Logan, «India's Loss of the British Cotton Market after 1865», *Journal of Southern History*, 31, 1 (1965), S. 47.

12 Bliss Perry, *Life and Letters of Henry Lee Higginson*, Bd. 1. Boston 1921, S. 247; Reidy, *From Slavery to Agrarian Capitalism in the Cotton Plantation South, Central Gerorgia 1800–1880*. Chapel Hill 1992, S. 137; *Southern Cultivator* (27. 2. 1869), S. 51; *Macon Telegraph* (31. 5. 1865).

13 Vertrag, Boston, 23. Dezember 1863, Various Letters and Notes, Ordner 298, Edward A. Atkinson Papers, Massachusetts Historical Society, Boston; Foner, *Reconstruction*, S. 53 f., 58; Edward Atkinson an seine Mutter, Washington, 5. Juli 1864, Various Letters and Notes, ebd.

14 *The Macon Daily Telegraph* (31. 5. 1865), S. 1; Joseph C. Reid Jr., «Sharecropping as an Understandable Market Response: The Post-Bellum South», *Journal of Economic History*, 33, 1 (1973) S. 107.

15 Vertrag vom 29. Januar 1866, Alonzo T. und Millard Mial Papers, North Carolina Department of Archives and History, zit. n. Reid Jr., «Sharecropping as an Understandable Market Response», S. 108; James C. Cobb, *The Most Southern Place on Earth: The Mississippi Delta and the Roots of Regional Identity*. New York 1992, S. 48–50; Susan E. O'Donovan, *Becoming Free in the Cotton South*. Cambridge, MA 2007, S. 129, 131.

16 Foner, *Reconstruction*, S. 104; Klein und Engerman, «The Transition from Slave to Free Labor», S. 256; «A Freedman's Speech», *The Pennsylvania Freedmen's Bulletin* (Januar 1867), S. 16.

17 Foner, *Reconstruction*, S. 108, 134; Reidy, *From Slavery to Agrarian Capitalism*, S. 143 f., 150; O'Donovan, *Becoming Free in the Cotton South*, S. 125,

152; Amy Dru Stanley, «Beggars Can't be Choosers: Compulsion and Contract in Postbellum America», *Journal of American History*, 78, 4 (1992), S. 1274, 1285; Cobb, *The Most Southern Place on Earth*, S. 51.

18 *Commercial and Financial Chronicle* (11. 11. 1865), S. 611 f.; «A Freedman's Speech», S. 115.

19 O'Donovan, *Becoming Free in the Cotton South*, S. 16, 189, 224, 227, 240; Foner, *Reconstruction*, S. 138, 140; Cobb, *The Most Southern Place on Earth*, S. 51; James C. Scott, *Weapons of the Weak: Everyday Forms of Peasant Resistance*. New Haven, CT 1985, S. xv.

20 Wright, «The Strange Career of the New Southern Economic History», *Reviews in American History*, 10, 4 (1982), S. 171; Foner, *Reconstruction*, S. 174; Fields, «The Advent of Capitalist Agriculture», S. 84; Reidy, *From Slavery to Agrarian Capitalism*, S. 159; Cobb, *The Most Southern Place on Earth*, S. 55, 70; W. E. B. Du Bois, «Die Negerfrage in den Vereinigten Staaten», *Archiv für Sozialwissenschaft*, 22 (1906), S. 52; Reid Jr., «Sharecropping as an Understandable Market Response», S. 116.

21 Wright, «The Strange Career», S. 172, 176; Cobb, *The Most Southern Place on Earth*, S. 102; Harold D. Woodman, «Economic Reconstruction and the Rise of the New South, 1865–1900», in John B. Boles und Evelyn Thomas Nolan (Hg.), *Interpreting Southern History: Historiographical Essays in Honor of Sanford W. Higginbotham*. Baton Rouge, LA 1987, S. 268; Du Bois, «Die Negerfrage in den Vereinigten Staaten», S. 41; C. L. Hardeman an John C. Burns, 11. Dezember 1875, John C. Burns Papers, Mississippi Department of Archives and History, zit. n. Cobb, *The Most Southern Place on Earth*, S. 63; Eric Hobsbawm, *Das imperiale*

Zeitalter *1875–1914*. Frankfurt a. M. 1987, S. 53.
22 Wright, «The Strange Career», S. 170, 172. In einer Diskussion zur wachsenden globalen Baumwollnachfrage nach dem Krieg argumentierte Gavin Wright, dass der Zuwachs sich 1860 verlangsamte, womit er den katastrophalen Zustand der Baumwollwirtschaft nach dem Krieg erklärt. John R. Hanson meinte dagegen, diese Verlangsamung sei erst in den 1870er Jahren gekommen. Wright habe nicht die wachsende Nachfrage aus Kontinentaleuropa beachtet und sich nur auf England konzentriert. Aber seine Kalkulationen konzentrieren sich auch nur auf Baumwolle aus den USA, nicht aus dem Rest der Welt. John R. Hanson II, «World Demand for Cotton during the Nineteenth Century: Wright's Estimates Re-examined», *Journal of Economic History*, 39, 4 (1979), S. 1015 f., 1018 f.
23 *Southern Cultivator* (26. 1. 1868), S. 13; O'Donovan, *Becoming Free in the Cotton South*, S. 117; Cobb, *The Most Southern Place on Earth*, S. 91, 104, 114; Woodman, «Economic Reconstruction», S. 291; Wright, «The Strange Career», S. 173; Reidy, *From Slavery to Agrarian Capitalism*, S. 225; Aiken, *The Cotton Plantation South*, S. 23.
24 Steven Hahn, «Class and State in Postemancipation Societies: Southern Planters in Comparative Perspective», *American Historical Review*, 95, 1 (1990), S. 83 f., 96.
25 David F. Weiman, «The Economic Emancipation of the Non-Slaveholding Class: Upcountry Farmers in the Georgia Cotton Economy», *Journal of Economic History*, 45, 1 (1985), S. 72, 76, 78.
26 Ebd., S. 84; Du Bois, «Die Negerfrage in den Vereinigten Staaten», S. 38; Ernst von Halle, *Baumwollproduktion und Pflanzungswirtschaft in den Nordamerikanischen Südstaaten*, Zweiter Teil: *Sezessionskrieg und Rekonstruktion*. Leipzig 1906, Nachdruck Bad Feilnbach 1990, S. 531, 661 f.; Foner, *Reconstruction*, S. 394.
27 *Southern Cultivator* (29. 6. 1871), S. 221; Cobb, *The Most Southern Place on Earth*, S. 110; Jerre Mangione und Ben Morreale, *La Storia: Five Centuries of the Italian American Experience*. New York 1992, S. 185; Aiken, *The Cotton Plantation South*, S. 61; die zutiefst rassistische Studie von E. Merton Coulter, *James Monroe Smith: Georgia Planter*. Athens, GA 1961, S. 9, 14, 17, 35, 37, 67–69, 84, 90. Er hatte für diese Sträflinge zwölf Lager auf seinen Plantagen.
28 Julia Seibert, «Travail Libre ou Travail Forcé? Die ‹Arbeiterfrage› im belgischen Kongo 1908–1930», *Journal of Modern European History*, 7, 1 (2009), S. 95–110; Du Bois, «Die Negerfrage in den Vereinigten Staaten», S. 44.
29 *Historical Statistics of the United States, Colonial Times to the Present*, S. 518, 899; United States Bureau of Statistics, Department of the Treasury, *Cotton in Commerce: Statistics of United States, United Kingdom, France, Germany, Egypt, and British India*. Washington, D. C. 1895, S. 29; Direction Générale des Douanes, *Tableau décennal du commerce de la France avec ses colonies et les puissances étrangères, 1887–96*. Paris 1896, S. 2, 108; *Statistisches Jahrbuch für das Deutsche Reich*, 13 (1892), S. 82 f.; *Statistical Abstracts for the United Kingdom in each of the Last Fifteen Years from 1886 to 1900*. London 1901, S. 92 f.
30 *Report of the Bombay Chamber of Commerce for the Year 1865–66*. Bombay 1867, S. 213; B. R. Mitchell, *International Historical Statistics: Africa, Asia & Oceania, 1750–2005*. Basingstoke 2007, S. 354; F. M. W. Schofield, Department of Revenue and Agriculture,

Simla, 15. September 1888, 10, Proceedings, Part B, Nos 6–8, April 1889, Fibres and Silk Branch, Department of Revenue and Agriculture, NAI; *Statistical Abstract Relating to British India from 1903–04 to 1912–13*. London 1915, S. 188; *Statistical Tables Relating to Indian Cotton: Indian Spinning and Weaving Mills*. Bombay 1889, S. 59; Toyo Menka Kaisha, *The Indian Cotton Facts 1930*. Bombay 1930, S. 54; Dwijendra Tripathi, «India's Challenge to America in European Markets, 1876–1900», *Indian Journal of American Studies*, 1, 1 (1969), S. 58; «wesentliche Hilfe»: *Bericht der Handelskammer Bremen über das Jahr 1913*. Bremen 1914, S. 38; *Report of the Bombay Chamber of Commerce for the Year 1865–66*, S. 213. Die Permanenz dieses Wandels betont auch Staubli, *Reich und Arm mit Baumwolle*, S. 66; *Statistical Abstracts for British India from 1911–12 to 1920–21*. London 1924, S. 476 f. In einem Großteil der Literatur über die Folgen des Bürgerkriegs auf Indien herrscht eine unglückliche Tendenz, den Blick auf das Verhältnis zwischen Indien und England zu beschränken, was den viel wichtigeren Baumwollhandel mit Kontinentaleuropa und Japan ignoriert. Zur «empirezentrischen» Sicht z. B.: Logan, «India's Loss of the British Cotton Market» und auch Wright, «Cotton Competition». Zur Bedeutung der kontinentaleuropäischen Märkte siehe John Henry Rivett-Carnac, *Report of the Cotton Department for the Year 1868–69*. Bombay 1869, S. 139; C. B. Pritchard, *Annual Report on Cotton for the Bombay Presidency for the Year 1882–83*. Bombay 1883, S. 2; zum japanischen Markt: S. V. Fitzgerald und A. E. Nelson, *Central Provinces District Gazetteers, Amraoti District*, Bd. A. Bombay 1911, S. 192, C/V/27/65/6, Oriental and India Office Collections, BL. Zur wachsenden Bedeutung indischer Baumwolle für Europa: Tripathi, «India's Challenge to America in European Markets, 1876–1900», S. 57–65; *Statistical Abstracts for the United Kingdom for Each of the Fifteen Years from 1910 to 1924*, S. 114 f.; Todd, *World's Cotton Crops*, S. 45; «Report by F. M. W. Schofield, Department of Revenue and Agriculture, Simla, 15 Sept. 1888», Department of Revenue and Agriculture, Fibres and Silk Branch, April 1889, Nos. 6–8, Part B, NAI; A. J. Dunlop an den Sekretär der Handelskammer, Bombay, Alkolale, 11. Juni 1874 Proceedings, Part B., Juni 1874, Nr. 41/42, Fibres and Silk Branch, Agriculture and Commerce Department, Revenue, NAI; «Statement Exhibiting the Moral and Material Progress and Condition of India, 1895–96», S. 109, SW 241, Oriental and India Office Collections, BL.

31 Mitchell, *International Historical Statistics: The Americas*, S. 227, 316.

32 International Federation of Master Cotton Spinners' and Manufacturers' Associations, *Official Report of the International Congress, Held in Egypt, 1927*. Manchester 1927, S. 49; Arnold Wright (Hg.), *Twentieth Century Impressions of Egypt: Its History, People, Commerce, Industries, and Resources*. London 1909, S. 280; Mitchell, *International Historical Statistics: Africa, Asia & Oceania*, S. 265; *Twentieth Century Impressions of Egypt*, S. 280; *Official Report of the International Congress, Held in Egypt, 1927*, S. 28.

33 Von 1866 bis 1905 stieg die Zahl der Spindeln in Brasilien um das 53-Fache. Die Ausführungen über Brasilien basieren auf *Estatísticas históricas do Brasil: séries económicas, demográficas e sociais de 1550 a 1988*. Rio de Janeiro 1990, S. 346; Stein, *The Brazilian Cotton Manufacture*, S. 191; Edward Mead Earle argumentiert, ohne den Krieg

hätte die Expansion der Baumwollproduktion in Ägypten ein halbes Jahrhundert gebraucht: «Egyptian Cotton and the American Civil War», *Political Science Quarterly*, 41, 4 (1926), S. 522. Die Permanenz dieses Wandels betont auch Alan Richards, *Egypt's Agricultural Development, 1800–1980: Technical and Social Change*. Boulder, CO 1982, S. 31; Ellison, *The Cotton Trade of Great Britain*, S. 91.

34 Rivett-Carnac, *Report of the Cotton Department*, S. 13, 114, 131; Alfred Comyn Lyall (Hg.), *Gazetteer for the Haiderábád Assigned Districts Commonly called Berár*. Bombay 1870, S. 161; Charles B. Saunders, *Administration Report by the Resident at Hyderabad; including a Report on the Administration of the Hyderabad Assigned Districts for the Year 1872-73*. Hyderabad 1872, S. 12.

35 Zum Telegraphen: Laxman D. Satya, *Cotton and Famine in Berar*. New Delhi 1997, S. 152, 142. India and Bengal Despatches, Bd. 82, 17. August 1853, S. 1140–1142, Board of Directors, EIC London, an Financial/Railway Department, Government of India, zit. n. Satya, *Cotton and Famine in Berar*, S. 142; zur Finanzierung: Aruna Awasthi, *History and Development of Railways in India*. New Delhi 1994, S. 92; General Balfour, zit. n. Rivett-Carnac, *Report of the Cotton Department*, S. 114; zum Verhältnis von Eisenbahnen und Waren aus Manchester ebd., S. 155; Fitzgerald und Nelson, *Central Provinces District Gazetteers, Amraoti District*, S. 248; Report on the Trade of the Hyderabad Assigned Districts for the Year 1883–84, S. 2, V/24, Hyderabad Assigned Districts, India, Department of Land Records and Agriculture., Reports, India Office Records, BL; Jürgen Osterhammel, *Kolonialismus: Geschichte, Formen, Folgen*. München 2006, S. 10; Zitat über Khamgaon aus Satya, *Cotton and Famine in Berar*, S. 173; Informationen über Kaufleute aus John Henry Rivett-Carnac, *Many Memories of Life in India, At Home, and Abroad*. London 1910, S. 166, 169; *ToI* (11. 3. 1870), S. 193, 199.

36 *Journal of the Society of Arts* 24 (25. 2. 1876), S. 260; Rivett-Carnac, *Report of the Cotton Department*, S. 100; Satya, *Cotton and Famine in Berar*, S. 153.

37 Formation of a Special Department of Agriculture, Commerce a Separate Branch of the Home Department, 9. April 1870, S. 91–102, Public Branch, Home Department, NAI; Douglas E. Haynes, «Market Formation in Khandeshh, 1820–1930», *Indian Economic and Social History Review*, 36, 3 (1999), S. 294; *Asiatic Review* (1. 10. 1914), S. 298–364; Bericht von E. A. Hobson, S. 11, Department of Revenue and Agriculture, Fibres and Silk Branch, November 1887, Nr. 22–23, Part «B», in NAI. 1863 bemerkte Charles Wood tatsächlich, dass «die gegenwärtige Lage die einheimische Spinnerei zurückdrängt», Charles Wood an James Bruce, Earl of Elgin, 16. Juni 1863, MSS EUR F 78, LB 13, Wood Papers, Oriental and India Office Collections, BL; A. J. Dunlop, Vizebevollmächtigter für Baumwolle, an den Sekretär der Handelskammer, Bombay, Camp Oomraoti, 6. November 1874, Revenue, Agricultural and Commerce Department, Fibres and Silk Branch, Proceedings, Teil B, November 1874, Nr. 5, NAI; Satya, *Cotton and Famine in Berar*, S. 146, 183; Fitzgerald und Nelson, *Central Provinces District Gazetteers, Amraoti District*, S. 248; gedruckter Brief von A. J. Dunlop an den Sekretär der Regierung von Indien, Revenue, Agriculture and Commerce, Hyderabad, 2. April 1878, Report on the Trade of the Hyderabad

Assigned Districts for the Year 1877–78, S. 6, V/24, Hyderabad Assigned Districts, India, Department of Land Records and Agriculture, Reports, Oriental and India Office Collections and Private Papers, BL; Rivett-Carnac, *Report of the Cotton Department*, S. 91; Charles Wood an Sir Charles Trevelyan, 9. April 1863, MSS EUR F 78, LB 12, Wood Papers, Oriental and India Office Collections, BL.

38 Satya, *Cotton and Famine in Berar*, S. 136 f., 180. Auch in den Nordwestprovinzen stieg die mit Baumwolle bebaute Fläche von 381 230 Hektar 1861 auf 692 250 Hektar 1864. Logan, «India's Loss of the British Cotton Market», S. 46; George Watt, *The Commercial Products of India*. London 1908, S. 600.

39 Timothy Mitchell, *Rule of Experts: Egypt, Techno-Politics, Modernity*. Berkeley, CA 2002, S. 57, 66–68, 71.

40 Ebd., S. 62 f. 67, 70 f., 73; High Commissioner for Egypt and the Sudan, *Reports by His Majesty's Agent and Consul-General on the Finances, Administration, and Condition of Egypt and the Soudan*. London 1902, S. 24; International Federations of Master Cotton Spinners' and Manufacturers' Associations, *Official Report: Egypt and Anglo-Egyptian Soudan*. Manchester 1921, S. 66.

41 Mitchell, *Rule of Experts*, S. 55, 63, 66, 72, 76.

42 Satya, *Cotton and Famine in Berar*, S. 78, 85, 169. Schon Karl Marx erkannte, dass die Kernforderung der Fabrikbesitzer Infrastrukturverbesserungen in Indien waren, um die Baumwolle an die Küste zu transportieren. Karl Marx und Friedrich Engels, «Die künftigen Ergebnisse der britischen Herrschaft in Indien» (1853), *Aufstand in Indien*. Berlin (Ost) 1978, S. 264; Sandip Hazareesingh, «Cotton, Climate and Colonialism in Dharwar, Western India, 1840–1880», *Journal of Historical Geography*, 38, 1 (2012), S. 14.

43 *How to Make India Take the Place of America as Our Cotton Field*. London o. J. [wahrscheinlich 1863], S. 7.

44 Thomas Bazley, zit. n. *Merchants' Magazine and Commercial Review*, 45, 5 (1861), S. 483; Satya, *Cotton and Famine in Berar*, S. 34, 47, 59, 62, 87, 91, 95; Fitzgerald und Nelson, *Central Provinces District Gazetteers, Amraoti District*, S. 147, 226; A. C. Lydall, *Gazetteer for the Haidarabad Assigned Districts, Commonly Called Berar*, C/V/27/65/112, Oriental and India Office Collections, BL. Bombay 1870, S. 96; Hazareesingh, «Cotton, Climate and Colonialism», S. 12.

45 David Hall-Matthews, «Colonial Ideologies of the Market and Famine Policy in Ahmednagar District, Bombay Presidency, c. 1870–1884», *Indian Economic and Social History Review*, 36, 3 (1999), S. 307; Satya, *Cotton and Famine in Berar*, S. 80 f. Auf ähnliche Weise besteuerte der osmanische Staat zunehmend die lokale Bevölkerung der Çukurova-Ebene in der Südtürkei, so dass sie Lohnarbeit verrichten oder bei Infrastrukturprojekten arbeiten musste. Siehe Meltem Toksöz, «The Çukurova: From Nomadic Life to Commercial Agriculture, 1800–1908». Diss., State University of New York at Binghamton 2000, S. 75.

46 Satya, *Cotton and Famine in Berar*, S. 161.

47 Christof Dejung, «The Boundaries of Western Power: The Colonial Cotton Economy in India and the Problem of Quality», in ders. und Niels P. Petersson (Hg.), *The Foundations of Worldwide Economic Integration: Power, Institutions, and Global Markets, 1850–1930*. Cambridge 2012, S. 149 f.

48 *Official Report of the International Congress, Held in Egypt, 1927*, S. 64; E. B. Francis, «Report on the Cotton

Cultivation in the Punjab for 1882–1883», Lahore, 1882, V/24/441, Financial Commission, Oriental and India Office Collections, BL.
49 F. M. W. Schofield, Department of Revenue and Agriculture, Simla, September 15, 1888, Proceedings, Teil B, Nr. 6–8, April 1889, Fibres and Silk Branch, Department of Revenue and Agriculture, NAI; Peter Harnetty, «The Cotton Improvement Program in India, 1865–1875», *Agricultural History,* 44, 4 (1970), S. 389; Satya, *Cotton and Famine in Berar,* S. 156 f.
50 Alfred Charles True, *A History of Agricultural Experimentation and Research in the United States, 1607–1925.* Washington, D. C. 1937, S. 41 f., 64, 184, 199, 218, 221, 251, 256; I. Newton Hoffmann, «The Cotton Futures Act», *Journal of Political Economy,* 23, 5 (1915), S. 482; Julia Obertreis, *Imperial Desert Dreams: Irrigation and Cotton Growing in Southern Central Asia, 1860s to 1991* (unveröff. Manuskript, 2009), Kap. 1, S. 66. Ab 1899 veröffentlichte die Landwirtschaftsschule eine Zeitschrift, die diese Informationen auf Arabisch verbreitete: *Magazine of the Society of Agriculture and Agricultural School,* 1 (1899), National Library, Kairo; *L'Agriculture: Journal Agricole, Industrial, Commercial et Economique* (ab 1891, meist auf Arabisch), National Library, Kairo; *Official Report of the International Congress, Held in Egypt, 1927,* S. 54.
51 Satya, *Cotton and Famine in Berar,* S. 155; C. N. Livanos, *John Sakellaridis and Egyptian Cotton.* Alexandria 1939, S. 79; Harnetty, «The Cotton Improvement Program», S. 383.
52 Hazareesingh, «Cotton, Climate and Colonialism», S. 7.
53 Zu Sudan siehe *Bremer Handelsblatt* (28. 6. 1873), S. 229; zu Irak siehe W. F. Bruck, *Türkische Baumwollwirtschaft. Eine kolonialwirtschaftliche und -politische Untersuchung.* Jena 1919, S. 99; zu Burma siehe E. S. Symes, «Report on the Cultivation of Cotton in British Burma for the Year 1880–81», Rangun, Revenue Department, V/24/446, Oriental and India Office Collections, BL. Zu Australien siehe: «Cotton Production in Queensland from 1866 to 1917», A 8510–12/11, Advisory Council of Science and Industry Executive Committee, Cotton Growing, Correspondence with Commonwealth Board of Trade, National Archives of Australia; *Adelaide Advertiser* (11. 1. 1904); Memorandum from Advisory Council to Commonwealth Board of Trade, September 13, 1918, in A 8510, 12/11, Advisory Council of Science and Industry Executive Committee, Cotton Growing, Correspondence with Commonwealth Board of Trade, National Archives of Australia.
54 Marc Bloch, «Für eine vergleichende Geschichtsbetrachtung der europäischen Gesellschaften», in Matthias Middell und Peter Schöttler (Hg.), *Alles Gewordene hat Geschichte: die Schule der ANNALES in ihren Texten; 1929–1992.* Leipzig 1994, S. 121–167.
55 Michael Mann, «Die Mär von der freien Lohnarbeit: Menschenhandel und erzwungene Arbeit in der Neuzeit», in ders. (Hg.), *Menschenhandel und unfreie Arbeit.* Leipzig 2003, S. 19; Marcel van der Linden, *Workers of the World: Essays Toward a Global Labor History.* Boston 2008, S. 18–32, 52–54.
56 Satya, *Cotton and Famine in Berar,* S. 95; *Twentieth Century Impressions of Egypt,* S. 281, 284; *Official Report of the International Congress, Held in Egypt, 1927,* S. 95; Arno S. Pearse, *Brazilian Cotton.* Manchester 1922, S. 75, 81; Michael J. Gonzales, «The Rise of Cotton Tenant Farming in Peru, 1890–1920: The Condor Valley», *Agricultural His-*

tory, 65, 1 (1991), S. 53, 58; George McCutcheon McBride, «Cotton Growing in South America», *Geographical Review*, 9, 1 (1920), S. 42; Toksöz, «The Çukurova», S. 203, 246.

57 A. T. Moore, Inspector in Chief, Cotton Department, Report, Proceedings, Teil B., März 1875, Nr. 1/2, Fibres and Silk Branch, Agriculture and Commerce Department, Revenue, NAI; Hall-Matthews, «Colonial Ideologies of the Market», S. 307: Nelson, *Central Provinces Gazetteers, Buldana District*. Kalkutta 1910, S. 228; Toksöz, «The Çukurova», S. 272; Bruck, *Türkische Baumwollwirtschaft*, S. 41, 67.

58 Klein und Engerman, «The Transition from Slave to Free Labor». In der Zuckerindustrie spielten dagegen nach der Sklavenbefreiung Vertragsarbeiter eine wichtige Rolle. Der Unterschied hat wohl damit zu tun, dass die Zuckerproduktion viel kapitalintensiver ist als der Baumwollanbau und dass es Skaleneffekte, d. h. Größenvorteile beim Zucker gibt, die bei der Baumwolle nicht existieren. Siehe v. a.: Rebecca J. Scott, *Slave Emancipation in Cuba: The Transition to Free Labor, 1860–1899*. Princeton, N. J. 1985; David Northrup, *Indentured Labor in the Age of Imperialism, 1834–1922*. New York 1995; Frederick Cooper, Thomas C. Holt und Rebecca J. Scott, *Beyond Slavery: Explorations of Race, Labor, and Citizenship in Postemancipation Societies*. Chapel Hill, N. C. 2000.

59 Richards, *Egypt's Agricultural Development*, S. 55, 61.

60 William K. Meyers, *Forge of Progress, Crucible of Revolt: Origins of the Mexican Revolution in La Comarca Lagunera, 1880–1911*. Albuquerque, N. M. 1994, S. 4, 6, 33 f., 48, 51.

61 Ebd., S. 40, 120, 346. Werner Tobler, *Die mexikanische Revolution: gesellschaftlicher Wandel und politischer Umbruch, 1876–1940*. Frankfurt a. M. 1984, S. 70 f.; Meyers, *Forge of Progress, Crucible of Revolt*, S. 116 f.

62 Ebd., S. 123–125, 131; zu Peru: Gonzales, «The Rise of Cotton Tenant Farming», S. 71; zu Ägypten: Mitchell, *Rule of Experts*.

63 Manchester Chamber of Commerce, *The Forty-Second Annual Report of the Board of Directors for the Year 1862*. Manchester 1863, S. 22; Rosa Luxemburg, «Die Akkumulation des Kapitals», *Gesammelte Werke*, Bd. 5. Berlin (Ost) 1981, S. 311 f., 317; Karl Polanyi, *The Great Transformation*. Boston 1968, S. 72–75.

64 Hobsbawm, *Das imperiale Zeitalter*, S. 58 f., 61, 64 f., 75, 82, 86, 91–94; zu diesem Konzept v. a. Osterhammel und Petersson, *Geschichte der Globalisierung*, S. 69; Sven Beckert, «Space Matters» (in Vorb.); Charles S. Maier, «Consigning the Twentieth Century to History: Alternative Narratives for the Modern Era», *American Historical Review*, 105, 3 (2000), S. 807–831.

65 *Official Report of the International Congress, Held in Egypt, 1927*, S. 31; «Rapport sur l'organisation du travail libre»; Procès verbaux des séances de la commission du travail aux colonies, 1873–1874, 1105/Gen 127/473, Fonds Ministérielle, Archives d'outre-Mer, Aix-en-Provence; «Régime du travail dans les colonies, rapport, 1875», 1152/Gen 135/475, Fonds Ministérielle, ebd.; *Liverpool Mercury* (23. 9. 1863), S. 6; Atkinson, *Cheap Cotton by Free Labor*, S. 478; Note der Spanischen Botschaft in Paris, nicht datiert, 994/Gen 117/474, Fonds Ministérielle; Kopie eines Berichts von R. B. D. Morier an den Staatssekretär, The Marquis of Salisbury, 12. Oktober 1889, Revenue Department, Compilations, 1890, Bd. 51, Compilation Nr. 476, «Establishment by the Russian Government of a Model Cotton Plantation in the Merva Oasis», MSA; Rinji Sangyo

Chosa Kyoku, *Chosen ni Okeru Menka ni Kansuru Chosa Seiseki*, August 1918; No-Shomu Sho Nomu Kyoku, *Menka ni Kansuru Chosa*, March 1913.

66 In vielen anderen Ländern, etwa in Peru, wurden nach dem Bürgerkrieg Farmen und Teilpacht die beherrschende Form des Baumwollanbaus.

Vincent Peloso, *Peasants on Plantations: Subaltern Strategies of Labor and Resistance in the Pisco Valley, Peru*. Durham, N. C. 1999; Michael R. Haines, «Wholesale Prices of Selected Commodities: 1784–1998», *Historical Statistics of the United States, Earliest Times to the Present*, Table Cc205–266.

Anmerkungen Kapitel 11

1 John R. Killick, «Atlantic and Far Eastern Models in the Cotton Trade, 1818–1980», University of Leeds School of Business and Economic Studies, Discussion Paper Series (Juni 1994), S. 1; Tōyō Menka Kaisha, *The Indian Cotton Facts 1930*. Bombay 1930, o. S.

2 Zu Khangaon u. a. Rivett-Carnac, *Report of the Cotton Department for the Year 1868–69*. Bombay 1869, S. 98–100, 131; A. C. Lydall, *Gazetteer for the Haidarabad Assigned Districts, Commonly Called Berar*. Bombay 1870, S. 230, V/27/65/112, Oriental and India Office Collections, BL.

3 Haywood an Messrs. Mosley and Hurst, Manchester, 15. Mai 1861, abgedr. in *ToI*, (18. 7. 1861), S. 3; sehr ähnlich im *Cotton Supply Reporter* (15. 6. 1861), S. 530; «Cotton Districts of Berar and Raichove Doab», India Office, London, 17. Dezember 1862, an Governor in Council Bombay, Compilation Nr. 119, Revenue Department, Compilations, 1862–1864, Bd. 26, MSA. Dasselbe Argument bei J. B. Smith in einer Parlamentsdebatte am 19. Juni 1862: *Hansard's Parliamentary Debates*, Third Series, Bd. 167. London 1862, S. 761; *Cotton Supply Reporter* (2. 1. 1865); Silver, *Manchester Men and Indian Cotton*, S. 179; A. J. Dunlop an den Secretary of the Government of India, *Revenue, Agriculture and Commerce*, Hyderabad, April 2, 1878, Hyderabad Assigned Districts, India, Department of Land Records and Agriculture, Reports, 1876–1891, record group V/24, file 4266, Oriental and India Office Collections, BL.

4 Zur Firmengeschichte J. Anderegg, «Volkart Brothers, 1851–1976», Bd. 1, S. 42, unveröff. Manuskript, Volkart-Archiv, Winterthur. Zur Entwicklung des indischen Baumwollhandels aus Sicht der Volkarts siehe Jakob Brack-Liechti, «Einige Betrachtungen über den indischen Baumwollmarkt aus älterer Zeit», 23. 2. 1918, Volkart-Archiv, Winterthur, Schweiz; Salomon Volkart an «Bombay», Winterthur, 17. März 1870, Korrespondenz Salomon Volkart, zweites Kopienbuch, Winterthur, 1865–1867, ebd.; Salomon Volkart an «Bombay», Winterthur, 27. Mai 1870, ebd.

5 Hyderabad Assigned Districts, Land Records and Agriculture Department, *Report on the Rail and Road-borne Trade in the Hyderabad Assigned Districts for the Year 1894–95*. Hyderabad 1895, Appendix B; Satya, *Cotton and Famine in Berar*, S. 168; Hyderabad Assigned Districts, Land Records and Agriculture Department, *Report on the Trade of the Hyderabad … 1882–83*. Hyderabad 1883, S. 4, V/24, Hyderabad Assigned Districts, India, Department of Land Records and Agriculture, Reports, Oriental and India Office Collections, BL; Korrespondenz

Salomon Volkart, zweites Kopienbuch, Winterthur, 1865–1867, Volkart-Archiv, Winterthur; «The Volkart's United Press Company Limited, Dossier 10, ebd.; «Chronology of Events in Bombay», Dossier 3, Bombay 1:4, ebd.; Walter Rambousek, Armin Vogt und Hans Volkart, *Volkart: die Geschichte einer Welthandelsfirma.* Frankfurt a. M. 1990, S. 72; Tōyō Menka Kaisha, *The Indian Cotton Facts 1930,* S. 50 f.; Gedruckter Brief von A. J. Dunlop an Secretary of the Government of India, Revenue, Agriculture and Commerce, Hyderabad, 2. April 1878, *Report on the Trade of the ... for the Year 1877-78,* S. 4, V/24, Hyderabad Assigned Districts, India, Department of Land Records and Agriculture, Reports, Oriental und India Office Collections, BL. Details dieser Geschichte in Fohlen, *L'industrie textile,* S. 363; Kagotani Naoto, «Up-Country Purchase Activities of Indian Raw Cotton by Tōyō Menka's Bombay Branch, 1896–1935», in Linda Grove und S. Sugiyama, *Commercial Networks in Modern Asia.* Richmond 2001, S. 199 f.

6   Christof Dejung, «The Boundaries of Western Power: The Colonial Cotton Economy in India and the Problem of Quality», in ders. und Niels P. Petersson (Hg.), *The Foundations of Worldwide Economic Integration: Power, Institutions, and Global Markets, 1850–1930.* Cambridge 2012, S. 148.

7   Douglas E. Haynes, «Market Formation in Khandesh, 1820–1930», *Indian Economic and Social History Review,* 36, 3 (1999), S. 294; *The Asiatic Review* (1. 10. 1914), S. 294; C. A. Bayly, *The Birth of the Modern World, 1780–1914.* Oxford 2004, S. 138; Dwijendra Tripathi, «An Echo Beyond the Horizon: The Effect of American Civil War on India», in T. K. Ravindran (Hg.), *Journal of Indian History: Golden Jubilee Volume.* Trivandrum 1973, S. 660; Vicziany, «Bombay Merchants and Structural Changes» ; dies., «The Cotton Trade and the Commercial Development of Bombay, 1855–75». Diss., University of London 1975, S. 170 f.

8   Arnold Wright (Hg.), *Twentieth Century Impressions of Egypt: Its History, People, Commerce, Industries, and Resources.* London 1909, S. 285. Kitroeff, Alexander Kitroeff, *The Greeks in Egypt, 1919–1937.* London 1989, S. 76, 86 EN; *Ekthesis tou en Alexandria Genikou Proxeniou tis Egyptou 1883–1913.* Athen 1915, S. 169 f.

9   Meltem Toksöz, «The Çukurova: From Nomadic Life to Commercial Agriculture, 1800–1908». Diss., State University of New York at Binghamton 2000, S. 103, 106, 120, 125, 137, 174, 191, 193, 245; W. F. Bruck, *Türkische Baumwollwirtschaft: Eine kolonialwirtschaftliche und -politische Untersuchung.* Jena 1919, S. 9; William K. Meyers, *Forge of Progress, Crucible of Revolt: Origins of the Mexican Revolution in La Comarca Lagunera, 1880–1911.* Albuquerque, N. M. 1994, S. 48; Charles S. Aiken, *The Cotton Plantation South Since the Civil War.* Baltimore 1998, S. 60.

10   L. Tuffly Ellis, «The Revolutionizing of the Texas Cotton Trade, 1865–1885», *Southwestern Historical Quarterly,* 73, 4 (1970), S. 479.

11   Harold D. Woodman, «The Decline of Cotton Factorage after the Civil War», *American Historical Review,* 71, 4 (1966), S. 1220 f., 1236; Ellis, «The Revolutionizing of the Texas Cotton Trade», S. 504 f.

12   Ellis, «The Revolutionizing of the Texas Cotton Trade», S. 1224; Aiken, *The Cotton Plantation South Since the Civil War,* S. 39; Woodman, «The Decline of Cotton Factorage after the Civil War», S. 1223, 1231, 1228; John R. Killick, «The Transformation of Cotton Marketing in the Late Nineteenth

Century: Alexander Sprunt and Son of Wilmington, N. C., 1884–1956», *Business History Review*, 55, 2 (1981), S. 162, 168.

13 Ellison, *The Cotton Trade of Great Britain*, S. 280; Killick, «Atlantic and Far Eastern Models in the Cotton Trade», S. 17.

14 Albert C. Stevens, «‹Futures› in the Wheat Market», *Quarterly Journal of Economics*, 2, 1 (1887), S. 37–63; Jonathan Ira Levy, «Contemplating Delivery: Futures Trading and the Problem of Commodity Exchange in the United States, 1875–1905», *American Historical Review*, 111, 2 (2006), S. 314; Alston Hill Garside, *Cotton Goes to Market: A Graphic Description of a Great Industry*. New York 1935, S. 166. Zu den Diskussionen, die zur Einführung von Termingeschäften in Bremen führten: W II, 3, Baumwollterminhandel, Archiv der Handelskammer Bremen; *Frankfurter Zeitung* (4. 2. 1914).

15 Kenneth J. Lipartio, «The New York Cotton Exchange and the Development of the Cotton Futures Market», *Business History Review*, 57 (1983), S. 52.

16 Alfred D. Chandler, Jr., *The Visible Hand: The Managerial Revolution in American Business*. Cambridge, MA 1977, S. 214; Lipartio, «The New York Cotton Exchange», S. 54.

17 Ebd., S. 53; Garside, *Cotton Goes to Market*, S. 133, 166.

18 Garside, *Cotton Goes to Market*, S. 54 f., 68, 145; Jamie L. Pietruska, «‹Cotton Guessers›: Crop Forecasters and the Rationalizing of Uncertainty in American Cotton Markets, 1890–1905», in Hartmut Berghoff, Philip Scranton und Uwe Spiekermann (Hg.), *The Rise of Marketing and Market Research*. New York 2012, S. 49–72; Michael Hovland, «The Cotton Ginnings Reports Program at the Bureau of the Census», *Agricultural History*, 68, 2 (1994), S. 147; N. Jasny, «Proposal for Revision of Agricultural Statistics», *Journal of Farm Economics*, 24, 2 (1942), S. 402; H. Parker Willis, «Cotton and Crop Reporting», *Journal of Political Economy*, 13, 4 (1905), S. 507; International Institute of Agriculture, Bureau of Statistics, *The Cotton-Growing Countries; Production and Trade*. Rom 1922.

19 Guha, «The Decline of India's Cotton Handicrafts», S. 44; *Statistical Abstracts Relaying to British India from 1840 to 1865*. London 1867, Tabelle 29: «Value of the Principal Articles of Merchandise and Treasure Imported into British India, by Sea, from Foreign Countries, in each of the Years ended 30th April»; Farnie, *The English Cotton Industry and the World Market*, S. 101; Lars G. Sandberg, «Movements in the Quality of British Cotton Textile Exports, 1815–1913», *Journal of Economic History*, 28, 1 (1968), S. 1. Die Bedeutung kolonialer und semikolonialer Märkte war für die britische Industrie so groß, dass die Durchschnittsqualität von Garnen und Stoffen während des größten Teils des 19. Jh. sank, während europäische und nordamerikanische Fabrikanten zunehmend ihre geschützten Inlandsmärkte kontrollierten, ebd., S. 1–27.

20 Quellen für die Zahlen von 1820–1850: *Tables of Revenue, Population, Commerce, & c. of the United Kingdom and its Dependencies, Part I, From 1820 to 1831, Both Inclusive*. London 1833, S. 65, 67, 70; Ellison, *The Cotton Trade of Great Britain*, S. 63 f.; I. Watts, «Cotton,» *Encyclopaedia Britannica*, 9. Aufl., Bd. 6. Edinburgh 1877, S. 503 f., 1877; T. Bazley, «Cotton Manufacture», *Encyclopaedia Britannica*, 8. Aufl., Bd. 7. Edinburgh 1854, S. 453; Andrew Ure, *The Cotton Manufacture of Great Britain; Systematically Investigated … with*

an Introductory View of its Comparative State in Foreign Countries, Bd. 1. New York 1970, S. 65–70; Richard Burn, *Statistics of the Cotton Trade: Arranged in a Tabular Form: Also a Chronological History of its Various Inventions, Improvements, etc., etc.* London 1847, S. 1; Andrew Ure, *The Cotton Manufacture of Great Britain; Systematically Investigated ... with an Introductory View of its Comparative State in Foreign Countries*, Bd. 2. New York 1970, S. 328, 436; Farnie, *The English Cotton Industry and the World Market*, S. 91; zum Baumwollgarnexport von 1820–1850: Lars G. Sandberg, *Lancashire in Decline: A Study in Entrepreneurship, Technology, and International Trade*. Columbus 1974, S. 142, 145, 254–262. General Exports Table of Cotton Manufactures Exported from the United Kingdom to Foreign Countries, in *Annual Statement of the Trade and Navigation of the United Kingdom with Foreign Countries and British Possessions*, London 1856, S. 113–120; 1861, S. 152–157; 1866, S. 132–137; 1871, S. 123–127; 1876, S. 86–88; 1881, S. 86–88; 1886, S. 121–125; 1891, S. 123–128 u. S. 154–159; 1901, S. 381–402; 1906, S. 501–520; Compared with the Preceding Four Years, 1911, S. 306–320; 1916, S. 342–359; Vol. 3, 1921, S. 285–308.

21 Tagebuch einer Reise nach Kalkutta, Mss Eur F 349, Schachtel 1, Richard Kay Papers, Oriental and India Office Collections, BL; Elena Frangakis, «The Ottoman Port of Izmir in the Eighteenth and Early Nineteenth Centuries, 1695–1820», *Revue de l'Occident musulman et de la Méditerranée*. 39, 1 (1985), S. 150; Beinin, «Egyptian Textile Workers», S. 176; Davison und Harries, «Cotton Weaving in South-East Africa, S. 189; G. P. C. Thomson, «Continuity and Change in Mexican Manufacturing», in I. J. Baou (Hg.), *Between Development and Underdevelopment*. Genf 1991, S. 275; Robert A. Potash, *Mexican Government and Industrial Development in the Early Republic: The Banco de Avio*. Amherst, MA 1983, S. 27; H. G. Ward, *Mexico*. London 1829, S. 60; Robert Cliver zit. nach Prasannan Parthasarathi, «Global Trade and Textile Workers,» in van Voss, Hiemstra-Kuperus und van Nederveen Meerkerk (Hg.), *The Ashgate Companion to the History of Textile Workers*, S. 570.

22 Gisborne an Joshua Bates, Walton, 15. Oktober 1832, House Correspondence, HC 6.3, India and Indian Ocean, 1, ING Baring Archive, London; Hidy, *The House of Baring*, S. 104; Baring Brothers Liverpool an Baring Brothers London, 1. August 1836, House Correspondence, HC 3.35, 2, ebd. Brown Brothers exportierten auch Industriewaren. D. M. Williams, «Liverpool Merchants and the Cotton Trade, 1820–1850», S. 197; Kouwenhoven, *Partners in Banking*, S. 41; Bombay Chamber of Commerce, *Report of the Bombay Chamber of Commerce for the Year 1852–53*. Bombay 1853, S. 24 EN; Briefbuch, 1868–1869, Papers of McConnel & Kennedy, MCK, Schachtel 2/2/23, JRL; Briefbuch, Mai 1814 bis September 1816, Schachtel 2/2/5, ebd.; Dotter an Fielden Brothers, Kalkutta, 17. Oktober 1840, Correspondence Related to Commercial Activities, Mai 1812–April 1850, FDN, Schachtel 1/15, Papers of Fielden Brothers, JRL.

23 Stephen Broadberry und Bishnupriya Gupta, «Cotton Textiles and the Great Divergence: Lancashire, India and Shifting Competitive Advantage, 1600–1850», CEPR Discussion Paper Nr. 5183, London, Centre for Economic Policy Research (August 2005), S. 285; Jim Matson, «Deindustrialization or Peripherialization? The Case of Cotton Textiles in India, 1750–1950», in Sugata Bose (Hg.), *South Asia and World Capitalism*. New York 1990, S. 215.

24 *Report of the Bombay Chamber of Commerce for the Year 1852–53*, S. 23; J. Forbes Watson, *Collection of Specimens and Illustrations of the Textile Manufacturers of India (Second Series)*. London 1873, Bibliothek der Royal Asiatic Society of Bombay, Mumbai, ebd.; Teil A, Nr. 1, November 1906, 1, Industries Branch, Department of Commerce and Industry, NAI. Sehr ähnlich auch R. E. Enthoven, *The Cotton Fabrics of the Bombay Presidency*. Bombay 1897.

25 «Report on the Native Cotton Manufacturers of the District of Ning-Po» (China), Revenue Department, Compilations, Bd. 75, 1887, Compilation Nr. 919, MSA; *The Thirty-Fifth Annual Report of the Board of Directors of the Chamber of Commerce and Manufactures at Manchester, for the Year 1855*. Manchester 1856, S. 10 f.; Broadberry und Gupta, «Cotton Textiles and the Great Divergence», S. 285; Matson, «Deindustrialization or Peripherialization?», S. 215; Konrad Specker, «Madras Handlooms in the Nineteenth Century», in T. Roy (Hg.), *Cloth and Commerce*, S. 216; T. G. T., «Letters on the Trade with India», *The Asiatic Journal* (September–Dezember 1832), S. 256, zit. n. Baines, *History of the Cotton Manufacture in Great Britain*, S. 81 f. Interessant ist, dass Baines diese bengalischen Kaufleute zustimmend zitiert. Er gibt keine Quelle für den Brief an und nennt auch keine Namen dieser 117 Händler; interessante Statistiken über die Zölle auf indische Textilien vom späten 18. zum frühen 19. Jh. in Arno S. Pearse, *The Cotton Industry of India, Being the Report of the Journey to India*. Manchester 1930, S. 20.

26 Rivett-Carnac, *Report of the Cotton Department for the Year 1868–69*, S. 154.

27 Vgl. Anm. 20

28 Guha, «The Decline of India's Cotton Handicrafts», S. 56; zit. n. *ToI*, Overland Summary (8. 7. 1864), S.,4; *ToI*, Overland Summary (29. 10. 1863), S. 1; J. Talboys Wheeler, Assistant Secretary to the Government of India, «Memorandum on the Effect of the Rise in Cotton upon the Manufactured Article», 15. Dezember 1864, abgedr. in *ToI*, Overland Summary (13. 1. 1865), S. 3.

29 *The Thirty-Ninth Annual Report of the Board of Directors of the Chamber of Commerce and Manufactures at Manchester, for the Year 1859*. Manchester 1860, S. 22 f.

30 Nitya Naraven Banerjei, *Monograph on the Cotton Fabrics of Bengal*. Kalkutta 1898, S. 2, 8; «Final Report on the Famine of 1896/97 in the Bombay Presidency», 1898, Compilation Bd. 8, Revenue Department, MSA.

31 Teil A, Nr. 1, November 1906, 1, Industries Branch, Department of Commerce and Industry, NAI; Donald Quataert, «The Ottoman Empire, 1650–1922», in *The Ashgate Companion to the History of Textile Workers*, S. 480; Jacob Eyferth, «Women's Work and the Politics of Homespun in Socialist China, 1949–1980,» *International Review of Social History* (2012), S. 9 f.; Platt, *Latin America and British Trade*, S. 16; Lars Sundström, *The Trade of Guinea*. Lund 1965, S. 160.

32 Specker, «Madras Handlooms in the Nineteenth Century», S. 185; *Report of the Bombay Chamber of Commerce for the Year 1852–53*, S. 27; Bericht, Teil C, Nr. 1, 1. März 1906, Industries Branch, Commerce and Industry Department, NAI; Tirthankar Roy, «The Long Globalization and Textile Producers in India», in *The Ashgate Companion to the History of Textile Workers*, S. 266; M. P. Gandhi, *The Indian Cotton Textile Industry*, S. 82.

33 Beinin, «Egyptian Textile Workers», S. 181; Quataert, «The Ottoman Empire, 1650–1922», S. 479 f.; zu Afrika:

Marion Johnson, «Technology, Competition, and African Crafts», S. 267; Teil A, Nr. 1, November 1906, 3, Industries Branch, Department of Commerce and Industry, NAI.

34 Robert Cliver, «China», in Lex Heerma van Voss, Els Hiemstra-Kuperus and Elise van Nederveen Meerkerk, eds., *The Ashgate Companion to the History of Textile Workers, 1650–2000* (Burlington, VT: Ashgate, 2010), S. 111.

35 Brief an den Sekretär des Steueramts, Fort St. George, 21. November 1843, Revenue Branch, Revenue Department, NAI.

36 Petition der Weber des Bezirks Chingleput gegen die Webstuhlsteuer in der Provinz Madras, 8. Juni 1844, ebd.

37 Roy, «The Long Globalization and Textile Producers in India», S. 259; Guha, «The Decline of India's Cotton Handicrafts», S. 55; Matson, «Deindustrialization or Peripherialization?», S. 215.

38 Papers relating to Cotton Cultivation in India, MSS EUR F 78, S. 106, Wood Collection, Oriental and India Office Collections, BL. Siehe auch *ToI*, Overland Summary (24. 8. 1863), S. 1, (13. 11. 1864), S. 3, (18. 11. 1864), S. 1, (5. 7. 1861), S. 3, (27. 4. 1864), S. 5; Memorandum der Behörde für Landwirtschaft, Steuern und Handel, an das Innenministerium, Kalkutta, 24. Juni 1874, Revenue, Agriculture and Commerce Department, Fibres and Silk Branch, Juni 1874, Nr. 41/42, Teil B, NAI; Harnetty, «The Imperialism of Free Trade», S. 92; Earle, «Egyptian Cotton and the American Civil War», S. 521; Mitchell, *Rule of Experts*, S. 66.

39 Kurmuş, «The Cotton Famine and its Effects on the Ottoman Empire», S. 165 f., 168; Alan Richards, *Egypt's Agricultural Development, 1800–1980: Technical and Social Change*. Boulder, CO 1982, S. 55; Mitchell, *Rule of Experts*, S. 60–62.

40 Rivett-Carnac, *Report of the Cotton Department for the Year 1868–69*, S. 132; John Aiton Todd, *The World's Cotton Crops*. London 1915, S. 429–432 (in nominalen Zahlen); Hall-Matthews, «Colonial Ideologies of the Market», S. 303–333; Samuel Smith, *The Cotton Trade of England, Being a Series of Letters Written from Bombay in the Spring of 1863*. London 1863, S. 12 f.; Allen Isaacman und Richard Roberts, «Cotton, Colonialism, and Social History in Sub-Saharan Africa», S. 32, 34; Meyers, *Forge of Progress*, S. 126; Jorge Raul Colva, *El «Oro Blanco» en la Argentina*. Buenos Aires 1946, S. 15.

41 Daten aus «Index Numbers of Indian Prices 1861–1926», Nr. 2121, Kalkutta: Government of India Central Publication Branch, 1928, Summary Tables III and VI, Oriental and India Office Collections, BL. Zur neuen Unsicherheit durch die Integration des Weltmarkts siehe auch Nelson, *Central Provinces District Gazetteers, Amraoti District*, Bd. A, S. 226, V/27/65/6, Oriental and India Office Collections, BL; Hall-Matthews, «Colonial Ideologies of the Market», S. 307, 313; Memo der Behörde für Landwirtschaft, Steuern und Handel, Fibres and Silk Branch, an das Innenministerium, Kalkutta, 24. Juni 1874, Proceedings, Teil B, Juni 1874, Nr. 41/ 42, Fibres and Silk Branch, Agriculture and Commerce Department, Revenue, NAI; Logan, «India's Loss of the British Cotton Market after 1865», S. 46; Sir Charles Trevelyan in seiner Budgetrede für 1863: «Die Nachfrage nach Rohstoffen für den Export lässt sich nur befriedigen, wenn man für ihren Anbau einen großen Teil des Bodens nutzt, der bisher für den Getreideanbau genutzt wurde», zit. n. Iltudus Thomas Prichard, *The Administration of India, From 1859–1868*, Bd. 1. London 1869, S. 95; zu Ägypten:

E. R. J. Owen, *Cotton and the Egyptian Economy, 1820–1914: A Study in Trade and Development*. Oxford 1969, S. 159; zu Brasilien: Luiz Cordelio Barbosa, «Cotton in 19th Century Brazil: Dependency and Development», unveröff. Diss., University of Washington 1989, S. 31, 95–102, 105–108, 142.

42 Rivett-Carnac, *Report of the Cotton Department for the Year 1868–69*, S. 52.

43 Barbosa, «Cotton in 19th Century Brazil», S. 105. Er zeigt, dass Pernambuco bei Lebensmitteln nicht autark war, was gewaltigen Druck auf die Baumwollfarmer erzeugte, wenn der Preis für Baumwolle sank und der für Getreide stieg. Die Verbindung zwischen Hungersnot und der Ausweitung des Baumwollanbaus betont auch Hazareesingh, «Cotton, Climate and Colonialism in Dharwar», S. 16; zu den Hungersnöten im späten 19. Jahrhundert: Mike Davis, *Late Victorian Holocausts: El Niño Famines and the Making of the Third World*. New York 2001, S. 7; Nelson, *Central Provinces District Gazetteers, Amraoti District*, Bd. A, S. 275 f.; «Die Knappheit von 1896–97 wurde durch hohe Preise und nicht durch eine Missernte ausgelöst», berichtete der stellvertretende Bevollmächtigte des Bezirks Akola (in Berar) dem Untersuchungsausschuss über die indische Hungersnot. Indian Famine Commission, *Report of the Indian Famine Commission*. Kalkutta 1901, «Appendix, Evidence of Witnesses, Berar», S. 43, 53, 213. Zu den Opferzahlen ebd., S. 54. Sugata Bose, «Pondering Poverty, Fighting Famines: Towards a New History of Economic Ideas», in Kaushik Basu (Hg.), *Arguments for a Better World: Essays in Honor of Amartya Sen*. New York 2009, S. 428.

44 Mitchell, *Rule of Experts*, S. 63 f.; Roderick J. Barman, «The Brazilian Peasantry Reexamined: The Implication of the Quebra-Quilo Revolt, 1874–1875», *Hispanic American Historical Review*, 57, 3 (1977), S. 401–424; Armando Souto Maior, *Quebra-Quilos: Lutas Sociais No Outono Do Imperio*. São Paulo 1978. Verluste durch steigende Steuern erlebten auch ägyptische Bauern: Owen, *Cotton and the Egyptian Economy*, S. 144; zu den Unruhen: Neil Charlesworth, «The Myth of the Deccan Riots of 1875», *Modern Asian Studies*, 6, 4 (1972), S. 401–421; Deccan Riots Commission, *Papers Relating to the Indebtedness of the Agricultural Classes in Bombay and Other Parts of India*. Bombay 1876; *Report of the Committee on the Riots in Poona and Ahmednagar, 1875*. Bombay 1876; W. H. Wyllie, Vertreter des Generalgouverneurs in Zentralindien, an die Steuer- und Landwirtschaftsbehörde, 9. September 1899, Proceedings, Teil B, Nr. 14–54, November 1899, Famine Branch, Department of Revenue and Agriculture, NAI; Wady E. Medawar, *Études sur la question cotonnière et l'organisation agricole en Égypte*. Kairo 1900, S. 16, 20 f.; William K. Meyers, «Seasons of Rebellion: Nature, Organisation of Cotton Production and the Dynamics of Revolution in La Laguna, Mexico, 1910–1816», *Journal of Latin American Studies*, 30, 1 (1998), S. 63; Meyers, *Forge of Progress*, S. 132–134.

45 Zur Rolle der Baumwolle in der antikolonialen Politik siehe Akte 4, Correspondence, G. K. Gokhale, 1890–1911, Servants of India Society Papers, Nehru Memorial Library, New Delhi; Correspondence, Sir Pherozeshah Mehta Papers, ebd.

Anmerkungen Kapitel 12

1 Finanzministerium, *1895, Annual Return of the Foreign Trade of the Empire of Japan*. Tokio o. J., S. 310; dass., *1902, Annual Return of the Foreign Trade of the Empire of Japan*. Tokio o. J., S. 397; dass., *1920, Annual Return of the Foreign Trade of the Empire of Japan*, Teil I. Tokio o. J., S. 397; Tohei Sawamura, *Kindai chosen no mensaku mengyo*. Tokio 1985, S. 112; *Chosen ni okeru menka saibai no genzai to shorai*, o. J., Kopie, Asian Reading Room, Library of Congress. Eine etwas andere Darstellung bei Carter J. Eckert, *Offspring of Empire: The Koch'and Kims and the Colonial Origins of Korean Capitalism, 1876–1945*. Seattle, WA 1991, S. 134.

2 *Dai-Nihon boseki rengokai geppo*, 173 (25.1.1906), S. 1 f.; ebd.; *Annual Report for 1907 on Reforms and Progress in Korea*. Seoul 1908, S. 84; Eckert, *Offspring of Empire*, S. 134 f.

3 Eckert, *Offspring of Empire*, S. 134; *Annual Report for 1912–13 on Reforms and Progress in Chosen*. Keijo 1914, S. 153; Finanzministerium, *1909, Annual Return of the Foreign Trade of the Empire of Japan*. Tokyo o. J., S. 629; Cotton Department, Tōyō Menka Kaisha, *The Indian Cotton Facts*. Bombay o. J., Japanese Cotton Spinners Association Library, University of Osaka.

4 Abteilung für Industrieforschung, *Chosen ni Okeru Menka ni Kansuru Chosa Seiseki* [«The Research on Cotton in Korea»] (August 1918), S. 1; Eckert, *Offspring of Empire*, S. 134; Ministerium für Landwirtschaft und Handel, Abteilung für Landwirtschaft, *Menka ni Kansuru Chosa* [The Research on Cotton]. Tokio 1905, S. 1–3, 76–83; Dass., *Menka ni Kansuru Chosa* [The Research on Cotton] (März 1913), Kap. 2; Chosen sotokufu norinkyoku, *Chosen no nogyo*. Keijyo 1934, S. 66–73. 1913 wurden weitere detaillierte Untersuchungen des Potenzials für den Baumwollanbau in Korea durchgeführt.

5 Nihon mengyo kurabu, *Naigai mengyo nenkan*. Osaka 1931, S. 231, 233; *Annual Report for 1912–13*, S. 107, 153; zu den Zahlen: Finanzministerium, *Monthly Trade Return of Japan Proper and Karafuto (Sagalien) with Chosen (Korea)*. Tokyo 1915, S. 24 f.

6 Zum Wandel von Souveränitätskonzepten, die auf einer bestimmten Person beruhten, zu ihrer Kontrolle über Territorium siehe Henry Sumner Maine, *Ancient Law: Its Connection with the Early History of Society, and Its Relation to Modern Ideas*. New York 1864. Eine sehr interessante Erörterung dieser Fragen bietet Doreen Lustig, «Tracing the Origins of the Responsibility Gap of Businesses in International Law, 1870–1919» (unveröff. Aufsatz, Tel Aviv University Law School, Mai 2012, im Besitz des Autors). Man sollte «die Übel abstellen, die aus unserer gegenwärtigen Abhängigkeit von einer einzigen Versorgungsquelle entstehen». Resolution der Manchester Cotton Supply Association, *Merchants' Magazine and Commercial Review*, 44, 6 (1861), S. 678; Redford, *Manchester Merchants and Foreign Trade*, S. 217, 227; «Baumwoll-Expedition nach Togo. Bericht 1901», *Der Tropenpflanzer*. Berlin 1901.

7 Jonathan Robbins, «The Cotton Crisis: Globalization and Empire in the Atlantic World, 1901–1920». Diss., University of Rochester 2010, S. 41–54.

8 Morel, *Affairs of West Africa*. London 1902 (Nachdr. London 1968), S. 191. Dazu sehr anregend Edward B. Barbier, *Scarcity and Frontiers: How Economies have Developed Through Natural Resource Exploitation*. New York

2011; Weaver, *The Great Land Rush and the Making of the Modern World*.

9 Muriel Joffe, «Autocracy, Capitalism and Empire: The Politics of Irrigation», *Russian Review*, 54, 3 (1995), S. 367; Zitat bei: Marija Konstantinovna Rožkova, *Ekonomičeskaja politika carskogo pravitel'stva na Srednem Vostoke vo vtoroj četverti XIX veka i russkaja buržuazija*. Moskau 1949, S. 100; zu früheren Hoffnungen auf Zentralasien als Baumwollquelle für Russland auch Pavel Nebol'sin, *Očerki torgovli Rossii s Srednej Aziej*. St. Petersburg 1855, S. 18, 22, 25, 27. Der Textilfabrikant Aleksandr Šipov betonte schon 1857, wie wichtig der Zugang zur zentralasiatischen Baumwolle sei: *Chlopčatobumažnaja promyšlennost' i važnost' ego značenija v Rossii*, Bd. 1. Moskau 1857, S. 49 f.; Charles William Maynes, «America Discovers Central Asia», *Foreign Affairs*, 82, 2 (2003), S. 54 f., 120, Tabellen 9–10.

10 Rožkova, *Ekonomičeskie svjazi Rossii so Srednej Aziej*, S. 64 f., weiterhin S. 55–61. Die Knappheit während des Bürgerkriegs lenkte den Blick auf den Anbau in Zentralasien, ebd., S. 150–152. Ein Pud (oder 16,3 kg) asiatischer Baumwolle wurde 1861 für 7,75 Rubel verkauft, 1863 war der Preis auf über 22 Rubel gestiegen. P. A. Chromov, *Ekonomičeskoe razvitie Rossii v XIX-XX vekach: 1800–1917*. Moskau 1950, S. 183. In einigen Regionen wie dem Bezirk Eriwan (Kaukasus) stieg die Baumwollproduktion fast um das Zehnfache, von 30 000 Pud 1861 auf 273 000 Pud 1870. K. A. Pažitnov, *Očerki istorii tesktil'noj promyšlennosti dorevoljucionnoj Rossii: Chlopčatobumažnaja l'no-pen'kovaja i ščelkovaja promyšlennost'*. Moskau 1958, S. 98; zur Expansion des Baumwollanbaus in Zentralasien auch Joffe, «Autocracy, Capitalism and Empire», S. 265–288, 372; Julia Obertreis, *Imperial Desert Dreams: Irrigation and Cotton Growing in Southern Central Asia, 1860s to 1991* (unveröff. Manuskript, 2009), Kap. 1, S. 23. Am 8. Januar 1866 erhielt Zar Alexander II. ein Memorandum des Finanzministers für größeren Einfluss in Zentralasien. Zu den Unterstützern dieses Projekts gehörten auch bekannte Textilunternehmer wie Iwan Chludow & Söhne, Sawwa Morosow & Söhne, Tretjakow und D. I. Romanowski. N. A. Chalfin, *Prisoedinenie Srednej Azii k Rossii: 60–90 gody XIX v.* Moskau 1965, S. 211; zur Debatte über den russischen Imperialismus: Andreas Kappeler, *Rußland als Vielvölkerreich: Entstehung – Geschichte – Zerfall*. München 2001, S. 167, 173–176; Dietrich Geyer, *Der russische Imperialismus: Studien über den Zusammenhang von innerer und auswärtiger Politik, 1860–1914*. Göttingen 1977; Thomas C. Owen, «The Russian Industrial Society and Tsarist Economic Policy», *Journal of Economic History*, 45, 3 (1985), S. 598; Brigitte Loehr, *Die Zukunft Russlands*. Wiesbaden 1985, S. 73; Bruno Biedermann, «Die Versorgung der russischen Baumwollindustrie mit Baumwolle eigener Produktion», Diss., Universität Heidelberg 1907, S. 106.

11 Štaba L. Kostenko, *Srednjaja Azija i Vodvorenie v nej Russkoj Graždanstvennosti*. St. Petersburg 1871, S. 221; Thomas Martin, *Baumwollindustrie in Sankt Petersburg und Moskau und die russische Zolltarifpolitik, 1850–1891: Eine vergleichende Regionalstudie*. Gießen 1998, S. 213; Scott C. Levi, *The Indian Diaspora in Central Asia and Its Trade, 1550–1900*. Leiden 2002, S. 249; Jeff Sahadeo, «Cultures of Cotton and Colonialism: Politics, Society, and the Environment in Central Asia, 1865–1923» (Vortrag, American Association for the Advancement of Slavic Studies Annual Convention, Toronto, November 2003), S. 5; George N. Cur-

zon, *Russia in Central Asia in 1889 and the Anglo-Russian Question*. London 1967, S. 405–407; Biedermann, «Die Versorgung der russischen Baumwollindustrie», S. 35, 40–44; zur Bewässerung: Obertreis, *Imperial Desert Dreams*; John Whitman, «Turkestan Cotton in Imperial Russia», *American Slavic and East European Review*, 15, 2 (1956), S. 194 f., 199; Moritz Schanz, «Die Baumwolle in Russisch-Asien», *Beihefte zum Tropenpflanzer*, 15 (1914), S. 8; Martin, *Baumwollindustrie in Sankt Petersburg und Moskau*, S. 215.

12 Obertreis, *Imperial Desert Dreams*, Kap. 1, S. 74–76; Joffe, «Autocracy, Capitalism and Empire», S. 369, 387: Die Anbaufläche der Baumwolle verfünffachte sich von 1887 bis 1899 in Russisch-Turkestan, Buchara und Chiva. Whitman, «Turkestan Cotton in Imperial Russia», S. 194, 198, 201; Anlage zum Bericht des Kaiserlichen Generalkonsulats in St. Petersburg, S. 26, Dezember 1913, R 150F, FA 1, 360, Bundesarchiv Berlin. Kastenko ist zitiert in I. Liaščenko, *Istorija Narodnogo Chozjajstva SSSR*, Bd. 2. Moskau 1956, S. 542; «Handelsbericht des Kaiserlichen Konsulats für das Jahr 1909», *Deutsches Handels-Archiv*, Zweiter Teil: *Berichte über das Ausland*, 1911. Berlin 1911, S. 168; Schanz, «Die Baumwolle in Russisch-Asien», S. 11; Annette M. B. Meakin, *In Russian Turkestan: A Garden of Asia and Its People*. New York 1915, S. v; Michael Owen Gately, «The Development of the Russian Cotton Textile Industry in the pre-revolutionnary years, 1861–1913», Diss., University of Kansas, 1968, S. 169.

13 Gately, *The Development of the Russian Cotton Textile Industry*, S. 41. Im April 2002 berichtete *Harper's Weekly*, Usbekistan verdanke seine große Abhängigkeit von Baumwolle dem amerikanischen Bürgerkrieg. *Harper's Weekly* (April 2002), S. 42.

14 Etienne, *Die Baumwollzucht im Wirtschaftsprogramm der deutschen Übersee-Politik*. Berlin 1902, S. 13.

15 Biedermann, «Die Versorgung der russischen Baumwollindustrie», S. 12.

16 Solche Unterstützung durch Arbeiterorganisationen, einschließlich der Gewerkschaften und sozialistischen Parteien, ist für England wie für Deutschland dokumentiert. Oldham Master Cotton Spinners' Association, *Report of the Committee, for the Year Ending December 31, 1901*. Oldham 1902, S. 4, 6/2/1-61m, Papers of the Oldham Master Cotton Spinners' Association, JRL; Bühler, «Die Unabhängigkeitsbestrebungen Englands, Frankreichs und Deutschlands in ihrer Baumwollversorgung», S. 68; British Cotton Growing Association, *Second Annual Report, for the Year Ending August 31st, 1906*. Manchester 1906, S. 8, 10; Correspondence, Akte 1, Files Relating to the Cotton Industry, British Cotton Growing Association, 2/5, OLD, Papers of the Oldham Textile Employers' Association, 1870–1960, JRL; Morel, *Affairs of West Africa*. Zu den Aktivitäten der British Cotton Growing Association J. Arthur Hutton, zit. n. Jonathan Robins, «‹The Black Man's Crop›: Cotton, Imperialism and Public-Private Development in Britain's African Colonies, 1900–1918», Commodities of Empire Working Paper 11, The Open University and London Metropolitan University (September 2009); Akte Empire Cotton Growing Association, 2/6, OLD, Papers of the Oldham Textile Employers' Association, 1870–1960, JRL; N. M. Penzer, Federation of British Industries, Intelligence Department, *Cotton in British West Africa*. London 1920; John Harris, Parliamentary Secretary of the Society, an E. Sedgwick, *Atlantic Monthly*, Bos-

ton, Mass., 10. November 1924, Papers of the British and Foreign Anti-Slavery and Aborigines Protection Society, MSS. British Empire S22, G143, Bodleian Library of Commonwealth & African Studies, University of Oxford.

17 Frédéric Engel-Dollfus, *Production du coton*. Paris 1867. General Faidherbe äußerte 1889, «die Kultur des Baumwollanbaus [ist] das mächtigste Element für den Erfolg der Kolonisierung»: *Le Senegal: La France dans l'Afrique occidentale*. Paris 1889, S. 102; Association Cotonnière Coloniale, *Annexe au Bulletin No 3: Les coton indigenes du Dahomey et Du Soudan a la filature et au tisage*. Paris 1904; Charles Brunel, *Le Coton en Algérie*. Algier 1910. Zum französischen Interesse an Kolonialbaumwolle: Ed. C. Achard, «Le coton en Cilivie et en Syrie», *L'Asie Française* (Juni 1922), Supplement; Documents Économiques, Politiques & Scientifiques, S. 19–64; *Bulletin de l'Union des Agriculteurs d'Égypte*, 159 (1925), S. 73–85.

18 Pierre de Smet, *Les origines et l'organisation de la filature de coton en Belgique: Notice publiée à l'occasion du 25ième anniversaire de l'Association cotonnière de Belgique*. Brussel 1926, S. 13; «Official report of the proceedings of the first International congress of delegated representatives of master cotton spinners' and manufacturers' associations held at the Tonhalle, Zürich, May 23 to 27, 1904» (1904), S. 35 (http://ia360933.us.archive.org/3/items/reportofofficialooin terich/reportofofficialoointerich.pdf); «Official report of the proceedings of the second International congress of delegated representatives of master cotton spinners' and manufacturers' associations held in the Town hall, Manchester, on June 5th, 6th, 7th and 9th, 1905 ... and in the Town hall, Liverpool, on June 8th» (1905), S. 103 (http://ia360925.us.archive.org/0/ite ms/2ndreportofofficoointerich/2ndreportofofficoointerich.pdf), jeweils Zugriff 15. Mai 2009; Biedermann, «Die Versorgung der russischen Baumwollindustrie», S. 21.

19 Beckert, *The Monied Metropolis: New York City and the Consolidation of the American Bourgeoisie, 1850–1896*. New York 2001, S. 87–89; J. De Cordova, *The Cultivation of Cotton in Texas*. London 1858, S. 3, 9, 24; *Proceedings of a Convention Held in the City of New York, Wednesday, April 29, 1868, for the Purpose of Organizing the National Association of Cotton Manufacturers and Planters*. Boston 1868; *Transactions of the New England Cotton Manufacturers' Association*, 73 (1902), S. 187; 75 (1903), S. 191; 79 (1905), S. 159.

20 Henry L. Abbott, «The Lowlands of the Mississippi», *The Galaxy*, 5 (1868), S. 452; *Articles of Association and By-Laws Adopted by the National Association of Cotton Manufacturers and Planters, April 29, 1868*. Boston 1868; *Proceedings of the First Annual Meeting of the National Association of Cotton Manufacturers and Planters, Held in the City of New York, Wednesday, June 30, 1869*. Boston 1869; F. W. Loring und C. F. Atkinson, *Cotton Culture and the South Considered with Reference to Emigration*. Boston 1869, S. 3; *Transactions of the New England Cotton Manufacturers' Association*, 76 (1904), S. 104.

21 *Manchester Guardian* (30. 6. 1882), S. 4; Earle, «Egyptian Cotton and the American Civil War», S. 544; Owen, *Cotton and the Egyptian Economy, 1820–1914*, S. 89, 130, 141, 213f, 247 f.

22 Toksöz, «The Çukurova», S. 204, 206, 228; Anthony Hall, *Drought and Irrigation in North-East Brazil*. Cambridge 1978, S. 4; Roger L. Cunniff, «The Great Drought: Northeast Brazil, 1877–1880». Diss., University of Texas

at Austin 1970, S. 79, 83, 87–89, 91–95; International Institute of Agriculture, Statistical Bureau, *The Cotton-Growing Countries: Production and Trade.* Rom 1922, S. 125.

23 Michael J. Gonzales, «The Rise of Cotton Tenant Farming in Peru, 1890–1920: The Condor Valley», *Agricultural History*, 65, 1 (1991), S. 53, 55; Oficina Nacional de Agricultura, *El algodon, instrucciones agricolas*. Buenos Aires 1897, S. 1; Aljandro E. Bunge, *Las industrias del Norte: Contribucion al estudio de una nueva politica economia Argentina*. Buenos Aires 1922, S. 212–214; Heinz E. Platte, «Baumwollanbau in Argentinien», *Argentinisches Tageblatt*, 20, 1 (Januar 1924), S. 19.

24 Toksöz, «The Çukurova», S. 99; Weaver, *The Great Land Rush*, S. 4.

25 Osterhammel, *Kolonialismus: Geschichte, Formen, Folgen*, München 1995 (12. Aufl. 2012), S. 10 f.; Secretary of the Interior, *Agriculture of the United States in 1860: Compiled from the Original Returns of the Eighth Census.* Washington, D. C. 1864, S. 185 (www.agcensus.usda.gov/Publications/Historical_Publications/1860/1860b-08.pdf), Zugriff 25. Mai 2009; United States Department of Agriculture, The National Agricultural Statistics Service (http://quickstats.nass.usda.gov/results/F6C1980A-4EB3-39FC-BB80-AD440014BABE?pivot=short_desc), Zugriff 28. April 2009. Da es keine Zahlen über die genaue Größe der Fläche gibt, auf der 1860 Baumwolle angebaut wurde, habe ich eine konstante Produktivität angenommen, um den zusätzlichen Boden zu schätzen, der zur Erzeugung der zusätzlichen Baumwolle nötig war.

26 Wright, *Old South, New South*, S. 34 f., 57; *Agriculture of the United States in 1860*, S. 185; The National Agricultural Statistics Service; Aiken, *The Cotton Plantation South*, S. 59; Cobb, *The Most Southern Place on Earth*, S. viii, 95, 99 f.; Gavin Wright, «Agriculture in the South», in Glenn Porter (Hg.), *Encyclopedia of American Economic History: Studies of the Principal Movements and Ideas*, Bd. 1. New York 1980, S. 382; Devra Weber, *Dark Sweat, White Gold: California Farm Workers, Cotton, and the New Deal*. Berkeley, CA 1994, S. 17–21.

27 U. S. Department of Commerce, U. S. Census Bureau, *Statistical Abstracts of the United States, 1921*. Washington, D. C. 1922, S. 375; Randolph B. Campbell, *Gone to Texas: A History of the Lone Star State*. New York 2003, S. 306, 308, 311.

28 Ray Allen Billington, *Westward Expansion: A History of the American Frontier*. New York 1967, S. 659, 666.

29 Dazu Sven Beckert, «Space Matters: Eurafrica, and the Territorial Reorganization of European Capitalism» (in Vorb.).

30 Vgl. Günter Kirchhain, *Das Wachstum der deutschen Baumwollindustrie im 19. Jahrhundert: Eine historische Modellstudie zur empirischen Wachstumsforschung*. Diss., Universität Münster 1973, S. 73, weiterhin 29 f.; Wilhelm Rieger, *Verzeichnis der im Deutschen Reiche auf Baumwolle laufenden Spindeln und Webstühle*. Stuttgart 1909, S. 72. Andere, etwas niedrigere Zahlen in Wolfram Fischer, *Statistik der Bergbauproduktion Deutschland 1850–1914*. St. Katharinen 1989, S. 403; *Handbuch der Wirtschaftskunde Deutschlands*, Bd. 3. Leipzig 1904, S. 602.

31 Ernst Henrici, «Die wirtschaftliche Nutzbarmachung des Togogebietes», *Der Tropenpflanzer*, 3 (1899), S. 320. Zur globalen Wirkung des amerikanischen Bürgerkriegs Sven Beckert, «Emancipation and Empire», S. 1427; Bayly, *The Birth of the Modern World*, S. 161–165; *Statistisches Jahrbuch für das Deutsche Reich*, 15 (1894), S. 45; 20 (1899), S. 91.

32 R. Hennings, «Der Baumwollkultur-

kampf», *Zeitschrift für Kolonialpolitik, Kolonialrecht und Kolonialwirtschaft*, 7 (1905), S. 906-914; Thaddeus Sunseri, «The Baumwollfrage: Cotton Colonialism in German East Africa», *Central European History*, 34, 1, S. 32, 49; «Die Arbeit des Kolonial-Wirtschaftlichen Komitees, 1896–1914», Akte 579, R 150F, Fonds Allemand 1, L'Administration du Protectorat Allemand du Togo, Archives Nationales du Togo, Lomé, Mikrofilmkopie im Bundesarchiv Berlin; zur deutschen Forderung nach Kolonialbaumwolle: Verband Deutscher Baumwollgarn-Verbraucher an v. Lindequist, Reichskolonialamt, Dresden, 22. Oktober 1910, Akte 8224, R 1001, Akten der Deutschen Kolonialgesellschaft, Bundesarchiv Berlin. Ab 1901 organisierte dieses Komitee auch «Baumwollkonferenzen» in Deutschland, bei denen Kolonialbaumwolle das wichtigste Thema war. *Deutsch-koloniale Baumwoll-Unternehmungen 1902/1903*, S. 5.

33 Bühler, «Die Unabhängigkeitsbestrebungen Englands, Frankreichs und Deutschlands», S. 23, 39; Biedermann, «Die Versorgung der russischen Baumwollindustrie», S. 9. Dies war auch ein Argument der Kaufleute in der Bremer Handelskammer: *Bericht der Handelskammer in Bremen für das Jahr 1904 an den Kaufmannskonvent*. Bremen 1905, S. 30.

34 *1920, Annual Return of the Foreign Trade of the Empire of Japan*, S. 397; Bühler, «Die Unabhängigkeitsbestrebungen Englands, Frankreichs und Deutschlands», S. 31; Karl Supf, «Zur Baumwollfrage», in Kolonial-Wirtschaftliches Komitee, *Baumwoll-Expedition nach Togo* (o.J., wahrscheinlich 1900), 4–6, file 332, record group R 150F, Fonds Allemand 1, Papers of the Administration of the German Protectorate Togo (L'Administration du Protectorat Allemand du Togo), Archives Nationales du Togo, Lomé, Togo, microfilm copy in Bundesarchiv Berlin, S. 269; *Vorwärts* (16. 10. 1903), S. 3; Verband Deutscher Baumwollgarn-Verbraucher an v. Lindequist, Reichskolonialamt, 22. Oktober 1910, Akte 8224, R 1001, Akten der Deutschen Kolonialgesellschaft, Bundesarchiv Berlin; zur Bedeutung der Kolonialbaumwolle für die deutsche Sozialpolitik: Karl Supf, *Deutsch-Koloniale Baumwoll-Unternehmungen, Bericht IX*. Berlin 1907, S. 299. Der Preis bezieht sich auf amerikanische Middling-Qualität in Liverpool. Todd, *The World's Cotton Crops*, «Section F – Prices», S. 429–432.

35 Supf, «Zur Baumwollfrage», S. 264, 269–270; Ernst Henrici, «Der Baumwollbau in den deutschen Kolonien», *Der Tropenpflanzer*, 3 (1899), S. 535; zu Henrici: Herrmann A. L. Degener, *Unsere Zeitgenossen, Wer Ist's?: Biographien nebst Bibliographien*. Leipzig 1911; Karl Helfferich, «Die Baumwollfrage: Ein Weltwirtschaftliches Problem», *Marine-Rundschau*, 15 (1904), S. 652; Karl Supf, «Bericht IV, Deutsch-koloniale Baumwoll-Unternehmungen, 1903–1904» (1904), *Der Tropenpflanzer*, 8 (1904), S. 615; «Die Arbeit des Kolonial-Wirtschaftlichen Komitees, 1896–1914» Akte 579, R 150F, Fonds Allemand 1, L'Administration du Protectorat Allemand du Togo, Archives Nationales du Togo; Tony Smith, *Pattern of Imperialism: The United States, Great Britain, and the Late-industrializing World since 1815*. New York 1981, S. 15, 35; Hobsbawm, *Das imperiale Zeitalter*, S. 79–111; Isaacman und Roberts, «Cotton, Colonialism, and Social History in Sub-Saharan Africa», S. 8 f.; Leroy Vail und Landeg White, «‹Tawani, Machambero!›: Forced Cotton and Rice Growing on the Zambezi», *Journal of African History*, 19, 2 (1978), S. 244.

36 Kendahl Radcliffe, «The Tuskegee-Togo Cotton Scheme, 1900–1909». Diss., University of California Los Angeles 1998, S. 16; zu Ferdinand Goldberg: «Baumwollen- und sonstige Kulturen im Togo-Gebiet», *Deutsches Kolonialblatt*, 2 (1891), S. 320 f. Allgemeiner zum deutschen Interesse an Kolonialbaumwolle Donna J. E. Maier, «Persistence of Precolonial Patterns of Production», S. 81; Peter Sebald, *Togo 1884–1914: Eine Geschichte der deutschen «Musterkolonie» auf der Grundlage amtlicher Quellen*. Berlin 1988, S. 433; Beckert, «From Tuskegee to Togo», S. 498–526; eine Liste dieser Plantagen in KWK an Handelskammer Bremen, Berlin, 23. Juli 1913, «Baumwollterminhandel», W II, 3, Handelskammer Bremen; Sunseri, *Vilimani*, S. 1–25; Gerhard Bleifuss und Gerhard Hergenröder, *Die «Otto-Plantage Kilossa» (1907–1914): Aufbau und Ende eines kolonialen Unternehmens in Deutsch-Ostafrika*. Wendlingen 1993, S. 43, 59.

37 «Encouragement pour la Culture aux colonies, du cotton etc. (1906–1908)», 9AFFECO, Affairs Économique, Centre des archives d'outre-Mer, Aix-en-Provence; Bassett, *The Peasant Cotton Revolution in West Africa*, S. 51 f.; Richard Roberts, «The Coercion of Free Markets; Cotton, Peasants, and the Colonial State in the French Sudan, 1924–1932», in *Cotton, Colonialism, and Social History in Sub-Saharan Africa*, S. 222; Vail und White, «‹Tawani, Machambero!›», S. 241; League of Nations, Economic Intelligence Service, *Statistical Year-Book of the League of Nations 1930/31*. Genf 1931, S. 108 (http://digital.library.northwestern.edu/league/le0267ag.pdf), Zugriff 3. August 2009; A. Brixhe, *Le coton au Congo Belge*. Bruxelles 1953, S. 13, 15, 19; *Agriculture of the United States in 1860*, S. 185.

38 J. Arthur Hutton zit. n. Robins, «‹The Black Man's Crop›», S. 15. Cyril Ehrlich, «The Marketing of Cotton in Uganda, 1900–1950: A Case Study of Colonial Government Economic Policy». Diss., University of London 1958, S. 12 f.; Bühler, «Die Unabhängigkeitsbestrebungen Englands, Frankreichs und Deutschlands», S. 122; *Statistical Year-book of the League of Nations 1930/31*, S. 108; *Agriculture of the United States in 1860*, S. 185.

39 Josef Partsch (Hg.), *Geographie des Welthandels*. Breslau 1927, S. 209; Mitchell, *International Historical Statistics: The Americas, 1750–1993*, S. 222, 224, 227 f.; Todd, *The World's Cotton Crops*, S. 395 f., 421; Heinrich Kuhn, *Die Baumwolle: Ihre Cultur, Structur und Verbreitung*. Wien 1892, S. 69; John C. Banner, *Cotton in the Empire of Brazil; The Antiquity, Methods and Extent of its Cultivation; Together with Statistics of Exportation and Home Consumption*. Washington, D. C. 1885, S. 23–27; *The Year Book of the National Association of Cotton Manufacturers and Cotton Manufacturers Manual* (1922), S. 83 (http://ia311228.us.archive.org/1/items/yearbookofnation1922nati/yearbookofnation1922nati.pdf), Zugriff 30. Januar 2014; *The Cotton-Growing Countries*, S. 127; *Statistical Year-book of the League of Nations 1939/40*, S. 122; United Nations, Department for Economic and Social Affairs, Statistics Division, *Statistical Yearbook*, 4. New York 1952, S. 72; United States Department of Agriculture, Foreign Agricultural Service, Table 04: Cotton Area, Yield, and Production (www.fas.usda.gov/psdonline/psdReport.aspx?hidReportRetrievalName=-Table+04+Cotton+Area%2c+Yield%2c+and+Production&hidReportRetrievalID=851&hidReportRetrievalTemplateID=1), Zugriff 30.1.2014; Biedermann, «Die Versorgung der russischen Baumwollindustrie», S. 3.

40 Revue des cultures coloniales, 12–13 (1903), S. 302.
41 Zu Zentralasien z. B. Richard A. Pierce, *Russian Central Asia, 1867–1917: A Study in Colonial Rule*. Berkeley, CA 1960, S. 135 f.; Toksöz, «The Çukurova», S. 1, 13, 37, 79; Osterhammel, *Kolonialismus*, S. 17 f.
42 Nebol'sin, *Očerki torgovli Rossii s Srednej Aziej*, S. 25; Kostenko, *Srednjaja Azija i Vodvorenie v nej Russkoj Graždanstvennosti*, S. 213; Levi, *The Indian Diaspora in Central Asia*, S. 240; Whitman, «Turkestan Cotton in Imperial Russia», S. 190.
43 Nebol'sin, *Očerki torgovli Rossii s Srednej Aziej*, S. 25; so argumentierte zumindest Rožkova, *Ekonomičeskie svjazi Rossii so Srednej Aziej*, S. 68; Whitman, «Turkestan Cotton in Imperial Russia», S. 199 f.; Schanz, «Die Baumwolle in Russisch-Asien», S. 88, 368; Biedermann, «Die Versorgung der russischen Baumwollindustrie», S. 72; Sahadeo, «Cultures of Cotton and Colonialism», S. 3.
44 Biedermann, «Die Versorgung der russischen Baumwollindustrie», S. 45 f.
45 «Handelsbericht des Kaiserlichen Konsulats für das Jahr 1909», *Deutsches Handels-Archiv, Zweiter Teil: Berichte über das Ausland, Jahrgang 1911*. Berlin 1911, S. 168; diesen Fortschritt beschreibt gut Whitman, «Turkestan Cotton in Imperial Russia», S. 200; Biedermann, «Die Versorgung der russischen Baumwollindustrie», S. 70; Schanz, «Die Baumwolle in Russisch-Asien», S. 10, 50.
46 Whitman, «Turkestan Cotton in Imperial Russia», S. 200, 203; Schanz, «Die Baumwolle in Russisch-Asien», S. 131.
47 «British and Russian Commercial Competition in Central Asia», *Asiatic Quarterly Review*, 7 (1889), S. 439; Whitman, «Turkestan Cotton in Imperial Russia», S. 202; John C. Branner, *Cotton in the Empire of Brazil; The Antiquity, Methods and Extent of its Cultivation; Together with Statistics of Exportation and Home Consumption*. Washington 1885, S. 23–27; Evgenij Z. Volkov, *Dinamika narodonaselenija SSSR za vosem'desjat let*. Moskau 1930, S. 40, 198 f., 208.
48 «Baumwoll-Expedition nach Togo. Bericht 1901», *Der Tropenpflanzer*, Beiheft 3, 2 (1902), S. 40; zur Reise auch James N. Calloway an Booker T. Washington, 20. November 1900, Booker T. Washington Papers, Manuscripts Division, Library of Congress; KWK an B. T. Washington, 10. Oktober u. 11. Dezember 1900, ebd.; zu den Plänen für die «Baumwoll-Expedition»: Antrag des Kolonialwirtschaftlichen Komitees auf Bewilligung eines Betrages von M 10,000.- zur Ausführung einer Baumwollexpedition nach Togo, Berlin, 14. Mai 1900, Oktober 1898–Oktober 1900, Bd. 2, KWK, Akte 594/K81, R 8023, Akten der Deutschen Kolonialgesellschaft; Booker T. Washington, *Workings with the Hands*. New York 1904, S. 226–230; Louis R. Harlan, «Booker T. Washington and the White Man's Burden», *American Historical Review*, 71, 2 (1966), S. 441–467; Edward Berman, «Tuskegee-in-Africa», *Journal of Negro Education*, 41, 2 (1972), S. 99–112; W. Manning Marable, «Booker T. Washington and African Nationalism», *Phylon*, 35, 4 (1974), S. 398–406; Louis R. Harlan, *Booker T. Washington: The Wizard of Tuskegee, 1901–1915*. New York 1983, S. 266–295; Michael O. West, «The Tuskegee Model of Development in Africa: Another Dimension of the African/African-American Connection», *Diplomatic History*, 16, 3 (1992), S. 371–387; Milfred C. Fierce, *The Pan-African Idea in the United States, 1900–1919: African-American Interest in Africa and Interaction with West Africa*.

New York 1993, S. 171–197; Maier, «Persistence of Precolonial Patterns of Production», S. 71–95; Radcliffe, «The Tuskegee-Togo Cotton Scheme».

49 Für das Calloway-Zitat siehe: James N. Calloway an B. T. Washington, 30. April 1901, ebd.; siehe auch Calloway an KWK, 12. März 1901, Akte 8221, R 1001, Akten der Deutschen Kolonialgesellschaft; M. B. K. Darkoh, «Togoland under the Germans: Thirty Years of Economic Development (1884–1914)», *Nigerian Geographic Journal*, 10, 2 (1968), S. 112; Calloway an KWK, 3. Februar 1901, Akte 8221, R 1001, Akten der Deutschen Kolonialgesellschaft; Calloway an Washington, 3. Februar 1901, Booker T. Washington Papers; Calloway an Kolonial-KWK, 14. Mai 1901, Akte 8221, R 1001, Akten der Deutschen Kolonialgesellschaft. Diesen allgemeinen Punkt betonen in einem anderen Kontext auch Melissa Leach und James Fairhead, *Misreading the African Landscape: Society and Ecology in a Forest-Savanna Mosaic.* Cambridge 1996; Kojo Sebastian Amanor, *The New Frontier: Farmer Responses to Land Degradation: A West African Study.* Genf 1994.

50 John Robinson an Booker T. Washington, 26. Mai 1901, Booker T. Washington Papers; Calloway an KWK, 13. Juni 1901, Akte 8221, R 1001, Akten der Deutschen Kolonialgesellschaft; Calloway an Schmidt, 11. November, 1901, Akte 1008, R 150F, Fonds Allemand 3, L'Administration du Protectorat Allemand du Togo, Archives Nationales du Togo; Calloway an Schmidt, 11. November 1901; Calloway an KWK, 2. September 1901, Akte 8221, R 1001, Akten der Deutschen Kolonialgesellschaft; Robinson an Booker T. Washington, 12. März 1901, ebd.; eine andere Quelle berichtet, dass 105 Männer die Karren zu den Plantagen ziehen mussten, «Baumwoll-Expedition nach Togo, Bericht 1901», S. 24.

51 Ebd., S. 24.

52 Ebd., S. 26. Zitat: «Baumwoll-Expedition nach Togo. Bericht 1901», S. 73, siehe auch S. 40, 63–73; F. Wohltmann, «Neujahrsgedanken 1905», *Der Tropenpflanzer*, 9 (1905), S. 5; Karl Supf, KWK, an Kolonial-Abteilung des Auswärtigen Amtes, Berlin, 15. August 1902, Akte 8221, R 1001, Akten der Deutschen Kolonialgesellschaft.

53 *Der Tropenpflanzer*, 7 (1903), S. 9.

54 Isaacman und Roberts, «Cotton, Colonialism, and Social History in Sub-Saharan Africa», S. 25; KWK, *Deutsch-Koloniale Baumwoll-Unternehmungen, Bericht XI* (Frühjahr 1909), S. 28, Akte 8224, R 1001, Akten der Deutschen Kolonialgesellschaft; Sunseri, «The Baumwollfrage», S. 46, 48. Andere Beispiele in *Deutsch-Koloniale Baumwoll-Unternehmungen 1902/1903*, S. 28; KWK, «Verhandlungen der Baumwoll-Kommission des Kolonial-Wirtschaftlichen Komitees vom 25. April 1912», S. 169. Widerstand von Bauern gegen koloniale Baumwollprojekte in einem ganz anderen Kontext beschreiben auch Allen Isaacman et al., «‹Cotton is the Mother of Poverty›: Peasant Resistance to Forced Cotton Production in Mozambique, 1938–1961», *International Journal of African Historical Studies*, 13, 4 (1980), S. 581–615.

55 «Cotton in British East Africa», *Imperial and Asiatic Quarterly Review*, Serie 3, 24 (1907), S. 85; Ehrlich, «The Marketing of Cotton in Uganda», S. 1; British Cotton Growing Association, *Second Annual Report*, S. 23.

56 «Verhandlungen der Baumwoll-Kommission des Kolonial-Wirtschaftlichen Komitees vom 25. April 1912», S. 169; Agbenyega Adedze, «Cotton in Eweland: Historical Perspectives», Ross (Hg.), *Wrapped in Pride*, S. 126–149;

Maier, «Persistence of Precolonial Patterns of Production», S. 73–76; Sebald, *Togo 1884–1914*, S. 30; Metzger, *Unsere Alte Kolonie Togo*, S. 242; «Der Baumwollbau in Togo, Seine Bisherige Entwicklung, und sein jetziger Stand», undatierter Artikelentwurf, Akte 8224, R 1001, Akten der Deutschen Kolonialgesellschaft; «Bericht über den Baumwollbau in Togo», Beilage in Kaiserliches Gouvernment Togo, Gouverneur Zech, an Reichskolonialamt, Berlin, 23. November 1909, S. 1, Akte 8223, R 1001, Akten der Deutschen Kolonialgesellschaft; Isaacman und Roberts, «Cotton, Colonialism, and Social History in Sub-Saharan Africa», S. 12.

57 Schon 1920 gründete sich die Deutsche Togogesellschaft in Berlin als Privatunternehmen, das Entkörnungsmaschinen und Ankaufsstellen in Togo errichten sollte. «Prospekt der Deutschen Togogesellschaft», Berlin, April 1902, Privatarchiv, Freiherr von Herman auf Wain, Schloss Wain, Wain; Supf, *Deutsch-Koloniale Baumwoll-Unternehmungen, Bericht IX*, S. 304; G. H. Pape an Bezirksamt Atakpame, 5. April 1909, Akte 1009, R 150F, Fonds Allemand 3, L'Administration du Protectorat Allemand du Togo. In der Saison 1908/1909 legten sie z. B. den Minimumpreis für an die Küste gelieferte entkörnte Baumwolle auf 30 Pfennig pro Pfund fest. Verhandlungen des KWK und der Baumwoll-Kommission, 11. November 1908, Akte 8223, R 1001, Akten der Deutschen Kolonialgesellschaft; *Deutsch-koloniale Baumwoll-Unternehmungen 1902/1903*, S. 17; Radcliffe, «The Tuskegee-Togo Cotton Scheme», S. 103.

58 Calloway an KWK, 13. Juni 1901, Akte 8221, R 1001, Akten der Deutschen Kolonialgesellschaft. 1903 berichtete John Robinson, der Transport der Baumwolle von Tove nach Lomé dauere 10–12 Tage; *Deutsch-koloniale Baumwoll-Unternehmungen 1902/1903*, S. 21; Karl Supf, KWK, an Auswärtiges Amt, Kolonial-Abteilung, 10. Mai 1902, Akte 8221, R 1001.

59 Deutsche Baumwollunternehmer appellierten an die Kolonial-Abteilung des Auswärtigen Amts, dass «Steuerträger», praktisch Zwangsarbeiter, die Baumwolle ohne Bezahlung von Tove an die Küste tragen sollten. Karl Supf, KWK, an Auswärtiges Amt, Kolonial-Abteilung, 15. November 1901, Akte 8221, R 1001. Siehe auch die Notiz «Station Mangu Nr. 170/11, 8. Mai 1911, Akte 4047, R 150F, Fonds Allemand 3, L'Administration du Protectorat Allemand du Togo; Supf, «Zur Baumwollfrage», S. 273.

60 Radcliffe, «The Tuskegee-Togo Cotton Scheme», S. 107; Verhandlungen des KWK und der Baumwoll-Kommission, 11. November 1908, Akte 8223, R 1001; Metzger, *Unsere Alte Kolonie Togo*, S. 245, 252. Weitere Daten über den Baumwollexport aus Togo nach dem Ersten Weltkrieg in «Togo: La production du Coton», *Agence Extérieure et Coloniale* (29. 10. 1925). Die Expansion des Anbaus ging im ganzen 20. Jh. weiter, und 2002/2003 produzierte Togo 72,5 Mio. kg Baumwolle, etwa 19-mal so viel wie 1938 und 160-mal so viel wie 1913. Siehe http://www.indexmundi.com/agriculture/?country=tg&commodity=cotton&graph=production, Zugriff 10. August 2012.

61 Etienne, *Die Baumwollzucht im Wirtschaftsprogramm der deutschen Überseepolitik*, S. 39.

62 Zitat Gruner: «Baumwoll-Expedition nach Togo. Bericht 1901», S. 80; unterzeichnete Übereinkunft zwischen Graf Zech und Freese (für die Firma Vietor), S. 1. März 1904, Akte 332, R 150F, Fonds Allemand 1, L'Administration du Protectorat Allemand du Togo; Vail und White, «‹Tawani,

Machambero!», S. 241; Roberts, «The Coercion of Free Markets», S. 223, 231, 236; Bassett, *The Peasant Cotton Revolution in West Africa*, S. 66; Isaacman und Roberts, «Cotton, Colonialism, and Social History in Sub-Saharan Africa», S. 16.

63 Das betonte auch Morel, *Affairs of West Africa*, S. 192; A. McPhee, *The Economic Revolution in West Africa*. London 1926, S. 49.

64 *Deutsch-koloniale Baumwoll-Unternehmungen, Bericht XI, Frühjahr 1909*; James Stephen zit. n. David Brion Davis, *Slavery and Human Progress*. New York 1984, S. 218.

65 Supf, «Zur Baumwollfrage», S. 270 f.; Gouverneur von Togo an Herrn Bezirksamtsleiter von Atakpame, 9. Dezember (ohne Jahr), Akte 1008, R 150F, Fonds Allemand 3, L'Administration du Protectorat Allemand du Togo; «Maßnahmen zur Hebung der Baumwollkultur im Bezirk Atakpakme unter Mitwirkung des Kolonialwirtschaftlichen Komitees», Verwaltung des deutschen Schutzgebietes Togo, Akte 1008, R 150F, ebd.; *Deutsch-koloniale Baumwoll-Unternehmungen 1902/1903*, S. 57–59. John Robinson hatte schon 1904 Ähnliches geäußert: «Baumwollanbau im Schutzgebiet Togo, Darlegungen des Pflanzers John W. Robinson vom 26. 4. 1904 betr. die Voraussetzungen, Boden- und Klimaverhältnisse, Methoden und Arbeitsverbesserung, Bewässerung», Fragment, Akte 89, R 150F, Fonds Allemand 1, L'Administration du Protectorat Allemand du Togo.

66 Supf, «Zur Baumwollfrage», S. 270 f.; Schmidt und Gouverneur Zech zit. n. Sebald, *Togo 1884–1914*, S. 436, 439; zum Baumwollankauf durch Soldaten: ebd., S. 441; *Amtsblatt für das Schutzgebiet Togo*, Sonderausgabe, 6, 2 (11.1.1911); Paul Friebel, Togo Baumwollgesellschaft an Togo Baumwollgesellschaft Bremen, 7. April 1911, Akte 7, 2016, Schachtel 1, ebd.

67 «Baumwollanbau im Schutzgebiet Togo, Darlegungen des Pflanzers John W. Robinson vom 26. 4. 1904», S. 13, 49; Anson Phelps Stokes, *A Brief Biography of Booker Washington*. Hampton, VA 1936, S. 13; John Robinson an Graf Zech, 12. Januar 1904, Akte 332, R 150F, Fonds Allemand 1, L'Administration du Protectorat Allemand du Togo.

68 Paul Friebel an Togo Baumwollgesellschaft, Atakpame, 9. Januar 1911, Akte 7, 2016, Schachtel 1, ebd.

69 Maier, «Persistence of Precolonial Patterns of Production», S. 92; Frederick Cooper, «Conditions Analogous to Slavery: Imperialism and Free Labor Ideology in Africa», in ders. et al. (Hg.), *Beyond Slavery: Explorations of Race, Labor, and Citizenship in Postemancipation Societies*. Chapel Hill, N. C. 2000, S. 113.

70 Bassett, *The Peasant Cotton Revolution in West Africa*, S. 55, 59; Julia Seibert, «Arbeit und Gewalt: Die langsame Durchsetzung der Lohnarbeit im kolonialen Kongo, 1885–1960». Diss., Universität Trier 2012, S. 186–206; Isaacman und Roberts, «Cotton, Colonialism, and Social History in Sub-Saharan Africa», S. 27; Vail und White, «'Tawani, Machambero!'», S. 252 f.

71 Ein hervorragender Überblick in Isaacman und Roberts, «Cotton, Colonialism, and Social History in Sub-Saharan Africa». Doch deutsche Baumwollexperten waren immer noch auf britische Erfolge in Afrika neidisch. O. Warburg, «Zum Neuen Jahr 1914», *Der Tropenpflanzer*, 18 (1914), S. 9; Polly Hill, *The Migrant Cocoa-Farmers of Southern Ghana: A Study in Rural Capitalism*. Cambridge 1963; League of Nations, Economic and Financial Section, *International Statistical Yearbook 1926*, S. 72; *Statistical Year-book of*

the League of Nations 1939/40, S. 122; Stand 2012; National Cotton Council of America (www.cotton.org/econ/cropinfo/cropdata/country-statistics.cfm), Zugriff 10. April 2013; Etonam Digo, «Togo Expects to Meet Cotton Production Targets as Harvest Avoids Flooding», Bloomberg (29. 10. 2010), (www.bloomberg.com/news/2010-10-29/togo-expects-to-meet-cotton-production-targets-as-harvest-avoids-flooding.html), Zugriff 10. April 2013.

72 Isaacman und Roberts, «Cotton, Colonialism, and Social History in Sub-Saharan Africa»; Bassett, *The Peasant Cotton Revolution in West Africa*; Ehrlich, «The Marketing of Cotton in Uganda», S. 28–33; zur Association Cotonnière Coloniale: *Deutschkoloniale Baumwoll-Unternehmungen 1902/1903*, S. 66–71; zum Sudan: Booker T. Washington an Gladwin Bouton, 6. Mai 1915, und Leigh Hart an Booker T. Washington, 3. Februar 1904, Booker T. Washington Papers, Library of Congress; Radcliffe, «The Tuskegee-Togo Cotton Scheme», S. 3, 133, 135; Supf, *Deutsch-Koloniale Baumwoll-Unternehmungen, Bericht IX*, S. 295, 297. Deutsche Baumwollaktivisten verwiesen oft auf die Erfahrungen von Franzosen, Engländern und Russen; «Anlage zum Bericht des Kaiserlichen Generalkonsulats in St. Petersburg», 26. Dezember 1913, an das Reichs-Kolonialamt und den Gouverneur von Togo weitergeleitet, 360, R 150F, Fonds Allemand 1, L'Administration du Protectorat Allemand du Togo; Kopie eines Berichts von R. B. D. Morier an den Staatssekretär, The Marquis of Salisbury, 12. Oktober 1889, Revenue Department, Compilations, 1890, Bd. 51, Compilation Nr. 476, «Establishment by the Russian Government of a Model Cotton Plantation in the Merva Oasis», MSA; Robins, «‹The Black Man's Crop›», S. 16; Ministère des Affaires étrangères, Direction des Affaires politiques et commerciales, Nr. 88, Copie M, Verchere de Reffye, französischer Konsul in Alexandria an M. Pincare, Alexandria, 30. August 1912; Depesche des französischen Konsulats, St. Petersburg, 15. Juni 1912, 9AFFECO, Affairs économique, Fonds Ministeriels, Centre des archives d'outre-mer, Aix-en-Provence; *The Fourth International Congress of Delegated Representatives of Master Spinners' and Manufacturers' Associations, Held in Musikvereinsgebäude, Vienna, May 27th to 29th, 1907*. Manchester 1907, S. 306; International Cotton Congress, *Official Report of the International Cotton Congress, Held in Egypt, 1927*. Manchester 1927, S. 179–189.

73 Zu den Versuchen der UdSSR, den Baumwollanbau zu steigern: Obertreis, *Imperial Desert Dreams*; Maya Peterson, «Technologies of Rule: Empire, Water, and the Modernization of Central Asia, 1867–1941». Diss., Harvard University 2011; Dejung, «The Boundaries of Western Power», S. 156; Rudolph Asmis und Dr. Zeller, Taschkent, 10. April 1923, Baumwollbroschüren an Rudolf Asmis, Berlin, 7. Mai 1923; Memo: «Der heutige Stand der Baumwollkultur in Turkestan und das Problem einer deutschen Mitarbeit an ihrem Wiederaufbau»; Protokoll der Sitzung der Baumwoll-Kommission des KWK, 28. Juni 1923, Protokoll der Sitzung der Baumwoll-Kommission, Diskonto Gesellschaft, Berlin, 12. Juli 1923, alle in KWK, R 8024/25, Bundesarchiv Berlin; *Ekonomičeskaja Žiznj* (12. 7. 1923), übersetzt von der deutschen Botschaft in Moskau, KWK, R 8024/25, Bundesarchiv Berlin. Die Akte enthält auch Dokumente über die Hinrichtung von Baumwollexperten in Zentralasien, die nicht genug zur Bekämpfung einer Heuschreckenplage taten.

74 Bühler, «Die Unabhängigkeitsbestre-

bungen Englands, Frankreichs und Deutschlands», S. 91; Bleifuss und Hergenröder, *Die «Otto-Plantage Kilossa»*, S. 39; de Smet, *Les origins et l'organisation*, S. 1; Obertreis, *Imperial Desert Dreams*, Kap. 1, S. 67; E. R. B. Denniss, «Government of the Soudan Loan Guarantee», *Parliamentary Debates*, 5th series, Bd. 52, Sp. 428, 23. April 1913.

75 Vgl. Graphik 20 in Kap. 10 und Beckert, «Emancipation and Empire», S. 1437.

Anmerkungen Kapitel 13

1 Kenneth L. Gillion, *Ahmedabad: A Study in Indian Urban History*. Berkeley, CA 1968 S. 69; Makrand Mehta, *The Ahmedabad Cotton Textile Industry: Genesis and Growth*. Ahmedabad 1982, S. viii, 33 f., 43, 50, 53; Dwijendra Tripathi, *Historical Roots of Industrial Entrepreneurship in India and Japan: A Comparative Interpretation*. New Delhi 1997, S. 108; Sujata Patel, *The Making of Industrial Relations: The Ahmedabad Textile Industry, 1918–1939*. Oxford 1987, S. 21 f.

2 Patel, *The Making of Industrial Relations*, S. 54, 57.

3 Mehta, *The Ahmedabad Cotton Textile Industry*, S. 6, 8 f., 14, 20.

4 Ebd., S. 66 f., 77–79., 80, 85 f., 96–102; Salim Lakha, *Capitalism and Class in Colonial India: The Case of Ahmedabad*. New Delhi 1988, S. 64–66; Patel, *The Making of Industrial Relations*, S. 13, 21, 23 f.

5 Patel, *The Making of Industrial Relations*, S. 22; Tripathi, *Historical Roots*, S. 107.

6 Douglas A. Farnie und David J. Jeremy (Hg.), *The Fibre that Changed the World: The Cotton Industry in International Perspective, 1600–1990s*. Oxford 2004, S. 23; Douglas A. Farnie und Takeshi Abe, «Japan, Lancashire and the Asian Market for Cotton Manufactures, 1890–1990», in Douglas A. Farnie et al. (Hg.), *Region and Strategy in Britain and Japan, Business in Lancashire and Kansai, 1890–1990*. London 2000, S. 140, 147.

7 Farnie und Jeremy (Hg.), *The Fibre that Changed the World*, S. 23; David L. Carlton und Peter A. Coclanis, «Southern Textiles in Global Context», in Susanna Delfino und Michele Gillespie (Hg.), *Global Perspectives on Industrial Transformation in the American South*. Columbia, MO 2005, S. 153, 155; Gary R. Saxonhouse und Gavin Wright, «New Evidence on the Stubborn English Mule and the Cotton Industry, 1878–1920», *Economic History Review*, New Series, 37, 4 (1984), S. 519.

8 «World's Consumption of All Kinds of Cotton», Statistics of World Consumption of Cotton 1910–1931, MD 230/44, Papers of John A. Todd, Liverpool Record Office.

9 Arno S. Pearse, *The Cotton Industry of India, Being the Report of the Journey to India*. Manchester 1930, S. 2.

10 Ebd., S. 101; Philip T. Silvia, «The Spindle City: Labor, Politics, and Religion in Fall River, Massachusetts, 1870–1905». Dissertation, Fordham University 1973, S. 7; Thomas Russell Smith, «The Cotton Textile Industry of Fall River, Massachusetts: A Study of Industrial Localization». Dissertation, Columbia University 1943, S. 21; William F. Hartford, *Where Is Our Responsibility? Unions and Economic Change in the New England Textile Industry, 1870–1960*. Amherst, MA 1996, S. 7 f., 54; John T. Cumbler, *Working-class Community in Industrial America: Work, Leisure, and Struggle

in *Two Industrial Cities, 1880–1930*. Westport, CT 1979, S. 54; Mary Blewett, «Textile Workers in the American Northeast and South: Shifting Landscapes of Class, Culture, Gender, Race, and Protest», Textile Conference IISH, November 2004, S. 6.
11 Hartford, *Where Is Our Responsibility?*, S. 28; Mary H. Blewett, *Constant Turmoil: The Politics of Industrial Life in Nineteenth-Century New England*. Amherst, MA 2000, S. 183.
12 Cumbler, *Working-class Community*, S. 105, 118; Dietrich Ebeling et al., «The German Wool and Cotton Industry from the Sixteenth to the Twentieth Century», *The Ashgate Companion to the History of Textile Workers*, S. 227. Das Massachusetts Bureau of Statistics of Labor schätzte für eine Familie pro Jahr ein Minimum von 400 Dollar für Miete, Brennstoff, Nahrung und Kleidung. Massachusetts Bureau of Statistics of Labor, *Sixth Annual Report*. Boston, MA 1875, S. 221–354, 372 f., 441.
13 Hartford, *Where Is Our Responsibility?*, S. 7–17, 29; Isaac Cohen, «American Management and British Labor: Lancashire Immigrant Spinners in Industrial New England», *Comparative Studies in Society and History*, 27, 4 (1985), S. 611, 623 f.; Blewett, *Constant Turmoil*, S. 112; David Montgomery, *The Fall of the House of Labor: The Workplace, the State, and American Labor Activism, 1865–1925*. New York 1989, S. 163.
14 R. B. Forrester, *The Cotton Industry in France*. Manchester 1921, S. 100; Claude Fohlen, *L'industrie textile au temps du Second Empire*. Paris 1956, S. 284, 412, 514; David Allen Harvey, *Constructing Class and Nationality in Alsace, 1830–1945*. DeKalb, Ill 2001, S. 3, 64 f.
15 Ebeling et al., «The German Wool and Cotton Industry», S. 228; R. M. R. Dehn, *The German Cotton Industry*, Manchester 1913, S. 71 f.
16 M. V. Konotopov et al., *Istorija otečestvennoj tekstil'noj promyšlennosti*. Moskau 1992, S. 179; Pretty, «The Cotton Textile Industry in Russia», S. 435–437, 439, 421.
17 1908 wurde der Schweizerische Textilarbeiterverband (STAV) gegründet, der auch sozialistische Ideen vertrat. Bernard Degen, «Gewerkschaft Textil, Chemie, Papier (GTCP)», (www.hls-dhs-dss.ch/textes/d/D16489.php; Zugriff 18. November 2010); Erich Gruner, Andreas Balthasar und Hans Hirter, «Gewerkschaften und Arbeitgeber auf dem Arbeitsmarkt. Streiks, Kampf ums Recht und Verhältnis zu anderen Interessengruppen», Arbeiterschaft und Wirtschaft in der Schweiz 1880–1914. …, hg. von Erich Gruner, Band 2/1. Zürich 1988, S. 456 f., 464. In Holland kam es ab der Jahrhundertwende zu vielen Streiks, in Twente waren 1929 60 % der Baumwollarbeiter gewerkschaftlich organisiert. Van Nederveen Meerkerk, van Voss und Hiemstra-Kuperus, «The Netherlands», *The Ashgate Companion to the History of Textile Workers*, S. 388; Angel Smith, Carles Enrech, Carme Molinero und Pere Ysàs, «Spain», *The Ashgate Companion to the History of Textile Workers*, S. 465–467.
18 T. J. Hatton, G. R. Boyer und R. E. Bailey, «The Union Wage Effect in Late Nineteenth Century Britain», *Economica*, 61, 244 (1994), S. 436, 449; Farnie und Abe, «Japan, Lancashire and the Asian Market for Cotton Manufactures», S. 134, 136; William Lazonick, *Competitive Advantage on the Shop Floor*. Cambridge, MA 1990, S. 115, 136.
19 Charles Tilly, «Social Change in Modern Europe: The Big Picture», in Leonard R. Berlanstein (Hg.), *The Industrial Revolution and Work in Nine-

teenth-Century Europe. New York 1992, S. 54 f.; Elise van Nederveen Meerkerk, Lex Heerma van Voss und Els Hiemstra-Kuperus, «Covering the World», S. 773–792.

20 Dehn, *The German Cotton Industry*, S. 94; Kathleen Canning, *Languages of Labor and Gender: Female Factory Work in Germany: 1850–1914*. Ann Arbor, MI 2002, S. 261; Kirchhain, *Das Wachstum der deutschen Baumwollindustrie*, S. 86; Patricia Penn Hilden, «Class and Gender: Conflicting Components of Women's Behaviour in the Textile Mills of Lille, Roubaix and Tourcoing, 1880–1914», *Historical Journal*, 27, 2 (1984), S. 378; Smith, Enrech, Molinero und Ysàs, «Spain», S. 468.

21 Dehn, *The German Cotton Industry*, S. 82; Kirchhain, *Das Wachstum der deutschen Baumwollindustrie im 19. Jahrhundert*, S. 159 f. Die Jahreslöhne stiegen in Reallöhnen von 1913 von 563,58 Mark auf 860 Mark. Siehe den impliziten Deflator des Nettosozialprodukts in Tabelle A.5: «Cost of Living Indices in Germany, 1850–1985 (1913=100)», in P. Scholliers und Z. Zamagni (Hg.), *Labour's Reward: Real Wages and Economic Change in 19th- and 20th-century Europe*. Brookfield, VT 1995, S. 226. Wenn wir 12 Arbeitstage in zwei Wochen rechnen, lag der Tageslohn im Elsass 1870 bei 2,51–3,00 Francs (nach dem Wert von 1910) und 1910 bei 5,42–6,25 Francs. Zur Kalkulation der Reallöhne «Table H1, Wholesale Price Indices», Mitchell, *International Historical Statistics: Europe*, S. 955 f. In Katalonien stiegen die Löhne vor dem Ersten Weltkrieg stark an: Smith, Enrech, Molinero und Ysàs, «Spain», S. 469; Smith, «The Cotton Textile Industry of Fall River, Massachusetts, S. 88. In den 1890er Jahren verdienten Spulenwechsler 35,92 Dollar am Tag (nach dem Geldwert von 2011) und 1920 53,72 Dollar. Webstuhleinrichter stiegen von 42,39 am Tag 1890 auf 81,92 1920. «Table III. Classified Rates of Wages per Hour in Each State, By Years, 1907 to 1912», Fred Cleveland Croxton, *Wages and Hours of Labor in the Cotton, Woolen, and Silk Industries*. Washington, D. C. 1913.

22 Harvey, *Constructing Class and Nationality in Alsace*, S. 82; Dehn, *The German Cotton Industry*, S. 94; Beth English, «Beginnings of the Global Economy: Capital Mobility and the 1890s U. S. Textile Industry», in Delfino und Gillespie (Hg.), *Global Perspectives on Industrial Transformation*, S. 177; Bodmer, *Die Entwicklung der Schweizerischen Textilwirtschaft*, S. 397.

23 English, «Beginnings of the Global Economy», S. 176; W. F. Bruck, *Die Geschichte des Kriegsausschusses der Deutschen Baumwoll-Industrie*. Berlin 1920, S. 11; John Steven Toms, «Financial Constraints on Economic Growth: Profits, Capital Accumulation and the Development of the Lancashire Cotton-Spinning Industry, 1885–1914», *Accounting Business and Financial History*, 4, 3 (1994), S. 367; J. H. Bamberg, «The Rationalization of the British Cotton Industry in the Interwar Years», *Textile History*, 19, 1 (1988), S. 85; M. W. Kirby, «The Lancashire Cotton Industry in the Inter-War Years: A Study in Organizational Change», *Business History*, 16, 2 (1974), S. 151.

24 Kirchhain, *Das Wachstum der deutschen Baumwollindustrie im 19. Jahrhundert*, S. 95.

25 Ebd., S. 166; Gregory Clark, «Why Isn't the Whole World Developed? Lessons from the Cotton Mills», *Journal of Economic History*, 47, 1 (1987), S. 145, 148; Hermann Kellenbenz, *Deutsche Wirtschaftsgeschichte*, Bd. 2. München 1981, S. 406; van Nederveen Meerkerk,

van Voss und Hiemstra-Kuperus, «Covering the World», S. 785.

26 Müller, «Die Entstehung und Entwicklung der Wiesentäler Textilindustrie», S. 49; «Die Annexion von Elsass-Lothringen und die Lage der deutschen Baumwollindustrie», abgedr. in *Deutsche Volkswirthschaftliche Correspondenz*, 42 (1879), S. 8; Brian A'Hearn, «Institutions, Externalities and Economic Growth in Southern Italy: Evidence from the Cotton Textile Industry, 1861–1914», *Economic History Review*, 51, 4 (1998), S. 742; Jörg Fisch, *Europa zwischen Wachstum und Gleichheit, 1850–1914*. Stuttgart 2002, S. 65; Tom Kemp, *Economic Forces in French History*. London 1971, S. 184; Auguste Lalance, *La crise de l'industrie cotonniere*. Mulhouse, 1879, S. 6.

27 Department of Commerce and Labor, Bureau of Manufactures, and W. A. Graham Clark, *Cotton Goods in Latin America: Part 1, Cuba, Mexico, and Central America*. Washington, D. C. 1909, S. 6 f. 14; Jordi Nadal, «Der Fehlschlag der Industriellen Revolution in Spanien 1830–1914», in Knut Borchardt (Hg.), *Europäische Wirtschaftsgeschichte, 4: Die Entwicklung der Industriellen Gesellschaften*. Stuttgart 1977, S. 393 f.; Konotopov et al., *Istorija otečestvennoj tekstil'noj promyšlennosti*, S. 268 f.; Edward Atkinson, *Cotton: Articles from the New York Herald*. Boston, MA 1877, S. 31.

28 Für das Zitat siehe *The Times* (6. 9. 1927); Protokolle der Handelskammer von Manchester: M8/2/1/16, Proceedings of the Manchester Chamber of Commerce, 1919–1925, Manchester Library and Local Studies; *The Times* (3. 10. 1923), S. 9; James Watt Jr. an Richard Bond, Esq., 7. Juli 1934, LRO/DDX1115/6/26, zit. n. Irina Spector-Marks, «Mr. Ghandi Visits Lancashire: A Study in Imperial Miscommunication». Honors Thesis, Macalester College, 2008, S. 44; «Textile Shutdown Visioned By Curley: New England Industry Will Die in Six Months Unless Washington Helps, He Says», *NYT* (15. 4. 1935). Die Bedeutung der Lohnkosten für den Standort der Textilproduktion ist eine der (drei) Haupterkenntnisse eines langfristigen Forschungsprojekts am Amsterdamer Institut für Sozialgeschichte. Van Nederveen Meerkerk, Heerma van Voss und Hiemstra-Kuperus, «Covering the World», S. 774.

29 Zu diesem Konflikt: Sven Beckert, «Space Matters: Eurafrica, the American Empire and the Territorialization of Industrial Capitalism, 1870–1940», unveröff. Aufsatz (in Vorb.).

30 Carlton und Coclanis, «Southern Textiles in Global Context», S. 160, 167 f.; Alice Galenson, *The Migration of Cotton Textile Workers from New England to the South: 1880–1930*. New York 1985, S. 2.

31 Mildred Gwin Andrews, *The Men and the Mills: A History of the Southern Textile Industry*. Macon, GA 1987, S. 1; Galenson, *The Migration of Cotton Textile Workers*, S. 189 f.; Carlton und Coclanis, «Southern Textiles in Global Context», S. 155 f., 158; *Commercial Bulletin*, September 28, 1894, zit. n. Beth English, *A Common Thread: Labor, Politics, and Capital Mobility in the Textile Industry*. Athens, GA 2006, S. 39, 127; *Lynchburg News* (18. 1. 1895), zit. n. English, «Beginnings of the Global Economy», S. 176.

32 Elijah Helm, «An International Survey of the Cotton Industry», *Quarterly Journal of Economics*, 17, 3 (1903), S. 428; Galenson, *The Migration of Cotton Textile Workers*, S. 186; Copeland, *The Cotton Manufacturing Industry of the United States*, S. 40, 46; Hahn, *The Roots of Southern Populism*; Gavin Wright, «The Economic Revolution in the American South», *The Journal of*

Economic Perspectives, 1, 1 (1987), S. 169. Über das Verhältnis der Umwälzung der Landwirtschaft in den Südstaaten zum Aufkommen der dortigen Lohnarbeit: Barbara Fields, «The Nineteenth-Century American South: History and Theory», *Plantation Society in the Americas,* 2, 1 (1983), S. 7–27; Hahn, «Class and State in Postemancipation Societies: Southern Planters in Comparative Perspective», *American Historical Review,* 95, 1 (1990), S. 75–88; *Southern and Western Textile Excelsior* (11. 12. 1897), zit. n. English, «Beginnings of the Global Economy», S. 188, weiterhin S. 116.

33 Galenson, *The Migration of Cotton Textile Workers,* S. 141; Copeland, *The Cotton Manufacturing Industry of the United States,* S. 42; Blewett, «Textile Workers in the American Northeast and South», S. 12; Katherine Rye Jewell, «Region and Sub-Region: Mapping Southern Economic Identity», unveröff. Vortrag, SSHC, Boston 2011.

34 Geoffrey Jones und Judith Vale, «Merchants as Business Groups: British Trading Companies in Asia before 1945», *Business History Review,* 72, 3 (1998), S. 372.

35 Zu Portugal: Board Minutes, Bd. 1, Board Minutes, 1888–1905, Boa Vista Spinning & Weaving Company, Guildhall Library, London. Zum Osmanischen Reich: Necla Geyikdagi, *Foreign Investment in the Ottoman Empire: International Trade and Relations, 1854–1914.* New York 2011, S. 131; E. R. J. Owen, «Lord Cromer and the Development of Egyptian Industry, 1883–1907», *Middle Eastern Studies,* 2, 4 (1966), S. 283, 289; Pearse, *Brazilian Cotton,* S. 29; Rede bei der Konferenz der mitteleuropäischen Wirtschaftsvereine in Dresden, am 17. und 18. Januar 1916, Protokolle der Verhandlungen, Auswärtiges Amt, 1916–1918, Akten betreffend den Mitteleuropäischen Wirtschaftsverein, Auswärtiges Amt, R 901, 2502, Bundesarchiv Berlin; Gately, *Development of the Russian Cotton Textile Industry,* S. 156; Bianka Pietrow-Ennker, «Wirtschaftsbürger und Bürgerlichkeit im Königreich Polen: Das Beispiel von Lodz, dem Manchester des Ostens», *Geschichte und Gesellschaft,* 31 (2005), S. 175, 177 f.

36 Die Bedeutung von Institutionen für die wirtschaftliche Entwicklung und damit die Politik, wie auch die schädlichen Auswirkungen des Kolonialismus werden stark betont von D. Acemoglu, S. Johnson und J. A. Robinson, «Reversal of Fortune: Geography and Institutions in the Making of the Modern World Income Distribution», *Quarterly Journal of Economics,* 117, 4 (2002), S. 1231–1294. Die von mir betonten Arten von Institutionen sind aber andere.

37 Samuel C. Chu, *Reformer in Modern China: Chang Chien, 1853–1926.* New York 1965, S. 17; zit. n. ebd., S. 45 f.; zu Zhang auch Elizabeth Köll, *From Cotton Mill to Business Empire: The Emergence of Regional Enterprises in Modern China.* Cambridge, MA 2003, S. 56–62; Albert Feuerwerker, *China's Early Industrialization: Sheng Hsuan-Huai (1844–1916) and Mandarin Enterprise.* Cambridge, MA 1958, S. 15.

38 Yen-P'ing Hao und Erh-min Wang, «Changing Chinese Views of Western Relations, 1840–95», in John K. Fairbank und Kwang-Ching Liu (Hg.), *The Cambridge History of China,* Bd. 11: *Late Ch'ing, 1800–1911,* Teil 2. Cambridge 1980, S. 142–201; Feuerwerker, *China's Early Industrialization,* S. 36 f.; Associação Industrial, *Representação dirigida ao exmo. Snr. Ministro da Fazenda.* Rio de Janeiro, 1881, S. 5, 11, zit. n. Stanley J. Stein, *The Brazilian Cotton Manufacture: Textile Enterprise in an Underde-*

veloped Area, 1850–1950. Cambridge, MA:, 1957, S. 82; *O Industrial (Orgão da Associação Industrial),* (21. Mai 1881), zit. n. ebd., S. 82–84; Byron Marshall, *Capitalism and Nationalism in Pre-War Japan.* Palo Alto, CA 1967, S. 15 f.

39 Pearse, *Brazilian Cotton,* S. 27 f.; Stein, *The Brazilian Cotton Manufacture,* S. 114.

40 Stein, *The Brazilian Cotton Manufacture,* S. 66 f., 77, 82, 84 f., 98, 100 f., zit. n. ebd. S. 101; Pearse, *Brazilian Cotton,* S. 40.

41 Ebd., S. 32, 53, 57; Stein, *The Brazilian Cotton Manufacture,* S. 62.

42 Ebd., S. 99; Rafael Dobado Gonzalez, Aurora Gomez Galvarriato und Jeffrey G. Williamson, «Globalization, De-Industrialization and Mexican Exceptionalism, 1750–1879», Working Paper Series, National Bureau of Economic Research, Working Paper 12316 (2006), S. 40; Stephen Haber, Armando Razo, und Noel Maurer, *The Politics of Property Rights: Political Instability, Credible Commitments, and Economic Growth in Mexico, 1876–1929.* New York 2003, S. 128; *Cotton Goods in Latin America: Part 1, Cuba, Mexico, and Central America,* S. 20, 38; Müller, «Die Textilindustrie des Raumes Puebla (Mexiko) im 19. Jahrhundert», S. 63; Stephen H. Haber, «Assessing the Obstacles to Industrialisation: The Mexican Economy, 1830–1940», *Journal of Latin American Studies* 24: 1 (February 1992), S. 18–21; Mirta Zaida Lobato, «A Global History of Textile Production, 1650–2000 (Argentina)», Textile Conference IISH, 11.–13. November 2004; Lockwood, Greene & Co an Carlos Tornquist, Boston, 13. August 1924, Industrias 144-8271, Biblioteca Tornquist del Banco Central de la República Argentina, Buenos Aires; Produccion, elaboracion y consumo del algodon en la República Argentina, 1924, ebd.; Carlos D. Girola, *El Algodonero: Su cultivo en las varias partes del mundo, con referencias especiales a la Republica Argentinia.* Buenos Aires 1910.

43 W. Miles Fletcher III, «The Japan Spinners Association: Creating Industrial Policy in Mejii Japan», *Journal of Japanese Studies,* 22, 1 (1996), S. 67; E. Patricia Tsurumi, *Factory Girls: Women in the Thread Mills of Meiji Japan,* Princeton, N. J. 1990, S. 35; Thomas C., Smith, *Political Change and Industrial Development in Japan: Government Enterprise, 1868–1880.* Stanford, CA 1955, S. 27, 58.

44 Zu den Importen Motoshige Itoh and Masayuki Tanimoto, «Rural Entrepreneurs in the Cotton Weaving Industry in Japan», Mai 1995, S. 6, unveröff. Aufsatz, im Besitz des Autors.

45 Ebd., S. 68; Yukio Okamoto, *Meijiki bōseki rōdō kankeishi: Nihonteki koyō, rōshi kankei keisei e no sekkin.* Fukuoka 1993, 157 f., 213 f.; Fletcher III, «The Japan Spinners Association», S. 68; Tsurumi, *Factory Girls,* S. 42.

46 Takeshi Abe, «The Development of Japanese Cotton Weaving Industry in Edo Period», o. J., S. 1, unveröff. Aufsatz, im Besitz des Autors; Masayuki Tanimoto, «The Role of Tradition in Japan's Industrialization», in ders. (Hg.), *The Role of Tradition in Japan's Industrialization: Another Path to Industrialization,* Bd. 2. Oxford 2006, S. 9.

47 Naosuke Takamura, *Nihon bōsekigyōshi josetsu.* Tokio 1971, Bd. 1. S. 63, Bd. 2, S. 119; Tanimoto, «The Role of Tradition in Japan's Industrialization», S. 4, 12; Farnie und Abe, «Japan, Lancashire and the Asian Market for Cotton Manufactures», S. 119.

48 Fletcher III, «The Japan Spinners Association», S. 49–75; Farnie und Abe, «Japan, Lancashire and the Asian Market for Cotton Manufactures», S. 118, 126.

49 Farnie und Abe, «Japan, Lancashire and the Asian Market for Cotton Manufactures», S. 121, 128; Takeshi Abe, «The Development of the Producing-Center Cotton Textile Industry in Japan between the Two World Wars», *Japanese Yearbook on Business History*, 9 (1992), S. 17, 19; Hikotaro Nishi, *Die Baumwollspinnerei in Japan*. Tübingen 1911, S. 71, 88.

50 Takamura, *Nihon bōsekigyōshi josetsu*, Bd. 1, S. 239; zur Schiffsindustrie: William Wray, *Mitsubishi and the N. Y. K., 1870–1914: Business Strategy in the Japanese Shipping Industry*. Cambridge, MA 1984.

51 Ein allgemeiner statistischer Überblick bei Nishi, *Die Baumwollspinnerei in Japan*, S. 78, 84; Farnie und Abe, «Japan, Lancashire and the Asian Market for Cotton Manufactures», S. 136 f.; Takeshi Abe, «The Chinese Market for Japanese Cotton Textile Goods», in Kaoru Sugihara (Hg) *Japan, China, and the Growth of the Asian International Economy, 1850–1949*, Bd. 1. Oxford 2005, S. 74, 77.

52 Natsuko Kitani, «Cotton, Tariffs and Empire: The Indo-British Trade Relationship and the Significance of Japan in the First Half of the 1930s». Diss., Osaka University of Foreign Studies 2004, S. iiif., 5, 49, 65; Department of Overseas Trade, *Conditions and Prospects of United Kingdom Trade in India, 1937–38*. London 1939, S. 170; Tōyō Menka Kaisha, *The Indian Cotton Facts 1930*. Bombay 1930, S. 98.

53 Toshiaki Chokki, «Labor Management in the Cotton Spinning Industry», in Smitka (Hg.), *The Textile Industry and the Rise of the Japanese Economy*. S. 7; Janet Hunter, *Women and the Labour Market in Japan's Industrialising Economy: The Textile Industry Before the Pacific War*. London 2003, S. 69 f., 123 f.; Farnie und Abe, «Japan, Lancashire and the Asian Market for Cotton Manufactures», S. 120; Janet Hunter and Helen Macnaughtan, «Japan», in Van Voss et al., *The Ashgate Companion to the History of Textile Workers*, S. 317; Gary Saxonhouse und Yukihiko Kiyokawa, «Supply and Demand for Quality Workers in Cotton Spinning in Japan and India», *The Textile Industry and the Rise of the Japanese Economy*, S. 185.

54 Hunter, *Women and the Labour Market*, S. 4; Jun Sasaki, «Factory Girls in an Agrarian Setting circa 1910», *The Role of Tradition in Japan's Industrialization*, Bd. 2, S. 130; Tsurumi, *Factory Girls*, S. 10–19; Nishi, *Die Baumwollspinnerei in Japan*, S. 141.

55 Hunter and Macnaughtan, «Japan», S. 320 f.; Gary Saxonhouse und Gavin Wright, «Two Forms of Cheap Labor in Textile History», in dies. (Hg.), *Techniques, Spirit and Form in the Making of Modern Economies: Essays in Honor of William N. Parker*. Greenwich, CT 1984, S. 3–31; Nishi, *Die Baumwollspinnerei in Japan*, S. 143, 155; Farnie und Abe, «Japan, Lancashire and the Asian Market for Cotton Manufactures», S. 135.

56 Saxonhouse und Kiyokawa, «Supply and Demand for Quality Workers», S. 186; Toshiaki Chokki, «Labor Management in the Cotton Spinning Industry», S. 15; Nishi, *Die Baumwollspinnerei in Japan*, S. 147.

57 Farnie und Abe, «Japan, Lancashire and the Asian Market for Cotton Manufactures», S. 125; Takamura, *Nihon bōsekigyōshi josetsu*, Bd. 1, S. 308; W. Miles Fletcher III «Economic Power and Political Influence: The Japan Spinners Association, 1900–1930», *Asia Pacific Business Review*, 7, 2 (2000), S. 39–62, v. a. S. 47.

58 Zur Expansion dieser Industrie: Sung Jae Koh, *Stages of Industrial Development in Asia: A Comparative History of the Cotton Industry in Japan, India,*

China, and Korea. Philadelphia 1966; Takamura, *Nihon bōsekigyōshi josetsu,* Bd. 2, S. 121; Nishi, *Die Baumwollspinnerei in Japan,* S. 1; Takeshi Abe und Osamu Saitu, «From Putting-out to the Factory: A Cotton-weaving District in Late Meiji Japan», *Textile History,* 19, 2 (1988), S. 143–158; Sasaki, «Factory Girls in an Agrarian Setting circa 1910», S. 121; Takeshi Abe, «Organizational Changes in the Japanese Cotton Industry During the Inter-War Period», in Farnie und Jeremy (Hg.), *The Fibre that Changed the World,* S. 462; Farnie und Abe, «Japan, Lancashire and the Asian Market for Cotton Manufactures», S. 146; Johzen Takeuchi, «The Role of ‹Early Factories› in Japanese Industrialization», *The Role of Tradition in Japan's Industrialization,* Bd. 2, S. 76.

59 Daten für 1893–1909 aus Nishi, *Die Baumwollspinnerei in Japan,* S. 55; für 1910–1912: Department of Finance, *1912: Annual Return of the Foreign Trade of the Empire of Japan.* Tokio o. J., S. 554; für 1913–1915: dass., *1915: Annual Return…* Teil 1. Tokio o. J., S. 448; für 1916–1917: dass., *1917: Annual Return…,* Teil 1. Tokio o. J., S. 449; für 1894–1901 aus Nishi, *Die Baumwollspinnerei in Japan,* S. 84; für 1893: Department of Finance, *1895: Annual Return…* Tokio: o. J., S. 296; für 1902: dass., *December 1902: Monthly Return of the Foreign Trade of the Empire of Japan.* Tokio o. J., S. 65; Tōyō Keizai Shinpōsha (Hg.), *Foreign Trade of Japan: A Statistical Survey.* Tokio 1935, Nachdr. 1975, S. 229 f.

60 François Charles-Roux, *Le coton en Égypte.* Paris 1908, S. 296 f.; Tignor, *Egyptian Textiles and British Capital, 1930–1956,* S. 9 f.; Owen, «Lord Cromer and the Development of Egyptian Industry», S. 285, 288, 291 f.; Bent Hansen und Karim Nashashibi, *Foreign Trade Regimes and Economic Development: Egypt.* New York 1975, S. 4.

61 Tignor, *Egyptian Textiles and British Capital, 1930–1956,* S. 12–14. Sie war Teil eines wichtigen Importsubstitutionsprojekts. Beinin, «Egyptian Textile Workers», S. 10; Hansen und Nashashibi, *Foreign Trade Regimes and Economic Development: Egypt,* S. 3 f.; Zitat bei Robert L. Tignor, «Economic Planning, and Development Projects in Interwar Egypt», *International Journal of African Historical Studies,* 10, 2 (1977), S. 187, 189.

62 *Statistical Tables Relating to Indian Cotton: Indian Spinning and Weaving Mills.* Bombay 1889, S. 95; Misra Bhubanes, *The Cotton Mill Industry of Eastern India in the Late Nineteenth Century: Constraints on Foreign Investment and Expansion.* Kalkutta 1985, S. 5; I. C. S. Enthoven, *The Cotton Fabrics of the Bombay Presidency.* Bombay 1897; Pearse, *The Cotton Industry of India,* S. 22; zur Expansion der indischen Textilindustrie auch: Department of Commercial Intelligence and Statistics, *Monthly Statistics of Cotton Spinning and Weaving in India Mills.* Kalkutta 1929; Atma'ra'm Trimbuck an T. D. Mackenzie, Bombay, 16. Juni 1891, Revenue Department, 1891, Nr. 160, MSA.

63 Enthoven, *The Cotton Fabrics of the Bombay Presidency,* S. 6 f.; *Statistical Tables Relating to Indian Cotton: Indian Spinning and Weaving Mills,* S. 116; *Report of the Bombay Millowners' Association for the Year 1897.* Bombay 1898, S. 3; Amiya Kumar Bagchi, *Private Investment in India, 1900–1939.* Cambridge 1972, S. 9; Helm, «An International Survey of the Cotton Industry», S. 432.

64 «Statement Exhibiting the Moral and Material Progress and Condition of India, 1895–96», S. 172, 1895, SW 241, Oriental and India Office Collections,

BL. Eine etwas höhere Zahl nennt *The Imperial and Asiatic Quarterly Review and Oriental and Colonial Record*, Serie 3, vol. 58 (1904), S. 49; Tirthankar Roy, «The Long Globalization and Textile Producers in India», in Van Voss et al., *The Ashgate Companion to the History of Textile Workers*, 266 f.; *The Indian Cotton Facts 1930*, S. 162, Appendix A, Progress of the Cotton Mill Industry; Eckehard Kulke, *The Parsees in India: A Minority as Agent of Social Change*. München 1974, S. 120–125; «Statement Exhibiting the Moral and Material Progress and Condition of India, 1895–96», S. 172.

65 Morris D. Morris, *The Emergence of an Industrial Labor Force in India: A Study of the Bombay Cotton Mills, 1854–1947*. Berkeley, CA 1965, S. 101, 103, 114; Manmohandas Ramji, Vorsitzender der Bombay Millowners' Association, bei der Jahreskonferenz am 28. April 1910, *Report of the Bombay Millowners' Association for the Year 1909*. Bombay 1910, S. v; Letter from the Officiating Secretary of the Government of India, Home, Revenue and Agricultural Department (Judicial), Nr. 12–711, 2. Mai 1881, MSA; Revenue Department, 1881, Nr. 776, Acts and Regulations, Factory Act of 1881, MSA; Shashi Bushan Upadhyay, *Dissension and Unity: The Origins of Workers' Solidarity in the Cotton Mills of Bombay, 1875–1918*. Surat 1990, S. 1; Dietmar Rothermund, *Indiens wirtschaftliche Entwicklung: Von der Kolonialherrschaft bis zur Gegenwart*. Paderborn 1985, S. 69–71; Gandhi, *The Indian Cotton Textile Industry*, S. 67; *Report of the Bombay Millowners' Association for the Year 1906*. Bombay 1907, S. ii; «Memorandum on the Cotton Import and Excise Duties», S. 5 f., L/E/9/153, Oriental and Indian Office Collections, BL.

66 Rothermund, *Indiens wirtschaftliche Entwicklung*, S. 51 f.

67 Tripathi, *Historical Roots*, S. 14, 139.

68 Albert Feuerwerker, «Handicraft and Manufactured Cotton Textiles in China, 1871–1910», *Journal of Economic History,* 30, 2 (1970), S. 338.

69 Ramon H. Myers, «Cotton Textile Handicraft and the Development of the Cotton Textile Industry in Modern China», *Economic History Review,* New Series, 18, 3 (1965), S. 615; Katy Le Mons Walker, «Economic Growth, Peasant Marginalization, and the Sexual Division of Labor in Early Twentieth-Century China: Women's Work in Nantong County», *Modern China,* 19, 3 (1993), S. 360; Feuerwerker, «Handicraft and Manufactured Cotton Textiles in China», S. 342; H. D. Fong, «Cotton Industry and Trade in China», *Chinese Social and Political Science Review,* 16 (1932), S. 400, 402; United States Department of Commerce und Ralph M. Odell, *Cotton Goods in China*. Washington, D. C. 1916, S. 33, 43; M. V. Brandt, *Stand und Aufgabe der deutschen Industrie in Ostasien*. Hildesheim 1905, S. 11. 1902 kamen 55 % der chinesischen Baumwolleinfuhren aus England, 26,8 % aus den USA und nur 2,7 % aus Japan. 1930 hatte Japan 72,2 % erobert, England lieferte nur noch 13,2 % und die USA verschwindende 0,1 %. Kang Chao mit Jessica C. Y. Chao, *The Development of Cotton Textile Production in China*. Cambridge, MA 1977, S. 97.

70 Köll, *From Cotton Mill to Business Empire*, S. 36 f.; James R. Morrell, «Origins of the Cotton Textile Industry in China». Diss., Harvard University 1977, Bd. 1, S. 147–175.

71 Myers, «Cotton Textile Handicraft», S. 626; Feuerwerker, «Handicraft and Manufactured Cotton Textiles in China», S. 346; Fong, «Cotton Industry and Trade in China» S. 348, 370 f., 411, 416; Shigeru Akita, «The British Empire and International Order of

Asia, 1930s-1950s», S. 16, Vortrag, 20th International Congress of Historical Sciences, Sydney, 2005; ders., «The East Asian International Economic Order in the 1850s», in Antony Best (Hg.), *The International History of East Asia, 1900-1968*. London 2010, S. 153-167; Abe, «The Chinese Market for Japanese Cotton Textile Goods», S. 83; Myers, «Cotton Textile Handicraft», S. 627; Cliver, «China», S. 24; *Cotton Goods in China*, S. 158.

72 Feuerwerker, «Handicraft and Manufactured Cotton Textiles in China», S. 346; Loren Brandt, *Commercialization and Agricultural Development: Central and Eastern China, 1870-1937*. Cambridge 1989, S. 6; Cliver, «China», S. 24; Bruce L. Reynolds, «The Impact of Trade and Foreign Investment on Industrialization: Chinese Textiles, 1875-1931». Diss., University of Michigan 1975, S. 64; Chong Su See, *The Foreign Trade of China*. New York 1919, S. 304.

73 *Cotton Goods in China*, S. 161.

74 Ebd., S. 162-164, 168, 179; Fong, «Cotton Industry and Trade in China», S. 376; *Report of the Bombay Millowners' Association for the Year 1907*. Bombay 1908, S. ii; Jack Goldstone, «Gender, Work and Culture: Why the Industrial Revolution Came Early to England but Late to China», *Sociological Perspectives*, 39, 1 (1996), S. 1; Cliver, «China», S. 36 f.

75 Chu, *Reformer in Modern China: Chang Chien*, S. 19, 22, 24, 28; Cliver, «China», S. 38, 41; Feuerwerker, *China's Early Industrialization*, S. 20, 28, 44; Ching-Chun Wang, «How China Recovered Tariff Autonomy», *Annals of the American Academy of Political and Social Science*, 152, 1 (1930), S. 266-277; Frank Kai-Ming Su und Alvin Barber, «China's Tariff Autonomy, Fact or Myth», *Far Eastern Survey*, 5, 12 (3. 6. 1936), S. 115-122; Chao und Chao, *The Development of Cotton Textile Production in China*, S. 102; Abe, «The Chinese Market for Japanese Cotton Textile Goods», S. 96; Feuerwerker, «Handicraft and Manufactured Cotton Textiles in China», S. 343; Akita, «The British Empire and International Order of Asia», S. 20.

76 Peter Duus, «Zaikabō: Japanese Cotton Mills in China», *The Textile Industry and the Rise of the Japanese Economy*, S. 82 f.

77 Richu Ding, «Shanghai Capitalists before the 1911 Revolution», *Chinese Studies in History*, 18, 3-4 (1985), S. 33-82.

78 R. L. N. Vijayanagar, Bombay Millowners' Association, *Centenary Souvenir, 1875-1975*. Bombay 1879, S. 29; *Report of the Bombay Millowners' Association for the Year 1897*, S. 80; *Report of the Bombay Millowners' Association for the Year 1900*. Bombay 1901, S. 52; *Report of the Bombay Millowners' Association for the Year 1904*. Bombay 1905, S. 156; *Report of the Bombay Millowners' Association for the Year 1907*, S. xiii; Morris, *The Emergence of an Industrial Labor Force in India*, S. 38.

79 Zit. n. Mehta, *The Ahmedabad Cotton Textile Industry*, S. 114; *The Mahratta*, Poona (19. 1. 1896); ebd. (2. 2. u. 9. 2. 1896); «Memorandum on the Cotton Import and Excise Duties», S. 6, L/E/9/153, Oriental and Indian Office Collections, BL; Gandhi, *The Indian Cotton Textile Industry*, S. 66; G. V. Josji an G. K. Gokhale, Akte 4, Joshi Correspondence with Gokhale, Nehru Memorial Library, New Delhi.

80 *Report of the Bombay Millowners Association for the Year 1901*, S. 17 f.

81 *The Mahratta* (15. 3. 1896.); Mehta, *The Ahmedabad Cotton Textile Industry*, S. 117-119, 131; Tripathi, *Historical Roots*, S. 115; Anders argumentiert A. P. Kannangara, «Indian Millowners and

Indian Nationalism before 1914», *Past and Present*, 40, 1 (1968), S. 147–164; *Report of the Bombay Millowners' Association for the Year 1907*, S. xii; dagegen Sumit Sarkar, *Modern India, 1855–1947*. New Delhi 1983, S. 132; *Report of the Bombay Millowners' Association for the Year; 1906*, S. iii; *The Mahratta* (29. 3. 1896); Gandhi, *The Indian Cotton Textile Industry*; Resolution des Ersten Indischen Industriekongresses am 30. Dezember 1905 in Benares, Teil C, Nr. 2, März 1906, Industries Branch, Department of Commerce and Industry, NAI.

82 Lisa N. Trivedi, *Clothing Gandhi's Nation: Homespun and Modern India*. Bloomington, IN 2007, S. 105.

83 *The Sydenham College Magazine*, 1, 1 (1919); *The Mahratta* (11. 10. 1896); ebd. (3. 5. 1896); «Draft of the Minutes of a Meeting of the Cotton Merchants held at Surat on April 13, 1919», Akte Nr. 11, Sir Purshotamdas Thakurdas Papers, Nehru Memorial Library, New Delhi; Entwurf des Protokolls eines Treffens der Baumwollhändler in Surat am 13. April 1919, ebd. Für Diskussionen zwischen Nationalisten und Textilfabrikanten siehe Brief von Sir Purshotamdas Thakurdas an die Ahmedabad Millowners Association, March 22, 1919, ebd.; *The Sydenham College Magazine*, 1, 1 (August 1919), ebd.; Purshotamdas Thakurdas an die Ahmedabad Millowners' Association, 22. März 1919, ebd.; *Report of the Bombay Millowners' Association for the Year 1904*, S. 158; *Report of the Bombay Millowners' Association for the Year 1907*, S. iv, viii; *Report of the Bombay Millowners' Association for the Year 1909*, S. iv.

84 Gandhi, *The Indian Cotton Textile Industry*, S. 71, 123; zur Verbindung zu den Industriellen: Makrand Mehta, «Ghandhi and Ahmedabad, 1915–20», *Economic and Political Weekly*, 40 (22.–28. 1. 2005), S. 296; Kannangara, «Indian Millowners and Indian Nationalism before 1914», S. 164; Visvesvaraya, *Planned Economy for India*. Bangalore 1934), S. v, 203; Ding, «Shanghai Capitalists Before the 1911 Revolution», S. 33–82; Bipan Chandra, *The Writings of Bipan Chandra: The Making of Modern India from Marx to Gandhi*. Hyderabad 2012, S. 385–441.

85 Bagchi, *Private Investment in India*, S. 5, 240 f.

86 «The Cooperation of Japanese and Korean Capitalists», zit. n. Eckert, *Offspring of Empire*, S. 48; Mehta, *The Ahmedabad Cotton Textile Industry*, S. 121; *Report of the Bombay Millowners' Association for the Year 1908*, S. vi; Ratan Tata an G. K. Gokhale, Bombay, 15. Oktober 1909, Servants of India Society Papers, Akte 4, Korrespondenz, Gokhale, 1890–1911, Teil 2, Nehru Memorial Library, New Delhi; Akte Nr. 24, Sir Purshotamdas Thakurdas Papers, Nehru Memorial Library, New Delhi; Dietmar Rothermund, *Die Welt in der Weltwirtschaftskrise, 1929–1939*. Münster 1993, S. 79 f.; «A Brief Memorandum Outlining a Plan of Economic Development for India» (1944), abgedr. in Purushotamdas Thakurdas (Hg.), *A Brief Memorandum Outlining a Plan of Economic Development for India*, Bd. 1–2. London 1945.

87 Joel Beinin, «Formation of the Egyptian Working Class», *Middle East Research and Information Project Reports*, 94 (1981), S. 14–23; ders., «Egyptian Textile Workers», S. 13, 188.

88 Fong, «Cotton Industry and Trade in China», S. 379, 381; Hung-Ting Ku, «Urban Mass Movement: The May Thirtieth Movement in Shanghai», *Modern Asian Studies*, 13, 2 (1979), S. 197–216.

89 Morris, *The Emergence of an Industrial Labor Force in India*, S. 105, 178, 183;

Bombay Millowners' Association, *Centenary Souvenir, 1875–1975*, S. 29, 63; Mehta, *The Ahmedabad Cotton Textile Industry*, S. 113; Mehta, «Gandhi and Ahmedabad», S. 298; Roy, «The Long Globalization and Textile Producers in India», S. 269.

90 Jacob Eyferth, «Women's Work and the Politics of Homespun in Socialist China, 1949–1980», *International Review of Social History*, 57, 3 (2012), S. 13; Prabhat Patnaik, «Industrial Development in India Since Independence», *Social Scientist*, 7, 11 (1979), S. 7; Paritosh Banerjee, «Productivity Trends and Factor Compensation in Cotton Textile Industry in India: A Rejoinder», *Indian Journal of Industrial Relations*, 4 (1969), S. 542; Hansen und Nashashibi, *Foreign Trade Regimes and Economic Development: Egypt*, S. 7, 19 f.

Anmerkungen Kapitel 14

1 «Liverpool. By Order of the Liverpool Cotton Association Ltd., Catalogue of the Valuable Club Furnishings etc. to be Sold by Auction by Marsh Lyons & Co., Tuesday, 17th December 1963», Greater Manchester County Record Office.

2 Farnie und Abe, «Japan, Lancashire and the Asian Market», S. 151 f.; John Singleton, «Lancashire's Last Stand: Declining Employment in the British Cotton Industry, 1950–1970», *Economic History Review*, New Series, 39, 1 (1986), S. 92, 96 f.; William Lazonick, «Industrial Organization and Technological Change: The Decline of the British Cotton Industry», *Business History Review*, 57, 2 (1983), S. 219. Ironischerweise begannen Historiker gerade in den 1960er Jahren die Bedeutung der Textilindustrie für die Industrielle Revolution abzuwerten.

3 John Baffes, «The ‹Cotton Problem›», *The World Bank Research Observer*, 20, 1 (1. 4. 2005), S. 116.

4 Zu Indien: Official Indian Textile Statistics 2011–12, Ministry of Textiles, Government of India, Mumbai (www.txcindia.com/html/comp%20table%20pdf%202011-12/compsection1%2011-12.htm), Zugriff 5. Juni 2013; zu Pakistan: Muhammad Shahzad Iqbal et al., «Development of Textile Industrial Clusters in Pakistan», *Asian Social Science*, 6, 11 (2010), S. 132, Tabelle 4.2: «Share of Textiles in Employment»; zu China: Robert P. Antoshak, «Inefficiency and Atrophy in China's Spinning Sector Provide Opportunities of Others», *Cotton: Review of World Situation*, 66 (2012), S. 14–17; American Apparel & Footwear Association, «AAFA Releases Apparel Stats 2012 Report» (www.wewear.org/aafa-releases-apparelstats-2012-report/?CategoryId=6), Zugriff 19. Oktober 2012; http://de.statista.com/statistik/daten/studie/218179/umfrage/die-wichtigsten-importlaender-fuer-das-deutsche-bekleidungsgewerbe-nach-einfuhrwert/ Zugriff 12. Februar 2014; United Nations Statistics Division, Department of Economic and Social Affairs, Monthly Bulletin of Statistics Online, Table 24: Cotton Yarn Production (http://unstats.un.org/unsd/mbs/data_files/t24.pdf), Zugriff 20. Januar 2013; National Cotton Council of America, Country Statistics (www.cotton.org/econ/cropinfo/cropdata/country-statistics.cfm), Zugriff 15. Dezember 2002; United States Department of Agriculture, Economic Research Service, «Cotton and Wool: Background», www.ers.usda.gov/topics/crops/cotton-wool/background.

aspx, Zugriff 1. Juli 2012. Die Zahl bezieht sich auf 2011. Industrievereinigung Chemiefaser E. V. (IVC), «Produktion seit 1975», www.ivc-ev.de/live/index.php?page_id=43 Zugriff 20. Januar 2013 ; European Man-made Fibres Association, «World Man-Made Fibres Production» (www.cirfs.org/KeyStatistics/WorldManMadeFibresProduction.aspx) Zugriff 20. Januar 2013.

5 National Cotton Council of America, «The Economic Outlook for U. S. Cotton, 2013» (www.cotton.org/econ/reports/loader.cfm?csModule=security/getfile&PageID=142203), Zugriff 17. September 2013; United States Department of Agriculture, Foreign Agricultural Service, «Cotton: World Markets and Trade», Circular Series, April 2013; Oxfam, «Cultivating Poverty: The Impact of US Cotton Subsidies on Africa, 2002» (www.oxfamamerica.org/files/cultivating-poverty.pdf), Zugriff 15. März 2012; zur weltweiten Anbaufläche: International Cotton Advisory Committee, *Cotton: Review of World Situation,* 66 (2012), S. 5; dass., «Survey of Cotton Labor Cost Components In Major Producing Countries» (April 2012), Vorwort. Die Schätzung von 350 Millionen ist aus der *Frankfurter Allgemeinen Zeitung,* 1. April 2010; Naoko Otobe, «Global Economic Crisis, Gender and Employment: The Impact and Policy Response», *ILO Employment Working Paper,* 74 (2011), S. 8; Clive James, «Global Review of Commercialized Transgenic Crops: 2001, Feature: Bt Cotton», *International Service for the Acquisition of Agri-Biotech Applications,* 26 (2002), S. 59. David Orden et al., «The Impact of Global Cotton and Wheat Prices on Rural Poverty in Pakistan», *The Pakistan Development Review,* 45, 4 (2006), S. 602; Baffes, «The ‹Cotton Problem›», S. 109.

6 www.indexmundi.com/agriculture/?commodity=cotton&graph=production, Zugriff 5. Mai 2013.

7 Sabrina Tavernise, «Old Farming Habits Leave Uzbekistan a Legacy of Salt», *NYT* (15. 6. 2008); «Ministry blames Bt cotton for farmer suicides», *Hindustan Times* (26. März 2012); David L. Stern, «In Tajikistan, Debt-Ridden Farmers Say They Are the Pawns», *NYT* (15. 10. 2008); Vivekananda Nemana, «In India, GM Crops Come at a High Price», *The NYT* Blogs, India Ink, 16. Oktober 2012.

8 http://www.organicconsumers.org/clothes/224subsidies.cfm/, Zugriff 21. April 2014; http://worldwildlife.org/stories/the-impact-of-a-cotton-t-shirt, Zugriff 22. Juli 2014.

9 Amy A. Quark, «Transnational Governance as Contested Institution-Building: China, Merchants, and Contract Rules in the Cotton Trade», *Politics & Society* March 2011 vol. 39 no. 1, pp. 3–39 (http://india.blogs.nytimes.com/2012/10/16/in-india-gm-crops-come-at-a-high-price/?_r=0), Zugriff 2. April 2013.

10 Nelson Lichtenstein, «The Return of Merchant Capitalism», *International Labor and Working-Class History,* 81 (2012), S. 8–27; ders., *The Retail Revolution: How Wal-Mart Created a Brave New World of Business.* New York 2009, S. 198.

11 *NYT* (1. April 1946); International Cotton Association, History Timeline (www.ica-ltd.org/about-us/our-history), Zugriff 15. April 2013.

12 John T. Cumbler, *Working-class Community in Industrial America: Work, Leisure, and Struggle in Two Industrial Cities, 1880–1930.* Westport, CT 1979, S. 139.

13 Kang Chao, *The Development of Cotton Textile Production in China.* Cambridge, MA 1977, S. 267, 269; Alexander Eckstein, *Communist China's Economic Growth and Foreign Trade: Implica-*

Anmerkungen Kapitel 14

tions for US Policy. New York 1966, S. 56.

14 «China's leading cotton producer to reduce cotton-growing farmland», *China View,* 25. 12. 2008 (http://news.xinhuanet.com/english/2008-12/25/content_10559478.htm), Zugriff 10. September 2013; National Cotton Council of America, Country Statistics (www.cotton.org/econ/cropinfo/cropdata/country-statistics.cfm), Zugriff 15. März 2012; Zhores A. Medvedev, *Soviet Agriculture.* New York 1987, S. 229 f.; Charles S. Maier, «Consigning the Twentieth Century to History: Alternative Narratives for the Modern Era», *American Historical Review,* 105, 3 (2000), S. 807–831; Carol S. Leonard, *Agrarian Reform in Russia: The Road from Serfdom.* Cambridge 2011, S. 75.

15 Maier, «Consigning the Twentieth Century to History».

16 Oxfam, «Cultivating Poverty»; *NYT* (5. 8. 2003), A18; ebd. (13. 9. 2003), A26. In den letzten zehn Jahren haben die Baumwollsubventionen der US-Regierung zwischen einer und vier Milliarden Dollar jährlich gelegen. John Baffes, «Cotton Subsidies, the WTO, and the ‹Cotton Problem›», The World Bank Development Prospects Group & Poverty Reduction and Economic Management Network, Policy Research Working Paper 566 (2011), S. 18; Michael Grunwald, «Why the U. S. Is Also Giving Brazilians Farm Subsidies», *Time* (www.time.com/time/nation/article/0,8599,1978963,00.html; Zugriff 9. April 2010). Realizing Rights, The Ethical Globalization Initiative, «US and EU Cotton Production and Export Policies and Their Impact on West and Central Africa: Coming to Grips with International Human Rights Obligations» (Mai 2004), S. 2, 4 (www.policyinnovations.org/ideas/policy_library/data/01155/_res/id=sa_File1/), Zugriff 20. Januar 2013.

17 Akmad Hoji Khoresmiy, «Impact of the Cotton Sector on Soil Degradation» (Vortrag, Cotton Sector, Central Asia Conference, School of Oriental and African Studies, London, 3.–4. November 2005); International Crisis Group, Joint Letter to Secretary Clinton regarding Uzbekistan, Washington, DC, 27. September 2011 (www.crisisgroup.org/en/publication-type/media-releases/2011/asia/joint-letter-to-secretary-clinton-regarding-uzbekistan.aspx), Zugriff 20. Januar 2013; dass., «The Curse of Cotton: Central Asia's Destructive Monoculture», Asia Report, 93 (Februar 2005), S. 28 (www.crisisgroup.org/en/regions/asia/central-asia/093-the-curse-of-cotton-central-asias-destructive-monoculture.aspx), Zugriff 20. Januar 2013.

18 Siehe David Harvey, *The Geopolitics of Capitalism.* New York 1985.

19 Xi Jin, «Where's the Way Out for China's Textile Industry?», *Cotton: Review of World Situation,* 66 (2012), S. 10.

20 Eric Hobsbawm, *Das Zeitalter der Extreme: Weltgeschichte des 20. Jahrhunderts.* München 1995.

21 Vgl. Environmental Farm Subsidy Database, 2013, http://farm.ewg.org/progdetail.php?fips=00000&progcode=cotton, Zugriff 25. September 2013.

22 Zu chinesischen Haushalten in den 1950er Jahren: Jacob Eyferth, «Women's Work and the Politics of Homespun in Socialist China, 1949–1980», *International Review of Social History,* 57, 3 (2012), S. 2; zu den aktuellen Ausgaben der US-Haushalte: United States Department of Labor, Bureau of Labor Statistics, Consumer Expenditures 2012, September 2013, S. 10 (www.bls.gov/news.release/pdf/cesan.pdf), Zugriff 17. September 2013; *Frankfurter Allgemeine Zeitung* (13. 11. 2009), S. 25.

Bildnachweis

S. 7: Matthew Ward/DK images, London (UK); S 19: Codex Mendoza 1980, Folio 68r in: Michael E. Smith und Kenneth G. Hirth: «The Development of Prehispanic Cotton-Spinning Technology in Western Morelos, Mexico» in: Journal of Field Archaeology 15, 3 (Fall 1988); S. 38: Wolfgang von Stromer: Die Gründung der Baumwollindustrie in Mitteleuropa. Wirtschaftspolitik im Spätmittelalter, Stuttgart 1978; S. 43: British Library Online Gallery; S. 67: Hulton Archive/Getty Images; S. 79: Public Domain; S 81: National Trust, Quarry Bank Mill Archive, Styal (UK); S 93: North Wind Picture Archives/akg-images, Berlin; S. 102: Library of Congress, Washington, D. C. (USA); S. 109: American Cotton Planter 1 (November 1853); S. 118: © Bettmann/CORBIS; S. 120: Florilegius/akg-images, Berlin; S. 139: Collection et Photo Bibliothèque de Mulhouse, Mulhouse (Frankreich); S. 165: Giraudon/Bridgeman Images; S. 173: Hulton Archive/Getty Images; S. 187: National Trust, Quarry Bank Mill Archive, Styal (UK); S. 197: aus: The Illustrated London News, 4. November 1865 (Library of Congress, Washington, D. C.); S. 228: aus: Walter H. Rambousek/Armin Vogt/Hans R. Volkart: Volkart. Die Geschichte einer Welthandelsfirma, Frankfurt am Main 1990; S. 231: IAM/ akg-images, Berlin; S. 247: aus: Michael Friendly: «The Golden Age of Statistical Graphics», Statistical Science 23, Nr. 4 (2008); S. 259: Gebrüder Volkart Archiv, Winterthur (Schweiz); S. 267: Harper's Weekly, January 12, 1867; S. 270: State Library of Louisiana, Baton Rouge, LA (USA); S. 271: © Lewis W. Hine; S. 272: Mississippi Department of Archives & History, Jackson, MS (USA); S. 293: Gebrüder Volkart Archiv, Winterthur (Schweiz); S. 296/97: aus: Walter H. Rambousek/Armin Vogt/Hans R. Volkart: Volkart. Die Geschichte einer Welthandelsfirma, Frankfurt am Main 1990; S. 301: Greater Manchester County Record Office, Manchester (UK); S. 305: Greater Manchester County Record Office, Manchester (UK); S. 317: Kolonial-Wirtschaftliches Komitee: Baumwoll-Expedition nach Togo, Bericht, 1901, aus: Beihefte zum Tropenpflanzer, 3, 2, 1902; S. 338: Bundesarchiv Berlin – Togo 1905 /R 1001-8223-47; S. 340: Universitätsbibliothek Frankfurt a. M., Deutsche Kolonial Gesellschaft/Bildarchiv, Nr. 101, 3-3501017, Foto: A. Vogt; S. 343: Public Domain (delcampe.net); S. 347: aus: Arno S. Pearse: Brazilian Cotton: Being the Report of the Journey of the International Cotton Mission through the Cotton States of São Paulo, Minas Geraes, Bahia, Alagôas, Sergipe, Pernambuco, Parahyba, Rio Grande do Norte, Manchester ²1959; S. 353: © Jay Avila; S. 385: © Petra Rehder; S. 387: © Noah Beckert; S. 394: Public Domain

Leider war es nicht in allen Fällen möglich, die Inhaber der Rechte zu ermitteln. Wir bitten deshalb gegebenenfalls um Mitteilung. Der Verlag ist bereit, berechtigte Ansprüche abzugelten.

Dank

Dieses Buch zu recherchieren und zu schreiben hatte einiges mit seinem Thema gemeinsam – Menschen und Dokumente aus der ganzen Welt waren beteiligt. Eine abenteuerliche Reise. Niemals werde ich die Tage auf dem Höhepunkt der argentinischen Finanzkrise vergessen, als ich in den Kellerarchiven der Banco de la Provincia de Buenos Aires saß und hörte, wie die schweren Rolltore vor der Eingangstür in regelmäßigen Abständen lärmend hoch und runter fuhren, um das Gebäude vor den Demonstranten zu schützen, die immer wieder an der Bank vorbeizogen. Niemals werde ich den Empfangsraum im Nationalarchiv in Kairo vergessen, wo ich stundenlang mit dem Direktor zusammensaß und Tee trank, während er sich darum bemühte, mir Zugang zu Dokumenten aus dem frühen 19. Jahrhundert zu verschaffen, die man für zu empfindlich für die Sicherheitsbedürfnisse des ägyptischen Staates hielt, als dass irgendein Historiker darin blättern durfte. Niemals werde ich den Augenblick vergessen, als eine Bibliothekarin des Musée de l'Impression sur Etoffes im elsässischen Mulhouse die Tür zu einem Raum öffnete, in dem hoch bis zur Decke Baumwollstoffproben aus dem 18. und 19. Jahrhundert lagerten. Und niemals werde ich vergessen, wie ich vor einer Bar in Colònia Vidal im katalanischen Llobregat-Tal saß und mir das Leben der Generationen von Menschen vorstellte, die in dieser Arbeiterstadt für die unersättliche Baumwollspinnerei schufteten.

Für dieses Buch habe ich Forschungen in vielen Ländern auf jedem Kontinent betrieben, und ich bin allen Bibliothekaren und Archivaren dankbar, dass sie die Materialien, auf denen dieses Buch beruht, unter häufig schwierigen Umständen bewahrt und mir zugänglich gemacht haben. Ganz besonders danke ich all jenen, die mir in folgenden Institutionen geholfen haben: Archiv der Japanischen Spinnereivereinigung Osaka, National Archives of Australia, Nationalarchiv und Nationalbibliothek Ägyptens, Sammlung seltener Bücher an der American University of Cairo, National Archives of India, Nehru Memorial Museum and Library von New Delhi, Maharashtra State Archives in Mumbai, Bombay Chamber of Commerce, Bombay Mill Owners Association, Asia Library in Mumbai, Archives nationales d'outre mer in Aix-en-Provence, Archives nationales und Archives diplomatiques – Quai d'Orsay in Paris, Société Industrielle de Mulhouse, Musée de l'Impression sur Etoffes, Archiv Volkart Stiftung in

Anhang

Winterthur, Handelskammer Barcelona, Bundesarchiv Berlin, Handelskammer Hamburg, Handelskammer Bremen, Bremer Baumwollbörse, Staatsarchiv Bremen, National Archives of the United Kingdom in Kew, Guildhall Library in London, British Library, ING Baring Archive, the Bank of England Archive, Manchester Archives and Local Studies, John R. Rylands Library, Greater Manchester County Record Office, Liverpool Record Office, Library of the University of Liverpool, Merseyside Maritime Museum, Historical Collections at Harvard Business School, Widener Library, Massachusetts Historical Society, New York Historical Society, New York Public Library, Archivo General de la Nación in Mexico, Biblioteca Pedro Sainz de Baranda of Valladolid, Banco de Provincia de Buenos Aires und Biblioteca Tornquist in Buenos Aires.

Im Laufe der Zeit haben mir viele Menschen geholfen, die erforderlichen Materialien auszuwerten. In Canberra, Australien, brachte mir Lawrence Niewójt die frühe australische Baumwollgeschichte näher, in Osaka unterstützte mich Natsuko Kitani in Delhi Amit Mishra, in Kairo Dr. Abdel-Wahid, in Buenos Aires Amilcar Challu und in Paris Pauline Peretz. Auch in Cambridge (und Freiburg) arbeiteten in all den Jahren viele Forschungsassistenten mit mir zusammen durch eine Geschichte, die sich als ziemlich kompliziert erwies, darunter Rudi Batzell, Lukas Bowinkelmann, Par Cassel, Lui Chang, Jane Chen, Eli Cook, Rui Dong, Balraj Gill, Heather Souvaine Horn, Louis Hyman, Noam Maggor, Maximillian Mason, Paul Mathis, Ralf Meindl, Lukas Nemela, Shaun Nichols, Diana Kimball, Nathan Pearl-Rosenthal, Arjun Ramamurti, Leonid Sidorov, Liat Spiro, Luise Tremel, Niki Usher, Carsten Vogelpohl, Ann Wilson, Julie Yen und Jenny Zhang. Ich bedanke mich für die Ausdauer und Geduld, ohne die ich dieses Projekt nicht hätte zu Ende führen können. Danke auch meinen Studenten an der Harvard University, deren unablässige Neugier mich immer wieder angetrieben hat.

Ebenfalls bedanken möchte ich mich bei all denen, die sich für meine Arbeit interessiert und mir zugehört haben, in Sydney, Tokio, Osaka, Seoul, Hongkong, Neu Delhi, Kalkutta, Tel Aviv, Dakar, Leipzig, Jena, Frankfurt, München, Linz, Amsterdam, Basel, Zürich, Genf, Nottingham, London, Manchester, Brighton, São Paulo und Buenos Aires sowie an vielen Universitäten in den USA.

Ein großer Dank geht an Jane Garrett vom Verlag Alfred A. Knopf New York, die mich schon früh zu diesem Projekt ermutigt hat; an William Kirby an der Harvard University, der immer an mich geglaubt hat; an Gavin Wright für sein Feedback zu Beginn meiner Arbeit, an Shigeru Akita und Takeshi Abe, die mich durch die in Osaka vorhandenen Quellen gelotst haben; an Jun Furuya, der mich in Tokio immer freundlich empfangen hat (und mit dem ich das schlimmste Erdbeben in der japanischen Geschichte erlebte); an Babacar Fall und Omar Gueye für ihre Gastfreundschaft in Dakar; an Rafael Marquese, der in São Paolo die Themen dieses Buches bei einem köstlichen Essen aus der Maranhão-Küche mit mir diskutierte; an Charles Forcey, den größten Wortmagier der Welt; an John Killick in Leeds, der mir einige seiner unveröffentlichten Arbeiten zur Verfügung stellte; an Peter Knight für seine Hinweise auf wichtige Quellen; an Cyrus Veeser für unzählige Gespräche; an Julia Seibert, die mir die Auswirkungen des Kolonialismus auf die Arbeitsstrukturen in Afrika erläutert hat; an Mauro und die ganze Familie Palas in Alghero, bei denen ich an einem wunderschönen Fleckchen Erde in Ruhe schreiben durfte; an meine entfernten Verwandten in Liverpool – John, Heather, Ian und Andrew McFadzean –, in deren kleinem Eckladen ich als Schüler in den Sommerferien Zeitungen und Süßigkeiten verkaufen durfte und die mir diese Stadt zeigten, die wie keine andere zu einem Synonym für die Geschichte der Baumwolle wurde; an Dieter Plehwe in Berlin für seine Freundschaft und unsere endlosen Gespräche über den Kapitalismus; an Christine Desan an der Harvard Law School, die dazu beigetragen hat, dass Kapitalismus-Studien ernst genommen werden; an Gilles Palsky in Paris, der mir Zugang zu einigen ganz besonderen Karten zum weltweiten Baumwollhandel verschaffte; an Uta Beckert für Hinweise zur mesopotamischen Baumwolle; an Neus Santamaria vom Consorci del Parc Fluvial del Llobregat, die mir die außergewöhnliche Geschichte der Industrialisierung in Katalonien erläuterte; an Aditya und Mridula Mukerjee, Prabhu Mohapatra, und alle meine Freunde in Neu-Delhi, die mich an ihren unaufhörlichen Gesprächen über die großen Ungleichheiten in der Welt und in Indien teilhaben ließen; an die Historiker Irfan Habib in Neu-Delhi, Eric Foner in New York, Jürgen Osterhammel in Konstanz, Sakae Tsunoya in Sakai und Ibrahima Thioub in Dakar für ihr Interesse an meiner Arbeit und ihre vielfältigen Anregungen. Last but not least ein besonderes Dankeschön an meinen Kollegen und Freund Charles Maier, dessen Ermutigung ganz am Anfang dieser Arbeit für mich entscheidend war.

Um ein Buch wie dieses zu schreiben, sind erhebliche finanzielle Mittel erforderlich, und ich hatte das große Glück, in den Genuss solcher Mittel zu kommen. Die Unterstützung des Kittredge Fund ermöglichten die Startphase des Forschungsprojekts. Später stellten das David Rockefeller Center for Latin American Studies, der Milton Fund, das Asia Center, das Reischauer Institute for Japanese Studies und vor allem das Weatherhead Center for International Affairs an der Harvard University die dringend benötigten Ressourcen zur Verfügung. Das erste Konzept für dieses Buch entstand während meines Studienjahrs am Center for Scholars and Writers an der New York Public Library, wo dank dessen Direktor Peter Gay eine äußerst inspirierende Atmosphäre für neue, wirklich groß angelegte Projekte herrschte. Später ermöglichte mir ein Preis der Humboldt-Stiftung ein ganzes Forschungsjahr an der Universität Konstanz für dieses Buch, noch später dann wurde ich dank der Unterstützung durch das Freiburg Institute for Advanced Studies, dem American Council of Learned Societies und das Weatherhead Center for International Affairs an der

Harvard University von der akademischen Lehre freigestellt, um an meinem Manuskript zu arbeiten. In einer Zeit, in der die Unterstützung für die Geistes- und Sozialwissenschaften zusehends schwindet, kann ich all diesen Institutionen nicht genug dafür danken, dass sie weiterhin daran glauben, dass es immer noch wichtig ist zu verstehen, wie unsere Welt so geworden ist, wie sie ist.

Als das Manuskript nahezu fertig war, hat eine Reihe von Freunden und Kollegen es teilweise oder ganz gelesen und mir wertvolle Anregungen gegeben; ich danke Elizabeth Blackmar, Sugata Bose, Vincent Brown, Franz-Josef Brüggemeier, Stanley Engermann, Eric Foner, Andrew Gordon, Steven Hahn, Noam Maggor, Terry Martin, Amit Mishra, Roger Owen, Michael Ralph, Seth Rockman, Dan Smail, Marcel van der Linden, Cyrus Veeser und John Womack. Ihre Klugheit und ihr Wissen waren sehr wichtig für mich, auch wenn ich einige ihrer Ratschläge auf eigenes Risiko unberücksichtigt gelassen habe.

Zahlreiche Menschen waren an der endgültigen Fassung des Manuskripts beteiligt. David Lobenstine half mir heldenhaft dabei, die erste Textfassung zu redigieren. Dann wurde diese von Annabel Zettel und Martin Richter gekonnt übersetzt sowie von Dorothee Bauer, Bettina Corßen-Melzer und Janna Rösch mit großem Engagement betreut. Und schließlich hatte ich das große Glück, mit zwei der engagiertesten Lektoren zusammenzuarbeiten, die ich je getroffen habe, Detlef Felken und Petra Rehder vom Verlag C.H.Beck.

Am meisten jedoch möchte ich meiner Familie danken. Lisa McGirr war von Anfang an da, las zahlreiche Fassungen von jedem Kapitel und half mir weiter, wenn es schwierig wurde. Meine Kinder Noah und Pascal sind mit diesem Buch aufgewachsen. Erst vor kurzem haben sie mir erzählt, dass Gespräche über Baumwolle bei uns zu Hause viele Jahre lang ein so beherrschendes Thema waren, dass sie glaubten, ich sei ein «Professor für Baumwolle». Sie werden erleichtert sein, wenn ich mich in Zukunft mit etwas anderem beschäftige.

Personenregister

Abdulhamid I., Osman. Sultan 60
Adams, Charles Francis 235
Adger, James 222
Ahmed al-Shaqi 314
Anderson, Frank und Monroe 299
Anthony, David 351
Antuñano, Esteban de 160, 363
Arkwright, Richard 75, 77–79, 97, 154 f., 173, 175 f.
Armitage, Elkanah 81
Armitage, Enoch 152
Armitage, Wright 152, 158
Arthur, Chester A. 375
Ashton, Thomas 91
Ashworth, Henry 226 f., 242
Astardjian, K. 305
Atkinson, Edward 245, 251, 254, 263 f., 324

Baines, Edward 11, 23, 76, 89 f., 95, 221
Baranda, Pedro 139 f., 142, 150
Baring, Francis 59
Baring, Thomas 115, 127, 212, 218
Baring, Unternehmerfamilie 202, 206, 208 f., 213 f., 216, 218 f., 227, 229, 251, 256, 305, 392, 396
Barnes, Elias 63
Barr, Robert und Alexander 157
Bauwens, Lieven 142, 154, 157, 189
Bazley, Thomas 129
Beaulieu, Georges de 61
Bebel, August 356
Bechtel, Unternehmerfamilie 209
Benjamin, Walter 198
Bernhard, Karl Friedrich 157
Bhagubhai, Masukkhbai und Jamnabhai 348
Bibb, Henry 119

Bowring, John 166
Braudel, Fernand 84
Brecht, Bertold 173 f.
Brown Brothers (William und James) 202, 211–214, 222 f., 229, 300
Brown, Alexander 211, 222
Brown, James (Kapitän) 199
Brown, John 118
Brown, Moses 142, 149 f.
Bruce, Frederick William Adolphus 254, 264
Brügelmann, Johann Gottfried 142, 157
Burke, John Masterson 139 f.
Burks, Allen 335 f.
Burling, Walter 122
Bustamente, D. Carlos 160

Cabot, Unternehmerfamilie 150
Calloway, James N. 335–339
Cardwell & Birle 82
Cartwright, Edmond 76
Cassevetti, Unternehmerfamilie 202
Cheetham, John 8
Chhotalal, Ranchhodlal 348, 380
Chiang Kaishek 377
Clay, Joseph 124
Clayton, Will 299
Cooke, Rob 123
Cortés, Hernán 23, 45
Coxe, Tench 110, 114, 137, 160, 363 f.
Crompton, Samuel 75, 77, 153, 155
Cumming, John 222
Curley, James Michael 361

D. H. Waetjen & Co., Unternehmen 210, s. Wätjen
Dallas, Hugo (Hugh) 152

Anhang

Danson, John Towne 93 f.
Davar, Cowasji Nanabhoy 215
Dayton, William L. 250
Defoe, Daniel 47, 59
Delius, Unternehmerfamilie 209
Denniss, E. R. Bartley 346
Desai, Ambalal Sakarlal 379
Dixon, Job 154
Dollfus, Frédéric C. 219, 392
Dugdale, N. 82
Dunbar, W. 135
Duncan, Stephen 121

Ellison, Thomas 204, 300
Engel-Dollfus, Frédéric 324
Etienne, August 323, 340

Faidherbe, Louis 324
Fielden, Unternehmerfamilie 306
Finch, John 174
Forstall, Unternehmerfamilie 202
Franco, Francisco 391
Fränkel, Unternehmerfamilie 151
Frazer & Co, Unternehmen 375
Frémont, John C. 252
Friedrich Wilhelm, preuß. König 60
Fritze, Unternehmerfamilie 209
Fugger, Hans 39, 174
Furndoonjee, Cursetjee 215

Gandhi, Mahatma 35, 310, 379–383
Gerolt, Friedrich Freiherr von 240
Gildemeister, Unternehmerfamilie 209
Gisborne & Company, Unternehmen 305
Gladstone, William 249
Gokhale, G. P. 379
Goldberg, Ferdinand 330
Goldstone, Jack 189
Greg, Samuel 67–72, 80, 90, 141, 179, 186, 208
Gruner, Erich 340

Hagedorn, Unternehmerfamilie 209
Hamilton, Alexander 157, 159
Hammond, James Henry 16, 233, 387, 392
Harb, Talaat 371
Hargreave, James 75, 77–79, 154
Harris, John 324

Harris, Shepard 335 f.
Hegel, Georg Wilhelm Friedrich 89
Helfferich, Karl 330
Henrici, Ernst 330
Herodot 22
Herzog, Antoine 240
Hickens, W. 259 f.
Hobby, S. A. 385
Hobsbawm, Eric 91, 289, 397
Hodgson, Adam 221
Holmes, John und William 149
Holmes, W. H. 253
Hootton, Ellen 16 174, 176 f., 185, 352, 370
Hootton, Mary 175, 177
Hubbard, David 115
Hyde, Robert und Nathaniel 70

Imbert-Koechlin, Gustave 250
Inikori, Joseph E. 62
Inoue Shozo 364
Ismail Pascha 281, 312
Ito Hirobumi 367

Jefferson, Thomas 91, 158
Jejeebhoy, Jamsetjee J. 202, 214, 216
Jevangee, Sorabje 216
Johnson, Andrew 254, 266 f.
Jumel, Louis Alexis 135

Karl V. 23
Kay, John 74 f., 77, 192
Kennedy, John 82
Kimball, Richard B. 92
King, Martin Luther 385
Knoop, Andrei Lwowitsch 322
Knoop, Ludwig 151, 189, 295, 322
Koechlin, André 151
Koechlin, Camille 154
Koechlin, Peter 141
Kolumbus, Christoph 24, 45, 93
Kostenko, Štaba L. 322
Kreißig, Christian Friedrich 142
Kunz, Heinrich 149

Laing, Samuel 242
Lecesne, Jules 210, 218
Le Père Turpin 61
Legoux de Flaix, François-Xavier 61 f.

Personenregister

Lemire, Beverly 32
Leo Africanus 25
Levi, Leone 233, 252
Lieber, Francis 234
Lightbody, Hannah 70 f.
Lincoln, Abraham 249 f.
Lipartio, Kenneth 302
List, Friedrich 159 f., 363 f.
Lord, Daniel 225
Lowell, Francis Cabot 150, 154, 174–176
Luther, Seth 191
Lyons, Lord Richard 249

MacGregor, John L. 139 f.
Madison, James 110
Mann, James 64 f.
Marco Polo 23, 26
Marshman, John 234
Marx, Karl 233
Mathieu, M. J. 255
McConnel & Kennedy, Unternehmen 82, 152, 186, 306
McConnel, James 82
McHenry, George 264
Medawar, Wady E. 315
Meier, Unternehmerfamilie 209
Menge & Niemann, Unternehmen 219
Merivale, Herman 233
Mial, Alonzo T. 265, 268
Miles, Richard 49 f.
Minard, Charles Joseph 247
Moctezuma II. 20
Montalet, Jean 111
Montfort, Meinrad 140 f.
Muhammad Ali Pascha 16, 135, 142, 165 f., 217, 222, 245, 363
Muhammad Said Pascha 245
Murad Ibrahim Pascha 281

Napoleon III. 240, 250
Nasser, Gamal Abdel 383
Niederer, Johannes 218
Nobel, Alfred 9
Nolte, Vincent 209, 219
Nott, W. 212

O'Neil, John 238
Oldknow, Samuel 81 f., 186, 190

Orde, John 101
Ossowski, Michael 142, 157, 186
Otto, Heinrich und Fritz 330

Palmerston, Henry John, Lord 241
Panday, Merwanji Franju 215
Peel, Robert jun. 191 f.
Peel, Robert sen. 80, 109 f.
Peel, Yates & Co 109 f.
Pellis, Marc-Antoine 142,154
Perón, Juan 391
Pestanji & Co, Unternehmen 278
Phelps Dodge, Unternehmen 219
Pizarro, Francisco 23
Pomeranz, Kenneth 189
Potter, Edmund 8, 241, 308
Poulain, Jules 166
Prakash, Om 57
Prévinaire, Jean Baptiste Theodore 162
Price, Esther 186

Ralli, Unternehmerfamilie 202, 218, 222 f., 295
Rathbone VI., William 119, 219, 221 f.
Rathbone, E. 224
Rathbone, Unternehmerfamilie 71, 202, 208 f., 214, 218, 300
Rathbone, William 97, 222
Reclus, Élisée 233
Reinhart, Theodor 222
Richards, John 216
Rivett-Carnac, James 279, 307, 313
Roberts, Richard 76
Robinson, John W. 335 f., 342, 344
Roebuck, John Arthur 248
Roques, Georges 61
Rosen, Baron von 321
Ross, John 116
Rothschild, Jacob Baron 250
Rothschild, Nathan Meyer 152, 214, 223
Rothschild, Unternehmerfamilie 208, 223, 281
Russell, John, 1. Earl Russell 240, 249
Rylands, John 173, 175 f., 392

Sako Tsuneaki 16, 317
Sanford, Henry 250
Saunders, C. B. 278

Schlumberger, Nicholas 154
Schlumberger, Pierre 151
Schmidt, Georg A. 341
Schubert, Hermann 330
Seward, William 240, 250 f.
Seyrig, Roger 277
Sibusawa Eiichi 367
Siegfried, Jacques 240
Siegfried, Jean 210
Siegfried, Jules 210
Siegfried, Unternehmerfamilie 202, 295
Sires, Joan Baptista 180 f.
Slater, Samuel 142, 149
Smith, Adam 51, 62
Smith, Calvin W. 257
Smith, James Monroe 272 f.
Smith, John Benjamin 232, 243
Smith, Samuel 199, 219, 224, 257
Somers, Thomas 154
Sprunt, Alexander 299 F.
Steinfeld, Robert 180
Supf, Karl 329, 341
Swanton, William 174 f.
Sydney, Lord (Thomas Townshend) 101

Tarleton, John 103 f., 108
Tata, Ratan 380–382
Taylor, John 85
Thackersey, V. D. 381
Thakurdas, Purshotamdas 380 f.
Thayer, William 251
Thorp, John 155

Tilak, Bal Gangadhar 379
Tocqueville, Alexis de 91
Trevelyan, Charles 312

Vasco da Gama 45
Vietor, Unternehmerfamilie 209
Volkart, Lily 222
Volkart, Salomon 16, 223
Volkart, Unternehmerfamilie 202, 218, 222 f., 227 f., 259, 295 f., 298, 300, 372, 392

Waddington, Thomas und Frederic 154
Wakamatsu Tosaburo 317
Wang Zhen 79
Ward, Thomas 209
Washington, Booker T. 335, 342
Washington, George 110
Waterhouse, Nicholas 221
Wätjen, Diedrich Heinrich 210
Wätjen, Unternehmerfamilie 202, 218
Watson, J. Forbes 306
Watt, James 75
Wheeler, Dexter 351
Whitney, Eli 112 f., 124, 174 f.
Whittier, John Greenleaf 232
Wilhelm I., holländ. König 162
Williams, Maurice 260
Wilson, Thomas 162
Wöhler, Conrad 157
Wood, Charles 242–244, 251, 279

Zhang Jian 364
Ziegler, Greuter & Cie, Unternehmen 182

Ortsregister

Aachen 352
Aden 224
Ägypten 14–16, 24 f., 32, 37, 95, 135–137,
    142, 144, 147K, 152, 164–169, 201, 207,
    217, 222, 227, 237K, 240, 245, 250 f.,
    276–281, 284–286, 288, 298–300, 305,
    312, 314 f., 319, 323, 325, 332, 346, 363,
    371 f., 374, 382–384
Ahmedabad 61, 155, 200, 348 f., 351, 355K,
    363, 372, 374, 379–381, 383
Aix-en-Provence 17
Alabama 106K, 112 f., 115, 206, 210,
    262, 268, 326 f., 330, 335, 342, 354K,
    362
Alamkonda (heute: Andhra Pradesh)
    29K, 33
Aleppo 29K, 32
Alexandria 16, 107, 135 f., 200, 202, 217,
    222–224, 235, 237K, 277, 301, 306,
    363
Algerien 237K, 240, 246, 324, 332
Allahabad 311
Anatolien 26, 34, 37, 95–98, 103, 107K,
    116 f., 135, 166, 217, 222, 237K, 246, 298,
    312, 319, 332
Antwerpen 52
Arabien 30, 36, 45 f.
Arezzo 28K, 36
Argentinien 144, 169, 220, 246 f., 274K,
    313, 326, 332, 366
Arizona 284, 327, 386
Arkansas 106K, 112 f., 268, 327
Armenien 26
Assam 310
Assuan 325
Asyut 325
Augsburg 28K, 39 f., 174

Baden 140 f.
Bagdad 29K, 33
Bahamas 99, 106K, 111
Bahia 153, 168 f.
Baltikum 39
Baltimore 154, 211
Bamako 28K, 33
Bangladesch 23, 386, 388, 397
Barbados 106K, 201
Barcelona 8, 28K, 36, 106K, 142, 147K,
    148, 151, 155, 161, 162, 176, 179, 181, 191,
    195, 275K, 354K
Barmen b. Wuppertal 9, 395
Bas-Rhin, Département 150
Basel 140 f., 147K, 155, 275K
Basra 29K, 33
Batavia 218 f., 226
Belfast 68, 83K, 152
Belfort 238
Belgien 142, 145, 147K, 153, 158, 162, 182,
    186, 323
Belgisch-Kongo 285, 324, 331, 343,
    345
Bengalen 29K, 31, 33, 43, 46, 55 f., 59, 85,
    97, 107K, 129, 137, 237K, 245, 264, 308
Benin 49, 274K, 386, 397
Berar 134, 257, 278–286, 294 f., 298, 307 f.,
    312–314
BhakraTalsperre 385
Biafra 49
Blackburn 77, 83
Böhmen 37
Bollin (Fluss) 67
Bologna 28K, 36
Bombay 48, 57 f., 62 f., 95, 107K, 129 f.,
    133 f., 166, 170, 199 f., 202, 216, 220,
    222 f., 225, 238 f., 241 f., 244 f., 257, 275K,

Anhang

276, 278 f., 290, 294 f., 298, 301, 306, 334, 348, 355K, 372 f., 376, 378, 382 f.
Bordeaux 147K, 154, 275K
Boston 16, 146K, 150 f.,157, 203, 210 f., 213, 218, 251, 257, 263, 274K, 290, 354K
Brasilien 14 f., 24, 45, 102, 105, 106K, 108, 114, 117, 119 f., 125 f., 143, 168–170, 201, 207, 212, 229, 246, 252, 254, 261, 276 f., 286, 293, 312, 314 f., 325, 344, 354K, 363–366, 374, 388, 394 f.
Bremen 106K, 200, 202, 207, 209 f., 210, 212, 237K, 290, 295, 300 f.
Britisch-Ostafrika 337
Britisch-Uganda 337
Brügge 52
Brüssel 250, 290
Buenos Aires 17, 152 f., 200, 220, 235, 274K
Bulgarien 305
Burma 285, 310

Cajamarca 23
Cartagena 153
Ceará 325
Ceylon 218
Charleston 106K, 121, 205, 209, 211, 220, 232, 236, 257
Chatham County 124
Chemnitz 142, 147K, 148, 157 f., 176, 235, 275K
Cheshire 68, 71, 75, 80, 83K
Chicago 290
China 9–11, 14, 26, 29K, 30, 32 ff., 43, 56, 64 f., 73, 79 f., 129 f., 132, 137, 144, 156, 189, 217 f., 246, 261, 276, 304 f., 307, 309 f., 318, 345, 349 f., 359 f., 363 f., 369, 372, 374–378, 382–384, 386, 388–390, 392 f., 395 f.
Cincinnati 220
Clerkenwell 186
Colmar 238, 248
Córdoba 28K, 36
Cossimbazar 43, 47
Crimittschau 357
Çukurova-Ebene 287, 298, 325 f., 332

Dallas 327
Dänemark 46, 49, 55, 61, 142, 147K, 157 f., 225, 275K

Demerara 102
Deutsch-Ostafrika 330, 332, 336, 345
Deutschland/deutsche Länder 37, 39 f., 52, 94, 138, 142 f., 145, 147K, 152 f., 156 f., 161 f., 178, 182, 191, 195, 210, 226, 273, 294, 323, 328 f., 336, 339, 350, 357–359, 363 f., 371, 376, 378, 388, 392
Dhaka 16, 29K, 33, 47 f., 55, 58, 85 f., 107K
Dhawar 285
Dominica 68, 70, 99, 101, 106K, 179
Dover (New Hampshire) 181, 184
Düsseldorf 142

East Bridgewater 157
Elfenbeinküste 331, 343
Elmina 49
Elsass 9, 139, 143, 145, 147K, 151, 155, 159, 181, 187, 238, 246, 312, 353, 357, 373, 382, 387
England 39, 45, 52 f., 57, 60, 63, 69, 71, 73 f., 76, 82, 84 f., 88, 92, 102 f., 109 f., 112 f., 115, 117–120, 126, 132 f., 145, 152–155, 163, 166–168, 173, 180, 191 f., 201, 211, 214, 222, 225, 232 f., 235, 238, 240 f., 249, 251, 261, 273, 276, 278, 294, 307 f., 323, 348, 359, 367, 371, 373, 376, 386, 391; s.a. Großbritannien

Fall River 195, 351–354, 356, 391
Fergana 334
Flandern 52, 60
Florida 106K, 113, 115 f.
Fort Sumter 232, 234, 241
Frankfurt 71, 147K, 152, 223, 275K, 386
Frankreich 46, 52 f., 59 f., 62, 94 f., 99 f., 108, 138, 142, 152–155, 158 f., 165–167, 178, 191 f., 195, 201, 209, 232, 238–240, 244, 248 f., 294, 323 f., 344, 350, 353, 357, 359, 371
Französisch-Äquatorialafrika 331
Französisch-Sudan (heute Mali) 25, 31, 318, 331, 343
Französisch-Westafrika 170

Galveston 210
Genf 147K, 152, 275K
Gent 143, 145, 158
Genua 28K, 37, 147K, 152, 275K

Georgia 109, 111–113, 115 F., 118, 122, 124, 264, 268–272, 326 f.
Ghana 49
Glasgow 83K, 85, 126
Glauchau-Meerane 354K, 356
Goa 46, 275K
Goldküste 49 f., 95, 106K, 343
Gorée 49
Granada 28K, 36
Grenada 99, 106K
Griechenland 298, 395
Großbritannien 9, 11, 15, 46, f., 52–54, 59 f., 62, 68, 72, 74, 76, 82, 83K, 84–91, 94 f., 97–100, 103–105, 108, 111, 126, 130, 140, 143, 151–156, 160 f., 178, 182, 193, 195, 232, 261, 274–275K, 281, 349 f., 360 f.; s.a. England
Guadalajara 305
Guadeloupe 28K, 324
Guangzhou 310
Guatemala 31, 274K
Guebwiller 182
Guinea 50, 60, 170
Gujarat 20, 27, 29K, 31 f., 46, 48, 107K, 116, 134, 199, 200, 347, 349
Guyana 102, 106K, 236K, 240, 253

Haarlem (Holl.) 147K, 162, 275K
Hainan 95
Haiti 105, 172; s. a. Saint-Domingue
Hamburg 8, 147K, 172, 200, 219, 275K, 335
Haskovo 305
Holländisch-Ostindien 349
Hongkong 166, 217, 219, 390
Hyderabad 278

Indus (Fluss) 22
Intra 142
Irak 25, 285
Irland 83K, 211, 222, 225, 249
Istanbul 200, 222, 246, 355K, 362
Italien 36 f., 39 f., 142, 148, 152, 159, 162, 294, 323, 359
Izmir 54, 95 f., 107K

Jamaika 68, 99, 106K
Jamestown 45, 106K, 110
Jangtse 31

Japan 14–17, 27, 32, 34, 137, 144, 155, 188, 218, 261, 276, 294 f., 300, 317 f., 320, 323, 329, 344 f., 350, 355K, 360 f., 365–371, 374–378
Java 27, 32, 162
Jiangnan 29K, 31, 95

Kagoshima 355K, 366
Kairo 18, 29K, 32, 107K, 135, 147K, 166 f., 224, 275K, 371
Kalifornien 251, 327
Kalikut 45
Kalkutta 71, 152, 166, 200, 222, 235, 244, 278, 305 f.
Kano 28K, 33, 155
Kansas 106K, 327
Kanton 217, 219
Kapstadt 218
Karatschi 222
Katalonien 143, 147K, 161, f., 181 f., 186–188, 195, 219, 275K, 354K, 356, 387
Kaukasus 321
Khamgaon 278, 294 f.
Khandesh 288
Khartoum 285
Kingston (Jamaika) 68
Kokand 321
Konstantinopel 222, 305
Korea 290, 316–319, 328, 382
Kuba 106K, 111, 169, 252, 360
Kwantung 318
Kyūshū 366

La Laguna 288, 299, 313, 315
Lago Maggiore 142
Lancashire 16, 52 f., 63, 67 f., 71, 74 f., 80, 83K, 94, 124, 133, 137, 140, 154, 179, 186, 192, 198, 215, 234, 238, 243, 248 f., 251, 278, 312, 323, 341, 354K, 356, 359, 360, 369 f., 373, 378 f., 380–382, 395
Lawrence 352, 354
Le Havre 8, 106K, 151, 200–202, 207, 210, 212, 214, 220, 226, 237K, 253, 290, 295, 301
Leeds 11, 23, 28K, 95
Leflore County, MS 268
Leiden 52
Leipzig 152, 330, 363

Anhang

Liaodong 368
Lima 153
List, Friedrich 159 f., 363 f.
Liverpool 9, 16, 28K, 37, 52, 63, 68, 80, 82, 83K, 95, 103, 109 f., 110, 112, 119, 124, 147K, 156, 197–200, 202–212, 214, 219–222, 224, 233, 239, 241, 247–249, 251, 253 f., 256 f., 260, 275K, 278 f., 290, 295, 298, 300–303, 312, 337, 385 f., 391 f.
Llobregat (Fluss) 176, 387
Lodz 147K, 151, 322, 354K, 363
Lombardei 39, 138, 142, 147K, 148, 151
Lomé 336, 338
London 8, 16, 554, 58 f., 63, 80–82, 83K, 95, 109, 123, 147, 200, 202, 205, 207, 212, 216, 220, 223, 231–233, 235, 242, 249, 254, 257, 264, 274f.K, 290, 295, 354K, 369
Louisiana 16, 45, 106, 112 f., 115, 122, 189, 199, 207, 209, 213, 260, 268, 270, 272, 327
Low Moor Mill 238
Lowell 9, 146K, 150, 176, 195, 274K, 354K, 369, 381, 387
Luzern 95
Luzon 32
Lyon 147K, 153, 275K

Macao 219
Madras 107K, 129, 308, 345
Mahalla al-Kubra 355K, 374, 378, 382
Maharashtra 95, 106K, 283
Mahratta 130
Mailand 28K, 36, 38, 27fK, 290
Makassar 218
Mali s. Französisch-Sudan
Manchester 7, 9, 13, 16, 68, 76, 82, 83K, 91 f., 96 f., 101, 111, 126, 128 f., 147K, 151 f., 163, 174–176, 186, 192, 194, 200, 203, 207, 210, 220, 222 f., 225, 227, 233, 235, 240–245, 247, 249, 275K, 290 f., 295, 298, 300, 305–308, 323, 334, 341, 349, 354K, 365, 376, 380, 386 f., 392
Mandschurei 318, 368
Manila 219
Maranhão 13, 103, 106K
Marokko 226
Marseille 54, 222, 275K, 298
Martinique 106K, 162
Maryland 106K, 146K, 189, 274K

Massachusetts 9, 157, 159, 195, 245, 274K, 352, 354K, 358, 361 f., 387
Mazdonien 54, 95 f.
Mehrgarh 22, 29K
Mellor 82 f.
Memmingen 40
Memphis 106K, 121, 300, 387
Merida 140
Meroë 24, 29K
Mersey 198, 207 f., 278
Mersin 299
Mesopotamien 25
Mexiko-Stadt 153
Mexiko 14, 19, 23 f., 28K, 122, 139, 142–144, 146K, 148, 151, 154 f., 157, 160 f., 166, 168, 217, 246, 261, 274K, 288, 305, 314 f., 327, 329, 332, 363, 366
Michoacán 199
Minas Gerais 281
Mindanao 218
Mississippi (Fluss) 121, 141, 200, 250, 268 f., 272, 325 f.
Mississippi (Staat) 16, 106K, 112 f.,115 f., 124, 200, 252, 266, 268 f., 299, 324, 326 f., 385
Mobile 209–211
Mohenjo-Daro 22
Mokpo 317 f.
Montevideo 153, 226
Morant Bay 119
Mosambik 331, 343
Moskau 235, 239, 246, 321, 332, 345
Mosul 29K, 33
Mulhouse (Mülhausen) 9, 17, 141, 143, 147K, 150 f., 154, 179, 182, 187, 200, 210, 219, 240, 246, 27fK, 324, 349, 353, 354K, 357, 387, 392

Nagpur 237K, 241
New Delhi 17
Neuengland 9, 13, 115, 145, 170, 182, 188, 194, 196, 300, 307, 324, 349, 353, 354K, 359 f., 363, 365, 382
New Bedford 352, 354
New Hampshire 16, 146, 181, 183, 274K, 373
New Mexico 327
New Orleans 106K, 116 f., 121, 124, 156,

Ortsregister

199 f., 205 f., 209–212, 218–220, 232, 236K, 301
New York (Staat) 106K
New York 10, 115, 139 f., 146K, 200, 202, 209–215, 218–221, 232, 245, 266, 301 f., 335, 351
Niederlande/Holland 39, 46, 52, 142, 148, 153, 158, 162, 178, 182, 275K, 356
Nigeria 155, 340
Nil 24, 32, 245, 281
Ning-Po 307
Niniveh 25
Normandie 147K, 154, 192, 210, 238, 248
North Carolina 106, 113, 265, 354K, 362
Nubien 20
Nürnberg 40

Oaxaca 31, 200
Odessa 222
Offenbach 390
Oglethorpe County, GA 272
Oklahoma 106K, 327 f.
Oldham 200, 324, 346, 354K, 359
Orissa 48
Osaka 17, 29K, 33, 155, 290, 301, 317 f., 355K, 367, 374
Osmanisches Reich 16, 30, 32, 34, 40, 54, 60, 95–97, 101, 103 f., 109, 114, 122 f., 152, 156, 167, 217, 22, 245, 275K, 305, 309 f., 319, 325, 362
Österreich/Habsburgerreich 37, 142, 158 f., 186, 274 f., 285
Ouidah 49

Pakistan 22 f., 46, 49, 386, 388
Palästina 25, 224
Papua-Neuguinea 155
Parganas 309
Paris 147K, 198, 210, 222, 250, 274K, 290
Pawtucket 146K, 149, 194, 274 f.
Pernambuco 103, 106K, 153, 200, 236K, 246
Persien 25 f., 29K, 32, 275K
Peru 21, 23 f., 246, 289, 326, 338
Petropolis 347, 374
Philadelphia 110, 146 F., 205, 209, 274K
Pisa 28K, 37
Plassey 46

Polen 152, 354K, 363, 378
Pondicherry 61 f., 167, 170
Port Royal 95, 106K
PortauPrince 95, 100
Portugal 45 f., 49, 55, 103, 152, 274 f., 323 f., 326, 331, 362 f.
Preußen 80, 159, 180. 249, 274K
Puebla 145, 146K, 151, 157, 160, 186 f., 189, 191 f., 217, 274K

Quebec 45

Rangun 218
Ratingen 142
Recife 68
Rhein 140 f., 159
Rhode Island 146K, 189, 194, 274K, 351, 357
Richmond 236K, 257
Rio Balsas 19, 28K
Rio de Janeiro 71, 153, 168
Rio de la Plata 141
Rio Grande 20
Rio Santiago 19, 28K
Risod 314
Rochdale 354K, 359
Rotes Meer 32, 166, 216
Roubaix 353, 354K
Rouen 142, 147K, 154, 240, 275K
Russland 72, 94, 142 f., 145, 147K, 151, 157, 159, 161, 178, 189 f., 232, 249, 284, 321–323, 326, 328, 332–334, 344, 350, 355K, 356, 363, 376, 382

Sabarmati 347
Sachsen 145, 147K, 148 f., 155, 158 f., 181 f., 186, 210, 353, 356, 386, 388
Sahara 9, 33, 286
Saint-Remy-sur-Avre 154
Saint–Domingue/Santo Domingo 45, 99 f., 105, 106K, 110 f., 121, 128, 253, 264, 358
Salvador 106K, 120
São Francisco (Fluss) 120
São Paulo 301
Savannah 106K, 209, 211, 222
Schlesien 151, 193
Schwarzwald 140 f., 181 f., 193, 200, 310, 381, 387 f.

Schweiz 40, 138, 142–145, 147K, 148 f., 152–156, 158, 162, 166, 178, 181 f., 193, 199, 210, 218, 222 f., 294 f., 356, 358
Scott, MS
Sedashegur 241
Semarang 219
Senegal 49, 128, 236K, 240, 324
Senones 240
Sevilla 28K, 36, 275K
Shanghai 137, 226, 301, 355K, 375–378, 395
Shashi 317
Sheffield 95
Shimonoseki 377
Shrewsbury 179
Siam 240
Sind 287
Singapur 219
Sizilien 28K, 36 f., 275K
Somerset 80
South Carolina 16, 109, 111–113, 122, 233 f., 264, 268, 326, 354K, 387, 392
Sowjetunion 9, 345, 384, 392; s.a. Russland
Spanien 28K, 39, 45, 52, 60, 115, 142 f., 148, 153, 160, 178, 391, 395
St. Croix 98, 106K, 111
St. Gallen 142, 147K, 152, 274K
St. Helena 49
St. Louis 220
St. Petersburg 186, 209, 246, 333, 344, 355K, 356
Staffordshire 95
Stockholm 290
Stockport 82 f., 194, 243
Styal 68, 83K, 141
Sudan 24, 29K, 166, 245, 285
SuezKanal 278
Sulawesi 20, 29K
Surat 16, 29K, 31, 47 f., 56, 58, 62, 107K, 166, 200, 312, 355K, 380
Surinam 102, 106K
Syrien 37, 166

Taiwan 318, 368
Tanganjika 294
Taschkent 294, 321
Tellicherry 107K, 126
Tennessee 106K, 113, 205, 212, 326

Teotihuacán 20, 24, 95
Teotitlan 28K, 31
Texas 92, 106K, 112 f., 315, 324, 327
Thessaloniki 54, 95 f., 107K, 147K, 152, 275K
Thüringen 3356
Timbuktu 25, 28K, 33
Tobago 99, 106K
Togo 16, 25, 27, 28K, 247, 262, 290, 317 f., 330, 334–345, 390
Toukh 281
Tove 335 f., 339
Transkaukasien 246, 321
Travancore 57, 275K
Triest 8, 298
Tschifu (heute Yantai) 374
Türkei 386, 388
Turkestan 25, 29K, 322, 334
Tuskegee 335–338, 342, 344
Twente 142, 162, 354K, 356

Ulm 40
Ungarn 37, 274 f.
USA/Vereinigte Staaten 9 f., 13, 16, 24, 26, 29, 53, 72, 108, 110–129, 131, 134–138, 142 f., 145, 146K, 152, 154, 157–161, 166, 169, 178, 181 f., 188 f., 194, 201, 208–211, 213 f., 218, 220, 222, 228 f., 232–234, 239 f., 248–252, 254, 256 f., 261, 263–265, 268, 270. 273, 276 f., 284, 286, 289, 291, 299 f., 303, 307, 312, 314 f., 317, 319 f., 322–324, 326–333, 344–346, 349, 351, 353, 357, 359–365, 371, 374–376, 386, 388 f., 391, 394, 397
Usbekistan 388, 390, 394 f.

Valladolid (Mex.) 139, 141, 150
Venedig 28K, 36 f., 40, 52, 60, 95, 106K, 275K
Veracruz 24, 27, 193, 217, 374
Verona 28K, 36
Vietnam 32, 116, 27fK, 386, 390
Virginia 45, 106K, 257, 265
Vogesen 176, 181 f., 240
Volta (Fluss) 20

Wake County 265
Wales 180

Ortsregister

Waltham 146K, 150, 159, 274K
Washington County, AR 121
Washington D.C. 16, 146K, 228, 236K, 249–251, 254, 263, 265 f., 273, 274K, 354K
Waterford 188
Watertown 146K, 154, 274K
Wesserling 181, 387
Wien 147K, 290
Wiesental 140 f., 193, 387
Wilmington 299
Winterthur 154, 202, 220, 223, 274K, 295, 392

Wülflingen 154
Württemberg 159

Xinjiang 392

Yazoo-Mississippi-Delta 121, 265, 267 f., 326
Yucatán 20, 27, 28K, 95, 139, f., 146K, 274K

Zentralasien 10, 27, 29K, 30, 217, 246 f., 284, 290, 293, 316, 319, 321, 328, 332–334, 338, 343, 345, 360
Zittau 330

GESCHICHTE DER WELT
Gesamtausgabe in 6 Bänden
Herausgegeben von Akira Iriye und Jürgen Osterhammel

Geschichte der Welt
1350–1750
Weltreiche und Weltmeere
Herausgegeben von Akira Iriye und Jürgen Osterhammel
Bandherausgeber: Wolfgang Reinhard
Mit Beiträgen von Peter C. Perdue, Suraiya Faroqhi, Stephan Conermann,
Reinhard Wendt, Jürgen G. Nagel und Wolfgang Reinhard
2014. 960 Seiten mit 55 Abbildungen. Leinen

Geschichte der Welt
1870–1945
Weltmärkte und Weltkriege
Herausgegeben von Akira Iriye und Jürgen Osterhammel
Bandherausgeberin: Emily S. Rosenberg
Mit Beiträgen von Charles S. Maier, Tony Ballantyne, Antoinette Burton,
Dirk Hoerder, Steven C. Topik, Allen Wells und Emily S. Rosenberg
2012. 1152 Seiten mit 62 Abbildungen und 16 Karten. Leinen
«Was für ein Meilenstein: Einige der besten Historiker schreiben
eine Geschichte der Welt.»
Dirk van Laak, Die Zeit

Geschichte der Welt
1945 bis heute
Die globalisierte Welt
Herausgegeben von Akira Iriye und Jürgen Osterhammel
Bandherausgeber: Akira Iriye
Mit Beiträgen von Wilfried Loth, Thomas W. Zeiler, John R. McNeill,
Peter Engelke, Petra Gödde und Akira Iriye
2013. 955 Seiten mit 62 Abbildungen und 9 Karten. Leinen
«Die Beiträge funkeln vor originellen Beobachtungen,
präzisen Analysen und pointierten Urteilen – und vor allem:
Sie sind offen für die Widersprüchlichkeiten der Welt.»
Dietmar Suess, Süddeutsche Zeitung

Verlag C.H.Beck München